다석일지 多夕日誌

제4권

다석일지 多夕日誌 제4권

1990년 3월 13일 초판 1쇄 펴냄
2024년 8월 20일 개정판 1쇄 펴냄

지은이 | 류영모
엮은이 | 다석학회
펴낸이 | 김영호
펴낸곳 | 도서출판 동연
등 록 | 제1-1383호(1992년 6월 12일)
주 소 | 서울시 마포구 월드컵로 163-3, 2층
전 화 | (02) 335-2630
팩 스 | (02) 335-2640
이메일 | yh4321@gmail.com
인스타그램 | instagram.com/dongyeon_press

ISBN 978-89-6447-781-6 94150
ISBN 978-89-6447-777-9 94150(다석일지 전집)

多夕日誌

多夕柳永模日誌

第四卷

류영모 씀 | 다석학회 엮음

동연

다석일지多夕日誌를 출간하며

류영모柳永模 님은 사상思想에 동서양東西洋이 있을 수 없다고 하였다.

류영모 님은 YMCA 금요강좌에서 성경聖經, 불경佛經을 말하는가 하면 노장老莊, 공맹孔孟을 말하고 성리학性理學, 스토아 사상을 들려주는가 하면 에크하르트, 톨스토이를 들려주었다. 세계世界의 제 사상諸思想은 우리에게 물려준 유산인데 다 써야 한다고 하였다.

1960년 명문대학 법학도法學徒이던 주규식周揆植 님이 구도求道의 길로 나아가고자 법관法官의 길을 버리고 류영모 님의 말씀을 들었다. 한 해 동안 들었어도 류영모 님의 신앙의 정체正體를 알 수 없었다.

류영모 님께 주규식 님이 물었다.

"선생님께서는 모든 종교의 진리를 말씀하시는데 그 차이를 알고 싶습니다. 선생님께서는 어느 종교를 신앙하십니까?"

류영모 님이 대답하기를,

"나는 신앙이 아니라면 아니지요. 말을 하자면 비교종교를 하지요. 나는 여러 종교 간에 다른 점은 찾아낼 겨를이 없어요. 여러 종교 간에는 반드시 공통되는 점이 있어요. 그 공통성을 찾아내어 인식하고 생활화하는 게 나의 인생철학이지요. '어느 종교가 제일 좋은가'라고 누가 묻기에 '종교는 누구나 자기가 믿는 종교가 제일이지요'라고 대답해 주었어요."

이 말로도 다석사상多夕思想의 요체要締를 헤아릴 수 있다. 우리 앞에 벌려진 물심物心의 세계는 정반正反의 음양陰陽이 변증법적으로 움직여 나아가는 듯한데 이와는 달리 일이관지一以貫之하는 영원한 진리의 생명이 있다. 하나로 꿰뚫린 구멍 자리가 바로 류영모 님이 말한 모든 종교의 공통점이다. 멸망할 몸의 나에서 영원한 생명인 공통의 나로 솟나(부활復活)야 한다는 것이다. 류영모 님이 말한 공통의 나를 예수님은 얼의 나, 석가님은 법法의 나, 노자님은 도道의 나, 유교는 성性의 나, 범교梵敎는 아트만의 나라 하였다. 진리의 나, 절대의 나, 영생의 나일 때 공통의 나가 될 수 있다.

생로병사生老病死의 개인個人을 넘어섰기에 죽음이 없다.

개인의 몸생명에 붙잡힌 사람들은 몸 나가 죽을 병에 걸렸다면 낙심통곡落心痛哭을 한다. 평생 모은 소유所有를 병원에 다 갖다주어도 죽을병을 고쳐낼 리 없다. 그런데도 몸 나가 참나(진아眞我)가 아니고 상대적 존재로는 나지도 않고 죽지도 않는 영원한 생명인 얼의 나가 참 나인 것을 깨닫지 못한다. 몸나가 죽는 것을 슬퍼하는 것은 남의 아버지 주검을 보고 내 아버지 죽었다고 우는 것보다 더 어리석은 일이다. 몸나의 죽음은 개구리에 올챙이 꼬리가 떨어져 나가는 것일 뿐이다.

우리는 다석일지多夕日誌를 통하여 몸 나에 끌려다니는 완고頑固를 떠나 얼의 나를 받드는 정고貞固의 삶을 본다. 얼 나로 살면 한알나라 아닌 곳은 없다. 땅의 나라도 그대로 한알나라다.

류영모 님의 말과 글은 처음 보면 어려운 것이 사실이다. 그러나 다석사상多夕思想의 핵심을 알면 생각한 만큼 어려운 것이 아니다.

류영모 님은 이렇게 말하였다.

"내 글과 말이 어렵다고들 하는데 알고 보면 간단해요."

다석일지多夕日誌가 그대로 영생永生의 '만나'라고는 하지 않겠다. 그러나 얼의 나를 깨닫는 졸탁지기啐啄之機를 얻을 것이다.

다석생신多夕生辰 일백주년一百周年이 되는
1990년 3월 13일
박영호朴永浩

다석일지多夕日誌 재간에 즈음하여

"사람은 생각하는 갈대이다"는 파스칼의 말이다. 명상록(冥世)을 지은 파스칼이나 할 수 있는 말일 뿐이다. 이 사람에게 '사람이 무엇인가?'라고 묻는다면 솔직하게 대답하겠다. '싸우기를 좋아하고 식색(食色)을 밝히는 짐승입니다'라고 말하겠다. 레프 톨스토이는 50살이 되어서 이 사실을 깨닫고 짐승 노릇을 끊게 되었다. 비로소 사람 노릇을 하게 된 것이다. 톨스토이는 짐승 노릇한 것을 뉘우친 것을 「참회록」에 밝히는데 그 가운데 이러한 말이 있다. "사람의 삶이란 무의미한 죄악의 연속이다. 이것은 의심할 여지가 없는 엄연한 사실이다."

인류가 예수 석가를 성자(聖者)라 받들지만, 사실은 짐승 노릇을 그만두고 사람 노릇을 한 사람들이다. 그들을 받든다고 내가 짐승에서 사람이 되는 것이 아니다. 자신은 짐승 노릇 하면서 예수 석가를 받드는 것은 아무런 의미가 없다. 다석 류영모는 예수 석가를 스승으로 받들면서 스스로 짐승 노릇을 깨끗이 버리고 사람 노릇을 한 사람이다. 류영모는 이렇게 말하였다.

"사람의 몸나는 죄악된 수성(獸性: 貪・瞋・痴)을 지녔으나 한얼님이 주시는 성령인 얼나 (Dharma, Soul)를 머리 위에 이고 얼나의 뜻을 좇음으로 거룩함을 입을 수 있다. 죄악된 수성을 자꾸 눌러 지워버리고 지극히 깨끗하게 되어 보겠다는 것이다. 거룩이 무엇인지 몰라도 우리가 머리를 하늘로 두고 얼나의 뜻을 좇으려고 지성을 다 하는 것은 거룩을 가까이하려는 것이다. 얼나를 머리 위에 이어야 할 것을 삼독의 수성을 등에 업으면 더러운 놈이 되어 짐승으로 떨어지고 만다"(YMCA 연경반강의).

류영모의 『다석일지』는 류영모가 1955년부터 1974년까지 약 20년 동안의 일기이다. 그 속에는 스스로 수성(獸性)과 싸우며 영성(靈性)을 기른 내용을 기록한 것이다. 한시 1300수, 우리말 시조 1700수, 도합 3000수의 시가 담겨 있다. 이미 제자 김흥호가 풀이

第四卷

한 것이 있고, 시조는 이 사람이 낱말풀이를 또 하고 있다. 건강만 유지되면 금년 안으로 끝마칠 수 있을 것 같다.

장자(莊子)가 말하기를 "사람에 이른 이는 나라는 것(제나: 自我)이 없고 얼나를 깨친 이는 제 자랑이 없고 거룩한 이는 이름이 없다고 하였다(至人無己 神人無功 聖人無名). 그래서 류영모는 91살을 살아서도 세상에 이름이 알려지지 않았다. 그래서 제자 함석헌의 스승이라고만 알려졌다. 그래서 세상을 떠나서도 서울에 여러 신문사가 있지만 부음을 알리는 신문사가 없었다. 이 사실을 뒤늦게 알게 된 언론인 이규행 님(당시 문화일보사 회장)이 다석 류영모의 사상을 320회에 걸쳐 문화일보에 연재한 바 있으며 그때 2월 3일 기일에는 문화일보 주최로 문화일보사 강당에서 추모모임을 거행한 바 있다. 그때 성천문화재단 류달영 이사장께서 너무나 고맙다면서 이규행 회장님을 재단 사무실로 초빙하여 회식을 함께 한 일이 있다. 올해(2021. 2. 3.)에는 더욱 놀라운 일이 있었다. 아주경제신문(곽영길 회장)에서 다석의 40주년 추모일에 40년 늦은 부음기사를 크게 보도하였다. 이런 일은 세계적이요 역사적인 일이라 믿어진다. 다석은 "사람이 죽으면 그 얼이 한얼님께로 돌아가는데 그것은 축하할 일이지 어찌하여 슬퍼한단 말인가"라는 말을 자주 하여 스승이 돌아가도 눈물 한 방울 흘리지 아니하였다. 그런데 40년 지각 부음기사를 읽고는 기쁨의 눈물을 흘렸다는 사실을 밝히고 싶다. 다석 스승은 힘주어 말하였다. 사람들이 밑지는 일은 싫어하면서 어찌하여 일생의 삶은 밑지는 어리석은 일을 하는지 모르겠다고 말하였다. 몸나로는 멸망의 삶이요, 얼나로 솟나면 영원한 생명인데, 어찌하여 귀한 얼나를 모르고 멸망의 몸나에만 붙잡혀 죽어가는지 모르겠다고 하였다. 이 가르침이야말로 예수 석가가 깨우쳐 준 말씀으로 복음 가운데 복음이요, 정음(正音) 가운데 정음임을 밝히면서 이 글을 마치고자 한다.

다석일지(多夕日誌) 출간을 맡아준 동연출판사에 고개 숙여 감사드리는 바이다.

2021년 2월 12일
박영호

多夕日誌 |제4권|
부록 차례附錄 次例

길잡이 말(일러두기)

※ 다석일지多夕日誌 제1권~제3권까지는 1955년부터 1974년까지 20년 동안의 류영모 님의 사색일기思索日記다. 일기에서 연월일 다음에 쓴 일만 단위單位의 수는 류영모 님의 산 날수이고, 백만 단위의 수는 약 6,700년 동안의 총 일수日數를 합산한 유리안데이(Julian day)의 날수다. 그 밖의 수는 사망가정일死亡假定日 같이 어느 날을 기점으로 세어 줄여가거나 세어 더해간 날수이다.

※ 日誌에 실린 시문詩文은 모두 약約 3,000수나 되는데 우리말 시詩가 실린 1,700여 수, 한시가 1,300여 수가 된다.

※ 제4권은 부록편附錄篇으로 류영모 님에 관한 여러 자료를 모은 것이다. 그 내용을 간추리면,

(1) 1955년 그전에 류영모 님이 수첩에 기록한 비망록.

(2) 광복전 육당六堂 최남선崔南善 님이 낸 잡지「청춘靑春」과 김교신金敎臣 님이 낸 잡지「성서조선聖書朝鮮」에 류영모 님이 기고한 글.

(3) 광복후 잡지「새벽」,「다이제스트」,「코리아라이프」에 실렸던 류영모 님의 기고문과 회견기.

(4) 중앙 YMCA 강좌때 칠판에 게시하였던 류영모 님의 친필 강의안 일부.

(5) 류영모 님이 제자弟子 박영호에게 보낸 편지 17통(류영모 님의 편지를 가지고 계시면 출판사로 연락주시기 바랍니다).

(6) 류영모 님 사후死後 신문─잡지에 실렸던 스크랩.

(7) 류영모 편저, 메트로(1928년) 전문 전제.

(8) 1977년 3월 13일에 쓰신 류영모 님 친필親筆이며 절필絶筆 한시漢詩 한 수.

(9) 류영모 님이 노자 도덕경을 우리말로 옮긴「늙은이」(노자老子). 우리말 글씨는 류영모 님의 친필親筆.

(10) 함석헌, 김흥호, 서영훈, 인진구 님의 류영모 님에 대한 추모문.

※ 日誌의 제자題字는 서예가書藝家 유형재兪衡在 님의 글씨임.

多夕日誌

多夕柳永模日誌

第四卷

明治四十三年一月ヨリ四十五年七月マデ私立五山學校教員トシテ勤務ス

大正元年九月ヨリ二年六月マデ東京ニ於テ數理ヲ研究ス

二年一月ヨリ全四年八月マデ京城皮革店員トシテ勤務ス

四年九月ヨリ全七年八月マデ敎務ヲ勤ム

七年九月七日ヨリ私立五山學校校長ヲ勤務ス

賞罰ナシ

大正十年十一月三十日

　年十二月廿日達官署

一九二三、二
一九二三、七
一九二三、八
一九二八、八
一九二八、九一
一九三五、末
一九三六、四 以來

原籍　京城府積善洞百六番地

現住　平安北道定州郡葛山面益城洞私立五山学校

柳永模

明治□□年二月二十三日生

学業

明治三十二年二月ヨリ同三十五年二月マデ　官立水下洞小学校ニ於テ候業ス

〃三十五年七月ヨリ同三十七年七月マデ　私塾ニ於テ漢文ヲ修業ス

〃三十七年十二月ヨリ同四十年十二月マデ　官立漢城日語学校ニ於テ修業ス

〃四十年九月ヨリ同四十二年六月マデ　私立徽新学校ニ於テ修業ス

経歴

地球 ... 海 3.6...
... 五十九万...
太陽 實量은地球의 333432倍

乾 閏 七月十芙日
壽 = 春·月 88·2·10日
一統 左交間 ... 崔基順
五班 李最...

敦岩洞 三十九의 四
(一統十班 宿所錯)

上道洞 一三四의五五
東部洞 十二統六班

廉洛駿   黃岐...
                黃岐同壽
Victor   黃岐...
national 楠文
晝 502 夜 500

新...洞 ... 67의 27 ...
陽岐洞 484 梁周憲氏?

多夕日誌

「後顧을要」亏九之末「永同作永」요四之世...

「神이 即 防牌와 賞 後」劍十五○一

「믿음을 戰호넉이심」 〃 〃 亏 準行 18/22

「노아 安慰함」劍五○嗯 「이스마엘 神聽」劍 11/16

「아브라함 衆之父」劍十七○五

「샤라 女主」劍十七○十五 「이삭 웃음」劍 19/17

「여호와의 홀을적혀 公義을 行케」劍 19/18

「나는 塵라 灰라도」劍十八○二十七

「여호와 이레」劍二十二○十四

「에서의 別名에돔(紅)」劍廿五○廿一示

「볫엘 神家」劍廿八○十八

「이쇼라엘 與神角勝」劍卅二○卅八

「벤오니悲子 벤야민右手子」劍卅五○十△

王 삼上八○七 十○九 十五○廿二 호세아十三○十一

Jerubaal-Gideon, filo de Joas. 士師 8^{23}

Abimeleh 士師 8^{31} 9$^{1-6}$ Jotam 士師 9$^{8-21}$

王貫三德

王=旺　呈現也 聖聲也聞声知

至入立地　　　　聖聽色

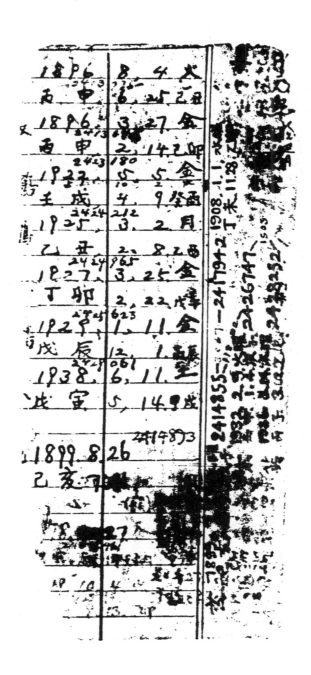

魏巍乎舜禹之有天下也而不與
焉□大哉堯之為君也巍巍乎唯天為
唯堯則之蕩蕩乎民無能名焉巍巍
成功也煥乎其有文章

○子曰仁遠乎哉我欲仁斯仁至矣
伯夷叔齊、求仁而得仁、又何怨
用之則行舍之則藏　用舍行
○夫仁者己欲立而立　行藏安於所遇
人己欲達而達人
○不念舊惡怨是用希　　嘉靖「安仁利仁」
○不仁者不可以久處約、不可以長處樂仁者
○視其所以觀其所由察其所安人焉廋哉

人物之生吉凶禍福之□所□
□□□□□而□□乃□□

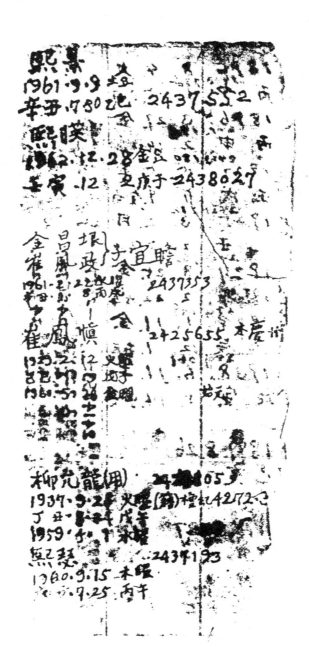

... 洞 ... 金 ...
人 洪仁杓 居士 姓遵 (宋南鎬 ...
(새절 僧房) 青龍寺 淨業院舊基 (碑)
崇仁洞 十七 ...
英祖筆「前峯後岩花千万年」... 書 ...
英女賓貞洞、端宗王妃 君三 ... 德大妃

世祖三年六月二十一日 富山君 夫人 ...
端宗守越 行後三 夫人當年十八歲乃至八十二歲
侍女三名 (秒安・智心・戒智) 을 다리고 사신당
世祖三年十月二十四日에 端宗被宗後 ...
恭儉前에 女人 ...

李孝迪、字復古、歸晚高李歲范德祖

Albert Einstein
1878. 3. 14. 金曜   1955. 4. 18. 月 ...
己卯、2. 22. 丙申   乙未 3. 26 己酉
2407923 ← 27794 → 2435216

開天洞 柳承烈
女 允良 ...
一九五五・二・二 ...

高陽郡 ...
里 兒里柳 ...

西大門 老姑山 洞山
五ヶ七二李基雨

出埃及

MI ESTAS, KIU ESTAS, 三0十四 --

피남편 四0廿五 逾越節 十二 0 ∷

晝雲柱夜火柱不離斯民 十三0廿一. ≡

渡紅海 十四0 主鼻息使水直立 十五0八

마나 十六0 磐出水(므리바) 十七0七 아말넥擊退

모세丈人 이드로 來訪라 助言 十八 0 ¯書

시내山降臨, 民衆齋戒 十九0

十誡命、祭壇 廿0 ⌜요4²⁶.

Tiu estas mi, Kiu parolas kun vi. ∷

ænou dominai

Anno Domini = in the year of our Lord =

Before Christ = B.C. ∟A.D.

梵 Brahman 不可言說思惟、解脫靠知感得
絶對唯一之理。

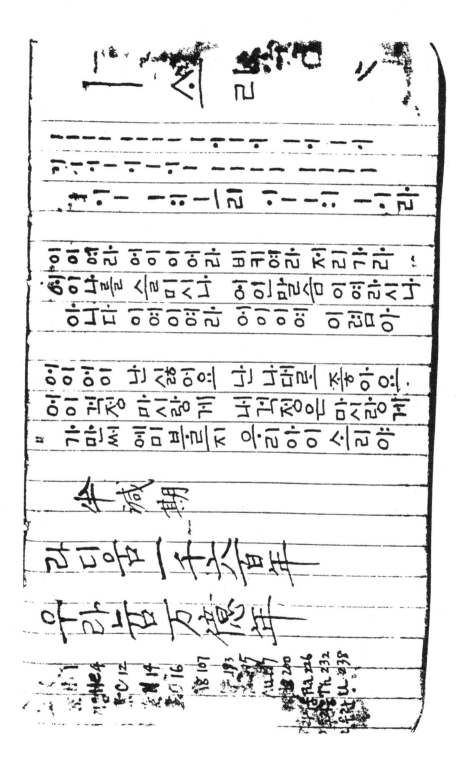

לֹא אֱלֹהִים יהוה יהוה

(El
아울 (誘語·强)
알 (？ ？ 까·지)
울 (引語·向導者)
엘로아. 엘로힘.

아·드·니·이
(Lord) 0:11 0:11
이: 웅·재

엘시:다·이 (力. 能. 破壞者. 風雨. 山. 白
最高 一 全能。)

夫天專言之則道也 天且弗違是世谷
而言之則以形體謂之天以主宰謂
之帝 以功用謂之 鬼神 以妙用 謂之
神 以性情謂之乾 (健而無息之謂乾)
ALLAH (眞主. 眞宰. 眞主宰. 眞一)

한을님. ㅎㄴ님. 天主.
上帝. 上主. 神. 眞神.

까·지지 않고 있과. 알과 깄으로되고
말 과 뜻으로 붓잡기 어려운 모든
밀의 밀둥인 니. ATMAN 의게
나 는 바·람을   이릏·리:기 믿고간다

말슴(일름. 일음. 이름)을 몰아 잡으막
그 쉬니 (자라니) 그 이 이른다.
滿合灵 3夕

多夕日誌

12

5 ... 2 ... ... (Amen)

後廿二³ 哈一¹²
廿三³   民5²² ㄴ86

고전14¹⁶ 로1²⁵·⁹⁵ 默3¹⁴ 사65¹⁶

La filoj de Izrael: (創2p³¹—30²⁴)
                          35:16—20
Lea   Zilpa   41:50—52

  Ruben 보라   Gad 福
  Simeon 드름   Rahel Aŝer 깸
  Levi 連合   11 Jozef 더 Manase Efraim
  Jehuda 讚頌   12 Benjamen 右手子
  Isahar 삯   Bilha 5 Dan 푸름
  Zebulun 외게습   6 Naftali 다름

夫子何莒乎 薛...君子之後害...從師老常
天子失道则诸侯修之...修之之也...誨而不倦
诸侯————大夫——...寝而不逃、
士————廣人—→...死而後已

以时而行 失时则措 此先王之芸 所以後...
不墜也 右古语之継时 诸不云乎
従我不往子宝不嗣耳 如之何以不行而废吾
...揚秋诗曰夹行也如是之速乎

文中子曰命之立也其称人事乎 故君子畏...
言盡近而谓深而不应也至洪繊曲直而不...
也攺婦之於天 易曰乳道变化各正性...

魏徵曰 惠迪吉従逆凶惟影善诸
不识不難爱惜不仰後交匪數等福来求其
先之乃手子曰徵其自取矣 萱常曰自取者甚
於人邪子曰诚哉 惟人所召 寳瓊金曰敬
肉死也有命富等在天何谓也子曰居之在命
之在後 斯自取也 廉乎命未必意乎 吾未之行
瓊未乎 而出谓程元曰吾今而後知之命可作
乎福子未無 程元曰新珥玉者服之无敦
文中子曰度德而师易子而教全之矣

孝　　道　德之本也
　　　　　　教之所由生。

身體髮膚受之父母不敢毀傷孝之
始也 立身行道揚名於後世以顯父母
孝之終也 夫孝始於事親中於事君終於
立身

愛親者不敢惡於人敬親者不敢慢於人
愛敬盡於事親而德教加於百姓刑于四海
天子之孝　　諸侯之孝　守貴富　保社稷
　　　　　　卿大夫〃〃　服冕法服　守宗廟
　　　　　　士　〃〃　保爵祿　守祭祀（忠順）
因天之道因地之利謹身節用以養父母
此庶人之孝也

故自天子已下至于庶人孝無終始而患不
及者未之有也

天地之性人為貴人之行莫大於孝孝
莫大於嚴父嚴父莫大於配天則周公其人
也昔者周公郊祀后稷配天宗祀文王於
明堂(王者出政布治之堂)以配上帝是以四海之內
各以其職來助祭夫聖人之德又何以加於孝乎
故親生之膝下以養父母日嚴聖人因

曾子曰 但嚴父配天 本固
事之詞 非謂凡為孝者皆欲如此也 又況孝之所以為愛者
本自有親切處而非此之謂乎 若义如此而後為者 則是使人
臣子者皆有希望之心而反陷於大不孝矣 作傳者但見武論孝之美
卻以附此 而不知其非所以為天下之通訓 讀者詳之 不以文害...

父子之道天性 君臣之義 父母生之 續莫大
親臨之厚莫重焉 不愛其親而愛他人者謂之悖...
不敬其親而敬他人者謂之悖禮

孝子之事親 居則致其敬 養則致其樂 病則致
其憂 喪則致其哀 祭則致其嚴 五者備矣然後能...

事親者 居上不驕 為下不亂 在醜不爭 居上而
則亡 為下而亂則刑 在醜而爭則兵 三者不除
雖日用三牲之養 猶為不孝也

要君者無上 非聖人者無法 非孝者無親 此
大亂之道也

子曰 君子事上 進思盡忠 退思補過 將順...
匡救其惡 故上下能相親 詩曰 心乎愛矣 遐...
謂矣 中心藏之 何日忘之

敢問從父之令可謂孝乎

子曰 是何言與 是何言與 昔者天子有爭臣
人 雖無道 不失其天下 諸侯……五人……國
大夫……三人……家 士有爭友則身不離於令
父有爭子則身不陷於不義 故當不義則子
可以不爭於父 臣不可以不爭於君 故當...
從父之令 又焉得為孝...

...之... 不懷禮無容言不...
...不安 聞樂不樂食旨不甘 此哀戚...
情三日而食教民無以死傷生毀不...
滅性此聖人之政喪不過三年示民有...
終為之棺槨衣衾而舉之陳其簠簋...
為哀戚之擗踊哭泣哀而送之卜其宅...
兆厝之為之宗廟以鬼享之春秋祭祀...
時思之生事愛敬死事哀戚生民之本...
矣死生之義備矣孝子之事親終矣

曾子曰孝子之終身也忌日死辱父母之多...
...身也

子路曰傷哉貧也生無以為養死無...
為禮也孔子曰啜菽飲水盡其歡斯...
謂孝斂首足形還葬而無槨稱其財斯...
之謂禮

孟子曰楊子取為我援一毛而利天下
不為也　墨子兼愛磨頂放踵利天下
為之　子莫執中執中為近之執中...
猶執一也　所惡執一者為其...
舉一而廢百也

...希張解說...

羲舜傳授的心　恐是執中　似乎惟精惟
反說執中無權為執一
不相合　　不知權字就是　惟精
惟一的說法　權錘　物的輕
重　差一分一厘也能稱出
這就是惟精的意思　稱物的
用稱　無論甚麼物品　皆用
這杆稱稱　稱平了就像一　雲
的樣　這就像一心貫通萬事
惟一的意思　一心貫通於
　　將事物的理　稱的精　精
細　平而又平　取出中來
然後纔執定　聖人何嘗不執
中　又何嘗不為我　何嘗莫
兼愛　不過不象楊墨子莫
執着一偏　心內有簡權衡
神而明之　存乎其人就是了

蓋自天降生民則既莫不與之以仁義禮智之性
然其氣質之稟或不能齊是以不能皆有
其性之所有而全之也一有聰明睿智能
出於其間則必命之以為億兆

惣天立極而司徒之職典樂之官所由設也一
—— 人生八歲則自王公以下至於庶人之
子弟皆入小學而教之以灑掃應對進退之節
禮樂射御書數之文及其十有五年則自天子
之元子眾子以至公卿大夫元士之適子與凡
民之俊秀皆入大學而教之以窮理正心修己
治人之道 —— 其所以為教則又皆本之
人君躬行心得之餘不待求之民生日用彝倫
之外是以當世之人無不學其學焉者無不有
以知其性分之所固有職分之所當為而各俛
焉以盡其力

人生而靜、天之性也．感於物而動、地之情也．狗
情橫行而能吉者動物也．復性縱立而良吉者生靈也．
人而橫行則凶．獸而直立則難．人亦動物也而已失下
界之便利也．人是靈物也而未得天界之聖神也．格于
上下而或昇且降．雖惡隨好承、尚克未去從便怯難
之習．故凡人生心理未定、而自是不能無思辨、不能論
論、又不能無咨歎、呻吟乃至不能無詩歌者生
性抽坎填離、以乘勝凱旋之于有頌有詩者
也與於詩立放禮成於樂化者也

森羅万象天地之文也. 伏[...]
而致其理知以明之者歴代之人文也. 其[...]
家國身心無非物也. 誠正齊治莫非知明也. 洞[...]
育而悠久成物, 天也, 非人也. 或人平生欲明欲親欲
止, 不可必期成. 但其内修如如待機, 箇箇誠意則盡
矣. 誠則明矣, 明則誠矣. 知意先後相随而唯立命
者自得. 有後命之意者誠心也, 有必命之意者賊心也.
人文中必命者之述亦不少, 故仁者惡之, 思者義
之. 王陽明氏惡之甚而以致良知為主然, 其末流
以私知為良知者出矣. 又近以格去物欲為格物
之義者出今而俱非正常耳. 絶學而可則不知也. 學
則使學者即凡天地万物莫不因其已知之理益
窮之以求乎其極者勢也. 今吾人如已知之理先
万古人之格物致知以明之者之. 故窮極理
之明之之道則不知何代而終之者之. 若刻明
親新止至之大学道者亦在不止矣. 天也命也.
化也。大化中鼓動是人文也夫。

ㅎㅍㅋㅊㅅㅇ ㅅㅂㅁㄹㄷㄴㄱ

비 ㄷ ㄱ
시 리 나
지 미

위 오 어 아
키 이 아
치 ㅣ 이 돌 요 으

먹[illegible]곤음파. 못된것을 되도록 이김은 기다리기 어렵이' 있고.

싸홈이나 알흔데 같은 슬미움이 없으니 泰否이다. 二一二九五(1948. 7. 1)적다.

「260時間(1948.6.20夕后——7.19前)뷔속의느낌」

敢問何謂浩然之气曰難言也
其為气也 至大至剛 以直養而害無。
則塞于天地之間。其為气也 配義
與道 無是餒也。是集義所生者
非義襲而取之也 行有不慊於心
則餒矣。——必有事焉 而勿正心無
忘 勿助長也。——以為無益而舍之
者不耘苗者也 助之長者揠苗者也。
非徒無益而又害之 何謂知言。曰詖辭知其所蔽 淫辭
知其所陷。邪辭知其所離。遁辭知其
所窮。生於其心 害於其政 發於其政
害於其事。聖人復起 必從吾言矣。

는。
빛맑맞으
문으로
을풀자
올줄로
얼오
얼리어 살
피이니
비이어다
데미리다
봄。

一九五〇. 四

阿羅漢 Arhan 應供、殺賊、不生

等持＝等至＝靜慮

　　　　　　　　　　　　　　　　　無　上　級
三昧 Samadhi 阿耨多羅 anuttralantudttra
三藐 正samayk 三菩提 sambodhi
　　　　　　徧知＝等覺
曼怛羅 念器mantra 眞言、密語、明呪、如語、眞實語
　　　　　　　　　　　　　　　舍子 鶖鷺子
陀羅尼 Dharani 總持　舍利子Sariputra舍利弗
經(Sutram 素怛纜、修多羅) 貫穿攝持。
Prajna (panna) paramita-hrdaya-sutram.
Maha-vaipulya-buddha-gandavyuha-sutra.
Sadharma-Pundarika-sutra.
諸法無常, 是生滅法, 生滅＝己, 寂滅為樂

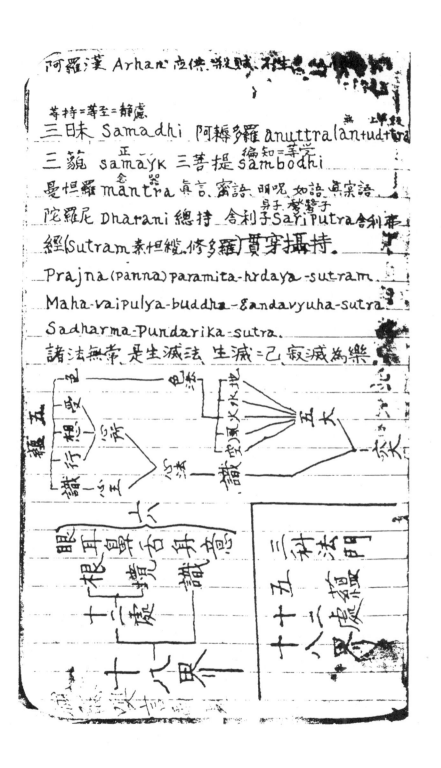

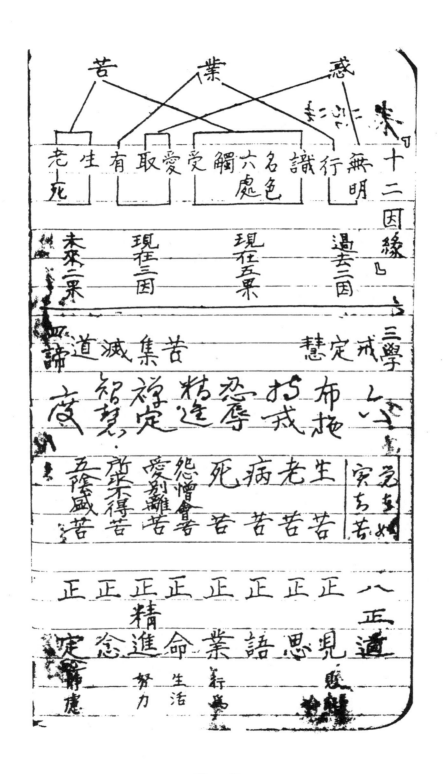

十二因緣 乙

苦　　業　　惑
　　↘　↙↘　↙
老生｜有取愛受觸六名識｜行無明
死　｜　　　　　處色｜

未來二果　現在三因　現在五果　過去二因

三學　戒　定　慧

四諦　道滅集苦

六度　智禅精忍持布
　　　慧定進辱戒施

八苦　五所愛怨死病老生　究竟無
　陰求離憎　　　　　　實苦
　盛不會　　　　　　　　苦
　苦得苦苦　苦苦苦苦

八正道　正正正正正正正正
　　　　定念進命業語思見
　　　　　　努生　新　應
　　　　　　力活　學

袁沿沫(藍溪) 宣祖拳 燕山仕 咸陽人

我逢暗主投江死
再遇明君何事來

新築書臺壁未乾　況時但苦為名忙
馬蹄催我上長安　老去方知行路難
子里冥山千里夢　何時靜此雲林下
一番風雨一番空　翠竹蒼松仔細看

邵康節　心學曰
事奇巨細　皆有天人之理　修為人也
 而不遇者也　因失不動心　而以順
天也　巧險僥倖是逆天也　求之
在人也　得之在天也　因失不動
所以順天也　強取必得是逆天理也
等天理者　君子禍小玉

文中子 問易篇曰
或徵曰聖人有憂乎曰天下皆憂吾得
不憂乎　問疑子曰天下皆疑吾得
疑乎　徵退　子謂董常曰樂天知命

命若有真乎理与性吾何擇。常
曰孔告徵也。子曰二乎乎。子曰徵
所同者迹也。吾告汝者心也。心
迹之判久矣苑將乃不二乎乎。常曰
心迹固殊乎。子曰自汝観之乃
殊也。而適造乃不知乃殊也。各乎當
物之夫乃。夫二未達一也。李播中
而歎曰大哉乎一也。天下皆歸乎
而不覺也。

　周公篇曰
李密問英雄。子曰自知为英。自
勝为雄。問勇。子曰光也義乎。
邵庚節。
以物観物性也以我観物情也性公而明
情偏而暗人得中和之氣則剛柔均一
人智強則物智弱。

「用萬類。

人之貴兼乎万類自立而得其貴所以能
為萬。

人之神則天地之神也人之自欺所以欺天地

夏至日長 十四時 35分 即 $\frac{14時35分}{二十} = .60764$

冬至日長 9時 25分 $\frac{9時十六666}{二十} = .39236$

神無所在無所不在 ——道卽一神遍滿也
以神卽神而主宰也。

凡事皆之快 幾十之七 則可止矣 蓋夏至
之日止大古十寒之 以是皆分 惜乎皆天心
(註)易曰知幾其神乎 幾者事皆之見微庶幾
於焉独早乎、大約事無十全、幾七餘盈
則可止矣 —— 人有至善亦無全用、如不飲七
棄至人而止、又如過七筆至畫而止、畫又過
七分至日入而止、聲又過七律至不行而止
事發 十之七而止

各緯度에의 夏至日長

北極	6個月 18日	30°	13時56分 43分
85°	161日 27日	20°	13時13分 38分
80°	134日 31日	10°	12時35分 35分
75°	103日 38日	0°	12時
70°	65日 64日		
66°30′	1日 5時30分		
60°	18時30分 21時21分		
50°	16時 9分 時13分		
40°	14時51分 55分		

現 14時45分　$\frac{14時75}{24時} = 0.614583$

9時35分　$\frac{9.583}{24} = 0.39930543$

北緯43° 穩城
42°半 慶興
42°　高城山麓 農事洞 天池壹
41°半 慈城
41° 江界
40°半 昌城
40°　前津 雲山 龜城 枇峴 楊市
39°半 寧邊(中開) 順川
39°　南山驛里 平壤
38°半 伊川 瑞興 沙里院 安岳
38°　開城 白川 青丹 龍塘浦
37°半 鬱陵島 横城 楊平 永登浦
37°　蔚珍 忠州 安城 平沢
36°半 青松 尚州 公州
36°　浦項 永川 倭館 高山 益山
35°半 蔚山 密陽 山清 南原 咸陽 高敞
35°　加德島 固城 光陽 栄山浦 綾州 務安
34°　巨文島
33°半 濟州島

1952

4月 15日 火曜

요한 八 23 —

마태 二十二

詩篇 四十九

16日 水曜

마태 六 24

〃 十一 30

요壹 五 3

히브리 七 10

요한 八 56

마태 十 20

누가 十二 32

베前 二 9,10.
19-22
열미 三 1,2. 25

사야 五四 4-8

여호와의 分깃은 自己.
百姓。申 三十二 9
여호와는 나의 産業.
詩 十六 5
永遠한 分깃. 詩 73
二十六
分깃이시니 나는 主의
말슴을 직히리이다. 詩 119
五十七
生國에서 分깃. 詩 142
五
基業이시니 哀 三 24

弱者를 도음

使 廿 25도 十五,고前 田
田 九 柱 고後 十一 9 十二
13에 四 28 살前 四 11, 五 14
살後 三 8

Xρίω 出 廿九 7 冊前
十六 13。帶使命者 人上 四十五 1. Xριστος 太
十六 16 約 四 26

多夕日誌

28

알라스카 西部(서부)	前日	午後 4.00	
하 와 이	〃	4:30	
알라스카 中部	〃	5.00	
〃 東部	〃	6.00	
멕시코 西部	〃	7.00	
〃 中部	〃	8.00	
(사과로) 東部	〃	9.00	
와싱톤 (75)	〃	10.00	
유루과이	〃	11:30	
부라질 東部		0.00	
그리니지	午前	3.00	
欧洲 中部 丁抹		4.00	
〃 東部 파레스탠		5.00	
쏘비엘		6.00	
昆侖		8:30	
回藏		9.00	
버마		9:30	
中華 中部 泰		10.00	
〃 中原 上海 比律賓 120°		11.00	
서울 東127 (東또 135° 標準)(126°58')		正午	
괌島 東145°		午後 1.00	
뉴기니야 (파푸아) 東138-150°		2.30	

또 한 일천리, 한 말, 한 말, 하 두루 활 선 녁 한 롱 치 자 시 비 여 두 봐 기 로
삼 기 로 선 녁 할 없 압 서 서 한 번 세 두 기 로
활 로 루 할 맡 이 사 이 없기로

나라가장자리(經緯度)

東經 **124° 11′**
〃 130° 56′ 23″
北緯 33° 6′ 40″
〃 43° 0′ 36″

```
百 而 思 之 東 經 土
一 世 吾 育 念 三 界
三 十 三 天 陸 不 動
北 原 矗 絕 三 六 計
```

이 常告　　　　　意

醫常하게도 無常호 物身

異常하게도 非常호 精神

손에 손이 땀이 가고

힘에 힘도 피은 드러

곱게도 지고 지며 바로요

되고 되어온 이 몸을

우리지은 노릇으로 이에

구태어 받을수 있사오리까

거듭 잘못이 없게스리

걸챔부치의 몸을 막고

오직 끼니는 藥으로

우리 맡은것을 미추기까지

몸에 이바지어 삼가 받들

렵니다.

　　五觀偈

計功多少 量彼來處 忖己德行
全缺應供 防心離過 貪等爲宗
正思良藥 爲療形枯 爲成道業
應受此食

自重而得其貴
一空故純得貴體　　　　　　　　　　
万有引力自空心　　自...得...如斯...

物占玉心...丧妻　　以物觀物性公明
情偏...身反...沉　　淺...電馨...遠...

肺壇心輪恒物・天府也
　口谷食輪自物・地府也
　腎壑生輪公物・人代也
有以代代為天地者・有以地代天者・
有以天代地者乎。

生不習疎而無親
　熟不果獼不忍見
熟親幾多時・學習而卒可矣。

이 ·승·

이승이라. ㄴ ㅅㅔ글픈 도막.

나면. 설다.

서름. 서름 서먹 서먹

익히느라니.

익으면. 뚝 땄다 닌다.

뚝 땄다면. 뚝. 딴다.

서글픈 도막,
어여쁜 이승,
물카짐 두곤,
똑따, 좋다!
똑따다가ㄴ
힘께 바로 드리오리잇가?
애기집을 여이고 이승에 날제,
서럽듯이,
이승 떠나 저승감,
또, 서럽。

목 숨

이승에서, 목숨,
이제, 이목의, 숨,
맨 첨,
한배 여른,
담, 이어 히은
어뼤들 이어 지어 여러 보내온,
숨,
이어 지어 여름, 한여름 짓기。

書同文. 同也方異也. 颼乎昭代正文
異於前代也. 一代之同文即為一代之及馳
變之相君寒乎笛而五百四十等者方彰而未
艾也. 兩儀祔向五行之燦呈也 不壹而足.

참 그리워 첨가오니.

호 웅힘. 참은.

늘 아주 맨 첨. 보이히.

기니 디리미 비시이지.

치

키 (커서)

티 (티워서)

피 히 (피이도록).

쉬   기 (느진 빛)

일즉 쓰었던 봄집 이 없은듯 괴괴 하고.

어제 땐 아궁 씻은듯 닳았는데.

다락 앞 참도 가리운채.

꼭대커ㄴ 티운가.

높고 높이 오르고 오르는김.

이어 쉬이는숨.

지내드리어 가웁는 절보이

참 들리는 참(站)에가

이 쉬는밤을

밝혀 깨웁고자

文明之發開也於不盡[?]용 ——

蓋之不可以久不通也

順治十八く1661り 閣籍仮寓五父宅(八十詩)

六書通 [?]序文鈔。

참 찾아 곰곰 빌어 사룹는

숨소리 실낫같 히 히 이

水星	87.969	約47[?]光年役古 Sagittarius
金星	224.7	銀河宇宙中心 西方角
火星	686 1.98 321	太陽地方星團中心 立釜
Ceres	4.219	直2[?]光年 約100光年 約恒星1[?]个
木星	4332.59 11.314	1801.1.1日 伊天文學 前Piazzi見
土星	10759.2 29.166	衝光七等. 直至770km. 種粹
天王	30685.93 84. 7	
海王	60187.64 164.280	
冥王	90469.32 247.250	오빠 구 거 거 다 마 기로, 상구. 삼루.

EINSTEIN 宙 1800佳光年(平均直至)

渦巻星霧. 千兆(槪数)

星 團 万(一星霧中에)

恒星(太陽)百佳(〃 〃 〃)

〃 百万(〃 〃 團 〃 〃)

100吋反射鏡 大宇宙深奧600分의1밖에

深奧 900佳光年 距離의星霧 32等級光이를

反射鏡이면 8万吋곧 2000m 鏡을要.

100inch視野는 1佳4000万光年 2千万星霧

받아 줌 하나
—목숨 기리웁—

있다 잇을 틈을 답게 앎이
아름답아 빨아당길 힘을 가진
온 된 봄이여)
빈탕 참없이 있어 뿜어쏘는수
를 쟁인것도 아름답게 알면살수있다
하도하호 한 알의 뿜어쏘는수는
빈탕도, 참도, 채렴도, 만도,
우리만 [눅十七21]에 ㄲ개밝[눅十
35]는 나라ㄴ[눅十二32]
말씀으로 말미암아 나ㄴ[요一5]
숨인빛이오, 슬기의 아들[맡十
19]이오, 빈탕가온[고]속알[요
츤三9]한모리,
당긴힘 잠재잠(알짬=精)째여
쏘는수 뚤는김(숨)에 자라 솟
날줄 아름답아「참좋곺」사롬
사록(숨)새록새로 살리히.이여
ㅇ·ㅁ 저 슴   우리웋

日若稽古帝堯 曰放勳欽
明文思安安允恭　克讓光
被四表格于上下

　曰若稽古帝舜 曰重華協
于帝濬哲文明温恭允塞
玄德升聞乃命以位
　曰若稽古大禹 曰文命敷
于四海　祗承于帝
　　娶于塗山辛壬癸甲
　啟呱呱而泣．予弗子

○

　씨알 무리들、흐흐 니들이
들고들나나、나 나 나들이、골나、잘
나、골잘나. 아단 법석 각고 저미고
졸러고 줄다가、생이 벼락 맞단 말이
참 인가？

돌아드니 흐아에. 하나 인걸！

　出入无極 小子眾. 一多圓融. 一亏一切
舉出万有, 万亏有小. 況万益小. 細細微微終止寥落
歸入一毫, 一少每大唯一絕大. 荒荒顥顥始得自首.

○

乃命羲和欽若昊天厂象日月星辰
寸。分令羲仲⋯寅賓

出日…足鳥…燃人殷仲春。申命義叔
…日永星火 …以人正仲夏。分命和仲
…寅餞納日宵中星虛以人殷仲秋。
申命和叔…日短星昴以人正仲冬。
帝曰咨義暨和朞三百有六旬有六日以
閏月定四時成歲允釐百工庶績咸熙

血1滴의赤血数 5百万. 一人 24兆個
4百80万滴인가. 24兆個赤血球를 느러노
면 月距離에 半이나 간다하니 赤血球의 直至
은 8micron?

課題는 勿論. 生的인것을 精神
의 規定中으로 導入코즈 일이다.
(여기에 生理的인것의 모든) 道
德的 問題를 드럿다. 이 課題의
實現은 人間에서의 愛의 勝利다.
人間에서는 精神이. 生的인것
이 잇히여. 잊혀진것으로 맛 나타
날만치 完全勝하였다. 이런
수가 생긴 以上 이때 官能生는 精神
에서 聖化되고. 不安은 다더러거고
버렸다. Kierkegaard ）
「不安의 槪念」 136頁 ）

淮南子

仁義者治之本也. 今不知事修其本而
務治其末. 是釋其根而灌其枝也. 且
法之生也以輔仁義. 今重法而棄義. 是
尚其冠履而忘其頭足也

子曰殷因於夏礼而損益可知也
周因於殷礼而損益可知至或繼周
者雖百世可知也 〈變語〉

註 所損益謂文質三統, 及尚忠尚敬者
謂周為文. 三統謂 夏正建寅為人統
商正建丑為地統. 周正建子為天統

子曰 質勝文則野 文勝質則史(注史掌文
書多聞習事而誠或不足也) 文質彬之然君子

子曰 奢則不孫, 儉則固, 与其不孫, 也寧

興於詩, 立於禮. 成於樂。

子曰 由之瑟奚為於丘之門也 門人
不敬子路 子曰 由也升堂矣 未入於室也

子曰 先進於礼乐. 野人也, 後進於礼乐君子
一, 如用之. 則吾從先進。

子曰 質勝文則野 文勝質史 文質彬之然後君子

人而不仁如
樂何.
曰人而不元如仁何、人而不元如義何。

場底巾日暑有限
恐見衆過居事情 望別敲婷生怠華
次代知癡生命快 医倦療飢寢食夢

菜根譚
飽後思味罪濃淡之境都消色後
思姪則男女之見盡絕故人事以
事後之悔悟破臨事之癡迷則性
定而動无不正。

圓
　君子行 轟夷中
　君子防未然 不處嫌疑間 瓜
田不納履 李下不正冠 嫂叔
不親授 長幼不比肩 勞謙得
其柄 和光甚獨難 周公下白
屋 吐哺不及餐 一沐三握
髮 後世稱聖賢

林放問礼之本
子曰大哉問，礼与其奢也寧儉
喪其易也也寧戚

太史公曰
孫叔敖出一言郢市復，遂為病死，
鄭民號哭。公儀子見好布而家婦
逐，石奢縱父而死，楚昭名立，李離
過殺而伏劍，晉文以正國法。

家藏古硯銘　　唐子西（庚曹□）
硯与筆墨蓋气類也出處相近任用寵遇相
近也獨壽夭不相近也筆之壽以日計墨
之壽以月計硯之壽以世計其故何也
其為體也筆最銳墨次之硯鈍者也
豈非鈍者壽而銳者夭乎其為用也筆
最動墨次之硯靜者也豈非靜者壽而動
者夭乎吾於是以養生而以鈍為體以
靜為用或曰壽夭數也非鈍銳動靜
所及借令筆不銳不動吾知其不能與
硯久遠矣雖然寧為此無為彼也
銘曰不能銳因以鈍為體不能動
因以靜為用惟其然是以能永年

後世知有功之為功而不知無功
之為功（上廣作郎主）

Venas la horo, Vena jr oro naj.
Kaj jam estas. Jam estas.
JOHAN 4²³ 敎拜 Johan 5²⁵ 復活

기쓰·스르스ㄴ ㅎ 나·라·는
ㅇ·ㅁ
나·니·니·가 속속들이 봄에 있다.
大·ㅁ 나·들이

기·를 기러 기·른
모드 모다 모딘 이 몸이 봄

봄으로 이·름어러길 기·를

비·림·으로보름 지내 브림·

다·달이 다디라

히이신 히 둘 나지니
히 달라지 도록 오늘ㅎ·ㄹ

ㅎ오리 봄

이·딥이 어데 있느니

αββα πατηρ

Aba, Patro, ĉio estas ebla ĉe vi:

forportu de mi ĉi tiun kalikon; tamen estu ne tio, kion mi volas, sed kion vi volas. (Marko 36/4)

Ĉar vi ne ricevis la spiriton al timo; sed vi ricevis la spiriton de adopto, per kiu ni krias:

Aba, Patro. (Roma 15/8)

Kaj ĉar vi estas filoj, Dio elsendis la Spiriton de Sia Filo en niajn korojn, kriantan, Aba, Patro!

(Galatoj 6/4)

de sklaveco denove

拉丁 papa
希腊 παππας } POPE (法王)

KAJ la fido estas realigo de esperataĵoj, provado de aferoj ne vidataj. (Hebr. 11[1])

Oferdono de malvirtuloj estas abomenaĵo por la Eternulo;
Sed la preĝo de virtuloj al Li plaĉas. (SENTENCOJ 15[8])

Konvenis al Li, por ĉio kiu estas, Kaj de kiu ĉio estas, alkondukanta multajn filojn al gloro, perfektigi per suferado la estron de ilia savo. HEBREOJ 2[10]

Jen venas la horo, kaj eĉ jam venis.

La Eternulo es-
tos terura por
ili; ĉar Li ekster-
mos ĉiujn diojn
de la tero; kaj ant-
aŭ Li adorkliniĝos,
ĉiu sur sia loko,
ĉiuj insuloj de la
nacioj. CEFANJA 2[11]

Johano 16[32] 亂離

이제 ㅂ니다.

같은 하루 지나 일을 ㅂ리리.

(影子) 아 멘

읍14[1,2] 17[7] 詩144[4] 傳6[12](千年一日) 벧後3[8]

默21[23] (新城無日月)

十字架 (디리)

요4[23] 6[51]   누12[49]   요[9]

디리 는 참말로 목숨놓아 빛이
에닌 길 거룩흔 드림 보시는 모습

요14[6]

네 나를 네보내 나 나 시서 나가
는 븐대

누14[33]

난 죄 다 ㅂ리고 임께다. ㅂ
친 끌 고이다 보이신

마27[33]

끌고디. (마10[38] 16[24] 가8[34] 누9[23])

들린 흐을 사리

들린 흐을 사리 들임이

다· 리

한 다·리를 거네 나·
두· 다리로 걸은 나·
세 다·리 세운데 달리시다·

높이 놓와·세운 다·리 한복판에
달리신님 받고야·주는 줌금시·리
의 금줄을 끊고 넘치 흘러 주고
주고 주시는 호신데 호 그이신데

왼쪽엔 받을 셈으로만 여기다가
에까·지 와서도 받으라·고만 하는
제 바·람 맞히어 죽은이오

옳은쪽엔 맞힐셈만 보라·던이 님
의 그저 그저 주고 주시는 새 셈풀
이 에풀려 죽음을 깨치고 드리가

(ㅇㅎ 39—43)

多夕日誌
48

仔儒佛仙信經
人子至孝仔細看
弗弓健呂佛僧侶
雨而齋明儒家直
山居善長仙人宅
　　　　　68
아버지　　　833
1866. 7. 19. 3511
1933. 11. 2. 24578

1890. 3. 13. 24151
1956. 4. 26. 3450
　　　　　818
　　　　　67
嗚呼尚克時忱乃亦有終

西紀30.4.9
Julian day
No. 1732115 丁亥

一九四五、四、二六日
第二○二三三日、
第一六二一六日、
第一六○八○日、

夕梧柳成通知金在咸興別世電計
本介咸知金柳先出一三六朔即四
○一七日於咸咸先出三六日於金矣

然而最後來金反最先去于柳雖鈍進然或可達從此一三六
朔頃得歸觀也夫如是思則勿論天機不可妄斷而以此擬於
前人鑿墓穴之日課及設忌日之心工爲之云甫

公求道志彌萬
殉德曾遊許多學
許德溪流長天
嗚天生德人曆

鳳憲念許恩
約之心禮復
固窮能斬殉
體得藏用易

初旭 庚寅 5,7娣
1950.6.22.
2433459壬子
1924. 1. 23 水
癸亥 12. 18 辛丑
1849. 10. 21 金
己丑 8. 30 甲申
2423808 週日
2433211 〃

9404 日
1343 週
319 朔歲
26

金教臣一生 2415499 通日
2431571

1901. 4. 18. 木曜　　16079日
辛丑. 2. 30. 丙寅　　2297週　　36朔10528
1945. 4. 25. 水曜　　　545朔
乙酉. 3. 14. 甲子　　　 45歲

柳永模一生 2411440 通日 6.3327
2435590　　7.34.77

1890. 3. 13. 木曜　　　67歲　　三
庚寅. 2. 23. 癸巳　　　818朔　　月
1956. 4. 26. 木曜'　 3450週　　二
丙申. 3. 16. 癸亥　　24151日　　五

南崗先師一生 2401956 通日
2426106

1864. 3. 25. 金曜　24151日　　五 廿
甲子. 2. 18. 己丑　 3450週　　九 紀
1930. 5. 9. 金曜　　 818朔　 丁 三
庚午. 4. 11. 己未　　 67歲　　 三十年

芳生臆測數　　是何人事耶
偶合先師實　　抑亦天啓律

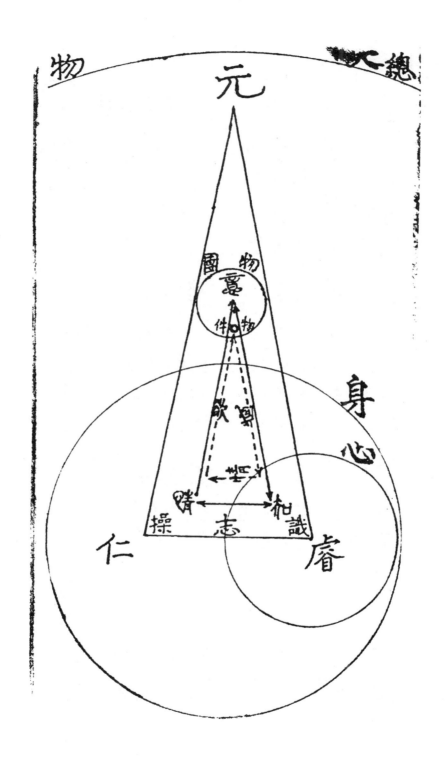

右圖解　누가十八의八．

人心이 物件에 外誘될때 物團을 無視하고 至私하니 그心理 感·情·欲뿐

人心이 物團에 支配될때 公私에 反復하야 間感하니 그心理 知情·意의 度가 千万層

人心이 總物團인 天에 內衆될때 至公하니 그心理 睿知·仁情·元善을뿐

一九四九·五·五

元善은 皇極이라．

宇内千兆霧　　毎團百万星

霧中一万團　　百億千兆晏

百吋鏡撮・二千万霧

挫之如折枯末每以地
勢處之如得而率義諸長也。

易.窮理盡性以至於命
祭統篇.天子者與天地參.故德配
天地兼利万物
荀子王制篇.天地生君子君子理天地
君子者天地之參也万物之揔也民之
父母也.無君子則天地不理。
性惡篇.積善而不息.則通於神明參於
天地。
中庸.惟天下至誠為能盡其性
能盡其性則能盡人之性能盡人
之性則能盡物之理能盡物之
性則可以贊天地之化育可以贊
天地之化育則可以與天地參矣
孟子.禍福無不自己求之者。
大禹謨.惠迪吉.從逆凶.惟響影。
湯誥.天道福善而禍淫。
中庸.誠者.物之終始.不誠無物.
大学.心不在焉.視而不見聽而不聞。
中庸.鬼神之為德.其盛矣乎視之而弗見聽
之而弗聞.體物而不可遺。

樂者所以移風易俗也,自雅頌聲興
則已好鄭衛之音,鄭衛之音所從來
久矣.人情之所感遠俗則懷,此樂書以
來古,作樂書第二. (大史公自序)

維三代之禮,所損益各殊務,然要以
近情性通王道,故禮因人質為之節文,
略協古今之變. 作禮書第一.

律居陰而治陽,歷居陽而治陰,律
歷更相治,間不容翲忽,五家之文怫
異,維太初之元論,作歷書第四.

　帝堯陶唐氏,伊祁姓或曰名放勳,帝嚳
子也.其仁如天,其知如神,就之如日,望之如雲.
都平陽(府屬山西) 有草生庭,十五日以前日生
一葉,以後日落一葉,月小盡則一葉厭而
不落,名曰蓂莢,觀之以知旬朔.
Nil=Nile 河汜濫年의一定時節이것으로起因
기원前二十世紀頃벌써行해져到太陽歷ㅐ+5餘日

Julius Cæsar 曆 (改厂年即主前四六年에 實行
· 一年日數 四百四十五日이되어 亂年이라 稱)
　　主后八年 爲始. 正置每四年一閏日 Augustus Cæsar
本厂一年 = 365¼ — 365日2422 眞回歸年의 差는

　　即 0.0078日 (11分14秒). 128年에 1日差

Gregorio = Gregory 13 法皇

　　1582年10月5日—14日 即 十個日省ㅎ고

　　400年에 3日閏을 省ㅎ도록 置閏法을 改定

本厂一年은 365日2425

西紀	回歸年	差
	日	日
前一千一年	365.24238	0.00012
後一千年	365.24225	0.00025
後三千年	365.24213	0.00037

主后 4521年 까지 가서 　1日의 差 ⎫
主后 6442年　〃　　〃　　2日의 差 ⎬ 가남

非兵不疆 非德不昌 黄帝 湯武以興
桀紂二世以崩 可不慎歟 司馬所從
來尚矣 太公. 孫. 吳. 王子能紹而明之.
切近世 極人變 作律書第三.

　　希臘 曆法 (19太陽年 = 235太陰月)

前 432 메톤法 19太陽年 = 6940日
·334 카리포스 　〃 = 6939¾
·125 히파르코스 　〃 = 6939¹¹⁄₄₆

第四卷
──────
57

中國曆法

前年冬至月謂之夏正十一月朔
天正經朔（算曆起点也）

（索隱）

$太初元年\ 12\quad 0\qquad +\ 54\frac{348}{940}\ =\qquad\qquad 54\frac{348}{940}$

$二年\ 12\quad 54\frac{348}{940}\ +\ 54\frac{348}{940}\ =\ 60+48\frac{696}{940}$

$三年\ 13\quad 48\frac{696}{940}\ +\ 23\frac{847}{940}\ =\ 60+12\frac{603}{940}$

$四年\ 12\quad 12\frac{603}{940}\ +\ 54\frac{348}{940}\ =\ 60+7\frac{11}{940}$

$天漢元年\ 12\quad 7\frac{11}{940}\ +\ 54\frac{348}{940}\ =\ 60+1\frac{359}{940}$

太陽年三百六十五日四分一。日三十二籌分。

$太陰月\ 29\frac{499}{940}\quad \times 12 = 354\frac{348}{940}$

$\times 13 = 383\frac{847}{940}$

$太陽年\ 365\frac{1}{4}\times 19 = 太陰月\ 29\frac{499}{940}\times 235\qquad =$

四分曆法 章法十九。章月二百三十五。

$\frac{1461}{4}=365\frac{1}{4}$　周天千四百六十一、日法四。

（後漢書律曆志）

元嘉曆法（後443宋文）　（宋書曆志）
　　　章歲十九。章月二百三十五。
　　度法三百四。周天十一萬一千三十五。

$\frac{111035}{304}=365\frac{75}{304}$　　$365\frac{75}{304}\times 19$

太初元年 (前104, 漢武)
　日得甲子, 夜半朔旦冬至.　　　　(史記曆書)

			武帝	B.C.
無大餘	無小餘	十二	建元	140
○無大餘	無小餘	十二	元光	134
大餘五十四	小餘三百四十八		元朔	128
○大餘五	小餘八	朗十三	元狩	122
大餘四十八	小餘六百九十六		元鼎	116
○大餘十	小餘十六			
大餘十二	小餘六百三	十二	元封	110
○大餘十五	小餘二十四			
大餘七	小餘十一	十二	太初	104
○大餘二十一	小餘無小餘	閏十三	天漢	100
大餘一	小餘三百五十九		太始	96
○大餘二十六	小餘八		征和	92
			後元	88

大餘 朔日干支　　　　小餘 朔時刻
○大餘 冬至日干支　○小餘 冬至時刻
餘則六十倍數除之而殘餘。

6939¾ (카리포스法과目)

딸은 두구오셔……
「그저오 판판이」?
(29.530588之日)
우리는 보름을
바라는데.
보랑도 없이……。

6939 11/

햇설. 두설. 세설.
한살 먹어
서루오
두네쉬둔날
(365.2422日)
네해안에.
맞아옴니다。

九九頭数図

九九尾数図

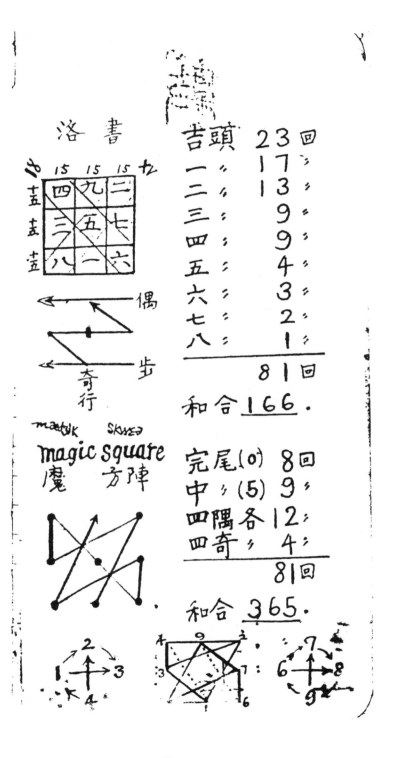

洛書

四	九	二
三	五	七
八	一	六

15 15 15

偶

奇行 步

magic square
魔 方陣

吉頭 23 回
〃 17 〃
1 〃
一 二 三 9 9 〃
三 四 9 〃
五 六 4 〃
七 八 3 〃
2 〃
1 〃
―――――
81 回

和合 166.

完尾(0) 8 回
中 〃(5) 9 〃
四隅 各 12 〃
四奇 〃 4 〃
―――――
81 回

和合 365.

數

아홉다 아홉다 아홉겟습니다

더럽다 두렵다 들었다 여듧 (얼에둛없다)

일음곱 집느냐

여러세 느냐

다섯다

네모라야 반듯 하겠느니

혼아 둘 세 놓느냐

(따른 딸·드르·드르·드우·리) 둘가

혼아 (혼나)

45	40	45	40	25	40	45	40	45
九	八	七	六	五	四	三	二	一
八	六	四	二	〇	八	六	四	二
七	四	一	八	五	二	九	六	三
六	二	八	四	〇	六	二	八	四
五	〇	五	〇	五	〇	五	〇	五
四	八	二	六	〇	四	八	二	六
三	六	九	二	五	八	一	四	七
二	四	六	八	〇	二	四	六	八
一	二	三	四	五	六	七	八	九

參天貳地

一自在元一	兩兩相加四
一自由本一	二二相因四
一欲対絶対	離參相加五
一加一怪二	參異相因六
壹乘一為一	天地△口七
參數始素二	双乘勝盛八
一元二素三	參知此歸九

南方 摩迦陀國. 彌樓山에
阿羅邏仙人을 찾아가는 길에
摩迦陀國王頻毘娑羅와 相見
國都 王舍城 北에 仙人訪問

　　阿羅邏、欝陀羅羅摩子, 二仙人
과도 作別。

　　尼連禪河 西岸一地에서 幾朔을
　　優樓頻螺村 苦行林의 五人比丘
을 쫓다。

　　伴五比丘 苦行前後 六年一身
皮骨似枯木. 六年不動也如灰
이나 太子心中尙無 一安

　　作行타가 禪河에서 沐浴하고 岸上
에 氣絶하시고 牧娘難陀의 香乳糜
의 供養으로 回復　Budhagaya
　菩提樹下 法座 見明星 悟道
(布教)

　　婆羅捺斯國 鹿野園에서 五比丘
에게 四聖諦 八正道를 說法。
苦.集(苦因)(慾)滅(我).道
橋陳如 等 五比丘 最初歸依三寶
. 法.僧(僧伽))者

王舍城西 伽耶山

優樓頻羅迦葉波. 邪提迦葉波,
伽耶迦葉波 (拜火修行) 三人과 其
眷屬 五百人이 歸依.

摩迦陀国王 頻毘婆羅와 群臣 歸依.
当時 印度文明의 中心이던 摩迦陀
國을 根據로하여 宣敎되었다.

迦蘭陀迦로 弟子 竹林을 맞이고 王
이 大精舍를 建立하니 竹林精舍라.

摩迦陀国內 婆羅門派 宗師 舍利弗.
目犍連 各々 二百餘人率 歸依 高弟되고

摩訶迦葉 (富豪. 通曉經典. 德智兼全)
歸依하야 上行第一의 尊遇를 받다.

国北 拘薩羅의 富豪 須達 (得名 善施
「給孤獨」 長者가 首都 舍衛城에 祇園精
舍를 세고 出家. 十二年만에 父子 相会하고
七日后 舍衛城으로 向. 祇園精舍根據
中北印度를 敎化

成道 第十三年에 再入 迦毘羅城 했때
父王 己逝.

成道 第四十三年頃
摩迦陀國에 提婆達多가 太子 阿闍
를 꼬여서 婆羅王을 弑하고 母

主前750年頃 Romulus 王時代厂

一年 304日 十箇月呈

Martius^{31}・Aprilis^{30}・Maius^{31}・Junius^{30}

Quintilis^{31}・Sextilis^{30}・September^{30}

October^{31}・November^{30}・December^{30}・

主前710年 Numa 王改正厂

一年 355日 十二箇月呈 前六箇^{30}月을다^{29}月呈

Januarius^{29}・Februarius^{28}・

主前46年 Julius Cæsar 改正 Julian calendar

一年 365日 每四年置閏一日 (2月^{23日}^{24日}새에둠)

1^{31} 2^{28} 3^{31} 4^{30} 5^{31} 6^{30} 7^{31} 8^{31} 9^{30} 10^{21}

11^{30} 12^{31} Julius

Julius 死後 僧官等, 誤호閏法, 主前42—9年

每三年置之故因生三日差矣

Augustus Cæsar 校正 主前6—主後4年不置

閏日而自主後8年正置每四年一閏日也 同時

Sextilis 改称 Augustus 笑

Julian calendar 年

365¼ —眞回歸年365日2422 = 0.0078 (11'14^{s})

128年 一日差 故改厂際 三月二十三日當春分

次移動而至十六世紀頃當三月十一日春分

皇 Gregrio 13世 十箇日省略 1582.10.5 —1

設三度百年無閏法是 Gregrian calendar

前　510年　佛誕
　　493　納妃
　　491?　出城

　　484　入苦行林
　　480　成道
　　474　父子再会
　　464　再入迦毘羅城
　　430　佛滅

四五千年�128生 Aryans 族一派南下
R.Indus 河上流侵入 乃至 R.Ganges
河流域。[四姓生] Brahman 婆羅门 Kshatri
刹帝利 Vaisya 吠舍 Aryans 三姓 Sudra 袁著首
陀。Brahmanism (婆羅門教)
Buddhism (佛教)
迦毘羅城 淨飯王. 王妃 麻耶夫人
太子 喬多摩悉達多
Saka Muni 釋迦牟尼
娶耶輸陀羅. 生男 羅睺羅
御者=車匿. 愛馬=乾陟.
迦毘羅城 東方約二百里. 雪山山梵
跋迦�� ﾊ ﾞ (瑜伽派苦行者

幽閉하고 佛陀를 害하려 하다
阿闍世王은 다시 佛教를 또라르고 中印
度의 盟主이엇다. 그러나 此時以後
中印度의 平和는 깨젓다.

佛陀는 遊化의 錫을 멈추고 祇園精舍
와 王舍城 二處를 往來하며 弟子에게 說法

祈連跋提河岸 沙羅双樹 사이에 阿難
陀에게 命하야 北枕臥床을 베푼다 (目犍
連은 外道에게 被殺、舍利弗과 三世葉은
己歿後다。「以人法 為師」

向二百年頃 Magadha 国 Asoka (阿育
阿輸迦)王 佛教 宣布

　三百數十年(二世紀中葉에 と 中央
亞細亞의 大月氏国의 Kanishika (迦
膩色迦王)도 尊信者

564年 釋迦牟尼 生 (?)
558年 페르시아에 크로스王立
551年 孔子生
538年 [□]에、포에니아
533年 第二世界帝国。510年 로마共和国。
500年 유다人 歸国　학개、스가랴。
458年 에스라、444年 느헤미야。
399年 소크라데스 死。
333年 알넉산더。이스스決戰
289年 孟子死　前漢
202年後 22年

前 4004年 아담

2953－2255 黃帝 [2008]

2500年 노아

2205－1818 夏紀 [420年]

2000年 아브라함 [600年]

1766－1154 商紀

1500年 모세

1122 ─ 255 周紀 [867年]

1048年 다윗

自 427年 432年間 士師

1094年 20年間 삼월 預言

1095年 사울 王立

1015年 솔로몬

975年 兩分國
918年 엘리아
897年 엘니사
825年 요나, 아모스 호세아
772年 이사야

776年 希臘 有史 時代
753年 로마 府 創設
747年 미가 ● 앗시리아 帝國과
빠비론 帝國 起름
721年 이스라엘人 捕去
사마리아 陷落
713年 에레미야, 나훔
586年 하박국, 세라냐.

606年 니네웨 滅亡
「世界帝國 이라더 바비론 建 (605年)
604年 유다人 一部 捕去
다니엘, 예세길.

586年 예루살넴 陷落
유다 全民 捕去.

第四卷

69

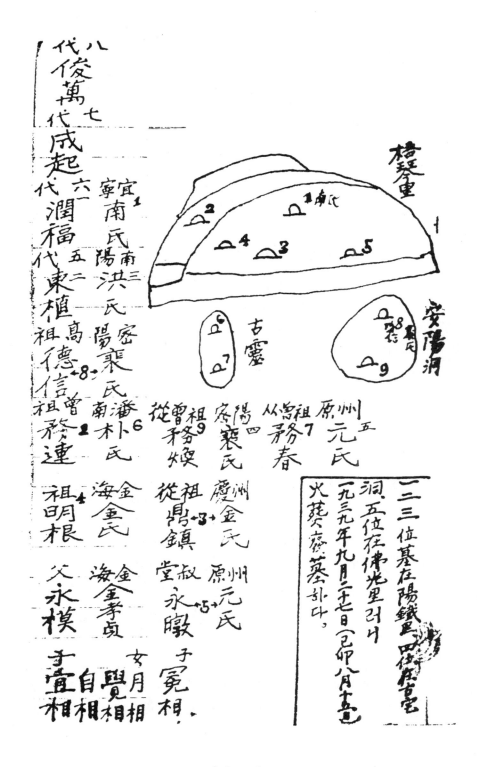

檻葦里

安陽洞

古靈

代俊萬
八

代成起
七

代潤福
六

代東植
五

祖德信
二

祖務連
１

祖明根
４

父永模

子壹相

宜南南氏陽洪氏陽襄氏南朴氏
３

密襄氏南朴氏
６

高德信
８

曾務連

金海金氏

金海金氏

金海金孝貞

女月相

自相

覺相

從曾務煥
九

從祖鳩鎮

堂永暇

子冤相

陽襄氏
四

襄氏慶州金氏

原州元氏

叔永暇
５

子冤相

從當務春
７

州元氏
五

原州元氏

二三位墓在陽鐵里四位庭臺
洞五位在佛光里러니
一九三九年九月二十七日(己卯八月十五)
火葬廢墓하다.

딘 추

일혼、예순、쉬흔、설흔、스물 안팎 되는 나이든 이와 젊은 게집

일여덟 사람이 있는데 대추를 맺일줄 안 은이가 없다.

첨부터 모른 사람도 있지만 알던 것을 잇어 마렷다 는 것

이다

여든 아홉살 되신 우리 어머니 께서는 맺일줄 알렬이신

가 대추를 암묻깨 멧우시고 손씨시인 그러나 귀가 어두시므로

이런 말성이 이러난줄도 모르고 계시다.

정의딸이 한미니깨 엿즉어 본뒤에아 울치 알겠다 라면서

대추를 맺리 있다. 나도 어려서 어머니께 한번 배웟었

논데 인제도 왜 마련 축에 들게 외였드니… 헐.

손씨를 이읏늘 뜻을 오늘 나시 배웟다.

一九五一年 六月 二十三日 釜山 水晶洞에 잠긴 가운데서 . .

◎ 웃고름 매드시 고를 낸다.
　　◎ 고를 비틀고、그 고에다
　　한 가온대를. 눌러서 저즉
　　　　◎ 옳은끝을
　　　　원 끝을

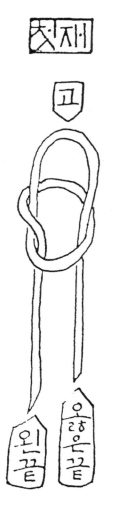

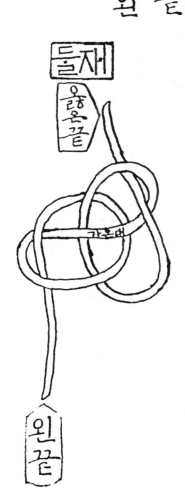

옳은끝을 꾀인다

으로 遠山이 내밀게 하면서 뒤집는다。

돌리어 遠山 아레 굶에 꾀이고、

∿∿∿∿∿∿ 웃 굶에 꾀인다。

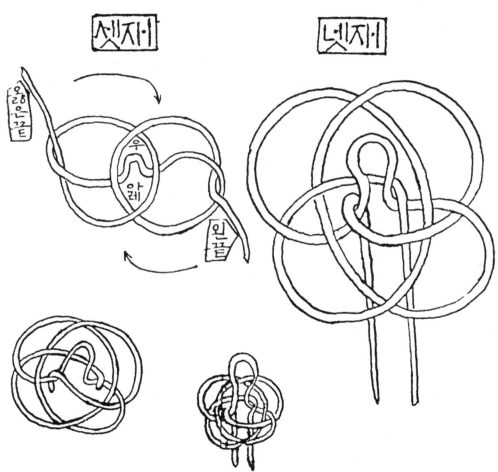

셋재

넷재

初六履霜堅冰至……

六二直方大不習无不利

六三含章可貞或從王事无成有終

六四括囊无咎无譽

六五黄裳元吉

上六龍戰于野其血玄黄、

用六利永貞

象曰陰始凝也馴致其道至堅冰也

地道光也

以時發也、知光大也

慎不害也

文在中也

其道窮也

以大終也

美在其中而暢於四支

發於事業美之至也

陰疑於陽必戰為其嫌於无陽也

故稱龍焉猶未離其類也故稱血

焉夫玄黄者天地之雜也天玄而

地黄

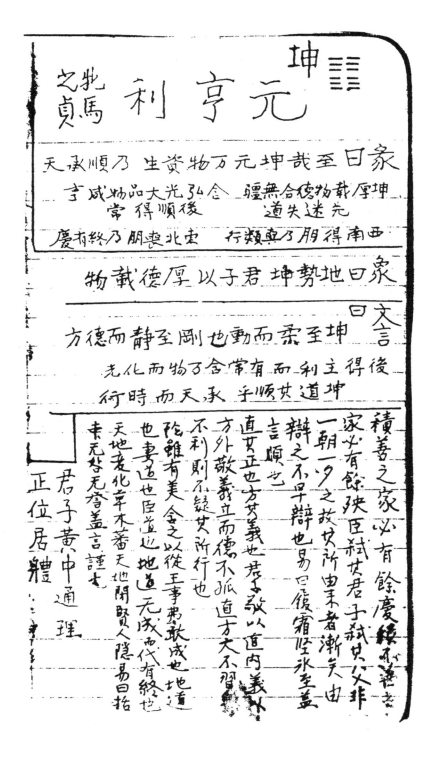

坤 ䷁

元 亨 利 牝馬之貞

彖曰 至哉坤元 萬物資生 乃順承天 坤厚載物 德合無疆 含弘光大 品物咸亨 先迷失道 後順得常 西南得朋 乃與類行 東北喪朋 乃終有慶

象曰 地勢坤 君子以厚德載物

文言曰 坤至柔而動也剛 至靜而德方 後得主而有常 含萬物而化光 坤道其順乎 承天而時行

積善之家必有餘慶 積不善之家必有餘殃 臣弑其君 子弑其父 非一朝一夕之故 其所由來者漸矣 由辯之不早辯也 易曰履霜堅冰至 蓋言順也

直其正也 方其義也 君子敬以直內 義以方外 敬義立而德不孤 直方大不習无不利 則不疑其所行也

陰雖有美 含之以從王事 弗敢成也 地道也 妻道也 臣道也 地道无成 而代有終也

天地變化 草木蕃 天地閉賢人隱 易曰括囊无咎无譽 蓋言謹也

君子黃中通理 正位居體

公法을 물갈이 正義를 河水갈이
　　아모스 五〇廿四
救才差拔 이사야 十二〇三 누가四14
1代에게 生水ㄴ니2 갈을 요七〇卅
智1參拉力2知義之智被人識 不莫玉言5旭
真判断義이요七17~24 父同事요八16.29
또解放32 高声準耳 이사五五8.9
安想 申五12 出卅一13 막二23日為人
安如又作요五17.18 利廿五1 福年28
甫中無貧者申十五5 地上恒貧主死施:11
막十四7 福年年四8 페이론生使三4
~26(에一10)萬物新造요八4히二5.8
:四1~ 아브라핫과 예수使三25.26
요八56.57 안의이삭이 안골이라 十남 막16
盟誓者를 리도나라 山上十世45 餘十十三
規定에対 아홉 라므리 利十1~7 16~20

저진 것과 마른 것을 滅할지라도　申卅九0四九
푸르나무에도 이같이 하거던　　　누卅三0째一

奧妙한 일은 하나님께屬 나타난
일은 우리에게屬하엿으니　　　申卅九0四九

君子之道 費而隱　　　　　　中庸

본것은 異蹟과 奇事라 ____　申卅九0

깨닷는 몸과 보는눈과 듣는귀는三.四

오직 그 말슴이 네입과 네몸에 있으니申卅14
右手盡奸詐詩144 8.11　仁遠乎哉 我欲仁 斯仁至矣
　　　　　　　　　　求之득 맛十二28~34

넘의뜰에서 一日勝於他處千日詩84¹0
百年三万六千日不及僧家閒(清世祖 順治 十八年

奉事于天宜如嬰兒 누18¹⁷ 人生是祈禱 누18¹~⁸

何時何處人子日 누17²0~³⁷ 人所貴天所厭 누16¹⁵
一外無善 누18¹⁸ 人不能事天能成 누18²⁷ 拋棄得 누18²⁸
삭개오 누19¹~⁹ 均一備貨 마20¹~¹⁵ 益又益 누19²⁵
石必叫 누19⁴0 主向城哭 누19⁴¹~⁴⁴

★子日我非生而知之者好古敏以求之者也
子日不怨天不尤人下学而上達知我者其天乎
앉어 먹고 마시며 뛰논다 出卅二0六고 前十⁷

曰敢有恒舞于宮 酣歌于室 時謂巫風
敢有殉于貨色 恒于游畋 時謂淫風
有侮聖言 逆忠直 遠耆德 比頑童 時
謂亂風 惟茲三風 十愆卿士有一于身
家必喪 邦君有一于身 國必亡(書伊訓

第四卷
77

横看成嶺側成峰
遠近高低各不同
不識廬山真面目
只緣身在此山中　　東坡

　　菜根譚
貧家淨拂地　貧女淨梳頭
景色雖不艷麗　氣度自風雅

如今休去便休去
　　若覓了時無了時

為人多病未足羞
　　一生無病是吾憂

朱子曰．古人引詩斷章或他處要
以明己意未必全取本文之義也
　正語錄云
　書不異人人心自異．人有親疎．我無彼
　此　　　　　書懷偶筆

我向非我、嘗論你、彼此俱空、衆泡
歸水。

零落殘魂倍黯然　孤雲空中

及子遠不此人

（詩、大雅、早麓篇）

出自北門憂心殷殷終窶

且貧莫知我艱已焉哉

天實為之謂之何哉

五子遍謀政事一埤益

我豕人自外室人交徧

讁我已焉哉天實為之謂
之何哉

王事敦我政事一埤遺我家入自外
交徧摧我已焉天實為之謂之何哉

（詩、國風、邶、北門篇）

一日狗可矣

不知怖虎一日狗
畏死呼母百歲人
所以狗子毛御性
酬由人生有長老
◎有未瓜母猴象也

六十載祀

有　自　天　申之之示　　山川坐
是　健　道　原　可雛易
舞　存　息　養　對越帝
禘　使　高　明　厚享福

風殘

土爐一庵自炊竈
昔饗萬古今如風
日月代明敘唐虞
山澤羞搋饌賑益

晚　甕

食寢及入
正气知嘆
日夜君自
致元事風
極復近微
義贏之題
審宿遠謨

나
물
⊙이피니
재
니

나 ㅅㅓ 이은 일을 일
리
이 ㄹ 이에 이
즉 ㅅ 니
일 ㄴ 일
여 익리 어

있은 아 목 목숨끈
게깃 내   이
살쉬 잠 잣숨 자코잔
어어 은 고끈 야
짐힘 기 자이 네자띠

우리들은 힘쓰란 하이심
을 받다. 우리들의 힘씀의
끝이 있다심은 우리들에게
안 하신 비다. (탈무드)

儉而能施仁也
 〃 〃 寡求義也
 〃 以人爲家法禮也
 〃 〃 訓子孫智也
儉而慳吝不仁也
 〃 復貪求 〃 義也
 〃 於其親非禮也
 〃 其積以遺不肖子孫爲酒色
　　　　　資不智也 (倪正父)

學尙全在精神 精神不足求多能
士乎……二氏令人輕農實固吾學
多好而咸吾儒務更好欠講明

寡思慮以養神 寬嗜慾以養精
寡言語以養氣

恍漢而毫无……聊无小辅

毋暴殄以自戒

孔以葬者…乃不轻弃死也

紫轩先生曰
英气不言事，渾涵不露主角
……要有渾厚已含……
有广大之气象

張南川曰
仁義礼智天命于我之也
死生寿夭我顺于天之也
命于我者一毫不敢惰之志
順于天者一毫不敢妄之心

鄒东廓曰
爵位之为贵者柄在天惟义之为贵
者柄在我之执之柄而欲夺之非
……妄承執之柄而自負之乃暴
殄棄矣

前事不忘後事師（史记）

一月 小寒 大寒
二月 立春 雨水
三月 驚蟄 春分
四月 清明 穀雨
五月 立夏 小滿
六月 芒種 夏至
七月 小暑 大暑
八月 立秋 處暑
九月 白露 秋分
十月 寒露 霜降
十一月 立冬 小雪
十二月 大雪 冬至

ㅎㅓ ㄱㅁㅇㅕㅁ

한글의 노래

太 極 旗 章

火 陰 悠 久 水 月 抒 錦
地 載 康 寧 天 情 泰 用 九 無 靑 曲 儀 合
        乘 六 得 正 一 嘉 會

꽃 피는 철 (二)

은

하늘 땅 사이 피는 꽃이여
피고 그리우ㅁ

이 산 저 근 누리 운 에 보고 보고
보고 있는 수이서

東 우 의 보 ㅇ을 을 누 이 꽃 처 누 ㄹ 보
한 어을을 걸 처 서 피고 피고 피고 피

은 짝 맹 어 가을이 몬 녀도 피고 피는 꽃
은 땅 이 피 리 ㄹ 써 운 전 이서니다

義 花 船 能
朝 並 觀 觀 又 己 子 事 春 運 舊 舊
正 治 寒 寒 理 能 待 曲 林 繼 芳 和 平

多夕日誌
86

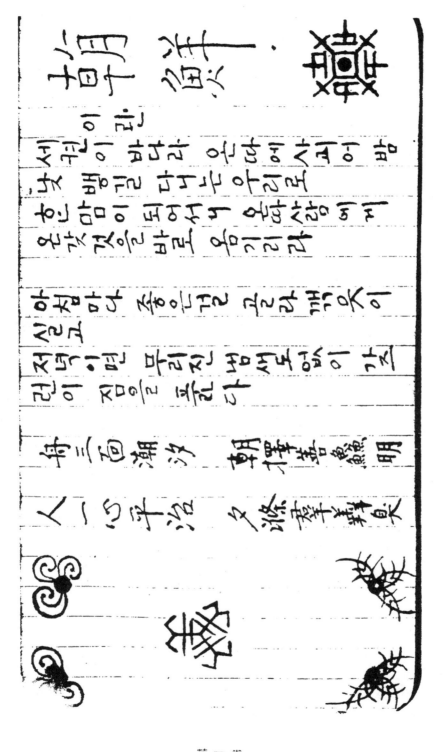

藥未同渡

自然

万物資太陽　　生理發化炭

无物不自然　　死改灰餘烟

其二（木德神光）

樱水葉烟木被光　枯幹繼日和燒冬

鼻風口木人自然　統實供養成人烟

日然養木木養人　木然養性性養神

飯熟房暖身且溫　物然心然共自然

自己

水火自在木　　气血天地往

善游善烈時　　雲烟寢食緯

堅持油不斷　　杞消油自由

曉得杞無憂　　本德水色己

木德（王道）

木得水運火行者　天人地木三災何

大德由己自然人　水火風土四大倫

金　德（霸道）

水火不通顽强物　　貴金本位盅民生
气血生幽勝利圖　　利联用事惑人道
剛屬伏藏地自重　　水火间用木而下
利器街耀人骨枯　　葉绿颜红民華好

自　由

气血連天地　　理性包宇宙
万物木連枝　　家事中和谊

酔　興

好為宇宙画　　心坦宇宙情
宇宙好空理　　宇宙心理財
人生宇宙典　　典籤发神谋
宇宙人生籤　　神诚格真威

志心
家远守

壬午冬至日

正身顺气劳尚安　甘苦热冷相一味
寅腹虚心饥猫平　昏倦晨惺均同奥
外物内则一元老　上空下心中正气
横方纵时十字生　大円小点自真性

奇伍

天元一一一　　永永永　暂時
地来双雙雙　　远遠遠　近方
心心心法理　　一双兼　天化
空空空物色　　二五拾　地青

生地出天

时间忠忠人百志　永心远心身性
三虎斗宇小心地　一心荼哑大胆天

饱息毛海洋
段师生淮津

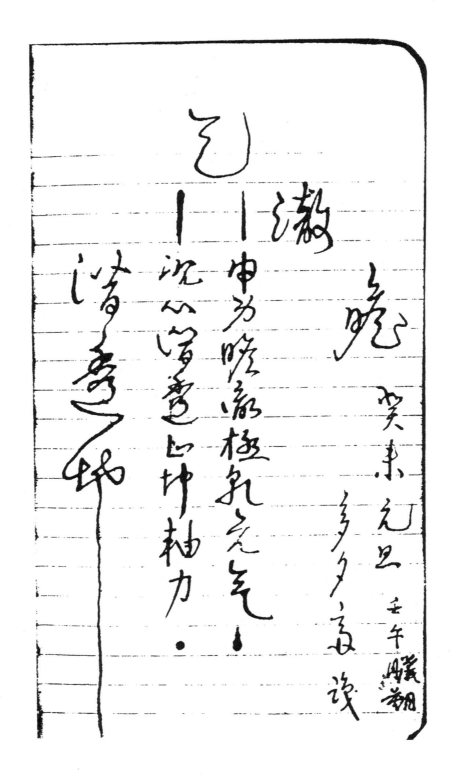

福　地

夕穀夜床風與己
右口志心宴復地

夕穀夜床第天粵
宿口空心百里行

　老病病苑
宿老不病歸

味　吟

今口須舍味　既口無吞嚥
最好知止味　未口不擇味

何營門

所經多多營　經營站站宿
不知何何門　輜重步步運

1941

苦　樂 (辛巳八月五日落傷後)

脊髓有症頗辛酸　腰不要味只叫苦
如在口中可一味　人間以痛吾尔瘦
經難雖苦速則快　時期痛快時快癒
搔痒且樂速是瘁　快與痛是本不二

息　觀

本來安息、無鼻無心、今息叵息、
生滅自心、究竟消息、離鼻即心、
日終夕宿、命終夕休、世終夕信、
誰子遲疑、多夕要息、永夕不息、

食

時流餓鬼道　　不得已而去
當釘十字木　　必先日去食
死而不必壽　　若非天供養
老聃尔曾識　　孤寡不穀石

信

橫著臥席終誤死　自古皆有一番死
縱發礁木反正生　無信不立斯民生

第四卷

對石說法

宿糧生虫天降粒	宰獸食人非民親
積穀作石人為山	味道忘飢是人子
貴骨賤生毒蛇類	石中奐起王孫來
變石成餅惡魔計	石能点頭徒弟然

說文言

吾之近習、說文見道、片言隻字、卜兆畫音、
微誠則誣、可不誠哉、然而奈何、吾不得已、
心田華實、無時開落、會友同玩、無法可逐、
因以碎壁、為照顯微、有時弄之、犀利現影、
原在此玉、不在他石、狂犬之目、物皆痛棒、
舟楫之行、進水平路、惟恐心真、不恨設假、

中万日記

1944
十月初五、子
今臘十四、歲 生中万之祭日

人生初万建春期	當年穀出常農論
中万日閒開夏時	安否寢食嫁娶當
十歲果報待秋難	假我有餘小春惠
千載精種為誰蒔	為後處女林成備

至月感 （願脫急）

父七十一周忌十一月二日

母體子宮一脫胎　胎事成謝離無事
父府靈臺關東宮　脫宮毛他即府宮
气胎情身老病私　气治殼息㗱降中
殼脫慢心生气公　已诚不息永遠躬

解脫

一體毛他、諧和即事、㗱陶㗱仕、
致仕就死、解脫情。

宮 （人己）

脊主身幹呂律斑　把己引弓主張彌
己目項要工巧弓　處身呂巨臣庚宮

精 （己人）

首東鼠西兩端己　克己上達知事理
頂天立地一貫工　修工中來見物性
頂陰脊主｜正呂　上天下地人中一
把陽心王一中工　中正剛健純精粹

人之貴萬乎萬數自重物得其貴所
以能用萬數。

惟身呂化

厶公為功工故空　人言仁信不如元
人引身丨躬覓窮　道迷气氣決勝攻

正政 (1944. 11. 11. 平和紀念)

厶人為私刈禾利　后正司直合一同
左伯在后右伯司　私事利物公共和

贊曰. 人人有口之謂伯（信）
　　　口口占禾之謂和

弓引

木黃引夸張射無謝　乙絲捉丨縛顛末
一斜天邊落來矢　假直曲人窮計弓
弘頸孤貞弧弭瓜　弦弛弧解強謝絕
珽心絃清弦意玄　弓乙一直復元丨

故攷

十口一計叶古事　新進事物物故苦
五口十語唔吾人　古故物事事新幸
育攷无故不知故　言語塗斷古今故
　如故云何轉　　田議得艱物人新

中庸私天降地出撰物之理度人之情行
乎所安是為得矣。　中庸引法自中者天也
　　　　　　　　　自外者人也學不綜天人不
　　　貝　敗　足以謂之學。

貧貪至賴設則責　示畐脫冠福且良
貞贄有資宣戰賊　十目入隱臤又直

　　錢　戰

貴貨賤人物　　貿貨贄金錢
人敗物貨倒　　戰之為錢虜
牛丞享牢家　　血獄器四哭
羊皿沈羨盜　　逼遭富貴道

　　中　庸

莫妄論斷中庸義　人我中庸失為己
擇善固執中庸仁　天地中庸得戌人

　元一貫之之謂中
　　誠實用之之謂庸

　　假小於實大

小圓有視大虛無　若甘耳目口鼻實
大真實觀小假借　何苦天地神明假

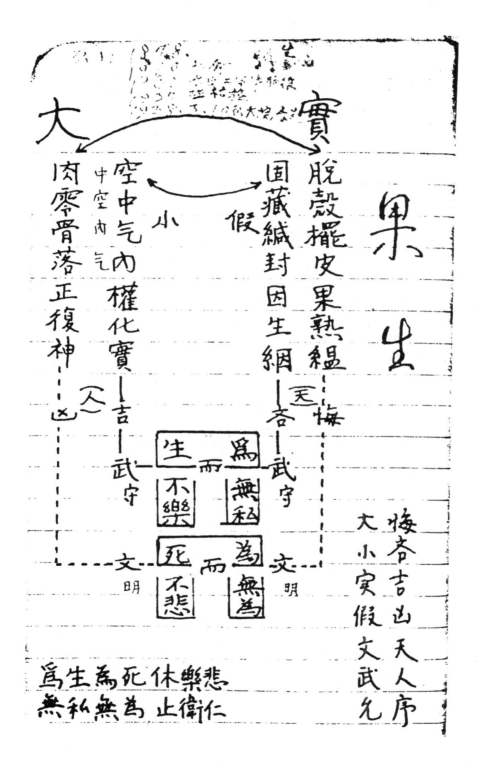

大　　　　實

果　生

脫殼擺皮　果熟緼　—天悔
固藏緘封　因生綱　—吝—武守
假
空中气内　權化實　—吉—武守
中空内气　小
肉零骨落　正復神　凶（人）

為無私　而　生不樂
為無為　而　死不悲

文明　　　　文明

為生為死休樂悲
無私無為止衛仁

悔吝吉凶　天人序
大小實假　文武元

病 病 生

固固不固固執之　太空中日邊地上
不固固固解得之　動物中人者言知

言知者中辰小吾　忽諸雲烟者盲觀
巨毛一言知不知　分辨時空白痴知

浮世沉思

身乘臭味雲天外　炎上潤下地表相
心潛消息地熱底　水昇火降天笠勢

消舞恩歌

地籟吹万風流歌　風月來時气發歌
天气醇壹雲騰舞　雲走到天神奧舞

風誦碧落心潤之　卷舒節中汗栗閼
熱抔丹冲天造之　吞吐气合海田灝

生 活

瞑緘拳跪為珍藏　千月空腔雲烟絡
瞻詠信實有神通　一天秦心薪水供

我（一）堅持自說而不從他說   常（常一·獨一
（二）求諸心現象中心   一主宰（主王
（三）佛說、自己主觀中心……其內容   自在為性
雖然、驗秋為体、則無一家。有如斯義者故諸法無我之理
又說

生機（從一人一物我。

心不起地產   物悅情即生
少克奉天敏   人奮故弓彈

致中和

同心同氣同學   意氣奉私正和
正學正氣正義   奉氣之同一致

大人造

心空運藏地   天假身立地
身當中假天   地藏心服天

賀心借地少   達近存近正
慈土哥心人   天假地藏人

甲申詠

振作幸觀昇承天   何事生存妨名計
安逸福視隨情地   後乃治靈翁嘆氣

大內毫亮·奈內無喪

吾自道也界相推予也 余词逆针也.

之青兒

息气息兒何息兒　　为息中兒人息兒
宇宙气为平息兒　　与息寝兒自息兒

寝食宠羞一姑兒　　九億四千萬回息
父母为养多子兒　　无量不可思议息

壹气众生同胞息　　息道肴待食消化
兆候一世犯胎兒　　休息无他要气兒

隐现事物万化息　　便息利兒死息兒
息杀心力一气兒　　通兒家息息息兒

歌息舞兒因孤单　　息兒众中息兒子
息舞兒歌怎如兒　　氤氲气壹統万息

甲申庚

呼烟呼父吞地性　　不远至近球中孔
吸气吸母吞天束　　小往大来夈内外

子曰 君子貞如不諒

有
無 見於理之正而 守之者為
執

身　臀

貞諒

天行也

先甲三日後甲三千路八有抯

臀为多年火了牽多牀幾
方为卒性修芝之 臀

脊主身信　要　領頂仰空吗靈命、
屈抬戌拳　免坐乎神照
嚼減之念　宿口處候
会 走馂寅　八身申
肝 腰循環　臀

小　心

齒牙權口脊主身　舌端肉尖弄主權
气血深厚樸真機　性命薄浮華昌披

腔錫

腔錫三千丈　　外環世裡面
上下通气甚　　中貫天表心

幹父之蠱意承考也　母氏聖善　我無令人

蠱　　天　　籟　　（詩邶凱風）

一曰中乞籟 同一 霓天乞
莽不同坤临 秀句主人為

山下有風蠱及子以振民育德
幹父之蠱子孝无咎屬致志
蠱剛上而柔下巽而止蠱
蠱元亨而天下治也

利涉大川往乃事也					藝元亨而天下治也
䷍	䷐	䷗	䷒	䷊	
豫	隨	復	臨	泰	
壯	夬	恆	履	謙	
䷡	䷪	䷟	䷉	䷎	

日　　　　　影

五一往來冬夏至　四二加減立夏冬
二三上下春秋分　五十消長立秋春

春秋三二乃五六　夏冬二五·一八·六
分後逆數立夏冬　至後逆數立秋春

惑愛懼
不ゝ
者ゝ
知仁勇

道立權
適立權
与ゝ
木ゝ
可ゝ
学道
共適立
与ゝ
可ゝ

曜　建　月
　把守(八)
　五　長
一十　長
파　보라는
다
한 부러 열까지

七曜事(四)　일우옵게　네
歸納(元朏)　구 섯달에
六月中　六月은半되
二三同志(至)　二三동지어

曜　日　元
年年元日順次曜
閏翌月年隔次曜

法　　閏
四倍四百倍年閏
三度百年則無閏

萬　　日
二七歲五朔　五四歲九朔　八二歲兩朔
初度一万日　正中二万日　終見三万日

三万六千
十時間之秒　千五百日時
二十五日分　卽四年四旬

衣敝縕袍 与衣狐貉 者立而不耻 者其由也與
不忮不求 何用不臧 子路終身誦之
子曰 是道也、何足以人臧

百　　年

一千二百三十七回月

五千二百一十八週間

三万六千五百二十四月

九億四千六百七十万息

八十七万六千五百七十六時間

五千二百五十九万

四千五百六十分刻

三十一億五千五百

六十七万三千六百 秒

原　無量

第十代祖千廿四	廿代百四万八千
二微九代總計位	五七共
	卅代十億七三七
	四 一八二四

第四十代前父母	第五十代祖先位
兆九百九十五億	一千一百 五兆
一六二.七七七六	八九九九.○六八四.二六二四

云第旭雛千生翁

制字解

天地之道。一陰陽五行而己。坤復
之間爲太極。而動靜之後爲陰陽。凡
有生類在天地之間者。捨陰陽而何之
⋯⋯ 今正音之作。初非智營而力索。但
因其聲音而極其理而已。⋯⋯
終聲之。復用初聲者。以其動而陽者
乾也。靜而陰者亦乾也。乾實分陰陽
而無不君宰也。一元之氣。周流不窮
四時之運。循環無端。故貞而復元冬
而復春。初聲之復爲終。終聲之復爲
初。亦此義也。吁。正音作而天地萬
物之理咸備。其神矣哉。是殆天啓
聖心而假手焉者乎。

合字解 訣曰 ⋯⋯(略其終結曰)
　　一聲制作侔神工
　　大東千古闇矇矓

正音之作。无所祖述。而成於自然。
豈以其至理之無所不在。而非人爲
⋯⋯ 一聲之不改 ⋯⋯

後漢書 宋弘為大尉時 光武姊胡陽公主新寡
共論群臣 而微觀其意 公主曰 宋弘威容 群臣莫及
曰 試圖之 公主坐於屏風 召弘問曰 諺言
人情乎 弘曰 貧賤之交不可忘 糟糠之妻→

開物成務之大智 蓋有待於今日也歟
　　　鄭麟趾 拜手稽首謹書

昏義曰 敬慎重正而后親之 禮之大
體 而所以成男女之別 立夫婦之義也
男女有別 而后夫婦有義 夫婦有義 而后
父子有親 父子有親 而后君臣有正 昏者禮
之本也 本於氣 重於喪祭

不下卷。事願詩公以元田。事不諧笑。
視太宗嘗訪尉遲敬德曰朕欲以女妻卿何如敬德
叩頭謝曰臣妻雖鄙陋相守共貧賤臣雖不學聞
古人富不易妻。

尊於朝聘。和於鄉射。此禮之大體也。
愚言。內親之而禮本始。外敬之而禮
尊重。篤初者。本始於內親。而唯敬不
異於尊重之終。慎終者。尊重於外敬。
而唯愛不異於本始之初也。居常。如祭
如賓者。可謂復禮乎。

　　　永要　　元
　　　優訣
　　　來　始人終天　復

飲食有斷男女別　不即不離是即離
斷別張本欲續結　無彼無此絕對訣

譜宅陳氏曰胡五峰云天理人欲同
行異情此語儘當玩味
飲食男女之欲堯舜與桀紂同
俱中理中節即為天理無理無節
即為人欲

憂勤惕厲。　般樂怠敖

六宗 时、寒暑、水旱、日月、星。
（或云） 水、火、风、雷、山泽。

六气 阴阳、风雨、晦明。

后秦有僧肇 罗什之高足 ...保中
优学狱中上以由书译之「成论」

临终遗偈

四大元无主 五蕴本来空
子临束来点 犹如斩春风

又云唐时有 嘉祥大师 三论宗开祖
遗偈

舍身戮毛时 就如生不怖畏。
孔雀生来无惧畏不生忧恼
... 宁见重新生无故畏
应以不生勿怖畏死

临济宗、

随变为主
主变为生

乾　元　亨　利　貞

彖曰大哉乾元萬物資始乃統天雲行雨施品物流形大明終始六位時成時乘六龍以御天乾道變化各正性命保合大和乃利貞首出庶物萬國咸寧

象曰天行健君子以自彊不息

文言曰元者善之長也亨者嘉之會也利者義之和也貞者事之幹也君子體仁足以長人嘉會足以合禮利物足以和義貞固足以幹事君子行此四德者故曰乾元亨利貞

夫大人者與天地合其德與日月合其明與四時合其序與鬼神合其吉凶先天而天弗違後天而奉天時天且弗違而況於人乎況於鬼神乎

知進而不知退知存而不知亡知得而不知喪其唯聖人乎知進退存亡而不失其正者其唯聖人乎

文言揮緒通序情也

大哉乾元

也精粹純正中徤也

大哉乾元利貞者性情也

下言不利者言所利天下平也

天下莫大於秋毫之末，而大山為小；莫壽乎殤子，而彭祖為夭。天地與我並生，而萬物與我為一。既已為一矣，且得有言乎？既已謂之一矣，且得無言乎？

莊子鈔

古之眞人 其寢不夢其覺無憂其食不甘其息深之眞人之息以踵眾人之息以喉屈服其嗌言若哇其嗜慾深者其天機淺

古之眞人 不知悅生不知惡死 其出不訢其入不距 翛然而往翛然而來而已矣

不忘其所始不求其所終 受而喜之忘而復之 是之謂不以心捐道不以人助天是之謂眞人

夫大塊載我以形勞我以生佚我以老息我以死 故善吾生者乃所以善吾死也

夫藏舟於壑藏山於澤謂之固矣然而夜半有力者負之而走 昧者不知也 藏小大有宜猶有所遯若夫藏天下於天下而不得遯是恒物之大情也 特犯人之形而猶喜之若人之形者萬化而未始有極也其為樂可勝計邪 故聖人將遊於物之所不得遯而皆存 善夭善老善始善終人猶效之

与言為二 二与一為三 自此以往巧曆不能得
而况其凡乎 故自無適有以至於三 而况自有適
有乎 適無適焉 因是己

$$三$$

又況萬物之所係而一化之所待乎夫道
有情有信无為无形可傳而不可受可得而
不可見自本自根未有天地自古以固存神
鬼神帝生天生地在太極之先而不為高
在六極之下而不為深先天地生而不為
久長於上古而不為老 （大宗師）

目徹為明耳徹為聰鼻徹為顫口徹為甘
心徹為知知徹為德凡道不欲壅壅則
哽哽而不止跈跈則眾害生物之有知者
恃息其不殷乃天之罪天之穿之日夜无降
人則顧塞其寶胞有重閬心有天遊室
无空虛婦姑勃豀心无天遊則六鑿相
攘大林丘山之善於人也亦神者不勝

筌者所以在魚得魚而忘筌蹄者所以在兔
得兔而忘蹄言者所以在意得意而忘言
吾安得夫忘言之人而與之言哉（外物）

忘足屨之適也忘要帶之適也知忘是非心之

適不內變不外從事會之適也忘乎適而
未嘗不適者忘適之適也　　（達生）

至人之用心若鏡不將不迎 應而不藏
故能勝物而不傷
南海之帝為儵 北海之帝為忽
中央之帝為渾沌 儵與忽時而
相遇於渾沌之地 渾沌待之甚善
儵與忽謀報渾沌之德曰人皆
有七竅以視聽食息此獨無有嘗試
鑿之日鑿一竅 七日而渾沌死
　　　　　　（應帝王）

老子曰
含德之厚比於赤子 毒蟲不螫
骨弱筋柔而握固 未知牝牡之合而
朘作精之至也 終日號而不嗄和之
至也知和曰常 知常曰明 益生曰祥
心使氣曰強 物壯則老 是謂不道
不道早已

断 烦恼 說謹 提 卯曰 乃 吾 心
迷 〃 〃 惊 〃 〃 〃 〃 肉
本 〃 〃 元是 〃 〃 〃 〃 骨髓

烦恼所荟提故悟同安乃之久那乃再坠匈道
並道不應差以为速不須不久應
是以先進上進無為而為以为
之德为之而居以為上仁为之而
無以为上義为之而乃以人为上體
为之而莫之應則攘臂而仍之
故失道而後德失德而後仁失
仁後義失義而後禮夫禮者忠
信之薄而亂之首也

不知

羅大經曰真西山論菜曰百姓不可
一日而此色士大夫不可一日而有此
味,余謂百姓之有此色正緣士大
夫不知此味菁有一高以上玉于么
乏皆乃數菜根之人則吾必知乎
膠纨之所任矣百姓何稔乏饭嘆

宇宙内事乃己分内事乙分内事
乃宇宙内事元来人与天地萬物
皆在無窮之内 (陸象山)

第四卷
115

在中國自漢武至清宣統　三乙九年号
凡333中.元字 47回　14%
°建元(前140)　　始字 9回
　　　　　　初字 8回

一切諸法是解脫相 (維摩經)

諸法從本來常示寂滅相

諸法本是生滅法 生滅滅已
寂滅為樂 (涅槃經)

菩薩後佛心以傳心 不立文字

一切言語皆是佛法 一切衆曰
言語道斷 也以衆書 自性自度
　　　　　　　(菩提達摩)

從文字解者氣力弱 (曹山本寂)

不用文字名解脫 (慧能坦)

三乘無起 同歸一心 祖祖傳心
佛以心傳心不立文字
　　　　　　　(臨濟義玄)

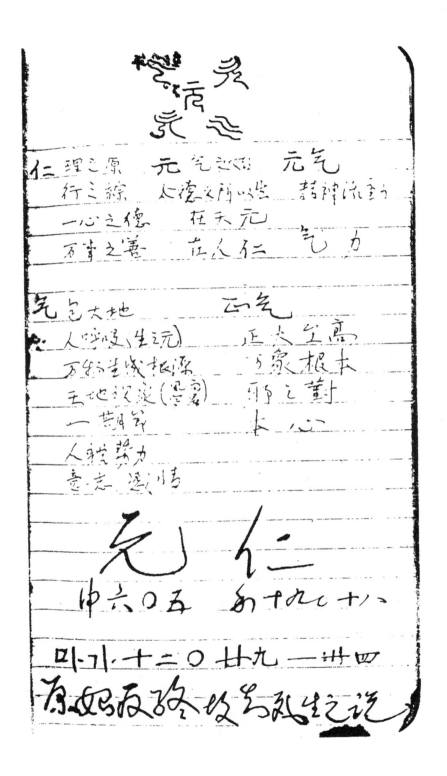

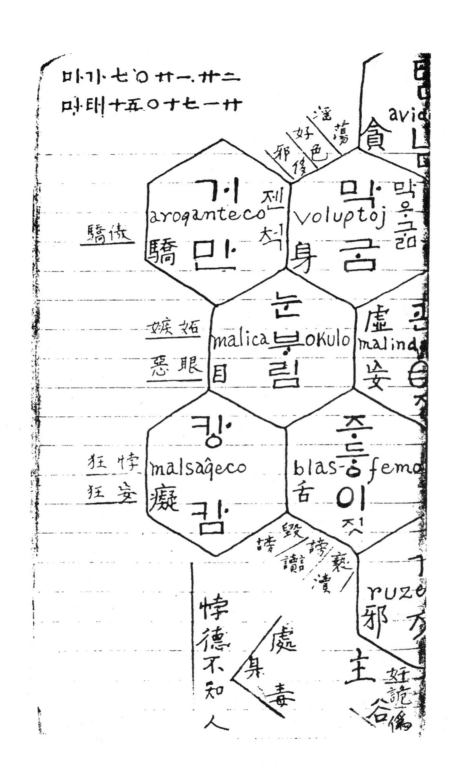

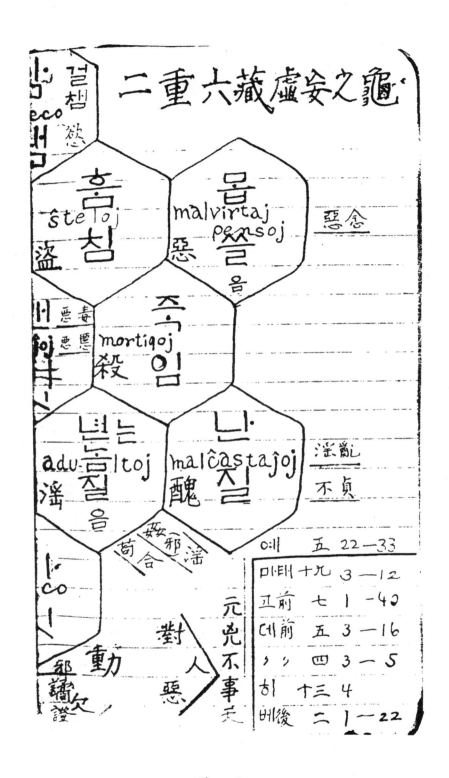

승고로을 지어다

周公이 갈오대 아 그이는 수고로운
데 處하나니이다 먼저農事짓는것의
어려움을 알아야만 便한 것이 곧 일을
하는 사람들로 하야 되는 것인줄을 알리이다
時俗에 일하는 사람들을 보건대 그父母
되신이가 勤勞하야 農事를 짓는데 그아들
은 일하는 수고를 모르고 놀며 俗된일
이나 하며 虛誕하게스리 지내되 그러치않
으면 또父母를 없이넉여서 하는말이
「前사람들은 聞見이 없어서 그거常일만
하다」하나니이다
내들으니 녯날 殷나라 王中宗께서 끔직
이 恭敬하고 대단이 삼가하샤 조금이라
도 便할대로 하시는 일이 없었으므로 天
命을 스사로 직히시며 百姓다스리기를 극히
조심하샤 中宗의 나라 누리심이 七十五
年이나 하시니이다
그 高宗때에는 高宗이 卽位하기前에 그아
바지 小乙이 高宗으로 하야곰 오래民間에
居케하야 小民들로 더브러 일을 같이

하더시니 이러나 임금이되시매
三年喪에 말슴을 아녀하섯고 말슴
을 아녀하섯으나 말슴을 하신때에
는 가장 智 하게하시고 무엇을함
부로 하시는것이 없으시며 나라를
아름답고 편안게 하사 大小事에
혹시라도 怨望할것이 없으섯으니그
러므로 高宗의 나라누리심이 五十九
年이나 하시니이다
高宗의 큰아들 祖庚을 廢하고 작은
아들 祖甲을 세우고저 하니 祖甲이
王되는것이 義가 아니라 하시고 民間
으로 쁘스하야 오래동안 일하는
사람이 되엿더시니 祖庚이 崩하심에
卽位을 하신지라 小民들의 수고하는
根本을 알으셔서 못百姓을 잘 돌보시
며 호리며 되 寡婦에게 험주히 않
하엿으니 祖甲의 나라 누리심이 三十
三年이나 하시니이다
그뒤로는 王되신이가 낭며 便하옛
도다 낭며셔 便한지라 農事짓는 어

러움을 알지 못하며 일하는 사람들의
수고함을 듣지 못하고 오직 耽樂만을 쫓
으니 그리고는 壽도 간이가 없어서
或十年. 或七八年或五六年或三四年하니라

無　逸

周公曰 嗚呼 君子 所其無逸 先知稼
穡之艱難 乃逸 則知小人之依 相
小人 厥父母 勤勞稼穡 厥子 乃不知
稼穡之艱難 乃逸 乃諺 旣誕 否則
侮厥父母曰 昔之人 無聞知
周公曰 嗚呼 我聞 昔在殷王中宗 嚴
恭寅畏 天命自度 治民祗懼 不敢荒
寧 中宗之享國 七十有五年
其在高宗時 舊勞于外 爰暨小人 作其
即位 乃或亮陰三年不言 其惟不言 言乃雍
不敢荒寧 嘉靖殷邦 至于小大 無時或怨
肆高宗之享國五十有九年
其在祖甲 不義惟王 舊爲小人 作其即位
爰知小人之依 能保惠于庶民 不敢侮鰥
寡 肆祖甲之享國三十有三年
自時厥後 立王 生則逸 生則逸 不知稼穡

之艱難、不聞小人之勞、惟耽樂之從、自
時厥後、亦罔或克壽、或十年、或七八年、
或五六年、或四三年（書傳無逸篇前半）

勸農　　陶淵明

悠悠上古、厥初生民、傲然自足、
抱樸含真、智巧既萌、資待靡因、
誰其贍之、實賴哲人、
哲人伊何、時為后稷、贍之伊何、
實曰播殖、舜既躬耕、禹亦稼穡、
遠若周典、八政始食、
熙熙令音、猗猗原陸、卉木繁榮、
和風清穆、紛紛士女、趨時競逐、
桑婦宵征、農夫野宿、
氣節易過、和澤難久、冀缺攜儷、
沮溺結耦、相彼賢達、猶勤壟畝、
矧伊眾庶、曳裾拱手、~~民生在勤~~
民生在勤、勤則不匱、宴安自逸、
歲暮奚冀、儋石不儲、飢寒交至、
顧爾儔列、能不懷愧、
孔耽道德、樊須是鄙、董樂琴書、

田園不廢　新綠起色，投递る軌
鼓不歙裙，弒讚庶民。

蠶婦　　　　　無名氏
昨日入城市　遍身綺羅者
歸來淚滿巾　不是養蠶人

憫農　　　　　李紳
鋤禾日當午　誰知盤中餐
汗滴禾下土　粒粒皆辛苦

讀李斯傳　　　李鄴
政時常不足　難將一人手
欺盡蒼生戮　掩得天下目

七步詩　　　　曹子建
　　　　姊文帝令中雪挺七步成
　　　　詩如不半行大法

煮豆燃豆萁　本是同根生
豆在釜中泣　相煎何太急

商山路有感 白居易

遊子吟

郊村婦

子夜吳歌 李太白

雲陽雜詩

朱海庵

字子之河东人
唐末進士

傷田家　聶夷中

二月賣新絲　　醫得眼前瘡
五月粜新穀　　剜卻心頭肉

我願君王心　　不照綺羅筵
化作光明燭　　偏照逃亡屋

二月借貸，以給衣，而約以絲償還之，
是二月而已賣新絲矣
五月借貸，以給食，而約以穀償還之，
是五月而已粜新穀矣
聊以寛目前之急
孫成穀熟之日須償還諸人皆為他
所有是　剜卻心頭肉矣

時興　楊賁

貴人昔未貴　　又自空柜憂
咸願顧寒微　　何曾可布衣

□以望紫霄　　援之絕繞子
日爲下丹墀　　舉手歌□□

...生...生...
生生...

几所...相智...，...见...
...相，所见...（全剧...）

刊定记云
机杼速离对面...
...心...

...差...说
常住...屋...　离...便...殿
...客移...　...如生...麻

孔子曰 笃信好学

华严经曰
信为道源功德母 长养一切诸...根

金刚经曰
法尚应舍 何况非法

祖師曰
佛說一切法　為除一切心
我無一切心　何用一切法

　　華嚴經疏　曰
寧受地獄苦　　　勤用於一君遮

　　　金剛經曰
諸如是　生清淨心　不應住色生心
不應住聲香味觸法生心

應無所住而生其心

　　　儒生曰　主一無適
六祖聞應無所住而生其心
而大悟曰　何期自性本自清淨
　　　　　何期自性本不生滅
　　　　　何期自性本自具足
　　　　　何期自性本無動搖

五祖曰　不識本心　學法無益
若言不識自本心　已自本性　所名
大丈夫人

滅度一切眾生已，而無有一眾生
實滅度者。

维摩经曰

法无众生,离众生垢故。法无有
我,离我垢故。法无寿命,离生死故。

金刚经曰

如来说,诸心皆为非心,是名为心。
所以者何,须菩提,过去心不可得,现
在心不可得,未来心不可得。

论语曰

子绝四,毋意,毋必,毋固,毋我。

金刚经曰

说法者,无法可说,是名说法。

圆觉经云

依幻说觉,亦名为幻,觉名为幻,所
说之法,皆悉是幻。

妙叶水心云

万籁声中独坐,性天云净澄皎月,
然後可以参不离言之妙也。

如如居士云

终日吃饭不曾咬着一粒米,
终日着衣不曾挂着一茎丝,
所以我佛,横说竖说,四十九年,
未曾道着一字。

金剛經云

是法平等．無有高下．是名
阿耨多羅三藐三菩提．以無
我．無人．無眾生．無壽者。

傅大士頌云
水陸同真際　　法才同彼此
飛沈體一如　　理上豈親疏

觸地分明造　　了此平等性
高下無親疏　　咸共入無餘

金剛經云
若以色見我．以音聲求我．是人
行邪道．不能見如來。

禮運

大道之行也．天下為公．選賢與能
講信修睦．故人不獨親其親．不獨子
其子．使老有所終．壯有所用．幼有所
長．矜寡孤獨廢疾者皆有所養．男有
分．女有歸．貨惡其棄於地也．不必藏
於己．力惡其不出於身也．不必為己．是
故謀閉而不興．盜竊亂賊而不作．故

外户而不闭，是谓大同。

今大道既隐，天下为家，各亲其亲，各子其子，货力为己，大人世及以为礼，城郭沟池以为固，礼义以为纪，以正君臣，以笃父子，以睦兄弟，以和夫妇，以设制度，以立田里，以贤勇知，以功为己，故谋用是作，而兵由此起。禹汤文武成王周公，由此其选也。此六君子者，未有不谨于礼者也。以著其义，以考其信，著有过，刑仁讲让，示民有常，如有不由此者，在执者去，众以为殃，是谓小康。

☷ 谦亨君子有终

谦者而不放之义
止乎内而顺乎外谦之义也
山至高而地至卑，乃屈而止乎其下谦之象也
彖曰谦亨，天道下济而光明，地道
卑而上行　　天道亏盈而益谦
地道变盈而流谦
鬼神害盈而福谦
人道恶盈而好谦
谦尊而光，卑而不可逾，君子之终也

象曰 地中有山 謙 君子以 裒多
益寡 稱物平施

九三 勞謙 君子有終 吉
象曰 勞謙君子 萬民服也

地山 謙卦

已命宇宙我時方　好惡不可柳及惡
无通這理人欲情　動像在乎準邪正

出入時方兄主死　憫鬱吉凶乎消長
本死宇宙存性命　无宮揚禍信神曜

克己銘　呂與叔

凡厥有生、均氣同體、胡為不仁
我則異己、物我兼立、私為町畦
勝心橫發、擾之不寧、大人存誠
心見帝則、初無吝驕、作我蟊賊
志以為帥、氣為卒徒、奉事于天
誰敢侮予、且我且徐、勝私窒慾
孰為寇讎、今則莊僕、方收厥來
凡吾宅廛、婦姑勃磎、莫敢余侮
孰克克之、皇皇四達、洞然八荒
皆在我闈、孰曰天下、不歸吾仁
瘝痾疾痛、舉切吾身、一日至矣

漢此者乎，顏何人哉，希之而是。

　學如元凱方成癖　將去孔門是一事
　文似相如殆類俳　此絡老死吾心高

呂與叔撰橫渠先生行狀云
先生慨然有意三代之治，論治人先務，
未始不以經界為急，嘗以仁政必自經
界始，貧富不均，教養無法，雖欲言治為
苟而已，嘗之病難行者，未始不以亟奪富
人之田為辭，然以法之行，悅之者眾為
更有術，期以數年，不刑一人而可復，顧
病吾輩學之人未行耳，乃言曰縱不能行
之天下，猶可驗之一鄉，方與學者議古
之法，買田一方，畫為數井，上不失公
家之賦役，退以其私，正經界分宅里，
立斂法，廣儲蓄，興學校，成禮俗，救
菑恤患，敦本抑末，足以推先王之遺法，
明當今之可行，此皆有志，未就。

　封腦通車謀展媽　牋媽當作元妈詩
　敦顧瘦戚臾婆婆　推媽子婆自耳聾

西銘（訂頑）　張子厚

乾稱父坤稱母予茲藐焉乃混然
中處故天地之塞吾其體天地之帥
吾其性民吾同胞物吾與也

大君者吾父母宗子其大臣宗子之
家相也尊高年所以長其長慈孤
弱所以幼吾幼聖其合德賢其秀
者也凡天下疲癃殘疾惸獨鰥寡
皆吾兄弟之顛連而無告者也

于時保之子之翼也樂且不憂純乎孝
者也違曰悖德害仁曰賊濟惡者
不才其踐形惟肖者也

知化則善述其事窮神則善繼其志
不愧屋漏為無忝存心養性為匪懈
惡旨酒崇伯子之顧養育英才潁封人之
錫類不弛勞而底豫舜其功也
無所逃而待烹申生其恭也體
其受而歸全者參乎勇於從而順令
者伯奇也富貴福澤將厚吾之生也
貧賤憂戚庸玉汝於成也
存吾順事沒吾寧也

夕死可矣　生順死安

楊龜山曰　理一而分殊
為君理一而所以為仁
知予分殊所以為義

朱子曰　以乾為父坤為母有生之
類无物不然所謂理一也而人物之
生血脈之屬各親其親各子其子其分
亦乃不容不殊者
一統而萬殊則雖天下一家中國一人
而不流於兼愛之蔽
萬殊而一貫則雖親疏異情貴賤
等異而不梏於為我之私

橫渠名載字子厚　大梁人記曰
仁人之事親也　如事天　事天如事親

評　雖欲使天下之人事其親如事天然其
人之不至知天不可得也　事天如事親亦不至
知人　人不可能也　知人義也知天仁也
仁義而後可達也　夫仁莫吾人生而以日
用而不知從事而及至也吾終不歸於之域矣

終天年也 不可以一時劃整論理為
之者也 其未定中間 不自而已 然則
兼愛之實何處之有 家天下而營
私則勢也 史實也 立言者可不懼乎

요한一書四章二十節「보는兄弟」
마가七章六節—十二節「고르반」

橫渠曰 言有教 動有法 晝有為
宵有得 息有養 瞬有存

東銘
戲言出於思也 戲動作於謀也 發
於聲見乎四支 謂非己心不明也
欲人無己疑不能也 過言非心也 過
動非誠也 失於聲繆迷其四體 謂
己當然自誣也 欲他人己從誣人
也 或者謂出於心者歸咎為己戲
失於思者自誣為己誠 不知戒其出汝
者歸咎其不出汝者 長傲且遂
非不知孰甚焉

視箴　程正叔
心兮本虛 應物無迹 操之有要
視為之則 蔽交於前 其中則遷
制之於外 以安其內 克己復禮

心焉以誡矣

　聽箴

人有秉彝　本乎天性　知誘物化
遂亡其正　卓彼先覺　知止有定
閑邪存誠　非禮勿聽

　　言箴

人心之動　因言以宣　發禁躁妄
內斯靜專　矧是樞機　興戎出好
吉凶榮辱　惟其所召　傷易則誕　傷煩
則支　己肆物忤　出悖來違　非法
不道　欽哉訓辭

　　動箴

哲人知幾　誠之於思　志士勵行
守之於為　順理則裕　從欲惟
危　造次克念　戰兢自持
習與性成　聖賢同歸

　　張南軒栻曰
弓而為弓箭之事於射也
車輪為車為之事於車也

加日(Epagomena)

秒29.77Km [illegible]

地球速度 秒 70.88里 時 255000里 日6120000里

公轉 (29.77Km) 自轉 460m(赤道[illegible])

自轉 秒1.1里 分65里 時3919里 日94056

六 [illegible] 28.8820Km 30.0000Km

71.1500里 (東는 420m)

約35595.0000

[illegible] 距離 1.495.00000Km

38.4404km 約91.5000里

[illegible] 올 들 8270

[illegible] 3百万里 땅 3万里 달 8千里 (8276里)

15186.里63 388 (日은 109倍

[illegible] 半徑 6378Km 4 (月은 0.27倍)

[illegible] 알서 일삼주두

[illegible] 아는가 · 日久日[illegible]되니

[illegible] 줄니 [illegible]

[illegible] (五)이오

太[illegible] 世文[illegible]世一[illegible]中仁[illegible]

光仁 [illegible]書[illegible]英一正[illegible]高[illegible]

[illegible] 一世[illegible]三界 三十三天[illegible] 北[illegible]

東經 124° 11′ 北緯 33° 6′ 40″

130° 56′ 23″ 43° 36′

[illegible] 中央 127° 33′ 41.5″ (成[illegible]. 安[illegible]. 加平. [illegible])

135 近於 120° = 7′23″ ([illegible])

面積 125.1364.6 平方里

[illegible] 220740.7 平方Km

[illegible] 8時2分52秒 東 經 北 緯 [illegible]

[illegible] 5[illegible] 37 3[illegible] 5

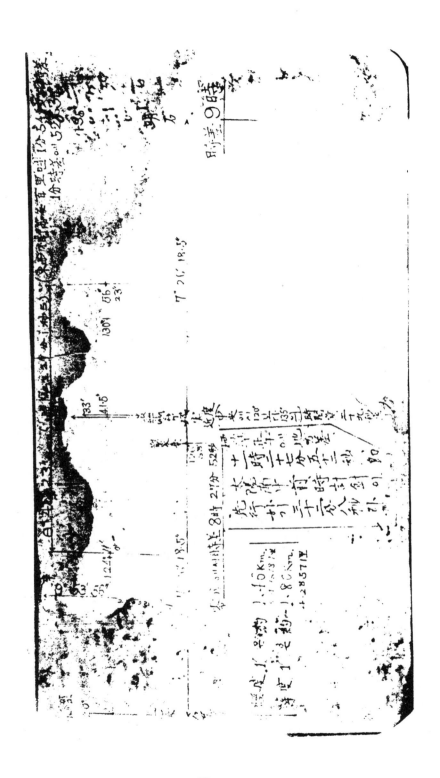

ΤΕΡΙΚΛΗΣ

ASPASIA

自沢スワラヂ 舞理地持 槇

竹正漢

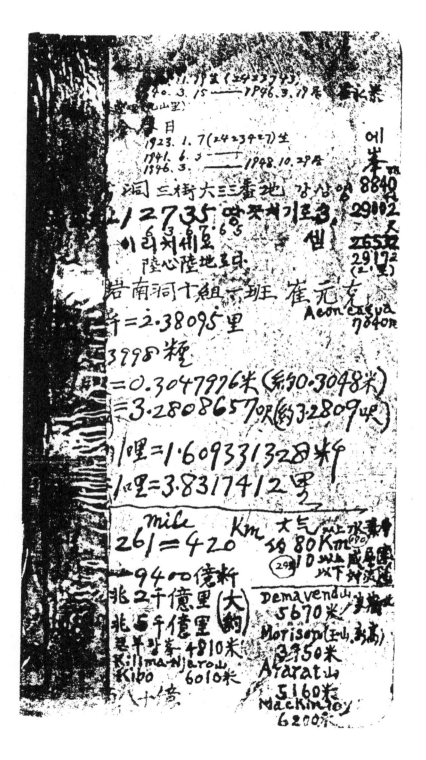

年 月 日
1923. 1. 7 (2423427)生　　　　　　에峯 m
1941. 6. 5 ── 1948. 10. 29卒
1896. 3.
洞 二街六三三番地 강상억　　8840 R
上 / 2 7 3 5 암꽃州기도3.　29002
이리州州豆 3. 6. 7. 6. 5 仙　26512人
陸心陸地宝叶.　　29.17² (立里)

岩南洞十組一班 崔元充
Aconcagua 7040 R
千 = 2.38095里
3998糎
= 0.3047976米 (糸乍0.3048米)
= 3.2808657呎 (約3.2809呎)

/哩 = 1.6093313288米
/里 = 3.8317412 里

mile　　Km　大气
26/ = 420　至 80 Km (80)　以上水蒸
29 10 以上 威早軍
以下 則湿潤

─9400億斤
兆二千億里 (大)
兆六千億里 (約)
思平 쓰峯 4810米
Kilima-Njaro山 Demavend山 5670米/ 头部
Kibo 6010米 Morison (王山, 最高) 3950米
八十億 Ararat山 5160米
Mackinjoy 6200米

늙은이

여기 담은 〈늙은이〉는
多夕 柳永模 선생님께서
새기신 〈老子〉의 전부입
니다. 漢字 原文을 제외한
모두는, 표지의 음각, 양각
된글씨를 포함하여, 다 선
생님의 친필의 자국입니다.

늙은 이 1 월

길 옳단 길이 늘길 아니고.
이를 만혼 이름이 늘이름 아니오라.

이름 없에 하늘 땅어 비롯고.
이름 있에 잘몬의 어머니.

므로

늘 흐고줍 없에 그 야름이 뵈고.
늘 흐고줍 있어 그 도라감이 뵈와라.

이 둘은 한끠 나와서 달리 이르(브르)니
한끠 일러 감ㅇ. 감ㅇ 또 감옴이 뭇야름
의 오래리라.

늙은 이 2 월

세상이 입븐길 입버홀라고는 다 알지만
그게 못쓸기 만이고.
착흔게 착흐다고는 다 알지만 그게 착흐
지 못흐기만 흐다.

므로

있단 없고. 없단 있어. 번갈며.
쉽고. 어렵이 되돌고.
긴이. 짜론이 가 한꿀 채림.
높은덴. 아레로 기웃 아레선. 높은데를 홀
것.
소리와. 울림이. 맞어우름.
앞은. 뒤 따리. 뒤는. 앞 따름.

第一章

道可道非常道名可名非常
名無名天地之始有名萬物
之母故常無欲以觀其妙常
有欲以觀其徼此兩者同出
而異名同謂之玄玄之又玄
眾妙之門

第二章

天下皆知美之為美斯惡已
皆知善之為善斯不善已故
有無相生難易相成長短相
較高下相傾音聲相和前後
相隨是以聖人處無為之事
行不言之教萬物作焉而不
辭生而不有為而不恃功成
而弗居夫唯弗居是以不去

이래서 씻어난이는 흔줌 없이 일을 봐 내
고. 말 않고 가르쳐 온대도 가오라.

잘못이 니는데. 말라지 않고.
낳나. 가지지 않고.
흐고. 절믿거라 아니흐며.
일이룬데 붙어있지 않으오라.

그저 붙어있지 않을라 만에.
그래서 떠러져가지를 않으오라.

늙은이 3월

닦아남을 좋이지 말아서、씨알이 다투지
않게.
쓸몬의 흔챦은건 높쓰지 말아서、씨알이
훔침질을 않게.
흐고줍만 흔건 보질 말아서、몸이 어지럽
지 않게、흐오라.

이래서 씻어난이의 다시림은、
그 몸이 븨이고、그 배가 든든 흐고.
그 뜻은 므르고、그 뼈는 세오라.

늘 씨알이 못된 앏이 없게. 못된 흐고줍
이 없게、흐이금.
그저 못된짓 앏이도 구태어 흐지 않게、쯤
흐이금.

딴짓흐라 홈 없이 흐매.
못다시림이 없오라。

第三章

不尚賢使民不爭不貴難得
之貨使民不爲盜不見可故
使民心不乱是以聖人之治
虚其心實其腹弱其志强其
骨常使民無知無欲使夫智
者不敢爲也爲無爲則無不
治

길은 고칩은이 4월 뚤렷히. 씨우오라.
아마 채지 못하지 르.

기윺음이여、 잘몬의 마루 같고나.
그 널칼옴도 무디고、
그 얼킴도 풀리고、
그 빛에 타본지고、
그 티끌에 한데드오라.

맑안 흐이. 아마 있지 르.

나는 기 누구 아들인줄 몰라.

하읗님 게가 먼저 그려짐.

늙 은 이 5 월

하늘 땅이 어질지 않은가、 잘몬을 가지고
꼴개를 삼으니.
다시리는이 어질지 않은가. 씨알을 가지고
꼴개를 삽으니.

하늘 땅 새는、 그 또 플무나 같고나.
븨었는데 쭉으러들지 않고、
움지겨서 움질움질 나오건.

많은 말이 히가 단 맥히니、
그 직힘만 같지 못.

늙 은 이 6 월

第四章
道沖而用之或不盈淵兮似
萬物之宗挫其銳解其紛和
其光同其塵湛兮似或存吾
不知誰之子象帝之先

第五章
天地不仁以萬物為芻狗聖
人不仁以百姓為芻狗天地
之間其猶橐籥乎虛而不屈
動而愈出多言數窮不如守
中

第六章

골김은 죽지 않으. 이 일러 감훈 않
감훈 않의 입. 이 일러 하늘 땅 뿌리.

소믈소믈 그럴듯 있으.
쓰는데 힘들지 않음. (브즈런을 않브려.)

늙 은 이 7 월

하늘은 길고 땅은 오래.
하늘 땅이 길고 오램 나워ㄴ 있는건 그
저로만 살지 않아서야. 므로 기리 살수 있
거니.

이래서 씻어난이,
몸을 뒤에 뒀는데 그 몸이 먼저고.
몸 박에 섰였는데 그 몸이 계 있.
그 저만 앎이 없으므로로 아닌가.
므로 그 저 꺼지를 이룰 나워끄.

늙 은 이 8 월

썩잘은 물과 같고니.
물은 잘믄에게 잘 좋게 하고. 다투질 않
으니.
뭇사람 시려 하는데로 지냄. 므로 거의
길이로다.
있기는. 땅에 잘.
주기는. 어질기 잘.
속은. 깊기 잘.
밑은. 믿브게 잘.
바로 잡을데. 잘 다시리고.
일은. 더홀 나워없이 잘.
움지기는데 때 잘마지.

谷神不死是謂玄牝玄牝之
門是謂天地根緜緜若存用
之不勤

第七章
天長地久天地所以能長且
久者以其不自生故能長生
是以聖人後其身而身先外
其身而身存非以其無私邪
故能成其私

第八章
上善若水水善利萬物而不
爭處眾人之所惡故幾於道
居善地心善淵與善仁言善
信正善治事善能動善時夫
唯不爭故無尤

그저 다 부질 않기로 만. 하니,
므로 허물 없으라.

늙은 이 9월
가지고 가득 차는건. 그 마 두는 게 만
못하며.
빤히.히.야 러 바야 흐는 날칼음은 걸게 볼수 없
으오라.

누런쇠와 환호구슬을 집에 그득히 두고는
직히는 수가 없으며.
가멸고. 높돼서 젠척하게 되면 제절로 그
허물을 홀리미르.

일을 이루고. 이름이 나게 돼선.
몸을 빼. 물러 나는것이 하늘 아런대로가는
걸이웁。

늙은 이 10월
에 섯 빛 넋을 실고. 하나를 품안은것의 비러
떠러짐이 없는 수여.
김을 오로지고. 아주. 브드럽기에. 이기 같
불수여.
치우고. 씻어내여. 감안히 보기에. 트집 없
을 수여.
씨알 사랑·나라 다심의 네가흐디 흠 없
을 수여.
하늘 굼을 열고 닫는데. 숳 않되고 않
될 수여.
밝고 희여. 네갈래로 사모친데. 내 앎이 란
없을 수여.

第九章

持而盈之 不如其已揣而銳
之不可長保金玉滿堂莫之
能守富貴而驕自遺其咎功
遂身退天之道

第十章

載營魄抱一能無離乎專氣
致柔能嬰兒乎滌除玄覽能
無疵乎愛民治國能無知乎 為
天門開闔能為雌乎明白四
達能無為乎生之畜之生而
不有為而不恃長而不宰是
謂玄德

놓고 . 치오라,
놓되 . 갖이질 않고,
하되 . 절믿거라 않고
길다고 . 어룬노릇을 않오니.

이 일러, 김ㅇ흔 속알.

늦은이 11월
설흔 낯 살대가 한 수레 통에 뭃겼으니,
수레의 쓸수 있음은 그 없는 무석이 밎
아시라.
진흙을 비져서 그릇을 맨든데 그릇의 쓸
수 있음은 그 없는 구석 이 맞아시라.
창을 내고, 문을 뜯러서 집을 짓는데 집
의 쓸수 있음은 그 없는 구석 이 맞아
시라.
므로
있는것이 좋 (리) 되는건,
없는것을 씀으로서라.

늦은이 12월
다섯 빛갈이 사람 눈을 멀게,
다섯 소리가 사람 귀를 먹게,
다섯 맛이 사람 입맛을 틀리게,
몰려 달리는 산앙질이 사람 몸을 미치게
흔찮은 쓸몬이 사람을 못되게 가게 하오
라.
이래서 씨어난이는,
배 (원통) 때믄 이지,
눈 (굿) 때믄 이 아니오라.
이를 집고,

第十一章
三十輻共一轂當其無有車
之用埏埴以為器當其無有
器之用鑿戶牖以為室當其
無有室之用故有之以為利
無之以為用

第十二章
五色令人目盲五音令人耳
聾五味令人口爽馳騁田獵
令人心發狂難得之貨令人
行妨是以聖人為腹不為目
故去彼取此

저 를 버리 오라.

늙은이 13 월

괴다 몰리다 에 깜짝 놀람.
가장 큰 걱정이 아이 몸이아.

뭣을 일러 괴다 몰리다 에 깜짝 놀람이고.
꿈이 옅은 때믄에라. 꿈이 바로 높게 괴인 꿈이면. 놀라리.
얻어도 깜짝. 잃어도 깜짝.
이 일러 괴다 몰리다 에 깜짝 놀람이여

뭣을 일러 가장 큰 걱정이 아이 몸이아ㄴ고.
나로서 큰 걱정이 있는것은 내가 몸을 가진 때믄이여
내몸이 없는데 및으면 내 므슨 걱정이 있으리.
므로

가장. 몸을 가지고 세상 때믄에 ㅎ는이는
세상을 가저다가 부칠 만도 ㅎ고.
사랑. 몸을 가지고 세상 때믄에 ㅎ는이는
세상을 가저다가 맽길 만도 ㅎ여.

늙은이 14 월
보아 못보니 이르자면 믄둥.
들어 못들으니 이르자면 믈홍.
쥐어 못스리금 이르자면 믄둥.
이 셋이란 따아서 될게 아니 오라.

第十三章
寵辱若驚貴大患若身何謂
寵辱若驚寵為下得之若驚
失之若驚是謂寵辱若驚何
謂貴大患若身吾所以有大
患者為吾有身及吾無身吾
有何患故貴以身為天下若
可寄天下愛以身為天下若
可託天下

第十四章
視之不見名曰夷聽之不聞
名曰希搏之不得名曰微此
三者不可致詰故混而為一
其上不皦其下不昧繩繩不

므로 왼통으로 한아 됨이여.
그 우이래 횟금든 않고,
그 아레래 어슴프레도 않으오라

줄줄 닿았으나 이름 못 하겠으니, 다시 없
몬으로 도라금이여.
이 일러. 없꼴의 꼴. 없몬의 거럼.
이 일러. 황감 얼덜。

맞아 그 머리 못 보고,
따라 그 궁둥이 못 보오.

옛 가는 길 잡아쥐어서 이제 가는 있을
끌음이 옛 비롯을 아는 나위니.
이 일러. 길날 (길벼리. 길줄。)

　　　　　늙은 이　15　월
옛 그 잘된 선비 (슨 뵈) 는 뭥야를 게
금 뚤렀음이여.
그　깊이 모르겠어라. 그저 오직 모르겠
으니. 므로
억지로 꼴 짓자면 코기리가 겨울에 내를
건너는 거 나 같댈가.
께가 넷켠을 두릿두릿 하는거 나 같댈가.
엄천 훈이. 손님이 나 같고,
환 훈이 어름이 풀린듯이 나 같음이여.
도 탑기는 둥걸 같,
텅 븨이기는 그 골 같,
왼통 스럼 기는 그 흐리 터분 같,
누가 흐리어서 고요히 천천히 맑힐 수
있으며,

可名復歸於無物是謂無狀
之狀無物之象是謂惚恍迎
之不見其首隨之不見其後
執古之道以御今之有能知
古始是謂道紀

第十五章
古之善爲士者微妙玄通深
不可識夫唯不可識故强爲
之容豫兮若冬涉川猶兮若
畏四隣儼兮其若客渙然若
冰之將釋敦兮其若樸曠兮
其若谷混兮其若濁孰能濁
以靜之徐清孰能安以久動
之徐生保此道者不欲盈夫
唯不盈故能蔽不新成

누가 편안히 오래도록 움지기여 살릴 수
있는가.
이 걸을 봐고이는 가득 차려 않으오라.
그 차지 않으므로 만.
므로 묵을 수 있어서요.
새로 이루는게 아니어라.

늙 은 이 　　　16 월
가장 븨워 아주.
고요 직혀 도탑.

잘몬이 나란히 너는데,
나로서는 그 도라감을 봄.

그저 몬이 쑥쑥 나 오나 따로 다 그
뿌리로 도라그오라.
뿌리로 도라그서 고요 흐다 흐고.
고요 흐야서 목숨 돌렸다 흐고.
목숨 돌렸서 늘이라 흐고.
늘 아는 거르 밝다 흐오라.
늘 모르면 함부로 짓흐 다가 언잖음.

늘 알아 받아 드림받.
드림받에서 번듯.
번듯에서 임금.
임금 에서 하늘.
하늘 에서 길.
길 에서 오램.

몸 빠저、나죽지 안흐

第十六章
致虛極守靜篤萬物並作吾
以觀其復夫物芸芸各歸其
根歸根曰靜是謂復命復命
曰常知常曰明不知常妄作
凶知常容容乃公公乃王王
乃天天乃道道乃久沒身不
殆

늙 은 이   17 월
맨 우에는 가진줄을 몰랐어고.
그 담에는 친자워 기리고.
그 담에는 두러워 하고.
그 담에는 없우이 까지.

믿음 모자란데', 못믿음 있오라.

옜말이 오히려도, 그 높은 말슴.
일 이루고. 홈 드뎄는데 (맞았는데)
씨알들이 다 이르기를
우리 다 제 절로로다.

늙 은 이   18 월
큰길 내버리자 어짊. 옳음. 뵈져났고,
앎. 슬기. 나오자 큰거짓. 뵈져났고.
엿사이 틀리자 따르는 아돌. 사랑는 에비
뵈졌났고.
나라 집이 어둡어지렴자 속곧섬기 뵈져났
오라.

늙 은 이   19 월
그특   다 을 끊고.   알
을 버리면 씨알의 좋이 온곱절일거고
우리 어질 을 끊고.   울
음을 버리면 씨알이 다시 따름과 사랑으
로 도라올거고
공교를 끊고   리롭
자를 버리면 홈침질이 있을수 없을것을.
이 셋 가진 은 써서 월로 삼기로는 모

多夕日誌
164

第十七章
太上下知有之 其次親而譽
之其次畏之其次侮之信不
足焉有不信焉悠兮其貴言
功成事遂百姓皆謂我自然

第十八章
大道廢有仁義智慧出有大
偽六親不和有孝慈國家昏
亂有忠臣

第十九章
絕聖棄智民利百倍絕仁棄
義民復孝慈絕巧棄利盜賊
無有此三者以為文不足故
令有所屬見素抱樸少私寡
欲

자라오라。
으로 붙인데가 있게 흐야서,
바탕을 보고,
둥걸을 품 안고,
나나를 조고만치,
싫음도 조고만치, 흐게 됐으면 。

써 먹기 붉 터 흐려 이 늙은 이 20 월 버ㅁ움을 끊으면 근심이
없을것이오라。 네 흐거와 네에 걸게 흐거의
서로 다름이 얼만흐고,
착흐담과 모질담과의 서로 떠러짐은 어떨
고。
남의 두려워 흐는건 꼭 두려야지,
거칠다가는 그 못 맞일것이 매요。

뭇사람의 희희훔이란 소잡고 잔치나 흐는
듯이, 봄에 높은 데에나 오른듯 흐고나。
나 홀로 멍훈이, 그 아모 금새 없음이
갓난 이기의 손 잡을줄도 모름 같고나。
둥둥 떠 도라갈데가 없음 같음이여。
뭇사람은 다 넘았는데,
나 홀로 앓은 꿀 같고나。
나 어리석은 사람의 몸이여, 멍멍흐이。
이새사람들이 밝숙밝숙,
나 혼자 흐릿터믄,
이새사람들이 또렸또렸,
나 혼자 꿍꿍。
훌적 그믐 같고,
괴괴 근칠바 없음 같히。

第二十章
絕學無憂唯之與阿相去幾
何善之與惡相去何若人之
所畏不可不畏荒兮其未央
哉眾人熙熙如享太牢如春
登臺我獨泊兮其未兆始嬰
兒之未孩儽儽兮若無所歸
眾人皆有餘而我獨若遺我
愚人之心也哉沌沌兮俗人
昭昭我獨昏昏俗人察察我
獨悶悶澹兮其若海飂兮若
無止眾人皆有以而我獨頑
似鄙我獨異於人而貴食母

뭇사람은 다 씀이 있는데,
나 혼자 더럽게 곤다.

나 홀로 남보다 달라서,
어머니 먹기를 높이노라.

늙은이 21 월
다 큰 속알의 얼골은,
오직 걸. 밭삭 따름.

걸의 몬 됨이 오직 환. 오직 컴.
컴호고. 환혼데. 그 고디 그림이 있,
환호고. 컴호데. 그 고디 몬이 있.
아득앗득. 그 고디 알짬이 있.
그 알짬이 아즈 참. 그 고디 믿음이 있.
옛브터 이젯껏 그 이름이 떠나 가지를
안히서 뭇비롯 (뭇아름답) 을 보아보내 오라.
내 뭘 가지고 뭇비롯의 그럼을 알가. 흔
다면.
이로 써.

늙은이 22 월
구브리서 성호고、구퍼서 곧고、움푹히서
차고、
묵어서 새롭고、적어서 얻고、많아서 홀려
놓지 오라、
이래서 씻어난이는 한아를 품이 세상 본
보기 이 되오라、
제 (읗다) 않으므로 밝고、
제 (뵈지) 않으므로 나타나고、
제 보라지 않으므로 치샇흔 다간 없어지는

第二十一章

孔德之容惟道是從道之為
物惟恍惟惚恍兮惚兮其中
有物惚兮恍兮其中有象窈
兮冥兮其中有精其精甚眞
其中有信自古及今其名不
去以閱眾甫吾何以知眾甫
之狀哉以此

第二十二章

曲則全枉則直窪則盈敝則
新少則得多則惑是以聖人
抱一為天下式不自見故明
不自是故彰不自伐故有功
不自矜故長夫唯不爭故天
下莫能與之爭古之所謂曲

공이 그대로 있고. 제 자랑 않으므로 기르오라.
그저 오직 다투질 않오라.
브로 세상, 더브러 다툴 수가 없오라.
엣브터 이른바,
구브러서 성흐다ㄴ 어찌 헛말일가.

참말로 성히 돼서 도라그지이다.

늙은이 23 월
물흐ㄴ 드틈 없이 드른 말이 제절로로다.
나브끼는 바람이 아침을 다 않가고, 소
낙비가 히를 마치지 않으니.
누가 이쯤 흐나.
하늘 땅이.
하늘 땅도 오래질 못 흐거던.
흐믈며 사람으로서ㄴ가.
므로 길에 좇아 보는 이론.
길가는이 길에 한가지,
속알이 얼속에 한가지,
잃는이 잃에 한가지 흐라.
길에 한가지흐이를, 길 또한 즐거스리금.
속알에 한가지흐이를, 속알 또한 즐거스리
금.
잃에 한가지흐이를, 잃 또한 즐거스리금.
믿음이 모자란데.
못 믿음이 있오라.

늙은이 24 월
발돋음이 스는거, 아니고,
가랑버림이 가는거 아니오라.

則全者豈虛言哉誠全而歸
之

第二十三章
希言自然故飄風不終朝驟
雨不終日孰爲此者天地天
地尚不能久而況於人乎故
從事於道者[道者]同於道德
者同於德失者同於失同於
道者道亦樂得之同於德者
德亦樂得之同於失者失亦
樂得之信不足焉有不信焉

第二十四章
企者不立跨者不行自見者

제 뵘이 밝지 못ᄒ고.
제 옭걸이 나 타 못 나고.
제 뵈란 공없이 고.
제 자랑 길지 않으니.

길에서 원
그께. 먹다 남은밥. 군게 네 민살 이라ㄹ 거니
몬이 미워 도 흘듯. ᄒ오라.
길가진이 지 네ㄹ바 아니오라.

         늙 은 이   25 월
몬 있어 왼통으로 되니.
하늘 땅 보다 먼저 났오라.
괴괴히 고요히.
홀로 섰다고. 곤치지 않으며.
두루 댕긴다고. 나 죽지 않으니.
가져다가 세상 어머니ㄹ 삼을만ᄒ고나.
네 그 이름을 모르니.
불러. 길이라 ᄒ자.
억지로 ᄒ야
이름. 크다 ᄒ자.
크면. 간다 ᄒ자.
가면. 멀다 ᄒ자.
멀면. 도라ㄱㄴ다 ᄒ자.
ᄆ로
길 커.
하늘 커.
땅 커.
임금 또한 커.
언저리 ㄱ듸 넷 큰게 있는데,

不明自是者不彰自伐者無
功自矜者不長其在道也曰
餘食贅行物或惡之故有道
者不處

第二十五章
有物混成先天地生寂兮寥
兮獨立不改周行而不殆可
以為天下母吾不知其名字
之曰道強為之名曰大大曰
逝逝曰遠遠曰反故道大天
大地大王亦大域中有四大
而王居其一焉人法地地法
天天法道道法自然

임금도 그 하나에 드오라.
사람이 법받은 땅.
땅이 법받은 하늘.
하늘이 법받은 길.
길이 법받은 제절로. 로다.

늙은이 26월

무검은 가뱜의 뿌리 되고.
가많은 방정의 임금 되오라.
이래서 씻어난이는 히가 맞도록. 가진짐 무
검를 않떠나오라.
비록 번쩍흔 구겡이 있을지라도.
뚝떠솟그쳐서 으젓이 지내오라.
어찌 만가지를 거느리는 님으로서.
몸을 가지고 세상에 가뱌우랴.
가뱌면 뿌리 빠지고.
방정스리 이면 임금 떠러트리오리.

늙은이 27월

잘 댕긴데는 바뭐 자국이 없고.
잘 흔 말에는 티 뚫긴데가 없고.
잘 그흔 셈에는 셈가지를 않쓰고.
잘 닳은데는 빌장. 곧장이 없어도.
못 열겠고.
잘 맨데는 줄졸름이 없어도 못 풀겠오라.

이래서 씻어난이는.
늘 잘 사람을 건짐. 므로 사람을 버리
는 일이 ㅁ 없고.
늘 잘 몬을 건짐. 므로 몬을 버리 는
일이 ㅁ 없오라. 이 일러. 품밝음.

第二十六章
重為輕根靜為躁君是以聖
人終日行不離輜重雖有榮
觀燕處超然奈何萬乘之主
而以身輕天下輕則失本躁
則失君

第二十七章
善行無轍迹善言無瑕謫善
數不用籌策善閉無關楗而
不可開善結無繩約而不可
解是以聖人常善救人故無
棄人常善救物故無棄物是
謂襲明故善人者不善人之
師不善人者善人之資不貴
其師不愛其資雖智大迷是

착훈이는 못착훈이의 스승이고.
못착훈이는 착훈이의 감〔거리〕.
그 스승을 높이지 않고, 그 감을 사랑치
않으면 비록 안대도 크게 흐림이오라.

(달리 색임) 그 스승을 높이지 않으며
그 감을 사랑치 않나니, 비록 아는
이라도 크게 맘서림.

이 요묘아묘 되오라.

그 슭을 알고 그 늙은이 28 월
알대로 직히니,
세상 시내골 되오라.
세상 시내골 되어,
늘 속앓을 않 여이니,
다시 이기로 도라ㄱ오라.

그 희기 알고, 그 검가로 직히니,
세상 본 되오라.
세상 본 되어,
늘 속앓이 틀리지 않으니,
다시 없꼭대기로 도라ㄱ오라.

그 번쩍 핌을 알고, 그 몰려댄데 직히니
세상 골 되오라.
세상 골 되어,
늘 속앓 다주 닉닉 하니,
다시 등걸로 도라ㄱ오라.

등걸 흘으메는 그릇을 지으니.

妙要謂

第二十八章
知其雄守其雌爲天下谿爲
天下谿常德不離復歸於嬰
兒知其白守其黑爲天下式
爲天下式常德不忒復歸於
無極知其榮守其辱爲天下
谷爲天下谷常德乃足復歸
於樸樸散則爲器聖人用之
則爲官長故大制不割

다시리는이 쓰면.
맡은어룬을 삼음。

므로

큰 감은. 썰지 않음。

　　　　　　늙 은 이　　29 월
세상을 집을라고 흐다간.
그 못되스리금. 맑. 내 보오라.

세상. 겁 그릇
사람 못 홀거.

흐는이 깨지고.
잡는이 앓다.

므로

몬은 댕기기도. 따르기도.
호 불기도. 훅 불기도。

힘 세기도. 뭄 마르기도.
신기도、 떠르기도.

이래서 _ 씻어난이 는.

제 넘을 버리고、
제 늚을 버리고、
제 큼을 버리오라.

第二十九章
將欲取天下而為之吾見其
不得已天下神器不可為也
為者敗之執者失之凡物或
行或隨或歔或吹或强或羸
或戴或隳是以聖人去甚去
奢去泰

늙은이 30 월

길을 가지고 사람 임금을 돕는이는,
군사를 가지고 세상을 힘세게 홀라 않오라.
그 일이 잘도 되도라오니.
군사 치른데 가시덥불이 되거든,
큰 쌓음 뒤에 반듯이 언잖은 히가 듬.
착혼이는 얼맺고 뿐.
구태여 가지고 셀라 들지 않오라.
얼맺고, 자랑 무.
얼맺고, 에봐라 무.
얼맺고, 젠가싶어 무.
얼맺고, 무지 못스리금.
얼맺고, 세지를 무.
몬이 한창 가면 늙음.
이 일러 길 아니니.
길 아니는,
일직 그만.

늙은이 31 월

그저 좋은 칼날이란 금새아닌 그릇이라.
몬이 미워 홀듯.
므로 길 가진이는 그리가지 않오라.

그이 앉는 자리에는 왼쪽을 높이고,
군사를 쓰며는 옳은쪽을 높이니.
군사란 금새아닌 그릇아오.
그이의 그릇은 아니.
마지 못스리금, 쓰오라.
가많, 맘안홈이 위 됨.
익었어도 아름답지 않음.

第三十章

以道佐人主者不以兵強天
下其事好還師之所在荊棘
生焉大軍之後必有凶年善
者果而已不敢以取強果而
勿矜果而勿伐果而勿驕果
而不得已果而勿強物壯則
老是謂不道不道早已

第三十一章

夫佳兵者不祥之器物或惡
之故有道者不處君子居則
貴左用兵則貴右兵者不祥
之器非君子之器不得已而
用之恬淡為上勝而不美而
美之者是樂殺人夫樂殺人
者則不可以得志於天下矣
吉事尚左凶事尚右偏將軍

도. 아름답어 ㅎ는이는.
이 곧 사람 죽임을 즐김.
그저 사람 죽이기 즐기는이는.
세상에서 뜻을 얻을게 못 되오라.

죻은 일엔 왼쪽을 세고
언잖은 일엔 옳은쪽을 세건만.
곁장군이 왼쪽에 가고.
웃장군이 옳은쪽으로 가니.
자리 위 터수로 말ㅎ면.
초상 치름으로 치름.

사람 죽임이 뭇많아.
슬픈 서름을 가지고 울미여.
쌈을 익이고.
초상 치름을 가지고. 지냄.

　　　　　　늙은 이　　32　월
길은 늘 이름 없오라.
통걸이 비록 작게 보이 더라도:
세상이 섬기라 못 ㅎ오라.

임금들이 직힐 수 있을게 같으면.
잘몬이 스스로 손오듯 ㅎ오리.
하늘 땅이 맞아서. 닷이슬을 내리고.
사람은 ㅎ란 말 없이도 스스로 고르리.
비로소 감내 이름 있고.
이름도 그만 두니.
그저 또한 근칠 줄을 알리.
근칠 줄 알아 나 죽지 않잠.

居左上將軍居右言以喪禮
處之殺人之衆以哀悲泣之
戰勝以喪禮處之

第三十二章
道常無名樸雖小天下莫能
臣也侯王若能守之萬物將
自賓天地相合以降甘露民
莫之令而自均始制有名名
亦既有夫亦將知止知止可
以不殆譬道之在天下猶川
谷之於江海

비겨. 길의 세상에 댐은,
네골의 가람 바다에 댐과 같으라.

늙은이 33 월

넘 아는것이 슬기. 저 아는게 밝.

넘 이기는것이 힘있. 저 이기는게 세임.

넉넉흔줄 앎이 가멸. 억지로 흘람게 뜻있.

그 자리를 읋잖는이 오래고.
죽어도 없어지지 않는게 목숨.

늙은이 34 월

큰길이 둥 두러시 떴음이여.
외게도 옳게도로다. 이러케도 저러케도로다.
잘몬이 믿거라고 나오는데 말라지 아니흐
고.
일이 이른데 이름지어 가지지를 아니흐고,
엑여 기룬 잘몬인데 님 되지 아니흐니
늘 싶음이 없어라. 작보다 이름흘만.
잘몬이 도라가서 님 모르겠으니.
크보다 크다 이름흘만.
이래서 씻어난이는 마침내 클라흐지 아니
흐므로 바로 이룰 그 크로다.

늙은이 35 월

아주 큰거림을 잡고. 하늘 알로 가도다.

　〔다른 색임〕 큰거림을 잡았으니.
　　　　　세상이 가도다.

多夕日誌

第三十三章
知人者智自知者明勝人者
有力自勝者強知足者富強
行者有志不失其所者久死
而不亡者長壽

第三十四章
大道汜兮其可左右萬物恃
之而生而不辭功成不名有
衣養萬物而不為主常無欲
可名於小萬物歸焉而不為
主可名為大以其終不自為
大故能成其大

第三十五章
執大象天下往往而不害安
平太樂與餌過客止道之出
口淡乎其無味視之不足見

가도 언잖지 아니ᄒ니.
편안. 평안. 태평. ᄒ도다.

소리 울림과 먹음 먹이는
지나가를 손이나 머믈지.

길. 가. 나가는 입은.
심심ᄒ이. 그 맛이 없.
보아서. 보잘게 없.
들어서. 들잘게 없.

잉만 쓰드라도. 그만 이란게 없오라.

늙은이 36 월
드러 마실라거든 반드시 꼭 베풀(내불)
거고.
므릇ᄒ게 ᄒ라거든 반드시 꼭 단단ᄒ게
ᄒ거고.
그만치울라거든 반드시 꼭 이르킬거고.
뻬슬라거든 반드시 꼭 줄거니,
이 일러. 욹밝음.
브드럼이 굳셈을 이김.
므른게 센걸 이김.
물고기가 를 깊음을 버서나지 못ᄒ드시
나라의 날'칼'온그릇을 가저 남에게 보이진
못ᄒ.

늙은이 37 월
길은 ᄒᆷ없어도 늘 아니ᄒ는게 없으니.
임금들이 직힐게 같으면.
잘몬은 제대로 되리로다.

聽之不足聞用之不足既

第三十六章
將欲歙之必固張之將欲弱
之必固強之將欲廢之必固
興之將欲奪之必固與之是
謂微明柔弱勝剛強魚不可
脫於淵國之利器不可以示
人

第三十七章
道常無為而無不為侯王若
能守之萬物將自化化而欲
作吾將鎮之以無名之樸 無

되다 짓거릴랑,
내 이름 없는 등걸을 가지고,
투덕투덕 누르리,
이름 없는 등걸 또 ᄒ고져 아니ᄒ리.
ᄒ고져 아니ᄒ야 고요ᄒ고,
세상은 제대로 바르리로다.

늙은 이 38월

높오르는 속알은 속알 기대지 않오라,
이래서 속알 있오라.
앝내리는 속알은 속알 놓지 않오라,
이래서 속알 없오라.
높속알은 ᄒᆞᆷ없고 라ᄒᆞᆷ없으며,
앝속알은 ᄒ고 라ᄒᆞᆷ이 있으며,
높사랑은 ᄒ되 라ᄒᆞᆷ없으며,
높옳은 ᄒ되 라ᄒᆞᆷ이 있으며,
높낸감은 ᄒᆞ야서 말않드르면, 팔을 껄어다
그대로 치로오라.
므로 길 잃은 뒤에 속알.
속알 놓진 뒤에 사랑.
사랑 잃은 뒤에 옳음.
옳음 얼킨 뒤에 낸감.
그저 낸감은 뭄속·뭄믿의 얇ᄒᆞᆫ얇ᄒᆞᆫ이오,
어짇어짇의 머리로다.
본데 있는이란 길의 꽃,
어리석의 비롯.
이래서 산아이는,
그 두터운데로 가고,
그 얇은데로 않가며,
그 열매를 맺지,
그 꽃�ᄲᅵᆯ라 않으오리.

名之樸夫亦將無欲不欲以
靜天下將自正

第三十八章
上德不德是以有德下德不
失德是以無德上德無爲而
無以爲下德爲之而有以爲
上仁爲之而無以爲上義爲
之而有以爲上禮爲之而莫
之應則攘臂而扔之故失道
而後德失德而後仁失仁而
後義失義而後禮夫禮者忠
信之薄而乱之首前識者道
之華而愚之始是以大丈夫
處其厚不居其薄處其實不
居其華故去彼取此

므로 이를 집고 저를 버림.

늙은 이 39 월

옛날에
한아 얻은 이로
하늘이 하나를 얻어서 맑게 쓰고.
땅이 하나를 얻어서 편안케 쓰고.
신이 하나를 얻어서 령케 쓰고.
골이 하나를 얻어서 참으로 쓰고.
잘몬이 하나를 얻어서 삶으로 쓰고.
임금들이 하나를 얻어서 세상고디 되니.
그 꼭, 가, 대인 한아 로다.

하늘로 맑게 씀이 없으면 아마 찌지질고
땅으로 편안을 씀이 없으면 아마 픠여바
릴라.
신으로 령흠에 씀이 없으면 아마 쉴라.
골로 참을 씀이 없으면 아마 다흘라.
잘몬으로 삶을 씀이 없으면 아마 없어질
라
임금들로 고디를 씀이 없이도 높이기만
흐면 아마 믿그러질라.

므로 높임은 낮힘으로서서 밑을 삼고.
높은 아레토터됐음이여.

이래서 임금들이
제 일르기를. 외롭이, 홀옵이, 쪽정이라. 흠
이것이 그 낮힘으로서 밑삼음이냐. 아니니
므로 수레 샘검새 를 따저 빌리면 수레가
없다. 는 셈. 으로.

第三十九章

昔之得一者天得一以清地
得一以寧神得一以靈谷得
一以盈萬物得一以生侯王
得一以爲天下貞其致之一
也天無以清將恐裂地無以
寧將恐發神無以靈將恐歇
谷無以盈將恐竭萬物無以
生將恐滅侯王無以貴將恐
蹶故貴以賤爲本高以下爲
基是以侯王自謂孤寡不穀
此非以賤爲本邪非乎故致
數輿無輿不欲琭琭如玉珞
珞如石

맑숙 맑숙 옥 같다. 데굴 데굴 돌 같다.
흐고 싶지 않오라.

[다른 색임] (故. 吉浦崔承謨先生之句讀)
  이것이 그 낯힘으로서 밑삼음이오. 간사
스레 일브러 흐게 아니로다. 수레를 따
지면 수레가 없다.

                   늙 은 이   4 0   월
도라그는 이 길 가 움지기오.
므른 이 길 가 쓰오.
세상의
몬이 있에 남.
있이 없에 남.

                   늙 은 이   4 1   월
높오르는 선비가 길을 듣고 부질언히 가
며. 가온듸 선비는 있는둥. 만둥. 흐고.
앞내리는 선비는. 길을 듣고 크게 웃음.
웃지 아니흐면.
밟아서 될 길이 아님.
므로 세워진 말이 있기를
밝은 길은 어슴프레.
나아간 길은 물러간듯.
맨 길은 비슷.
높오른 속알은 텅 빈 골 같고.
아주 흰 게 몰려댐 같고.
넓은 속알이 모자람 같고.
슨 속알이 흐잘거 없는거 같고
바탕참은 버서질거 같고.
큰 반듯흔 건. 모 가 없고.

第四十章
反者道之動弱者道之用天
下萬物生於有有生於無

第四十一章
上士聞道勤而行之中士聞
道若存若亡下士聞道大笑
之不笑不足以爲道故建言
有之明道若昧進德若退夷
道若纇上德若谷大白若辱
廣德若不足建德若偷質眞
若渝大方無隅大器晚成大
音希聲大象無形道隱無名
夫唯道善貸且成

큰 그릇은 늦게 되고.
큰 소리는 스르릉 울리고.
큰 그림은 끌 뵘 없고.

길은 숨어 이름 없오라.

그저 길 만이
잘 빌려주고. 또 이루도다.

늙 은 이   42 월

길 나니. 하나.
하나 나니. 둘.
둘 나니. 셋.
셋 나니. 잘몬.

잘몬 그늘을 지고. 볕을 름 앙음.
빕뚤린 김 으로서 고르렀음이여.

사람의 시려홀배. 오직 외롭. 홀웁. 쭉정 일
데.
임금들이 가지고. 넜거기로 하얐으니.
므로 몬이란
터는데 더하기도.
더하는데 덜기도.

남 가 가르치는데는
나도 또 가르쳐 가리니.

윽지 센 놈은. 그 죽음스리금을 못하리라.
고.
내 가지고. 가르침의 애빌 삼으리로다.

第四十二章

道生一 一生二 二生三 三生
萬物萬物負陰而抱陽沖氣
以爲和人之所惡唯孤寡不
穀而王公以人爲補故物或損之
而益或益之而損人之所敎
我亦敎之強梁者不得其死
吾將以爲敎父

늙은 이 43 월

세상의 가장 브드럼이.
세상의 가장 굳은데 달리여 뜀이어.

있 없이. 틈 없어 듦.

네 이래서.
홈 없의 났 있음을 아노니.

말 알리지 않는 가르침과
홈 없은 났을. 세상. 및일게 드믈리.

늙은 이 44 월

이름과 몸을 더블데 어떤쪽을 더 앓고.
몸과 쓸몬을 더블데 어떤쪽이 더 많을고.
얼음과 없엠을 더블데 어떤쪽이 탈인고.
이러므로
너므도 시랑하면 반드시 씀씀이 크고.
많이 가므리면 반드시 두텁게 망하리.
알아 늑근히 넉이면 몰리지 않고.
알아 근치면 나죽지 않으리.
하아서 길고 오래리.

늙은 이 45

큰 됨 이즈러짐 같으나.
그 씨움이 묵지 아느하고.

큰 참. 팅븸 같으나
그 씨움이 다흐지 아너호라.

큰 고디. 쭈그러짐 같.

第四十三章
天下之至柔馳騁天下之至
堅無有入無間吾是以知無
為之有益不言之教無為之
益天下希及之

第四十四章
名與身孰親身與貨孰多得
與亡孰病是故甚愛必大費
多藏必厚亡知足不辱知止
不殆可以長久

第四十五章
大成若缺其用不弊大盈若
沖其用不窮大直若屈大巧
若拙大辯若訥躁勝寒靜勝
熱清靜為天下正

큰 공교. 못맨듬 같.
큰 말슴. 떠드름 같.

뛰어 추월 이기고.
가랑아 더월 이기느니.

맑음 가만홈이 세상 바름 됨.

늙은이 46월
세상에 길이 있으면 달리는 말을
물레다가 뚱거름 치는데 쓰고.
세상에 길이 없으면 쌈말이
들에 나오니.
죄는 호고자홀만 호단거보다 큰것이 없고.
화는 그만좀달줄 모름보다 큰것이 없고.
허믈은 얻고잡(호고차스리금)보다 큰것이
없오라.
므로
그만 좀을 아는. 그만좀이. 늘그만좀이여.

〔다른 색임〕
밝이라 아는 밝이 내버려 드디는
밝이여.

늙은이 47
지게문을 나지 않고 세상을 알며.
창문을 내다 않보고 하늘길을 불거니.
그 더멀리 나길스록.
그 앎이 더 적음.
이래서 씻어난이
가지 않고 앎.

第四十六章
天下有道邻走馬以糞天下
無道戎馬生於郊禍莫大於
不知足咎莫大於欲得故知
足之足常足矣

罪莫大於可欲

第四十七章
不出戶知天下不窺牖見天
道其出彌遠其知彌少是以
聖人不行而知不見而名不
爲而成

보지 않고 이름.
하지 않고 됨.

　　　　늙은 이　　48　월
배우길 하면 날로 더하고,
길 가 길을 하면 날로 덜함.

덜고 또 덜어서 함없음에 니름.
함없어 하지않음이 없으리.

므로 세상을 집는데는,
늘 일없음을 써,
그 일이 있게스리가면,
세상을 집고 이러슬 빌이 못되오.

　　　　늙은 이　　49　월
다시리는이는 늘가진 몸이 없다.
온씨알 몸을 가지고 몸하기에.
잘하이게.
내 잘하았다 하고.
잘못하이게,
내 또 잘하리 려니.
속알잘이로다.
믿이를 내 믿거라 하고.
못믿이를 내 또 믿으리, 려니.
속알믿이로다.

다시리는이 세상에서,
접, 접, 세상때믄, 그몸을 왼통하니,
온씨알은 다 귀외 눈을.
그리로 물때로롱 따르도다.

第四十八章
為學日益為道日損^{損之又損}以至於
無為無為而無不為取天下
常以無事及其有事不足以
取天下

第四十九章
聖人無常心以百姓心為心
善者吾善之不善者吾亦善
之得善信者吾信之不信者
吾亦信之得信聖人在天下
歙歙焉為天下渾心焉百姓
皆注其耳目焉聖人皆孩之

다시 리는이는 다. 어린이 달래 트시

달래도다.

　　　　　늙은이 50 월
나 살고. 드러 죽음.
열있으면 살아가는이들이 셋이고.
열있으면 죽어가는이들이 셋이고.
열있으면 사람으로 나. 움직여.
죽을터로 가는이들이 또 셋이다.

그저 어찌면고
그 삶을 살기를 두텁게만 하라므로다.

그런데. 드르니.
삶잘가진이는.
물에 가도 물소나 범을 맞나지 아니하고
싸우는데 드러가도 칼날을 사리지 아니호
다니.
물소가 그뿔을 던질데가 없고.
범이 그 발톱을 댈데가 없고.
잡은게 칼날을 드리밀데가 없다. 호다.

그저 어찌민고.
그 죽을 터가 없으므로다.

　　　　　늙은이 51 월
길이 내. 속알이 처. 몬이 꼴히. 힘이 이
룸.
이래서 잘몬이 길을 높이고.
속알을 고이지 않음이 없으니.
길의 높임과 속알의 고임은

第五十章
出生入死生之徒十有三死
之徒十有三人之生動之死
地亦十有三夫何故以其生
生之厚蓋聞善攝生者陸行
不遇兕虎入軍不被甲兵兕
無所投其角虎無所措其爪
兵無所容其刃夫何故以其
無死地

第五十一章
道生之德畜之物形之勢成
之是以萬物莫不尊道而貴
德道之尊德之貴夫莫之命
而常自然故道生之德畜之

술잔벌실이　없이　늘　제절로로다.
므로　길이　내고.　치고.　키우고.　길으고.
꿋꿋이、　여물게.　먹이고.　덮어서라.
내고도　가지지　않고.
하고도　절믿거라　않고.　길어도　찰잡을라
않으니、
이　일러.　감은속알.

늙은　이　　5 2　월
세상　있비롯을　가지고.
세상　어머니　심음.

인전　그어머니를　얻으나.
써　그아들을　앎.

인전　그아들을　아니.
다시　그어머니　직히주.
몸이　빠지도록　나죽지　않으리.

그　입을　막고.　그　문을　닫으면.
몸이　맞도록　힘들지　않고、
그　입을　열고.　그　일을　건네겠다면、
몸이　맞도록　빠져나지　못하리。

작음　봄을　밝다　하고、
부드럼　직험을　세다　흠.

그　빛을　써　다시　그　봄에　도라금이여。
몸의　걱정　끼침이　없으니、
이　일리.　푹늘。

長之育之亭之毒之養之覆
之生而不有為而不恃長而
不宰是謂玄德

第五十二章
天下有始以為天下母既得
其母以知其子既知其子復
守其母沒身不殆塞其兌閉
其門終身不勤開其兌濟其
事終身不救見小曰明守柔
曰強用其光復歸其明無遺
身殃是為習常

나로 ᄒᆞ이금 좀 앎이 있으니,
큰길로 걸데.
오직 베풀기 이 두렵다.

큰길은 넘으도 맨이지만,
씨알은 지름길을 좋아ᄅᆞ.
조정은 넘으도 말숙ᄒᆞ고,
밭은 넘으도 거치렀고,
창고는 넘으도 븨었고.

빛난 옷들을 입고,
날카론 갈들을 차고,
슳도록 먹고, 마시고,
쌀몬이 넘아 있다.
이 말ᄒᆞ자면,
도적 브름이지,
길 아니로다.

잘 세운것은 빠지지 않고,
잘 안은것은 벗어지지 않아.
아돌·아아돌의 받드림이 거치지를 않음.

몸에 닦아서 그 속알이 이에 참ᄒᆞ고,
집에 닦아서 그 속알이 이에 남고,
시골에 닦아서 그 속알이 이에 길고,
나라에 닦아서 그 속알이 이에 풍덩ᄒᆞ고,
세상에 닦아서 그 속알이 이에 너르리.

므로 몸을 가지고 몸을 보며,

第五十三章
使我介然有知行於大道唯
施是畏大道甚夷而民好徑
朝甚除田甚蕪倉甚虛服文
綵帶利劍厭飲食財貨有餘
是謂盜夸非道也哉

第五十四章
善建者不拔善抱者不脫子
孫以祭祀不輟修之於身其
德乃真修之於家其德乃餘
修之於鄉其德乃長修之於
國其德乃豐修之於天下其
德乃普故以身觀身以家觀
家以鄉觀鄉以國觀國以天

집을 가지고 집을 보며,
시골을 가지고 시골을 보며,
나라를 가지고 나라를 보며,
세상을 가지고 세상을 보니,
내 어찌 써 세상의 그런줄 알가,
이를 가지고.

늙은 이   55 월

속알 먹음의 두터움을,
발간 위기에게 비길가.

독흔 버레도 쏘지 않고,
수누온 즘승도 덤비지 않고
채가는 새도 움기지 않오리.

뼈는 므르고 힘줄은 브드러우되
주먹을 굳게 쥠과,
암숳의 몸임을 모르되
고추가 니러남은   알짬의 지극홈이라.

히가 맞도록 우러도 목이 쉬지 않음은
고롬의 지극홈이라.

고롬 앎을 늘이라고,
늘을 앎을 볽이라고,
삶을 더홈을 금새라고,
몸이 김 브림을 억셈이라.

몬이 한창 가면 늙느니,
일러, 못든 길,
못든 길은, 일직 그만.

下觀天下 吾何以知天下然
哉以此

第五十五章
含德之厚比於赤子蜂蠆虺
蛇不螫猛獸不據攫鳥不搏
骨弱筋柔而握固未知牝牡
之合而朘作精之至也終日
號而不嗄和之至也知和曰
常知常曰明益生曰祥心使
氣曰強物壯則老謂之不道
不道早已

앎이 다 말 못하고
말훈이 다 알지 못하니.

그 입은 맥히고.
그 그 문은 닫히고.
그 그 날카롬이 무디이고.
그 그 얽힘이 풀리고.
그 그 빛에 타번졌고.
그 그 티끌에 같이드니.
이 일러 감은가름.

홀라스리금 아름앎 못하며,
홀홀라스리금 버석임 못하며,
홀홀홀라스리금 좋게 못하며,
홀홀홀홀라스리금 언잖게 못하며,
홀홀홀홀홀라스리금 높고이 못하며,
홀홀홀홀홀홀라스리금 얕세리 못하오라.

므로
세상 기 되도다.

나라를 다시리는데는 바름 가지고 하며.
군사를 쓰는데는 다름 가지고 하며.
세상을 집는데는 일없음 가지고 홈.
내 어쩌서 세상의 그러호줄을 앎가.

세상이 끄리고 쉬쉬하는게 많자
씨앟은 더더 가난하고.
씨앟의 쓰기 좋그릇이 많자.

第五十六章
知者不言言者不知塞其兌
閉其門挫其銳解其忿和其
光同其塵是謂玄同故不可
得而親不可得而疏不可得
而利不可得而害不可得而
貴不可得而賤故為天下貴

第五十七章
以正治國以奇用兵以無事
取天下吾何以知其然哉以此
天下多忌諱而民彌貧民多
利器國家滋昏人多伎巧奇
物滋起法令滋彰盜賊多有

나라집은 야금 어둡고.
사람의 재조브림이 많자.
다른 몬이 야금 늘고.
법령이 야금 월뵈자.
도적이 많이 있음.

므로 씻어난이 이르되
내 흠없어서 씨알 제대로 되고.
내 잘고요ᄒ자 씨알 제 바르고.
내 일없자 씨알 절로 기멸
내 ᄒ고잡 없자 씨알 스스로 등걸.

그 바로기 답답스리나 씨알 순순코.
그 바로기 쌀쌀ᄒ데 씨알 갈갈ᄒ.

회여 복과 등댐.
복이여 회의 업딤.

누가 그 맨꼭대길 알리오.

그 바름과 비뜳이 없이.

바름이 다시 다르게 되고
착ᄒ이 되 모를게 되니.
사람의 아리숭ᄒ지. 그 날이 픽 오래오.

이래서 씻어난이
반듯ᄒ되 잘를라 안들고,
모지되 깍을라 안들고,
곧되 벋댈라 안들고.

故聖人云我無爲而民自化
我好靜而民自正我無事而
民自富我無欲而民自樸

第五十八章
其政悶悶其民淳淳其政察
察其民缺缺禍兮福之所倚
福兮禍之所伏孰知其極其
無正正復爲奇善復爲妖人
之迷其日固久是以聖人方
而不割廉而不劌直而不肆
光而不耀

빛이라 낼라 안드오.

사람 다시림과.
하늘 섬김에.
애낌만 후게 없.
그저 오직 애낌이여.

이 일러. 일직 들어얼봄.
일직 들어얼봄을.
일러. 거듭 쌓은 속알.

거듭쌓은속알은
곧 이기지 못홈 없음.

이기지 못홈이 없으면,
곧 그 맨꼭대기 알수없음에.
니. 써 나라를 둘만.

나라를 두는 어머니는.
써 길고 오랠만.

이 일러. 깊은 뿌리.
굳은 꽃밑.
길이 살아 오래 보는 길.

큰나라 다시리기를.
작은 생선 끄리듯 호.

길을 가지고 세상에 다다르면.

第五十九章
治人事天莫若嗇夫唯嗇是
謂早服早服謂之重積德重
積德則無不克無不克則莫
知其極莫知其極可以有國
有國之母可以長久是謂深
根固柢長生久視之道

第六十章
治大國若烹小鮮以道莅天
下其鬼不神非其鬼不神其
神不傷人非其神不傷人聖

그 귀신이 신통치 않음.

그 귀신이 신통치 아닌게 아니라.
그 신이 사람을 다치지 아니호.
그 신이 사람을 다치지 안는게 아니라
다시리는이도 다치지 아니호았음이여.

그저 둘이 서로 다치지 아니호.
므로 속알이 엇바꿔 도라가도소라.

늙은이 61 월
큰나라란 것은 아레 흐름이다.
세상의 사타군이며,
세상의 않이로다.
않은 늘 가많을 가지고 숫을 이기느니,
가많을 가지고 아레[밑] 된다.
므로 큰나라가 작은나라에 내려 쓰면.
곧 작은나라를 집고.
작은나라거니, 큰나라에 내리면 곧 큰나라
를 집음이라.
므로 내려 써서 집기도호고.
내려서 집기도 접져호 홈이로다.
큰나라는 남을 겹쳐서 치고싶은데 지니지
않고, 작은나라는 남에게 드러가 섬기[일
보]고 싶은데 지니지 않오라.
둘이 다 그 호고싶어스리금이니.
므로 큰것이 내려 밑돼 야.
옳음.

늙은이 62 월
길이란게 잘몬의 안벙아레목.

多夕日誌
216

人亦不傷人夫兩不相傷故
德交歸焉

第六十一章
大國者下流天下之交天下
之牝牝常以靜勝牡以靜為
下故大國以下小國則取小
國小國以下大國則取大國
故或下以取或下而取大國
不過欲兼畜人小國不過欲
入事人夫兩者各得其所欲
大者宜為下

第六十二章
道者萬物之奧善人之賢不善

착혼 사람의 보배오.

못착혼 사람의 돌보아진비니.

아름답은 말이 값나 길만도.

높은 행실이 사람에게 더흘만흐가도 흐니.

사람의 착흐지 못흐다 어찌 버림 있을가.

므로 흐늘아들이 스고 셋 기를 두었는데

맞잘을 수레를 앞서 폐백을 보닌다

흘지라도

앉아서 이 길을 나외는이만은 못흐니.

옛날의 이 길을 고이어 쓴데는 뭣일가.

찾이면 얻음으로서오.

죄있으면 면홈으로서. 라고 아니흐얐던가.

므로 세상의 기 됨.

흐 은 이　　63　월

흠 없 흠.

일 없 일.

맛없 맛.

작음. 흔 아. [크어]

적음. 맗아.

원망을 값을가. 속알을 가지고.

그 쉬흰데서. 어려움을 거려 겼고.

그 자른데서. 크믈 흐라.

세상 어려운 일은 반드시 쉬흰데서 일고.

세상 큰일은 반드시 잚데서 읻다.

이래서 씻어난이 마침내 크믈 흐지 않오리.

므로 그 큼늘 이룰 나위라.

그저 가볍게 그러라는 반드시 적게 믿이고.

맗이 쉬히면. 반드시 맗이 어렵.

人之所保美言可以市尊行
可以加人人之不善何棄之
有故立天子置三公雖有拱
璧以先駟馬不如坐進此道
古之所以貴此道者何不日
以求得有罪以免邪故為天
下貴

第六十三章
為無為事無事味無味大小
多少報怨以德圖難於其易
為大於其細天下難事必作
於易天下大事必作於細是
以聖人終不為大故能成其
大夫輕諾必寡信多易必多
難是以聖人猶難之故終無
難矣

이래서 씻어난이 오히려 어려워 호는듯,
므로 마침내 어려움이 없.

늙은이 64 월

그 편안호데 가지기 쉽고
그 금새 없는데 꾀호기 쉽고.
그 여린것이 쪼개기 쉽고
그 작은것이 헤치기 쉬힘.
아직 생겨나기 전에 호고,
아직 어지러지기 전에 다시리라.
아름드리 나무가 털끗만 호데서 났고,
아홉 층 높은대가 줌흙에서 니러 났고,
천리 길 길이 발'밑에서 비롯음.
호는이가 패호고.
잡'는이가 옳는다.
이래서 씻어난이,
홈 없으므로 패 없고,
잡음 없으므로 옳음 없다.
씨알의 일 좇음이 늘 거의 이룬데서
패호다.
삼가 맞이기를 비롯 같이 호면
곧 패호는 일이 없으리라.
이래서 씻어난이
호고자 않기를 호고 차호고
얻기어려운 쓸몬을 고여않고,
잘못 빠우지 않기를 배우고,
뭇사람의 지너친것을 다시 돌려놓오.
잘몬의 제대로를 밀거라홈으로 써오
귀태어 아니홈.

늙은이 65 월

第六十四章

其安易持其未兆易謀其脆
易泮其微易散爲之於未有
治之於未亂合抱之木生於
毫末九層之臺起於累土千
里之行始於足下爲者敗之
執者失之是以聖人無爲故
無敗無執故無失民之從事
常於幾成而敗之慎終如始
則無敗事是以聖人欲不欲
不貴難得之貨學不學復衆
人之所過以輔萬物之自然
而不敢爲

第六十五章

옛날의 잘 길흔이
씨알 밝음으로 가지고 아니호고,
어수룩을 가지고 흐였다.
씨알의 다시리기 어렴이,
그 슬기 많으므로서니.
므로
슬기 가지고 나라 다시림은,
나라의 도적이오,
슬기 가지고 나릴 다시리지 아니홈은,
나라의 복이다.
이 두가지를 아는것이
또한 본보기니,
잘 본보기를 앎면
이 일러, 감온속알.

감온속알, 깊고, 멂이어,
몬 허근 등짐일가,
이에
한따름 〔큰순흠〕에 니로오,

〔다른 색임〕 몬 더려다 돌리리니,

늙은이 66월
가람·바다로서, 온골 임금된 나위는
그 잘 내렸 쓰므로서,
므로 온골 임금된 나위.
이래서 씻어난이
남보다 올라가려고, 그 말씀을 낮후어쓰고,
남보다 먼저가려고, 그 몸을 뒤물려씀.
이래서 위에 앉되 사람이 무거워 않고,
앞서 가되 사람이 아니랄 나위가 없다.

古之善爲道者非以明民將
以愚之民之難治以其多智
故以智治國國之賊不以智
治國國之福知此兩者亦稽
式常知稽式是謂玄德玄德
深矣遠矣與物反矣然後乃
至大順

第六十六章
江海所以能爲百谷王者以
其善下之故能爲百谷王是
以聖人欲上民必以言下之
欲先民必以身後之是以聖
人處上而民不重處前而民

이래서 세상이 미러올리기를 좋아하고.
삺지안하니.
그 다투지 않으므로서라.
므로 셰상이 더브러 다툴 나위가 없다.

늙은이 67 월
세상 다 일러.
네 길이 크게 비슷하고. 같지않다. 호다.
그저 오직 함[참크]다. 므로 비슷같잖다.
같을거 같으면.
벌서다. 그 잔이 잘었을것이.
네게 셋 보배가 있음.
보배로 가지니.
첫재. 사랑이라고.
둘재. 뒬씀이라고.
셋재. 구태어 세상 먼저되지 아니홈. 이라.
그저
사랑하므로. 날랠수.
뒬쓰므로. 넒을수.
구태세상먼저안되므로. 이루는 그릇이 길수.
있음요.
이제
그 사랑을 버리고. 도 날래며.
그 뒬씀을 버리고. 도 넒으며.
그 뒤섬을 버리고. 도 먼저라.
면. 죽는다.
그저
사랑은 가지고. 쌓오면 이기고.
가지고. 직히면 굳다.
하늘이 건질데 사랑을 가지고. 둘러줄라.

多夕日誌
224

不害是以天下樂推而不厭
以其不爭故天下莫能與之
爭
第六十七章
天下皆謂我道大似不肖夫
唯大故似不肖若肖久矣其
細也夫我有三寶持而保之
一曰慈二曰儉三曰不敢為
天下先慈故能勇儉故能廣
不敢為天下先故能成器長
今舍慈且勇舍儉且広舍後
且先是謂入死之門慈以戰
則勝以守則固天將救之以
慈衛之

늙 은 이   68   월

질'된산아이는 칼브터 내밀지 않는다.
질'쌓오는이는 성내지 안흐고.
질'이길이는 다투질 아니흐고. 마진짝을
사람을 질 쓰는이는 제 내려스느니.
이 일러 다투지 않는 속알.
이 일러 사람쓰는 힘.
이 일러 하늘에 짝지어. 옛가는 맨 꼭대기.

늙 은 이   69   월

군사쓰는데 말이 있으니.
내 귀태어 쥔이 되지않고. 손이되며.
귀 태어 치만치 나아가지 않고.
자만치 물러온다.
이 일러.
가는데 줄 맞힘 이 없고.
밀치는데 팔이 없고.
나간데 마진짝이 없고.
잡은데 칼이 없다느거.
화는 마진짝을 가뱌히 넉임보다 큼이 없
마진짝을 가뱌히 넉이면.
거의 내보배를 잃음.
므로 칼을 들어 맞 겨를제.
설워하는이. 이김.

늙 은 이   70   월

내말은 넘으도 알기쉽고.
넘으도 흐기쉽다.
세상 잘아는이 없고.
잘 흐는이 없다.
말에 마루가 있고.

第六十八章
善為士者不武善戰者不怒
善勝敵者不與善用人者為之
下是謂不爭之德是謂用人
之力是謂配天(古)之極

第六十九章
用兵有言吾不敢為主而為
客不敢進寸而退尺是謂行
無行攘無臂扔無敵執無兵
禍莫大於輕敵輕敵幾喪吾
寶故抗兵相加哀者勝矣

第七十章
吾言甚易知甚易行天下莫
能知莫能行言有宗事有君
夫唯無知是以不我知知我

일에 임금이 있는데
그저 오직 앎이 없음.
이래서 나를 알지 못홈이라.
나를 아는이 드믈으니.
곧 네 기여.
이래서 씻어난이
옥을 품고.
베옷을 입음.

늙은 이   71 월
모르는줄 알우에,
〔다른 새김〕
알아가다도 모르는 판우에.
알고 알지 못호게 워니.
모르고. 알담 탈이다.
그저 오직
탈을 탈호면.
이래서 탈앓난다.
씻어난이의
탈앓남이란 그 탈을 탈호므로.
이래서 탈앓남.

늙은 이   72 월
씨알이 무섬을 두려 안호면.
곧 큰 무섬이 닥친다.
그 사는데를 좁아 안호고.
그 난데를 싫여 아니홈.
그저 오직 싫어 안호아.
이래서 싫어 않음.
이래서 씻어난이
절알고. 스스로 뵐라 않으며.

者希則我者貴是以聖人被
褐懷玉

第七十一章
知不知上不知知病夫唯病
病是以不病聖人不病以其
病病是以不病

第七十二章
民不畏威則大威至無狹其
所居無厭其所生夫唯不厭
是以不厭是以聖人自知不
自見自愛不自貴故去彼取
此

절사랑코, 스스로 고일라 않음.
므로 이를 집고.
저를 버림。

늙은이　73 월

구태여에 날내면 죽이고.
구태여않음에 날내면 살린다.
이 두가지는
좋게도, 언짢게도. 되니,
하늘의 미워 흐는바.
누가 그 까닭을 알리오。
이래서 씻어난이 오히려 어려워흠 같,
하늘길은
다투지 않되, 잘 이김。
말 않되, 잘 맞듬。
브르지 않되, 절로 옴。
느지러지되, 잘 꾀흐니,
하늘그물이
넙직 넙직 섬글되,
잃지 않오라,

늙은이　74 월

씨알이 늘 죽엄을 두려않는다。
어떠케 죽엄을 가지고 두릴가.
사람으로 늘 죽엄을 두리게 홀거 같으면
다른짓흐는이를.
내 잡아스리금 죽이겠다.
누가 구태 홀고.
늘 죽임 맡은이 있어서 죽일터인데。
죽임 맡은이ㄹ 대신허 죽이면
이는 큰나무 다르는이를 대신히, 깎는거

多夕日誌

第七十三章
勇於敢則殺勇於不敢則活
此兩者或利或害天之所惡
孰知其故是以聖人猶難之
天之道不爭而善勝不言而
善應不召而自來繟然而善
謀天網恢恢疏而不失

章

第七十四章
民不畏死奈何以死懼之若
使民常畏死而為奇者吾得
執而殺之孰敢矣常有司殺
者殺夫代司殺者殺是謂代
大匠斲夫代大匠斲者希有
不傷其手矣

같으니.

그저 큰나무 다르는이를 대신히 깎으면.
그손을 않다침은 드믈게나 있을가。

늙 은 이 75 월

씨알의 줄임은.
그웋에서 세를 받아먹는것이 많으므로다.
이래서 주림.
씨알의 다시리기 어렴은.
그웋에서 더 잘살게 흔담이 있으므로다.
이래서 다시리기 어렴.
씨알의 가뱌히 죽음은 그삶을 더 갈 살게
흔다는 더덕덤으로다.
이래서 가뱌히 죽음.

그저 오직
살자고 흠이란 생각없이 흠이
이 삶 이 젤이란 생각보다 닦여남이여。

늙 은 이 76 월

사람이 살아서는 브들블정
그 죽으며는 굳어 뻐뻤.
푸나무가 살아서는 브드러 어린데,
그 죽어서는 말라 빠진다。

第七十五章
民之飢以其上食稅之多是
以飢民之難治以其上之有
為是以難治民之輕死以其
上求生之厚是以輕死夫唯
無以生為者是賢於貴生

第七十六章
人之生也柔弱其死也堅強
草木之生也柔脆其死也枯
槁故堅強者死之徒柔弱者

므로 굳어뻐뻣흔것은 죽은 무리오.
브들어 므른것은 사는 무리라;
이래서 군사가 세면,
이기지 못흐고,
나무가 세면,
깝을 낸다.
세고 큰것이 밑에 들고,
브들엄고 므른것이 위로 간다.

늙 은 이   77 월
하늘길은 그 활비리는거 같을가.
높은것은 누르고,
낮인것은 들고,
넉넉흔것을 뒬고,
모자라는 것을 채운다,

하늘길은 남는걸 덜어다가
모자라는걸 채우는데,
사람의 길은 그러칠 않다.
모자라는걸 덜어서 남음이 있는델 받드니,

누가 남으미 있음을 가지고,
세상을 받들수 있을가,

生之徒是以兵強則滅木強
則折強大處下柔弱處上

第七十七章
天之道其猶張弓與高者抑
之下者舉之有餘者損之不
足者補之天之道損有餘而
補不足人之道則不然損不
足以奉有餘孰能有餘以奉
天下唯有道者是以聖人為
而不恃功成而不處其不欲
見賢

오직 길을 가진이니.

이래서 씻어난이는,
호고 절 믿거라 안호며,
일 이룬데서 지빼지 안호니,
그 잘보이자를 안홈이냐.

      늙 은 이   78 월
세상 물보다 브들므릇 홈이 없으되,
굳센걸 치는데는 이보다 먼저 잘 홀게
없으니, 그 가지고 이걸 바꿀게 없어서라.
므로
브드런거의 굳센거 이김과
므른거의 센거 이김을,
세상에 모를이 없으나 잘 호는이 없다,
이래서 씻어난이 이르되,
나라의 더런 때를 받음,
이 일러, 흙낱알 넙자라, 호고,
나라의 궂새아닌걸 받음,
이 일러, 세상 임금이라, 호니.
바른 말이 뒤집히는거 같,

      늙 은 이   79 월

第七十八章
天下莫柔弱於水而攻堅強
者莫之能勝以其無以易之
弱之勝强柔之勝剛天下莫
不知莫能行是以聖人云受
國之垢是謂社稷主受國不
祥是爲天下王正言若反

第七十九章

큰원망을 풀면 반드시 남은 원망이 있다.
이떠께 가지고 잘홀고.
이래서 다시리는이
엄의 왾쪽을 잡고 사람을 남으라지 않는
다.
므로 속알있는이 엄을 맡고.
속알 없는이 시뭇침을 맡는다.
하늘 길은
아름아리 없이
늘 착훈사람과 더브름이여.

　　　　　늙 은 이　　　80 월

작은나라 적은씨앗에.
열사람 온사람 열러 쓸그릇을 두고.
그러되 재주 쓸일이 없을만큼 되게 후이
금.
씨알이 죽엄을 뭇엽게 후야 멀리 옮기지
않게 후이금.
배와 수레를 두나 타고 다블르 일이 없고.
갇옷과 칼을 두나 브릴데가 없고.
씨알이 다시 주먹섬을 쓸만 후게 후이금.
저희 먹이 달고.
저희 입성 곱고.

和大怨必有餘怨安可以為
善是以聖人執左契而不責
於人有德司契無德司徹天
道無親常與善人

第八十章
小國寡民使有什伯之器而
不用使民重死而不遠徙雖
有舟輿無所乘之雖有甲兵
無所陳之使人復結繩而用
之甘其食美其服安其居樂
其俗鄰國相望雞犬之聲相
聞民至老死不相往來

저희 자리 편호고,
저희 살김 즐겨,
이웃나라 서루 바라 뵈며,
개、닭소리、마주 들리는데,
씨알이 늙어서 죽도록,
왔다、갔다를 아니 호는다。

늙은이 81월
믿븐말이 아름답지 만도 않고,
아름답은말이 믿울말 만도 아님。
착훈말이 벨르는것 만도 아니고,
벨르는말이 착훈거 만도 아님。
아는이가 넓은거 도 아니고,
넓은이가 아는거 도 아님。
씻어난이 쌓아두지 않음。
벌서 가지고 남에게 힜는데,
제 더욱 가지고。
벌서 가져 남을 줬는데,
제 덕욱 많이。
하늘길은 좋게호고、언짢게 안호며,
씻어난이 길은 호고、다투지 아니호。

第八十一章
信言不美美言不信 善者不
辯辯者不善知者不博博者
不知聖人不積既以為人己
愈有既以與人己愈多天之
道利而不害聖人之道為而
不爭

큰 슬기 제 건넴 몸줄

잇다시 보이보살이 반야바라밀다를 깁히 갓슬적에 다섯 ᄭᅮ림·다 뷤을 비취 보고 온갖 쓴걸림을 건넛다.

눈맑안이아 빛이 뷤과 다르지 안코·뷤이 빛과 다르지다.

빛이 바로 이 뷤·뷤이 바로 이 빛.

받·쯤·가·알이 또한 다시 이 가트다.

눈맑안이아 이 모든을 뷤보기는 나토 안코·써지도 안코·새세도 안코·새삿도 안코·늘도 안코·줄도 안는다.

이러므로 뷤속엔 빛 읍고 받·쯤·가·알도 읍고.

눈·귀·코·혀·몸·쯧도 읍고.

빛·소리·내새·맛·맨지 울도 읍고.

눈게도 읍고·쯧알게까지도 읍고.

어둠도 읍고·또한 어둠 다흠도 읍고·늘거주금도 읍고.

또한 늘거주금 다흠까지도 읍다.

쓴·몬·스 길 읍고.

앎 읍고.

얻도 읍다.

읃듬이 읍스므로써 보리살타가 반야바라밀다로 말미암아 몸의 걸림이 읍고 걸림이 읍스므로 무서움 잇슬게 읍ᄉ 것그로백힌 꿈슝에서 멀리 써더낫다.

마지막 널반 셋게 모든부처가 반야바라밀다로 말미암아 아누다·리삼약삼보리를 의덧스므로 반야바라밀다가 이 크기 신통흔 윔·이 크게 발근 윔·이 우이 읍는 윔·이 ᄃ 읍는댐 윔으로 온갖 쓸을 저철수 잇슴이 참이고 거짓 아님을 알므로.

摩訶般若波羅蜜多心經

觀自在菩薩行深般若波羅
蜜多時照見五蘊皆空度一
切苦厄舍利子色不異空空
不異色色即是空空即是色
受想行識亦復如是舍利子
是諸法空相不生不滅不垢
不淨不增不減是故空中無
色無受想行識無眼耳鼻舌
身意無色聲香味觸法無眼
界乃至無意識界無無明亦
無無明盡乃至無老死亦無
老死盡無苦集滅道無智亦
無得以無所得故菩提薩埵
依般若波羅蜜多故心無罣
礙無罣礙故無有恐怖遠離
顛倒夢想究竟涅槃三世諸
佛依般若波羅蜜多故得阿
耨多羅三藐三菩提故知般
若波羅蜜多是大神呪是大

明呪是無上呪是無等等呪
能除一切苦真實不虛故說
般若波羅蜜多呪即說呪曰
揭帝揭帝波羅揭帝婆羅僧
揭帝菩提娑婆訶

篆書

킬로그람原器 (實物大)

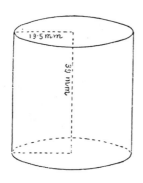

195 mm

39 mm

右圖로부터

長의 1mm. 1cm. 1dm과
面積의 1平方cm˙ 1平方dm와
立積의 1立方cm˙ 1cc). 1立方dm(1ℓ)等의 머름을 할
수 잇고, 다시 同立積을 水로 假想하면
質量의 1g. 1kg의 槪念을 어둘 씻.

左圖白金塊와 右圖水塊가

同一한 1kg重量임을 比較하야보는 것도 한가지의 興
味!

메드로原器 (十分의 一 縮한 長)

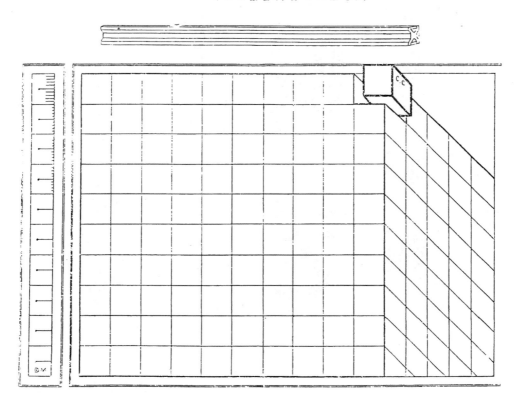

─（ I ）─

目 次

一〔 2 〕一

序　說

吾人이 메트르制를 理解케 하라 할 理由二三이 잇스니

1, 義務的。 度量衡法 이 메트르制로 統一實施 케 되는 大正十三年七月一日 (朝鮮에는 大正十五年四月一日) 부터임니다.

猶豫期限 이란 것은 官公署와 諸般重要業務 에 對하야는 施行後十年(昭和九年六月末日 아지) 其他一般으로는 施行後二十年(昭和十九年六月末日 아지) 의 猶豫期限을 認定하얏스나 이는 漫然히 放置함을 謂함이 아니오, 着着實施하야가는 것 이 其期限 아지는 것 이 안이오, 잡고 完全히 採用實施 되는 實話을 謂하자는 것이외다。

그러하야 메트르制以外의 度量衡器는 昭和九年六月末日以後는 檢定을 行치 안 이하고, 因하야 昭和十四年六月末日以後는 效力을 失하게 되 나니 이는 上嚴制 이 命脈을 北日字로 써 永絶되는 것이외다。 그럼으로 其時는 이 公然한 主水와 證明用 이는 밧드시 新制로 밧 더 實際實用 이다 되고 말 것이외다。

萬一共時(今後十年內外)에 짜 아 남이 메트르制에 生疎하야 면 吾人이 日用生活에 合計上混亂 하야 이는 驅迫 하야는 것도 速히예 이오고 經濟上不利가 잇고 남이 이게 無護하야는 이게 吾人은 이 ──日이 이다도 速히예 트르制를 採用實習應用 해야 만 할 義務가 發生 하얏습니다。

2, 自覺的。 稿摺本書이 現在 이야 이 이 天次를 빨리 하리 이야 一日百里行이다야 步行이 이야 穩近十數年來 이다하고, 一日百里行이다야 步行이 이야 ──日一里步

鯨尺으로 吾人의 衣次를 이야 심을구 터여서 심 지안 케 ──日──이 원 치안 케 ──日─이 이다는 發見치 못한바 이 法規요 公式이다는 行이다라고 이하는 것 이 이 宜當하고 限制를 이고 限制를 이다는 메는 如何히 이하다 이 宜當하고 이 이 이 이 이 發見치 못한바 이 法規요 公式이다는

데 無限는 못잇던지 도 從地感服을 一定도 못하고 잇습니다.

그 런데 遠外로 (吾人이 所望한대도 可望外일) 메드르制實施！다니？ 그것은 實로 吾人스세 커다란 恥辱이라 하지 아니치 못할 期節에 이르러도 前進하는 狀事도 될수 잇습니다. 그러나 科學的으로 吾人의 自覺的 努力如何로 近將來에 吾人이 그 目的으로 보든 던지 反對로 그로 因하야도 驅進함을 밧 던지될 것입니다.

그것은 實로 共同協力으로 共同趣味로 眞正한 意義로 世界共通케 할 것인 理想的인 科學的 文明 이 域의 메드르制도 되리라도 前進하는 理想을 解放하기도 하주는 同時에 그 것이야말로 바와가 될 것이올시다.

願컨대 有志는 金錢을 費하면서라도 되一日이라도 速히 들을 메드르制實施가 되리라 함니다.

（1） 메드르制度貨幣量을 賺入使用하야 子女와 隣里가 互相熟習하는 機會를 엇게 할 것.（곳은, 저 들을 끌으로도 生活할수 잇던 것을 今日當하야 各器하야 名醫도 아님）

（2） 社會團體는 文哺退治運動이 一科目으로 메드르制를 加할 것이라 함니다. 當局써서는 메드르制實施의 宣傳方法으로 直傳하나, 그 內容케 도라서는 從樣 吾人의 本位가 안이인즉 期會로 廣院健과 小朋子發刊誌으로 種々努力을 民衆으로 可使知하야 기하는 機會 이다함니다. 當局써서는 自己가 그中心이 되여가지고야 成就할수 잇는 原理는 모든 程度로 모든 部分이드록 독드려 잇는 文字가 못되고마는 것도 섭々한 일이외다.

自己일을 自己만이 그中心이 되여가지고 아이産出 하도록 眞正한 福利로 自覺하야 마이 이 實現이 速將來하는 메드르制가 或時하도 吾人에게 서 더리임이 되지 안코 곳 吾人의 便益만으로 實現하는 써라는 只今인가 함니다.

上編 메트르制

一 메트르制의 來歷

하던바로 度數가 그 지혜의 발달 發達됨을 따라 ... 世계에 上

엇못신소 이이짓더 할삼버조

다려샌 盒우레진것 誃位의우

나 各時間 似不似

가 ... 數가 ... 낫고 精巧하고 ...

란 ... 關係가 ... 代 ...

이 ... 西紀 十九百年 統一 ... 院士 學士 ...

다 ... 似不似 ... 委員 ...

제 ... 三種說로 ... 五者 人造 一秒는 地球의

자1 位 單位를 ... 一秒는 赤道 地球

자1 ... 定하는 ... 子午線 地球

라1 ... 販賣 ...

(1)
(2)
(3)

〔 4 〕

리르트로 定한 것을 ⼀⽴⽅데시메르르 라 이름을 命名하야 容量의 基本單位로 삼음. 이 ⼀⽴⽅데시메르르의 純蒸溜水의 標準溫度에 있어서의 質量을 ⼀㎏로 定하야 質量의 基本單位로 삼고, 이로써 質量의 原器를 만들어 萬國이 다 이것을 標準으로 하야 各其 그 複製를 만들어 長久히 保存하는 것이다. 그로 基本 尺度의 二大度衛 原器로 하고 이로써 物體的인 長短을 測定하야 ⼀米突의 ⼗分⼀을 데시메르르, 그 ⼗分⼀을 센치메르르, 또 그 ⼗分⼀을 밀리메르르라 하며, 이를 ⼗倍 百倍 千倍하야 데카, 헥토, 킬로라 하니라.

探究하야 設한 지 三年이 缺亡한 ……

研攷子가 調攷 決定하야 ……

一 킬로그람

國際各其配布 原盤으로 自國原盤을 依하야서 製型을 製作하야 이것도 同條約에 依하야 法定이다

二 먼저 記憶할 八個單語

度	長의單位의名稱	메트르(Metre)
量	容飲單位의名稱	리트르(Litre)
衡	質量單位의名稱	그람(Gram)
	倍數冠詞	킬로(Kilo)千
		헥토(Hecto)百
	分數冠詞	데시(Deci)十分一
		센티(Centi)百分一
		밀리(Milli)千分一
其他		미크론(Mikron)
		아르(Are)
		헥타르(Hectare)
		톤(Ton)
		카라트(Carat)

누구나 쉽게는 메트르調이는 名稱을 의여부르기가 어여뻐하리가 하겟습니다. 그러나 좀이 러우한듯한 別味가 잇습니다. 그것을 記憶하는데도 퍽이는 努力을 調했度을 하아드리는 世界共通하는 努力에도 기념할 때에는 生前듯이나 하앗던 外國語語를 列記하고고 記憶하다는 도 흥치는 맛도 잇다 나지습니다. 特히 그리인 避遇를 感謝하고 아 編者는 이여우승치도 듯듯할 것은이여 一時하나니 特히 그리인 避遇를 感謝하고 서뇌나서뉘하며 快笑를 感하거나 나아 함께 快笑를 感하거나 나서서 이는 일을 着手하려다합니다 소리메를 써서 넌저 메리어분은 다 別味가 잇습니다.

度量衡의 名稱、略字、命位 及用途

長의單位名稱	略字	命位	用途의 梗槪
미크론	ㅡ	百萬分의一米(千分의一粍) 應 3.30000	肉眼으로볼수업는徽菌等의細한長에
밀리메트르	mm粍	千分의一米 圓 3.30000	硝子의厚와如한細少한長에

우숩소리 메들 하나? 잘 써이 멋서!

1 메들켜던지져(尺度)는 메는메트르!

2 믈것이 만쿠치서 ○○이 들이 ○○ 리트르!

3 저울 맛잇 멋고럽답(秤量)지요? 그람重!

4 사람 의 일노름두이 멋안이고메트르의 일노두이 면길로메트르!

5 百數것는 해도롭 잇이오 리트르數가 百이 멧빅로리트르!

6 믈 켜하나 쳐서 메트르의 아十分이 멧써메트르!

7 쳐이러라 한 면죰은 쿠치는아니나, 쿠치한나 단센티가 잇서요, 메트르의 百分이 면센티메트르!

8 쳔아쳐싹 한치 되아서 믈 떠마마이구千分의一이 멧밀가? 메트르의 千分이 면밀리메트르!

아아 우숩소리메들은 한것이 아인것 아이라! 멋달나지메트르우숩우임니다.

略字	命 位		用 途 의 概 要
센티메터 cm糎	百分의一米	3.30000 分	學術上과 其他에 應用
데시메터 dm	十分의一米	3.30000 寸	庶의基本單位를定한데所用되外
메트르 m米	米(본)	3.30000 尺	長의基本單位니가장應用
킬로메트르 km粁	千메트르	2.38095 町	長距離用
海里 一浬	千八百五十二米	4.40952 ...	海面의長에만

面積單位名稱	略字	命 位		用 途 의 概 要
平方밀리메트르	—	百萬分의一平方米	10.8900 平方糎	學術上、工業上에
平方센티메트르	—	一萬分의一平方米	10.8900 平方分	學術上에 多用
平方데시메트르	—	百分의一平方米	10.8900 平方寸	樣히特殊한熟語에
平方메트르	—	米(본)	0.3025 坪 / 10.8900 平方尺	面積의基本單位니、가 정應用(宅地에)

名稱	略字	單位	平方里	用途
平方킬로메트르	—	百萬平方米	0.064836	領土面積等에
아르	a	百平方米	町 1.0.25	山林、田畓等에
헥타르	ha	萬平方米	1町25步	同上에서大한데에

立의單位名稱	略字	單位	立方里	用途
立方센티메트르	c.c.	百萬分의一立方米(糎)	0.05544	學術、工業、醫藥에廣用
立方데시메트르	—	千分의一立方米	5.54352	立의代로稱用
立方메트르	—	米	55.9370	立體積、容積에行用
밀리리트르	ml	粍	0.05544	小型液體類米에
데시리트르	dl	呛	0.55435	液類(牛乳等)去來에
리트르	l	立	5.54352	液類慣容並用化로膨用
헥토리트르	hl	竡	5.54325	大量液類等去來에

衡의單位名稱	略字	命字	位		用途의 槪要
릴로리트르	kl	坪	立	石 5.54352	特大量의液類等容量 (全國生産高等)
밀리그람	mg	百萬分의一瓩 (千分의一瓦)		毛 0.2667	學術上又는特殊를要한境遇에
그람	g	千分의一瓩		分 2.6667	比較的小量重物에
킬로그람	kg	瓩		兩 0.2667 / 斤 1.6667	庄品의非木眼位로普川
톤	t	千瓩		貫 266.667 / 斤 1,666.667	大量重量物에
카라트	ct	一二百瓩		匁 5.3333	寶石重量에

四 度量衡合에 依한 單位 의 形狀.

A 키의 間隔에依한 메가사이클인 메가사이클인 延買延延物體에勵作하야一秒에對(一秒動作)每秒作·米의速度의

增加를 謂함。 力의 單位는 瓩重을 用함을 得함。 一瓩重은 ○‧九八메가다인으로 함。

B　壓力의 單位　쌔를 一메가다인을 受하는 一平方糎面積에 受하는 壓力을 謂함。 壓力이 一平方糎에 對하야 一瓩重을 受함을 쌔로함。 쌔를 一메가바라 稱함。 一瓩重은 ○‧九八가쌔로함。 쌔를 氣壓이라고 稱함。

C　作業의 單位　쥬르는 一메가다인의 力이 抵抗하는 이에 抵抗하거나 一糎 이길 이에 物體를 動하는 이에 成하는 作業을 謂함。 作業의 單位 쥬르는 一延米를 延米로 九‧八쥬르로 함。

D　工率의 單位　工率의 單位는 延米로 延로 一秒의 對延米로 ... 工率을 謂함。

E　密度의 單位　密度의 單位 ...

F　溫度의 單位　度는 一定壓力 ○‧一三氣壓 下에서 純粹한 水가 沸騰하는 溫度를 攝氏四百度에 ... 서 一定壓力 ○‧一三氣壓의 完全瓦斯의 燃氣하는 純粹한 水가 氷融 中에 있는 純水의 溫度를 云함。 融解 中에 있는 純水로 (氷結된) 水의 壓力增加에 依하야 ... 하는 壓力增加의 百分의一增加를 攝氏零度라 稱함。 溫度의 單位는 攝氏零度에서 定體積水素溫度計에 依하야 ... 로 表示함。

G　時의 單位　秒라 함은 平均太陽日의 八萬六千四百分의一을 謂함。

五　度量衡及이에依한計量單位의倍數及分數名稱

A　力　{ 瓩重　瓦重　一瓦重은 瓩重의 千分의一로 함。
　　　 { 瓦重　瓲　　一瓲은 瓩重의 百萬分의一로 함。

B 壓力 밀리빠르 ―밀리빠르 는 一밀리빠르 의 十分의一 로 함。

C 作業 { 킬로쥬 는 ―킬로쥬 는 千쥬 로 함。

D 正作 { ―와트 는 ―킬로와트 의 千六百킬로쥬 로 함。

波體溫度 의 計算

별 메뎀度 及 트왔켈度를 用하야 次式과 如함。

A 별메度 發波用 $D = \dfrac{144.3}{144.3 - B}$ 受波用 $D = \dfrac{144.3}{144.3 + B}$

弒式中 B는 별메度, D는 此에 對한 密度라.

B 트왔켈度 $D = \dfrac{200 + n}{200}$ 弒式中 n 은 트왔켈度, D 는 此에 對한 密度라。

計量器에 慣記한 計量의 單位及名稱

A 力 { 重 量 匠   KG.W. 衡의名稱과 現同할感가無한 燃爐는 KG.를用함을得함。
       重 量 瓦   G.W. 衡의名稱과 現同할感가無한 燃爐는 G.를用함을得함。

B. 壓力 { 빠르 又는 Atm. Bar.
         밀리빠르 M. Bar.
         平方糎의對壓壓距 KG. Pr. □ CM.

C 作業 쥬 J

D 溫度 度又는 攝氏度　。C 單히 攝氏度에 依한 度目인 것을 表記하는 데는 C를 用함。
生絲纖度檢定器에 表記될 生絲纖度의 名稱은 D를 略字로 用함。

六 水道電氣瓦斯等메트르計量器의 讀法

A 水位메트르의 讀法
次圖는 水道메트르의 指針板이오。

가 는 右廻하는 것으로 一日이 一立이 一廻하면 百立가 되야(나)가 一日을 進。

나 는 左廻하는 것으로 一日이 百立이 一廻하면 千立卽一立方米가 되야(다)가 一日을 進。

다 는 右廻하는 것으로 一日이 一立方米나 一廻하면 十立方米가 되야(라)가 一日을 進。

라 는 左廻하는 것으로 一日이 十立方米나 一廻하면 百立方米가 되야(마)가 一日을 進。

마 는 右廻하는 것으로 一日이 百立方米나 一廻하면 千立方米가 됨。

如斯히 하야 針이 右와 左로 進하는 데는 水의 通過量이 確實히 計算이 됩니다。圖는 今에 351立方米를 指하얏습니다。每個月의 消費量은 今月調査時의 指示數에서 前月의 指示數를 減하야 計算이 됩니다。假令前月의 指示量이 336立方米가 잇다하면, 351-336=15立方米가 됩니다。

B 電氣메트르의 讀法
次圖는 電氣메트르의 指針板에서

가 는 右廻하는 것으로 一日이 一킬로와트時나 一廻하면 十킬로와트時가 되야(나)가 一日이 進。

나 는 左廻하는 것으로 一日이 十킬로와트時나 一廻하면 百킬로와트時가 되야、다)가 一日이 進。

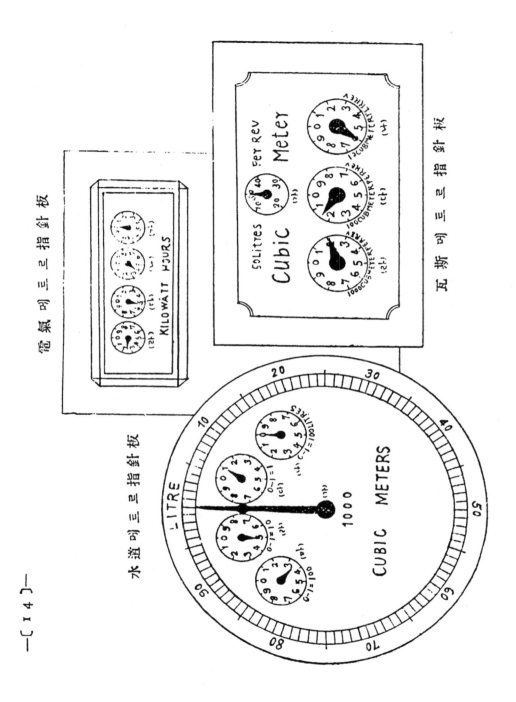

—〔 14 〕—

다 는右廻하는 것으로 一日이 百킬로와트時니 一廻하면 千킬로와트時가되며

다 는一日이 千킬로와트時눈니 一廻하면萬킬로와트時가 됩니다。

如斯히右로左로 針이一日이 進하야 電氣의 通過量이 正確하게計算됨。圖눈今에 2540킬로와트時를指하얏슴。

每月消費量은 今月調査할時의 指示量에서前月의 指示量을 減하야計算함。

假令前月의指示量이 2525킬로와트時라하면 2540-2525=15킬로와트가 됩니다。

C 瓦斯메트르의 讀法

前圖瓦斯의메트르의指針板에서

가 는左廻하는 것으로 一廻하면 五十立가 되나, 二十回를돌면 다(나)針이一廻。

나 는右廻하는 것으로 一日이 一立方米니 一廻하면 十方米가 되야(다)가一一日을進。

다 는左廻하는 것으로 一日이 十立方米니 一廻하면 十立方米가 되야(다)가一一日을進。

라 는右廻하는 것으로 一日이 百立方米니 一廻하면 千立方米가 됨。

如斯히 左로右로 進하야 瓦斯의 通過量이 正確하게計量됩니다。圖눈今에 216立方米를指하얏슴。

每月消費量은 今月調査時의 指示量에서前月의 指示量을 減하는 것이니, 假令前月의 指示量이 201立方米엿다하면

216-201=15立方米가 됩니다。

七 自然界의 메트르

A 降水量 降水量(雨量이라고도)이라함은 雨雪等으로 地面에 降下하는 粒数의 水滴이 一定한時間內

(一時間、一日、一月、一年)地面에 堆積할 分量(蒸發도 되지 안코 他處로 流去하지도 안는 것으로 잡고)을 謂함이 나, 耗로 其厚를 表示함이 나, 即其厚이 水深 一耗는 一平方米面積에 一立方米量입니다.

一時間降水量 30耗, 40耗, 써로 60耗에 達하는 일도 잇슴。

一日降水量 150耗, 乃至 200耗에 達하는 것도 珍奇한 일이 안임。

一日雨量의 最大記錄으로 明治三十六年五月二十九日大島名瀬의 547耗

—————京城— 의 354耗 7 이라함。

大正九年——

B 風力(一秒間風의速力)

		米	
0.	靜風	0.0 — 1.4	殆直上
1.	軟風	1.5 — 3.4	瓦氣를感
2.	和風	3.5 — 5.9	樹葉動
3.	疾風	6.0 — 9.9	樹枝動
4.	强風	10.0 — 14.9	樹의大枝動
5.	烈風	15.0 — 28.9	樹의大幹動
6.	颶風	29.0 — 以上	樹를拔家를倒

C 音의速(每秒)

空氣溫度 一度 增함마다 大凡 0.6 秒米씩

0度씨 332米

15度씨 340米

D 光의速(每秒)

(1924年, 마이켈손氏新測에 依)

299.820 哩

八 메트르制의 實際化

老人네의 녯말슴
(1) 三尺童子。

新人들의 새말 씨
(1) 한메트르少年。

（2） 五尺短軀。

（3） 七尺長身。

（4） 한때間十里산다。

（5） 하루식百里고。

（6） 千里馬가 잇단다。

（7） 우리朝鮮三千里江山이란다。

（8） 벼한섬이 멧二百斤。

（9） 쌀한가마나五斗量。

（10） 물한통一斗量

시 어머니 의껫 몸이 메로

（1） 흔여두루막이
길이가두자 세자닷분이오 폭이 아홉치다섯분함느다!

（2） 두루막이 참손여 우는메어 도룸 넉자 하고 무아 참손옷사만한고、모시소풀삿자나두자만 가저오너라!

（3） 실화 인된되 더 행용 발 멉멋느못

（2） 메트르半쌤은키,

（3） 二메트르니우흐사람。

（4） 한때間四킬로。

（5） 하루四十킬로서러가지。

（6） 京釜線路가四百五十킬로 急行車 몃 時間 에。

（7） 牛島面議二十二萬平方킬로。

（8） 벼한섬이 멧一둠二十킬로

（9） 쌀한가마나七十一킬로우。

（10） 물한통十八킬로、又는十八리터르。

셔主婦의 셰셰속

（1） 네 어머니 적이 젓슴니다。
周衣長 121 센티메트르。
幅 49 센티메트르。

（2） 볼서、다가서노여잇슴니다。시숙합느는 木四메트르七하고모시가十二메트르니 넉함니다。

（3） 白米1斗밧 밥한두발

일한밥이며 비ㄱ못ㅅ듯다고 한느때다 냑냑귀한할이다!
하느합이다。

(4) 쌀을부치고잇스닥 먼민달이회인 한말섀 만데라。

(5) 석개우미 五錢어치
장구우미 十錢어치
고기 半 斤
고기 한 斤

(6) 세친고기로 열斤만하지。

½ 匹 면 일삼반 한그릇

1 匹 면 （普通三人分）（作業三人分）

(4) 25 匹 쌀이 딴一人一簡月糧食으로는 좀過한 것이다。

(5) 석개우미 六 十그람
장구우미 一百二十그람
고기 三 │百그람
고기 六 百그람

(6) 세친牛肉 六길로

下 編 換 算 에 對 하 야

메트르制를 採用하는 理由에 —이 換算을 일 시키하는 理由에 —이라는 吾人이 —日이라도 速히 舊制에 익숙해 서 바리 리고 新制의 便益을 全享하라다 면 에 초에 換算할 念도 내지를 말고 日用會計에 써서 바리 리고 新制의 便益을 全享하라다 면 에 초에 換算할 念도 내지를 말고 日用會計에 서는데에 必要한 日用會計에 써는데에 第一이겟습니다.

트로, 또는 데는 리트로, 다는 데는 그램으로만 着着 實用施行하는 것 이 第一이겟습니다. 그러나 —方으로는 新舊制 의 關係對照를 分明히 解得하고야 過渡期에 逆行이 可能할 것이고, 또ㄱ關係 를 分辨하고는 舊制와 新制의 逆行할 當陵할 理由와 其自愆한 必要이 生한 換算이는 換算이 生한 必要한 것 임으로 初期에는 換算이는 換算이生한 必要한 것 임으로 初期에는 換算이生한 必要이生한 換算이生한 必要이 生한 必要한 必要.

一, 大綱에 중얼일 타는데 (速算法)

(凡 例)

1. 尺米라 쓴 것은 「尺數를 米數로 換하는 데는」뜻.
2. 割은 十分之一, 分은 百分之一.
3. 倍는 乘함.
4. 三倍는 3 으로 乘함. 十除는 10 으로 除함.
5. 一割加는 0.1 을 加함이 나 1 에 對한 것이 면 1.1. 3 에 3.3.
6. 六分乘은 0.06 으로 乘함.

A 長(기리)

米	尺	三倍十除
尺	米	
尺		一割加三倍 ★
米		三分加二除

─〔２○〕─

米	尺	三分減二倍
鮮里	杆	六分乗七倍
杆	里	二分加七倍三除
里	鮮里	三割加三倍
杆	里	二分加四除
吋	糎	五倍三除
糎	吋	二倍五除
呎	米	三倍十除
米	呎	一割加三倍
碼	米	一割減
米	碼	一割加
哩	杆	八倍五除
杆	哩	五倍八除

B 地積

平方米	坪	一割加三倍
坪	平方米	一割減三除
畝	아르	一分減
아르	畝	一分加
町	町	一分加
헥타르	헥타르	一分減
平方杆	平方里	三分加二除三十倍
平方里	平方杆	三割加三倍六十除

C 量(되)

立	升	九倍五除
升	立	五倍九除
立	갈롱	五分減四倍
갈롱	立	五分加四除

D 衡(저울)

斤	瓩	三倍五除★
瓩	斤	五倍三除★
瓲	貫	十五倍四除★
貫	瓲	二割減三除★
그레인	瓱	三割加五分乗
瓱	그레인	五割加十倍
영스	瓦	五分減三十倍
瓦	영스	五分加三十除

礎　　旺　　一割減二除

旺　　磅　　一割加二倍

英　嗅　　吨　　三分加

　　　　　英　嗅　　三分減

　　　　　★印을附한것만이正數値가算出됨。

二　新舊單位의 互相對値를 別方法으로 記憶하기

前節의 速算法은 暗誦하기 前에 이는 無時로 活用할수업고 또는것을 努力을 吅暗誦할것도 안이켓 습니다. 此節에 記하는 것도 全部를 記憶할수는 업슬것이오 또는것이로 또各人各別로 必要되는 部分을 記憶하야 活用 하는데는 多少의 便宜도 잇슬가 합니다.

메트로부취외 尺斤族及야드, 꽈음트圑의 雜報 (寓話)

A　度

a

（1）　메트로군이 青朝鮮드러와서、센티冠을 쓰고 캐本身의百分一이되야서 딍로 지나다가 兒孩들에게 지나다가 兒孩들에게

〔아고 꽤 호석다！〕이 서로 三通밧게 못피지젓다。ㄴ는 嘲笑를 밧슷나다。

（2）　메트로군이 尺氏를 맛나서는 한동안 딀을 가티 보게 피지더라。ㄴ믈보는 僕狀이이

　　습니다

1糎＝3分3

—〔ㄹㄹ〕—

米
1尺＝0.3030

1米＝3尺3寸

米
1針尺＝0.5i5

1里(鮮)＝420米

鮮里
1粁＝2.38095

1尺
한자마다 點메들 찍어 세고 덧넘어 세고 ……… 3030……30
(每一尺에 點數計 몇箇를 打하야 計數計數無限計數한다)
(이웃집 담 넘어 들들 타는 소리)

(3)
米　　3尺 3寸
「메들이 저오섯나 三陟三寸에서？」
(幾里를 捧來하야 섯나 三陟郡에 居하시는 叔父에서)
〔잇던 婦人 네이야아〕

(4)
1尺　0.5米　　1,5 1,5
「針尺 한자 반 半 메들 하고 남는 것을 일 요 일 요 말다 못한다」
(ー ー 하)

(5)
1里420米
里氏가 「嶺을 넘을 담을 어느느드고습이다다.」하고 웃드라드비
「一里 사이 嶺 메들？」하고 웃드라드비！

(6)
粁　2鮮里 3 8 0 9 5 …………
길로冠쓰 길로메르君이 里氏의 위압을 三八軸 옷을 보고
「한길로이 朝鮮三八공구百료？」하고無限稱嘆。
細美平
(一秩로此 도요사이 所閑。)

(7)
메르르君이 日本갓 드이야〕

1里＝3927.27 米

日本里君라는 半日閑을어 디川撤을다라하고노롯나는데 그세里君을

1里3927米2727……
「私ひと り三九二十七めと るふなふな澤山！」이라浪哈하
獨　目　取　鮒　鮒

드라고。

朝鮮里氏는그믈듯고批評비쯔시
○○○○
「日本里이佛國메트르가셔서九九法理致로인누린다！그해
意는理致란데、27을聯想。九九法메서서 27 이멧 3927 을記憶。理致로 민
누린누데、27 이連續된을알것이라고。

（8） 쏘日本서兒孩을이길로冠쓰길로메트르君을說明을듯고나서
「キロメートル은11キ로か千倍で、チメートルのことこ？」하고한참잇
다가나서하는말이

里　●254629 629
「キロメートルともに ここよむに〈むに〈！！」라하드라라고
愛　語　讚　租　苦

아니라일게서役夫들의타령소리가들리더라。

杆　破里 254629 629　（破里는未満里）
「길로메를파리데이어치숙이子숙이子들이진다。」고
（次으로提許를塍하리（學重瑳）狹窄而狹窄之）

1杆＝0.254629 粁

（９）　海邊 의 所人들。 한사람이 흐느 소리로

1海里＝1852米

海里 1 8 5 2
「海狸千匹오리！」「「메을？」」하는 것은 다른사람 의 反問。
（海狸을千頭放賣하얏다幾頭）

（10）　한사람은 三八細을가지고

1海里＝4.1095238 里

海里 4 里 4 0 9 5 2 3 8 0 9 5 2 3 8
辭里
「海狸만이가！」「사리사공구묘이三八공구묘이三八！」하고
（買者買平細工品此三八）

連呼。

b　面　積

（１）　한곳에서는 家宅建築基地를賣買하는데

1平方米＝10.89 平方尺

平方 米 10平方尺 8 9
甲이「바닥메을사짓소」「일바닥자！」가乙의決心한答言。
（平地叱呼放賣）　（十座幾座願買）

（２）　丙이어데잇다가나서서 민서

1平方米＝0.3025 坪

平方 米 ・ 坪 3 0 2 5
「바닥메을占訴해서公議요！」하고參關。

（３）　郊外에서欽君이아르君을침맛나서

1아르＝100平方米

「아르氏辭華는을솟을여을우！」「百平方메로다지요？」

「일우?나ᄂᆞᆫ畝ᄅᆞ하ᄂᆞ뇌하ᄂᆞᆫ뎨君平이 한 이 딴(三十坪)이오 하고初面人群。

1 畝　1 坪 2 5

1 아ᄅᆞ = 1 畝 0 坪 25

（4）

山林을測量하ᄂᆞᆫ뎨町君말이

헥타ᄅᆞ로　1 町 2 5 步

「나ᄂᆞ헤다알이，一町이오。보!」다고明음。
（我亦計而知先）

1 헥타ᄅᆞ = 1.0.0.25

B 量

（1）

어ᄂᆞ날이이집에ᄅᆞᆯ愆行행닙ᄅᆞ

立方米 3 5　立方尺 9 3 7

「이셍메ᄅᆞᆯ삼웃!이셍자ᄉᆞᆷ삼짐다ᄂᆡ!」하고소ᄃᆞ리져녀瓷하ᄋᆞᆺᄂᆞᆫ
（此餅幾個를强히　此餅期於沒食하다ᄂᆡ）

사람이잇다。

方正한立方메ᄅᆞ君, 듯기가무섭게하ᄂᆞᆫ말이「이곳에서도ᄉᆞ셍問題나+顧
천대度量衡御統一되는것과가티셍問題도가장公正한量理대로, 너무順調
로天下歸一定하여지이다。한다。

1 立方米 = 35.937

（2）

立　5 合 5 4 3 5 2

홉(合)氏가메ᄅᆞ君을보고

「이ᄅᆞᆯ에굶다겅다자세오티!」하엿다
（二日에正合을盡食하다다）

1 立 = 5.54352

1升＝1立840瓱

（3） 메드르로君對答。

1升 1立 804 瓱

「한되는 한이를 팔이라고 不足 되다」고彼等이수수석이。

（一升으로二日間貿買하는데不足하다）

C 衡

1瓩＝1斤66

（1） 斤女史가길로그램屜와親近하게되야逐日相從하다가一日은瘇이길로冠을빗고, 아조어린그램屜이되야서어여부기로有名한分屜하고玄黻하는것을보고는

1瓩 1斤666……

「하기로엿지하나 은전六場을갓더니！」限數을하고나서

（然而烝何 營歆久遊하다）

1瓦＝2分66

두어민둥므의無耶黨하이게노는것을다서드라보고, 맘을돌려

1瓦 2分666……

「그럼두분六場노서요！」하고稿을빌어주더라.

（然則二人은久遊하다）

（2） 두어민둥므의無耶黨하이게노는것을다서드라보고, 맘을돌려

（3） 그後에斤女史를맛나서그럼에는大端興奮함되다그러며！「너의肉薄이너서도할것이는데？」하고고수소년서우르나、

칩에컴념하며요.「서우고수소년서우르나」對答이。

斤 600 瓦

「近近肉薄? 그림요!」自己도 짜러더 웃는다。
(果 然)

(4)

錢氏, 貫子, 噸君이 한숨이 저서 海邊市街에 散步。

한모동이를 지나다닛아

1 錢(匁) 3 瓦 7 5

「一錢에 세우컵치요!」하고 외치는 써구로軍。
(三 束 包)

(5)

乾魚物을 買入하라고 魚物店에。店人들이

1 貫 3 匁 7 5

「다가를 한貫物件이라도 세긴로 치요。」하고 過價가 아니라는 說明
(上中下三秩로 分等)
(同 一 包)

(6)

買品을 錢氏가 몇이리고오다가 封紙가 그러케 터러리더니 貫子가 쏘나서서

匹 0 貫 2 6 6

「그리기로 구멍을 에쭈러러서 어서 가지고가서요!」하고 섯웃。
(然 故)   孔을 쭞하야서 速히持去

(7)

海上을 바다보는데 아되서 쌍! 砲聲이 난다。맘에 여大砲의 威力을 둡느냐

). 貫子맘이(양혜이는 老汽船들가르지며)

噸   2 百 6 6 6 ……

「뭉은 빗이면 이베 닉닉하剛에 아서나 신다。」고

1斤=600瓦

1錢(匁)=3瓦75

1貫=3匁75

1匁=0.266̇

1噸=266.66̇

(8) 聽君은 下階하는 사람이 만흔것을 보고 초자 믈로

1000=1666斤6

聽「돈이라떠 千냐셔百냐셔일내셔른냐셔十냐셔냐셔라하고 셔여셔하는 작고

(金錢이라며 떠 千男百男兒가 開列하야 渡來速速無盡來한다)

은다」고

D 야드, 파운드報

(1) 한비는 하는 佛國人二人이가 毛物品을 購入하려하는써

떠 1인 쥐　　2 糧 5 4

英國치는一人치바키업는 떠 무리리다산고아닫!아닫!

(英國製는一人所用外에 無한뎨 兩人이 各自顧買)

1吋=2.54糎

(2) 傍觀者의 物議〉

떠 0 3 9 3 7
糧

1糎=0.3937號

「다믈른 미치는 못쓰냐? 英國치맛영 세리치얏세!」이라

(他製代用은 못하나 老年處地에 英國製맛 永稱好爭國)

(3) 어비毛織商이 어비店員이 主人을 보고 이後에 게르믈로 민저셔란다지요?」

하고 무른데主人이「오아그러한다」하고다니 시믈이

「우리가 포승아지는 무르도 英米로 細工사 팔것지?」하고 連하야웃는
(英米國 細工品을 賣買)

말이「一메르르면 녯옛 투르인지 얼씻냐?」하야 對答「3푸르가 넘는메요!」
한 記號을 할수업서요.」한다.

그런주 主人의 말이「닉그러면 이터께 생각웁하야 브라이다.」

(4)
1呎＝3.28086

「한메르르면 팔떠드는 무르도 팔고파누나!」라드。하라고한다.

王姬의 母親은 王姬팔이 다더멋거저 隨ㅅ한다고 이웃사람들은

(5)
1碼＝0.9144

「한만데 멋거처 메를 求하나네네!」한다고、중。
(王姬의 一음이면 無條件하고 幾許를 求하나 隨語)

오늘도 王姬 웃감의 染色이 곱지도 못하고 色빛이 맨하게 된다고 性味를 비니 母親

(6)
1米＝1.09362

「응!메를 하다가 하네비야도 꿈구서 누우」키하야 브마잉하드라
(多數作에 一件成之라도 色美하고서 柔하야지게)

이고

(7) 職爭하는메 某城이 一마일 밧게 隔하지 안엇다하는메 한사람이 말

1呎＝0.3048米

1米＝3.28086呎

1碼＝0.9144米

1米＝1.09362碼

一〔30〕一

1哩＝1.6093313粁

　「한마일이나하기로누고고놋세서한참힘들리!」
（單一哩다할지나나다도效率이性質이强하고도强해서一時는難攻）

（8）他一人이答言

1粁＝0.621376哩

　「하기로이便도도拾깨하게하는줌누이일세치구멘!」이더라고.
（然也故此便亦怜悧히多少緩々계計算이여）

（9）말써몸하는때몸自己가力不足하연서도이여지를쓴다。傍觀者이말

1언스＝28.35瓦

　「온싸나?얌민해도이광、즘、그럼!세요。」
不可　勿論此路이稍（分明）强也

（10）甲苦이父親의賻求한物品을맛지면서좋자말르

1磅＝0.4536

　「한파운드야엽기로사오셋누?」
（一磅씀을餘在가잇는메　賻求하엿나）

（11）둘君의수수셋기

1英噸＝1.016064瓲

英噸은佛瓲보다空日宮宮자는것이더하다。
（休而逆하다는것이添加）

三　精密한換算을要하는새롬爲하야

(1) 10米=33尺 인 故로

$$1尺 = \frac{10}{33} = \frac{10}{3\times11} = 0.3030 \; \overset{米}{}$$

$$1米 = \frac{33}{10} = 3.3 \; \overset{尺}{}$$

(2) 17米=33針尺 인 故로

$$1針尺 = \frac{17}{33} = \frac{17}{3\times11} = 0.515 \; \overset{米}{}$$

$$1米 = \frac{33}{17} = 1.941 \; \overset{針尺}{}$$

(3) 216杆=55里(或은 432杆=110里로 함이 計算이 便利) 인 故로

$$1里 = \frac{216}{55} = \frac{216}{5\times11} = 3.927 \; \overset{杆}{}$$

$$1杆 = \frac{55}{216} = \frac{55}{3\times8\times9} = 0.254629 \; \overset{里}{}$$

(4) 21杆=50鮮里 인 故로

$$1鮮里 = \frac{21}{50} = 0.420 \; \overset{杆}{}$$

$$1杆 = \frac{50}{21} = \frac{50}{3\times7} = 2.38095 \; \overset{鮮里}{}$$

(5) 1海里=1852米 105游里=463鮮里 인 故로

$$1海里 = \frac{463}{105} = \frac{463}{3\times5\times7} = 4.409523 \; \overset{鮮里}{}$$

(6) 100平方米=1아르=1089平方尺 인 故로

$$1平方尺 = \frac{100}{1089} = \frac{100}{9\times11\times11} = 0.0918强(數字가 나오는 滋味 잇는) \; \overset{平方米}{}$$

$$1平方米 = \frac{1089}{100} = 10.89 \; \overset{平方尺}{}$$

(7) 400平方米=1아르=121坪 이 故로

—〔32〕—

$$1坪 = \frac{400}{121} = \frac{400}{11\times11} = 3.305785强 \qquad 1平方米 = \frac{121}{400} = 0.3025坪$$

(8) 46656平方杆 = 3025平方里 (或은 18624平方杆 = 12100平方里) 인故로

$$1平方里 = \frac{46656}{3025} = \frac{6^6}{5^2\times11^2} = \frac{6^6}{11^2\times100} = 15.42347强 \qquad 1平方杆 = \frac{3025}{46656} = \frac{3025}{6^6} = 0.0648436强$$

(9) 120암은 121間 인故로

$$1畝(암) = \frac{120}{121} = \frac{120}{11\times11} = 0.99173553 헥타르 \qquad 1헥타르 = \frac{121}{120} = \frac{121}{3\times4\times10} = 1.00833 암$$

(10) 1000立方米 = 35937立方尺 인故로

$$1立方尺 = \frac{1000}{35937} = \frac{1000}{3\times9\times11^3} = 0.02777688强 立方米 \qquad 1立方米 = \frac{35937}{1000} = 35.937 立方尺$$

(11) 2401立 = 1331升 인故로

$$1升 = \frac{2401}{1331} = \frac{7\times7\times7\times7}{11\times11\times11} = 1.804强 \qquad 1立 = \frac{1331}{2401} = \frac{11\times11\times11}{7^4} = 5.54352强$$

(12) 15瓦 = 4錢(匁) 인故로

$$1錢(匁) = \frac{15}{4} = 3.75 瓦 \qquad 1瓦 = \frac{4}{15} = \frac{4}{3\times5} = 2.66 匁$$

(13) 15斤 = 4貫(百兩重) 인故로 (3斤 = 80兩重)

$$1貫(百兩重) = \frac{15}{4} = 3.75$$

$$1兩 = \frac{4}{15} = 0.26\dot{6} = 26.\dot{6} 斤 \quad 附:$$

(14) 3斤 = 5斤 이故로

$$1斤 = \frac{3}{5} 瓦 = 0.6 = 600瓦 \qquad 1斤 = \frac{5}{3} = 1.6\dot{6} 斤$$

(15) 3屯 = 5000斤 3屯 = 800貫 이故로

$$1屯 = \frac{5000}{3} = 1666斤\dot{6} \qquad 1屯 = \frac{800}{3} = 266.\dot{6} 貫$$

(特히分母이因數分解는實際計算時에便利할가하야)

四 重要한比率을記憶하기 (顯片爲話로)

(1) 10米 = 33尺

10米를 3 3 尺
일메틀 서서제!
十迷菌　立而庋

(2) 17米 = 33針尺

1 7 米 3 3 針尺
十七美人이 서서바두질
歲　立而針工

(3) 21杆 = 50里(鮮)

2 1 杆 50 里
이일 이기로서리朝鮮서
此非　亦是 容易平

─〔34〕─

(4) 216杆＝55里

이일여서하기로 쉰다리！ 4 3 2 杆＝110里
此筆速成기로 請休耶 （沙麥이기로 뱃섬이）가지
（弬愁）

(5) 4어르＝121坪

네앙어예 일의일 坪　爾知而慶之非之內容을依
고와？

(6) 120헥타르＝121町

일두고헤앙의 일이한뎔　筆를置之 만하는것는作筆의限定이넘다

(7) 186.24平方杆＝121平方里

平　方　杆　18 6 6.24 1 2 1 平方
반듯하게 김로 千파 니서우이자！ 일이하나번 듯하
方 正 하이　丈　盤 入 狹 入 하지　役 入 一 件 井 然
里
티

(8) 2401立＝1331升

이沙工 한이흫 혼자서이일 되나？
此　一二日間　獨而立何筆成之耶

(9) 15瓩＝4貫

일다기로ㄱ럼 한게나？
開한다ㄱ）로然則關之所關

(10) 3匹로 5斤
세기로 닷斤 박게 ?
重이大하기로五斤不外

3匹=5斤

五溫度의 換算

攝氏 溫暖計는 水點을 零度 沸騰點을 百度로하야 共同을 百等分하고 前後를 同度를 同分程으로付目함

華氏 〃 三十二度 〃 二百十二度 〃 百八十等分 〃

列氏 〃 零 度 〃 八十度 〃 八十等分 〃

寒暖計는 體溫計와 同하야 今度는 攝氏를 並用하기로 統一이 되야 自然他는 廢함。

이 세間一溫度를 攝氏、華氏、列氏의 度目으로 表示되것을

各其 C.F.R. 이라하면 $\dfrac{C}{100}=\dfrac{F-32}{180}=\dfrac{R}{80}$

故로 $C=\dfrac{5}{9}(F-32)=\dfrac{5}{4}R$ $F=\dfrac{9}{5}C+32=\dfrac{9}{4}R+32$ $R=\dfrac{4}{5}C=\dfrac{4}{9}(F-32)$

메트르制와 尺貫制 (長)

米 와 尺 （1米＝3.3尺　1尺＝$\frac{10}{33}$米）

米	0	0.1	0.2	0.3	0.4	0.5	0.6	0.7	0.8	0.9
1	3.30	3.63	3.96	4.29	4.62	4.95	5.28	5.61	5.94	6.27
2	6.60	6.93	7.26	7.59	7.92	8.25	8.58	8.91	9.24	9.57
3	9.90	10.23	10.56	10.89	11.22	11.55	11.88	12.21	12.54	12.87
4	13.20	13.53	13.86	14.19	14.52	14.85	15.18	15.51	15.84	16.17
5	16.50	16.83	17.16	17.49	17.82	18.15	18.48	18.81	19.14	19.47
6	19.80	20.13	20.46	20.79	21.12	21.45	21.78	22.11	22.44	22.77
7	23.10	23.43	23.76	24.09	24.42	24.75	25.08	25.41	25.74	26.07
8	26.40	26.73	27.06	27.39	27.72	28.05	28.38	28.71	29.04	29.37
9	29.70	30.03	30.36	30.69	31.02	31.35	31.68	32.01	32.34	32.67
10	33.00	33.33	33.66	33.99	34.32	34.65	34.98	35.31	35.64	35.97

尺 와 米 （點以下는 循環小數）　（1尺＝$\frac{10}{33}$米）

尺	0	0.1	0.2	0.3	0.4	0.5	0.6	0.7	0.8	0.9
1	0.30	0.33	0.36	0.39	0.42	0.45	0.48	0.51	0.54	0.57
2	0.60	0.63	0.66	0.69	0.72	0.75	0.78	0.81	0.84	0.87
3	0.90	0.93	0.96	1.00	1.03	1.06	1.09	1.12	1.15	1.18
4	1.21	1.24	1.27	1.30	1.33	1.36	1.39	1.42	1.45	1.48
5	1.51	1.54	1.57	1.60	1.63	1.66	1.69	1.72	1.75	1.78
6	1.81	1.84	1.87	1.90	1.93	1.96	2.00	2.03	2.06	2.09
7	2.12	2.15	2.18	2.21	2.24	2.27	2.30	2.33	2.36	2.39
8	2.42	2.45	2.48	2.51	2.54	2.57	2.60	2.63	2.66	2.69
9	2.72	2.75	2.78	2.81	2.84	2.87	2.90	2.93	2.96	3.00
10	3.03	3.06	3.09	3.12	3.15	3.18	3.21	3.24	3.27	3.30

米 斗 計 尺 （朝鮮）　　　　1 米 ＝ $\frac{55}{17}$ 針尺　　1 針尺 ＝ $\frac{17}{33}$ 米

米	0	0.1	0.2	0.3	0.4	0.5	0.6	0.7	0.8	0.9
1	1.9412	2.1353	2.3294	2.5235	2.7176	2.9118	3.1059	3.3000	3.4941	3.6882
2	3.8824	4.0765	4.2706	4.4647	4.5588	4.8529	5.0471	5.2412	5.4353	5.6294
3	5.8235	6.0176	6.2118	6.4059	6.6000	6.7941	6.9882	7.1824	7.3765	7.5706
4	7.7647	7.9538	8.1529	8.3471	8.5412	8.7353	8.9294	9.1235	9.3176	9.5118
5	9.7059	9.9000	10.0941	10.2882	10.4824	10.6765	10.8706	11.0647	11.2588	11.4529
6	11.6471	11.8412	12.0353	12.2294	12.4235	12.6176	12.8118	13.0059	13.2000	13.3941
7	13.5882	13.7824	13.9765	14.1705	14.3647	14.5538	14.7529	14.9471	15.1412	15.3353
8	15.5294	15.7235	15.9176	16.1118	16.3059	16.5300	16.6941	16.8882	17.0824	17.2765
9	17.4706	17.6647	17.8588	18.0529	18.2471	18.4412	18.6353	18.8294	19.0235	19.2176
10	19.4118	19.6053	19.8000	19.9941	20.1882	20.3324	20.5765	20.7706	20.9647	21.1588

計 尺 斗 米 （小數第三位以下は循環）　　　　1 針尺 ＝ $\frac{17}{33}$ 米

針	0	0.1	0.2	0.3	0.4	0.5	0.6	0.7	0.8	0.9
1	0.515	0.536	0.618	0.669	0.721	0.772	0.924	0.875	0.927	0.978
2	1.030	1.081	1.133	1.184	1.236	1.287	1.339	1.390	1.442	1.493
3	1.545	1.596	1.648	1.700	1.751	1.803	1.854	1.906	1.957	2.009
4	2.060	2.112	2.163	2.215	2.266	2.318	2.369	2.421	2.472	2.524
5	2.575	2.627	2.678	2.730	2.781	2.833	2.884	2.936	2.987	3.039
6	3.090	3.142	3.193	3.245	3.296	3.348	3.400	3.451	3.503	3.554
7	3.606	3.657	3.709	3.760	3.812	3.863	3.915	3.966	4.018	4.069
8	4.121	4.172	4.224	4.275	4.327	4.378	4.430	4.481	4.533	4.584
9	4.636	4.687	4.739	4.790	4.842	4.893	4.945	4.996	5.048	5.100
10	5.151	5.203	5.254	5.306	5.357	5.409	5.460	5.512	5.563	5.615

軒　斗　里　（小數第五位以下ゟ循環）　　１軒 ＝ $\frac{110}{432}$ 里　　１里 ＝ $\frac{432}{110}$ 軒

軒	0	0.1	0.2	0.3	0.4	0.5	0.6	0.7	0.8	0.9
1	0.2546296	0.2800925	0.3055555	0.3310185	0.3564814	0.3819444	0.4074074	0.4328703	0.4583333	0.4837962
2	0.5092592	0.5347222	0.5601851	0.5855481	0.6111111	0.6365740	0.6620370	0.6875000	0.7129629	0.7384259
3	0.7638888	0.7893518	0.8148148	0.8402777	0.8657407	0.8912037	0.9166666	0.9421295	0.9675925	0.9930555
4	1.0185185	1.0439814	1.0694444	1.0949074	1.1203703	1.1458333	1.1712962	1.1967592	1.2222222	1.2476851
5	1.2731481	1.2986111	1.3240740	1.3495370	1.3750000	1.4004629	1.4259259	1.4513883	1.4768518	1.5023148
6	1.5277777	1.5532407	1.5787037	1.6041666	1.6296295	1.6550925	1.6805555	1.7060185	1.7314814	1.7569444
7	1.7824074	1.8078703	1.8333333	1.8587962	1.8842592	1.9097222	1.9351851	1.9606481	1.9861111	2.0115740
8	2.0370370	2.0625000	2.0879629	2.1134259	2.1388888	2.1643518	2.1898148	2.2152777	2.2407407	2.2662037
9	2.2916665	2.3171296	2.3425925	2.3680555	2.3935185	2.4189814	2.4444444	2.4699074	2.4953703	2.5208333
10	2.5462952	2.5717593	2.5972222	2.6226851	2.6481481	2.6736111	2.6990740	2.7245370	2.7500000	2.7754629

里　斗　軒　（小數第三位以下ゟ循環）　　１里 ＝ $\frac{432}{110}$ 軒

里	0	0.1	0.2	0.3	0.4	0.5	0.6	0.7	0.8	0.9
1	3.9272	4.3200	4.7127	5.1054	5.4981	5.8909	6.2836	6.6763	7.0690	7.4618
2	7.8545	8.2472	8.6400	9.0327	9.4254	9.8181	10.2109	10.6035	10.9963	11.3890
3	11.7818	12.1745	12.5672	12.9600	13.3527	13.7454	14.1331	14.5309	14.9236	15.3163
4	15.7090	16.1018	16.4945	16.8872	17.2800	17.6727	18.0654	18.4581	18.8509	19.2436
5	19.6363	20.0290	20.4218	20.8145	21.2072	21.6000	21.9927	22.3354	22.7781	23.1709
6	23.5536	23.9563	24.3490	24.7418	25.1345	25.5272	25.9200	26.3127	26.7054	27.0981
7	27.4355	27.8836	28.2763	28.6630	29.0618	29.4545	29.8472	30.2400	30.6327	31.0254
8	31.4181	31.8109	32.2036	32.5953	32.9890	33.3818	33.7745	34.1672	34.5600	34.3527
9	33.3454	35.7381	35.1309	35.5236	36.9163	37.3090	37.7018	38.0345	38.4872	38.8800
10	33.2727	39.6654	40.0581	40.4509	40.8436	41.2363	41.6290	42.0218	42.4145	42.8072

斤斗朝鮮里 （點以下七循環小數）　　1斤＝$\frac{50}{31}$鮮里　1鮮里＝0.420斤

斤	0	0.1	0.2	0.3	0.4	0.5	0.6	0.7	0.8	0.9
1	2.380952	2.619047	2.857142	3.095238	3.333333	3.571428	3.809523	4.047619	4.285714	4.523809
2	4.761904	5.000000	5.238095	5.476190	5.714285	5.952380	6.190476	6.428571	6.666666	6.904761
3	7.142857	7.380952	7.619047	7.857142	8.095238	8.333333	8.571428	8.809523	9.047619	9.285714
4	9.523809	9.761904	10.000000	10.238095	10.476190	10.714285	10.952380	11.190476	11.428571	11.666666
5	11.904761	12.142857	12.380952	12.619047	12.857142	13.095238	13.333333	13.571428	13.809523	14.047619
6	14.285714	14.523809	14.761904	15.000000	15.238095	15.476190	15.714285	15.952380	16.190476	16.428571
7	16.666666	16.904761	17.142857	17.380952	17.619047	17.857142	18.095238	18.333333	18.571428	18.809523
8	19.047619	19.285714	19.523809	19.761904	20.000000	20.238095	20.476190	20.714285	20.952380	21.190476
9	21.428571	21.666666	21.904761	22.142857	22.380952	22.619047	22.857142	23.095238	23.333333	23.571428
10	23.809523	24.047619	24.285714	24.523809	24.761904	25.000000	25.238095	25.476190	25.714285	25.952380

朝鮮里斗斤　　1鮮里＝0.420斤

鮮里	0	0.1	0.2	0.3	0.4	0.5	0.6	0.7	0.8	0.9
1	0.420	0.462	0.504	0.546	0.588	0.630	0.672	0.714	0.756	0.798
2	0.843	0.882	0.974	0.966	1.08	1.050	1.092	1.134	1.176	1.218
3	1.260	1.302	1.344	1.386	1.428	1.470	1.512	1.554	1.596	1.638
4	1.680	1.722	1.764	1.806	1.848	1.890	1.932	1.974	2.016	2.058
5	2.100	2.142	2.184	2.226	2.268	2.310	2.352	2.394	2.436	2.478
6	2.520	2.552	2.604	2.646	2.688	2.730	2.772	2.814	2.856	2.898
7	2.940	2.982	3.024	3.066	3.108	3.150	3.192	3.234	3.276	3.318
8	3.360	3.402	3.444	3.486	3.528	3.570	3.612	3.654	3.696	3.738
9	3.780	3.822	3.864	3.906	3.948	3.990	4.032	4.074	4.118	4.158
10	4.200	4.242	4.284	4.326	4.368	4.410	4.452	4.454	4.536	4.578

메트르制와 尺貫制 (両銭)

平方米와 坪(步)

1平方米 = 0.3025坪   1坪 = $\frac{400}{121}$ 平方米

平方米	0	0.1	0.2	0.3	0.4	0.5	0.6	0.7	0.8	0.9
1	0.30250	0.33275	0.36300	0.39325	0.42350	0.45375	0.48400	0.51425	0.54450	0.57475
2	0.60500	0.63525	0.66550	0.69575	0.72600	0.75625	0.78650	0.81675	0.84700	0.87725
3	0.90750	0.93775	0.96800	0.99825	1.02850	1.05875	1.08900	1.11925	1.14950	1.17975
4	1.21000	1.24025	1.27050	1.30075	1.33100	1.36125	1.39150	1.42175	1.45200	1.48225
5	1.51250	1.54275	1.57300	1.60325	1.63350	1.66375	1.69400	1.72425	1.75450	1.78475
6	1.81500	1.84525	1.87550	1.90575	1.93600	1.96625	1.99650	2.02675	2.05700	2.08725
7	2.11750	2.14775	2.17800	2.20825	2.23850	2.26875	2.29900	2.32925	2.35950	2.33375
8	2.42000	2.45025	2.48050	2.51075	2.54100	2.57125	2.60150	2.63175	2.66200	2.69225
9	2.72250	2.75275	2.78300	2.81325	2.84350	2.87375	2.90400	2.93425	2.96450	2.99475
10	3.02500	3.05525	3.08550	3.11575	3.14600	3.17625	3.20650	3.23675	3.26700	3.29725

坪(步)과 平方米

1坪 = $\frac{400}{121}$ 平方米

坪	0	0.1	0.2	0.3	0.4	0.5	0.6	0.7	0.8	0.9
1	3.30579	3.63635	3.96694	4.29752	4.62810	4.95868	5.28926	5.61983	5.95041	6.28099
2	6.61157	6.94215	7.27273	7.60331	7.93388	8.26446	8.59504	8.92552	9.25620	9.58678
3	9.91735	10.24793	10.57851	10.90909	11.23967	11.57025	11.90083	12.32140	12.56198	12.83256
4	13.22314	13.55372	13.88430	14.21488	14.54545	14.87603	15.20661	15.53719	15.85777	16.19835
5	16.52893	16.85950	17.19008	17.52066	17.85124	18.18182	18.51243	18.84233	19.17355	19.50413
6	19.83471	20.16529	20.49587	20.82645	21.15702	21.48760	21.81818	22.14876	22.47334	22.80332
7	23.14050	23.47107	23.80165	24.13223	24.46281	24.79339	25.12337	25.45455	25.78512	26.11570
8	26.44628	26.77686	27.10744	27.43802	27.76860	28.09917	28.42375	28.76033	29.03031	29.42143
9	29.75207	30.08284	30.41322	30.74380	31.07438	31.40496	31.73554	32.06612	32.39663	32.72727
10	33.05775	33.33843	33.71901	34.04959	34.38017	34.71074	35.04132	35.37130	35.70243	36.03336

이란을의坪 (步)　　　1이란＝30.25坪　1坪＝$\frac{4}{1.21}$이란

이란	0	0.1	0.2	0.3	0.4	0.5	0.6	0.7	0.8	0.9
1	30.250	33.275	36.300	39.325	42.350	45.375	48.400	51.425	54.450	57.475
2	60.500	63.525	66.550	69.575	72.600	75.625	78.650	81.675	84.700	87.725
3	90.750	93.775	96.800	99.825	102.850	105.875	108.900	111.925	114.950	117.975
4	121.000	124.025	127.050	130.075	133.100	136.125	139.150	142.175	145.200	148.225
5	151.250	154.275	157.300	160.325	163.350	166.375	169.400	172.425	175.450	178.475
6	181.500	184.525	187.550	190.575	193.600	196.625	199.650	202.675	205.700	208.725
7	211.750	214.775	217.800	220.825	223.850	226.875	229.900	232.925	235.950	238.975
8	242.000	245.025	248.050	251.075	254.100	257.125	260.150	263.175	266.200	269.225
9	272.250	275.275	278.300	281.325	284.350	287.375	290.400	293.425	296.453	299.475
10	302.500	305.525	308.550	311.575	314.600	317.625	320.650	323.675	326.700	329.725

坪을의이란　　　1坪＝$\frac{4}{1.21}$이란

坪	0	0.1	0.2	0.3	0.4	0.5	0.6	0.7	0.8	0.9
1	0.033058	0.036334	0.039669	0.042975	0.046281	0.049587	0.052893	0.056198	0.059504	0.062810
2	0.066116	0.069421	0.072727	0.076033	0.079339	0.082645	0.085950	0.089256	0.092562	0.095868
3	0.093174	0.102479	0.105785	0.109091	0.112397	0.115702	0.119008	0.123214	0.125620	0.128826
4	0.132231	0.135537	0.138843	0.142149	0.145455	0.148760	0.152066	0.155372	0.158678	0.161983
5	0.165289	0.168595	0.171901	0.175207	0.178512	0.181818	0.185124	0.188430	0.191736	0.195041
6	0.198347	0.201653	0.204959	0.208264	0.211570	0.214876	0.218182	0.221488	0.224793	0.228099
7	0.231405	0.234711	0.238017	0.241322	0.244628	0.247934	0.251240	0.254545	0.257851	0.261157
8	0.264463	0.267769	0.271074	0.274380	0.277686	0.280992	0.284298	0.287603	0.290909	0.294215
9	0.297521	0.300826	0.304132	0.307438	0.310744	0.314050	0.317355	0.320661	0.323967	0.327273
10	0.330579	0.333884	0.337190	0.340496	0.343802	0.347107	0.350413	0.353719	0.357025	0.360331

里를 町으로, 町을 里로 (尺) 1里 = 121/120 町 1町 = 121/120 里

里	0	0.1	0.2	0.3	0.4	0.5	0.6	0.7	0.8	0.9
1	1.00833	1.10917	1.21000	1.31083	1.41167	1.51250	1.61333	1.71417	1.81500	1.91583
2	2.01657	2.11750	2.21833	2.31917	2.42000	2.52083	2.62167	2.72250	2.82333	2.92417
3	3.02500	3.12583	3.22667	3.32750	3.42833	3.52917	3.63000	3.73083	3.83167	3.93250
4	4.03333	4.13417	4.23500	4.33583	4.43667	4.53750	4.63833	4.73917	4.84000	4.94083
5	5.04167	5.14250	5.24333	5.34417	5.44500	5.54583	5.64667	5.74750	5.84333	5.94917
6	6.05000	6.15083	6.25167	6.35250	6.45333	6.55417	6.65500	6.75583	6.85667	6.95750
7	7.05833	7.15917	7.26000	7.36083	7.46167	7.56250	7.66333	7.76417	7.86500	7.96583
8	8.05567	8.17750	8.26000	8.36917	8.47000	8.57083	8.67167	8.77250	8.87333	8.97417
9	9.07500	9.17583	9.27667	9.37750	9.47833	9.57917	9.68000	9.78083	9.88167	9.98250
10	10.08333	10.18417	10.23500	10.38533	10.48657	10.58750	10.68833	10.78917	10.89000	10.99083

町을 里로, 里를 町으로 (尺) 1里 = 120/121 町 1町 = 120/121 里

町里	0	0.1	0.2	0.3	0.4	0.5	0.6	0.7	0.8	0.9
1	0.9317355	1.0909091	1.1900826	1.2392562	1.3334297	1.4876033	1.5867769	1.8859504	1.7851240	1.8342975
2	1.9834711	2.0826446	2.1818182	2.2309917	2.3301653	2.4793388	2.5785124	2.6776859	2.7768595	2.8760331
3	2.9752066	3.0743802	3.1735537	3.2272273	3.3713008	3.4710744	3.5702479	3.6694215	3.7685950	3.8677686
4	3.9569421	4.0661157	4.1652892	4.2264328	4.3633354	4.4628099	4.5619835	4.6611570	4.7603306	4.8595041
5	4.9536777	5.0578512	5.1570248	5.2251183	5.3553719	5.4545454	5.5537190	5.6528926	5.7520661	5.8512397
6	5.9504132	6.0495868	6.1487603	6.2473339	6.3471074	6.4462810	6.5454545	6.6446281	6.7438016	6.8429752
7	6.9421487	7.0413223	7.1404959	7.2239534	7.3333430	7.4380165	7.5371901	7.6363535	7.7355372	7.8347107
8	7.9338843	8.0330578	8.1322314	8.2314649	8.3305785	8.4297521	8.5289256	8.6280992	8.7272727	8.8264463
9	8.9255198	9.0247934	9.1239669	9.2231405	9.3223140	9.4214876	9.5206611	9.6198347	9.7190082	9.8181818
10	9.9173553	10.0165289	10.1157025	10.2148763	10.3140495	10.4132231	10.5123367	10.6115702	10.7107438	10.8033173

平方矸对平方里

$1\text{平方矸} = \dfrac{12100}{186624}\ \text{平方里}$

平方矸	0	0.1	0.2	0.3	0.4	0.5	0.6	0.7	0.8	0.9
1	0.0648362	0.0713199	0.0778035	0.0842871	0.0907707	0.0972544	0.1037380	0.1102216	0.1167052	0.1231889
2	0.1296725	0.1361561	0.1426397	0.1491234	0.1556070	0.1620906	0.1685742	0.1750579	0.1815415	0.1880251
3	0.1945087	0.2009924	0.2074760	0.2139596	0.2204432	0.2269269	0.2334105	0.2398941	0.2463777	0.2528614
4	0.2593450	0.2658286	0.2723122	0.2787959	0.2852795	0.2917631	0.2982467	0.3047304	0.3112140	0.3176976
5	0.3241812	0.3306649	0.3371485	0.3436321	0.3501157	0.3565994	0.3630830	0.3695666	0.3760502	0.3825339
6	0.3890175	0.3955011	0.4019847	0.4084684	0.4149520	0.4214356	0.4279192	0.4344029	0.4408865	0.4473701
7	0.4538537	0.4603374	0.4668210	0.4733046	0.4797882	0.4862719	0.4927555	0.4992391	0.5057227	0.5122064
8	0.5186900	0.5251736	0.5316572	0.5381409	0.5446245	0.5511081	0.5575917	0.5640754	0.5705590	0.5770426
9	0.5835262	0.5900099	0.5964935	0.6029771	0.6094607	0.6159444	0.6224280	0.6289116	0.6353952	0.6418789
10	0.6483625	0.6548461	0.6613297	0.6678134	0.6742970	0.6807806	0.6872642	0.6937479	0.7002315	0.7067151

平方里对平方矸

$1\text{平方里} = \dfrac{186624}{12100}\ \text{平方矸}$

平方里	0	0.1	0.2	0.3	0.4	0.5	0.6	0.7	0.8	0.9
1	15.423471	16.965818	18.508165	20.050512	21.592860	23.135207	24.677554	26.219901	27.762248	29.304595
2	30.846942	32.389289	33.931636	35.473983	37.016331	38.558678	40.101025	41.643372	43.185719	44.728066
3	46.270413	47.812760	49.355107	50.897455	52.439802	53.982149	55.524496	57.066843	58.609190	60.151537
4	61.693884	63.236231	64.778579	66.320926	67.863273	69.405620	70.947967	72.490314	74.032661	75.575008
5	77.117355	78.659702	80.202050	81.744397	83.286744	84.829091	86.371438	87.913785	89.456132	90.998479
6	92.540826	94.083174	95.625521	97.167868	98.710215	100.252562	101.794909	103.337256	104.879603	106.421950
7	107.964298	109.506645	111.048992	112.591339	114.133686	115.676033	117.218380	118.760727	120.303074	121.845421
8	123.387769	124.930116	126.472463	128.014810	129.557157	131.099504	132.641851	134.184198	135.726545	137.268893
9	138.811240	140.353587	141.895934	143.438281	144.980628	146.522975	148.065322	149.607669	151.150017	152.692364
10	154.234711	155.777058	157.319405	158.861752	160.404099	161.946646	163.488793	165.031140	166.573488	168.115835

메 트 르 制 와 尺 貫 制 (容積)

$1立 = \dfrac{1331}{2401}升 \qquad 1升 = \dfrac{2401}{1331}立$

立	0	0.1	0.2	0.3	0.4	0.5	0.6	0.7	0.8	0.9
1	0.554352	0.609788	0.665223	0.720658	0.776093	0.831529	0.886964	0.942399	0.997834	1.053269
2	1.108705	1.164140	1.219575	1.275010	1.330446	1.385881	1.441316	1.496751	1.552187	1.507622
3	1.663057	1.718492	1.773928	1.829363	1.884798	1.940233	1.995668	2.051104	2.106539	2.161974
4	2.217403	2.272845	2.328280	2.383715	2.439150	2.494586	2.550021	2.605456	2.660891	2.716327
5	2.771762	2.827197	2.882632	2.938067	2.993503	3.048938	3.104373	3.153803	3.215244	3.270679
6	3.326114	3.381543	3.436985	3.492420	3.547855	3.603290	3.658726	3.714161	3.769596	3.825031
7	3.880466	3.935902	3.991337	4.046772	4.102207	4.157643	4.213078	4.268513	4.323948	4.379384
8	4.434819	4.490254	4.545689	4.601125	4.655560	4.711995	4.767430	4.822865	4.878301	4.933736
9	4.989171	5.044606	5.100042	5.155477	5.210912	5.236347	5.321783	5.377218	5.432653	5.488088
10	5.543524	5.598959	5.654394	5.709829	5.765234	5.820700	5.873135	5.931570	5.987005	6.042441

升	0	0.1	0.2	0.3	0.4	0.5	0.6	0.7	0.8	0.9
1	1.80331	1.98430	2.16469	2.35508	2.52547	2.70586	2.83325	3.05554	3.24703	3.42742
2	3.60731	3.78820	3.96860	4.14893	4.32938	4.50977	4.63016	4.87055	5.05485	5.23133
3	5.41172	5.59211	5.77250	5.95289	6.13328	6.31367	6.49406	6.67445	6.85485	7.03524
4	7.21563	7.39602	7.57641	7.75680	7.93719	8.11758	8.29797	8.47835	8.65875	8.83914
5	9.01953	9.19992	9.38032	9.56071	9.74110	9.92149	10.10188	10.28227	10.46266	10.64305
6	10.82344	11.00383	11.18422	11.36461	11.54500	11.72539	11.90579	12.08618	12.26657	12.44696
7	12.62735	12.80774	12.98813	13.16852	13.34831	13.52930	13.70963	13.89008	14.07047	14.25086
8	14.43125	14.61165	14.79204	14.97243	15.15282	15.33321	15.51360	15.69380	15.87438	16.05477
9	16.23516	16.41555	16.59594	16.77633	16.95672	17.13711	17.31751	17.49760	17.67829	17.85868
10	18.03907	18.21946	18.39385	18.58524	18.76063	18.94102	19.12141	19.36180	19.48219	19.66258

메트르制 와 尺貫制 (重量)

匁 貫 (小數第三位는 循環)   1匁 = $\frac{4}{15}$ 貫   1貫 = 3.75 匁

匁	0	0.1	0.2	0.3	0.4	0.5	0.6	0.7	0.8	0.9
1	0.266	0.293	0.320	0.346	0.373	0.400	0.426	0.453	0.480	0.506
2	0.533	0.560	0.586	0.613	0.640	0.666	0.693	0.720	0.746	0.773
3	0.800	0.826	0.853	0.880	0.906	0.933	0.960	0.986	1.013	1.040
4	1.066	1.093	1.120	1.146	1.173	1.200	1.226	1.253	1.280	1.306
5	1.333	1.360	1.386	1.413	1.440	1.466	1.493	1.520	1.546	1.573
6	1.600	1.626	1.653	1.680	1.706	1.733	1.760	1.786	1.813	1.840
7	1.866	1.893	1.920	1.946	1.973	2.000	2.026	2.053	2.080	2.106
8	2.133	2.160	2.186	2.213	2.240	2.266	2.293	2.320	2.346	2.373
9	2.400	2.426	2.453	2.480	2.506	2.533	2.560	2.586	2.613	2.640
10	2.666	2.693	2.720	2.746	2.773	2.800	2.826	2.853	2.880	2.906

◎瓦斗匁(錢)又는匁斗瓦의換算도此表에依할것.

貫 과 瓩   1貫 = 3.75 瓩

貫	0	0.1	0.2	0.3	0.4	0.5	0.6	0.7	0.8	0.9
1	3.750	4.125	4.500	4.875	5.250	5.625	6.000	6.375	6.750	7.125
2	7.500	7.875	8.250	8.625	9.000	9.375	9.750	10.125	10.500	10.875
3	11.250	11.625	12.000	12.375	12.750	13.125	13.500	13.875	14.250	14.625
4	15.000	15.375	15.750	16.125	16.500	16.875	17.250	17.625	18.000	18.375
5	18.750	19.125	19.500	19.875	20.250	20.625	21.000	21.375	21.750	22.125
6	22.500	22.875	23.250	23.625	24.000	24.375	24.750	25.125	25.500	25.875
7	26.250	26.625	27.000	27.375	27.750	28.125	28.500	28.875	29.250	29.625
8	30.000	30.375	30.750	31.125	31.500	31.875	32.250	32.625	33.000	33.375
9	33.750	34.125	34.500	34.875	35.250	35.625	36.000	36.375	36.750	37.125
10	37.500	37.875	38.250	38.625	39.000	39.375	39.750	40.125	40.500	40.875

瓩 斗 斤 （小数第二位数字循環）　　　　1瓩＝$\frac{10}{6}$斤　　1斤＝0.6瓩

瓩	0	0.1	0.2	0.3	0.4	0.5	0.6	0.7	0.8	0.9
1	1.66	1.83	2.00	2.16	2.33	2.50	2.66	2.83	3.00	3.16
2	3.33	3.50	3.66	3.83	4.00	4.16	4.33	4.50	4.66	4.83
3	5.00	5.16	5.33	5.50	5.66	5.83	6.00	6.16	6.33	6.50
4	6.66	6.83	7.00	7.16	7.33	7.50	7.66	7.83	8.00	8.16
5	8.33	8.50	8.66	8.83	9.00	9.16	9.33	9.50	9.66	9.83
6	10.00	10.16	10.33	10.50	10.66	10.83	11.00	11.16	11.33	11.50
7	11.66	11.83	12.00	12.16	12.33	12.50	12.66	12.83	13.00	13.16
8	13.33	13.50	13.66	13.83	14.00	14.16	14.33	14.50	14.66	14.83
9	15.00	15.16	15.33	15.50	15.66	15.83	16.00	16.16	16.33	16.50
10	16.66	16.83	17.00	17.16	17.33	17.50	17.66	17.83	18.00	18.16

斤 斗 瓩　　　　1斤＝0.6瓩

斤	0	0.1	0.2	0.3	0.4	0.5	0.6	0.7	0.8	0.9
1	0.60	0.66	0.72	0.78	0.84	0.90	0.96	1.02	1.08	1.14
2	1.20	1.26	1.32	1.38	1.44	1.50	1.56	1.62	1.68	1.74
3	1.80	1.86	1.92	1.98	2.04	2.10	2.16	2.22	2.28	2.34
4	2.40	2.46	2.52	2.58	2.64	2.70	2.76	2.82	2.88	2.94
5	3.00	3.06	3.12	3.18	3.24	3.30	3.36	3.42	3.48	3.54
6	3.60	3.66	3.72	3.78	3.84	3.90	3.96	4.02	4.08	4.14
7	4.20	4.26	4.32	4.38	4.44	4.50	4.56	4.62	4.68	4.74
8	4.80	4.86	4.92	4.98	5.04	5.10	5.16	5.22	5.28	5.34
9	5.40	5.46	5.52	5.58	5.64	5.70	5.76	5.82	5.88	5.94
10	6.00	6.06	6.12	6.18	6.24	6.30	6.36	6.42	6.48	6.54

噸 斗 貫 (小数ヲ循環)　1貫＝0.00375噸　1噸＝4000/15貫

噸	0	0.1	0.2	0.3	0.4	0.5	0.6	0.7	0.8	0.9
1	266.6	293.3	320.0	346.6	373.3	400.0	426.6	453.3	480.0	506.6
2	533.3	560.0	586.6	613.3	640.0	666.6	693.3	720.0	746.6	773.3
3	800.0	826.6	853.3	880.0	906.6	933.3	960.0	986.6	1013.3	1040.0
4	1066.6	1093.3	1120.0	1146.6	1173.3	1200.0	1226.6	1253.3	1280.0	1306.6
5	1333.3	1360.0	1386.6	1413.3	1440.0	1466.6	1493.3	1520.0	1546.6	1573.3
6	1600.0	1626.6	1653.3	1680.0	1706.6	1733.3	1760.0	1786.6	1813.3	1840.0
7	1866.6	1893.3	1920.0	1946.6	1973.3	2000.0	2026.6	2053.3	2080.0	2106.6
8	2133.3	2160.0	2186.6	2213.3	2240.0	2266.6	2293.3	2320.0	2346.6	2373.3
9	2400.0	2426.6	2453.3	2480.0	2506.6	2533.3	2560.0	2586.6	2613.3	2640.0
10	2666.6	2693.3	2720.0	2746.6	2773.3	2800.0	2826.6	2853.3	2880.0	2906.6

噸 斗 斤 (小数ヲ循環)　1斤＝0.0006噸　1噸＝10000/6斤

噸	0	0.1	0.2	0.3	0.4	0.5	0.6	0.7	0.8	0.9
1	1666.6	1833.3	2000.0	2166.6	2333.3	2500.0	2666.6	2833.3	3000.0	3166.6
2	3333.3	3500.0	3666.6	3833.3	4000.0	4166.6	4333.3	4500.0	4666.6	4833.3
3	5000.0	5166.6	5333.3	5500.0	5666.6	5833.3	6000.0	6166.6	6333.3	6500.0
4	6666.6	6833.3	7000.0	7166.6	7333.3	7500.0	7666.6	7833.3	8000.0	8166.6
5	8333.3	8500.0	8666.6	8833.3	9000.0	9166.6	9333.3	9500.0	9666.6	9833.3
6	10000.0	10166.6	10333.3	10500.0	10666.6	10833.3	11000.0	11166.6	11333.3	11500.0
7	11666.6	11833.3	12000.0	12166.6	12333.3	12500.0	12666.6	12833.3	13000.0	13166.6
8	13333.3	13500.0	13666.6	13833.3	14000.0	14166.6	14333.3	14500.0	14666.6	14833.3
9	15000.0	15166.6	15333.3	15500.0	15666.6	15833.3	16000.0	16166.6	16333.3	16500.0
10	16666.6	16833.3	17000.0	17166.6	17333.3	17500.0	17666.6	17833.3	18000.0	18166.6

메트르制와야드파운드制 (長)

◎注意 世間에는1吋=2.54糎의比로呎、碼乃至哩아지를換算行用하는일이잇스나本表는京都帝國大學天文臺天文同好會發行天界誌에發表한山本一清博士의換算比率에依據함。

糎 와 吋　　1 糎 = 0.393703887 吋

糎	0	0.1	0.2	0.3	0.4	0.5	0.6	0.7	0.8	0.9
1	0.39370	0.43307	0.47244	0.51182	0.55119	0.59056	0.62993	0.66930	0.70867	0.74804
2	0.78741	0.82678	0.86615	0.90552	0.94483	0.98426	1.02363	1.06300	1.10237	1.14174
3	1.18111	1.22048	1.25985	1.29922	1.33859	1.37796	1.41 33	1.45670	1.49607	1.53545
4	1.57482	1.61419	1.65356	1.69293	1.73230	1.77166	1.81104	1.85041	1.88978	1.92915
5	1.96852	2.00789	2.04726	2.08663	2.12600	2.16537	2.20474	2.24411	2.28348	2.32285
6	2.36222	2.40159	2.44096	2.48033	2.51970	2.55307	2.59845	2.63782	2.67719	2.71656
7	2.75593	2.79530	2.83467	2.87404	2.91341	2.95278	2.99215	3.03152	3.07089	3.11026
8	3.14963	3.18900	3.22837	3.26774	3.30711	3.34648	3.38585	3.42522	3.46459	3.50396
4	3.54333	3.58271	3.62208	3.66145	3.70082	3.74019	3.77956	3.81893	3.85830	3.89767
10	3.93704	3.97641	4.01578	4.05515	4.09452	4.13389	4.17326	4.21263	4.25200	4.29137

吋 와 糎　　1 吋 = 2.53998 糎

吋	0	0.1	0.2	0.3	0.4	0.5	0.6	0.7	0.8	0.9
1	2.53998	2.79398	3.04793	3.30197	3.55597	3.80997	4.06337	4.31797	4.57196	4.82596
2	5.07996	5.33396	5.58793	5.84135	6.09595	6.34995	6.60395	6.85795	7.11194	7.36594
3	7.61994	7.87394	8.12794	8.38193	8.63593	8.88933	9.14333	9.39793	9.65192	9.90592
4	10.15932	10.41392	10.66792	10.92191	11.17591	11.42991	11.68391	11.93791	12.19190	12.44590
5	12.69930	12.95390	13.20790	13.46189	13.71589	13.96989	14.22389	14.47789	14.73188	14.98588
6	15.23378	15.49388	15.74783	16.0018	16.2558	16.50987	16.75387	17.01737	17.27186	17.52536
7	17.77 86	18.03386	18.28786	18.54185	18.7 585	19.04985	19.30385	19.55785	19.81184	20.06584
8	20 31984	20.57384	20.82784	21.08183	21.33583	21.58983	21.84383	22.09783	22.35182	22.60582
9	22.85382	23.11382	23.36782	23.62181	23.87581	24.12981	24.38381	24.63781	24.89180	25.14580
10	25.39980	25.65380	25.90780	26.16179	26.41579	26.66979	26.92379	27.17779	27.43178	27.68578

米 換 呎
1 米 = 3.280S657 呎

米	0	0.1	0.2	0.3	0.4	0.5	0.6	0.7	0.8	0.9
1	3.28087	3.60895	3.93704	4.26513	4.59321	4.92130	5.24339	5.57747	5.90556	6.23364
2	6.56173	6.88982	7.21790	7.54599	7.87408	8.2216	8.53025	8.85834	9.18642	9.51451
3	9.84260	10.17068	10.49877	10.82686	11.15494	11.48303	11.81112	12.13920	12.46723	12.79538
4	13.12346	13.45155	13.77934	14.10772	14.43581	14.76390	15.09198	15.42007	15.74816	16.07624
5	16 40433	16.73242	17.06050	17.38859	17.71667	18.04476	18.37285	18.70093	19 02902	19.35711
6	19.68519	20.01328	20.34137	20.66945	20.99754	21.32563	21.65371	21.98180	22.30989	22.63797
7	22.96606	23.29415	23.62223	23.95032	24.27841	24.60349	24.93458	25.26267	25 59375	25.91884
8	26 24693	26.57501	26.90310	27.23119	27.55927	27.88736	28.21545	28.54353	28.87162	29.19970
9	29.52179	29.85588	30.18396	30.51205	30.84014	31.16822	31.49531	31.82440	32.15248	32.48057
10	32.80886	33.13674	33.46483	33.79292	34.12100	34.44909	34.77718	35.10526	35.43335	35.76144

呎 換 米
1 呎 = 0.304,976 米

呎	0	0.1	0.2	0.3	0.4	0.5	0.6	0.7	0.8	0.9
1	0.304798	0.335277	0.365757	0.396237	0.426717	0.457195	0.487676	0.518156	0.543636	0.579115
2	0.609595	0.640075	0.670555	0.701034	0.731514	0.761934	0.79474	0.822954	0.853433	0.883913
3	0.914393	0.944873	0.975352	1.005832	1.035312	1.066792	1.097271	1.127752	1.158231	1.188711
4	1.219190	1.249870	1.280150	1.310630	1.341109	1.371539	1.402063	1.432549	1.463028	1.493508
5	1.523938	1.554468	1.534948	1.615427	1.645937	1.676387	1.706867	1.737346	1.767826	1.798306
6	1.828786	1.853265	1.889745	1.920225	1.950705	1.931184	2.011664	2.042144	2.072624	2.103103
7	2.133583	2.164063	2.194543	2.225022	2.255552	2.285282	2.316462	2.346942	2.377421	2.407901
8	2.438381	2.468361	2.499340	2.529820	2.560230	2.590780	2.621253	2.551739	2.682219	2.712699
9	2.743178	2.773658	2.804138	2.834617	2.865097	2.835577	2.926057	2.956537	2.987016	3.017496
10	3.047976	3.078456	3.108936	3.139415	3.169895	3.200375	3.230355	3.261334	3.291814	3.322294

米 斗 碼　　1 米 = 1.0936219 碼

米	0	0.1	0.2	0.3	0.4	0.5	0.6	0.7	0.8	0.9
1	1.09362	1.20298	1.31235	1.42171	1.53107	1.64043	1.74980	1.85916	1.96352	2.07788
2	2.18724	2.29661	2.40597	2.51533	2.62469	2.73405	2.84342	2.95278	3.06214	3.17150
3	3.28087	3.39023	3.49959	3.60895	3.71831	3.82768	3.93704	4.04640	4.15576	4.26513
4	4.37449	4.48385	4.59321	4.70257	4.81194	4.92130	5.03066	5.14002	5.24939	5.35875
5	5.46811	5.57747	5.68683	5.79320	5.90555	6.01492	6.12428	6.23364	6.34301	6.45237
6	6.56173	6.67109	6.78046	6.88982	6.99918	7.10854	7.21790	7.32727	7.43663	7.54599
7	7.65535	7.76472	7.87408	7.98344	8.09280	8.20216	8.31153	8.42089	8.53025	8.63961
8	8.74898	8.85834	8.96770	9.07706	9.18642	9.29579	9.40515	9.51451	9.62387	9.73323
9	9.84260	9.95196	10.06132	10.17068	10.28005	10.38941	10.49877	10.60813	10.71749	10.82686
10	10.93622	11.04558	11.15494	11.26431	11.37367	11.48303	11.59239	11.70175	11.81112	11.92048

碼 斗 米　　1 碼 = 0.9143928 米

碼	0	0.1	0.2	0.3	0.4	0.5	0.6	0.7	0.8	0.9
1	0.91439	1.00583	1.09727	1.18871	1.28015	1.37159	1.46303	1.55447	1.64591	1.73735
2	1.82879	1.92022	2.01166	2.10310	2.19454	2.28598	2.37742	2.46886	2.56030	2.65174
3	2.74318	2.83462	2.92606	3.01750	3.10894	3.20037	3.29181	3.38325	3.47469	3.56613
4	3.65757	3.74901	3.84045	3.93189	4.02333	4.11477	4.20621	4.29765	4.39009	4.48052
5	4.57196	4.66340	4.75484	4.84628	4.93772	5.02916	5.12060	5.21204	5.30348	5.39492
6	5.48636	5.57780	5.66924	5.76067	5.85211	5.94355	6.03499	6.12643	6.21787	6.30931
7	6.40075	6.49219	6.58363	6.67507	6.76651	6.85795	6.94939	7.04082	7.13226	7.22370
8	7.31514	7.40658	7.49802	7.58946	7.68090	7.77234	7.86378	7.95522	8.04665	8.13810
9	8.22954	8.32097	8.41241	8.50385	8.59529	8.68673	8.77817	8.86961	8.96105	9.05249
10	9.14393	9.23537	9.32681	9.41825	9.50969	9.60112	9.69256	9.78400	9.87544	9.96588

里	0	0.1	0.2	0.3	0.4	0.5	0.6	0.7	0.8	0.9
1	0.6213761	0.6335137	0.7456513	0.8077889	0.8693265	0.9320641	0.9342017	1.0563393	1.1184769	1.1806146
2	1.2427522	1.3043398	1.3670273	1.4291650	1.4913026	1.5534402	1.6155778	1.6777154	1.7398530	1.8019906
3	1.8641282	1.9262658	1.9884035	2.0505411	2.1126787	2.1748163	2.2369539	2.2990915	2.3612291	2.4233667
4	2.4855043	2.5476419	2.6097795	2.6719171	2.7340548	2.7961924	2.8583300	2.9204676	2.9826052	3.0447428
5	3.1068804	3.1690180	3.2311556	3.2932932	3.3554308	3.4175684	3.4797060	3.5418436	3.6039813	3.6661189
6	3.7282565	3.7903941	3.8525317	3.9146693	3.9768069	4.0383445	4.1010821	4.1632197	4.2253573	4.2874950
7	4.3496326	4.4117702	4.4739078	4.5360454	4.5981830	4.6603206	4.7224582	4.7845358	4.8467334	4.9088710
8	4.9710086	5.0331462	5.0952833	5.1574215	5.2195591	5.2816967	5.3438343	5.4059719	5.4681095	5.5302471
9	5.5923847	5.6545223	5.7166599	5.7787975	5.8409352	5.9030723	5.9652104	6.0273480	6.0894856	6.1516232
10	6.2137608	6.2758984	6.3380350	6.4001736	6.4623112	6.5244488	6.5865854	6.6487241	6.7108617	6.7729993

哩	0	0.1	0.2	0.3	0.4	0.5	0.6	0.7	0.8	0.9
1	1.609331	1.770264	1.931198	2.092131	2.253064	2.413997	2.574930	2.735863	2.896796	3.057730
2	3.218663	3.379596	3.540529	3.701462	3.862395	4.023328	4.184261	4.345195	4.506128	4.667061
3	4.827994	4.988927	5.149860	5.310793	5.471727	5.632660	5.793593	5.954526	6.115459	6.276392
4	6.437325	6.598258	6.759192	6.920125	7.081058	7.241990	7.402924	7.563857	7.724790	7.885724
5	8.046657	8.207590	8.368523	8.529455	8.690389	8.851322	9.012255	9.173189	9.334122	9.495055
6	9.655988	9.816921	9.977854	10.138787	10.299720	10.460653	10.621587	10.782520	10.943453	11.104386
7	11.225319	11.426252	11.587185	11.748119	11.909052	12.069935	12.230918	12.391851	12.552784	12.713717
8	12.874651	13.035584	13.196517	13.357450	13.518383	13.679316	13.840249	14.001183	14.162116	14.323049
9	14.483982	14.644915	14.805848	14.966781	15.127714	15.288648	15.449581	15.610514	15.771447	15.932380
10	16.093313	16.254246	16.415180	16.576113	16.737046	16.897979	17.058912	17.219845	17.380778	17.541711

메 트 르 制 와 야 드 파 운 드 制 (容積)

갈 론 과 立

1갈론 $= \dfrac{2519.0123}{6655000}$ 立   1立 $= \dfrac{6655000}{2519.0123}$ 갈론

갈론	0	0.1	0.2	0.3	0.4	0.5	0.6	0.7	0.8	0.9
1	3.78543	4.16397	4.54251	4.92105	5.29960	5.67814	6.05668	6.43522	6.81377	7.19231
2	7.57085	7.99940	8.32794	8.76648	9.08502	9.46357	9.84211	10.22065	10.59919	10.97774
3	11.35628	11.73482	12.11336	12.43191	12.87045	13.24899	13.62753	14.00608	14.38462	14.76316
4	15.14171	15.52025	15.89879	16.27733	16.65587	17.03442	17.41296	17.79150	18.17005	18.54859
5	18.92713	19.30567	19.68422	20.06276	20.44130	20.81984	21.19839	21.57693	21.95547	22.33402
6	22.71256	23.09110	23.46964	23.84819	24.22673	24.60527	24.98381	25.36236	25.74090	26.11944
7	26.49798	26.87653	27.25507	27.63361	28.01215	28.39070	28.76324	29.14778	29.52633	29.90487
8	30.28341	30.66195	31.04050	31.41904	31.79758	32.17612	32.55467	32.93321	33.31175	33.69029
9	34.06884	34.44738	34.82592	35.20446	35.58301	35.96155	36.34009	36.71864	37.09718	37.47572
10	37.85426	38.23281	38.61135	38.99989	39.36843	39.74698	40.12552	40.50406	40.88260	41.26115

메 트 르 制 와 야 드 파 운 드 制 (重量)

온 스 와 瓦

1 온스 $= 28.35$ 瓦   1瓦 $= \dfrac{20}{567}$ 온스

온스	0	0.1	0.2	0.3	0.4	0.5	0.6	0.7	0.8	0.9
1	28.350	31.185	34.020	36.855	39.690	42.525	45.360	48.195	51.030	53.865
2	56.700	59.535	62.370	65.205	68.040	70.875	73.710	76.545	79.380	82.215
3	85.050	87.885	90.720	93.555	96.390	99.225	102.060	104.835	107.730	110.565
4	113.400	116.235	119.070	121.905	124.740	127.575	130.410	133.245	136.080	138.915
5	141.750	144.585	147.420	150.255	153.090	155.925	158.760	161.535	164.430	167.265
6	170.100	172.935	175.770	178.605	181.440	184.275	187.110	189.945	192.780	195.615
7	198.450	201.285	204.120	206.955	209.790	212.625	215.460	218.295	221.130	223.965
8	226.800	229.635	232.470	235.305	238.140	240.975	243.810	246.645	249.480	252.315
9	255.150	257.985	260.820	263.655	266.490	269.325	272.160	274.995	277.830	280.665
10	283.500	286.335	289.170	292.005	294.840	297.675	300.510	303.345	306.180	309.015

파운드 와 瓩

1파운드=0.4536瓩 1瓱=$\frac{1250}{567}$파운드

파운드	0	0.1	0.2	0.3	0.4	0.5	0.6	0.7	0.8	0.9
1	0.45360	0.49896	0.54432	0.58968	0.63504	0.68040	0.72576	0.77112	0.81648	0.86184
2	0.90720	0.95256	0.99792	1.04328	1.08864	1.13400	1.17936	1.22472	1.27008	1.31544
3	1.36080	1.40616	1.45152	1.49688	1.54224	1.58760	1.63296	1.67832	1.72368	1.76904
4	1.81440	1.85976	1.90512	1.95048	1.99584	2.04120	2.08656	2.13192	2.17728	2.22264
5	2.26800	2.31336	2.35872	2.40408	2.44944	2.49480	2.54016	2.58552	2.63088	2.67624
6	2.72160	2.76696	2.81232	2.85768	2.90304	2.94840	2.99376	3.03912	3.08448	3.12984
7	3.17520	3.22056	3.26592	3.31128	3.35664	3.40200	3.44736	3.49272	3.53808	3.58344
8	3.62880	3.67416	3.71952	3.76488	3.81024	3.85560	3.90096	3.94632	3.99168	4.03704
9	4.08240	4.12776	4.17312	4.21848	4.26384	4.30920	4.35456	4.39992	4.44528	4.49064
10	4.53600	4.58136	4.62672	4.67208	4.71744	4.76280	4.80816	4.85352	4.89888	4.94424

英噸 과 瓱

1英噸=1.01606瓱 1瓱=$\frac{12500}{12705}$英噸

英噸	0	0.1	0.2	0.3	0.4	0.5	0.6	0.7	0.8	0.9
1	1.016064	1.117670	1.219277	1.320883	1.422490	1.524096	1.625702	1.727309	1.828915	1.930522
2	2.032128	2.133734	2.235341	2.336947	2.438554	2.540160	2.641766	2.743373	2.844979	2.946536
3	3.048192	3.149798	3.251405	3.353011	3.454618	3.556224	3.657830	3.759437	3.861043	3.962650
4	4.064255	4.165862	4.267468	4.369075	4.470682	4.572288	4.673894	4.775501	4.877107	4.978714
5	5.080320	5.181926	5.283533	5.385139	5.486746	5.588352	5.689958	5.791565	5.893171	5.994778
6	6.096384	6.197990	6.299597	6.401203	6.502810	6.604416	6.706022	6.807629	6.909235	7.010842
7	7.112448	7.214054	7.315661	7.417267	7.518874	7.620480	7.722086	7.823693	7.925299	8.026906
8	8.128512	8.230118	8.331725	8.433331	8.534938	8.636544	8.738150	8.839757	8.941363	9.042970
9	9.144576	9.246182	9.347789	9.449395	9.551002	9.652608	9.754214	9.855821	9.957427	10.059034
10	10.160640	10.262246	10.363853	10.465459	10.567066	10.668672	10.770278	10.871885	10.973491	11.075038

温度。攝氏度×$\frac{9}{5}$＋32＝華氏度（華氏度−32）×$\frac{5}{9}$＝攝氏度

攝氏度 와 華氏度

1目攝氏度＝$\frac{9}{5}$＝1.8目華氏度

°C	0	1	2	3	4	5	6	7	8	9
0	32.0	33.8	35.6	37.4	39.2	41.0	42.8	44.6	46.4	48.2
10	50.0	51.8	53.6	55.4	57.2	59.0	60.8	62.6	64.4	66.2
20	68.0	69.8	71.6	73.4	75.2	77.0	78.8	80.6	82.4	84.2
30	86.0	87.8	89.6	91.4	93.2	95.0	96.8	98.6	100.4	102.2
40	104.0	105.8	107.6	109.4	111.2	113.0	114.8	116.6	118.4	120.2
50	122.0	123.8	125.6	127.4	129.2	131.0	132.8	134.6	136.4	138.2
60	140.0	141.8	143.6	145.4	147.2	149.0	150.8	152.6	154.4	156.2
70	158.0	159.8	161.6	163.4	165.2	167.0	168.8	170.6	172.4	174.2
80	176.0	177.8	179.6	181.4	183.2	185.0	186.8	188.6	190.4	192.2
90	194.0	195.8	197.6	199.4	201.2	203.0	204.8	206.6	208.4	210.2

華氏度 와 攝氏度

1目華氏度＝$\frac{5}{9}$＝0.55目攝氏度

°F	0	1	2	3	4	5	6	7	8	9
30	−1.111	−0.556	0.	0.556	1.111	1.667	2.222	2.778	3.333	3.889
40	4.444	5.000	5.556	6.111	6.667	7.222	7.778	8.333	8.889	9.444
50	10.000	10.556	11.111	11.667	12.222	12.778	13.333	13.889	14.444	15.000
60	15.555	16.111	16.667	17.222	17.778	18.333	18.889	19.444	20.000	20.556
70	21.111	21.667	22.222	22.778	23.333	23.889	24.444	25.000	25.556	26.111
80	26.667	27.222	27.778	28.333	28.889	29.444	30.000	30.556	31.111	31.667
90	32.222	32.778	33.333	33.889	34.444	35.000	35.556	36.111	36.667	37.222
100	37.778	38.333	38.888	39.444	40.000	40.556	41.111	41.667	42.222	42.778
110	43.333	43.889	44.444	45.000	45.555	46.111	46.667	47.222	47.778	48.333
120	48.889	49.444	50.000	50.556	51.111	51.667	52.222	52.778	53.333	53.889

華 氏 度 와 攝 氏 度

°F	0	1	2	3	4	5	6	7	8	9
130	54.444	55.000	55.556	56.111	56.667	57.222	57.778	53.333	58.889	53.444
140	60.000	60.556	61.111	61.667	62.222	62.778	63.333	63.889	64.444	65.000
150	65.556	66.111	66.667	67.222	67.778	68.333	68.889	69.444	70.000	70.555
160	71.111	71.667	72.222	72.778	73.333	73.883	74.444	75.000	75.556	76.111
170	76.667	77.222	77.778	78.333	78.889	79.444	80.000	80.556	81.111	81.667
180	82.222	82.778	83.333	83.889	84.444	85.000	85.556	86.111	86.667	87.222
190	87.778	88.333	88.833	83.444	90.000	90.555	91.111	91.566	92.222	92.778
200	93.333	93.889	94.444	95.000	95.556	95.111	95.667	97.222	97.778	98.333
210	98.889	99.444	100.	100.556	101.111	101.667	102.222	132.778	103.333	103.889

昭和三年二月四日印刷
昭和三年二月七日發行

定價　金二十五錢
送料　金　二　錢

編輯兼發行者　京城府諦諎普洞一〇六番地　　柳　　敬

印刷者　京城府弱鑾洞三十九番地　　金　建杓

印刷所　京城府蓬萊町三丁目六三番地　朝鮮印刷株式會社

發行所　京城府諦諎普洞一〇六番地　　開　成　社
振替京城一六九八五番

不許複製

좋 이   좋 이

실컷 따위 말
내 속 얼마만치 치워놓고 내 바람 얼마만치 맞고 잡기
내 실컷을 내어걸고 내 꿈틀거림을 재놓는
싫음아 네 애민 씨뿜 시름 손자 보더냐
이 날 이 때껏 좋이 좋이 왔으니 좋이 좋이 고맙삽
여긔 이제껏 나 남 그저 좋이 좋이 넘나든 근데
거시키 꺼지기랄 멜 본 적 없어 하노라
좋이 한 얼 줄

제가 몇십년 동안 인생에 참여하면서 본 것이 있다면, 그것은 〈말씀〉을 알아야 한다는 사실이다. 이것은 6.25 동란을 겪으면서 거듭 알게 된 중요한 교훈이기도 하다. 사람을 알려면 그의 〈말〉을 알아야 한다. 반대로 그의 말을 알면 그 사람을 알게 된다.

공자는 "아침에 말을 들으면 저녁에 죽어도 좋다"(朝聞道夕死可也)고 했다. 들을 말, 들어야 할 말을 들으면 죽어도 좋다는 말이다. 말을 알자는 게 인생이고, 말을 듣고 끝내자는 게 인생이다.

하나님이 어디 계신지 알고 믿느냐 하면, 저는 「모른다」고 말한다. 경우에 따라 안다는 사람도 있을 것이고 모른다는 사람도 있을 것이다. 다만 사람은 머리를 하늘에 두고 산다는 사실을 알기 때문에, 이것만은 알기 때문에 나는 〈한웋님〉을 믿는다. 커다란 하늘에 계신, 우리들이 바라고 흠모하는 거룩한 존재, 우리 머리 위에 있는 이 존재를 나는 〈하나님〉이라고 한다. 나는 하나님을 믿고 하나님이 심판할 것을 믿는다. 이 심판이 어떻게 이루어지는지 구체적으로는 모른다. 그런데 성서에는 "마지막 날에 너희들이 말한 말이 너희를 심판할 것이라"고 적혀 있다. 인생의 총결산을 〈말씀〉으로 한다는 것이다. 말씀이란 우리 입에서 늘 쓰고 있는 보통 말이다. 보통 쓰는 말이 심판에서 온통이 된다. 많은 말이 우리를 심판하지 않는다. 우리가 쓰는 한 두마디가 우리를 훌륭하게 심판한다.

나는 모름지기 이 세상을 떠나도 좋다고 생각한다. 나는 일흔(70)에 가깝다. 일흔이라는 것은 인생을 잊는다(忘)는 것을 뜻한다고 본다. 그래서 내겐 이 세상에 좀 더 살았으면 하는 생각은 없다. 있다가는 어떻게 될지 모르겠으나 더 살고 싶다고 소리소리 지르지는 않을 것이다. 말을 하고, 말을 알려고 하고, 말이 심판을 한다는 사실을 믿고 있는 나로서는 결코 그런 일이 없을 것이다. 내가 이 시간에 이자리에 선 것도 말을 알려고 하기 때문이다. 우리가 이 시간까지 존재한다는 것은 그 때문인지 모른다.

말씀을 알고 세상을 떠나면 악을 면케 된다. 말씀을 알고 가면, 심판 받는데 근본을 다 준비해 가는 것이 된다.

실컷 따위 말

우리는 〈실컷(싫껏)〉이라는 말을 꽤나 많이 쓴다. 이 말을 좀 따져보면 이처럼 무엄한 말은 따로 없을 것이다. 이에 비슷한 말로 〈좋으면 좋다〉 〈좋으면 좋지〉란 말이 있다. 이말을 자주 쓰는 사람은 아직도 〈말〉이라는 것을 모르고 있는 사람이다. 여기를 학교로 치면, 그 사람은 낙제생이다. 〈실컷〉, 〈좋으면 좋다〉, 이것은 말이 안되는 말이다.

〈좋으면 좋지〉란 말에는 '허락한다'는 뜻이 담겨져 있는데, 아무리 귀여운 자식이라도 "너 좋으면 좋지"라고 하여 원하는 대로 다 허락하면, 그에겐 무서운 것이 없어지게 된다. 〈너 좋으면 좋다〉하여 맛있는 것을 달라는 대로 다 먹이면, 결국 배탈이 나고야 만다. 그래도 좋은 것은 다 좋은 것인가? 좋은 것은 다 좋았다. 다 끝났다는 말이다.

〈너 좋으면 좋다〉, 이런 거짓말이 어디 있느냐. 이 세상은 너 좋으면 좋지 하고 사는 세상이 아니다. 그렇게 되는 세상도 아니다. 좋은 것을 만났다가도 이것을 실컷 취하면 금방 싫어하게 된다. 그러니 좋은 것이라고 얼마나 취하겠는가? 좋은 일이라도 실컷 지내보면 나빠진다. 반대로 좋은 것일수록 싫어지는 도가 빨라진다.

반면에 취하기 싫은 것도 좋게 되는 일이 많다. 좋고 싫고는 상대적이다.

좋은 것이라고 반드시 좋은 것이 아니고, 싫은 것이라고 끝까지 싫은 것이 아니다. 싫은 것 중에 좋아지는 조건이 있고, 좋은 것 중에 싫어지는 조건이 있다. 이러한 경우를 생각하면, 〈너 좋으면 좋다〉는 말은 거짓말이며, 그런 것은 세상에 있지도 않다.

너 좋으면 좋은 세상이라면 〈말〉을 알려고 할 필요가 없다. 말을 배우려고 할 것도 없고, 말을 일러줄 것도 없다. 좋은 것이 좋게 끝나지 않는다는 이 사실을 알기 위하여 우리는 가르치고 배우고 하는 것이다.

그러나 어떤 것이 참말인지 쉬 알 수 없다. 하지만 〈저 좋으면 좋다〉는 말은 악마에게 복종하는 말밖에 아무 것도 아니다. 이런 말은 틀림없이 심판을 받게 될 것이다.

〈너 좋으면 좋다〉는 말이 만일 절대자에게 쓰여진다면 그건 괜찮다. 이때는 "하나님의 뜻대로 하옵소서"라는 절대신앙을 나타내기 때문이다. 절대자에게나 할 수 있는 말을 이 세상을 향해 썼다면, 그것은 하나님을 도적하는 것이 되며, 하나님을 대수롭지 않게 내던지는 것이 된다.

그러므로 나는 내 글 첫머리를 '실컷' '좋으면 좋지'란 말에 '따위'를 붙여서 〈실컷 따위 말〉이라 했다. 정말 이 말들은 그 〈따위 말〉에 지나지 않는다.

나는 앞에 내놓은 내 글 끝에 〈좋이 한 얼 줄〉이란 말을 붙였다. 이 세상에서 양심있게 사는 사람이 자기의 삶을 누리는데 진선미를 찾으려고 한다. 이 때 〈좋이〉라는 말을 쓴다. 〈좋이〉라는 말은 〈좋게 한다〉, 〈좋게 보인다〉는 뜻이 아니다. 그것은 '꽤', '만큼'이란 소극적인 뜻을 가지고 있다. '시원하다'는 말이 있는데, 이것으로도 〈좋이〉라는 말을 표현할 수 없다.

〈좋이〉라는 말은 욕심이 그렇게 많자 않음을 나타낸다. 조급하게 굴지 않는 것을 말한다. 아무리 급해도 〈좋이 좋이〉하게 되는 것, 그저 그만큼 감사하는 것으로, '좋게 한다'는 말과는 구별된다.

이 세상에서 바로 살 줄 알고, 〈말〉을 아는 사람은, 사는 것이 좋은 것인지 나쁜 것인지, 기쁜 것인지 슬픈 것인지 잘 모르고 산다. 또 죽는 것이 추한 것인지도 모르고 산다. 이렇게 사는 것을 부지지생(不知之生)이라고 한다. 이 사람이 원(元)말과 원(元)사는 것을 아는 사람이다.

똥만 싸면서 사는 삶을 좋은 줄로 알면 '너 좋으면 좋다'고 하는 것이 된다. 살려준다고 해서 좋아할 것도 없고, 죽이겠다고 해서 흔들릴 것도 없다. 그저 죽을 때 죽고, 살게 되면 사는 것이다. 우리가 살고 있는 것이 확실한 것인지 우리는 모르고 있다. 죽는다고 하는 것 역시 모른다. 죽는다고 해서 죽어 없어지는 것도 아니며, 어머니 뱃속에서 뛰어나와 살고 있는 이것이 사는 것이라고 할 수도 없다. 또 여기를 떠난다고 죽는 것이 아니다. 배를 갈아 타는 것 뿐이다. 나는 60여년 전에 어머니의 배를 차고 나와서 지금 지구라는 어머니의 뱃속에 있다. 머지 않아 이 배를 버리고 다른 배를 타게 될 것이다.

오늘 나는 〈좋이 산다〉는 문제에 대하여 말을 하고 있는데 이 말은 '좋게 산다'는 말은 아니다. 흔히 '좋게 산다'는 말을, 이 공간 세계에 새로운 나라를 세운다는 뜻으로 받아들인다. 사람의 자식들이 이 땅 위에 나라를 세운 것은 모두 이 세상을 잘 만들어 살기 좋게 하려는데 있다고 말한다. 〈말씀〉을 아는 사람은 이따위 말을 곧이듣지 않는다.

이 세상에 이상국가가 나오고 이상세계가 나타난다고 해도, 얼마만큼 좋이 살게 하는 세계가 되고, 얼마만치 수명이 늘게 될지 알 수 없다. 사람은 아주 건장한 사람이라야 80쯤 산다. 그러나 800년을 산다고 만족하겠는가? 지금 부자가 되고 싶은데, 얼마나 가져야 만족할 것인가? 좋다고 하는 것이 끝이 나면 좋지 못한 것이 있다. 100년 사는 것이 110년, 120년 살게 되어 끝이 나면, 무슨 좋은 것이 남겠는가?

〈좋이 산다〉는 것은 이 세상을 쉽게 산다든지, 일생에 빚을 지지 않고 산다든지 하는 것으로 되지 않는다. 이 우주 간에서 참혹한 것을 보지 않고 보기 싫은 것을 보지 않고 사는 것을 〈좋이 산다〉고 하지 않는다.

우리는 이승에서나 저승에서 〈좋이 좋이〉 살고 싶다. 그래서 천당이 있는지 모른다. 그 천당에서도 좋이 좋이 살아지기를 원한다. 기왕에 어머니 뱃속에서 열달을 좋이 살았으면 잘 나와야지, 또 이 세상에 나왔으면 좋이 살아 가야지. 그렇다고 나만 여기서 좋이 살면 안된다. 한 어머니 배에 쌍둥이가 있었다면 나만 좋이 나와서는 안된다. 쌍둥이 하나마저 함께 나와서 좋이 좋이 살아가야 하지 않겠는가? 이 세상에는 수 10억의 쌍둥이가 있는데 이 쌍둥이가 모두 좋이 좋이 살아가야 된다는 게 우리의 소원이다.

이승의 배를 버리고 다른 배를 갈아 탈 때에는 나만 탈 것이 아니라, 다같이 타는 것을 우리는 원한다.

이 '좋이 살겠다'는 것은 하늘의 큰 뜻이다. 절대의 큰 정신이다. 그래서 우리는 절대자를 섬긴다. 〈좋이 한 얼 줄〉 한가지로 한 얼 줄을 생각한다.

우리 마음에는 모순도 있고 반대도 있다. 모순과 반대가 있는 이 지구상에서 우리는 살아 왔다. 모순과 반대를 무릅쓰고 우리는 살고 있다. 그렇지만 우리에겐 모순이 있는 까닭으로 하늘의 원리에 좋이 좋이 살고, 절대권자의 뜻대로 깨끗하게 살겠다는 정신을 우리가 아울러 가지고 있음을 믿는다.

〈한 얼 줄〉의 〈줄〉은 흔히 말하는 '경(經)'이다. 성경도 〈줄〉이다. 인도말에 '수트라'라는 말이 있는데, 이것 역시 성경의 뜻으로 〈줄〉을 가리킨다.

우리에겐 정신의 줄, 얼줄이 늘 늘어져 있다. 이 우주에는 〈줄〉이, 〈말씀의 줄〉이 백년이 가더라도, 천년이 가더라도, 내버릴 수 없는 것으로 늘어져 있다. 우리는 좋이 한 얼줄에,

한 말줄에 살아가야 한다.

이젠 〈실컷 따위 말〉〈좋으면 좋지 따위 말〉은 내던지고 살았으면 좋겠다. '따위'의 '따'가 땅(地)에 통하는 것도 이상하다. 〈실컷 따위 말〉은 〈땅 위〉에서나 쓰는 말이다. 술이나 마시고 다니는 사람처럼, 이 세상을 생리적으로 사는 데서 나온 말인데, 이 따위 말은 땅에 버리고 갈 말이다. 영원히 가지고 갈 말이 결코 아니다.

하늘에서 어울려서 내려온 한 줄의 말씀, 그것 밖에 더 할 말이 없다. 여기에서 더 나가면 악으로 나가게 된다.

　내 속 얼마만치 치워놓고
　내 바람 얼마만치 맞고 잡기

'바람'이란 희망을 말한다. 희망에는 어떤 것을 받아드리는, 받아드리려는 것이 있다. 그러려면 속은 훨씬 시원해야 한다. 맞고 잡기는 '맞아드려 잡으려고 하기에'를 뜻한다. 내 속을 얼마만큼이나 시원하게 치워놓고 내 소망을 얼마만큼이나 받아드려 잡으려고 하기에.

　내 실컷을 내어걸고 내 꿈틀거림을 재놓는

우리는 무엇이나 〈실컷〉 해보고 싶고 실컷 누려보고 싶어하고, 실컷 먹어보려 한다. 도대체 양(量)을 얼마만큼이나 넓혀놨기에 그렇게 실컷 먹는가? 양이라는 것은 정해져 있는 것이다. "실컷 먹어봤으면", 다 가엾은 소리이다. '내 실컷'이란 말도 안 된다.

〈꿈틀거림〉의 〈꿈〉은 '꿈을 꾼다'는 말이다. 더 먹을 것 같아서 꿈틀거린다. 흔히 음식내기를 하는 걸 본다. 어떤 선교사 한 분이 복숭아를 좋아했는데, 한번은 맛이 무척 좋았던 모양으로 〈실컷〉 먹어 보았단다. 그 사람, 그 복숭아를 너무 많이 먹어 탈이 나서 그만 죽고 말았다. 〈재놓는〉다는 것은 실컷 먹고 싶은 것을 채우려고 애쓰는 것을 말한다.

　싶음아
　네 애민 씨뿜 시름손자 보더냐

〈싶음〉은 '싶은 것'(慾望), 〈네 애민〉은 '너의 어머니는'이다. 〈씨뿜〉은 '싶음'을 뜻하지만 한편 씨뿜은 씨뿌림, 곧 씨가짐을 하는 씨부음을 가리키는 말이다. 이 '싶음'이 자라면, 싫어하는 손자가 나온다. 실컷이 싶은 만큼 씨부으면 싫은 손자를 본다는 말이다.

'싫은 손자'는 허리가 아파서 업어 줄 수 없는 싫은 손자이다. 이 세상에는 육십껏 씨부어서 증손, 현손을 보는 사람이 있을지도 모른다.

싶음이 싶음을 낳고, 씨뿜이 싫은

손자가 된다. 제 실컷 쏟아보니까 그렇게 된다. 이러한 말은 땅 위에 내던져야 할 말이다. 그 따위 말은 높은 데 끌고 갈 말이 못된다.

세상을 살아오는데 싫증을 느낀다. 모순이라는 이름도 듣기 싫다. 세상을 생각만 해도 골치가 아프고 싫증이 난다. "에이 구찮다. 네 어미더러 나 업어달래라. 허리가 아파서 못 업겠다." 싫은 것을 내놓고 〈싶음〉을 찾아 내맡긴다.

이날 이때껏 좋이 좋이 왔으니
좋이 좋이 고맙삽

먹는 것은 〈그니〉(끓이)로 먹어야 한다, 한참 끓었다가 먹어야 한다. 우리가 인사할때 "아이고 오래간만입니다"한다. 음식을 대접할 때, "대접할 게 통 없읍니다", "어서 더 잡수십시오"한다. 그러면 손님은 "아닙니다. 많이 먹었읍니다. 고만 먹겠읍니다." "잘 먹었읍니다"한다. 이것이 〈좋이(토박이 말로는 '조이'), 사는 것이다. 인사치례로만 하지 않고 정말로 "잘 먹었읍니다. 고만 좋습니다"고 하는 이것이야말로 좋이 사는 한 표현이다.

〈실컷〉이라는 것을 내버리고 사는 사람은 일부러 금식도 하고, 단식도 한다. 먹을 것이 모자라서 끓을 때는, 오히려 이것을 하늘이 주는 은혜로 알고 감사의 뜻으로 받는다. 옛부터

〈나쁘듯〉하다는 말이 있다. 〈말씀〉을 바로 아는 집안에서는 "나쁘듯 먹여라"는 말을 한다. 이것이 온당한 말이다. 싫은 맘을 일으킨대로 싫으게 해주면, 나중에는 그것에게 먹히고 말게 된다. 한번 모르는 것은 모르는 것에 먹힌다.

무엇이 어쩌니 해도 내 마음을 보나 내 집안을 보나, 세상에 대해서 사회에 대해서 도적질을 한 일은 한 번도 없다. 이날 이때까지 좋이 좋이 살아 왔다. 감사해야 할 일이다. 여기에서 오늘 우리가 만나 이야기하는 것도 감사할 일이다. 우리가 한가한 품을 내는 데는 우리를 대신해서 우리 집안 식구의 수고가 있다. 우리가 오늘 이때까지 건강하게 살아온 까닭은, 우리들보다 더한 괴로움을 당하면서 우리를 살리기 위해 애쓴 앞서간 사람들의 은혜 때문이다.

이날 이때까지 좋이 좋이 왔으니, 조심스럽게 왔으니, 앞으로도 참 안심을 얻고 살게 될 것이다. 그러니 좋이 좋이 〈고맙삽〉, 고마울밖에 없지 않는가.

〈고맙다〉는 말에도 뜻이 있다. '고만'한다, '고만'이라는 뜻이다. 하나님께 감사를 드리는데 너무도 능청스럽게 한다. 너무나 말을 많이 한다. 그것은 감사하는 것이 못된다. 우리는 정말 감사할 줄 모른다. 주는 것에 대해서 무엇을 말하려고 하지만 할 말을 모르는 것이 사실이다. "어째서

이것을 주시나"하게 된다.

여긔 이제껏 나 남 그저 좋이 좋이
넘나든 근데

〈여긔〉는 세상, 〈이제〉는 살 때,
곧 지금을 말한다. '여기'라고 하지
않고 '여긔'라고 했는데 암만 따져보
아도 '기'자는 아니다. 내가 사는 데
를 〈여긔〉라고 한다.
'그제' '저제'는 내가 사는 때가
아니다. 〈이제〉가 내가 사는 때다. 사
는 때가 〈이제〉이다. 사는 때가 〈이
제〉, 사는 고장이 〈여긔〉이다. 이어
이어 이어 내려와서 〈여긔〉가 된다.
하나님이 나를 이어주고, 나는 하나
님과 이어지고 다시 이어서 여기 온
것이 〈나〉라는 것이다.
〈이제〉는 어느 언제, 이 세상에 나
올 때도 이제, 죽을 때도 이제, 다
이제가 된다. 어머니 뱃속에서 나올
때도 "이제 나왔읍니다"하고, 운명할
때도 "이제 숨을 거두었읍니다"고 한
다. 〈여긔〉와 〈이제〉를 혼돈해서 생
각해서는 안된다.
이렇게 나, 남, 그저 다 넘나든 근
데,
〈나〉, 〈남〉, 〈그〉저는 추상적으로
말하는 것인데, 〈여긔 이제〉에 사는
너, 나, 저 사람, 그들이 좋이 좋이
넘나든 가운데에 있는데, 다시 말하면
논에서 일하는 사람도 〈이제〉라고 하
고, 감옥에 있는 사람도 〈이제〉라고

하고, 다방에 앉아있는 사람도 〈이제〉
라고 하며 다 〈이제〉를 넘나드는 근데
있다. '가운데'는 〈군〉으로 표시해야
한다.

거시키 꺼지기랄 델 본 적 없어 하
노라

〈거시키〉라는 말은 '머사니' '대체'
와 같은 말이다. 〈거시키〉, 무엇 무엇
하는 거시키, 거짓말이나 정말이나
실컷이나 다 끝까지 다 끌고 왔는데
꺼지고 만다. 그날은 아무도 본 이가
없다. 그러나 여긔 이제껏 나 남 그
저 좋이 좋이 넘나든 근데, 언제 끊
어지는지 몰라도 언제인가 끊어지는
그날이 있다.
여기에서 生命의 영원을, 그리스도
의 영원을 볼 수 있다.

좋이 한 얼 줄

"이날 이때껏 좋이 좋이 왔으니 좋
이 좋이 고맙삽, 여긔 이제껏 나 남
그저 좋이 좋이 넘나든 근데, 거시키
꺼지랄델 본 적 없어 하노라." 이것이
좋이 〈한 얼 줄〉로 붙잡을 수 있는 말
이다. 이말이 〈말씀〉이다.
"내 속 얼마만치 치워놓고 내 바람
얼마만치 맞고 잡기, 내 실컷을 내어
걸고 네 꿈틀거림을 재놓는. 싫음아
네 애민 씨뿜 시름손자 보더냐" 여기
까지는 〈실컷 따위의 말〉이다. 실컷

따위의 말은 심판받을 수밖에 없는 말이다.

〈좋이 한 얼 줄〉은 성경이다. 생명이다. 영원히 이 줄을 붙잡고 좋이 좋이 살아가는 것이다.

이상한 말은 찾지 말라. 가장 평범하고 일반적인 것을 찾으라. 여기에 내놓은 말도 어려운 말이 아니다.

이제 우리는 자각하여 〈좋이 한 얼 줄〉에 다달아야 한다. 이것을 몰라서는 안된다. 실컷 못 먹는 것, 실컷 못한 것, 실컷 따위의 말은 땅에 버리고, 깨끗하게 '좋이 한 얼 줄'을 잡아야 한다.

이 사람은 피변만을 말하기 때문에 점점 알 수 없게 되는지 모르겠다.

그런데 이 세상에 있는 것은 모두 확실하다고 한다. 보고 듣고 만지는 것도 확실하다고 한다. 땅 위에 있는 것, 확실하다면, 그것은 딴딴한가? 확실한 것은 땅멍어리와 같이 딴딴하게 있다고 한다.

반면 하늘은 못믿게 생겼다고 한다. 하늘이라면 어느 하늘이라도 보기에는 좋다. 그러나 하늘이 좋은 것이 못된다. 하늘은 하늘하늘 하기 때문에 믿기 어렵다. 똑똑한 곳에서 살아야지 하늘하늘한 하늘에서 어떻게 사느냐고 한다.

우리 말에 땅은 '딴딴'하고, 하늘은 '하늘하늘'하다고 되어져 있다. 이 말이 있다는 것은 딴딴한 것을 좋아한다는 것을 나타낸다. 좋아하지 않는 것은 나타나지도 않는다. 딴딴한 것은 무엇이나 다 훌륭한 것으로 본다.

실컷 따위의 말을 버리고 한 얼줄을 붙잡고 살 것인가? 아니면 이것을 잡지 않고 실컷 따위의 말을 돌멩이처럼 딴딴하고 확실하다고 해서 그것을 붙들고 살아야 할 것인가?

1956년 10월 17일
서울 YMCA강당에서
유영모선생님의 말씀
송기득 선생 정리

장횡거의 「동명」을 우리말로 옮겨 본다.

동쪽에 삭여 두고 본 글(東銘).

실 없은 말도 생각으로조차 나오고(虛言出於思也) 실 없은 짓도 피로 만드는 것입니다(戲動作於謀也). 소리로 내고 손발짓을 하고 나서는(發於聲 見乎四支) 제 마음이 아니었다고는 컴컴한 수작이오니(謂非己心 不明也) 남이 절 의심 않게 하고 싶은들 됩니까(欲人無己疑 不能也). 허물된 말이 제 마음이 아니고 허물된 짓이 참이 아니라면(過言非心也 過動非誠也) 소리에 틀렸고 사지가 잘못든것을 제 마땅하다면 스스로 속임이오(失於聲 繆迷其四體 謂己當然自誣也) 남으로 절 좇게 하려 들면 남을 속임입니다(欲他人己從 誣人也). 혹 마음에서 나온 것을 제 부러 했다는데로 허물을 돌릴 수 있다거나(或者謂出於心者 歸咎爲己戲) 생각에서 틀린 것을 제의 참으로 한 것이라고 스스로 속이려 들면(失於思者 自誣爲己誠) 그네게서 나온 것을 일낄 줄도 모르고 도리어 네게서 나오지 않은데다가 허물을 돌리려드니(不知戒其出汝者 反歸咎 其不出汝者) 오만을 기르고 그른 것을 드디는 것입니다.

무엇이 이에서 더 무지한 일이리까(長傲且遂非 不知熟甚焉).

실없는 소리란 생각 없이 나온다는 말이나 무슨 말이든지 생각 없이 나올 수 없고, 실없는 짓이란 피 없이 하는 행동을 말하지만 피 없이 하는 일이 있을 수 있겠읍니까. 분명히 내가 하였는데도 실없이 해 보았다거나 자기는 그러한 일을 하지 않으려고 했는데 그렇게 되었다고 한다면 이러한 말이 성립이 됩니까. 실없는 짓도 자기가 피하고 도모한 것이 분명합니다. 제 목소리를 내고 제 손발로 일을 저질러 놓고 제 마음은 그것이 아니었다고, 내 참 마음은 그렇지 않았다고 한다면 그것은 밤에나 할 컴컴한 수작이지 낮에 할 수 있는 말은 아닙니다. 컴컴한 짓을 해놓고도 남에게 의심나지 않게 하려고 들면 되겠읍니까. 제가 해놓고 제가 한 것이 아니라면 말이 됩니까. 사람 노릇을 하려면 제가 한 것은 분명히 제가 하였다고 하여야 합니다. 정신이 분명한데도 그러한 실없는 소리가 나왔다고 하면 자기를 속이는 것이 되고, 남은 그렇지 않다고 생각하는데 실없는 소리를 한 사람이 자기가 실없이 하였다는 것을 믿게 하려 들면 자기를 속이고 남을 속이는 것입니다. 소위 미친 척하고 떡장수더러 떡을 달래 본다는 말이 있는데 농을 하는 척하고 남을 업신여겨 보기도 하고 참한 사람에게 욕질도 하는 친구들이 있는데 이런 사람을 친구라고 할 수 있습니까. 친구니까 농도 하고 속이기도 하고 실없는 소리를 한다는 것은 말도 안 됩니다. 하물며 목사니 장로니 뭐니 뭐니 하는 사람들이 실없는 소리를 하고 실없는 짓을 한다는 것은 말도 안됩니다. 회개해야 합니다. 자기 몸에서 나온 것을 부러 했다고 책임을 회피하거나 진짜 나의 친구니까 그렇게 해보았다는 식의 그따위 소리는 마땅한 것이 못 됩니다.

세상에는 자기 자식이 인격자인지 아닌지도 모르고 자기 자식을 장난감으로 취급하는 어른들도 있습니다. 젖 먹일 때부터 거짓말을 가르쳐 줍니다. 어린이에게 할 짓, 못 할 짓 다 해가며 버릇을 가르칩니다. 그래서 되겠습니까. 어린 아이야말로 참다운 인격자이지 노리개가 아닙니다. 어린이에게는 진리가 깃들고 그들에게서 이 다음에 무엇이 나올지 모릅니다. 하나님에게 가장 가까운 사람이, 하나님의 거룩한 종이 그들에게서 나올지 누가 알겠습니까. 그러한 어린이를 어떻게 노리개로 합니까. 우리는 회개하지 않으면 망해요. 망합니다. "음, 내가 부러하였다. 너 한 번 속이려고 일부러 한 번 해보았다" 그렇게 속인 것은 죄가 되지 않는다는 말입니까. 실없는 소리를 정말 그렇게 함부로 할 수 있습니까. 자기 자신이 잘못 하였으면 자기 죄를 뉘우칠 것이지 오만으로 자기자신을 여긴 자리

에 놓으면 오만을 기르고 잘못을 조장하는 결과밖에 안됩니다. 실없는 소리만 해도 무지한 짓인데 그 위에 변명하고 책임 회피하여 악을 조장하면 이 이상 더 무지한 짓이 어디 있겠습니까.

장횡거의 「동명」은 매우 까다로우나 또박 또박 간단명료하게 잘 되어 있는 것 같습니다. 〈실없다〉는 본래 열매가 없다는 말입니다. 하나님을 자꾸 말하면 실없는 소리가 됩니다. 실없는 말과 짓을 깨뜨려 주는 종교가 있으면 그것이 참 종교가 될 것입니다.

〈남우슴〉과 〈들어오름〉이라는 말을 한 장 더 적어 봅니다.

얼버므리 우슨 말씀 우서가며 말씀
썻쌈 님 계셔서 이른 말씀 말미아마
차즘찾참 참차러 올라가만이 이길 이
라 하시다.

남에 대해서 웃어보기 좋아하는 못된 버릇이 인간에게는 있습니다. 친구간에 실없는 소리를 하고 얼버무려 웃는 말을 씁니다. 실제 웃어가면서, 우스운 말을 써 가면서 싸움을 한다는 말입니다. 웃으며 사람 죽인다는 말이 있지 않습니까. 사람은 〈썻싸〉, 이해타산으로 싸우기를 좋아하는데 싸울 대상은 자기이지 남입니까. 자기를 이겨야지 남을 이기면 무얼 합니까. 그런데 세상에는 〈남우슴〉, 남 위에 서려고 하는 사람이 참 많습니다. 온 세상을 같고 앉아보아도

자기를 이기지 못하면 무슨 유익이 있읍니까. 자기를 이기지 못하면 생명은 없읍니다. 세상을 깔고 앉은 죽은 송장의 〈벗쌈〉, 썩은 싸움입니다. 그런고로 님께서 나 있음을 말씀하시었는데 님의 말씀을 따라 차츰차츰 우리가 보고 싶은 것을 찾아 보자는 말입니다. 〈첫 참〉은 첫째로 찾자는 것입니다. 〈말미암아〉는 '따라서'인데 본 뜻은 그만 두는 것, 그만 하고 마는 것, 그만 말하면 하는 뜻입니다. 많이 아마 좋겠다. 말은 그만두고 실지로 행함이 아마 참 찾는 첩경일 것이다. 참 찾아 올라감만 이기는 길이다. 참은 처음에 있다. 태초에 가야 참을 만난다. 참찾아 올라감만이 이길이라 하시다. 참을 찾아 올라가는 길이 이길 승리의 길이다. 정의가 최후의 승리를 한다는 말처럼 참 찾아 올라(義)가는 것만이 길이요 이길 이요 승리요, 자기를 이기는 것이 이길 이요 승리요 길이다. 남을 이김은 나 남을 죽임이요 자기를 이김은 승리요 생명이다.

그 다음 또 한 장을 적습니다.

우슴이키 오름 버린 씨알몰킨 나란 나라. 머리어긴 죽기실코 진이긴 살 일난듯. 이렇고 안물커 진걸 어데언 제 뇌봤오.

남을 웃고 사는 것을 자꾸 익히고 남 위에 서기를 자꾸 익히고 위로 올라가는 옳은 일은 버리고 웃을 것만 가지고 익히는 그러한 씨알들이 뭉친 나라, 그러한 나라는 불행한 나라입니다. 우리 나라가 그러한 나라입니다. 머리를 하늘에 두고 사는 사람이 하늘을 머리에 이고 있읍니다. 어깨에 지고 머리에는 이는 것이 옳습니다. 머리에 이는 것을 죽기보다 싫어하고 무슨 일을 받들어 나가는 일을 하지 않습니다. 그러나 남을 짓이기는 일은 살일난듯 잘합니다. 서투른 도적이 사람을 죽인다고, 죽이지 않아도 될것을 도끼로 까고 칼로 찔러 비참하게 죽입니다. 서로 다른 정당을 가치면 상대의 정당을 짓이기려 듭니다. 왜정시대에 왜놈들이 중국 사람들을 못살게 하다가 한국내의 호떡집마저 못살게 짓이켜 중국사람이 도망을 다니고 숨어다니는 일이 있었읍니다. 이런 짓을 하고서도 멸망하지 않을 수가 있겠읍니까. 왜놈도 망하고 이조도 망하고, 남을 짓이기려는 사람은 개인이나 나라나 다 망한다는 말입니다. 우리가 역사를 따져 보면 왕이라는 것이 있어서 세상 사람들을 깔고 앉아 충성을 바라고 있었는데 지금 생각하여 보면 참으로 우스운 일입니다. 사람이 사람 위에 서 있는 것이 우스운 일이 아니겠읍니까. 그후 민주주의가 발달되었고 지금은 밝아진 세상입니다. 사람 위에 사람 없어지고 그러한 '웃'은 없어진 이 세상에, 민주주의가 시행되는 이 땅에 우스운 사람이 아직 있는 것을 보면 무어라 말할 수 없읍니다. 지상에서 제일 높은 분은 하나님 한 분 밖에 안계십니다. 하나님은 이 우스운 세상의 위에 서 계십니다. 이것을 모르고 아직도 우스운 일을 하고 있는 민족이야말로 마지막에 닿한 우스운 민족입니다. 우스운 일은 이제 그만두고 모두가 들어온 길로 가야지 안 되는 것이 아니겠습니까.

그러면 마지막으로 공자의 「논어」 끝에 있는 〈모름지기 알아야 할 것(須三知)〉을 생각해 봅시다.

그이가 되는 것을 알아야 한다(不知命無以爲君子). 설 줄을 알아야 한다(不知禮無以立). 말씀을 알아야 한다(不知言不知人).

됨(爲), 섬(立), 앎(知), 이 세 가지는 하나라고 할 수도 있습니다. ① 서기 위해 앎(爲立知) ② 알기 위해 섬(爲知立). ③ 서서 알게됨(立爲知) ④ 서서 할 줄 앎(立知爲). ⑤ 할 줄 알아 섬(知爲立). ⑥ 설 줄 알아야 함(知立爲).

①은 서기 위해서는 알아야 한다. ②는 알기 위해서는 서야 한다. 행하기 위해서는 알아야 하고 알기 위해서는 행해야 한다. 모두 일리가 있습니다. ③서서 알게 된다. ④서서 하게 된다. 여기에서는 일으켜 세워야, 깨우쳐 주어야, 자꾸 깨야 알게도 되고 하게도 되지 자극이 없으면 알게도 하게도 안된다는 말입니다. ⑤할 줄 알아야 서고 ⑥설 줄 알아야 한다. 이것은 할 줄 알아야 자신이 생기고 자신이 생겨야 또 하게 된다는 말이다.

이상 여섯 가지는 모두 하나입니다.

여섯 가지로 풀어 보아도 결국 뜻하는 것은 하나밖에 없습니다. 천 가지 만가지의 말을 만들어 보아도 결국은 하나밖에 없게 됩니다. 요전 시간에도 같은 말씀을 드렸는데 〈하나 밖에 없다〉. 하나 밖에 없다, 하나 밖에 없다는 데는 십판도 아무 것도 없읍니다. 깨는 것입니다. 깨는 것, 이것은 하나입니다.

이 사람은 십 년 전에 이러한 말을 한 일이 있습니다. 〈수여각(睡餘覺)〉 자고 남은 것이 깬 것이다. 깬다는 것은 잠잔 끝에, 8시간 잘 잔 후에 깨면 머리가 산뜻해집니다. 몇해를 자는지 모릅니다. 우리들이 이 세상에 나서 모르고 있을 동안은 잠자고 있는 것이나 다름 없습니다. 모르고 있는 것은 자고 있는 것입니다. 한잠 자고 깨야 합니다. 나는 이러한 말을 한 일이 있읍니다. 〈일여다(一餘多)〉, 하나 남어지가 많은 것이다. 삼라만상 끝에 많은 것이 있습니다. 바른 것은 하나 밖에 없읍니다. 그런데 그야말로 무엇을 보고 웃으려고 합니다. 〈나머지〉위에 깔고 앉으려고 합니다. 우스운 일을, 우스운 노릇을 여기서 하고 있습니다. 그만 웃고 정말 웃으려면, 그렇게 웃고 싶으면 절대자 앞에가서, 떳떳이 가서 정말 그 위에 한 번 서보십시요. 그렇지 않고서는 다 거짓말입니다.

1956년 10월 26일
종로 YMCA에서 금요강좌
장횡거 동명강화 유영모 선생님

多夕日誌

손 맞아 드림

　(1) 이나가 이마 이이마 옹에 내 힘 이마 이마 옹, 손수 나린 예수 예수 온갖 수수 이 손 있손, 손 맞아 드리울 어림눈을 맞혀떨칠가,

　(2) 고히 고히 올라갈 옹 고히 고히 우러옐라, 조히 조히 주금너머 좋이좋이 나리브름 비 바람 빌고 바람에 말씀따름 그 밖에,

　(3) 손들 어 나가 떨치며 죽음에 늘어질 손 손 하나 맞아드리면 사리 불 녀 브름 손 그믄지 그믐 보름의 조금사리 므를믈

　빈 손 마저 내어 두 손 모아 맞추어서 드리는 것은 인생밖에 없다.

　〈이나가〉, 이가 문제다. 이렇게 내가 나섰다. 하늘 밑에 이처럼 나섰다. 일어날 때 이렇게 서 있다. 먼 훗날에도 이렇게 곤두설 것이다. 이 〈나〉는 하늘을 뚫고 나간다. 우리의 정신이 위로 올라 간다. 이 머리의 이마가 앞잡이 노릇을 하고 위로 올라 간다. 내가 살고 사람들을 만나 이야기하는 것은 내 자신인데, 이것을 할 수 있는 것을 머리라 한다. 그런데 이 머리를 갈고 앉을 수 있는 것은 절대자만이 한다. 이마는 내 임으로서의 이마이다. 괴변일지 모르나, 말을 겹쳐 쓰면, 뜻이 깊어진다. 〈손수 나린 예수 예수〉 여기서 〈예수〉가 그리스도 예수와 통하는 것이 재미있다. 소리가 같은 것이 이상하다. 〈예〉는 '이여 이여'가 합쳐서 된 것이고, 〈수〉는 능력을 가리킨다. 손수 나린 여기의 이 재주와 능력이다. 매 손가락에 내려온 재주와 능력, 위로부터 한량없이 내리는 〈수〉가 숨이 끊어질 때까지 계속된다. 손수 내리는 그 힘이 지금도 자꾸 자꾸 내린다. 나는 이것을 믿는다. 한없는 능력이 이 손 끝에 내리는 것을 나는 알고 있다. 괴변인지 모르나, 이 점에서 〈예수〉와 〈예수 그리스도〉가 마주치는 것을 볼 수 있다. 〈마주친다〉고 말하는 이 괴변인은 예수 십자가의 보혈이 이 몸을 사하는지는 잘 모르지만, 내가 이 자리에 설 수 있는 것은 어제 저녁에 먹은 밥과 야채가 저의 피가 되어 주었기 때문임을 알고 있다. 예수가 골고다 산상에서 흘린 그 〈피〉를 내가 찾고 있는 것인지 어쩐지 모르겠으나 여기에 어떤 관계가 있지 않나 하고 생각해 본다. 이어 이어 내려진 그 능력이 예수와 나를 이어지게 한지 모른다. 그러나 그것은 피를 렸다는 사실만으로 된 것은 아니다. 예수 그리스도 역시, 절대자에게 이어져서 나타나게 되는데 그 모양은 같다고 생각된다. 그런 뜻에서 우리는 역사적으로 예수에게 이어져서 현재에서도 산능력을 내려받게 된다고 할 수 있다. 이 점에서 이 사람은, 십

자가애서 흘린 피로써 온 무리가 사함을 받는 것을 믿는다. 이것이〈조히 조히〉한 얼굴로 나타난 정신이라고 생각한다. 이것이 성경의 본뜻이다. 그런데 손수 나린 이〈수〉는, 사람의 손에 있다. 우리가 손을 깨끗하게 하는 이유도 여기에 있다.〈이 손 있손〉이 손에 있을 손이라는 뜻이다.〈손 맞아 드리을〉손을 마주해서(合掌)위로 드려 올리는 것, 곧 기도를 올리는 것을 뜻한다.〈눈을 맞혀 멸 칠가〉이 달은 내가 스스로 묶어서 드리는 손, 마지막으로 빈 손까지 모 아드리는 일과 결부된다.〈마주친다〉는 것은 여간 켕기는 것이 아니다. 눈을 맞추어서, 빈 손마저 드리고 위로 올라간다는 것이다. 이것이 하늘을 섬기는 마지막의 태도이다. 카톨리 신부 가운데는 동정으로써 믿는 사람이 많다. 좀 참혹한 이야기인지 모르나 사람이란 세상에서 최후의 불행이라 할 수 있는 홀아비가 되어 봐야 신앙을 알기 시작한다. 연애하고, 결혼하고, 자식 낳고 할 때는 바로 알기 어렵다. 눈맞은 사람에게 눈을 맞추다가 다시 눈을 멸어뜨린다. 특히 젊은 사람들이 정신차려 들어야 할 말인데, 혼인하기 전에, 혹은 혼인한 후에도 기운껏 한눈을 파는 수가 있다. 눈이 다른 데 마주치면 달라진다. 어지간히〈조히 조히〉자라난 사람이라도 눈 마주치면 달라진다. 이것은〈실컷〉을 쫓으려는 데서 나오

기 때문에, 이〈실컷〉을 빨리 깨드리는데 온갖 힘을 다해야 할 것이다. 눈에 살지 말고, 몸에 살지 말아야 한다.〈손맞아 드리을 어림눈을 맞혀 멸칠까〉.〈멸친다〉는 말은 '멸어뜨린다'는 말이다. 악을 멸친다는 말이다. '이름을 멸친다'고 하여, 교육도 받고 연구도 하고 저서도 내고 돈도 벌고 하는데 이것들이 실상은 멸어뜨리는 경우가 많다.

요새 대낮에 한길에서 남녀가 겨드랑을 끼고 나다니는 것을 본다. 활개치며, 바람을 멸치며 다닌다. 이렇게 멸치는 것은 실상은 멸어뜨리는 짓이다. 사람끼리 눈이 마주친다고 해도, 그것이 오랫동안 계속되지는 않는다. 사람과 맹수가 서로 눈이 마주칠 때, 맹수가 먼저 눈을 피하면, 사람이 그 맹수를 맘대로 부릴 수 있다. 사람이 진다면 먹힌다. 오래 눈이 마주치면 결투가 일어난다. 결투는 승부가 나지 않고는 그치지 않는다. 사람과 사람도 오래 눈이 마주치면 결투를 하게 된다. 결투를 안하려면 한쪽이 얼굴을 돌려야 한다. 그래서 본래 눈은 오래 마주쳐서는 안되는 것이다. 눈맞는 데서 싸움도, 동란도, 음란도 나는 것이다. (2)〈고히 고히 올라갈 웅〉. 기리 기리 위로 올라간다는 말이다. 하늘에 머리를 두고 아름답게 사는 사람은 올라가는데 아무런 소리 없이 고이고이 올라간다.〈고히고히 우러엘라〉.〈우러엘라〉는 '우

러러 본다'는 뜻이다. 우(上)로 가지 않고 가로 가면 담 밖에 없다. 우로 올라가는데 울면서 올라간다. 울면서 기도한다는 것과 같다. 우렁차게 또는 구슬프게 운다는 것이 아니다. 주님의 이름을 부르는데 그치지 않고, 부르고 부르면서 가는 것이다. 〈조히 조히 주로 너머 죽음〉이라는 것은 줄 것 다 주고, 꼭 마감을 하는 것, 끝내는 것을 가리킨다. 줄 것을 다 주고 위로 위로 올라가는 것이 죽음이다. 사람이 이 세상에 줄 것이 있어서 나왔다. 돈 있는 사람은 모은 돈을 주고 아는 것이 있는 사람은 지식을 주고, 그래서 줄 것을 다 주면 끝을 꽉 맺는다. 줄 것 다 주고 마감에 가 다 결산하고 조히 조히 넘어가는데 〈조히 조히 나리부름〉 줄 것 다 주고 이승을 떠나는데, 그때 부르는 소리가 들린다는 것이다. 죽음 다음에 올 세상에서 마주 부르는 소리가 들린다는 것이다. 〈비바람 빌고 바람에 말씀 따름 그 밖에〉.부르조아들은 좋은 날을 즐기겠지만, 우리는 싫은 날,궂은 날, 비바람 부는 날을 살 수밖에 없다. 비바람 부는 날, 기도하기란 참으로 어렵다. 늘 희망을 가진다는 것도 어렵다. 빌고 바라는 것이 어렵지만, 이것은 꼭 필요하다. 비 안 오고 바람 아니 불 때 제단을 쌓고 "바람 부러지이다 비 와지이다" 하고 우리는 바란다. 우리들이 '빌고 바라는 것'이 〈비 바람〉이다. 이것이 다

름 아닌 〈말씀〉이다. 말씀은 따르지 않을 수 없다. 〈말씀 따름 그 밖에〉 말씀만을 따른다는 뜻이다. 말씀은 절대이다. 그것만을 따를 뿐이다. 절대자에 대한 치앙 뿐이다. 하나님을 따른다. 말씀을 따른다.

(3) 〈손들 너 나가 떨치며 주금에 늘어질 손〉. 왼 손, 바른 손 다 나가서 떨치고, 줄 것 다 주고서 막음하고 손을 늘어뜨린다. 손을 늘어뜨리고 죽는데 이땐 주먹을 쥐고 느리는 것이 좋다. 하나로 모아서 마저 드려야 할 것이기 때문이다. 그런데 바른 손, 왼 손 할 것 없이 손들 너 나가 세상에 따로 나가 떨친다. 안나가고 좋이 좋이 살려고 하는데 이놈의 손들이 제멋대로 나가 떨친다. 그래서 죽음에 늘어진다. 그렇지만 이렇게 늘어지게 하지 말고 둘을 하나로 모아 드려야 한다. 〈손 하나 맞아드리면 사리불 너 브름 손〉 손마저 드리면, 곧 마지막 가는 길에 앞에서 「사리불」(부처)이 너를 부르게 된다. 그것은 사리불이 부르는 손이다. 〈그믄지 그믐 보름의 조금사리 므로믈〉. 그믐은 캄캄하다. 세상에서 알 것은 다 알고 가야 하는데, 무엇인가 모르고 가게 되면 그믐에 들어가듯 캄캄해진다. 모르는 채 세상을 떠나간 것도 이와 같다. 캄캄한 그믐을 당하면 무엇일까 하다가 보름을 맞는다. 보름이란, 둥글고 원만하다. 둥글고 원만한 달도 지게 된다. 사람은 실망을 하다가

희망을 찾는다. 이 세상에서 〈실컷〉으로 이상적인 사회를 만들었다 해도 얼마가지 않아, 달이 기울어지듯이 이 〈실컷〉도 기운다. 달이 차면 기울어지는 것은 천리로 되어 있다. 〈조금사리〉란 물이 자꾸 살아나온다는 뜻임을 최근에 바닷가에 가서야 알았다. 배운다는 것은 책상 위에서만 배우는 것은 아니다. 우주에는 태양이 있다. 지구가 있고 달이 있다. 해와 달을 두 손으로 생각하고, 우리는 달을 따르고 달은 해를 따른다고 생각해 보자. 그믐의 달은 해를 따라 다니기 때문에 해가 지면, 달도 진다. 낮에 달이 있고, 밤에는 달이 없다. 달과 해가 겹쳐 있다. 밤에 달이 없으니 캄캄하다. 이것이 '그믐'이다.

이와 반대로 보름에는 해가 지고, 달이 뜬다. 그래서 '지샌다'는 말을 쓴다. 해가 뜨면 달은 넘어간다. 달은 해의 반대 쪽에 있다. 달은 음력 보름(15일)에 보름달을 이루지만, 초하루날에는 그믐이어서 보이지 않는다. 여드레날(8일)과 스무사흗날(23일)에는 반쪽만 보인다. 이것을 상현, 하현이라 부른다. 이달(月)을 따라 물이 자꾸 들어온다. 여드레와 스무 사흘에 '조금'이 시작된다. '살'에는 그믐사리와 조금사리가 있는데, 물은 '그믐사리'에 제일 많이 들어오고, '조금사리'에 가장 적다. 여드레와 스무 사흘에 물이 적게 드는데, 이를 경계로 물이 자꾸 들어온다. 그러다가 그믐과 보름에 큰 사리가 온다. 이처럼 차차 물이 느는 것을 '한 무나' '두 무나' ……라고한다. 만조까지 15일이 걸린다. 이점에서 우리는 무엇을 생각할까? 해와 달이 동열로 있을 때, 손이 하나로 마주칠 때 굉장한 작용을 일으킨다는 사실이다. 그믐사리에 물이 가장 많이 든 것은 해와 달이 맞서서 당기기 때문이다. 우주에서 해와 달이 합쳐서 잡아 당기는 힘은 굉장한 작용을 일으킬 것이다. 그래서 손 모아 드린다는 것, 손 맞아 드린다는 것이 얼마나 큰 추진력이 있는 가를 짐작하게 된다. 〈므로 믈〉은 '물어볼 일'이라는 뜻이다. 그래서 〈조금사리 므르 믈〉이란 조금사리가 문제라는 말이다. 우리는 말씀을 깨달아야 하는데, 그래서 〈문제의 말씀〉이다. 이 사람은 물과 불을 퍽 많이 생각했다. 물을 불리는 것은 불이다. 불리는 작용에는 물과 불이 작용한다. 모든 것을 불리는데 물과 불이 작용한다. 우리 마음 속에 평화를 일으키려면 푸른 것이 있어야 한다. 여기에서 우리는 '물' '불' '풀'이 깊은 연관이 있는 것을 알 수 있다. 이것은 한가지를 한꺼번에 뭉뚱 표현하려고 하니까, 이렇게 한가지 말로 생각해본 것이다.

1956년 10월 17일 서울 중앙 YMCA 유영모 선생 말씀(송기득 정리)

염재 자재 (念在玆在)
제 여재 (祭如在)
제신여신재 (祭神如神在)

유교가 유신적인지 유물적인지 참으로 알기 어렵다. 말하기는 더 곤란하다. 유학하는 사람들은 분명히 〈하늘〉을 찾았지 귀신을 찾은 것은 아니다. 유교가 유리론으로 이치를 추구하게 된 것이다. 증자시대만 하여도 천(天)이라는 이름으로 〈하늘〉을 찾았다. 하늘에 있는 귀신을 찾는 것으로 발전했다. 주역에 제사 지내는 것을 말한 곳이 있는데 그것은 귀신의 왕성한 덕을 숭배하는 것을 목표로 삼았다. 그래서 정성껏 제사를 올리라는 것인데, 그것이 오늘까지 내려온 것이다.

증자는 말하기를, 무슨 귀신이 있어 그런 것이 아니라, 지극히 섬기는 마음으로 추념하면 그 맘 속에 살아 있는 것이라고 했다. 이것은 귀신의 객관적인 존재를 말한 게 아니다.

원래 유교에서 말하는 귀신은 신을 뜻하는 것인데, 나중에는 귀신이라는 것이 따로 있는 것은 아니라고 말하게 되었다. 이러한 것들은 유리론(唯理論) 때문인데, 사람이 이치만 가지고 사는 것은 아니다. 느낌이라는 것 이 생명의 내부에 존재한다. 유교는 유리론으로 생명을 잃고 있다. 마찬가지로 성경도 이치로만 생각해서는 안 된다. 그래서 「유신론」을 내세워서는 안된다. 하나님이 말씀한 것이라고는 한마디도 없기 때문이다.

제여재 (祭如在)

공자는 말하기를, 제를 지낼 때는 받을 분이 꼭 있는 것처럼 하라고 했다. 저는 이번 아버님 기일을 맞아, 그날 밖으로 나가 어려운 사람을 도와 주기로 했다. 이러한 일을 할 때도, 공자의 말대로, 돌아가신 분이 계신 것 같이 해야 한다. 제여재(祭如在)가 그것이다. 사실 〈계시는 것 같으다〉 보다, 〈계시다〉고 해야 한다. 그래야 계시는 것이 된다.

그런데 〈같다〉는 말과 〈갔다〉는 말은 같은 뜻이 있는 줄 안다. 부모가 계신 것 같다는 것은 부모가 계신 그 곳에 갔다는 뜻이 된다. 여기에서 유신유물을 논할 꺼리가 없다.

옛날에 평민은 부모 제사만 지냈다. 삼대조상까지 지내는 집안은 부자래야만 했다. 그 이상은 제후가 지낸다. 천자가 되어야 오대조 이상을 지낸다. 제단을 그 수대로 만들어 춘하추동의 제를 지낸다. 만백성을 모아놓고 천자가 같이 지내게 되어 있다. 마치 구약의 대제사장이 온 백성 앞에서 「희생의 제사」를 지내는 것과 같다. 그런데 이 조상제는 종당에는 다 하나님께로 간다. 천자는 천하를 대표해서 하나님께 제사를 지내는 것이다. 그것은 곧 백성이 지내는 것과 같다.

하나님께 제사지낸다는 데서, 우상숭배가 폐지된다. 제단에 차려놓는 제물은 신과 상관이 없다. 음식차리는 제사, 사실 이것은 없어져야 한다. 그것이 있고서 우상숭배를 하지 말라는 것은 말도 안된다. 제사는 성신으로 알아야 한다. 조상의 제사를 우상숭배와 같은 것이라 하여, 부모가 죽은 날짜까지 잊어버려야 한다고 선전하는 목사가 있다. 이런 말이 세상에 어디 있겠느냐. 그런가 하면 한 편에서는, 차릴 것 다 차리고 절만 안하면 된다고 설치는 교인도 있다.

제사는 생전에 제시듯이 정성을 다하여 정을 나타내면 된다. 제사지낸다고 하여 생전에는 약 한 첩, 과일 한톨 대접 안한 주제에 논밭 팔아 제사지낸다고 법석이다. 삼년상을 치루는 동안, 온 집안에 말이 아니게 된다. 그래서 예수 믿는다는 사람이 생겼다. 교회가 이것 하나 구원해 주었다.

전에 보니까, 초상에 갔던 사람들끼리 싸움이 나서 싸우다가 그만 살인이 났다. 초상집에서 술대접하지 않았던들 그런 〈생초상〉은 안났을 것이다. 제사나 초상은 그런 것이 아니다. 나는 초상집에 갈 때, 금식을 하고 간다. 돌아간 분을 추도하기 위하여 금식한다. 대접하고, 대접받고 하는 것이 추도이냐!

공자는 제신여신재라는 말을 했다. 신에게 제사를 지낼 때, 제관들은 제복을 입고 마치 신이 있는 듯이 제사를 지낸다. 산신에게 제사할 때. 산신이 있는 것 같이 제사를 지내는 것이다.

어떤 기원을 이룩하기 위하여 공물을 차리고 제사를 드린 것은, 여재하다는 뜻이 되지 않는다. 여재란 「여기 있다」, 「여기 있는 것 같다」는 말인데, 이 〈예〉〈여기〉라는 말은 깊은 뜻이 된다. 이어서 산다는 것을 〈예〉라 하고, 지금 살고 있는 세상을 〈여기〉라고 한다. 공자는 말하기를, 무슨 생각을 할 때는 바로 여기 있는 것을 생각하라고 했다. 염재자재(念在玆在)가 그것이다. 주객을 논하라는 것은 아니다. 제사는 정성으로 해야 한다. 성(誠) 하나이다. 차린 것이 문제가 아니다. 신이 있느냐 없느냐가 문제가 아니다. 그것은 성으로 다 해결된다. 예루살렘에서 예배를 보거나, 사마리아에서 예배를 보거나 자기의 참을 가지고 정성을 다하면 되는 것이다. 옆에서 누가 뭐래도 들리지 않고, 그 밖에 아무것도 보이지 않는 지극한 성의 자리에 가면 된다. 공자가 제신여신재라고 말한 여재는 〈같다〉는 것으로서 그것은 곧 〈갔다〉는 것과 같은데, 성에 갔다, 정성에 이른다는 뜻이다. 인생은 적어도 이 성의 지경에 도달해야 된다. 벌이 쏘아도 모를 정도에 이르러야 한다. 나와 보니까 통통 부어 있음을 알 정도는 되어야 한다.

사람이 생각한다는 것이, 신이 있어서 이루어진다. 신과의 연락에서 신이 건네주는 것이 생각이다. 신이 건네주지 않으면 참 생각을 얻을 수 없다. 참 생각은 신과의 연락에서 생겨난다. 마귀하고 연락하고 사귀면 못된 생각이 일어날 수 밖에 없다. 나도 신과의 관계를 이렇게 보고 있다.

염재신재(念在神在) 생각이 있는 곳에 곧 신이 있다. 생각할 줄 아니까 내가 있다. 이것은 철학에서 말하면 하나님이 내게 임하시는지, 내가 하느님께 가는지 분간할 수 없다. 그래서 염재신재이다. 생각하는 곳에 신이 있다. 그러면 생각이 곧 신인가 나로서는 모른다.

옛날 천자가 상제를 제사지낼 때에는 교사(郊社)에 가서 제를 지냈다. 우리나라의 사직공원 같은 곳이다. 그것은 제왕만이 드릴 수 있다. 천자는 하늘의 아들이라고 생각했기 때문이다. 지금 기독교에서는 누구나 다 기도할 수 있다. 이것은 모든 사람이 다 하나님의 아들이라고 생각했기 때문이다. 하나님의 아들만 자유를 누릴 수 있다. 하나님의 아들 아니면 자유가 없다. 동양의 전제시대에는 자유는 오직 제왕만이 가지고 있었다. 제왕만이 하늘의 아들이기 때문이다. 그래서 천자가 상제에 지내는 제사를 교사지예라고 하였다. 요새말로 하면 하나님께 드리는 기도다. 지금은 말로 기도하지만 옛날은 큰 소를 잡고 제사를 지냈다. 피를 뿌리고 벌벌 떨면서 제사를 지냈다. 형식적인 것이 아니다. 나 자신을 잡아 바치는 심정으로 제사를 지낸 것이다. 그렇게 제사를 지내면 하나님께서 가만이 있나. 그렇지 않다. 하나님께서는 또 계시를 내리신다. 상제의 계시를 받아 나라를 다스리면 나라를 다스리기가 얼마나 쉬워지나. 손바닥을 뒤집는 것 같다. 제사를 지낸다는 것은 정성을 다 하는 것이다. 조상에 제사를 드리는 것이 효요, 하나님께 제사를 지내는 것이 경(敬)이다. 모두 정성을 쏟는 것이다. 요새말로 하면 정신 통일이다. 마치 햇빛을 렌즈에 모으면 불이 붙듯이 우리의 정성을 쏟아 정신을 통일하면 계시를 받고 눈이 열린다. 소위 철인왕이 되는 것이다. 밝은 대낮에 눈을 뜨고 길을 가는 사람 모양 세상의 사리가 환하게 밝아져서 나라를 다스리게 되니 나라 다스리기가 마치 자기 손바닥을 들여다 보는 것 같이 밝아진다는 것이다. 그런고로 제사는 정성이 문제지 형식은 문제도 아니다. 그래서 공자는 형식적인 제사는 보기도 싫다고 하였다. 기독교의 예배도 마찬가지다. 진실이 담겨야지 형식적인 예배는 예배가 아니다. 옛날 사람이 정신을 통일하기 위하여 목욕재계

한 것처럼 요새 예배보는 사람도 준비에 준비를 하여 정성을 쏟고 정신을 통일하여야 한다. 여기에 있는 원문은 교사지예소이사상제야 종묘지예소이사호기선야 명호교사지예 체상지의 치국기여시제장호(郊社之禮所以事上帝也 宗廟之禮所以祀乎其先也 明乎郊社之禮 禘嘗之義 治國其如示諸掌乎)라는 유명한 말이다. 논어에도 어떤 사람이 제사에 대해서 물으니 나는 모른다고 대답을 하고 제사의 뜻만 정말 알면 모든 것이 손바닥을 들여다 보는 것과 같다(或問禘之說子曰不知也知其說者之 於天下也 其如示諸斯乎指其掌)라고 말하고 있다. 제사가 정성되어야 제사고(祭如在祭) 정신이 통일되어야 하나님을 볼 수 있다(祭如神在). 그래서 공자도 자기는 정성스럽지 않은 제사에는 참가하지 않는다(子曰 吾不與 祭如不祭)고 말한다. 결국 제사의 핵심은 정성이다. 정성이 있으면 신이 있고 정성이 없으면 신이 없다(有其誠則 有其神無其誠則無其神). 결국 신에 이르는 길은 정성 뿐이다. 정성 성(誠)은 말씀이 이루어진다는 글자다. 말씀이 이루어지고 예언이 이루어진 것이 그리스도라고 한다. 그리스도를 통해서 신에 도달하는 것이 기독교지만 유교에서는 말씀을 이룬 지행일치의 사람을 성인이라고 한다. 그런고로 성인이 선조를 추원하면 효요(祭先追遠孝), 신을 존숭하면 경이요(祭神尊崇敬), 모두 성인의 정성에 말미암아 지극한 곳에 이르나니(皆由己以致) 진실하고 거짓없는 것이 성이다(眞實無妄誠). 성을 실을 위주하고(誠爲實) 예는 형식을 위주한다(禮爲虛). 신이 물이 되어 사람을 그리워 하니(唯神體物人懷之) 사람도 물이 되어 신을 찾는 길밖에 없다(觀物精義入干神). 신이 들어나는 것은 사람 때문이고 (神而明之存乎人) 사람이 이루어지는 것은 신 때문이다(黙而成之不言信). 결국 신을 만나는 길은 물(物)이 되는 길 밖에 없다. 물이 되는 것(體物)이 성(誠)이다. 말씀을 이룬다는 말이나 물이 된다는 말이나 같은 말이다. 말씀을 이루는 사람만이 물이 된다. 이상을 실현한 사람만이 위대한 인물이다. 제사는 결국 위대한 인물이 되는 길이다. 제사는 잠깐 절하는 것이 제사가 아니다. 평생 신의 뜻을 이루려고 노력하는 것이 제사다. 사람되는 것이 제사다. 제례는 사람되는 것의 상징일 뿐이다. 사람되면 모든 사람들이 좇아 사람이 된다. 그것이 정치다. 내가 사람이 될 때 모든 사람이 사람이 된다. 그것이 제정일치(祭政一致)다. 그렇기 때문에 제사의 뜻을 알면 백성 다스리기가 손바닥을 들여다보는 것처럼 쉬워진다는 것이다.

---버들 푸름(5)---

사 람 끌

사람 끌 보인 글월(人相圖書)

지나간 노릇은 가슴 앓고 살박어 입고 얼굴빛만 용로 드러 보이누니 (往行服膺顯現相) 비 안에 너 드러 있는 걸 보니 긔욱히 고디 줄틀대로 줄라 있구나(相在爾室縮屋漏). 깜짝 새 뱃꼽 코물 냅다(聊開幽谷一臍洟) 두 젖눈물 쬐르르(從落明界雙乳淚).

글월은 편지라는 뜻이니 사람끌 보인 글월은 사람의 끌을 보이는 편지라는 말이다. 지나간 노릇은 가슴 앓고 살박어 입고 란 말은 사람이 오랫동안 살아온 행실을 가슴 아래 기록하고 등록하여 놓고 지나간 사적(史蹟)을 가슴 속에 깊이 새겨 놓는다. 그러나 그것을 아무리 따져 보았댔자 자랑할 것이라곤 아무 것도 없다. 인류의 역사를 돌에 새기고 쇠어 녹여부어 수천 년 수만 년을 남겨왔어도 결국 싸움하고 물어찢는 기록들이요 자랑할 만한 것이 아무 것도 없다. 인류의 역사는 죄악의 역사지 그밖에 아무 것도 아니다. 개인의 역사도 마찬가지다. 지나간 역사는 모두 죄악 뿐이요 후회할 것 뿐이지 누가 감히 자기의 과거를 자랑할 수 있으랴. 어거스틴만 참회록을 쓰고 루쏘만 참회록을 쓸 것이 아니다. 누구나 자기의 과거를 쓰면 다 후회요 참회일 것이다. 지나간다는 과(過)자가 본래 허물 과자다. 지나간 것은 일체 허물에 불과하다. 뱀이 허물을 벗어 버리듯 벗어 버릴 것이지 영원이 보존할 것이 못된다. 그것이 비록 사람의 가슴 속에 사람의 육비(肉碑)에 새겨 놓았다고 해도 사람의 몸둥이라는 것이 또 벗어버릴 허물이요 옷이지 별것이 아니다. 돌비가 갈리고 쇠비가 달아 없어지듯 인간의 몸둥이도 달아 없어질 것이지 아무 것도 아니다. 그것은 달아 없어져야 하고 벗어버릴 허물이지 그것이 인간의 본체가 아니다. 육체의 옷을 또 입히지만 그것은 육체가 옷이라는 것을 나타내는 것 외에 아무것도 아니다. 옷은 종당 벗을 것이요, 속옷 겉옷 아무리 겹겹이 입었더라도 벗어버릴 것밖에 아무것도 안된다. 결국 인간의 주인은 얼이다. 영혼이다. 영원 불멸하는 것은 영혼 뿐이다. 결국 옷은 아무리 화려하고 찬란한 옷이라도 그것이 비록 살옷이요 몸옷이라도 칠십 팔십이 되면 종당은 벗어 버리고 만다. 그리고 들어나는 것은 영혼 뿐이다. 영혼은 들어내는 끝쩌기가 얼굴이다. 아마 누구나 얼굴을 위로 쳐들고 다니는 것을 보면 얼굴만이 영원이 들어 날 것이라는 상징인 지도 모르겠다. "얼굴빛만 용로 드러 보이누니" 얼굴만은 내 놓라하고 보이고 싶어서 간판 모양으로 늘 내놓고 다니는 것이 아닐까.

얼굴만은 번듯하게 몸위 꼭대기에 내놓여지기 때문이다. 얼굴만은 무엇이 묻을새라 닦고 썻고 얼굴만은 조화가 잡히도록 그리고 바르고 사람에게 있어서 보일 것은 얼굴 뿐이다. 그래서 옷으로 몸은 감추고 아무리 추워도 얼굴은 들어내여 보이는 것인지도 모르겠다. 사람들은 얼굴을 보고 점을 치고 얼굴을 보고 인물을 평가하고 얼굴을 보고 잘생겼다는 등 못생겼다는 등 하고 야단이고 얼굴만은 누구나 번듯하게 들어 내어 놓고 보이려고 함은 그것이 몸보다 훨씬 중요한 마음이 들어나서 그런가 보다. 몸은 옷이요 얼이 주인이다. 몸위에 얼굴이 있는 것이 아니라 얼밑에 몸이 숨어 있는지도 모른다. 얼굴이 주인이요 몸은 종이다. 이것이 인간의 모습인지도 모르겠다. 그런데 얼굴을 보니 그 골짜기가 한없이 깊다. 얼굴 뒤에 골이 있듯이 골이라는 골짜기가 여간 깊은 골짜기가 아니다. 소뇌 대뇌를 넘어서 우주의 무한한 신비가 얼굴뒤로 연결되어 있다. 생각하고 생각해 가면 우주의 별하늘이 문제가 안된다. 별하늘 뒤에 뒤에 천천만반의 별하늘이 있고 그 뒤의 생각의 바다가 있고 신의 보좌가 있고 얼굴의 골짜기는 한없이 깊다. 그 깊은 그윽한 곳에 얼굴의 주인인 진짜 얼이 계신 것이다. "네 안에 너들어 있는 것을 보니 네 속에 너의 주인이 들어 있는 것을 보니 그윽히 고디 한없이 깊고 신비하여 혜아릴 수가 없고 너무 멀고 멀어서 적어지고 적어져서 줄대로 줄고 간략해 질대로 간략해져서 우주의 신비속에 우주의 가장 깊고 성스러운 지성소 속에 튼튼하고 튼튼하고 곧바르고 곧바르게 곧이 곧게 구석지고 신비한 곳에 들여 박혀 있다. 졸를대로 졸라 있구나. 마치 허리며를 졸라매듯이 졸를대로 졸라매여 보통으로서는 도저히 풀 수 없으리 만큼 견고하고 견고하게 졸라매여져 있다. 우주의 신비와 인간의 신성은 한없이 깊은 곳에 한없이 신비한 곳에 깊숙히 깊숙히 담겨져 있는 것이 인생의 본체다. 그런데 어떻하다가 깜짝새 그렇게 고디를 정조를 지킨다고 그렇게 견고하게 성곽을 지킨다고 백만대군이 정신을 차린다고 밤낮을 지킨다든 그 사람이 깜짝새 배꼽 콧물냅다. 깜짝하는 사이에 얼이 빠져 선악과를 따먹고 말았으니 아담의 얼굴이 어디 있느냐. 부끄럼 가리을 길 없어 무화과 그늘밑에 숨어 버리고 해와의 두 젖에서 눈물이 난다. 눈물을 먹은 가인은 동생을 죽이고 또 다시 눈물이 쭈르르 아벨의 눈에서는 핏물이 주루루 이러한 이변이 어디 있담. 타락 타락 얼굴에서 몸으로 타락 얼에서 옷으로 소외 본체를 잃고 현상의 종이 되고 정신을 잃고 육체의 노예가 되고 말았으니 이런 이변이 어디에 있다는 말인가.

왕행복응현현상(往行服膺顯現相).

지나간 모든 행은 복응, 가슴에 다 입었다. 왕행은 전에 말한 것, 행한 것 등을 뜻하고 복응은 그것을 마음(가슴) 속에 넣어 두는 것을 말한다. 지나간 노릇을 가슴 아래 새겨 놓고 현재 네 꼴(相)을 번듯이 드러낸다.

상재이실축옥루(相在爾室縮屋漏). 상은 '본다'는 뜻이다. 축옥은 한 집안에서 가장 구석진 방을 가리킨다. 축(縮)은 '이그러진다'는 뜻인데, 곧을 축자와 꼭 같은 뜻을 갖는다. 그런데 중요한 것은 쭈그러져도 지지리 못났어도 굳굳하면 된다. 그 때는 하나도 축난 것이 없다. '구석진 방에 있어도, 굳굳하게 있는 것을 볼 수 있구나'하는 것이 위 文句의 뜻이다.

제일 구석진 방에다 굳굳하게 두어 둔 것이란 지내온 기록, 근본들 게다가 기록하여 놓는 것, 남아 내려온 것들을 남이 볼까봐 꼭 덮어 놓은 것들이다. 그처럼 꼭꼭 가두어 둔 것을 그대로 두었으면 좋았겠는데 그만 새어나오게 하고 만다. 더러운 것을 안 보이게 하려고 방구석에 두었는데, 그만 내놓아버린 것이다.

요개유곡일제이(聊開幽谷一臍洟). 외오라지 조금 깊은 골짜기에 콧물을 흘렸다. 따라서 종락명계쌍유루(從落明界雙乳淚). 밝은 세계에서, 두 젖에서 눈물을 떨어드렸다.

젖먹고 자란 얼굴에 두 눈물 못 맑아서 코수건 혀 가질만 뱃굽줄 피 빼쳐서 새 코마루 이룩이라. 등 젖는

뜨자 저는 물 젖난다고 하더라.

우리는 자랄 때, 젖먹고 자란다. 우리 얼굴도 젖먹고 자랐다. 눈에 물이 있는 것을 '눈물'이라고 한다. 젖먹고 자라지 않았으면, 눈에 눈물이 없을 것이다. 눈에는 눈물이 많아서 새어나온다. 톡하면 눈물이 나온다. 그것은 아직 맑지 않기 때문에 나는 눈물이다. "두 눈물 못 맑아서"에서 '못'은 '연못'이란 뜻도 된다. 사람이 처음 나온 곳엔 지저분한 표가 있다. 입에는 침, 코에는 콧물, 귀에는 귀지가 나온다. 어렸을 때는 누런 코가 나온다. 철이 들면 더러운 것을 씻어야겠다고 손수건을 가지게 된다. 더 철이 들면 손수건을 깨끗이 하여 가지고 다닌다. '혀'란 '깨끗하게 한다'는 말이다. 다시 말해서 '희다', '횡긴다', '희게 한다'는 뜻이다. 한번 더 희게 한다는 말이 '횡긴다'이다. '혀 가질만'은, 횡겨가지고 다닌다는 말이다. 손수건을 늘 깨끗하게 가지고 다닌다는 것이다. 손수건하나 희게 가질만 한 때는 제법 철이난 때다. 어떻게 잘 닦는지, 눈에는 눈꼽이 아니 끼고, 입에는 가래가 없는 것을 볼 수 있다. 미인이 된다. 미인이란 깨끗한 사람을 말한다.

그런데 갑자기 변화가 온다. 그대로 흘리는 것이 없어야겠는데, 웬지 변화가 닥친다. 배꼽에 줄이 생긴다. 태에서 잘라버린 그 줄에 배꼽줄이 다시 생긴다. 여기에 피가 뻐친다.

배꼽줄이 생기고 피가 통해서 다시 새 코가 나온다. 사람에게는 이 코가 대표한다. 코 '비(鼻)'가 '자(自)'로 된 것은 옛날에 그런 것이다. '새 코마루 이룩이라'는 새 사람 나온다(生)는 말이다. 새 사람이 나올 것 같으면, 두 젖이 확 열린다. 두 젖눈이 눈을 다 뜨면 여기에서 진물이 나온다. 진물은 지는 물, 곧 떨어지는 물을 뜻한다고도 볼 수 있다. 이것을 보고 사람들은 젖난다고 말한다. 젖은 잘 나야한다고 말한다. 젖의 진물이 안나오면 큰 걱정이다.

봉제통비성종시(封臍通鼻誠終始) 효빈피염망시종(效顰疲厭妄始終). 아이가 낳을 때 태를 잘라 흠집을 꼭꼭 싸서 봉해둔다. 이것이 봉제(封臍)이다. 그러나 코는 숨을 쉬게끔 터놓아야 한다. 이것이 통비(通鼻)이다. 그래서 으악하고 울면서 공기를 들여마시고 살기 시작한다. 배꼽을 봉하고 코 열리며 독립(獨立)을 한다. 이것은 아주 잘 시작한 것이다. 그래서 배꼽 매고 코 통하게 하여 숨을 쉬게 하는 것이 참으로(誠) 좋은 시작이다. 이것을 제대로 했기에 오늘 우리가 살고 있는 것이다. 남이 눈을 깜짝 거리는 것을 보고, 저도 깜짝거려 보다가 그만 눈깜짝이가 되었다는 우스운 이야기가 있다. 이것을 효빈(效顰)이라고 한다. 남이 한다고 저도 한다. 그러나 바람둥이가 하는지 똑똑한 사람이 하는지 좀 알아보고 해

야 한다. 그리고 무엇을 하려면, 시종(始終)을 분명히 해야 한다. 시작한 것을 끝을 못내고 그것을 버리고 자꾸 바꿔 본다. 빨리 고쳐야 할 일이다. 배꼽줄 막고 숨이 통하는 것은 끝을 맺고 시작하는 것이다. 이것을 종시(終始)라고 한다. 계획을 해 가지고 무슨 일이든지 한다. 그것이 사람의 하는 일이다. 미인이 눈을 깜박이면 그것이 더욱 매력이 있다. 요샛말로 윙크한다는 것이다. 그러나 추녀가 눈을 깜박이면 못생긴 얼굴이 더욱 더 흉하게 된다. 아무 자기의 고정된 생각없이 남의 흉내나 내는 노예근성은 보기싫은 족속을 더욱 보기 싫게한다. 머리에 물들이고 코를 높이고 눈에 꺼풀을 붙이고 하는 끝이 더욱 메스껍다. 이것은 결국 시작해 보고 시작해 보지만 종당은 멸망 뿐이다. 이것을 시종(始終)이라고 한다. 시작했다 끝이 나는 것은 육의 세계다. 그러나 끝을 맺고 시작하는 것은 영의 세계다. 낳다 죽는 것이 육이요 죽었다 사는 것이 영이다. 영은 죽어서 사는 삶이다. 형이하의 죽고 형이상에 사는 것이다. 육에 죽고 영에 사는 것이 영이다. 단단히 인생의 결산을 하고 다시 새 삶을 시작 하는 것이 영이다. 영에는 끝이 없다. 언제나 시작이 있을 뿐이다. (1956년 11월 2일 종로 Y.M.C.A 송기득 정리)

젖 은 눈 물

젖 은 눈물

굳게 고디 곧게 따로 서 다니던 이
두러누어 녹자고 나니 눈물(獨立顚覆)

쌀쌀히 차고 알알이 쌔회던 프른시
절 녹아지니 눈물(萬年雪融)

눈 마처 입던 쳐놓자 네 젖 진물네
눈물(神秘藏漏)

사람이란 고디 곧게, 반듯이 똑똑
하게 살아야 한다. 따로 서서 저 갈
길을 가야 한다. 언제까지나 콧물,
눈물 흘리면서 지저분하게 살아서는
안된다. 지저분한 짓 빨리 거둭치우
고 따로 설 수 있어야 한다.

그런데 이처럼 고디 곧게 살다가 '에
라 모르겠다'고 하여 누워 버린다.
그리고 자 버린다. 곧게 자란 것을 버
리고 그만 눈물을 낸다.

요새 세상에는 내외라는 것이 없다
신식 사교라 해서 남녀의 가림이 없
다. 아무리 세상이 변했다고 해도 본
태 가슴 속에 기록된 것을 무시해 버
려서는 안된다. 그런데 요즘 사람들
은 본연의 길에서 탈선하기 일수다.
제 발로 서지못한다. 자칫하면 나자
빠져 버린다. 독립의 전복이다. 우리
가 종당에는 땅으로 들어가는 것이지
만 정신이 붙어 있는 동안 하늘에 머
리 두고 아버지를 부르면서 떳떳하게
서서 나가야 한다. 독립전진해야 한
다. 그래서 강단이 필요하다.

이 세상에는 따뜻한 것도 필요하지
만 쌀쌀하게 찬, 어름장같이 냉철한
것이 좋을 때가 있다. '쌔회다'는 하
양다 못해 아주 흰 상태를 말한다.

「푸른 시절 녹아지니 눈물」 흰깃이
아주 희면, 희다 못해 푸른 기가 난다.
눈에는 영롱한 빛이 완연하면 푸른기
가 돈다. 차고 찬 희고 흰 눈도 지극
한 자리에 가면 푸르게 보인다. 이러
던 것이 녹아버린다. 백두산 산봉우
리에 쌓인 눈도 한번 멸어지면 녹아
버린다. 눈도 녹아 눈물이 된다. 이
눈물은 〈참 눈물〉이다. 따로 서 다니
는 이가 누워 내는 눈물은 좀 더러운
눈물이다.

처녀 총각이 눈이 마주치면 한 쪽
은 입덧이 난다. 입맛이 타진다. 그
렇게 되면 두 사람의 넷(四)젖에서 진
물이 난다. 이 진물은 네가슴에서 멸
어지는 〈눈물〉이다.

'눈'은 아무데나 함부로 맞히는 게
아니다. 그것은 짐승이 할 짓이다.
우리는 짐승같이 살 수는 없다. 사람
이 사는 푸로그램은 짐승과 다르다.
새계낳고 안낳고는 그 세계가 다르
다. 택할 것은 택하고 버릴 것은 버
리고, 구별할 것은 구별하고 차례를
지킬 것은 지켜야 한다. 본능적으로
살지 말고 의지력으로 행위해야 한다.
본능적으로 살면 눈물밖에 없는 사회
가 되고 만다. 눈물을 걷우고 살 때

살아야 한다. 신비장루(神秘藏漏)는 신비하게 갖추어 놓는 것이 새어 나갔다는 말이다.

사람의 눈싸움은 동물과 달라서 세상에 큰 난리를 가져오기 쉽다.

하늘 땅 서로 같이 달리 붙고 맨지고 업고 안고 품에 품어 길렀어라. 인제는 진저리친다. 대면 다친다. 입도 손도 살도. 때따라 하늘 땅 달리 올라외다. 되이라.

하늘이란 도대체 어디에 있느냐. 하늘이란 무엇을 말하느냐. 땅이란 하늘 안에서 벗어나지 못하는 것인가. 하늘과 땅은 한 우주 안에 있다. 사람이 죽으면 땅 속으로 들어간다고도 하고 하늘 나라로 들어 간다고도 한다. 땅 속으로 들어간다는 것과 하늘 나라로 들어간다는 것과 무엇이 다른가. 그것은 다 같은 것이 아닐까. 하늘과 땅을 달리 보려는 것은 추상이 다를 때에 한한다. 하늘과 땅은 〈하늘 땅〉이다. 그것을 갈라부르니까 〈하늘과 땅〉이다. 우주 간에는 그런 구별이 없다. 그러나 같이 할 때는, 하늘 땅이 같은 것 같이 같아야 하고, 달리 할 때는 하늘과 땅처럼 달라야 한다.

땅에 대하여 하늘은 아주 다르다. 우리가 사는 이 지구는 상대의 세계에 있다. 상대의 세계에서 사는 동안 우리는 다르게 살아야 한다. 그렇게 되어야 종당에 하늘나라에 들어가게 된다. 하늘과 땅이 서로 다른 것을 알아야한다. 그 한계를 분간할 줄을 알아야 한다.

사람은 〈때〉의 주인이라고 했는데, 그 때를 알아야 한다. 같은 때를 달리 보거나, 다른 때를 같이 보아서는 안된다. 살 때 살아야 하고 죽을 때 죽어야 한다. 사람이 자식을 낳으면, 붙고, 만지고 업고 안고 품에 품어 기른다. 그러나 자식들이 다 자라면, 그 자식이 진저리 날 '때'가 온다. 일곱 살이 되어 국민학교에 갈 나인데도 엄마 젖을 달라면, "애, 징그럽다"고 한다. 다 커서도 이렇게 굴면 제가 난 자식이라도 진저리가 쳐진다. 그래서 "대면 다친다"고 하여 대지말라고 악을 쓴다. 아무리 품어 길렀지만 독립할 때가 되면 대면 다친다고 야단을 치게 되는 것이다. 그런데 다 자랐다고 해서 다치지 말라는 것을 서로 다치면 상처가 나고 입덧이 난다. 요즈음 젊은이들은 자식만 안낳으면 좋다고 하면서 마음대로 다치고 다닌다. 커다란 이치를 알면 그러지 않을 것이다 아무리 부모가 다쳐서 날 낳는다고 하지만 다침만을 위한다면 무슨 예식을 올린다는 것인가. 다치기나 하는 것으로 철들었다고 할 수는 없다. 그것은 아직도 철없는 어린애 짓이라고 할수밖에 없다. 그만 두어야 할 때를 알아서 독립을 하고. 가슴 한가운데 돌으라진 것이 무엇을 의미하는가를 알 때 자식도 낳고, 남편도 시중해야 한다. 무엇이든 때를 모르고, 서두르는 것은 잘못이다.

때여 따라 하늘과 땅이 다른 것처럼, 같은 때여 같은 일을 한 것은 옳고, 다른 때여 같은 일을 한 것은 외다(글로다). "불고 만지고 업고 안고 품에 품어 기르"지만, "인제는 진저리 친다. 대면 다친다. 입도 손도 살도" 하는 것이다. 지나간 일을 부정하는 것이다. 이것이 남녀의 표준상태이다

그리고서 위로 올라가자는 것이다. 참 독립심을 가지고 하나님을 절대의 아버지를 섬기자는 것이다. 그만 콧물 걷고 눈물 걷고 올라가 보자는 것이다. 때에 따라 올라가자는 것이다. 오줌 똥 갈기고 사는 게 인생이지만, 이제는 몸 담을 곳을 찾아야 한다. 이것이 인류의 대 원칙이다.

그렇지 않으면 세상은 「눈물의 세상」이라고 한다. 망하는 세상이 되고 만다. 〈눈물 맑기〉를 해야 한다. 눈물이 맑아지려면, 눈물을 걷고, 밝은 세상을 이루어야 한다.

한 얼계서 생각들히 사람보계 말씀 나리

에 목 굵게 월 숨 김이 끊쳐봐라 이승 즘생

사람도 어릴 적 노릇(버릇) 즘생 갓 가하

하늘 글월 읽히기는 이승 버릇 잃게 하임

즘생 노릇 놓게스리 한 월 생각 이룩 힘을

ㅎ보다 달(리) 돌림이라 제절로 제

ㅎ한 월 계서 생각들히 사람보계 말

쓸나리

'한얼'은 큰 정신이란 뜻으로 여기서는 '성신'을 가리킨다. '생각들히'는 생각이 깊이 들었다는 뜻인데 '들'과 '히' 사이에 'ㅎ'를 더 넣고 싶다. '들히'는 우리의 정신이 '든다 난다'고 할 때의 뜻과 통한다고 볼 수 있다. 큰 성신이 계셔서 깊은 생각을 내 속에 들게 하여 주신다는 뜻이다. 사람 보제 말씀나리 말씀은 사람보고 한다. 사람과 상관하지 않으면 말씀은 필요 없게 된다. 따라서 사는 까닭에 말씀이 나온다. 생각이 말씀으로 나온다. 정말 믿으면 말씀이 나온다. 말은 하늘 꼭대기에 있는 말이다. 우리는 '씀'으로 하나님을 안다. 신의 일이 끊어지면, 생각이 결단이 나그릇된 말을 생각한다.

네 목 굵게월숨 김이 끊쳐봐라 이승 즘승

너의 목을 드나드는 기운 같은 것이 끊어져 보아라. 이승의 즘생과 같이 고기덩이가 되고 만다는 뜻이다. 사람은 부질없이 고개를 하늘에 두고 다니는 것은 아니다. 정신세계에서 하느님과 연락이 끊어지면, 이승의 즘생이다. 질컷 질컷, 지저분하게 사는 즘생(生)이다 코물, 눈물, 젖물을 흘리고 사는 길에 즘생의 삶이다.

사람도 어린 적 노릇(버릇) 즘생 갓 가하 이승 버릇

사람이 어릴 때 노는 일은 좋은 것 나쁜 것을 분간 못한다. 분별력이 있

으면 어리다고 하지 않는다. 그래서 어릴 때 하는 노릇을 즘생같다고 한다. '즘생갓가하'는 짐승과 거의 가깝―합다는 뜻이다. '갓가하'는 가장 자리, 변두리에서 가까운 것, 그래서 '가까합다'는 뜻이다. 짐승은 먹는 것밖에 모른다. 먹자판이다. 그리고 음욕밖에 없다. 미성년기는 짐승시대이다. 생존권은 있어도 인권은 없다. 육체만을 기르는 존재이다. 자라기만 기다리는 존재이다. 짐승도 몸집만 키운다. 그래서 어릴 때 일은 짐승과 같다고 한 것이다. 그런데 성인이 되어도 못된 짓을 한 사람이 있다. 짐승 이하의 짐승이라고 할 수밖에 없다. 짐승은 오히려 못된 짓은 하지 않는다. 짐승은 영혼이 없다. 그래서 얼(숨, 김)이 끊어지면 짐승밖에 못된다는 말이다. 염재신재(念在神在)인데 성인이 되어도 생각도 없다고 하나님도 없으면 짐승밖에 더 되겠는가.

하늘 글월 읽히기는 이승 버릇 잃게 하임

하늘의 무한한 공간 안에 있는 천지자연, 이 모두가 다 글월이다. 다 편지요, 다 문장이다. 이 글월을 읽게 하는 것은, 이승의 버릇을 잃게 하자는데 그 목적이 있다. 이것은 〈새로운 읽기〉이다. '읽'에서 'ㄱ'은 'ㅎ'을 만나 'ㅋ'이 되고 '잃'에서 'ㅎ'는 'ㄱ'을 만나 'ㅋ'이 된다. 'ㅎ'과 'ㄱ'의 교환이다. 그것은 곧 '이키'의 교환이다. 하늘 문장을 '읽히'는

것은 철없을 때 하는 짐승버릇을 '잃게' 하자는데 있다. '읽게'해주면 저절로 잃게' 된다.

즘생 노릇 놓게스리 한월 생각 이룩 힘을

즘생 노릇을 내버리도록 하늘 생각을 이루도록 해달라는 말이다. '이룩'이란 말은, 이룩으로 한다는 말로서 전진의 뜻이 있다. 역사를 이룩한다. 나라를 이룩한다고 할 때 사용한다. 이룩은 이룩 이―르―ㄱ 곧 이르킨다는 뜻이니 하늘 생각을 일으키는 힘을 부어달라는 말이 되기도 한다.

ㅎ보다 달(리) 돌림이라 제절로 제ᆢ 우리는 태양계 안에 살고 있다. 모든 것은 해(태양)을 보고 살고 있다. 해는 모든 김의 원동력이다. '달'은 달림을 뜻하기도 한다. 모든 것은 자꾸 달라진다. 산도 나무도 달라진다. 그래서 돌아가게 되어 있다. 해 속에서 '달리 돌림'이다. 해속에서 돌고 있는 것이다. 그래서 자연이(저절로) 제 가운데 있게 된다. 영혼도 이와 같다 그래서 가운데를 ᆢ(가온 찌기라고 읽음)으로 표시했다. 저절로 제 가운데 돌아온다는 뜻이다.

우주와 인생은 여러모로 해석될 수 있다. 모든 것은 모순된 것, 못된 것을 다 버리고 돌아가면, 종당에는 ᆢ으로 다시 돌아 온다.

(1950년 종로 YMCA 송기득 정리)

빛

빛들어 숨길 막지 말고
숨길로 들어가는 빛을 고디 보오
〈빛들어〉는 본래 햇빛이 든다(昭)는 뜻이나, 여기에서는 우선 〈비뚤어〉의 뜻으로 썼다. '들어간다'는 말은 어디로 '들어간다'(入), 햇볕이 '든다'(昭)는 따위로 겹쳐서 쓰인다. 그런데 볕이 들거나 내가 어디로 들어갈 적에, 똑바로 들어가지 못하고 비뚤어져 들어가는 수가 있다. 〈비뚤어 간다〉는 것은 무슨 뜻일까? 비뚤어지면 숨길이 막힌다. 숨길이 막혔다는 것은 〈마지막〉을 가리킨다. 목숨길이란 비뚤어 가면 안되는 것이다. 목숨을 부지하려면 비뚤어진 길을 피하여야만 한다. 비뚤어가는 길은 늘 위험한 일이다. 이 위험을 피하려면 숨길(息)을 숨길(蔽) 필요가 있다. 숨는 길을 찾아야 한다. 그래서 비뚤어져 숨길을 막지 말고, 숨을 길(피할 길)을 가져서 숨길(息)로 숨쉴 수 있는 길, 자기 목숨을 그대로 이어갈 수 있는 길에 들어가야 한다.

여기에 들어가는 데는 빛이 있다. 그것은 〈가는 빛〉이다. 가는 빛이란 자꾸 바로 나아가는, 진행하는 빛이다. 그런데 그 빛은 대명천지(大明天地), 아주 밝은 빛이 아니다. 아주 가느다란, 희미한 빛이다. 사람은 아주 밝은 빛에서 사는 것 같으나 실상은 대단히 희미한 빛에서 산다. 이것은 역설(逆說)인데, 숨길로 들어가는 빛은 아주 가느다랗고 희미하고 다시 돌아서 비춰주지 않는 아주 먼 길만 가는 빛인데, 이 빛을 〈고디 보오〉 곧장 바라보라는 것이다. 고디 곧장 보는 것을 못보고 죽으면, 목숨 길을 잊은 것이 된다. 나는 이 사실을 강조한다. 우리는 이 사실을 알아야 할 것이기 때문이다. 아는데 그치지 않고, 익히는 자리에까지 가야 한다.

우리는 빛을 보지 못하고, 알지도 못한다. 광선(光線)이라는 것을 모른다. 보지도 못한다. 지금 보고 있지 않는가 하지만, 그건 모르고 한 말이다. 생각을 깊이 해서 빛을 바로 알고 바로 보는 사람은 광선이 선(線)이 아니라는 사실을 알게 된다. 선(線)이란 줄이라는 것으로서 빨래줄 전기줄 할 때의 〈줄〉을 말하는데, 빛의 줄(光線)을 보았다고 하는 것은 거짓말이다. 대낮에 광선을 부정하다니 그건 미친 소리가 아니겠는가 하지만, 정말 광선이 무엇인지 아는 사람은 광(光)이라는 것이 없다는 것도 알게 된다. 우리는 빛을 볼 수 없다. 더구나 빛이 어떻게 생겼는지 알 수 없다. 설탕과 소금은 보기에 너무 비슷한 것이어서, '희다'는 것만으로는 식별하기 어렵다. 또한 설탕이나 소금의 어느 한쪽을 전혀 모르는 사람이 이건 설탕이다, 이건 소금이다 하고 달할 수 있겠는가? 그리고 그들을 다 모르는 사람에게 이건 설탕이다, 이건 소금이라고 가르친다 하여 그걸 알 수 있겠는가? 양쪽을 다 아는 사람이라도 그걸 가져다 혀에 대보아야 비로소 설탕인지 소금인지를 식별할 수가 있게 된다. 물건하고 나하고 하나가 된 뒤에야 그 물건이 무엇인지 알게 되는 것이다.

빛도 마찬가지이다. 내가 어떤 사람의 머리카락을 볼 때, 어떤 것은 희고 어떤 것은 검다고 한다. 그건 몇 만점(萬點)의 빛이 내 눈 속을 부리나케 왔다 갔다 해서인데, 그걸 나는 못본다. 수 많은 빛의 점이 내 눈 속에 왔다 갔다 하면서, 그것도 일초 동안에 지구를 일곱 번 반 도는 속도로 왔다 갔다 하면서 보고를 하는데, 그걸 나는 보지도 못하고 알지도 못한다. 글자 하나를 보는데도, 몇 천만점(千萬點)의 빛이 몇 천만 번 오고 가고 하면서 나에게 알려주는 데, 그걸 우리는 모른다. 그래서 나는 빛을 알지 못한다고 말한다. 그리고 광선이라고 해서 빛의 선이 보이는 것은 아니다. 행렬(行列)이 줄줄이 가듯이, 전기줄이 보이듯이 그렇게 보이지 않는다. 광선은 선도 아니고 줄도 아니다. 암실에 구멍을 뚫고 들어오는 빛이 선으로 보이는 것은, 순전히 우리의 연속적인 기억작용(記憶作用)에 지나지 않는다고 볼 수 있다.

그건 일종의 착각(錯覺)이라고 할 수 있다.

또한 암실에 〈먼지〉가 없다면, 들어오는 빛도 볼 수가 없을 것이다. 먼지 없는 세계에서나, 암실 속에서는 광선이 보일 리가 없다. 이렇게 보면, 이 세상에 먼지라는 것이 있는 게 좋다고도 생각할 수 있다. 먼지 덕분으로 이 세상을 구석구석 볼 수 있으니까. 대명천지에서 사는 사람은 새삼스럽게 먼지에게 감사해야 할런지 모른다. 우리가 보고 싶은 것을 이 만큼 볼 수 있게 해주니 이처럼 고마울 데가 없다. 우리가 밝은 세상을 살 수 있는 것은 이 먼지 덕택이 아니겠는가.

그런데 대낮처럼 밝은게 한없이 좋긴 하지만, 그 대신 잊어버리는 것이 많게 된다. 더구나 굉장한 것을 잊게 되는 경우가 있다. 그건 다름아니라, 영혼과의 생활, 정신과의 거래를 잊어버리는 것이다. 영혼이 산다는 것을 잊어버린다. 사람들은 낮을 좋아하고, 밤은 쉬는 줄 알고 있기 때문에 밤중에 저 깜박이는 별들이 영원(영혼)과 속삭이는 것을 모르고 있다. 밤의 별을 지키는 천문학자들은 이것을 알고 있다. 천체물리학자들은 어떤 별의 거리를 수억 광년(光年)으로 헤아리면서 구체적인 영원을 말하지만, 어떤 물리학자는 이 적은 광점(光點)을 가지고 우리에게 알려주기 때문에 우리는 그것을 어렴풋이 더듬어 본다. 이 세상에 대명천지(大明天地)만 있다고 하면, 별과 사람은 불가능할 것이다. 밝은 낮이 없었드라면, 별을 관찰하는 일을 더 할 수 있었을 것을 하고 안타까와하는 이도 있을 것이다. 천문학자에게는 〈낮〉이란 별로 가치가 없다. 밤이 모자랄 정도이니까. 우주의 신비를 캐려는 사람에게는 어떻게 하면 저 태양을 가릴 수 있을까고 바란다. 별의 영원한 속삭임을 더 많이 듣고, 영원을 알고 영원과 같이 있고 싶어서일 것이다. 영원한 세계는 낮 밤이 있음으로 해서 단절되곤 한다.

사람들은 흔히 대낮에는 살림(生活)을 위해서 다니고 일하고 배우고 놀고, 밤에는 그것을 위해 쉬고 잠자고 꿈꾸는 것으로만 안다. 낮에는 정신 차려 살고 밤에는 잠이나 자면 되는 것으로 안다. 이것은 대단히 위험한 생각이다. 밝은 낮을 가장 좋아하는 사람에게 이런 위험한 면도 있는 것을 알아야 한다. 밝은 것이 있는 뒤에는, 크게 잊어진 것이 있다는 것을 깨달아야 한다. 그것은 은연 중에 울리는 통신으로서, 밤중에 희미한 빛으로 태양 광선을 거치지 않고 나타나는, 우리의 삶에 가장 중요한 영혼과의 통신이다. 우리는 이것을 망각하고 그저 잠이나 자고 있다. 이 통신은 태양으로부터의 채광(彩光), 채열(彩熱), 채동력(彩動力) 때문에 방해를 받는다. 그러나 그건 태양의 죄

가 아닐 것이다. 아마 먼지의 죄라고 할지 모르겠다. 한낮에만 사는 것이 〈사는 것〉이라고 하는 것은 정신없는 소리이다. 빛을 가리어 살 줄 아는 사람이 되어야 한다. 그런데 엄청난 거짓말을 하는 이가 있다. 아주 경건한 태도로서 광선이라는 것이 있다. 또는 빛을 알았다 하는 사람이 있는데 이런 이가 바로 그 사람이다. 성서에서 "너희는 세상의 빛이다"는 말을 보고서, 빛이 있다고들 떠든다. 대낮에 영원과 사귀겠다는 것은 허영(虛榮)이다. 대낮이 좋다고 하여 밖에서 사는 것이 밝게 사는 것으로 생각한 사람과, 밝은 것을 밝게 알지 않는 사람 사이에는 거리가 있다. 우리가 정말 밝게 사는 것은 영원과 통신(通信)할 수 있는데로 나아가는 것, 영원의 소리를 빨리 들을 수 있는데로 나아가는 것이 아니겠는가. 한낮의 밝음은 우주의 신비와 영혼의 속삭임을 방해하는 것이다. 그래서 햇빛이 들었다는 〈빛들음〉은 〈비뚤어짐〉으로 숨길을 막는 요인이 되는 것이다.

숨길은 밤 중에야 잘 뚫린다. 잠잘 때처럼 숨길이 잘 뚫릴 때가 없다. 낮에는 전혀 못듣는 숨길을 듣는다. 생리적으로도 밝은 낮에는 몰랐던 것이 밤에야 알 수 있는 것이 있다. 낮에 허영에 취해서 날뛰는 것도 모자라 그것을 밤에까지 연장하여 불야성(不夜城)을 만들려는 것은 사실 점점 어두운 데로 들어가는 것이다. 영원

파의 통신이 끊어지기 때문이다. 그
건 인생을 몰락시키는 것밖에 아무 것
도 아니다. 그러므로 〈빛들어 숨길
막지 말고〉, 숨길로, (곧 숨은 길로)
들어가야 한다. 낮보다 더 밝게 하는
길은 바로 이 길이다. 보이는 것이
빛이 아니다. 햇빛, 달빛, 별빛 다 본
들 뭐가 시원한가. 우리는 우주의 영
원한 소식을 받아들이고 숨은 길로
들어서는 것이 정말 우리가 위로 올
라가는 길이다. 이 세상 밝은 날에
오래 사는 것이 좋은 줄만 알고 있다
가, 진짜 별의 소식을 알고 보면 그
건 아무것도 아니라는 생각이 든다.
정말 별따라 영원한 곳으로 가보았으
면 좋겠다는 생각이다. 숨길로 들어
가 갈 곳 가는 것, 멀리 가는 것이
될 것이다.

지낼 것 다 지내고, 죄다 다 지내
고 가는 것을 알고, 나라는 것을 알
고, 인생이 멀리 가는 것을 알면,
가는 빛〉──가느다란 빛, 가는(行)
빛──을 고디 곧게 보아야 할 것이
다. 낮의 세계에서 보는 것, 느끼는
것들은 모두가 장난꾼들이 어지럽게
만들어 놓은 먼지들의 장난줄(行列)
인 줄 알고, 자기의 얼굴이 못났어도
그걸 끄내들지 말고, 기왕이면 턱 버
티어서, 정신을 차리고 제 갈 길을
찾아가야 할 것이다. 먼지의 장난꾼
과 친하는 것은 〈숨길〉로 들어가는
길이 아닌 줄로 알아야 한다. 사람이

제발로 땅을 딛고 서는 것처럼, 영원
한 빛의 소식을 잡은 것도 자기 자신
이 결정하여야 한다. 사람이 드높이
산다는 것은 모든 사물을 바로 알고,
비뚤어 숨길 막지 말고, 숨길로 들어
가는 빛을 곧이 보는 것이다.

빛 들어가서 비뚤어져서 빚어지는
세상, 이것은 영원에서 보면 아주 못
된 것이다. 사람이 사람구실을 못하
는 세상이다. 사람이 사람구실을 못
하면 책망받을 세상이다. 책망은 사
람이 책임을 못한데서 생긴다. 책임
을 못하면 그것은 빚인 것이다. 빛들
어 빚어진 세상은 빚진 세상이다. 이
빚은 빗어 내야 한다. 머리 빗으로
머리에 묻은 때나 먼지를 빗어 내는
것 처럼 빛들어가서 빚어진 빚진 세
상은 빗으로 빗어야 한다. 빗으로 빗
어 모든 빚이 없어지고 또 다시 빛나
는 세상이 될 때 빛드러진 세상은 바
른 세상이 된다. 그렇기 위해서는 빛
을 빗어 낼수 있는 빗, 참빗이 필요
하다. 이것이 생명의 빛이요, 숨빛이
다. 숨빛이 되는 길은 숨길을 가는
가는 빛이요 숨은 빛이다. 가는 석해
까지도 빗을 수 있는 참빗, 이것이 참
빛이다. 빛과 빚과 빗은 다 같은 말
이며 다 다른 말이다. 빛에서 빚이 나
오고 빚에서 빗이 나온다. 빗이 있는
데 빚을 덜게 되고 빚을 덜게 될 때
빛이 비친다.

굿 끝 나 말씀

오늘은 끝에 관해서 생각해 본다. 끝은 종말(終末)이라는 뜻과 점수(點數)라는 뜻과 첨단(尖端)이라는 뜻과 점찍는 점 등 여러가지가 있다. 나는 이 민족의 한 끄트머리며 현대에 나타난 하나의 첨단이며 나의 정신은 내가 깨어나는 순간 순간 나의 마음 한복판을 찍는 가운찌기 한점이다. 나의 인격은 하나의 사명과 가치를 가진 점수로 평가될 수 있는 존재이기도 하다. 나를 평가할 수 있는 답안은 내가 내놓은 말씀이다. 말씀은 내 속의 표현이며 나 자체이기도 하다. 나는 한 끄트머리며 하나의 점이면서 하나의 끝수이기도 하다. 땅 밑의 싹이 하늘 높이 태양이 그리워서 그그하고 터 나오는 것을 그린 것이 굿이요, 그것이 터 나와서 끄트머리를 드러 낸 것이 끝이요, 끝이 나왔다고 나다. 석가가 천상천하에 유아독존이라고 뽑내며 나다하는 것이 나요, 이 나야말로 가장 가치가 있는 점수를 차지할 수 있다는 것이 끝수가 많은 한끝이다. 그래서 나는 나를 이렇게 표현해 본다. (ㅣ굿 제굿 이제 굿이요 이어이 예예굿이오니, 고디고 디 가온찌기 「·」 꿋꿋내내 디굿디굿, 이굿이 첫굿 맞굿 야인제 모릅거니

와) 한금을 내려근 줄은 이라고 발음하며 영원한 생명줄을 말한다. 영원한 생명이 시간속에 터져 나온 한 순간이 이굿이요, 그것이 공간으로 터져나와 육체를 쓰고 민족의 한 끄트머리로 나온 것이 이 세상에 터나온 나라고 하는 제굿이고 이 육체 속에 정신이 터져나와 가장 고귀한 점수를 딸 수 있는 가치가 이제굿이다. 이제 시간과 공간과 인간의 굿이 모여 영원한 이가 공간 속에 나타나 이어 계속 나타나 이것이 이어져서 예 이 땅에 예 예어 나가는 내가 한 점광명(一點光明) 굿이오니 고디 곧장 오르고 또 올라 내 속에 있는 고디(神)를 살려내어 내 속에 가온찌기 내 속에 가장 온군 속알(德)이 있는 것을 자각하여 깨닫고 나오는 가온찌기가 가장 소중하며, 자각은 한번만 할 것이 아니라 순간 순간 계속 자각하기 때문에 꿋꿋내내 자각하고 또 자각하여 종당은 땅위에 하늘 뜻을 드디고 실천하는 디굿 디굿 철인들이 되어서 이굿이 태초의 맨첫굿과 종말의 맨마지막 맞끝이 한통이 되어 영원한 생명이 되는 것을 이 인제 임을 머리에 인(인) 하늘의 아들들은 겸손하게 머리숙여 모른다고 하지만 그 모르는 속에 참 앎이 있지 않을까. 영원을 모르는 줄 아는 이가 나요, 그 나의 표현이 말씀이리라. 말씀은 주머니의 든 송곳 끝이 아무리 싸고 싸도 아무리 감추고 감추어도 계속 나

오는 것처럼 가온찍기여서 이여 이여 나오는 말씀은 영원무궁 첫긋도 모르고 마지막 맞긋도 모르는 것이 오늘 이긋의 속임 없는 심정이다. 흔히 나 하면 몸둥이를 말하는데 이 긋은 몸둥이의 어떤 긋을 말하는 것이 아니다. 이 긋은 생각의 긋이다. 이승에 태어나 이 생각의 끄트머리를 자꾸 삐어나가려고 하는 것이 인생이다. 이처럼 늘 삐어 나가려고 하는 까닭에 나간다는 나 말씀이란 터나간다는 긋말씀이요, 그것이 생각이니 생각말씀이다. 나라는 것은 밤낮 나가는 것이요 그것이 인생이다. 사는 끝머리는 생각의 끝머리로 생각은 계속 나는 것이기 때문에 생각도 끝이 없고 사는 것도 긋이 없다. 나는 누가 무어라고 해도 계속 나가는 것이기 때문에 계속 있다. 그렇기 위해서는 생각의 끝을 잘 살아가야 하는 존재, 이것이 나다. 나는 육체가 아니다. 생각하는 정신이다. 정신은 밖에서는 보이지 않지만 정신은 영원하다. 정신은 머리를 하늘에 두고 있는 존재기에 나는 막대기를 세워놓고 영어로 아이 하듯이 우리는 이라고 한다. 그 이 저이 하는 이다. 긋은 글자가 가로근 막대기 그것은 세상인데 막대기 밑에 시옷은 사람들이다. 막대기 위에 기억은 하늘에서 온 정신인데 그 정신이 땅에 부딪쳐 생긴 것이 사람이다. 정신이 육체를 쓴 것이 사람이다. 사람의 생명은 정신이다. 이 정

신 긋이 제긋이요 그것이 나다. 나는 이제 실제로 여기있는 이제긋이다. 요지음에는 제생명 제긋 제가치 제집 수 제인격을 소홀히 하는 사람이 많다. 제긋을 정말제긋 자기 것으로 착각하여 제마음대로 하려는 사람이 참 많다. 그러나 제긋은 내것이 아니다. 영원한 정신의 한 토막이요 영원한 말씀에 한 끄트머리다. 제긋은 제긋이 아니다. 나는 전체에 속한 나지 떨어진 내가 아니다. 어떻게 자기를 자기마음대로 할 수 있을 것인가. 영원한 생명의 한 끄트머리가 한점 영명(靈明)이다. 제긋이야말로 영원전부터 이어 이어 여기에 이여저 이제 내려온 한끝이다. 다른 곳에서는 볼 수 없는 가장 독특한 유아독존의 한 끝이다. 그것은 여기 예에서만 볼 수 있는 예긋이다. 그래서 나라는 것의 무한한 가치를 자각하고 고디 고디 신성하고 영특한 영원의 한 복판을 날아가는 새를 화살로 쏘듯이 정확하게 명중시켜 진리를 깨닫는 것이 가온찍기다. 기억 니은을 그리고 그 가운데 한점을 찍는다(「·」). 기억과 아오라는 한점과 합치면 가가 되고 오와 니은을 합치면 온이 되어 가고 가고 영원히 가고 오고 오고 영원히 오는 그 한 복판을 탁 찍는 가온찍기야말로 진리를 깨닫는 순간이요 찰나속에 영원을 보는 것이다. 그래서 생각하고 또 생각하고 하늘을 그리워하고 또 그리워하여 고디 고디 가온찍기

인생의 핵심이다. 그러나 그것으로 끝나는 것이 아니다. 끝끝내내 표현해 보고 또 표현해 보고 나타내 보고 또 나타내 보여 내가 내 속알을 그려 보고 내가 나를 만나보는 것이 끝끝내 내다. 그러나 사람은 생각만이 아니다. 자기의 생각을 펴보는 실천이 따른다. 그것이 디굿 디굿이다. 원래 디굿이란 딱딱한 땅을 딛고 사는 우리의 굿을 말한다. 머리를 하늘에 두고 땅을 곧곧하게 딛고 반드시 서야 우리는 산다. 곧이 곧이 하늘을 그리워 하는 것이 정신이요 정신의 생명은 정직이요 정직하게 살려면 역시 하늘을 그리워할 수밖에 길이 없다. 이 굿(끝)은 영원한 첫끗을 그리워하고 알고저하며 영원한 맞끗을 그리워 하며 알고저 한다. 맨처음 시작의 점은 어떻게 되었는지 맨마지막 끝장날 때의 장면과 점수는 얼마나 되며 어떻게 될 것인지 알고저 한다. 사람은 창조와 심판을 알고자 한다. 그러나 이굿 오늘 이제 여기 있는 인간으로서 창조와 심판을 다 알았다고 한다면 그것은 교만이며 거짓이다. 이 첫굿 맞굿을 우리는 인제는 모른다. 인제라는 이짜에는 한글을 만들 때 있었다는 동그라미 위에 한금을 근 이(ᅙ)짜의 인제가 좋다. 겸손하게 머리에 무엇을 이고 살아가야 하기 때문이다. ᅙ란 여러가지 조건을 머리에 인다(戴)는 표시다. 인제란 한량없는 과거를 우리의 머리에 인

오늘의 제 즉 나를 가리킨다. 맨 처음을 알려면 꼭대기에 가서 알아야 한다. 그런데 우리는 낮은 아랫 것만 알지 형이상의 꼭대기 것은 알지 못한다. 우리는 다만 형이상도 아니고 형이하도 아닌 중간존재로서 가운데 있는 자기를 찾아 들어가 가온찌기를 성실하게 해가야 한다. 가온찌기는 자각이다. 우리가 할 수 있는 것은 첫끝도 맞끝도 아니고 이끝 가온찌기를 하여 계속 오늘 이 자리에서 점수를 끝수를 따내야 한다. 이제 오늘을 무시하고 여기 예를 무시하고 이굿 나를 무시하고 맨첫끝이니 맨맞끝이니만 알려고 덤벼들면 자칫하면 미치기 쉽다. 첫끝과 맞끝도 이끝에서부터 시작해야 한다. 나를 안 자만이 형이상도 알고 형이하도 안다. 학문의 시작은 자각부터다. 자각이 없는 사람은 아무리 학문이 많다고 해도 그것은 노예에 불과하다. 우선 남을 보기 전에 나를 보아야 한다. 거울을 들고 나를 보아야 한다. 거울이 옛날부터 내려오는 말씀이요 경이요 거울이다. 이 거울 속에 내가 있다. 말씀이 바로 나이다. 가온찌기는 결국 말씀풀이다. 거울을 들여다보고 자기를 찾아내듯이 말씀을 풀어 보는 동안에 붙잡히는 것이 이치요 진리요 그것이 나요 정신이다. 그래서 우리가 할 것은 가온찌기 밖에 없다. 말씀에 점을 찍고 결국은 모든 말씀이 개념화되어 가장 짧은 말로 줄어든 것

이 나다. 내가 가온찌기다. 가온
찌기가 끗이다. 이제 이끗을 갖고 사
는 것 뿐이다. (이승에서 날 알려 신
이 몇몇 사람이라오 나란 옛적 이름
없어 내 오직 나로 나란다. 아빠의
아들일거고 속알실은 수렘직) 이 세
상에서 많은 사람이 자기를 무시하고
살아간다. 정말 기막힌 말이다. 이
세상에서 나처럼 값비싼 것이 없는데
이 보물을 무시하고 돌멩이만 돌추다
니 말도 안된다. 그래서 이 세상에서
나를 알려고 애쓰는 이가 얼마나 될
까 하고 한번 긴 한숨을 쉬어본다.
사람은 이름을 자기로 아는 사람도
있다. 명예에 취하여 체면을 지키다
가 거짓말을 하고 속빈 겨가 되어 살
아지는 인생이 얼마나 많을까. 이름
이란 남이 부르기 위하여 붙여놓은
것이며 내 이름 유영모(柳永模)도 이
름에 무슨 가치가 있는 것이 아니다.
그건 마치 감옥에서 죄수에게 붙여준
번호와 같은 것이다. 이름을 가졌다
는 것은 우리가 감옥속에 갇힌 죄수
라는 표현 뿐이다. 그런고로 이름 이
란 수치요 나와는 아무상관이 없다.
영원한 생명에 이름이 있을 수 없다.
이름없는 것이 나의 본바탕이요, 나
란 영원한 생명이 폭발하여 나타나는
나 뿐이다. 그런 의미에서 제끗 찾아
자각한 인생은 이름과는 아무 상관이
없다. 진리에 무슨 이름이 붙을 리가
없다. 진리는 영원건도 진리는 영원

후도 진리는 오늘도 진리다. 우리는
다른 사람을 만나 이름 석자를 기억
하느라고 애쓰지만 영원한 입장에서
보면 어리석은 일이다. 나와 너가 다
른 것이 아니다. 다 한 나무에 핀 꽃
아닌가. 우리는 다만 그 사람의 끗을
알면 그만이다. 그 사람의 인격 그
사람의 정신 그 사람의 생각 그 사람
의 말씀을 알면 그만이다. 그 말씀
속에서 또 내 얼굴을 보고 내 끗을
알 수 있기 때문이다. 중요한 것은
끗 뿐이다. 우리는 옛적부터 이름이
없다. 진짜 자기를 찾지 않고 자기
에게 붙여준 번호를 나인 즐 알다니
될 말인가. 세상에는 살아서 이 번
호에 잡혀서 사는 사람도 가엾지만
죽어서까지 이 번호를 영원히 간직
하기 위해 돌에 새겨두는 것은 한심
한 일이다. 명함을 돌장으로 바꾸어
두지만 그것은 몇날이 가서 파멸된
다. 영원한 것은 나뿐이다. 나는 영
원자의 아들이요 내 속에는 속알이
있다. 속알은 덕이요 인간성이요 인
격이요 신성이요 하나님 아버지의
형상이 있다. 나야말로 그릇에 담
은 보배요 속알 실은 수레다. 나
를 아는 길은 나를 확대한 나라를 보
아야 한다. 나는 오직 나로 나란다.
나와 나라는 같은 것이다. 국가가 무
엇이냐.

1956년 11월 22일 종로 기독청년회
유영모선생 강의 송기득정리.

점 (2)

(이승에서 날 알려신 이 몇몇 사람
이라오 나란 옛적이틈 없어 내 오직
나로 나란다 아바의 아들일거라고 속
알실은 수렙직)

　이 세상에서 날을 알고 산 사람이
몇 사람이나 될까. 나란 영원한 존재
이기 때문에 옛날은 이름이 없다. 다
만 나라는 것은 오직 하나의 국가
다. 국가란 국회가 있고 행정부가 있
고 사법부가 있는 하나의 유기체다.
나도 지가 있고 정이 있고 의가 있는
하나의 유기체다. 국가는 목적을 가
지고 발전해 가듯이 나도 인격의 완
성을 목적으로 하여 무한히 발전해가
는 하나의 생명이다. 생명은 고정할
수가 없다. 고정하면 죽는다. 발전해
가는 것에 이름이 있을 수 없다. 이
름은 고정된 개념이기 때문이다. 나
는 이름이 있을 수 없다. 이름을 붙
이던 그것은 내가 아니다. 벌써 다른
것으로 바뀐 것이다. 나에게는 이름
이 없다. 신은 본래 이름이 없다. 신
에 이름을 붙일 수가 없다. 신에 이
름을 붙이면 이미 신이 아니요 우상이
다. 나도 이름을 붙일 수 없다. 이름
을 붙이면 벌써 나는 아니요 허수아
비가 되고 만다. 이름을 좋아하는 사
람은 허수아비를 좋아하는 도깨비장

난이다. 서로 이름이라는 가면을 쓰
고 가면극을 벌이고 있는 것이 세상
이다. 나는 한 점이요 꿋이다. 꿋은
점은 있기는 있으나 보이지 않는다.
점이 찍혀서 가온 찍기가 찍혀서 선
이 되는 것 같지만 실은 선이 아니
다. 영화필림같아서 계속된 것처럼
보이는 것은 착각인 것뿐이다. 시간
은 점의 가온찌기다. 그것은 연속되
는 것이 아니다. 그러나 흐르는 것처
럼 보이는 것은 착각 뿐이다. 나도 보
이는 것이 아니다. 보인다고 생각하
는 것은 착각 뿐이다. 내가 무엇이라
고 생각하는 것은 더욱 착각이다. 나
는 없이 있는 하나의 점이요, 꿋인
것 뿐이다. 찰라인 것 뿐이다. 나 하
는 순간 이미 나는 아니다. 나는 없
이 있는 나다. 그런 나만이 나라고
할 수 있다. 빛보다 빨리 달리는 나만
이 매일 새롭고 또 새로운 나만이 없
이 있는 나만이 나라고 할 수 있다.
그래서 나는 나란다 하고 말한다. 나
의 그림자가 나라다. 나라는 역사적으
로 계속 발달되고 새로워져야 한다.
나는 나라라는 국가도 하나의 생명력
이 강한 생명체가 되기를 바란다. 국
가도 이름이 없어야 한다. 이름질 수
가 없다. 이름 없는 나라만이 참 나라
라고 뽐낼 수 있는 나라다. 그런데 우
리나라는 한국이라고 한다. 한이란 말
도 없이 있는 것이다. 없이 있는 것이
하나다. 무와 유가 부딪치는 것이 하
나다. 그런데 왜 대한이라고 하지. 큰

것이 부러워서 그럴까. 큰 것은 이미 우상이지 생명은 아닌데. 커야 대접받는 줄 알지만 겸손한 사람이 대접받지 교만한 사람은 욕바가지다 옆의 지나드 나라는 우리보다 몇십 배가 크지만 감히 대국이라고 하지 않는다. 소국이라고 쓰고 싶겠지만 중국이란 말을 쓴다. 노자는 국가의 이상을 소국과 민이라고 하였다. 스스로 낮출수록 남이 나를 중국 대국 해야지, 내가 먼저 대국이라고 대한민국이라고 하면 외국사람이 우리를 크다고 부를까. 도리어 적다고 하지 않을까. 내가 나면 되지 내가 인프레가 될 필요가 어디있나. 그것은 자신을 속이는 일이요. 남을 속이는 일이다. 나는 없다고 해도 남이 있다면 되고 나는 적다고 해도 남이 크다고 해야 한다. 대국은 이름을 안붙여도 대국이요 소국은 아무리 이름을 크게 붙여도 소국이다. 이름에 매일 필요는 없다. 거저 한국이면 족하다. 한국이면 멋멋하지 무엇이 부족하냐. 코끼리는 코끼리요 벼룩은 벼룩이지 벼룩에다 큰 이름을 붙일 필요는 없다. 이제 우리는 몇대로 할아버지를 들추는 족보타령은 집어치워야 한다. 내가 위대해야지 조상만 위대하면 무얼하나. 조상은 위대한데 내가 망국지종이라면 조상에 대하여 불효요 무슨 면목으로 조상을 들출 수 있을까. 신라의 문화를 말하고 고려의 문명을 말하는 것은 모두 어리석고 창피한 일이다. 왜

우리는 그 이상 발전못하고 옛날이야기만 하느냐 말이다. 젊어서는 범을 잡았는데 지금은 꼼짝 못한다면 그것이 노쇠지 무엇이냐. 매일 매일 더 젊어져야 나도 나라지, 늙어지면 그것은 나도 아니고 나라도 아니다. 우리는 조상이야기는 그만 두고 아들손자의 자랑을 해야 한다. 우리는 조상을 몰라도 좋다. 아버지나 알면 된다. 나는 아버지의 아들이요 나는 아버지보다 낫다. 아버지보다 나아야 나은 아버지 속에서 나온 나지 아버지만 못하면 나도 아니다. 나는 아버지보다 난 아들이요, 내가 아버지보다 나을 수 있는 까닭은 속알 실은 수레이기 때문이다. 내 몸은 수레지만 내 정신은 속알이다. 속알이란 덕이란 한문자의 번역인데 창조적 지성이란 말이다. 솟구쳐 올라가는 앞으로 나가는 지성이 속알이다. 마치 구슬처럼 계속 굴러가는 것이 나다. 공자도 덕에 대하여 많은 것을 말하고 있다. 우리말에도 속알딱지가 없다느니 속알머리가 없다느니 하는 말을 쓴다. 지금 우리에게는 정말 밝고 큰 속알이 없지 않느냐. 태양처럼 밝고 큰 속알이 없지 않느냐. 옛적에는 속알을 밝힌다고 하여 불수레에 속알 실었다고 한다. 속알이 든 우리 끝머리를 들어 생각했다면, 이전에 양반이나 쌍놈이니 하는 옹졸한 생각은 다 없어졌을 것이다. 우리는 영원히 속알실은 수레지기로 자기의 끝머리

多少日誌
342

를 밝히고 나가면 된다. 창조적 지성으로 살아가는 것이다. 석가는 천상천하유아독존(天上天下唯我獨尊)이라고 했다. 이 말은 온천하에서 저만 제일이라는 말이 아니다. 다시 없는 제꿋을 찾아서 나가라는 뜻이다. 다만 나의 제꿋 나의 가온찌기를 찾아야, 나의 입장을 찾아야 내가 설 수 있는 것이다. 영원히 통할 수 있는 나, 이제 나라는 점을 나라는 꿋을 그리고 국가라는 점을 국가라는 꿋을 잡아야 한다. 나를 찾고 나라를 찾아야 한다. 그래야 나와 나라가 유아독존이 된다. 그런데 이제 맨끝은 다름아닌 아버지다. 하늘의 아버지다. 그 아버지를 붙잡아야 일어설 수 있다. 아버지의 아들이 되어야 일어선 아들이다. 유아독존이 될려면 아버지의 아들로 살아가야 한다. 우리는 예있다. 예는 지역도 되지만 이어 이어 온 시간도 된다. 이여이여 와서 예 도달한 아버지 아들이다. 우리 숨줄은 하늘에서부터 내려온 나다. 그래서 제일 중요한 것이 있다면 우리의 숨줄 영원한 생명줄을 붙잡는 것이다. 그것이 이 꿋이다. 꿋은 숨줄 꿋이다. 이 숨줄꿋을 붙잡는 것이 가온찌기다. 이제 우리는 제 번호를 잊어버리고 제꿋을 찾아야 하는 것이 급선무이다. 그런 연후에 장관도 하고 교장도 하고 순경도 하는 것이다. 요새 소년범죄가 늘어나니까 도의교육이니 교육정신이니 하고 야단들인데, 교육정신을 왜 이제야 찾는가. 그런데 교육정신을 찾는다는데 기껏해서 학생은 국가의 대들보감이라고 동량지재란 말만 자꾸하는데 대들보감만 기르다가는 석가래 감이 없어서 국가가 무얼로 지붕을 덮나. 대들보를 쪼개쓰는 어리석음을 범하게 된다. 학생 자신들도 속은 텅 비어가지고 나라의 대들보니 민족의 광명이니 하고 자처하게 되면, 나라와 민족의 앞날은 어떻게 되나. 내가 있어서 국가와 민족이 환하다는 것인가. 깡패노릇하고 앉아 민족의 광명이 된다는 말인가. 국가라는 말이 틀렸다. 국가하면 으레히 집가자가 붙어다닌다. 우리나라가 망했다면 가족제도 때문에 망하지 않았을까. 집만 생각하고 나라까지는 가지도 못한 것이 아닌가. 너만 보다가 나는 생각도 못하고 만 것이 아닌가. 나는 집가자 대신에 차라리 사방천하라는 방을 써서 국방(國方)이라고 했으면 좋겠다. 왜정때 쓴 국가라는 말을 우리가 따라 쓸 필요는 없다. 학생들은 이 국방의 주춧돌이 되어야 한다. 옛날에는 집을 지을 때 땅을 다지고 주춧돌을 세운다. 큰 돌은 큰대로 작은 돌은 작은대로 무슨 돌이나 다 쓴다. 학생은 대들보가 아니고 초석이 되어야 한다. 이제 나라는 조그마한 집이 아니고 온 인류가 다 살 수 있는 나라가 되어야 한다. 그래서 교육은 국방초석(國方礎石)의 정신을 가르쳐야 한다. 남을 지배하겠다는

게 아니라 남을 섬기겠다는 정신을 가르쳐야 한다. 그리고 민족이란 말도 틀렸다. 민체(民體)라는 말이 좋겠다. 체는 커다란 유기체 공동체를 뜻한다. 민체는 피가 깨끗해야 한다. 민체혈청(民體血淸)을 배워야 한다. 교육은 국방초석과 민체혈청을 가르쳐야 한다.

(데칼트의 말을 빌려 다시 생각해 보니 생각의 불어 나타나 내가 나남 내가 나 남 생각을 예있다 나 생각사려있다 없다 모름직) 데카르트의 말을 빌어 다시 생각해보니 생각은 불이며 불꽃이다. 나무가 타 불이 나오듯이 내가 깨나 생각이 나온다. 이제 굿 나라는 굿이요 생각의 끝머리요 생각의 불꽃이다. 내가 생각하니까 내가 내가 나온다. 생각의 불이 붙어 내가 나온다. 생각에서 내가 나온다. 오늘의 나는 어제의 내가 아니다. 지금의 나는 훨씬 나아간 나다. 이것은 생각의 불이 붙어서 이루어진 것이다. 나에게로 나아갈 뿐아니라 남에게로 남을 위해 나아가게 된다. 그리고 나와 남을 생각하기에 이른다. 그런 데칼트는 모든 것을 의심한다. 하늘에 있는 것도 땅에 있는 것도 다 곧이 듣지 않고 의심한다. 여기에서 오늘의 과학 철학이 발달된다. 아마 신학도 그래서 생겼는지 모르겠다. 회의적 태도가 그것이다. 과학은 의심에서 신학은 회의에서 생겨났다고 볼 수가 있다. 그런데 데카르트는 하나 확실한 것이 있다고 한다. 그건

생각의 끄트머리가 불꽃처럼 자꾸 피어오기 때문인데 이러한 생각을 그는 의심하지 않았다. 이처럼 인정된 생각이 자신을 인정한다. 그러나 그 생각의 끝머리는 모른다. 다만 생각하는 것은 나이기 때문에 내가 여기에 있음을 의심할 수 없다는 것이다. 따라서 이 세상에서 의심될 수 없이 있는 것은 생각의 주인으로서의 나인 것이다. 그렇지만 나라는 것은 그리 쉽게 이해되는 것은 아니다. 생각이 사려나오는 것이 있다 없다 하는 것은 문제가 아니다. 있음은 있는데로 없음은 없는데로 그때 그때 따라서 다를 것이다. 다만 한가지 알아야 할 점이 있다. 그것은 내가 나가는 굿 또는 끝이 여기 예 있다는 것이다. 내 생각이 예 있다는 것을 알고 내 생각을 살려가는 것이다. 그 말은 무슨 말인가 하면 생각은 사랑이 있을 때 피어나는 하나의 정신의 불꽃이라는 것이다. 사랑의 정신으로 꽃피울 때 정말 불꽃이 되어 살아나오는 것이 생각이다. 나는 바로 정신이다. 정신의 클이 생각이다. 정신이 깨나고 정신이 불이 붙어야 한다. 정신은 거저 깨나지 않는다. 간난고초를 겪은 끝에만 정신이 깨난다. 생각이 문제가 아니다. 정신이 문제다. 불이 문제가 아니다. 나무가 문제다. 나무가 말라야 불이 붙는다. 정신이 통일되어야 불이 붙는다. 분열된 정신은 연기만 난다.

매임과 모음이 아니 !

알기 쉽게 하기 위하여 주제(主題)를 「매임과 모음이 아니 !」로 했지만 「맴과 몸이 아니 !」를 그렇게 표현한 것이다. 〈매임〉을 〈맴〉으로 〈모음〉을 〈몸〉으로 줄여 쓰고 싶은 것이다.

〈매임〉이란 어디에 〈매이다〉(拘束)는 뜻의 〈매임〉이다. 다시 말해서 〈매어 놓아서 되었다〉는 뜻으로의 〈맴〉이다.

흔히 사람의 정신이란 어디에 매어 놓으면, 일이 잘 될 것 같이 생각한다. 그러나 정신이란 그렇게 되는 것은 아니다. 어디에다 묶어놓을 수 있는게 정신이 아니다. 사람은 매인 데가 있어야 한다고 한다. 특히 몸을 매어보고 싶어 한다. 이런 생각은 될 수 있는대로 깨뜨려버렸으면 좋겠다. 정신에 있어서는 더욱 그렇다. 그리스도교에서는 〈그리스도〉에게 정신을 붙들어 매놓고 싶어 하지만 정신이란 그런 것이 아니다.

〈모음〉도 그렇다. 자꾸 모으면 안 된다. 정신이란 자꾸 나아가는 것이다. 정신의 본질은 자유(自由)에 있는 것이다. 그리고 그것은 공평(公平)과 평등(平等)이다. 나와 너에게 차이가 있는 건 아니다.

그런데 지금의 사회는 제각기 매여 살기를 좋아한다. 매이는 것이 〈우상〉이다. 매놓지 않아야 할 것을 매놓고, 모이는 것이 아닌데도 모을려고 하는 것이 우상이다.

우상을 그려보면 吕 또는 晶이 된다. 吕은 〈맴〉이란 글자이다. 晶은 〈몸〉이란 글자이다. 晶은 그 모양이 마치 팔을 벌려서 무엇인가 자꾸 끌어 모으려는 것 같다. 이것이 〈몸〉이다. 〈몸〉이란 원래 그런 것이다. 몸 하나 매어 놓자고 세상이 야단이다. 매일려면 건너가서 매여야지, 여기에서 · 이제에서 모으는데 매이면 되겠는가? 맘은 자유로운데 그 본질이 있는 것 아닌가? 매여 사는 건 내려가는 일이다.

〈몸〉이란 글자에서 가로 긋는 〈一〉는 세상을 가리킨다. 잔뜩 모으다 보니까 몸둥이가 뚱뚱해져서 앉아 있을 수조차 없는 지경이 되었다. 매이고 모으고 하는 짓들은 이제 집어치워야 할 것이다. 매고 모으는 이 〈몸〉에서 〈一〉를 빼면 〈몹〉이 된다. 몸둥이가 바라는 욕심을 없애면 〈몹(맘, 마음)〉이 된다.

또 〈吕〉에서 〈ㅣ〉를 빼면 〈呂〉 곧 〈맘〉이 된다. 그런데 〈맘〉과 〈몹〉은 좀 다르다. 〈맘〉이란 아직 상대적인 세상에 욕심을 붙여서 조금 약게 영생하는데 들어가려는 것이다. 〈몹〉이란 모든 욕심을 다 떼어버리고 자신(自信)을 세워 가겠다는 것이다. 〈몸〉에서 우상의 세계를 가리키는

〈一〉를 떼어버리면 〈뭄〉이 된다. 그러기에 「매임과 모음이 아니!」 또는 「맴과 몸이 아니!」하고 강조하기에 이른 것이다. 맴과 몸이 아니면 맘과 뭄의 된다. 모으는데 힘써 물질을 잔뜩 싸놓고, 자기 혼자만이 잘 살려고 약은 수단을 다 부리는 어리석은 짓은 싹 지워버려야 한다. 물욕을 제하고 뭄이 돼야 한다. 본 성질의 뭄으로 돌아가야 생명이 바로 된다. 제가 우리나라 사람들에게 알게 하고 싶은 것은 바로 〈뭄〉이란 글자이다. 몸둥이로 살되 그처럼 살지 말고 의식주를 구하되 내일을 염려하지 말자. 맴과 몸은 그만 두자. 맘을 비어 두자. 매어보겠다는 것 그만두고, 모으겠다는 것 그만두고, 빈 맘만 가지고 살아가자는 것이다. 몸·맘이 있으면, 자유를 바랄 수 없다. 몸이라는 우상을 숭배하고 있으면서 자유를 아는 것은 위험하다. 돈을 모으면 자유가 있는 줄 아나, 그건 어리석은 생각이다. 이기(利己)와 독단을 낳기 십상이기 때문이다. 영업이나 경영이 자기 몸둥이를 위한 짓이라면, 그것은 서로의 평등을 좀먹는다. 경영을 하면 이(利)를 추구하게 되고, 그렇게 되면 평생을 모으려고만 하게 될 것이니, 자유·평등이 있을 리 없다. 매어서 사는 몸이 무슨 자유냐? 매인 생활, 그것은 우상생활(偶像生活)이다. 그래서 매여서는 안된다. 사람이 매이려고 한 것은 돈을 모으려는 것인데, 기왕이면 큼직하고 남직한데 매이려고 한다. 그러나 거기에 바로 매어지느냐 하면, 그게 안 되는 것이다. 매는 데 매여지기를 요구하고 매여지면 돈을 모아서 더 큰 데 매여지기를 요구한다. 이게 요즈음 말하는 정상배(政商輩)의 생리이다. 나도 한번 모아보자. 그래서 떵떵거리고 잘 살아보자. 그러려면 더 큰 데 매여보자. 재벌도 되고, 큰 자리에도 앉아보자, 하게 된다.

이런 짐들은 다 없어져야 한다. 이 따위 우상숭배는 사라져야 한다. 사람은 자유스러워야 한다. 매이는 데가 없어야 한다. 뭄은 항상 궁신(窮身)하는 자리에 가 있어야 한다. 신을 알려는 것이 궁신이다. 신이 딴 것 아니다. 우리들이 바로 신이다. 지금에는 신의 능력을 나타내지 못하지만 이 다음 신으로 돌아가는 것만은 사실이다. 궁극에 내가 신이 되겠다는 것 아닌가? 신(神)의 자리에 간다는 말이다. 정신(精神)이란 곧 궁신(窮神)하겠다는 것이다.

한편, 우리는 자연 자체의 변화를 알아야 한다. 이것을 〈지화(知化)〉라 한다. 정신은 지화(知化)를 요구한다. 정신이 궁신지화하면 큰 데 매여서 돈을 모아보자는 욕심은 부리자 않게 된다. 그런데 궁신·지화(窮神·知化)도 자유와 평등에 입각해 있어야 한다. 그렇지 않으면 자기 본질이 궁신지화에 있는 줄 알면서도 매여 모으려는 궁리만을 하게 된다. 사실 맘과 몸에 얽매이면 자유와 평등을 잃게 된다. 궁신지화를 모르면 〈자유와 평등〉을 말하면서도 실은 그것을 깨뜨리고 있는 것이다. 궁신지화하려는 정신의 움직임, 그것이 곧 신에 드는 일(歸神)이며, 그것이 곧 참(誠)이다. 맘에서 떠나 자유가 되고 몸에서 떠나 평등이 된다. 자유는 궁신에서 오고 평등은 지화에서 온다.

(한울로 머리둔 나는 한울님만 그리읍기 나섬 이김으로 오직 하나이신 님을 니기 섬김에 섬기신 목숨 그리스도 기름깊) 궁신지화라고 했는데 궁신에 대해서 이런 노래를 한번 불러본다. 한울로 머리둔 나는 한울님만 그리움기 사람은 다른 동물과 달리 곧이 곧장 일어설 수 있는 것은 한울에서 온 탓이라고 생각된다. 마치 모든 초목이 태양에서 왔기 때문에 언제나 태양이 그리워서 태양을 머리에 이고 태양을 찾아 하늘 높이 곧이 곧장 뻗어가며 높이 높이 서 있는 것처럼 사람은 하나님께로부터 왔기 때문에 언제나 하늘로 머리를 두고 언제나 하늘을 사모하며 곧이 곧장 일어서서 하늘을 그리워하는 것 같다. 그런 의미에서 하나님을 찾아가는 궁신(窮神)은 식물의 향일성(向日性)과 같이 인간의 가장 깊은 곳에 도사리고 있는 인간의 본성이라고 생각된다. 인간은 이 본성 때문에 땅에서 나오는 풀처럼 만물을 초월하고 무한

한 발전을 가능케 할 수 있으며 온땅을 덮는 높이 자란 나무처럼 만물을 이기고 만물을 극복하고 만물을 지배하고 살아갈 수가 있는 것이다. 이것이 나섬 이김으로 오직 하나이신 님을 니기다. 나섬 이김도 내가 나서고 내가 이기어 내가 제일이 되겠다는 것이 아니라, 하나님의 빛과 힘을 들어내기 위해서 하나님을 더욱 빛나고 힘있게 하기 위해서 하나님을 우리 머리에 받들고 하나님을 우리 머리 위에 니기 위해서 우리가 이 세상에 나온 것이요, 우리가 이 세상을 이기는 것이다. 하나님을 우리 머리에 이는 것이 그것이 나섬의 목적이요, 이김의 내용이다. 결국 나섬 이김은 한마디로 섬김이다. 인간의 아름다운 모습은 섬김에 있다. 인간의 본연의 모습은 섬김에 있다. 섬김에 섬기신 목숨 그리스도 기름 깊 그런데 많은 사람 가운데서 정말 하나님을 섬기고 사람을 섬기신 가장 으뜸가는 목숨은 그리스도 아닐까. 온 인류로 하여금 그리스도로 그렇게 살도록 보이기 위해서 섬김에 섬기신 목숨, 봉사의 봉사이신 생명, 봉사자체이신 생명, 봉사가 전부이신 분 아버지와 어린이를 섬기는 섬김 자체인 어머니처럼 하나님과 인류를 섬김을 자기의 생명으로 삼으신 섬김에 섬기신 목숨 그리스도를 진정으로 기름 진정으로 찬미함 깊 찬미 그리스도를 찬미하고 찬미함, 그것이 인간의 자연 아닐까. 궁신,

그것이 인간의 본성이요, 그리스도를 찬미함이 인간의 자연이리라. 한울로 머리둔 나는 한울님만 그리웁기 나섬 이김으로 오직 하나이신 님을 니기 섬김에 섬기신 목숨 그리스도 기름 (깇). 이렇게 궁신을 풀어 보았다. 그 다음에 지화(知化)는 하늘 땅 사이에 모든 만물이 한없이 변화해가고 발달 하여 가는 과정을 살려보는 것이다. 지금 말로는 과학이다. 궁신이 종교 라면 지화는 과학이라고 할 수가 있 다. 과학은 변화하는 이치를 아는 것 이다.

(하늘 땅을 펼친 자리에 가는 바뀜 이요, 된 받할의 곧 있 곧 있 이 올을 길의 오래라 바뀜이 알 높하늘 받 앝 이 차림 땅드디) 하늘 땅을 펼친 자 리에는 한없이 가는 세분된 만물이 돌아가고 바뀌어가는 것이 자연과 인 생이다. 흘러가는 물에 두번 다시 발 을 적실 수 없고 흘러가는 시간 속에 서 오늘은 두번 다시 우리가 살아 볼 수 없는 이 순간이 역시 인생이라는 것이다. 인생은 몸을 쓰고 있다가 마 음으로 바꾸고, 마음을 쓰고 있다가 정신으로 바꾸고, 정신을 쓰고 있다 가 영혼으로 바뀌는 것이 인생이다. 봄이 여름으로 바뀌고 여름이 가을로 바뀌고 가을이 겨울로 바뀌는 것이 자연이다. 하늘 땅 펼친 자리에 계속 바뀌어가는 것이 자연이요 인생이다. 이러한 발전과 변화의 대법칙을 따라 세상에 나타나 하나의 현실이 된 것 이 나요, 내가 해야 할 사명을 받아 나의 할 일을 하는 것이 나요, 현실 이 된 사명을 받은, 할 일을 할, 된 받할의 곧있 곧있 현실존재의 현실 존재가 나요, 이러한 변화 발전하는 이치의 길 올길을 불러 와 그 이치를 파악하고 그 이치를 가지고 다시 하 늘을 올라가는 길이 만물의 이치를 아는 중묘지문(衆妙之門)이요 생각과 마음을 가지고 자연을 연구하여 법칙 을 찾고 그것을 이용하여 우리의 생 활을 풍부하게 하는 신비한 문, 이것 이 인생이다. 변화, 그것이 지식이요 바뀜이 알이다. 높하늘을 받들고 높 하늘의 뜻을 받아 겸손하게 자기를 낮추어 앝이 차리고 이치를 찾아 채 우고 땅을 드디고 현실에 입각하여 현실을 아름답게 살아가는 것이 지화 다.

1956년 11월 29일
서울 YMCA 수요강좌
송 기 득 정리

多夕日誌

무거무래 역무주

〈말〉을 하고 싶은 사람은 생각을 자꾸하는 사람이다. 참 말씀을 알고 말씀을 하려는 사람은 그 가슴 속에 생각의 불꽃이 타오르고 있는 사람이다. 자꾸 일어나는 참의 불꽃이 있어 그것이 말씀으로 타오르는 것이다. 그래서 〈참〉을 아는 사람은 말을 뱉어내고 싶어한다.

그런데 나는 가끔 〈문제〉가 별로없다고 말하는 데, 그것은 다만 〈하나〉만을 문제로 삼고 있기 때문이다. 따라서 〈말씀〉이란 것도 결국 〈하나〉밖에 없다. 모든 문제는 결국 이 〈하나〉에 연결되어 있을 뿐이다.

산다는 것은 따지고 보면 〈불을 일으키는 것〉이 아닌가 하고 생각한다. 우선 사람이 숨쉰다(呼吸)는 것은 산화작용(酸化作用)을 한다는 것이다. 사람은 산화작용을 하는 생명이다. 그래서 생명의 불꽃을 일으킨다고 할 수 있다. 그러나 생명의 불꽃을 일으킨다고 해서, 탄산까스를 만들어내는 일은 아니다. 탄산까스와 같은 독한 것을 〈나쁜 생각〉에 비유해서, 악마 같은 생각을 뿜어낸다고 할 수도 있다. 그러나 정말 참 생각, 좋은 생각의 불이 타고 있으면 생명에 해로운 것은 나올 리 없다. 반드시 좋은 것

이 나올 수 밖에 없다. 사람이란 본래 살도록 되어 있는 것이고 브런, 종당에는 좋은 것 남기도록 걸어가는 것이고 그렇게 되도록 밀어주어서 참의 길을 살아가는 것, 그것이 사람의 삶이 아닌가 생각한다.

〈사는 생명〉이 지나가는데서, 참은 종당에 가서 서로 사랑하는 것으로 끝을 맺게 될 것이다. 본래 하나님께서 내준 분량을 영글게 노력하는 생명은, 반드시 〈사랑〉에 이르게 될 것이다. 그러나 사랑을 잘못하면 죄가 될 수도 있다. 짝사랑으로 인해서 서로 때리고, 마침내 살인까지 이른다면, 그것은 독한 탄산까스와 같은 죄악이다.

그렇지만 사랑을 너무 에누리해서 사랑의 죄악만을 강조한다면, 사랑의 본질을 놓치기 쉽다. 우리가 사랑에 살면서 사랑의 본원에 들면, 가까운 나, 먼 나, 현실의 나, 장래의 나에게 결코 해로운 것이 될 수가 없다. 마찬가지로 숨 쉴 때 나쁜 탄산까스가 나오는 것은 사실이나 참 생명의 불이 제대로 타고 있으면, 생명에 독을 주는 〈탄산까스〉 따위는 되어 나오지 않는다. 산소를 완전히 들여 마시고 바로 숨을 계속해 내쉰다고 한다면, 생명에 이익이 되는 것이 나왔으면 나왔지, 탄산까스처럼 해로운 것이 나올 리 없다. 제대로 산화(酸化)가 안되면 생명의 불꽃이 타지 않을 것이므로, 탄산까스 이상으로 독

한 것이 나올 수가 있다. 생각이 잘 못 들면 못된 생각이 나오는 것은 당연하다. 제대로 위로 올라가려고 생각의 불꽃을 피우면, 결코 생(生)에 해로울 것이 없을 것이다.

그래서 문제는 언제나 하나인데, 그것은 곧 〈산다는 것〉이다. 우리는 생명의 불을 태우느냐 못 태우느냐를 늘 생각해야 한다. 그것이 생각을 〈불사르는 것〉이고, 그것으로 정신이 높아지는 것이고, 그것으로 생각이 다시 올라가는 것이고, 그래서 자꾸 말이 터지게 된다. 내가 말을 자꾸하는 이유도 여기에 있다.

사실, 말을 한다는 것은 말씀을 사뢰는 것이다. 생각의 불꽃을 살리는 말씀이다. 우리 속에 자꾸 살리는 것이 있으니, 또한 살리지 않을 수가 없다. 때로는 나도 혼자 기도하듯이 혼자 〈당신〉 하고만 말하고 싶은 때가 있다. 그러나 생각하는 우리 존재가 그렇게 말을 시키는데는 까닭이 있다. 그래서 우리를 가리켜 〈사룀〉이라고 한다. 〈사룀〉이란 말은, 말씀을 사뢰는 중심(中心)이란 뜻이다. 그래서 〈사룀〉이란 것에는 불꽃이 있게 되는 것이다. 그런데 〈오늘〉의 사람에게 불꽃이 타고 있는 것일까?

오늘은 〈居住〉에 대한 말부터 시작하기로 하겠다. 거(居)는 산다는 것이고, 주(住)는 머무른다는 것이다. 이것은, 사람이 머물러야 사는 줄로 아는 데서 나온 말이다. 흔히 주소

(住所)가 어디냐고 묻는다. 어디 한 곳에 머물러 있을 것이니, 그 머무르는 곳이 어디냐는 질문이다. 머무는 곳을 찾는 것이다. 사람은 어디에 머물러 있어야 사는 줄로 알기 때문이다. 실상 머물러야 산다는 것이 된다. 거(居)도 사실 머무른다는 뜻이다. 居자의 시(尸)는 사람의 엉덩이를 나타내고, 고(古)는 고정시키는 일이니 거(居)는 앉아서 거기에 있다는 뜻이다. 그래서 주소(住所) 대신 거소(居所)라 해도 좋다.

그러나 사람이 머무른다고 해서 아주 머물러서는 안된다. 생각의 불꽃을 태우고 위로 오르는 우리가 머물러 있어 되겠는가? 사람이 머물러 사는 것 같이 생각되나, 머무를 수 없는 것이 또한 사람이다. 우리가 원뜻을 생각하면 자기 주소가 어디인지를 묻는 것은 참으로 우스운 짓이다. 제자리가 어디 있는가? 자리란 무엇이냐? 이 자리, 저 자리, 이것은 내 것, 저것은 네 것 하는데 그런 것이 어디 있는가? 네 자리, 내 자리 하는 것은 있을 수 없다. 그런데 사람들이 앉아서 이것은 내 자리, 저것은 네 자리 한다. 본래 내, 네 자리가 없는 것인데, 머무를 곳이 어디에 있다는 것인가?

기차안에서 자리가 비어 있어 앉아 있으면, 그건 〈내 자리〉라고 비워달라 한다. 먼저 차지해 두었다는 것이다. 선취권(先取權)을 가지고 소유

(所有)를 주장한다. 만일 우리가 우주인(宇宙人)의 관념을 가진다면, 주소가 어디에 있겠는가? "어디에 사느냐"고 물으면, 〈우주〉에 산다고 하면 그 뿐이다. 도대체 "어디에 사느냐?"고 묻는 것이 우스운 짓이다. 사는 데가 있다면, 그건 사는 것이 아니다. 사는 것이 무엇인지 모르고 하는 소리이다.

우주 공간에 태어난 것으로 알면, 어디에서도 잘 수 있고 어떤 음식도 먹을 수 있는 것이다. 한 〈우주인〉으로서 잠은 어디에서도 잘 수 있고, 먹는 것은 아무 것이나 먹을 수 있어야 할 것이다. 적어도 태극천하(太極天下) 그 어디에 갖다 놓아도 〈나는 살 수 있다〉고 할 수 있게 되어야 하지 않겠는가? 시골에 갖다 놓으면 잠도 못자고 먹을 것도 못 먹고 하는 사람은 모든 일에 다 탈이 나는 사람이다. 그게 바로 병신이다. 백간(百間)집에 산부자 자식이 백간 집을 다 사용하지 못하고, 겨우 사랑방 한 곳만 쓰고 사는 경우가 있다. 이처럼 한 방에서 살다 죽는다면 참으로 불쌍한 것이다. 그렇게 살면서도 우주를 쥐었다, 놓았다 하면 모르겠지만. 우리는 우주의 주인으로 살아야 한다. 우주를 삼킬듯이 돌아다녀야지 집없다 걱정, 방없다 걱정, 병난다 걱정, 자리없다 걱정, 그저 걱정하다가 판을 끝내서 되겠는가?

그러나 훨훨 돌아다니는 우주의 여행가가 되었다 하더라도 꼭 우주의 주인이 된 것은 아니다. 어떻게 생각을 내는지, 생각의 불꽃 그것이 문제이다. 어떤 이는 일생 40리 밖을 나가지 못했다고 한다. 그렇더라도 생각의 불꽃이 우주의 주인이 되면, 그것으로서 충분히 〈사는 것〉이 된다.

나도 여러분처럼 언제나 가고 있는 사람이다. 우리가 기차를 타면 차 안에 〈머무르게〉 된다. 그러나 그것이 머무르는 것인가? 우리는 지금 강의를 들으면서 머무르고 있다. 그러나 이것이 머무는 것인가? 그것은 지구를 타고 머무르고 있을 뿐이다. 우리는 가만히 앉아 있지만 지금 가고 있는 것이다. 머무르는 것이 아니다.

사실, 우리 몸이 머무르고 있는 것 같지만 우리의 혈액은 자꾸 돌고 있으며, 우리의 호흡으로 태울 것 죄다 태우고 있다. 그리고 우리 몸을 실은 지구 또한 굉장한 속도로 태양의 주위를 돌고 있다. 우리의 어제와 오늘은 허공(우주 공간)에서 보면 엄청난 차이를 나타낸다. 우리는 순간 순간 지나쳐 간다. 도대체 머무르는 곳이 어디에 있는가? 영원한 미래와 영원한 과거 사이에서 〈이제 여기〉라는 것이 접촉하고 있을 뿐이다. 과거와 미래의 접촉점을 〈이제 여기〉라고 한 것이다. 지나가는 그 한 점, 그것이 〈이제 여기〉인 것이다. 그 한 점이 영원이라는 미래를 향해 가고 있다.

우리가 〈나〉라는 존재를 이쯤만 생각해도 불꽃을 피우는 것이 있게 된다. 우리는 불꽃을 피움으로써 미래와 과거의 영원에 접촉하고 있는 것을 느낀다. 이것은 다른 사람이 판단할 수 없다. 오직 자신만이 판단하는 것이다.

이렇게 보면, 산다는 것은 〈이제·여기〉에 당해 있다고 해야 할 것이다. 우리가 다른 것은 몰라도, 〈나는 여기 있다〉는 것은 대단히 훌륭한 발견이라고 볼 수 있다. 이것은 참말이다. 그러니까 아무리 넓은 세상이라도〈여기〉이고, 아무리 긴 세상이라도 〈이제〉이다. 가온 찍기 ⨀ 이다. 이것이 나가는 것의 원점이며, 〈나〉라는 것의 원점이다.

그런데 우리는 〈이제부터〉라는 소리를 잘 쓴다. 그것은 목적을 전제해서 하는 소리이다. 목적을 말하는 것은 우스운 것이다. 목적이 있다면 그것은 꿈이다. 〈여기·이제〉가 바로 〈곳〉이다.

우리는 일정하게 머무를 곳 (住所)이 없다. 그래서 〈無住〉이다. 머무를 주소가 있다면, 그것은 〈우주〉일 뿐이다. 우주 공간이 우리의 주소이다.

사람들은 모두 머무를 곳을 찾는다. 그러나 머물면 어떻게 되는 건가? 머물면 썩는다. 〈주(住)〉라야 살 것 같지만, 무주(無住)라야 산다. 머무르면 그쳐버린다. 산다는 것은 자꾸

움직여 나가는 것이다.

요사이처럼 상대세계(相對世界)가 확실한 때가 없다. 모두 상대적이다. 동양에서는 음양(陰陽)을 말하면서 동정(動靜)을 말한다. 움직임 속에 정지가 있고, 정지 속에 움직임이 있다. 역학(力學)에서는 이미 상대성을 말했다. 운동과 정지는 상대적이다. 운동이 따로 있고, 정지가 따로 있는 것 아니다. 기차 안에서는 정(靜)이다. 다소 움직임이 있지만, 대개 가만히 앉아 있다. 그러나 기차는 달리고 있다. 운동과 정지는 상대적으로 규정된다.

세상이 있다는 것은 줄곧 가는 것을 뜻하는 것이지, 정지를 뜻하는 것이 아니다. 모든 일도 다 그렇다. 자꾸 지나가고 있다. 우리가 시간, 공간 하지만, 그게 따로 있는 것이냐? 한 세상 안의 시·공간이지. 모든 것은 변한다. 자신도 변한다.

그런데 자신이 변하는 것을 모르고 있다. 변화를 무시하려고 한다. 그래서 불교에서는 〈밀이(密移)〉라는 말을 쓴다. 은밀하게 움직여진다. 옮겨진다는 뜻이다. 자신이 늘 그대로 있는 것 같지만, 자기도 모르는 사이 달라져 있는 것을 발견한다. 정말 밀이(密移)이다. 그래서 무주(無住)를 인정하지 않을 수 없다. 머무를 곳이 없다. 〈계속〉

柳 永 模
1956년 12월 6일 「木曜講義」
YMCA 본관에서

주 일 무 적

우주는 움직인다(動). 정(靜)이 있다고 하면, 그건 수레(車)의 축(軸)이라고나 할까? 〈나〉라는 것은 그러한 축(軸)이다. 늘 나가는 것의 축이다. 그러나 축이 정말 있느냐 하면, 그렇지 않다. 축이란 〈한 끝〉이다. 무주(無住)이다. 〈여기〉라고 규정한다면, 그것은 우주 그대로를 가리키는 것이라고 할 수 밖에 없다.

가는 것도 없고 오는 것도 없는데, 머무를 곳이 어디 있겠는가? 〈無去無來亦無住〉이다. 간다, 온다 하는 말이 그냥 산다는 말이 된다. 사는 것을 이처럼 해야만, 우리는 조금 앞으로 걸어나가는 것 같다. 그러나 따지고 보면 실제 걸어가는 것인지, 걸어오는 것인지, 움직이는 것인지, 가만히 있는 것인지 모른다. 간다, 온다, 있다, 없다 하는 것은 표현하기 위해서 말로 나타내는 것 뿐이다.

도산(島山) 안창호선생의 시에 "모란봉아, 너를 두고 나는 간다"는 구절이 있는데, 모란봉이 우주 안의 하나라면 두고 간다는 것이 무엇이겠는가? 사람들은 두고 간다면 섭섭하게 생각하고, 온다면 반가워하는데, 오는 것은 앞으로 나가는 길이 온다는 말이다. 길에는 가는 사람도 있고 오는 사람도 있다. 오가는 사람이 없으면 아무리 길이 훤히 터져도 소용이 없다. 또 길이 없으면 오고 가지도 못한다. 가는 길이 오는 길이다.

요사이 나는 평생 가고 있는 것이 실은 내가 있는 곳에 오고 있는 것으로 느껴진다. 이 생각은 내가 스물 셋에 일본 갔을 적에 체험한 것인데, 부산을 떠나 밤새 배를 타면 날이 밝아서야 시모노세끼(下關)에 도착하게 된다. 밤새껏 배를 타고 가는 것이, 마치 밝은 데 오기 위한 것 같다. 자다가 아침을 맞으면 몰라도, 밤새 어두움만 보다가 날이 밝는 것을 보면 꼭 밤새 배타고 밝은 데로 온 것 같은 기분이다. 마찬가지로 내가 살아가고 있는 것은 요즈음 밤새 어두움을 걷다가 해 있는 곳에 온것만 같다는 느낌이다. 아침이 되면 해가 찾아온다고 하는 것이 옳지, 내가 해 있는 곳을 찾아간다는 것이 말이 되느냐고 할지 모르나, 자기 그림자를 밟고 가겠다는 생각처럼, 내 생각의 불꽃은 자꾸 그렇게 타고 간다. 언제나 그처럼 우리는 간다. 그렇게 가는 것이 이렇게 오는 것이다. 가고 옴의 같기가 +, ―와 같다. 플러스 마이너스란 원점을 두고 좌·우를 말하는 것인데 반대쪽에서 보면 ―가 +로 보인다. 가는 것이 +이고 오는 것이 ―인지, 오는 것이 +이고 가는 것이 ―인지 모른다. 정·부(正負)가다 이와 같다. 음·양이 또한 그러하다. 가는 것은 섭섭하고, 오는 것은 반갑고 하는 것은 다 거주사상(居住思想)에 사로 잡혀 있기 때문이다.

〈길〉이라는 것은 영원히 오고 영원히 가는 길이다. 그런데 그 길은 〈나〉가 가고 오고 한다. 내가 자꾸 그 길을 오가면, 내가 곧 길이 된다. 이쯤되면 내가 진리가 되고 생명이 된다. 예수가 "나는 길이요, 진리요, 생명이다"고 했다는데, 〈나〉가 간다면, 길따로 나 따로가 있을리 없다. 내가 없으면 길이 없다. 길이 없다고 나가 못가는 것 아니다. 나 있는 곳에 길이 있다. 나 따로, 길 따로가 아니다. 예수가 "나는 길이요, 진리요. 생명이다"한 것은, 나와 길, 나와 진리, 나와 생명이 둘이 아니라는 뜻으로 해석할 수 있다. 나 없으면 진리고 생명이고 「 문제가 되지 는않다. 〈나〉가 가고 〈나〉가 오는 것이다. 그때 〈참 나〉가 된다.

우리는 사는 것을 사람으로 산다고 할 수 있다. 그러나 사람으로서 산다고 말하면 또 거짓말이 된다. 〈나〉는 정신으로 사는 것이기 때문이다. 종당에는 궁신지화(窮神知化)에 이른다. 하느님이 나더러 그따위 해석을 한다고 야단할지 모른다. 나중에 가보면 알 일이다. 내가 사는 것은 내 〈멋〉에 사는 것이다.

기차 안에서 자리다툼을 하다가 종착역에 다닿으면, 그 자리를 내버리고 내린다. 자기가 의지했던 자리이지만 돌아보지도 않고 서슴없이 버린다. 예수도 〈자리다툼〉을 하지 말라고 타일렀다. 사람들이 다툴 때 다투더라도 어느 때 가서는 깨끗이 그만두었으면 좋겠다. 기차간에서 다툰 그 자리는 거것이다. 우리의 싸움도 기차의 좌석 버리듯 그쯤 깨끗하게 버렸으면 한다.

우리가 무주(無住)라고 볼 때 주〈住〉를 〈있다〉, 〈머문다〉는 정도의 단순한 의미로 생각하면 안된다. 내가 세상을 산다는 것은 세상을 떠나서는 못 살기 때문에 〈머문다〉는 것이 결코 아니다. 우리는 언제부터 언제까지 머무르게 된다는 것이 아니다.

날이 저물면 묵어가라고 한다 또는 더 묵어가지 않고 왜 벌써 떠나는 거냐고 말리기도 한다. 묵어가는 것이 편할 것 같다. 묵으면 머무르는 세계가 된다. 무주계(無住界)에서 어떻게 자꾸 묵겠는가? 무주계에서 더 묵어가라고 하는 심정, 또 묵어보았으면 하는 심정, 그것은 하루라도 더 이상대세계에 얽매이기를 소원하는 생각이다. 묵는다는 것은 어떤 뜻으로는 불행을 가하는 것인지도 모른다. 세상에 묵는다는 것은 실상은 몸뚱이(껍데기)만 묵는 것이지, 〈나〉가 묵는 것이 아니다. 육십 평생 묵었는데 또 묵으란 말인가? 묵는다는 것은 몸을 묶는 것이지, 정신이나 생각을 태우고 나가는 것이 아니다. 〈나〉라는 것여는 묵는다는 것이 하나도 없다. 새롭게 나가는 것이다. 생명은 자기 갈 곳을 가게 되어 있지, 묵지를 못한다. 하루 밤을 묵었으면 〈나〉가 간다는 것을 알아야 한다. 〈나〉의 자리는 묵은 것도 가는 것이고, 가는 것도 묵은 것이다.

가는 날 내가 간다고 알면, 묵어가는 심정이 퍽 부드러워진다. 자기 집에서처럼, 어디에서나 잘 자고 무엇이나 잘 먹게 된다. 그러면 건강도 좋아진다.

나는 묵는 것이 아니다. 묵는다면 물 속 밑바닥에 줄곧 가라앉아있듯이 묵는 것인데, 〈나〉라는 것은 새로 나아가서 비로소 사는 것이다. 나가되 무한궤도(無限軌道)에 나간다. 무한궤도에 올라가지만, 그 자체는 조금도 가지 않는 것처럼 간다. 그 무한궤도 자체에라도 묵으면, 그것 또한 중지이다. 그렇기 때문에 이 세상여서 아예 묵으면 죽는 줄 알면 될 것이다.

그러므로 우리는 세상에서는 〈응무소주이생기심(應無所住而生其心)해야 한다는 것이다. 머물을 것이 없는 것이 생명이다. 몸뚱이만 가지고 맘을 내면 견물생심(見物生心)이 된다. 몸뚱이의 충족은 죄악을 낳는다. 맛을 그리워하는 것은 못쓴다. 무엇을 좀 갖겠다든지, 좋은 소식 좀 듣겠다 하는 것은 실제 마음이 거기에 머뭇거리려는 증거이다. 이런 생각은 하나의

〈우상〉이니 삼가야 한다.

우리는 머무는 것 없이, 내 맘 머물지 말고 마음을 자꾸 나가게 해야 한다. 내 마음을 〈내〉가 내야 한다. 그러기 위해서는 희노애락 따위 태울 것은 태워야 한다. 즉 희노애락을 화합(和合)시켜 나가는 가운데 길을 가야 한다. 그것은 본래 빈데서 이루어진다. 그것이 중화(中和)의 길이다. 이것이 바르게 산다는 것이다.

되(升)는 될 것 다 되서 곧 비어나야지 다음 될 것을 될 수 있다. 될것 자꾸 되어 넘기는 것이 화(和)이다. 중용(中庸)이라는 것도, 될 것 다 되고 바로 넘긴다는 뜻이다. 여기에서 우리는, 그 동안의 우리의 존재를 뒷박으로 알아야 한다는 사실이다. 뒷박은 늘 비어 두어야 한다. 그래야 다음에 금방 될 수 있다. 될 것을 되면 금방 넘겨야 한다. 이것이 〈응무소주이생기심(應無所住而生其心)의 자리이다. 우리의 마음은 머무는 데가 없어야 한다. 어디에 들어 앉지 말아야 한다. 이 불교의 가르침은 깊은 뜻이 있다. 처음부터 마음을 내지(生心)말아야 하는데, 사는데는 생심하지 않을 수 없다. 그러나 생심해도 금방 되를 넘겨야 한다. 곡식을 담아 두어서는 안된다. 생심해도 머무르는 데가 없어야 한다(應無所住). 불교에서는 여섯가지 금한 것이 있는데, 고운 것 먹지 말고, 고운 소리 듣지 말고, 고운 냄새 맡지 말고, 고운 색

취하지 말고 둥이다.

유교에는 주일무적(主一無適)이라는 말이 있다. 하나를 정했으면 딴 데로 가지 말라는 말이다. 하나만을 꼭 가지고 있으라는 말이다. 유교하는 사람들은 〈응무소주이생기심〉을 배척하고 〈주일무적〉은 반대하지 않는다. 주역(周易)의 정신에서는, 〈응무소주이생기심〉을 〈주일무적〉이라 한다. 〈주(主)〉란 얼핏보아 머무르는 주(住)와 같은 면이 없는 것 아니지만, 그러나 주(主)란, 묵는다(住)는 것과는 달리, 내가 간다고 할때 나를 가게하는 그 〈무엇〉이다. 우리는 하나의 길, 곧 나의 길을 간다. 그 〈하나〉 그대로 영원한 하나이다. 우리는 영원한 〈하나〉로 돌아 간다고 느껴진다. 이런 느낌은 무엇인지 우리에게 〈주(主)〉가 있어서 그렇게 한 것 같다. 이 세상에는 절대자가 따로 있는 것이 아니고, 주(主)되는 〈나〉가 있어서, 그 〈하나〉를 찾는 것이다. 주(主)가 그대로 우리 속에 있다. 이 〈주〉가 제 주장을 하고 나가는 것이다. 과거, 현재, 미래 속을 가는 것이 〈주(主), 나〉이다. 예수도 찾고 부처도 찾고 하는 주(主)가 곧 나이다. 우리가 예수나 부처를 찾는 것은 〈주일, 主一〉하자는 것이다. 〈주일〉은 지금 당장에는 안 될지 모르나 종당에는 그 자리에 갈 것이다.

몸뚱이로 사는 것은 거주사상(居住思想)이고, 주일(主一)하자는 것은 참사는 것이다. 〈나〉가 〈하나〉로 가는 이것이 〈무적(無適)〉이다. 갈 데가 없다는 뜻이다. 적(適)은 입에 맞는 음식을 배불리 먹었다는 뜻으로, 무적은 입에 받는 것이 없어서 안 간다는 것이다. 안 간다는 것은 묵지(宿) 않겠다는 것이다. 머무는 것이 좋은 것인지, 다들 자꾸 머물라고 한다. 내가 "매임과 모음은 안된다"고 하니까, 매인 데가 없으면 불량자가 되는 것이 아니냐고 말한다. 응무소주, 주일무적하면 불량자인가?

우리는 이 상대의 세계에서 매임과 모음을 버리고, 늘 무적(無適)으로 나가야 한다. 무막야 무적야(無莫也 無適也)이다. 불가(不可)한 것도 없고 입에 맞는 것도 없다는 말이다. 무가무불(無可無不)이다. 옳다는 것이나, 그르다는 것이 없다는 뜻이다. 이로운 곳에 가서 복을 찾으니 참으로 좋겠다는 것 따위는 없다는 말이다.

따라서, 묵지 않겠다는 것, 나는 간다는 것, 그것 다 옳은 것이라 말하고 그렇지 않는 것은 다 그르다고 주장하면, 그건 합정일 수 있다. 이 혼동을 조심해야 한다. 어쨌든 우리는 영원한 방향을 주일무적(主一無適)한 데로 나갈 생각을 자꾸 해야 한다. 그래야 산다는 것이 조금 짐작이 된다. 우리가 알 것이 있다면, 바로 그 하나이지, 둘이 아닌 것이다. (知其一不知其二).

깨 끗

옛날 증자(曾子)는 몸성히 간이로 이름높다. 증자 병이 덥쳐(曾子有疾) 불린 제자들 더러(召門弟子) 손발을 열어보란다 (曰 啓豫足 啓豫手). 깊은 바다 끝에 선듯 얇은 어름이나 밟아온듯 조마 조마 아슬 아슬 했단다 (詩云 戰戰兢兢 如臨深淵 如履薄氷). 인제는 내냈서 알지 성히 감을 애들아 (而今而后 吾知免夫 小子) 전전궁궁은 무척 조심스러워 마음이 조마조마 한것을 말한다. 마치 바닷가에 우뚝 선 천인절벽 끝에서 아슬 아슬한 검푸른 바다를 내려다 보는 사람이 현기증이 나서 떨어지지 않으려고 벌벌떨면서 자기 몸을 가누는 것 같이 조심조심하고 또 얇은 어름위를 타고 지나가는 사람이 조금이라도 실수하여 얼음이 꺼지면 깊은 물에 빠져 생명을 잃을까봐 조심 조심하는 사람처럼 군자는 험악한 이 세상을 건너가기 위해서 한없이 조심하는데 제일 조심하는 것은 자기의 육체 생명을 보존하기 위해서 그렇게 조심한다는 것이다. 그것은 이 육체생명에 정신생명이 담겼기 때문이다. 증자는 옛날부터 효자로 유명한데 효의 시작은 몸을 온전히 보존하는 것이기 때문에 증자는 죽음에 임하여 자기 제자들에게 자기의 육체를 보여주며 자기가 온

전하게 보존할 수 있은 것을 감사하는 마음으로 가득찬 것이다. 세상에는 여러가지 일을 위해서 주야로 염려하고 걱정하고 그것을 위하여 노력하는 사람이 얼마든지 있는데 증자는 그 모든 것에 앞서 가장 근본적인 일, 즉 몸을 건강하게 유지하는 일에 모든 정성을 다한 사람이다. 그것은 건강한 몸 없이는 건강한 정신이 없기 때문이다. 증자가 전을 쓴 대학에 핵심은 수신위본(修身爲本)이라는 말이다. 자기의 몸을 너무도 학대하고 일체 자기의 몸은 돌보지 않고 돈 벌기에 벼슬 얻기에 자기의 전부를 바치는 사람이 얼마나 많은가. 그러나 증자는 무엇보다도 가장 큰 관심을 쏟은 것이 몸성히 (健康), 이 한점이었다. 그것은 이 몸은 내 정신을 담은 그릇이기 때문이다. 증자는 자기의 정신을 이렇게 말했다. 군자는 건강한 정신을 가져야한다 (士不可以不弘毅). 그것은 군자의 책임은 한없이 무겁고 군자의 갈길은 한없이 멀기 때문이다 (任重而道遠). 군자의 책임이란 무엇인가. 온세상 사람을 구원하는 일이다 (仁以爲己任). 이렇게 무거운 책임이 어디 있는가 (不亦重乎). 그런데 그 책임은 죽어야 끝이 나니 그 길이야말로 멀지 않은가(死而後己不亦遠乎). 온세상 사람을 다 구원하는 이런 책임을 다하기 위해서는 건강한 육체가 무엇보다도 필요하다. 건강한 육체만이 건강한 정신을 펼수 있게 하기 때문이

다. 우리는 무엇보다도 우리의 몸이 건강한 정신을 담은 그릇이라는 것을 알아야 한다. 건강한 정신을 펴기 위한 몸이란 것을 알아야 한다. 인생의 목적을 달성하기 위하여 우리는 우리의 몸을 소중히 여길줄 알아야 한다. 내몸을 거저 건강하게 하자는 것이 아니다. 할일이 있으니까 건강하게 가지라는 것이다. 마치 천리길을 가려고 하는 사람이 자동차를 닦고 정비하듯이 온 인류를 구하여야 할 책임이 있으니 우리의 몸을 잘 정비하고 닦아야 한다는 것이다. 건강은 책임의식에서 나온 것이다. 어린애를 위해서 앓지 못하는 어머니처럼 인류의 구원을 위해서 앓을수 없는 육체를 가지자는 것이다. 그런 의미에서 건강한 육체는 건강한 정신에서 나온다고 볼 수가 있다. 그러나 우리 육체는 단순히 그릇 만이 아닙니다. 더 나아가서 사백조 살알이 하나로 뭉치어 유기체를 이룰때에 여기에 개성이랄까 성격이랄까 인격이 나타나는 것은 참 신비라고 아니 할수가 없다. 사백조의 세포가 하나로 모일 때에 여기 살알을 넘어서는 인격이 생긴다는 것은 이상한 일이다. 사백조 살알(細胞)이 저마다 정신을 차릴 때에 여기 무서운 전체 정신 영원한 인격이 구성되는 것이 아닌지 모르겠다. 그런 의미에서 건강한 육체는 단순한 그릇이 아니라 건강한 육체는 건강한 정신을 낳는 모체인 것같다. 나는 억

조창생이 뭉친 이 우주 위에는 하나의 인격이 영원한 정신이 꼭 있다고 생각한다. 기독교인들은 유일신단을 생각하는 나머지 우주만물을 하나의 죽은 물질로만 취급하는 사람이 많은데 나는 우주가 단순히 죽은 물질이라고 푸대접할 수는 없다. 내 육체의 세포 하나하나가 산 것처럼 우주만물은 하나하나가 산 것이며 이 우주에는 절대 의식 절대 인격이 있는 것처럼 느껴진다. 성경가운데도 하늘과 땅이 하나님이 계신 것을 증거하고 길가에 돌멩이도 하나님이 계심을 증거한다고 한다. 모세가 홍해를 건널 때 바다밑에서 돌멩이 열둘을 집어오게하여 마지막 백성을 가르칠때에 이 돌앞에서 맹세하라고 하는 것은 재미있다. 하나님을 섬기라고 하는 것은 만물을 무시하라는 뜻은 아닐 것이다. 나는 인생을 끝이라고 생각합니다. 이곳은 제곳이요 이 제곳입니다. 이어 이어온 예곳이다. 이 곳은 하나이기 때문에 이러구 저러구가 없읍니다. 모든것은 이 곳으로 부터 시작합니다. 누구나 처음이라는 것은 모른다. 그러나 끝은 알 수 있다. 이 끝입니다. 이 끝이 참끄트머리입니다. 나라는 것이 참의 끄트머리 입니다. 사람들은 나라는 것이 무엇의 끝인가를 잘 알지 못합니다. 그리고는 처음이 되려고 야단들입니다. 그러나 처음은 하나님 뿐입니다. 나는 제일 끄트머리입니다. 이곳

을 모르면 안 됩니다. 무한이라는 것과 영원이라는 것에 끝이 찍힙니다. 영원한 기억(ㄱ)과 무한한 니은(ㄴ) 가온데 한 점(·)이 찍힙니다. 나는 가온찍기(·)라고 하는데 이것이 끝입니다. 가온찍기가 끝입니다. 일점영명(一点靈明)입니다. 우주의 켜진 하나의 불꽃입니다. 그래서 고디 고디 가온찍기 디긋 디긋 이라는 생각을 합니다. 영원속에 한순간 무한속에 한 받침점, 사람은 한순간 한받침점에 한 알캥이 입니다. 우리는 첫끝도 맞끝도 모릅니다. 아버지도 아들도 아직 모릅니다. 있는 것은 가온찍기 나뿐입니다. 가온찍기를 모르면 아무 것도 아는 것이 없습니다. 우리가 참을 찾는 것은 이 긋을 찾는 것입니다. 참은 이끝이 참입니다. 이 끝에서 처음도 찾고 마침도 찾아야 합니다. 긋이란 글자는 기역과 건너간 금과 시옷이 합쳐져 있습니다. 기역은 하늘을, 가로금은 이세상을, 시옷은 생기를 뜻합니다. 영원한 하늘과 무한한 땅과 신비한 생명이 하나가 된 것이 끝입니다. 영원한 시간이 공간으로 잘려서 산 막대기가 된 것이 영어로 아이자와 같이 된 나가 인생이 아니겠어요. 가로 근 금을 세우면 것이 되는데 것은 새의 깃털 훨훨 날아가는 날개가 됩니다. 인생도 하나의 깃이요 날개 있습니다. 처음을 찾아 한없이 날아 오르려고 하는 한 마리의 새깃이라고도 할 수 있습니다. 우리

말로 깃이란 말은 분것이란 말입니다. 자기의 분수라는 말입니다. 인간은 긋이요 깃입니다. 인간은 명확하게 자기의 한계 분수 깃을 가지고 있읍니다. 옛날 육상산(陸象山)이 4 살 때 아버지에게 우주가 무엇이라고 물었읍니다. 아버지는 어이없어 웃고 말았읍니다. 육상산은 우주가 허공이라는 것을 알고 우주내사 기분내사라고 했다고 합니다. 우주가 내안에 있고 내가 우주안에 있다. 우주와 내가 한통인 것을 느꼈던 모양입니다. 육상산은 이긋이 무엇인지 이긋에 깃이 어떤 것인지 안 것 같습니다. 기분(己分)이라는 것은 수로 말하면 분수입니다. 자기의 분수를 안다는 것은 나는 몇억만분의 하나라는 지극히 적은 존재라는 말입니다. 사람은 자기의 분수를 알아야 합니다. 우리는 영콤마 이하의 소수입니다. 인간은 영이 아닙니다. 영에서 훨씬 멀어진 소수입니다. 한문자로 소자는(小) 날개 가진 새나 벌레 같습니다. 그리고 한문자로 분(分)자는 여덟으로 깨진 곳에 칼이 놓여 있읍니다. 한없이 작게 깨진 분수에 언제나 칼을 놓고 자기의 신분을 지켜야 합니다. 그러나 아무리 적어도 날개가 달린 자유존재라는 것도 알아두어야 합니다. 깃은 날개요 집이란 뜻도 있읍니다. 나는 아무리 적어도 집을 가진 존재입니다. 자기 집은 자기가 다듬고 자기 깃은 자기가 다듬어야 합니다. 파리처럼 자기날개

를 언제나 다듬어야 합니다. 이 것은 인권의 것입니다. 전세계애서 인권의 날개가 열나게 다듬어져야합니다. 이 곳 내곳이요 이것 내것입니다. 소심익익(小心翼翼)이란 말도 조심조심 날개를 가다듬는다는 말입니다. 자꾸 변화하고(變易) 자꾸 사귀고(交易) 그 가운데 변하지 않는 불역(不易)을 가져야 합니다. 변화는 세상에서 불변화하는 것을 찾아 무상(無常)한 세상을 한결같이 여상(如常)하게 살 수 있는 평상항(平常恒)을 찾아야 합니다. 적을 소(小)자는 땅애서 싹이 터 나오는 것을 그린것이라고 할 수도 있읍니다. 싹은 적은 것같아도 영원한 것과 연결된 한끝입니다. 이 끝은 영원을 찾아 오른 한끗을 가진 생명을 가진 존재 입니다. 곳은 것이요 것은 곳입니다. 인간은 참기 어려운 이세상에 싹튼 인토생(忍土生)입니다. 이세상은 난삽(難澁)한 땅입니다. 이발 저 발이 마구 짓밟는 모양을 그린 것이 삽입니다. 그러나 여기 한금을 그어 일지(一止)가 되면 바를 정자가 됩니다. 그칠 지자를 꺼꾸로 두개 겹치면 걸음보(步)가 됩니다. 올바로 직대보(直大步)하여야 합니다. 옛날 사람은 소인은 죽으나 군자는 끗이 있다고 하였다. 끗 이것이 나다. 군자는 끗이 있다. 죽어도 죽지 않는 영원과 연결된 끗을 가지고 있다. 생각을 가지고 알을 가지고 정신을 가지고 영혼을 가지고 있다. 이끗이 자라고 움직이

면 것이 되어 날아간다. 날개달린 끗, 이것이 새요 소(小)자다. 산다고 하는 것은 순간이요 순간 순간 점을 적는 것이요 점을 도려내는 것이다. 사파 세상에서 산다는 것은 살점을 오려내는 쓰라린 세월이다. 생야임시각점지(生也 臨時 刻点之) 더구나 증자는 인간의 사명을 임중도원(任重道遠)이라고 하였으니 인생이야말로 아슬 아슬 조마조마한 것입니다. 그러나 이 책임을 다하고 죽을 때는 이세상 바닷가를 넘어서 영원의 날개를 펴는날입니다(時也死海岩線之). 어름이 엷다해도 이세상을 살아 갈때처럼 엷고 위험한 어름은 없고 (薄莫於存時刻), 바다가 깊고 넓다해도 죽은 후 날아가는 영원한 바다보다 더 넓고 깊은 자유의 바다는 없다 (深莫深於之海塹) 해안선을 떠난다는 육리(陸離)라는 말은 영광이 찬란하다는 말입니다. 인생의 종말은 찬란한 육리가 되야어 합니다. 난삽(難澁)이 육리(陸離)가 되어야 합니다. 그러기 위해서는 기곳이 끼꿋이 되고 끼꿋이 깨끗이 되어야 합니다. 끼꿋은 건강하고 빛나고 껄껄하고 끌끌한 인간 민족 사회가 되어야 합니다. 그것이 깬 사회요 꿋내 주는 사회입니다. 끗이 기끗이 되고 끼꿋이 되고 깨끗이 되는 것이 우리의 기도가 아니겠읍니다. 효는 몸성히 마음 놓이 입니까. 몸은 끗이요 마음은 것입니다. 건강한 정신과 육체는 까 끗입니다.

하 나

오늘도 성경공부를 할 생각으로 집을 떠났는데 오다가 이런 생각이 나서 또 이것을 적어봅니다. 이런 생각은 나도 모르게 나온 것이기 때문에 즉흥적이란 말을 쓸 수 밖에 길이 없고 여기다가 무엇이라고 제목을 붙여야 할지는 나중에 생각해 보아야 합니다. 사는 것은 언제나 이제사는 것이고 생각은 언제나 초월하는 것이기 때문에 날아가기 마련인데 이제 즉흥적으로 굿이 나와 점이 찍혔으니 이제 삭여진 이 글을 풀어 날아가는 것이 깃이요 이 깃에 기쁨이 있는 것은 말할 것도 없읍니다. 굿에서 깃이 나오고 깃에서 기쁨이 나옵니다. 이런 삶이 기쁜 삶입니다. 땅에 싹이 트듯 사람에게서 즉흥적으로 난 생각, 이것이 굿입니다. 나는 이 굿에 도취하여 오는 시간을 잊을 수가 있었읍니다. 내 마음에 떠오른 즉흥적인 글월이란 차마 말 못할 사랑으로 천지가 창조 되었고 그 가운데 벌여진 삼라만상은 참 좋와라(忍言仁三二 參差由來是). 그 속에서 적은 아들 인간인 내가 영원을 그리면서 한없이 방황하는데 근본을 찾고 영원을 좇는 날개의 힘은 너무도 희미하다 (小子慕方筐 報本追遠微). 그려나 생각하고 추리하여 영원에 들

어가는 길은 자기의 속알을 깨치고 자기의 뿌리로 들어가는 길밖에 없다(推抽到直入 自本自根己). 아무것도 모르면서 아는체 헤맴은 어리석고 죽은 짓이요 아무것도 모르는 자기임을 정말 깨닫고 찰나 속에 영원을 찾는 것이 믿음이리라(不知知 痴固知不知 神秘). 어제는 증자가 온세상을 구원할 사람을 인(仁)이라고 하여 그 인을 걸머지고 가는 인생길이 한없이 멀고 이런 인생의 책임이 얼마나 무거운지 모른다고 했는데 오늘 내가 말하는 인은 그보다 더 큰 우주를 창조하신 하나님의 사랑을 인이라고 해봅니다. 기독교에서는 사랑의 화신을 예수라고 하여 예수를 믿는다고도 하고 안다고도 하지만 정말 사랑은 알 수 없는 것입니다. 사랑은 다만 화산이 터져서 용암이 나오듯이 흘러나오는 것이지 알 수 있는 것이 아닙니다. 어머니가 되면 젖이 나오고 사랑이 터져 나오는 것이지 젖이 무엇인지 사랑이 무엇인지 알 수 있는 것이 아닙니다. 하나님의 사랑에서 터져나온 것이 하늘과 땅입니다. 셋은 절대 둘은 상대를 뜻하는데 모두 절대와 상대가 사랑 속에서 터져나온 것입니다. 이 사랑은 형제니 친구니 부부니 하는 그런 사랑이 아닙니다. 생각으로나 말로나 도저히 할 수 없는 것이 사랑입니다. 사람은 어떻게 이 사랑에 참여하느냐. 그것은 사람은 굿이기 때문에 굿은 절대자를 찾게 되는 것이 어쩔 수 없는

것입니다. 아버지가 아들을 나서 아버지가 되는 것이 아니라 아들이 아버지를 발견할 때에 아버지가 되는 것입니다. 아들이 아버지를 발견하는 것처럼 상대의 욕구도 절대를 인정하고 절대계가 상대계를 끌어 올리는 것이 참여요 참여(參與)는 삼(三)과 이(二)가 하나가 된 글자입니다. 말할 수 없는 하나님의 사랑이 밑에 깔려서 이 우주가 생겨납니다. 절대가 없이 상대만 있으면 상대는 죽은 상대가 되고 절대만 있고 상대가 없으면 절대는 죽은 절대가 됩니다. 상대와 절대를 살리는 것이 사랑입니다. 말할 수 없는 사랑에서 하늘과 땅은 이루어졌고 그 가운데 삼라만상이 벌어지는데 이것을 참치라고 한다. 큰 것 적은 것들중 날중 아름다운 조화를 이룬 것이 자연이다. 이 자연의 까닭과 유래를 찾는 것이 학문이요 이 자연을 찬양하고 노래하는 것이 시다. 자연을 아는 것이 지식이요 말할 수 없는 하나님의 사랑을 아는 것이 인식이다 하나님이 지으신 하늘땅과 그 속의 삼라만상을 사랑하게 되는 것은 인식에서 온다. 하나님을 알기 때문에 사랑하게 되는 것이다. 절대자가 계심을 아는 것이 인식이다. 그것은 지적으로 아는 것이 아니라 사랑으로 아는 것이다. 어머니가 어린이를 아는 것은 사랑으로 아는 것이다. 사랑이 먼저있고 아는 것이 뒤 따른다. 하나님을 어떻게 아느냐. 세상을 사랑하는 사람은 하나님을 모른다. 세상을 미워하는 사람에게만 하나님이 걸어온다. 하나님은 우리들에게 하나님을 알고 싶은 생각을 일으켜 줍니다. 우리 인생은 한없이 적은 소자이지만 그러나 우리의 생각끝은 참을 찾아갑니다. 절대자는 우리에게 참을 주었읍니다. 하나 우리의 소견은 그것을 잘 알려고 하지 않읍니다. 성경에도 우주의 근본이 사랑이라고 하지만 사랑에는 말이 없고 참은 말이 없기 때문에 우리들은 억만번 참을 주셨다고 하여도 우리가 그것을 알려면 여간한 정신가지고는 안됩니다. 세상에는 참이 없다는 어리석은 사람도 있으나 그것은 이 세상에 우주가 참말 있는지 몰라 이 따위 어리석은 말은 없다고 하겠읍니다. 이 세상이 참인 것을 인식(認識)하고 참이신 절대자를 잘 인식할 때에만 이 세상은 바로 잘됩니다. 인(認)자는 말씀言 변에 칼刀자 마음心자인데 우리 가슴속에 예수그리스도를 받아들이는 것은 평생 심장에 칼날을 받아 들이는 것이나 마찬가지 인지도 모릅니다. 언제나 욕심을 제거하고 아버지의 신비를 찾는 것이 궁신지화(窮神知化)요 모든 학문이라고 생각합니다. 우리의 삶은 궁신지화라고 할 수 있읍니다. 아버지의 신비를 더듬어 그 결과가 지식입니다. 우리 눈앞에 변화하여가는 그 원인을 될 수 있는 대로 밝히고 그 결과를 따져 알도록 하자는 것이 참차유래시(參差由

來是)입니다. 과학의 발달은 궁신지화입니다. 아버지 찾음이 과학입니다. 과학은 생활의 편리화가 아니라 알 수 없는 아버지를 궁신지화하는 것입니다. 과학이 신앙입니다. 지금 연구하는 것이 백년 후에는 더 밝아질 것입니다. 우주의 비밀이 더 밝아지고 신이 더 밝아지고 아버지의 영광이 더 밝아질 것입니다. 이런 의미에서 모든 학문은 신학입니다. 특히 과학은 신학입니다. 학문에는 언제나 알지 못하는 세계 신비한 세계가 남아있게 마련입니다. 어떻게하면 신에 대하여 더 알 수가 있을까가 인류의 문제입니다. 신을 믿는 것이 아니라 신에 통하는 것이 과학입니다. 수학도 신통하고 과학도 신통하고 모든 학문이 신통합니다. 세상에 학문치고 신비하지 않은 것이 어디있읍니까. 알고 보면 신비한 것뿐입니다. 과학은 신비한 것입니다. 모르면 어리석고 알면 신비하고 이세상에 신비가 없다는 것은 어리석은 일입니다. 원인과 결과만 알면 신비는 없는 것 같지만 원인도 끝이 없고 결과도 끝이 없읍니다. 일체가 신비입니다. 아들이 아버지를 밤낮 그려보아야 제얼굴 그리는 것입니다. 아버지는 참고 참고 곧잘 기다립니다. 아들은 찾고 아버지는 기다리고 아버지와 아들의 만남이 인(仁)이라고 합니다. 부자유친(父子有親)이 인입니다. 기독교에서는 아버지와 아들의 사랑을 성신이라 합니다. 인(仁)이라는 것

은 성신입니다. 아버지와 아들의 관계 둘의 관계를 원만하게 참되게 하는 것이 성신입니다. 절대와 상대는 떠날래야 떠날 수 없이 둘숭날숭하여 참치를 이룹니다. 그 가운데를 걸어 가고 있는 것이 사람입니다. 사람은 소자(小子)입니다. 깃과 굿이 소자입니다. 소자가 아버지를 사모합니다. 아버지를 찾고 진리를 사모하여 올라가지만 진리가 좀처럼 나타나지 않아 올라가는 발길을 멈추고 앉아쉬면서 위로 향했던 눈을 돌리어 가로된 세상에서 다른 무엇을 그려 볼까 하고 여러가지 생각하여 방황하게 됩니다. 하나님을 찾고 찾고 찾고 참고 참고 참다가 드디어 참지 못하고 여성을 찾아 장가라도 가는 것이 인생입니다. 절대가 상대로 멀어집니다. 이제는 절대자를 찾을 생각을 그만두고 자기가 절대자가 되려고 합니다. 자기가 높아지려고 지식을 가지고 자기세력을 확충해 싸워 나갑니다. 이것이 소자모방황(小子慕方徨)입니다. 입체에서 명면으로 미끄러집니다. 위로 오를 생각은 희미해졌읍니다. 성경줄을 붙잡았으나 그줄도 희미합니다. 근본으로 가는 힘이 희미해졌읍니다(報本追遠微). 그러나 사람은 절대를 찾아 자꾸 추리하며 찾어가야 합니다. 나는 글자를 파자(破字)해서 추리하는 방편을 삼고 있읍니다. 추리라는 것은 참 이상해서 추리하는 도중 엉뚱한 영감을 발견하게 됩니다. 대부분의 발명

과 걸작이 이 영감에서 나온다고 하지 않읍니까. 이것이 추축도직입(推抽到直入)입니다. 비행기가 굴러가다가 날아오르듯이 사람은 추리하다가 초월하게 됩니다. 그리하여 영원한 세계로 직입하고 직관하게 됩니다. 그런데 초월해서 들어가는 것 같지만 사실은 자기 뿌럭지 밑둥을 자기가 파고들어 갑니다. 아버지가 따로 계시지 않읍니다. 소자된 우리는 속으로 들어가는 것이 아버지께로 가는 길입니다. 그런데 사람이 상대세계에 빠져버리면 지(知)가 굳어저 버리고 맙니다. 절대세계를 놓치고 아무것도 모르면서 무엇이든 아는것 같은 착각을 일으키게 됩니다. 사람은 완고해지고 교만해지고 자기가 제일이라고 하는 어리석음을 가지게 됩니다. 부지지치고(不知知痴固)입니다. 사람은 역시 절대를 그리워 신비를 찾고 자기의 지가 모두 무지요 부지라는 것을 알게 되어야 사람은 겸손하고 참되고 영원을 그리워하는 신비가 되게 마련입니다. 지부지신비(知不知神秘) 하나님을 찾는 사람은 언제나 신비를 느끼고 아무것도 모르는 줄을 아는 소자입니다. 즉흥적으로 쓴 글인데 결국 제목을 붙여보면 하나라고 할수 있을 것입니다. 하나는 영원한 신비요 아무도 알 수가 없읍니다. 하나를 그리워하고 사랑하는 것이 크리스찬이 아닐까요, 요새 신비한 것 이상한 것을 찾는 사람들이 많은데 그것은 학문의 원수입니다. 신앙은 학문을 낳

아야 합니다. 궁선지화가 되어야 합니다. 신은 보본추원(報本追遠)이요 경이원지(敬而遠之)입니다. 신을 가까이 붙잡겠다면 안됩니다. 신은 멀리서 찾아야 하며 그것은 학문이 되어야 합니다. 학문을 낳지 못하는 신앙은 미신입니다. 아버지의 신비를 찾는 일은 그것이 지식을 낳는데 있읍니다. 기독자는 연구의 연구를 계속하여 학문이 기도가 되어야 합니다. 기도는 보편적이고 심오한 추리가 되어 우리의 정신생명이 최고의 활동을 해야합니다. 기도배돈원기식(祈禱陪敦元氣息) 추리가 영감이 되어 진리를 깨닫고 법열을 체험할때 우리의 찬미반주 건강한 육체의 맥박을 뛰게 해야합니다(讚美伴奏健脈博). 하나님께 예배드리는 극치는 하루에 한끼 먹는 일입니다(嘗義極致日正食). 그것은 정신이 육체를 먹는 일이며 내 몸으로 산제사를 지내는 일이기 때문이다. 추원(追遠)을 옳게 하는 것이 제(禘)요 이어 바로 들어가는 것이 성(誠)입니다. 하나님께 가는 길은 자기의 속으로 들어가는길 밖에 없읍니다. 치성을 다하고 정성을 다하는 것입니다. 깊이 생각해서 자기의 속알이 밝아지고 자기의 정신이 깨면 아무리 캄캄한 밤중같은 세상을 걸어갈지라도 자기집 못찾을 염려가 없읍니다. 건강한 정신과 건강한 육체로 건강한 영혼을 가지고 건강한 천국으로 들어 가는 것이 크리스찬이라고 생각합니다. 건강뿐입니다.

지종종지

이 사람은 자꾸 따져보는 버릇이 있다. 이 해가 저무는데, 실상한 일이라고는 없고, 그저 경전(經典)을 들여다 본 것 밖에 없다. 올해는 「대학(大學)」을 보면서 생각을 해 보았다. 그러나 「大學」이 무엇이냐고 물으면, 꼭 집어서 말할만큼 얻은 것이 없다. 오늘은 어떻게 해서라도 「대학」에 대해 따져보기로 한다.

우선 시경(詩經)은 한마디로 〈생각이 간사한 것〉이 없다는 것이다.

「주역」은 〈내 생명 내가 산다〉는 말이다. 내 생명 내가 산다는 것이 주역이라고 한마디로 말할 수 있다. 이처럼 내게는 「주역」이라면 무엇인가 잡히는 것이 있는 것 같은 데, 「대학」은 이제까지 생각해도 모르는 것이 많다.

「주역」을 고도의 천문학이라면, 대학은 지리학과 같다. 「대학」의 가르침이 사람이 사는 것과 어떤 관계가 있으며, 어떤 점에서 참고가 되는가를 생각할 때, 참으로 어렵다.

내가 「대학」에서 좋아하는 말이 있는데, 그것은 지지지지(知至至之)라는 것이다. 이른 데를 알면 (知至), 거기에 이르도록 참 노력을 하는 것(至之)을 뜻한다. 우리말로 〈이른다〉하면 뜻이 잘 표현되지 않는다. 일본말로 〈이다루〉하면, 여기에는 노력의 뜻이 좀 들어있는 것 같다. 〈이르다〉하지 않고 〈이룩한다〉하면, 지(至)의 뜻에 좀 가깝다. 어떻게 해서 거기에 닿느냐를 생각할 때, 사람은 입체생활(立體生活)을 하니까 무엇이든 지(至)하고 지(至)하면 올라가게 된다. 즉 이룩해서 일으킬 것이다. 이렇게 닿는 (至)를 알면, 철저히 노력하게 될 것이다.

지종종지(知終終之), 마치는 것을 알면, 그것을 마쳐야 한다. 종지(終之)이다. 마치도록 힘써야 한다. 우리가 참 (경성, 誠)을 다해서 하나님을 섬긴다는 것은 지종종지하는 것을 의미한다. 「네 이웃을 내 몸과 같이 사랑하라」는 것이 이룩해야 할 것이라면, 그것을 서로 완전히 이루도록, 끝까지 마치도록, 노력해야 하는 것이다. 공자도 마칠 것을 알면, 그것을 마치도록, 그것을 이룩해야 할 것을 알면 그 지경에 가야 한다고 말했다. 갈 곳, 갈 길을 알면 기회를 다 해야 한다. 어지간히 기회가 가까와 온 줄 알면, 거기에 이르도록 힘을 다해서 마칠 것을 마칠 수 있어야 한다.

이렇게 하면, 지종종지가여존의(知終終之可與存義), 옳다고 하는 일을 가질 수가 있다. 이 정신이 나타난 것이 곧 인(仁)이다. 옳은 것(義)은 어진 것을 조금도 떠날 수 없다. 어진 것을 떠나면 살 수가 없다. 〈올〉

이라는 것, 잊어서는 안된다. 올바른 것, 똑바로 가지고 가야 한다. 參善이 바로 〈올〉이다. 고자가 충저(忠恕)라고 했을 때, 증자(曾子)같은 이는 그 뜻을 알았다. 서(恕)는 인(仁)인데, 이것을 줄곧 붙잡고 놓지 않는다는 것이다. 공자가 일삼성(日三省)에 충신습(忠信習)을 말하는데, 습(習)이란 단순히 글의 복습이 아니고, 참(誠)을 잊어버리지 않도록 자꾸 살펴서 더 가까이 붙잡도록 애써 복습해야 한다는 것을 가리킨다. 충서(忠恕)니 충신(忠信)이가 무슨 대답이 아니다. 그건 속알을 닦는데(所以能德)있다. 충신을 줄곧 지니고 속에서 얻는 것을 자꾸 닦아 나가야 가까운데 이르게 된다. 그래서 진덕(進德)이다. 진덕이나 능덕(能德)이나 같은 뜻이다.

「대학」에 물본말사종시(物本末事終始)란 말이 있다. 먼저 할 일과 나중에 할 일을 알면, 자신이 갈 곳에 가까이 갈 수 있다는 것을 알게 된다는 뜻이다. 사람이 대인지학(大人之學) 곧 대학(大學)을 하는데는 그처럼 차례가 있다는 것을 말하는 것이다. 지지이후유정(知止而後有定) 지정이후능정(知定而後能靜) 지정이후능안(知靜而後能安) 지안이후능려(知安而後能慮) 지려이후능득(知慮而後能得) 지지이후능정(知止而後能定), 그칠줄 안 뒤에야 정(定)함이 있다는 말인데, 참으로 종잡을 수가 없다. 무엇

이 무엇인지 모르고서 무엇을 하려고 했다는 것이나 같다. 내 자신 말을 잘못해서인지, 혹은 내가 몰라서인지 잘 모른다. 정정안(定靜安) 세 가지로 나누어 썼지만, 안전하다(安)고 고요하다(靜), 정(定)하는 것은 따로가 아니다. 몸이 정(定)해야 고요해지고, 고요해지면 맘이 편할 수밖에 없고, 맘이 편하니까 비로소 무엇이 생각난다는 것이니까, 다 상관있는 말이므로 나누어 생각해서는 안된다. 말에는 먼저와 나중, 앞 뒤가 있으니까, 자꾸 이후이후(而後而後)하면서 그렇게 따지고 나간다.

그런데, 지선(至善)의 지(至)와 지지(知止)의 지(止)자가 따로 생각된다. 지(止)는 목적이다, 궁극에 그 지(止)에 가입한다. 그 자리에 가는 것을 알려고 하는 것이 지지(知止)이다. 거기에는 소극적으로 지저분한 번뇌를 버리는 것만이 아니고, 본래의 뜻, 목적을 찾고 가면 그냥 절로 번뇌, 지저분한 것을 버릴 수 있게 된다. 그래서 지(止)는 아주 높게도 낮게도 정할 수가 있다. 따라서 지지(知止)는 대단히 어려운 자리이다.

사람이 지(止)의 지경에 가면, 완전히 디딜 것 디디고 멈춘다(止). 그러나 우리는 삼각형(三角形)을 정하는 모양으로, 우리가 사는데 표준해야 할 것을 정한다. 우리가 안 뒤에는 우리의 지향을 정하는 것이다(知邊志向定). 지향함이 정해진 뒤에는

마음이 고요해지고(定而後能靜) 만이 고요해지면 평안해지는 것이다(靜而後能安). 심정신안지(心靜身安地)이다. 그 다음에야 능히 생각할 수가 있는 것이다(安而後能慮). 생각할만한 자격은 여기에서 가능하다. 생각하는 것은 사물이 내것이 되게 한다는 것이다(慮樂幾事物). 정신과 생각이 일에 새로잡히게 되었다고 하여야 한다. 사물에 대한 기회를 더불어 넣는 것이다(慮樂幾事物) 생각한 뒤에야 얻을 수 있다(慮而後能得)는 것은 지지처(知止處)를 얻었다는 것, 곧 도달할 데에 도달했다는 것임을 뜻한다. 이렇게 되면 말이 되돌아 간다. 머물 데를 얻으니(得止), 곧 지를 알게 되니(知止), 정함을 가지게 되고(有定), 정을 가지니 고요할 수도 있고(定而後能靜)……. 처음에는 낮은 머물음(止)이 이제는 좀 높은 머물음(止)이 된다.

아는 것을 얻어야 알게 된다. 아는 것을 얻지 못한데 어떻게 알게 되겠는가. 그러니 공자의 말이라고 다 알아듣겠는가. 증자(曾子) 정도나 알게 되는 것 아닌가. 사실 지지이후(知止而後)인데 무엇을 안다고 하겠는가. 그러기에 우리가 퍽 선을 안다고 해도 안된다. 따라서 이제까지 말한 것이 절대로 옳은 것도 아니다. 지나가는 길에 말하고, 지나가는 길에 듣고 하는 것 뿐이다. 그렇지만 이런 이치를 붙잡으면 소용되는 게 많다. 한

마디로 안전(安全)해야만 무엇을 할 수 있다는 이 이치(理致)만 알아도 대단한 것이다. 우리는 선후(先後)의 이치를 알아야 하기 때문이다. 그런 연후에야 지어지선(至於至善)을 할 수가 있다.

지어지선(止於至善)이란, 무극(無極) 곧 그 이상 더 갈 필요없이 극진히 하였다는 뜻이다. 물건의 극진한 이치에 가서는 더 갈 수 없다. 인간의 머리로서는 육십 평생 쓰는 말인데도, 그래서 다 아는 것 같은 것인데도, 어떤 지경에 가서는 하루 아침에 다른 것이 되어버린 것을 안다. 그 다른 것이 극진한 지경의 것인지 그것은 모른다. 극진을 알았다는 지경은 더 갈 것이 없다. 그런데 이 말처럼 명랑한 게 없다. 사실 지어지선(止於至善)이 한마디로 무엇인지 모른다. 그래서 「대학」이 어렵다는 것이다.

고지욕 명명덕어천하이 수신위본(古之欲明明德於天下以修身爲本)이라는 말이 「대학」에 있다. 천하의 명덕을 온 세계 인류의 명덕을 죄다 밝히자는 것이다. 천하(天下)라는 것은 한 물건인데, 그 물건을 옳게 이룩하자는 것이 지어지선(止於至善)이다. 어정쩡 나쁜 것은 지어지선해서 전 인류에게 밝혀주어야 한다. 아주 지성(至誠)껏 해야 한다. 다 도달했으니 움직이지 말라(이사야)는 것은 완전기사물(完全幾事物)의 지경을 말한다.

지지이후유정(知止而後有定), 지수지향정(知遂志向定)이란 말도 듣기는 좋으나, 핵심에 가서는 정해진 것이 없다. 그래서 자꾸 새로워져야 한다(能得明親止). 친(親)자는 신(新)으로 풀어야 옳다. 자꾸 친해야 한다고 해도 좋다. 새롭게 사는 것은 하늘과 친(親)하는 것이다. 죽을 때도 하늘과 친하면 참으로 좋다. 새롭지 않는 것을 버리지 않으면 친할 수가 없다. 친하다는 것 새롭다는 것은 다 이것을 밝히자는 것이다(明親). 능히 얻은 뒤에야 천하의 덕을 밝히고 천하를 명명(明明)히 친하고, 이 자리에 가서 그치게 할 줄을 알게 해야 한다(能得明親止).

그러니까 지어지선(止於至善)하고, 명명덕(明明德)하고, 친민(親民)하고 하는데 무슨 선후가 있는 것이 아니다. 「대학」의 삼강(三剛)에서 선후를 따지는 것은 안된다. 지지(知至)이며 치지(致之)이고, 지종(知終)이며 종지(終之)이다. 명덕(明德), 지선(至善), 친민(親民)이 따로 있는 것도 아니고 선후가 있는 것도 아니다. 선후(先後)는 일(事)에 있다. 치국평천하(治國平天下)는 세상에서 직업을 갖는데 쓰다는 것이 아니다. 지지치지(知至致之)로, 지종종지(知終終之)로 나갈 뿐이다. 만일 그것을 직업으로 안다면 「대학」은 요새 대학(大學)과 비슷한 것이 된다. 그러나 증자(曾子)는 건괘(乾封)에서 대인(大人)

에 대해서 말한 것이 있다. 건(乾)이란 사람과 같다. 하늘이 달(月)과 같이 그 사람을 밝혀서 성선(誠善)에 대한 것을 알아서 차례로 들어가게 한다. 신이지래(神而知來)다. 신이지래(神而知來)로 이 세상에 나오는 것은 좋다고 하나 이 세상을 그만두고 가는 것(歸神=鬼神)은 싫어한다. 나온 것은 훌륭하다(吉) 하고, 돌아간 것은 흉(凶) 하다고 한다. 참으로 답답한 느릇이다. 마칠 것 알면 마쳐야 한다(知終終之). 돌아가는 것이 대학(大學)이다. 길흉(吉凶), 래귀(來歸)는 지나는 길에 하는 말이다. 그대로 받아도 나쁜 것은 아니다. 지종(知終이면 종지(終之)할 것을 알면 래귀(來歸)가 문제될 것이 없다. 사람들은 세상에서 배웅받는 것을 좋아한다. 그런데 형사가 데리러오면 싫어한다. 가는 것은 마찬가지인데 둘다 다른 것 아니다. 흉길(凶吉), 지종종지하면 그런 것 없다. 신(神)과 귀(鬼)는 같다. 소학(小學), 중용(中庸), 대학(大學) 하지만, 갈 것 마치는 사람은 다 대인(大人)이다. 이것 하자는 것이 「대학(大學)」이다. 다만 그 궁극적 목적은 〈능득명친지(能得明親止)〉, 온 천하를 밝히고, 한 덩어리 되도록 새롭게 자꾸 친하는 세계를 이룩하자는 것이다.　　〈계속〉

1956년 12월 28일
YMCA에서

버들푸름(16)

진리파지(眞理把持)

길거리는 구정초(舊正初)가 되어서 아이들은 울긋불긋 때때옷을 차려입고 다니고 어른들은 얼근해서 호탕하게 거닐고 있는 모습을 본다. 그런데 신문을 보니까 어제 밤에는 자기 목숨을 스스로 끊는 자살자가 있었다 하니 참으로 딱한 일이라 아니 할 수 없다. 한 편에는 굶주린 사람이 허다한데, 한 편에서는 갖은 음식 다 차려서 지나치게 먹고 탈이 나서 소화제를 먹는다 의원(醫員)을 부른다 야단 법석이다.

사람의 수는 점점 많아진 형편인데다 물욕(物欲)은 격증하고, 서로 더 많이 가지려고 앙탈하는데, 그것을 채우지 못해서 자살까지 하는 인생이 많은 것을 보면 이 사회, 이 세상은 유기체(有機體)로서 그 기능을 잊어버린지 오래라는 생각이 든다. 오늘날에는 옛날보다 사회가 유기체라는 말을 더 많이 한다. 그런데 자살과 같은 슬픈 현상들이 많이 일어나고 있는 것을 보면 유기체가 어디에 고장이 나거나, 어디가 잘못 되어 있다는 것을 알 수 있다. 또 알아야 되는 일이 알려지지 않고 있으니, 참으로 답답한 노릇이다.

우리가 〈원 나〉(本來의 自我)를 모르고서는 어떻게 하나님을 알 수 있겠는가 〈나〉라는 것을 모르고서 어떻게 사회에 사랑이 깃들 수 있겠는가. 이 사랑이 있어야 사회를 유기체로 몰아갈 수가 있는데 〈근본인 나〉를 모르고 있는 사회가 유기체가 될 수 없다. 어디가 아픈 곳인지, 어디가 쓰라린 곳인지, 어디가 가려운 곳이고 어디가 한(恨)스러운 곳인지, 전혀 모르면서 어떻게 사회가 유기체로서 돌아갈 수가 있겠는가 말이다.

그래서 나는 이 〈나〉라는 것을 좀 더 깊이 알아보고, 〈나〉를 모르는 곳을 더듬어 보기 위해서 정초(正初) 한 달의 모임을 쉬고 조히 앉아서 생각을 내어 기운을 차려 볼까 했던 것이다. 그래서 지방으로 내려가 내 맘 내 몸을 한번 알아보려 했다. 그런데 지난 오후(一月二七日)에 한 감상(感想)을 얻었다. 이것을 계속 생각다 못해 다음 날부터 단식을 결심했다. (유영모님은 하루 한 끼 먹음─정리자) 오늘까지 닷새가 되었는데 언제까지 계속될지는 아직 모르겠다. 지난 번은 열 하루를 했는데, 오늘도 이 곳(YMCA)까지 꽤 먼 길을 걸어나올 수 있으니까 아직도 기운은 있는 셈이다. 이 단식은 내 자신에게 물어보지 않고 하는 일이다. 제가 산다는 것을 모르니까 자기의 마음을 알 까닭이 없다. 내가 나를 모르고서 무슨 말을 하겠는가. 들은 말 옮겨서 무엇하는가. 여러분은 나의 성격을 잘 모를

第四卷

369

것이다. 오늘 내가 나온 것은 단식 중에 있다는 것을 알리려는 것이다.

10일엔가 깐디를 기념하는 행사가 있다고 들었다. 구태여 기념까지 해서 무얼하나. 당국의 허가가 겨우 나왔다고 하지만 깐디 기념해서 무엇 하자는 것이냐. 어떻게 하는 것이 기념인지, 무엇을 기념하자는 건지 모르겠다. 이 어지러운 세상에 왜 깐디를 알 필요가 있다는 건가.

나 유영모(柳永模)가 예수를 이야기하는 것은 예수를 이야기한 것이 아니다. 공자(孔子)를 말한다고 공자를 말한 것이 아니다. 깐디처럼, 예수처럼, 공자처럼 하나님의 국물을 먹고 사는 것이 좋다고 해서 말한 것 뿐이다. 공자, 부처, 예수, 깐디 등을 추앙하는 것은 비슷하게나마 하나님의 국물을 먹으려는 짓을 하려고 했기 때문이다. 깐디가 무엇인지 그의 고기를 먹어야 할 것 같고 예수가 무언지 그의 피를 마셔야 낳것 같은데, 이게 도대체 무슨 소리인가 알고 지내야 할 것 같다.

현대 사람은 깐디의 고기와 피를 찾아 마셔야 할 것이다. 예수를 말할 때도 그래야 하고, 석가를 말할 때도 그래야 한다. 단식만 해도, 부모에게서 받은 몸 고생시키는 건데, 그것은 내 살을 먹고 내 피를 마셔보겠다는 욕심에서 나온 것이다. 제 몸을 고생시키면 제 살, 제 피를 좀 얻어 먹을 수 있지 않을까 해서다.

이 점 인도에서는 벌써 알고 있었다. 아니 전 인류가 그렇게 인식시키는 것이다. 깐디 기념하는 것은 그의 살과 피를 좀 먹고 마시자는 것이다.

깐디는 1869년 10월 2일에 출생해서 1948년 1월 30일에 인생을 졸업했으니, 올해(1957)로서 9주년을 맞는다. 깐디는 일생을 어떻게 보냈건, 그 그림자는 28608일간을 지내갔다. 주(週)로 따지면 4087주이고 달 수(음력)로 따지면 966월이고 나이로는 78년이 된다. 보통 생각하기를, 깐디의 사상은 〈진리파지(眞理把持)〉가 그 중심이라고 한다. 마하트마(Mahatma) 깐디의 마하트마는 〈큰 혼(魂)이란 뜻인데, 이것을 깐디의 머리에 씌워주었다(冠하다)는 것은, 진리파지의 뜻을 단적으로 표시하고 있다.

진리라는 것, 〈참〉이라는 것은 꽉 붙들어야 한다. 참을 꽉 붙들어야, 산다는 것이 된다. 그래야 〈참의 사람〉이 된다. 참의 사람으로서 일해야 이 세상이 바로 된다. 이 진리파지를 다섯 가지로 표현한다. 곧 외(畏), 진(眞), 선(善), 의(義), 론(論)의 그것이다.

첫째는 외(畏)다. 세상에는 두려운 것이 없어야 한다. 이 세상에 두려운 것이 없다고 한 사람은, 참을 꽉 쥔 사람이다. 두려운 것이 있다면 그것은 〈하나〉밖에 없다는 것을 알아야 한다. 하나님만이 무서운 것이 되어야 한다. 요새는 하나님이라는 말, 별로 쓰지 않는다. 인도에서는 하나님이란 말 별로 하지 않는다. 불교에서도 하나님이란 말 별로 하지 않는다.

불교에서는 세상에서 제일 무서운 것을 〈부처〉라고 한다. 부처라는 것은 참이다. 그러니 세상에서 무서운 것은 참이라고 할 수 있다. 깐디옹에게는 〈하나님은 진리다〉 하는 것보다 〈진리는 하나님이다〉하는 것이 더 가깝다. 무서운 것은 〈참〉이나, 〈하나님〉밖에 없다. 첫머리에 외(畏)를 놓고 무서운 것이 없어야 한다고 하지만 이것은 둘째이고, 참 하나가 진리가, 하나님이, 바로 아는 것이 무섭다 하는 것이 첫머리에 와야 하는 참을 바로 안다는 것은 〈하나〉를 깨닫는 것이니까, 이것을 깨닫는 연후에야 무서운 것은 참이라는 말이 나오게 된다. 세상에서 두려운 것이 없어야 한다는 말도 참을 깨닫고 꽉 쥔 연후에야 알게 된다. 그래서 외(畏)는 둘(二)이요, 眞은 일(一)이다. 하나, 둘 하는 것도 쉬운 것이 아니다. 정말 무서워해야 할 것을 무서워 해야 한다. 무서워해야 할 것을 무서워하지 않고, 무서워하지 않아도 될 것을 무서워하기 때문, 세상에 될 것도 되지 않는다. 이것을 잘 모르니까 무서운 것이 없다 없어야 한다는 것을 첫머리에 내세운 것이 아닌가.

어쨌든 우리는 무서워할 것은 없다.

내 몸뚱이야 잡아다가 죽인다 해도 내 영혼이야 어떻게 하겠는가. 그러니 세상에 무서워할 건 없다. 해를 당한다 해도, 내 목아지 밖에 더 날아가겠는가. 무서워 할 것은 오직 하나, 하나님 밖에 없는 것이다. 예수도 이런 말을 했다. 이것은 적극적인 뜻을 가진다. 적극적인 〈하나〉를 무서워 함으로 소극적인 세상을 무서워하지 말라는 것이니까, 「이 세상은 무서워하지 말라, 그러나 진리는 무서워하라」는 것으로 어순(語順)이 바꿔지게 된다. 〈하나〉만 꽉 붙들면, 무서울 것은 저절로 없어진다.

다음으로 선(善)인데, 이것은 통 미워하지 말라는 것이다. 이 세상을 미워해서는 안된다는 것이다. 맹수나 독사 같은 것도 미워해서는 안되는 것이고 더군다나 남을 노엽게 해서는 안된다는 것이다. 소위 〈창조주〉가 독사나 맹수를 둔 것은 다 필요가 있기 때문이다. 이쯤 생각이 미처야 한다. 불량배도 있는 뜻이 있어서 있다. 악한 것이라 해도 미움으로 대해서는 안된다. 심하게 미움을 따르면 종당에는 난(難)이 된다고 했다. 도둑질 하는 사람도 너무 미워한다면, 난(難)이 된다고 공자(孔子)가 말했다. 옛 성현들은 다 이 점을 지적하였다.

그래서 〈원수를 사랑하라〉는 것이다. 이것은 그리스도의 말이다. 〈악(惡)을 악으로 갚지 말라〉는 것이나, 〈산 것을 죽이지 말라〉(不殺生)는 것도, 이 세상의 것을 미워하지 말라는 뜻이다. 이 세상을 미워해서는 안된다. 선(善)은 무조건 선이다. 무조건적인 선이 아니면, 그것은 악이 된다. 악은 치워버려야 한다.

천 만번 손해를 입고, 실패를 당해도, 그리고 기어이 죽음을 당해도, 미워하지 않는 것이 선이며, 불사생이며, 사랑의 극치이다. 이것을 간단하고 단순하게 〈선(善)〉이란 글자로 표현한 것이다.

다음으로 의(義)라는 것은, 불타(不他)라는 것으로서, 무조건 미워하지 말라고 하면 얼핏 남의 비위를 맞추어주는 것처럼 알아듣기 쉬운데, 아첨과 선은 서로 같지 않고, 또 섞여서는 안된다. 하늘과 땅이 따로 있듯이 그리스도와 악마는 서로 섞이지 못한다. 그래서 의(義)이다. 동양의 철학이 소극적으로 보이나, 실제로 들어가 보면, 아주 적극적인 것이다. 깐디는 실지로 이것들을 내걸고, 불의를 볼 때는 저항을 한다. 불의를 치러 나선다. 저항 그 자체는 참으로 무저항의 저항이다. 이 세상에서는 저항한다는 것이 싸움한다는 것을 말하는데, 주먹이나 힘으로 하는 싸움(拳鬪나 力道), 권력투쟁, 연장을 가지고 하는 경기, 또 무력투쟁 따위가 많은데, 결국 미움의 투쟁들이다. 무저항의 저항은 빈 손으로 하는 저항이다. 폭력을 쓰지 않는 싸움이다. 그

런데, 이 뜻을 잘 모르고서 상대방에서는 무서운 힘으로 연장이나 총을 가지고서 잡아들이고, 때려 죽이고 한다. 이렇게 되면 자연히 무기를 가지고 거기에 대항하게 된다. 즉 세상이 무서워서 선은 내세우지 못하고 악을 악으로 갚게 된다. 그러니 싸움이 그칠 날이 없게 되고 종당에는 실패와 파멸로 돌아가게 되고 말 것이다. 이 실패와 파멸이 세계 도처에서 일어나고 있으니, 세상이 바로 될 리가 없다.

깐디는 이런 실패와 파멸이 거듭되어서는 안된다고 했다. 투쟁은 무력이나 폭력으로 하면 안된다. 모든 것이 미워서 하는 싸움이 아니고 선을 갖추기 위한 싸움이다. 악은 아무 것도 아니고 선 만이 제일이다는 것을 알리기 위한 싸움이다. 깐디는 이렇게 말했다. 이런 싸움은 실장의 투쟁 의론(鬪爭義論)이 된다. 저항이란 바로 의론투쟁이다. 말이 꼭 〈의로운 투쟁〉이란 것으로 들린다. 그러나 거짓말이라도 해서 이기려는 의론(議論) 투쟁과 의론(義論) 투쟁은 서로가 근본적으로 다르다.

참 정의(正義), 어디까지나 참으로 옳게 나가야 한다. 하나님의 말씀도 〈참 말씀〉이라야 한다. 그러나 우리는 오직 하나를 알고, 그것을 붙들어야 하는 것이다. 〈1957년 2월 1일 YMCA에서)

밑 힘

지지이후(知止而後)라고 하지만 이게 그리 간단하지가 않다. 무엇을 알고 난 다음이란 말인가? 우리가 아무리 선(善)이라는 것을 꽤나 안다고 하지만, 그게 얼마나 안다는 것인가. 그러기에 정(定) 다음에 정(靜)이고, 그 다음에 안(安)이고, 그 다음에 려(慮)고, 그 다음에 득(得)이라고 하지만, 이런 것들이 절대로 다 옳은건 아니다. 우리가 삶의 과정을 따라 지나는 길에 말하고, 지나는 길에 듣고 하는 말들이다. 이런 중에 우리가 붙잡은 것들이니, 소용 없는 것은 아니다. 사실, 안전(安全)해야 무엇을 할 수 있고, 안전하지 못하면 아무 것도 하기 어려운 것을 보면, 선후(先後)의 이치를 아는 것은 긴요하다. 그러나 선후가 아주 묶어 있는 것은 아니다. 이래서 지어지선(止於至善)도 할 수 있게 된다. 그런데 지선(至善)이라는 건, 참으로 해석하기 어렵다. 무극(無極)의 자리, 다시 말해서 더할 필요없이 극진히 하였다는 뜻인데, 물건의 극진한 이치에 가서는 더 갈 수 없는 것이다. 사람의 머리로서는 60평생을 쓰고 있는 말이라 다 아는 것 같은 생각을 한다. 그런데 어떤 경지에 이르면, 하루 아침 사이에 전혀 다른 것이 된 것을 깨달을 때가 있다. 그 다른 것 역시 극진한 지경의 것이 아니라고 아주 단정하지 못한다 그것은 아직 모르기 때문이다. 극진을 알았다는 그 지경이라면 더 알 것이 없어야 할 것인데 말이다. 지선(至善)이라는 말, 아주 맹랑한 말이다. 그러기에 이 말 한마디로서는 사실이 무엇인지 잘 모른다. 그러기에 『대학(大學)』이 어렵다고 한 것이다.

지지(知至)…, 내 맘으로 알 수 있는 것은 되지 않는 것이 없다. 이것 기막힌 말이다. 우리가 하나님의 품 안에 들어가려고 하는 것도 거의 이러한 느낌이 아닐까 한다. 그래서 어렵다는 것이다. 우리가 완전한 것을 붙잡았다고 하는 것은 말로 하기는 쉽고 듣기는 좋으나, 정말 내것이 되었나 하고 무엇에 잡아 쓰려고 하면, 도무지 무엇인지 모르게 된다. 더구나 그것을 살림에 쓰려고 하면 잘맞지 않게 된다. 정말 무엇인지 모른다.

고지욕명명덕어천하(古之慾明明德於天下)라는 말이 나오는데, 천하의 명덕(明德)을, 온 세계의 인류의 명덕을 밝히자는 뜻이다. 천하(天下)라는 것은 말로서의 천하가 아니고, 한 물건(物件)인데, 그 물건을 옳게 이룩하자는 것이 바로 지어지선(止於至善)이 아니겠는가. 어정쩡 잘못된 것은 지어지선해서 온 인류에게 밝혀 주어야 한다. 이것을 아주 지성껏 해야 한다. 바로 이 지성의 자리에 도달하면, 움직이지 말라는 것이 이스라엘의 지도자 '모세'의 자리가 아니겠는가.

능득명친지(能得明親止)라고 해서, 능히 얻은 뒤에 천하의 덕(德)으로 밝히고 천하를 명명하게 친하자는 것인데, 친(親)은 신(新)으로 해석해야 한다. 자꾸 새로워져야 한다는 뜻이다. 새롭게 사는 것은 하늘과 친(親)하는 것이다. 죽을 때도 하늘과 친하면 참으로 좋은 것이다. 새롭지 못한 것을 버리지 않으면 하늘과 친할 수 없다. 그런데 〈새롭다〉는 것이나 〈친하다〉는 것은 모두 〈밝힌다〉는 말이다. 이 능득명친지의 자리에 가서 그칠 줄을 알아야 한다.

그러니까 지어지선(止於至善)하고, 명명덕(明明德)하고, 친민(親民)하는데 어떤 선후가 있는 것이 아니다. 『대학』의 삼강(三綱)에서 선후를 따져서는 안된다. 지지(知至)이며 치지(致之)요, 지종(知終)이며 종지(終之)이다. 명덕(明德) 지선(至善) 친민(親民)이 따로 있는 것도, 선후가 있는 것도 아니다. 선후(先後)는 일(事)에 있다. 치국평천하(治國平天下)는 세상에서 직업을 가지는데 소용되는 것이 아니고, 지지치지(知至致之)요, 지종종지(知終終之)로 나가라는 것이다. 직업의 자리에서 생각하면 『대학(大學)』은 요즈음에 말하는 대학과 같아져 버린다.

증쟈(曾子)가 말한 것으로 점괘(占卦)에서 건(乾)이라는 것은 대인(大人)과 같다고 했다. 하늘이 달과 같이 사람을 밝혀서 그가 성(誠), 선(善)에 대한 것을 알아, 차례로 들어가는 것이 신이지래(神而知來)라는 것인데, 신(神)과 통해서 들어가는 것을 〈신(神)〉이라 하고, 돌아나오는 것을 귀(歸) 곧 귀신(鬼神)이라고 한다. 숨(氣)이란 들어가고 나오고 하는 것이다. 귀(歸)란 돌아가는 것이다. 그런데 사람들은 들어간다면 싫어한다. 신이지래(神而知來)로 이 세상에 나오는 것은 좋아하나, 이 세상을 하직하고 가는 것은 섭섭하게 생각한다. 훌륭하다는 길(吉)이면 좋다 하고, 돌아간다는 흉(凶)이면 싫다 한다. 답답한 일이다. 지지(知至)면 치지(致之)이고, 지종(知終)이면 종지(終之)이니, 별 게 아니다. 길흉(吉凶), 래귀(來歸)는 지나가는 길에 거치는 과정일 뿐이다. 그대로 받아들여도 아주 나쁜 것은 아니나 지종(知終)이 종지(終之)임을 알면, 길흉, 래귀가 조금도 문제되지 않고 같이 갈 수 있는 것이다. 사자(使者)가 와서 인도하는데 언짢을 것 없다. 메리려오니 가는 것이다. 사람들이란 대접한다고 모시려 오면 좋아하고, 형사가 메리려 오면 싫어한다. 다 마찬가지인데 말이다. 길흉(吉凶) 다 같은 것이다. 신(神)과 귀(鬼), 다 같은 것이다. 소학(小學)이니, 대학(大學)이니, 중용

(中庸)이니 하지만, 잘 것 다 마치면 대인(大人)이다. 이것 하자는 것이 대학이다. 궁극적 목적은 능득명친지 (能得明親止), 온 천하를 밝히고, 한 덩어리 되도록 새롭게 자꾸 친하로 세계를 이루어 가자는 것에 있다. 이것을 하는게 바로 사람이다. 그밖에 모든 것은 여기에 이르는 길목에 있는 것들이다.

우리가 더 이상 갈 수 없는 경지까지 알게 되겠다. 알 것 다 알았다는 자리에서 천하를 밝히고 백성도 밝히면 그것이 대학공부이다. 나는 지어 지선(止於至善)한 사람이라 하여 거기에 그쳐버린 따위가 아니다. 그래서 한 마디로 무본(務本)이라는 것이다.

무본(務本)이란 밑둥에 힘쓰는 것을 뜻한다. 유교의 정신은 온통 무본이다. 위에서 아래까지 백성 전체가 이 밑둥에 힘써 나가면, 즉 무본하면, 가야 할 곳에 거의 다달은다. 이것을 말한 것이 곧 대학이다. 유교(儒敎)에서 명덕(明德)하는 것을 「선왕지법(先王之法) 또는 「전언왕행(前言往行)」 이라고 한다. 지나간 사람 중의 대표가 왕(王)이다. 존중할 수 있었던 분이다. 이 분의 말을 좇아갈만 했다. 그래서 선왕지법이라고 했다. 이 선왕(先王) 가운데 천하에 명덕을 밝힌 분으로는 요·순·우·탕·문무주공 등을 공자는 표준으로 생각한 것 같다. 이런 분을 본받아 자기 속의 명

덕을 밝히자는 것이다. 그런 다음 이 맘을 제 3 자에게 미치게 하자는 것이다. 천하 백성(國民)을 제 몸과 같이 알아야 한다는 것이다. 이것이 곧 친민(親民)이다. 이 명덕과 친민이 지선(至善)에 가서 멈춘다. 이것이 궁극의 목적이다. 적어도 옛 사람들은 이렇게 하려고 했다. 그런데 우리가 알아야 할 것은 옛부터 사람들은 명덕을 천하에 밝히려고 노력해 왔다는 것이다. 천하를 밝히려고 하는 사람은 천하보다 우선 자기 나라를 다스릴 줄 알아야 한다(治國). 그런데 제 나라를 다스리려면 그 전에 제가(齊家)할 줄 알아야 한다. 제가 하기 전에 선수신(先修身)이다. 수신에 앞선 것이 심정(心正)이다. 마음이 바로되지 않고는 수신이 안된다. 참 생각이 잘나야 한다. 그럴려면 의(意)가 성(誠)해야 한다. 뜻을 바로 가져야 한다. 그렇게 되려면 먼저 무엇을 알아야 한다. 알면 이루도록 해야 한다(先知致). 무엇이 어떻게 돌아가는 것이고, 참 뜻이 무엇인지, 못된 뜻이 무엇인지 알아야 한다. 그러자니 재격물(在格物)을 또한 알아야 한다. 만물의 격(格)을, 성질(性質)을 잘 알게 되어야 지치(知致)할 수 있다. 사물의 성질을 모르고서는 지치(知致)할 수 없다. 즉 과학을 해야 한다. 과학의 진리, 과학의 이치를 다 알아야 한다.

우리 가운데 흔히 무엇을 안다고 하

면, 그것을 무엇에 쓰느냐고 〈용(用)〉
을 묻는다. 무엇에 쓰느냐에 정신이
팔리면 안된다. 사람은 무엇에 쓰느
냐를 바라고 무엇인가 하나라도 얻으
려고 한다.

원래 천하를 밝히고, 나라를 다스
린다고 해서 고지(古之)를 처음에 가
져다 대라는 것은 아니다. 고지(古
之)는, 절대자(絕對者)의 자리이다.
지선(至善)은 절대의 계(界)이며, 상
대의 우리는 여기에 가까와지려는 것
(知止, 知終)이다. 욕명명덕(慾明明
德)이 상대세계의 목적이다. 아주 이
상적인 명덕은 하나님의 덕과 같이 다
천하를 밝히는 일을 할 수 있다. 그
래서 〈그이〉가 되고저 하는 것이다.
그래서 고지욕명명덕(古之慾明明德)
은 〈로고스〉밖에 차지하지 못한다. 그
래서 물격(物格)——지지(知至)— 의
성(意誠)——심정(心正)—— 수신(修
身)——제가(齊家)—— 치국(治國)—
평천하(平天下)의 과정을 제멋대로 들
으면 안된다. 이것은 성경의 정신과
조금도 다름이 없다.

이 쯤 선후를 따져놓고 보면, 자리
가 그럴 듯하다. 그런때 본말종시(本
末終始)이다. 시종(始終)이라 하지 않
고 자꾸 종시(終始)라고 하는데 이처
럼 머리와 꼬리가 엇갈려 들어간다.
하늘의 일도 시종이 아니고 종시이다.
즉 사유종시(事有終始)로 한다. 우리
는 얼핏 시종(始終)이라고 해야 알아
듣기 쉬운데 종(終)이라고 그쳐지지

가 않는다. 여기에서 다시 본말(本
末)을 생각하면, 물(物)은 인(人)이
다. 사람 있고 물(物)이 있다. 그래
서 인본말(人本末)이다. 혼히 접질
을 보고 물건의 본말을 정하는데, 배
추를 보면 밑동이 대가리이다. 땅에
서 나올 때 밑동부터 나온다. 인본말
(人本末)이다. 모든 것은 사람의 밑
동으로부터 시작한다. 땅에서부터 트
는 본말이 전부 하늘의 정신이다. 능
득지지(能得知止), 우리가 지혜를 가
지고 명덕을 하면, 하늘이 그만큼 완
전한 가치를 맞추어 준다. 그런대로
종(終)이 된다. 이 세상에 난 나는
부모의 끝이다. 딸아이가 시집을 가는
데 그것은 종시(終始)이다. 섭섭해서
가지만(終), 그것은 또 시작이다. 사
람이 세상에 나온 것은 모두 종시(終
始)이다. 모든 것을 시종으로 보고 싶
지만, 종시이다. 그래야 능득(能得)
을 한다. 앞으로의 것을 능숙하게 보
고, 마칠 것을 하나로 완전히 마친다
는 뜻에서 능득(能得)이다.

우리의 앎이 지어지선(止於至善)의
자리에 가서 지지(知止)여지만, 여것
은 또 하나의 시작이다. 초학교에서
는 끝이지만 중학교는 시작이다. 그
대로 종시(終始)이다. 그래서 「사천
종시(事天終始)」이고 우리가 마칠 때
마친다는 것이 지종종지(知終終之)이
다. 하늘과 나자 같이 마친다는 것이
다. 여것을 알아 우리를 종겨(終之)
해야 할 줄이다.

불 살 행

시편 73은 '아삽'의 시인데, 히브리 사람들의 시(詩)를 느끼기 위해선 깊은 생각이 필요하다.

하나님은 참으로 이스라엘에게 어지시고
주님은 마음이 깨끗한 사람을 축복하시거늘〈1절〉

하느님이 "참으로"라고 할 때는 거기에는 이미 전지전능하고 절대 지배이신 창조주의 뜻을 싣고 있다. 이스라엘 백성이 하느님의 종이 되었다는 것은, 마침내 하느님하고 일치한 인생으로서 종당에는 이기게 될 것이라는 생각이 깃들고 있다. 이들이 하느님의 백성이라고 해서 마음이 청결하다고 하지만, 그 중에는 마음이 더러운 사람도 있을 것이니, 그 경우에는 이기는 백성은 될 수 없을 것이다. 따라서 마음이 정결한 자만이 하나님과 관계를 맺을 수 있을 것이며, 마음이 청결한 사람이 선을 행하게 될 것이다.

하느님은 이처럼 선을 행함으로써 바로 사는 사람에게 복(福)을 주고, 참 이스라엘이 될 자격을 줄 것이다. 그리고 이들은 마침내 이스라엘 백성이 목적하는 안전이 이루어지게 될 것이다.

마음이 깨끗한 사람에게 복을 내린다는 말은 참으로 좋은 말이다. 마음이 깨끗하고 바르게 살면 복을 받게 마련이라는 것은 히브리 사람의 신앙이다.

나는 미끄러져 거의 없어질 뻔하였읍니다. 〈2절〉

이것은 밑둥이, 원칙을 의식하는 말이다. 혹시 마음이 깨끗해도 복을 얻지 못한 것이 아닌가 하고. 이런 의심이 들면, 생각에 여기에서 미끄러질뻔 한다.

문제는 인생의 종당에 무슨 뜻이 있느냐 하는 것이다. 사람은 종당의 뜻을 모르고 사는 경우가 많다. 뜻은 무슨 뜻, 사람이 뜻 먹고 사느냐, 쌀 먹고 사는 거지 한다. 뜻은 싫어 하고 맛을 좋아한다. 세상 사는 맛이 있어야 한다는 것이다. 지금은 맛을 못 보아도 나중에는 좋은 맛을 보겠거니 한다. 좋은 맛을 찾으면서, 언제인가는 좀더 좋은 맛이 있겠거니 한다.

그런데도 지금까지 좋은 맛을 완전히 찾았다는 사람이 거의 없다. 이처럼 인생에 맛도 별로 없다고 하면 자칫 비관주의라는 것이 생기기 쉽다. 불행한 것만을 생각하면 살 수가 없다. 또 살지도 않을 것이다. 사람이 아무리 막다른 골목에 부딪히더라도 이 고비만 넘기면 좋은 날이 오겠지, 이런 희망과 기대가 없으면 못 사는 것이다.

요즈음 사람들은 대개 맛을 이야기하면서 산다. 나면서부터 먹는데 맛을 붙인다. 사람은 보호자에 의지해서 살게 마련인데, 보호자 없이 먹는 맛에 제멋대로 방임되어 버리면 사람으로서 제대로 자라기가 어렵다. 마치 고삐를 끊은 소가 들판에 다니면서 제멋대로 실컷 먹다가 배가 터져 죽는 꼴이 될른지 모른다.

인생을 왜 사느냐고 하면, 먹는 맛 때문이라고들 한다. 요새 신문을 보면 학비가 없어 자살하는 사람이 있는데, 대단히 고상한 것 같은데 실제로 〈배움의 맛〉 때문에 그랬는지는 의심스럽다. 오늘 맛보다는 내일의 맛이 더 좋을 것으로 여기고 대학교까지를 나와 더 좋은 맛을 볼리려고 하는데 그만 그 길이 막히니까 목숨을 끊은 사람도 생겨남직 하다. 맛으로 사는 인생이 그 맛의 길이 막히니 정녕 그럴 수도 있지 않겠는가. 모르기는 해도 오늘날 교육한다는 사람 중에, 공부를 잘 해야 이 다음에 잘 먹고 잘 살게 된다고 말하는 사람이 있을 것이다. 옛날에도 좋은 음식, 좋은 집, 출세 같은 것이 권학(勸學)의 조건이 되기도 했다. 그래서 대부분의 사람들은 이 세상을 맛보고 사는 줄로 알게 되었다.

그래서 실직(失職)하면, 목아지가 잘라졌다고 하기에 이르렀다. 동양에서 보아도 목아지가 잘리어진 것을 실직한 것으로 말하기도 한다. 우리 말로 하면 밥줄이 끊어졌다고 할 것이다. 직업이라는 것이 〈밥줄〉이라는 뜻이 되었다. 우선 맛이 있는 것을 먹자는 직업이고, 맛보자는 인생을 더 잘하겠다는 것이 직업이 되었다. 지금 사업한다는 것도 결국 돈벌자는것이 대부분인데 그 업중(業中)의 하나가 학업(學業)이 돼있다. 그래서 사업이고 학업이고 밥줄 멀어지지 않게 아니, 밥줄을 더 잘 잡으려고 하는 업(業)이 되고만 것 같다. 이것이 일반적인 추세가 되었다. 물욕주의가 일반적인 인생관이 된 것이다.

그러나 인생은 〈맛〉으로만 사는 것이 아니다. 인생은 그렇게 간단한 것이 아니다. 대부분이 그렇게 생각하더라도 우리는 인생관을 승화시켜 나가야 한다. 그렇지 않으면 이 사회는 볼일 다 보게 될 것이다.

고등교육을 받은 사람이라도 장관 자리에 앉으면 우선 자기의 맛을 위해 살려고 한다. 배운대로 하면 그렇지 않고, 사회를 잘 되게 할 수 있을 것이다. 정의가 무엇인지, 이상국가 이상사회가 무엇인지, 국민이 무엇을 원하는지, 문명의 발전이 무엇인지 잘 알 것이다. 그런데도 우선 세상의 맛을 보자는 천박한 인생관에 사로잡혀 있어서 사회를 어지럽히고 남을 못살게 하고 있다.

세상에 거저 되는 게 없다. 예수라고해서 저절로 되었는가? 작품 하나도 그렇다. 밤잠 제대로 못자고 온 정력을 다 쏟아야 작품 하나라도 내놓을 수가 있다.

그런데 시편 73 : 2에 "거의 미끄러져 넘어질 뻔하였다"고 했는데, 이 관념은 맛에 빠진 인생관보다 훨씬 높다. 또 "하느님은 마음이 깨끗한 사람을 축복한다"는 이 원칙은 세상 맛에 사는 것을 말한 것이 아니다. 그러나 〈깨끗하게 산다〉는 것은 쉬운 일이 아니다. 싸움은 인생의 시작이다. 싸움은 이기는 것이 목적이다. 그런데 이 길을 가는데, 자칫 미끄러질 뻔한다. 왜 미끄러질 뻔하는가?

어리석은 자들을 부러워하고 악한 자들이 잘 사는 것을 시샘한 탓이옵니다. 〈3절〉

악인이 잘 살고 오만한 것을 생각한 나머지 미끄러질 뻔했다는 것이다. 못된 놈 처놓고 형통하지 않는 놈 없다. 우리 눈 앞에서 당장 보고 있는 일이다. 악인들이 다 형통한다. 못된 놈이 잘 된다. 〈잘 된다〉는 것이 무엇인지 모르지만, 이 세상에서는 잘 먹고 잘 살고, 권력있고 떵떵거리고 사는 것을 〈잘 된〉것으로 본다면, 대개 못 된 놈이 그렇게 산다. 이 꼴을 보고 시샘한 것이다. 못된 놈은 잘돼가지고 오만을 부린다. 교만을 부리

지 않고는 못견딘다. 그래서 질시를 받고 미움을 받는다. 이런 못된 놈들을 보고 질시하다가 실족할 뻔했다는 것이다.

간디는 진리파지(眞理把持)의 싸움을 싸워야 한다고 했다. 이 싸움은 악(惡)을 미워하여야 한다는 것이다. 악이 없어지도록 싸워야 한다는 것이다. 그러나 결국 싸움하라는 말인데, 그렇다고 비진리(非眞理)는 할 수 없다. 악을 악으로 대적할 수는 없다. 악을 악으로 대적하지 않는다는 것은 참으로 어렵다. 마음 같아서는 저 못된 놈들을 모조리 쓸어버리고 싶은 것이다. 이 세상에서는 악을 물리칠 책임이 있다. 그런데 악을 칠려면 형벌을 써야 한다. 그것은 법치(法治)를 해야 한다는 것이다. 법의 끄트머리가 형벌이다.

그런데 악과 선을 대결시키는데 법으로 처리되지 않는다. 세력잡는 놈이 자기가 선하다 하고 약한 놈을 악하다고 하는 경우가 많다. 법을 뒤집어 사용한다. 인류의 역사라는 것이 죄다 라고 볼 수 있다. 이긴 놈은 선이고 의(義)롭고, 지는 놈은 악하고 불의하다.

그렇다면 어떻게 해서 그렇지 못하게 할 수 있을까? 간디가 말한 것으로는 〈불살생(不殺生)〉이다. 다시 말하면 악을 악으로 대적하지 말라는것이다. 흔히 법과 같이 사람을 해치는 놈은 없애라고 하기 쉬운데 인도사상

(印度思想)은 그렇지가 않다.

그렇지만 아무리 불살생의 사상을 가진 사람이라도 악한 사람을 보면, 금방 죽이고 싶어진다. 그러나 참으로 선을 알고, 사랑을 알고 악을 없애겠다는 사람은 살생을 하지 않는다. 독사, 맹수조차 죽이지 않는다. 이것들이 놀라지 않을까 조심까지 하게 된다. 이런 것들이 있는 것도 다 하나님의 뜻인줄 알고 살생을 하지 않는다.

당장에 악한 사람을 보면 때려죽일 것처럼 날뛸 사람이 악을 가장 싫어하는 것 같지만, 그건 사람일수록 법을 범하기 쉬운 사람이다.

후랜시스코의 제자가 도둑을 잡아 스승에게 데리고 갔드니 후랜시스코가 제자보다 더 후대하여 보냈다는것이다.

사람에 따라 시비를 보는 눈이 다르다. 우리는 냉정해야 한다. 무아(無我)의 지경을 볼 수 있어야 한다. 불살생이 원칙이다. 내가 괴로움을 당하지만 남에게 괴로움을 주지 않을 마음이 없는 사람은 아직도 선을 위해서 무엇을 한다고 할 수 없다. 악을 악으로 대하면, 자기도 악당이 되고 만다.

악이라는 존재는 하나님이 뜻이 있을 때 없어질 것이고, 하나님의 뜻이 악이 있어야 한다면 악은 있는 것이다. 하나님의 뜻이면 악은 찾을래야 찾을 수 없는 때가 올 것이라는 생각을 가지고 있어야 한다.

이 사상이 구체적으로 나타난 것이 간디의 정신이다. 그러나 이 자리에 서기란 대단히 어렵다. 이 어려움은 〈악을 적대하지 말라〉는 데 있다. 적대하지 않으려면 싸움을 하지 말고, 피해야 한다. 이것은 극히 소극적인데 이것이 현실과 모순되지 않는가 하는 점이다.

예를 들어, 뱀이나 범에게서 약게 피하므로써 불살생을 범하지 않았다고 해서 일이 다 끝난 것인가? 차라리 그 뱀이나 범을 죽였더라면 여러 사람의 위험도 없앨 수 있었을 것인데, 자기 안전만을 생각한다면 역사가 바로 된다고 할 수 있겠는가?

그러나 간디의 진리파지는 하나의 싸움이다. 그것은 타협하지 않는 것이다. 비타협은 적극적인 전법(戰法)의 하나이다. 이것을 하지 않는 한 진리고 파지(把持)고 아무 것도 아니다. 간디주의는 상식적으로 생각하면 배우기가 쉽다. 그러나 불살생, 비타협의 실천은 쉽지 않다.

이스라엘 백성이 무서운 것이 무엇인가? 그것은 〈믿음〉이다. 그 믿음이란 의를 위한 싸움이다. 이스라엘은 과거 몇 천년동안 망국민족으로 떠돌아 다녔으나, 그들의 신앙은 끝내 이기고 있다. 나라없는 민족이었지만, 불의를 보면 싸웠던 것이다. 이런 점을 생각하고 시편을 읽어보면 사람마다 시대마다 별로 변한 것이란 없는 것을 알 수 있다.

악 인

(시편 73편)

그들은 살이 피둥피둥 살이 찌고
고생이 무엇인지 조금도 모릅니
다.

　사람들이 당하는 고통을 겪지않
으며

　사람들이 당하는 쓰라림을 아예
모릅니다.　　　　　〈4－5〉

　마음이 한대 있는 사람은 곤난한 일
을 많이 겪는데, 못된 놈들은 살이 피
둥피둥 하다. 그리고 늘 가난한 사람
은 재앙도 많은데, 이들 못된 사람들
은 고난도, 재앙도 별로 없다.

　그러나 시편기자는 이것을 그대로
시인하려고 쓴 것은 아니다. 그렇게
본 것 뿐이다. 요새 사람도 그렇지만
자기 가난하고 어려운 것만 생각해서
부자는 아무런 걱정도 없는 것처럼 생
각한다. 돈이나 권력이 많으니까 걱
정이 없는 것 같다.

　그러나 그것은 헛된 생각이다. 옛
부터 양심이라는 것이 있어서, 때린
아이는 다리를 구부리고 자지만 맞은
아이는 다리를 펴고 잔다고들 한다.
부자에게도 잠 못자는 일이 많다. 옛
날 이야기인데, 넓은 땅이 있어 농사
를 잘 지어 아주 잘 사는 젊은 내외
가 있었다. 게다가 늙은 내외가 있어
일을 잘 거들어주었다. 그런데 주인

내외는 낮에는 그렇게 좋으나, 밤이면
근심 때문에 잠을 제대로 자지 못했
다. 그러나 그 집에 붙여 사는 늙은
내외는 낮에는 피곤하고 괴롭지만 밤
에는 세상 모르고 달게 잤다. 그 결
과는 같은 것이다. 낮 밤 반반씩이니
까. 없는 사람은 밤에 편하고, 있는
사람은 낮에 좋으니까, 좋고 나쁘고
는 반반씩이니 양쪽은 결국 같은 것
이다.

　거만이 그들의 목걸이요.
　횡포가 그들의 나들이옷입니다.
　그 비곗덩어리에서 악이 나오고
　그 마음에서 못된 생각이 흘러 넘
칩니다.
　그들은 낄낄대며 악을 뿌리고
　거만하게 올러매며 억누릅니다.
　하늘을 쳐다보며 욕설 퍼붓고
　헛바닥으로 땅을 휩쓸고 다닙니
다.　　　　　〈6－9〉

　하늘 아래 자기밖에 없다는 오만한
정신은 자기 마음대로 떠돌아 다닌다.
　방향도 없을 뿐더러, 거리도 없고
눈에 보이는 것도 없는 양 마구 지꺼
린다. 정말 제 세상을 만난듯이 혀를
낼름거리며 돌아 다닌다.

　그리하여 내 백성마저 그들에게
솔깃하여
　그들의 물에 흠뻑 젖어들었읍니다.
　　　　　〈10〉

　참으로 기막힌 일이다. 백성들이 악
으로 돌아온다는 것이다. 그렇다고 백
성들이 죄다 돌아와서 무엇을　얻어

먹는다는 것은 아니다. 그야 모처럼 돌아 오는 길에 차 한 잔, 막걸리 한 잔 얻어 먹을지 모르겠다. 여기에서는 막걸리 얻어 먹는다는 것은 아니지만.

그러면서 한다는 말은, 하느님이 어떻게 알랴, 가장 높은 분이라고 세상 일을 다 아느냐?

〈11〉

악으로 돌아와 말하기를, 하느님이 어떻게 알겠느냐, 높은 자에게 무슨 지식이 있겠느냐 한다. 어떤 중이 대웅전 같은데서 파렴치한 짓을 하는데 어떤 사람이 그것을 발견하고, "이중놈아, 법당에서 그 따위 짓을 할 수 있는거냐?"고 하니까, 그 중이 말하기를, "이 사람아, 부처님이 무엇이냐? 아무것도 모르는 것이 부처가 아니냐?"고 했다는 것이다. 여기서도 마찬가지로 악이 성하고 오만이가 독찬데도 벌 주지 않고, 용서까지 해주는 분이 하느님이신데, 하느님이 그런 걸 무엇 알겠느냐 무슨 지식이 있어 그런걸 살피겠느냐 하는 것이다.

가장 젊잖은 늙은이는 보고도 못본 척한다고 하지만, 이런 생각은 방금 말한 그런 의식에서 나온 것인지 모르겠다. 혹시 하느님께서 악을 모르고 계시지 않나 염려하는 사람이 있을지 모르나, 하느님은 다 잘 알고 계시니 조금도 염려할 것 없다.

그런데 그들을 보십시오. 그들은 악인이어도,

몸은 항상 편하고 재산은 항상 늘어만 갑니다.

〈12〉

그런데 악인들은 더 세력을 얻고, 더 재물을 얻고, 마음은 더 편안하게 되어간다는 것이다. 이것은 원뜻으로 말하는 것이 아니고, 겉보기로 말하는 것인데, 이것은 자칫 미끄러지는 길인 것을 알아차려야 한다.

나는 과연 무엇하러 마음을 맑게 가졌으며

깨끗한 손으로 살았사옵니까?

〈13〉

빌라도가 예수를 십자가에 못박게 하고서 손을 씻었다고 하지만, 〈손〉은 우리를 늘 대표한다. 손이 더럽다는 것은 악인을 말하고, 손을 씻었다는 것은 악한 일에 상관하지 않는다는 말이다.

자신이 품행 방정하고, 수신제가를 하였는데도 그 결과는 다 헛된 것이 아니냐, 그렇게 하고 보니 얻는 것이라곤 없고 고생만 잔뜩 하게 되었다는 것인데, 요새는 너무 정직하면 남처럼 못산다는 소리가 있다. 마음을 바르게 하고, 손발을 자주 씻으면있는 복까지 턴다고들 한다. 이런 생각은 모두 세상을 맛보고 살자는 것이 인생인데 마음을 깨끗이 가져서 무엇하며, 손을 깨끗이 씻어서 무엇하겠느냐, 다 쓸데없는 짓이다. 는 생각에서 나온 것들이다. 그러나 우리가 크게 생각해야 할 것은, 이 모두가 다 큰 뜻이 있어서 그런 것이고, 인생은 결코 악인이 승리한 것이 아니라는 점이다.

사람은 욕심만으로 사는 것이 아니다. 농사짓는데 심어놓은 사람과 거두는 사람이 함께 참여한다. 심었으니 내 것이라 할 수 없고, 거두었으니 내 것이라 할 수없다. 그저 먹고 지내겠다는 생각도 잘못이고, 편안히 먹겠다는 것도 착각이다. 사람들은 무엇이나 소용이 있어서 하고 그렇지 않으면 안하려고 하지만, 이것은 틀린 소견이다. 자기가 먹고 입는 것이 모두 자기 혼자의 힘으로 된 것은 아니다.

무한한 시간·공간에서 모든 것이 다 합쳐서 공급해준 것을 우리는 받아서 산다. 우리는 여기에 참여해서 조금 일할 뿐이다. 그리고 장차를 위해 한다. 자기가 다 먹고 쓰려고 그런 것은 아니다.

이러한 생각을 가지면, 좀처럼 미끄러지는 일이 없을 것이다. 예수는 탕자가 아버지 집으로 돌아오는 비유를 말했다. 여기에서 우리가 배워야 할 것은 〈빈탕한대〉라는 것이다.

백칸 짜리 집이라도 고루고루 쓸줄 알아야 한다. 우주 또는 그 이상의 것도 알아야 한다. 그래야 하느님의 품에서 살 수 있게 된다.

날 자성(自省)하고, 좋은 일에 정력을 다 하면 마음이 슬플 때나, 기쁠 때나 악해질 리가 없을 것이다.

이렇게 종일토록 얻어 맞고
잠만 깨면 받는 것이 책벌임 바

에야?

〈14〉

아침마다 자기를 힐책하며, 자기의 부족함을 느꼈을 것이다.

나도 그들처럼 말하고 살고 싶었지만
그것은 당신 백성을 배신하는 일이겠기에
혼자 생각하며 깨치려 하였읍니다.

〈14-15〉

오늘날 입달린 사람들은 대부분 너무 얌전해도 못쓴다. 정직한 사람들은 못 사는 세상이라고 말한다. 이 세상은 거의 세기말적이라 한다. 그러나 그 가운데서도 주(主)의 아들들 주의 백성들이 살고 있다. 주의 아들들은 겉으로는 나타나있지 않는것 같지만 악에 무릎을 꿇지 않고서 버티고 있다. 이들이 없다면 세상은 오래 가지 못할 것이다. 악의 세상에 무슨 주의 아들들의 시대가 오겠느냐 하지만, 주의 아들들의 시대는 반드시 올 것이다. 이것을 믿지 않으면 미끄러질 가망이 많다.

그러나 눈이 아프도록 고생스러웠읍니다.

〈16〉

이렇게 이 사실을 알 수 있을까, 특히 우리는 인생의 문제에 대해서 의심이 나서, 밤낮으로 생각해도 환해지지 않을 때가 있다. 아주 답답하고 곤난할 때가 많다. 오늘 이 시대를, 잠

을 못 이루면서 고민하는 사람들이 있
다. 어떻게 하면 이 나라, 이 민족을
훌륭하게 만들까 하고 피로워한다.

마침내 당신의 성소에 들어 와서
야 그들의 종말을 깨달았읍니다.
〈17〉

하느님의 성소에 들어 와서야 그 악
한 놈들의 결국(結局)을 깨닫게 되
었다는 것이다. 전에 저들을 볼 때는
배가 아팠었는데, 지금은 그럴 필요
가 없게 된 것을 깨달았다는 것이다.

하느님의 성소에 들어가서야 깨달
았다고 해서, 몽둥이가 성소에 들어간
것을 말하지 않는다. 자신의 마음 속
의 성소에 들어간 것, 곧 원칙에 들어
간 것을 말한다. 다시 말해서 원칙의
주인인 하느님 앞에 갔다는 뜻이다.
그동안 악에 사로잡혔던 자신이 원칙
에로 돌아섬으로 해서, 악인들의 결국
을 환히 깨달았다는 말이다. 우리가
종당에는 위로 올라간다는 것을 깨달
았다는 말이다.

땅에는 아무것도 남길 것이 없다.
이 세상에서 잘 먹고 잘 살았다. 가
는 곳마다 대접과 칭찬을 잘 받았다는
것도 역시 영원히 사는 축에 못든다.
그런 것 다 벗어버리고 떠나가는 것
이다. 원칙으로 가는 것밖에 다른 수
가 없다.

당신은 그들을 미끄러운 언덕에
세우셨고
패망으로 빠져들게 했읍니다.
〈18〉

그러한 사실을 몰랐던 사람은 미끄
러질뻔 하지 않았는가. 우리가 생각을
먹을 것, 입을 것들에 쏟아 설혹 그
것들을 넉넉히 얻었다고 해도 만족할
수는 없다. 맛에 사는 것은 영원한 보
장이 못된다. 그것은 안을 주는 것도
아니다. 그대로 다 미끄러져가는 것
이다. 재물에 마음을 쓰면 번연히 곤
난한 줄 알면서도 거기에서 마음을 떼
지 못한다. 자칫하면 그것 때문에 아
주 미끄러지게 되기도 한다.

삼시간에 당한 그들의 처참한 최
후,
공포에 휘말려 없어지고 말았읍
니다.
〈19〉

이 말은 저들 죄많고 악한 인간들의
끝머리를 보았다는 말이다. 악의 종말
은 다 이렇다는 것이다.

이렇게 꿈에서 깨어난 시인은,
잠에서 깨어난 사람의 허황한 꿈
처럼
주님은 일어나셔서 그들의 몹꿈
을 멸시하십니다.
〈20〉

하느님은 말씀하시는 일이 없다. 따
라서 듣는 사람도 없다. 사람들은 하
느님을 또 없애기도 하는데, 이것이
바로 하느님과 교통하고 있다는 증거
다. 사람들이 꿈을 무시하듯이, 하느님은
깨쳤다는 사람들의 현상을 무시할 것이
아닌가 생각된다. 언제 하느님이 깨쳐
주는 것인가. 사람 자신이 깨닫고, 자
신의 구원에 눈을 뜨는 것이다.

〈성서원문은 공동번역임. 1957.3.
YMCA 강당에서〉

팔 괴

　건곤(乾坤) 이감(離坎) 진손(震巽) 간태(艮兌)를 팔괴(八卦)라고 한다. 여덟 가지 그림인데 담벽에 걸어 놓았다고 해서 괴라고 한다. 괴는 걸어놓았다는 뜻이다. 담벼락에 걸어놓은 여덟가지 그림이다. 마치 요사이 달력의 춘하추동의 그림을 그려서걸어 놓은것 처럼 옛날사람은 여덟가지 그림을 그려놓았다는 것이다. 여덟가지란 건곤 이감 진손 간태다. 건곤은 하늘과 땅이요 이감은 불과 물이다. 지금 태극기에 그런 그림이 하늘땅 불물이다. 세금은 하늘천자고 여섯금은 따지자고 네금은 불화자고 다섯금은 물수자다. 물수자는 가운데 긴금 두쪽에 짧은 두점을 찍은것이 요새 한문자로 물수자임을 알수 있다. 불화자는 밖에 긴 두금 안에 짧은 두점 지금 불화자도 두점과 두금으로 되어 있다. 하늘 천자는 세금인데 요새는 두금에다 한 금이 산처럼 굽어서 사람인자처럼 보인다. 따지는 여섯점인데 요새는 흙토변에 이끼야자가 따지자로 보인다. 한 금은 강한 힘을 상징하여 쭉쭉 뻗은 나무같고 두점은 약한 힘을 상징하여 떨어지는 물방울과 같다. 강한 힘을 양이라고 하여 태양의 빛을 상징하고 약한 힘을 상징하여 태음의 달빛을 상

징한다. 하늘은 강한 태양빛을 세금 거서 하늘 천자를 만들고 땅은 약한 달빛을 두점씩 세번 찍어서 따지 자를 만들었다. 하늘은 태양이 비치는 밝은 세계고 땅은 달빛이 비치는 어두운 세계다. 밝은 때는 힘차게 일한다고 해서 하늘 건(健)이라고 하고 어두울때는 곤하게 쉰다고 해서 따곤(困)이라고도 한다. 그래서 하늘천(天) 따지(地)라고 세금 여섯점을 그리고 하늘전(乾) 따곤(坤)하고 불르기도 한다. 그런데 한집에서 힘차게 일하는것은 아버지고 집안에서 온가족을 쉬게 하는것은 어머니라고 해서 건을 아버지 곤을 어머니라고도 한다. 건칭부(乾稱父) 곤칭모(坤稱母)라고도 한다. 어린이가 어머니 품에 안겨 곤하게 자는것을 보는것 같다. 하늘은 한없이 넓은 허공으로 마음과 같기도 하다. 하늘은 마음을 나타내고 땅은 튼튼하기 몸과 같기도 하여 하늘을 마음(心) 땅을 몸(身)으로 상징하기도 한다. 하늘 아버지 땅 어머니가 정해진 다음에 옛날사람은 하늘에서 죽죽 내리는 비를 보고 물수자를 그렸다. 가운데 금과 좌우편의 두점을 찍어서 비가 죽죽 내리고 물이 뚝뚝 흐르는것을 나타낸 것이다. 그런데 옛사람들이 가운데 강한 금을 긋고 밖으로 약한 두점을 찍은것은 물은 손을 대보면 물렁 물렁하지만 속에는 수압이 있어서 대단히 강하다는 것이다. 그래서 물수자는 어느새 물의 성질을 나타내는 뜻을 붙혀서 구덩이 감(坎)자로 불르기

도 한다. 물은 우묵한 가운데로 모여 드는 성질이 있고 깊으면 깊을수록 수압이 강하다는 것이다. 그래서 감자는 물에 내강외유(內剛外柔)을 나타내는 자가 된다. 돌구덩이는 속은 강하고 밖은 무르다. 땅에서 타오르는 불은 물과는 반대로 속은 약하고 밖은 강하다. 촛불은 켜놓고 성냥개피를 촛불속과 촛불밖에 똑같이 대면 촛불밖은 곧 불이 붙고 촛불안은 더디게 불이 붙는다. 밖은 산소가 많아서 밝게 타서 강한 불꽃이 되고 속은 산소가 부족하여 잘타지 않아서 어둡고 약하다. 외강내유가 불의 성질이다. 여자는 밖으로는 강한것 같으나 속이 물러서 불같고 남자는 밖이 약하고 속이 강해서 물같다. 하늘에서 내리는 비를 아들이라고 하고 땅에서 타오르는 불을 딸이라고 한다. 물은 낮은데 모이고 뭉쳐서 구덩이 감(坎)를 쓰고 불은 흩어지고 떠나고 없어져서 떠날 이(離)자를 쓴다. 여자들은 흩어져 달아나고 남자들은 집으로 모이는것과 비슷하다. 그래서 천지수화는 하늘 땅 물불인데 아버지 어머니 아들딸도 된다. 그런데 하늘에는 비가 내리는것 뿐만아니라 우루루 우루루 번쩍하는 우뢰와 번개가 있다. 우루루 우루루를 두점 두점을 찍고 땅에 와 닿는 번쩍을 긴 금을 그어 두점 두점 밑에 긴금을 그어 우뢰와 번개를 나타내어 우뢰번개진(震)이라고 하는데 땅에 닿을 때는 강하고 세지만 하늘에서는 무르고 약하다. 이것은 맏

아들이 엄마에게는 강짜를 부리지만 아빠에게는 꼼짝못하는것과 같다. 번개를 맞아들 비를 가운데 아들 그리고 엄마에게는 어리광 아빠에게는 대드는 작은 아들을 하나 더 두었는데 그것은 구름위에 높이 솟은 산이다. 산은 끝이 강하고 아래는 골짜기 구름이 무르다. 그래서 위에는 강한 금 아래는 약한 점을 두점 찍어서 산자를 만들고 산은 어데나 가서 딱 멎으면 요지부동이라고 해서 근칠간(艮)을 쓰고 작은 아들을 나타낸다. 아들들의 특징은 모두 강한 금인 양이 하나고 약한 음이 둘씩 있는것이 특징이다. 아들에는 남성적인것 하나와 여성적인것 둘이 있다. 그래서 아들들이 된다. 아래 한금 위에 두점 두점 하면 번개의 모습으로 맏아들 진(震)이고 아래서부터 두점 한금 두점하면 가운데 아들 물(坎)이고 아래서부터 두점 두점 한금 하면 막내 아들 산인 간(艮)이다. 한울에 아들이 셋 번개와 비와 산이다. 번개도 하늘에 속하고 산도 하늘에 속한다. 산이 하늘에 속하는것이 재미있다. 아버지는 아들을 귀여워하는 모양이다. 양을 표시하는 한금과 음을 표시하는 두점을 양을 한번 음을 두번 그려서 만든 글자가 번개와 물과 산이다. 번개는 온세계를 흔들어 올리니 울이라고 하고 비는 물이니 물이라고 하고 산은 강한 양이 위에 있고 약한 음이 아래어 하늘을 이고 있으니 임이라고 하자. 우뢰소리 요란하고 번개가 치드니 큰

비가 내리고 산에서 시내물이 흘러 내린다. 비가 오고 물이 내리지 않으면 농사를 지을수가 없다. 또 하늘 아버지를 이고 받들고 있는 태산같은 사람이 임이요 바람이 불고 비가 와도 움직이지 않는 사람이 임이요 임자요 주인인지도 모르겠다. 그래서 작은 아들 산 또는 간을 임이라고 한다. 하늘을 마음이라고 세아들을 울 물 임이라고 한다. 하늘에 영광을 들어내는 울 하늘의 은혜를 나타내는 물 하늘에 순종하는 성도를 임이라고 하자. 마음의 세아들은 울 물 임 애통하고 눈물흘리고 억압당하는 때문에 울 물 임인지도 모르겠다. 반대로 땅에는 세 딸이 있다. 강한 두금과 약한 두점을 모아서 그림을 그려 보면 맨 밑에 두점 그위에 두금을 그으면 그것은 바람 풍자인데 바람은 번개와는 반대로 땅에 닿는데는 술술 부드럽지만은 하늘 위에는 한없이 강한 폭풍으로 마치 만딸이 엄마에게는 부드러우면서 아버지에게는 반항하는 모습이나 마찬가지다. 엄마에게 술술 분다고 해서 손(巽)이라고 하는데 겸손하다는 뜻이요 바람은 땅위에 있는 먼지를 날려서 천리를 불어가고 물위에 뜬 배를 만리를 달리게 하는 기차같은 것이다. 그래서 바람을 천리를 달리는 발이라고 해서 발(足)이라고 한다. 손을 만딸이라하고 만딸은 바람처럼 사라지는 딸이요 먼길을 달린다고 발이라고 한다. 아래 강한 한금가운데 약한 두점위에 강한 한금

이것은 불이요 가운데 딸이요 떠나버리는 이(離)다. 아래 두금 위에 두점 이것은 땅에 물이 고인 저수지연못 호수같은 못(兌)인데 농사군들이 제일 기뻐하는 것이라고 해서 기쁠태(兌)자를 쓰고 하늘에 부드럽게 그리고호수는 하늘을 처다보는 눈동자 같다고 해서 눈이라고 한다. 호수에 비친 하늘 그림자가 얼마나 아름답고 기쁜 모습이냐 강물을 흘러가는 아들이라고 생각했는데 땅에 언제나 고여있는 호수는 딸이라고 생각했다. 물론 강한 두금이 있기때문이기도 하다. 호수는 표면은 부드럽고 약하지만은 속은 강하고 강하여 깊은 연못이나 소에 이르면 그속에 용이 도사리고 있는듯 하기도 하다. 땅을 몸이라고 하면 몸에는 발 불 눈이 달렸다. 하늘이 마음 이라면 마음에는 울 물 임이 달렸다. 그래서 팔괘는 하늘 땅 번개 비 산 바람 불 연못 부모와 세아들 세딸 마음 몸 물물 임 발불눈 이것을 팔괘라고 한다. 한 집안의 아버지와 세아들 어머니와 세딸이 있고 우주에 하늘과 번개 비 산 땅과 바람 불 연못이 있고 사람의 마음에 울물임 몸에 발불눈이 있다. 그러면 이것을 좀더 깊이 생각해 보기로 하자. 마음 울물임 정신은 언제나울어야한다. 정신은 참에 도달하기 까지는 울어야한다. 회개하고 또 회개하고 지선에 도달하기까지는 계속 후회하고 울어야한다. 정신은 언제나 물어야한다. 계속 진리를 밝혀내기 까지 물

어야한다. 정신은 언제나 책임을 지고 머리에 이어야한다. 얼굴의 윗부분을 이마라고 하는데 내 이마 하면 내 이마란 말도 있지만 내가 이마 내가책임 지마 내가 짐을 지마 하는것 같다. 세상의 죄를 지고 가는 큰아들의 모습 같기도 하다. 거짓 세상을 울고 참의 세계를 물으면서 세상의 잘못을 모두 내 책임으로 이마고 하는 일은 정말 정신의 구세주임에는 틀림이 없다. 마음은 울물임이다. 정신은 울고 물으면서 임을 이는 님이다. 몸발불눈 몸은 땅이다. 땅을 딛고 서는것이 발이다. 우리는 땅을 밟고 불이 나게 나가는것이 몸이다. 그러나 거저 나가는것이 아니다. 눈으로 시원하게 살필것을 살피면서 나가야한다. 눈은 바다와 같이 시원하게 살필것을 살피고 감출것을 감추고 밝힐것을 밝히고 나가야한다. 몸은 밟을것을 밟고 밝힐것을 밝히며 불이나게 나가야한다. 그러면서 언제나 영원을 눈으로 똑똑히 보며 나가는 것이 문화요 문명이다. 우리의 사명은 마음으로 우는 것이다. 변치않는 진리 옳바른 정의를 이룩하기 까지 울고 묻고 이고 가야한다. 마음을 불임이다. 몸은 발불눈이다. 몸은 이 세상을 짓밟고 이세상을 꿰뚫고 나가는 눈을 가져야한다. 몸은 눈을 가져야한다. 마음은 이마를 가져야한다. 사물을 꿰뚫어보는 눈과 잘못에대한 책임을 질수있는 이마를 가져야한다. 책임을 질수있는 사람만이 떳떳한 사람

이다. 자유는 책임지는 정신이 자유요 평등은 꿰뚫어보는 눈이 평등이다. 만물을 꼭같이 꿰뚫어 봄이다. 하늘에 대해서 책임을 지는것이 자유고 만물을 꼭같이 꿰뚫어보는것이 평등이다. 하늘은 자유의 상징이고 땅은 평등의 상징이다. 자유는 울물임이요 평등은 발불눈이다. 정신은 울고 물어보는 이마에 있고 육체는 밟고 불이나게 나가는 눈에 있다. 마음의 특징은 이마에 있고 몸의 특징은 눈에 있다. 정신은 책임지는것이 정신이요 육체는 꿰뚫어 보는것이 육체이다. 정신은 아버지의 내용이요 육체는 어머니의 내용이다. 아버지는 끝까지 책임을 지는것이 아버지요 어머니는 끝까지 보살피는 것이 어머니다. 아버지의 이마 어머니의 눈 아버지가 계신동안 자유는 있고 어머니가 계신동안 평등은 있다. 아버지 앞에는 모든 사람이 자유롭고 어머니 앞에는 모든 사람이 평등하다. 어머니의 사랑은 눈을 가지고 아버지의 지혜는 이마를 가지고 있다. 이마는 책임진다는 말이요 눈은 같이 덮어준다는 말이다. 책임지는 이마와 덮어주는 눈이 있는데 너희들은 무슨 걱정이야. 하늘을 쳐다보라 책임지는 이마가 있고 땅을 굽어보라 덮은 눈이 있지 않는가 하늘을 뚫고 치솟은 산의 이마를 보라 땅을 싣고 있는 시원한 바다의 눈동자를 보라 이마의 산과 바다의 눈을 가진 하늘 땅은 오늘도 영원하고 무한하다.

하늘에 있지

재천불재지 (在天不在地)

하늘에 있지, 땅에 있지 않다. 목적이 삶(生)에 있다면, 그 삶이라는 것은 하늘에 있지 결코 이 땅에 있는 것이 아니다. 삶의 참뜻은 하늘에 있지 여기에 있지 않다. 참뜻은 영원한 허공, 보이지 않는 데 있지, 여기 이 환상계에 있지 않다. 땅이라는 것은 물질계를 말한다. 세상 사람은 거의 세상을 잘 다스려야 한다. 또는 땅덩어리인 나라를 잘 해나가야 한다고 한다. 그러나 하늘에 가는 일을 잘 해야지, 세상이나 나라를 잘 다스려야 한다는 것은 기어코 헛일밖에 되지 않는다. 사람들은 하늘에다가 먼저 해야 할 것을 땅에 먼저 한다. 사는 목적을 하늘에 두지 않고, 이 세상에 둔다. 이 세상에는 우리가 가질 목적이 없다. 이땅에서 참이라고 한 것은 상대적 참이지 온전한 참이 아니다. 그러기에 우리는 머리를 하늘에 두고, 몸뚱이를 곧이 하여 하늘에 가까울려고 애를 쓰는 것이다.

인어불가능욕능 (人於不可能慾能)

사람에겐 할 수 없는, 해서는 안될 일이 여간 많지 않다. 사람이 할 수 있는 해야할 일이란 머리를 하늘에 두고 다니는 길밖에 없다. 이것만이 사람이 할 수 있는 일이다. 이것은 사상(思想)을 높이고, 높은 것을 사모하자는 뜻에서 그런 것이다. 가능(可能)하다고 말해서 그렇게 되는 것은 아니다. 가능하다면 구할것 하나도 없다. 불가능하니까 구(求)하고 욕(慾) 한다. 가능해 보겠다고 욕능(慾能)을 한다. 그러나아무것도 할 수 없는 게 인간이다. 우리가 정말 말할 수 있는 자유는 「스토익 사상」에서 말하는 의지만의자유일 뿐이다. 나의 의지 이외에 자기가 자유할 수 있는 범위란 없다. 그러므로 자기 자유를 자기 이외의 것에서 실현하려고 하면 그것은 애당초 미친 짓이다. 자기 몸둥이에 대해서도 그렇다. 운동선수가 경기장에 나서면서 나는 자신이 있다고 말하는 경우가 있는데 여기에는 조건이 따른다. 하나님이 또는 운명이 그 시간까지 건강을 허락하면 그런 자신이 있을 수도 있을 것이다. 이처럼 외물(外物)에 대해서는 자기 밖의 소관이다. 자유로 할 수 없다는 말이다. 영웅 성웅이라도 밖의 것에 대해서는 어쩔 수 없는 것이다. 자기 몸둥이나 자기 밖의 것에 대해서는 불가항력이다. 자기로서는 어떻게 할 수 없다. 따라서 거기에는 책임이 없다. 책임이 없고 보면 권리도 없다. 결국 하나님이 허락지 않으면 아무 것도 할 수 없다. 말할 수조차 없다. 말을 한다고 해도 반토막 밖에 말할 수 없을 것이다. 그래서 장자(莊子)는 외물불가필(外物不可必)이라고 했다. 바깥 것은 손댈 수 없고 의지만이 자유라고 한 것이다. 사람의 자유라는 것은 좁다면 한없이 좁은 것이다. 기껏해야 제 자유 뿐이다. 지상에서 하는 자기 사업이나 나라나 세계, 이것은 다 자유로 하지 못한다. 다 외물(外物)이다. 그러므로 외물에 걸려 다닐 것 없고, 외물에 종노릇 할 것 없다. 이따위 몸둥이쯤 자른다고 겁낼 것 없다. 영혼이 나를 살리는데. 이쯤 가야한다는 것이 예수의 가르침 아닌가! 네 목숨쯤 죽이려는 자는 무서워 하지 말라. 무서워하려면 네 영혼을 못된 곳에 보낼 수도, 안 보낼 수도 있는 거기를 무서워하라는 것이 아닌가! 돈이나 권력만 있으면 다 할 줄 안다. 그러나 그것들은 다 외물이다. 이처럼 아무것도 할 수 없는 사람이 능욕(能慾)하려고 한다. 어떻게든지 불가능한 외물에 대해서 가능한 길을 찾으려고 한다. 공부, 장사, 수양, 심지어 예수를 믿는 것에 대해서도 무엇인가 할 수 있어보려고 하며, 또 능히 하고 싶어 한다. 그러나 이것은 모두 외물(外物)이다. 아마 무엇을 해보려는 욕능 때문에 하나님이 인간에게 머리를 하늘로 두게 했는지 모른다. 그래서 사람은 또 욕능을 부려 하늘을 날아보고 싶어한다. 비행기를 만든 것도 그 탓일 것이다. 꿈에도

날아다닌다. 부처가 되는 것, 영생에 들어가는 것도 같은 소원이다. 하늘에 올라가지 못하면서 하늘에 오르려고 한다. 이것이 인간이다. 할 수 있는 것이라면 할 수 있게 하는 것을 바란다. 물고기 사는것을 보고 물속에 들어가 보고 싶어한다. 그래서 잠수함을 만들겠다. 심지어 땅속에 들어가 보고 싶어한다. 구태어 그렇게 할 필요가 있을까? 우리는 이처럼 욕능하면서 살아가고있다. 이것은 불가능에서 가능을 찾으려는 것이다. 불가능을 가능으로 해보아야 무엇에 소용이 있는가? 요리를 먹으면 보통 먹는 음식보다 더 맛있어 하는데, 그게 어떻다는 건가? 계집이 다르다고 왜 달려붙는가? 이따위 생각은 모두 사견(邪見)이다.

시사견이견정(是邪見而將見正)

제가 열 다섯쯤 되었을 때, 서당에서 선생님이 내 앞에서 조시는데, 어쩐지 조그만한 상투 끝을 꼭 만저보고 싶었던게 기억된다. 남녀관계도 그런 호기심에서 발동한지도 모르겠다. 능욕(能慾)을 충욕(充慾)해보려는 것이다. 어떤 도학자(道學者)가 남의 집에서 유숙하는데 바로 그 옆 방에 계집아이가 자고 있었다. 심심해 앉아 있는데 어쩐지 자기 몸이 계집아이가 자는 방쪽으로 가보고 싶은 맘이 일어나더라는 것이다. 가까이 가서 무엇하자는 건 아닌데, 그냥 가보고 싶었다는 거다. 그러자 어 도학자

는 자기의 이름을 세번씩이나 불러 자신을 깨우쳤다는 것이다. 이 모두 불가능을 가능케 하려는 욕심에서 나온 것인데, 〈불가능〉이면 그만 두어야지, 으레 그것을 할수 있는 것으로 생각한다. 그래서 사견(邪見)이다. 인간에게는 악마될 소질이 충분히 있다. 왜 이런 유혹을 받게 되어 있는지 하나님마저 원망스러울 때가 있다. 왜 사람은 어떻게 생겼을까? 이 장견정(而將見正)을 위해서라고 볼수 있다. 이것을 가지고 바른 것을 본다는 뜻이다.

이 〈곧음〉어 우리를 하늘로 올려 보낸다. 이 〈곧음〉이 우리를 부처로 만든다. 곧음이 우리를 영생으로 인도 한다. 이 〈곧음〉을 잘못 쓰면 우리를 나쁜 데로 이끌어 가지만, 이곧음이 또한 우리를 사람되게 한다. 우리는 이 곧음이 없이는 사람 노릇을 할 수 없다. 이것으로써 우리는 곧음(正)을 바라보는 것이다. 이 세상에서는 〈곧음〉이란 것은 불가능하지만 우리는 그것을 욕능하려고 한다. 곧음이 최후의 승리를 한다. 예수의 실패는 정의(正義) 편의 실패이다. 나도 정의 편의 실패자인 크리스챤이 되려고 하는 것은, 사실은 종당의 정의를 믿고, 정의가 불가능한 세상에 정의가 있도록 욕능하려는 데 있다. 정의를 실현할 수 있다고 끝까지 외고 가는 것이다. 우리는 영원히 가지 못하지만 영원히 가고 싶다. 영원히 하늘에 가고 싶은 것이다. 그렇다면 불가능을 욕능하는 것이 되지 않겠는가? 나는 이점에서 생각하는 것이 있다. 어쩐지 제대로 온전히 되는 데서보고 싶다. 왠지 그것이 기다려진다. 본래의 자리에 들어가고 싶다. 대학을 나오면 대학원에 들어가고 싶듯이, 아직도 부족을 느끼면 자기 목적을 위해서 더 연구하고 싶은 것이다. 그러나 이것은 서두러서는 안된다. 참을 수 없으면 급하게 굴게 된다. 천천히 찾아가면서 가는 사람이 바른 것을 찾는 것이다. 급하게 서둘러서 불가능을 가능하게 하려 하니까 종국에는 피까지 흘리게 된다. 불가능을 가능케 하려고 하는데 정말 세상을 바로 되도록 해야 되겠는데, 어쨌든 이것 또한 사람의 길이고 하늘의 길인데, 좀 더더라도 급하게 서둘면 안된다. 예수가 불가능을 능욕한지 2000년이 됐지만 아직도 실현되지 못했지만 그러나 낙심하지 않고 그 길을 가는 것이 우리들의 일이다. 이것이 소위 신앙이라는 것이 아닌가! 그때문에 신앙하는 사람은 급하게 굴지 않는다. 불가능한 것을 급하게 가능케 하려면 그것은 도적놈밖에 되지 않는다. 사견(邪見)에 빠지고 만다. 불가능을 급하게 욕능한 것은 잘못이지만 그러나 〈곧음〉을 바라보고, 서둘지 않으면서 꾸준히 나가는 것은 바로 그게 신앙인 것이다.

원정미정역사생(願正未正歷史生)

그래서 중요한 것은 우리의 욕망이나 소원은 바로 되어야 하는데(顧正) 그런데 그게 미정(未正)이다. 아직도 바로 되지 않고 있다. 이것이 우리네 인간의 역사(歷史)이다. 사람의 역사란 그래서 원정미정(顧正未正)이다. 바로 하려고 노력했지만 바로 되지않는 게 인간의 역사다. 실패의 역사다 실패의 역사에서 무엇을 볼 수 있단 말인가? 요행으로는 안 된다. 그러나 무엇을 해보겠다는 게 우리의 길이다. 그것이 인도(人道)이다. 하늘이 무능한 인간을 내신 것은 이 인도를 가라는 것이다. 이제껏 못한 것을 바로 해보라고 인간을 세상에도 내신 것이고, 따라서 우리는 그렇게 해보고 있는 것이다. 역사는 자세히 보고 가야 한다. 역사를 잘 못보고 가면 몹쓸 놈이 되고 만다. 영웅주의적인 심리로 역사에 나서면 밤낮 이 꼴이 될 수밖에 없다. 역사를 바로 하라는 게 하나의 길이다. 이제껏 바로 되지 못한 역사를 바로 잡으려는 욕능(慾能)이 우리 길이다. 다른 것 없다.

욕속불달천원정(慾速不達天遠征)

욕속부달(慾速不達), 급한데 달하지 못했다. 사람은 자기가 살았을 때 그 사업이 완성됐다는 말을 듣고 싶어한다. 생전에 했다고 해야 좋아한다. 그러자니 급할 수밖에 없다. 욕속부달이다. 밤낮 다스린다는 정치는 불치(不治)다. 급해서 그렇다. 빨리 잘 했다는 소리 듣고 싶어서다. 그러니 불달(不達)일 수밖에 없다. 속히 하려고 하는 것은 이루어지지 않는다 그렇다면 실상(實狀)은 도대체 무엇인가? 실상은 영원한 한데인 천도(天道)이다. 그리로 가는 것이 우리의 길이고, 여기에 붙들어 매인 게 우리이기에 그곳에 까지가야하는 천원정(天遠征), 그것이 바로 우리의 실상이다. 하늘로 원정하여 가는 것이다. 하늘로 영원히 간다. 천국을 침노하는 자가 빼앗는다고 했다. 천국을 침략하는 자가 그리로 들어간다는 말이다. 침략자처럼 자신있는 사람 없다.

하늘은 넓다. 침략해도 좋다고 열어 놓고 있다. 우리는 솔선해서 천국에 쳐들어가야 한다. 사람은 불가능한데, 가능코저 하는 것이다. 이것은 사견(邪見)이다. 그러나 이것은 장차 바른 것을 보려는것에 그 본뜻이 있는 것이다. 바른 것을 원하나 바로 하지 못하는데 역사가 생기고, 바로 된 일을 속히 하려고 하는데서 그 때가 오지 못하여 미급이다. 그러나 우리의 길은 하늘까지 가는 영원으로 가는 원정이다.

그러기에 우리는 하늘에 있지 땅에 있는 것아니다. 재천부재지(在天不在地).

유영모선생 1956. 4. 5
YMCA 금요강의

짐   짐

옛날에 이상시대가 있었다 하는 사상도 있고 미래에 이상시대가 있을 것이라 하는 사상도 있으나 나는 이 세상이 상대적인한 이 세상에서 절대적인 것이 있을 것이라는 생각은 할 수가 없다. 어떤 사람은 세월이 흘러 갈수록 세상이 점점 더 악해진다고 하는 사람도 있고 어떤 사람은 세월이 흘러 갈수록 세상이 점점 더 살기 좋아진다고 하는 사람도 있는데 어느 편이 옳은지는 알 수 없으나 한가지 분명한 사실은 지금이 옛날보다 사람이 많아진 것이다. 특히 서울만 하더라도 옛날은 사십만이라고 하던 것이 요즘은 팔백만을 부르고 있으니 확실히 많아진 것은 사실인 것 같다. 그런데 사람이 많아지면 질수록 사람들이 힘을 합치면 얼마나 큰 일을 할수 있을지 모르는데 반면에 흩어지기 시작하면 얼마나 혼란이 심해질지도 모른다. 서로 도와주어야 할 터인데 혈육까지도 서로 안보는 세상이 나타나게 되고 백주의 길가에서 사람이 맞아 죽어도 아는 체하지 않는 경향이 점점 심하여가는 것 같다. 그것은 사랑으로 뭉치지 못하고 계산으로 흩어지게 되니 사람이 각각 이해타산에 얽매이는 한 어쩔 수 없는 현상인 것

같다. 계산을 따지는 것은 물건이나 기계를 돌리는데 세밀하고 자세하게 따질 것이지, 사람사이를 계산하고 따지는 것은 인간의 운명을 캄캄하게 한다. 사람사이는 따지는 것이 아니다. 일전 신문에도 요사이 도적은 이십대가 많으며 사람을 보면 무조건 죽인다고 하니 이런 기막힌 일이 어디 있는가. 요전에도 시골에서 어떤 청년이 소판돈을 빼앗기 위하여 세사람을 죽이고 십 몇만원을 빼앗았다니 이런 기막힌 일이 어디 있을까. 일전에 중국에 팽덕회라는 부수상겸 국방상이 앞으로 원자전쟁에 중국인구가 6억이 죽어도 아직도 2억이 남으니 중국은 원자전쟁은 치르고도 남을 수 있는 유일한 민족이라고 자랑을 하였다니 이런 망발이 어디있는가. 6억을 죽이고도 이기면 된다. 세계를 전멸시키고도 2억이 남으며 그것이 내 세상이다. 이런 도적놈의 심보가 어디 있는가. 우리가 할 것은 남에게 짐을 떠맡기자는 생각이 아니라 내가 짐을 지겠다는 생각이다. 책임을 남에게 전가하는 것이 아니라 내가 책임을 대신 지겠다는 생각말이다.

내가 이기고 남을 타고 누르는것이 아니라 내가 지고 남을 업고 가겠다는 생각말이다. 6억을 죽이고도 이기겠다든가 최후의 일인까지 최후의 일각까지 싸워서라도 내가 이기겠다는 이런 생각은 경솔히 해서는 안된다. 그렇게 흔한 피가 어디 있는가.

혁명을 해도 무혈혁명을 해야지 피를 흘리고 혁명을 하겠다는 생각은 악마의 생각이다. 나는 이런 생각을 해본다. 천하는 누구가 살기좋게 만들것인가(天下惡乎定). 옛날 유왕이나 려왕이 죽을 때에 사람들이 많이 같이 묻혔고(王厲幽圖人山葬) 지금 팽덕회 같은 자가 백성을 학살하여 인해전술을 도모하겠다는 폭언을 하니(民虐暴言人洤謀) 이것은 백성을 그냥 산과 들에 내다 버리는 것이다. 옛날 공자도 백성을 가르치지 않고 전쟁을 하면 백성의 생명을 버리는 것이라고 했고, 문왕은 백성의 피를 흘리지 않으려고 전쟁할 결심은 못하고 사람살지 않는 땅으로 이민했다고 한다. 백성을 버리기를 꺼린 것이 공자요 전쟁을 결단못한것이 문왕이다(可棄億兆文末斷). 천하는 사람죽이기를 싫어하는 어진사람만이 천하를 통일할 수 있다는 것이 맹자의 사상이요 그 본보기가 된것이 무왕이 아니든가(不嗜殺生武本由). 정말 무력을 싫어하고 그것을 싫어한 이는 깐디입니다. 깐디같이 자기가 짐을 지고 자기가 죽겠다는 사람만이 어진 사람입니다. 깐디 같은 정신만이 영원히 세상을 구원할 수 있읍니다. 그리스도의 정신도 마찬가지입니다. 죽이기를 좋아하고 거짓말을 잘하는 것은 악마입니다. 공산주의가 아무리 좋은 이상을 내걸어도 죽이기를 좋아하고 거짓말을 떡먹듯한다면 그것은 악마의 것입니다.

장작림이 죽으면 김일성이 나오고 스타린이 죽으면 모택동이 나오고 세상에 악은 계속 성하고 있읍니다. 우리도 덩달아 살기(殺氣)가 왕성하고 거짓을 떡먹듯하는데 그래서는 안됩니다. 우리에게서 살기를 뽑고 우리에게서 거짓을 뽑아야 합니다. 악이 성하면 선도 성해야 하지 않읍니까. 무왕이라는 무(武)자는 창밑에 그칠지 자를 썼읍니다. 전쟁을 막는다는 말입니다. 본래 무력은 싸움을 못하게 하기 위해서 만든것이 아니겠읍니까. 나라의 무력이 개인의 싸움을 막아내듯이 본래 무력은 평화를 위한 수단이지 전쟁을 위한 수단이 아닙니다. 무왕은 전쟁을 좋아하는 사람이 아닙니다. 평화를 사랑하는 사람입니다. 미국의 무장은 민주주의를 지키기 위한 무장이라고 하는 것도 같은 사상입니다. 세상에는 언제나 팽덕회같은 자가 없어지지 않읍니다. 6억을 죽이고도 이기겠다는자 말입니다. 6억이 죽고 난 다음에 2억을 가지고 잘 살겠다고 하지만 2억인들 다치지 않았겠읍니까. 원자탄 수소탄에 살아남았다면 그것이 무엇이 변변하겠읍니까. 원자진에 모조리 병신되지 않았겠읍니까. 원자전쟁을 해서라도 이기겠다는 생각은 그야말로 악마의 생각입니다. 남을 죽이고도 저만 살겠다는 강도나 마찬가지입니다. 남을 죽이고 강도가 저만 잘 살 수 있읍니까. 남자비 저자비지 남이 망하는데 자기는 망하지 않는 법이 있읍니까. 세상에는 자기는 놀면서 남만 일시키는 사람이 얼마든지 있읍니다. 관청에 가면 그것이 더 심합니다. 이런자들은 다 유왕이나 여왕이요 스타린 팽덕회 같은 자들입니다. 시집살이 사납게 산 시어머니가 며느리를 더 사납게 부려먹는다고 합니다. 김일성 밑에서 야단맞은 자가 김일성보다 잔인할지 모르겠읍니다. 옛날 링컨대통령은 대통령이 되어서도 구두를 자기가 닦았다고 합니다. 이런 사람이 진짜 대통령입니다 하늘을 깨닫고 사랑할 줄 아는 사람이 진짜 대통령입니다. 옛날 예수교를 쌍놈의 교라고 하였읍니다. 유교가 양반의 교라고 한데 대해서 하는 말입니다. 교는 쌍놈의 교가 좋읍니다. 어디까지나 봉사하는 종교라야지 종교가 양반이 되면 자기도 모르게 남을 짓밟는 종교가 되지 않겠읍니까. 자본주의나 유물사상이 모두 양반종교 아니겠읍니까. 자기가 일하지 않고 남을 시켜먹겠다는 사상은 다 김일성이지 별것 있읍니까. 세상에 예수처럼 내가 십자가를 지겠다 하는 놈은 하나도 없고 남에게 십자가를 지우겠다는 놈만 가득 찼으니 우리가 다 김일성이지 무엇입니까. 옛날부터 땅을 뺏기 위해서 싸움을 하면 사람의 시체가 땅에 넘친다고 합니다. (爭地以戰殺人盈野) 성을 다투면 시체가 성을 채운다(爭城以戰殺人盈城) 이것을 땅에 사람고기를 먹인다고 합니다. (率土地而食人肉) 기가 막힌 말입니다. 성경에도 가인이 아벨을 죽인 피를 땅에서 토하게 한다는 말이있읍니다. 땅에 피를 먹이는 죄는 죽음으로도 벗어날 수가 없다(罪不容於死)고 합니다. 하늘의 심판이 무섭지 않읍니까. 공명도 하늘의 선지자입니다. 그래서 싸움 잘하는 놈은 악형에 처하라(善戰者服上刑) 하는 말이 있읍니다. 요새 말로하면 전쟁범죄자의 처단이 되겠지요. 그 다음에는 그들과 관련된 자들을 처단한다는 것입니다. (連諸侯者次之) 공산국가가 처단되고 위성국가들이 처단된다는 말이지요. 요새 미국의 기술 미국의 자본을 들여다가 잘 살아보겠다고 야단들이지만 왜 매일같이 자살자가 나오고 아이를 버리는 사람들이 많아갑니까. 대학 대학하는데 대학가면 문제가 해결될 것 같은데 대학이 사회문제를 해결한다는 것은 망상에 불과합니다. 대학 때문에 사회악이 더 조장되지않읍니다. 고등교육을 받은 사람의 범죄가 더 심해지고 과외공부의 피해가 더 많아지고 사회악이 더 눈에 띠지 않읍니까. 일전 신문에는 딸자식 대학보낼 돈 없다고 비관하고 자살한 아버지도 있으니 한심한 일입니다. 무엇이 빗나가도 단단히 빗나간 것같읍니다. 일전에는 철학한다는 사람이 찾아와서 취직자리를 하나 구해달라고 하는데 먹을것도 생각못하면서 철학은 왜 생각했는지 알수없군요. 그 사람 말이 취직이 안되면 죽을 생각이라고 하니 자살철학을 전공한 모양입니다. 성경이사야 52장 13절에 보라 내종이 형통하리니 받들어 높이 들려서 지극히 존귀하게 되리라고 하였는데 자살철학을 말하는 사람들은 악마의 종인지 모르겠읍니다. 이사야 52장 14절에는 그 얼굴이 타인보다 상하였고 그 모양이 인생보다 상하였음으로 무리가 그를 보고 놀랐다고 했읍니다. 진리를 찾아 올라가는 얼굴이 핼쑥해질 것은 말할 것도 없읍니다. 그러나 15절에는 그가 열방을 놀랠것이며 열왕은 그로 인하여 입을 봉하리니 그들은 아직 전파되지 않은 것을 볼것이요 아직 듣지 못한 것을 깨달을 것이다. 이것은 진리를 깨달은 사람의 생명의 결과를 말하는 것 같습니다. 이사야 53장 4절에는 그는 실로 우리의 질고를 지고 우리의 슬픔을 당하였거늘 우리는 생각하기를 그는 징벌을 받아서 하나님에게 맞으며 고난을 당한다 하였노라. 세상에는 우리대신 고생하는 사람이 얼마나 많읍니까. 무식하고 가난하고 고생하는 동포 그들 가운데는 하나님의 종이 얼마나 많읍니까. 서울 구경 한번 못한 촌며기들 가운데 얼마나 많은 예수가 섞여 있읍니까. 특히 무식한 어머니들 우리들의 더러움을 대신 지는 어머니들 농민들 노동자들 이들은 모두 우리를 대신해서 짐을 지는 예수들입니다. 그들이 떨림은 우리의 허

물이요 그들이 상함은 우리의 죄악이라고 5절에 있읍니다. 이것이 사실입니다. 대중의 고통을 우리는 알아야 합니다. 그 사람들이 왜 고생을 합니까. 우리대신 고생하는 사람입니다. 7절에 그들은 도살장으로 끌려가는 어린양처럼 입을 열지 아니하도다. 일체가 대속입니다. 야채 고기 다 말 못하고 죽는 대속물입니다. 예수는 아무런 불평도 없이 죽어갔읍니다.

마태 5장의 8복 마지막에 나로 인하여 너희를 욕하고 핍박하고 거짓으로 너희를 거슬려 모든 악한 말을 할때에는 너희에게 복이 있다고 하였읍니다. 대속물에게는 반드시 영생이 있다는 것입니다. 억울하게 죽은 사람을 하나님께서는 절대 버리지 않는다는 것입니다. 정의의 영원한 승리를 믿으라는 것입니다. 핍박을 받는자는 복이 있나니 천국이 저희것이라고 하였읍니다. 핍박을 받는다고 천국이 저희의 것이 아니라 본래 천국이 그들의 것이니까 핍박을 받을 수가 있는 것이겠지요. 천국에 속한 사람 아니면 누가 능히 핍박을 받을수 있겠읍니까. 천국에 속한 사람만이 만인을 위하여 십자가라도 질수가 있을것입니다. 천국에 속한 사람만이 짐을 질 수가 있읍니다. 그들이야말로 힘 있는 사람이요 건강한 사람입니다.

1956년 3월 22일 금요일
Y.M.C.A. 본관, 유영모 선생말씀

버 들 푸 름 (23)

건

세 금(三) 그으면 역경(易經)에서 건(乾)이라고 하는데 우리 태극기에 나오는 자로서 하늘 천자 입니다. 그것을 건이라고 하는 까닭은 건강하다는 건(健)자와 같기 때문입니다. 건괘(乾卦)는 곧은 세 금을 겹쳐서 작대기 여섯개가 힘차게 그어집니다. 기운 기(氣)자의 가운데 토막인데 이런 글자가 쓰여진 것은 한문글자가 나오기 전 문자이전의 세계에 속한다고 하겠읍니다. 이것은 글자의 뜻을 이해하는 것 보다는 직관적으로 힘참을 느끼게 하는 하나의 감성적인 예술의 표현입니다.

태극이 쪼개져 음양이 생기고 음양이 쪼개져 사상이 생기고 사상이 쪼개져 팔괘가 생기는 것을 생각해 냈읍니다. 팔괘를 겹쳐서 6금씩 그려 64괘를 생각했는데 여섯은 이들의 깊은 관심사였읍니다. 일년도 여섯달은 해가 길고 여섯달은 날이 짧아집니다. 6개월 덥고 6개월 추워지는 동안 언제나 건강하게 머무는 것이 지건입니다. 인생도 60을 잡아 전30은 건설, 후 30은 귀환을 생각했읍니다. 30이 입(立)하고 60이 이순(耳順)한 것입니다. 그럴려면 인생의 계획을 잘 해야 합니다. 하늘을 생각할 때는 여섯금을 생각해야 합니다. 생각은 생각 넘(恁)자를 쓰는데 그것은 20이라는 글자입니다. 무슨 사물이든 한 20년 생각해야 하고 사람도 20이 나야 성인이 되고 성인이 되어서도 한 20년 정신이 자라야 불혹(不惑)이 됩니다. 40에 세상일을 하게 되고 50이 되어야 천명을 알고 좀 쉬면서•더 깊이 생각합니다. 그리고 90이 되어야 더 깊이 더 깊이 더 깊이 생각하여 진리에 순응하는 이순이 됩니다. 전30 후30도 되고 상20 중20 하20도 모두 60이 되어야 합니다. 60이 되어야 뭣이 길(吉)한지 뭣이 흉(凶)한지를 알 수가 있읍니다. 하여튼 건전한 것이 가장 길한 것입니다. 내가 무엇을 가장 감사하게 생각하나 하면 세상 사람은 영생(永生)을 가장 감사하게 생각할지 모르나 나는 말합니다. 내가 가장 감사한 것은 몸성히를 감사합니다. 몸성히는 건강이란 말입니다. 건강함이 감사합니다. 전자처럼 죽죽 힘이 참이 감사합니다. 몸이 성하면 마음이 놓입니다. 마음 놓임을 또 감사합니다. 마음에 걸리는 것이 없이 마음이 놓이면 또 감사합니다. 마음 놓이는 것처럼 좋은 것이 없습니다. 그렇게 마음에 괴로움이 없고 평안하면 심심치 않겠는가 하고 걱정하는 사람이 있지만 그것은 몰라서 하는 말입니다. 마음이 놓이면 그때는 바탈을 타고 나가게 됩니다. 마치 바람이 자면 배를 타고 나가는 것과 같습니다. 마음어 놓이면 자기의 개성이 살아납니다. 사람은 자기의 바탈을 살려낼 때 자기를 느끼게 됩니다. 자기의 개성이 자랄수록 사람은 오늘보다 내일이 더 깊은 바탈을 느끼게 됩니다. 사람은 계속해서 자기를 느끼게 되고 더 깊이 자기를 느끼게 되고 더 깊이 자기 바탈을 찾아내게 되고 더 깊이 자기 바탈을 타고 가게 됩니다. 인생을 간다고 느끼게 되는 것은 바탈때문입니다. 땅을 파들어 가듯이 자기의 바탈을 파고 들어가는데 인생은 한없이 발전해 가는 것입니다. 이 바탈을 타고 우리는 하늘에까지 도달합니다. 배를 타고 바다를 건너가듯 우리는 바탈을 타고 하늘에 도달합니다. 이 것이 인생의 가장 즐거운 일입니다. 나는 바탈 타기를 가장 감사하게 생각 합니다. 생각이란 우리의 바탈입니다. 생각을 통해서 깨달음이라는 하늘에 도달합니다. 생각처럼 감사한 것은 없습니다. 생각이라는 바탈을 태을려면 마음을 놓아야 하고 마음이 놓일려면 몸이 성해야 합니다. 바탈은 생각이 밑천이 되어 자기의 정신을 불사르는 예술의 세계입니다. 몸 성해 참되고 마음 놓여 착하고 바탈 태워 아름답습니다. 몸은 성히 마음 놓이 바탈태이가 되어야 합니다. 나무의 불을 사루듯이 자기의 정신이 활활 붙어 올라야 합니다. 바탈을 타지 못하면 정신을 잃고 실성(失性)한

사람이 됩니다. 자기의 소질을 살리는 것처럼 중요한 것은 없습니다. 소질 가운데 소질은 생각하는 소질입니다. 인간은 이성적 동물입니다. 그림을 오리고 노래를 불러 감성을 살려도 좋고 사물에 직관하여 신의 섭리를 헤아리는 영성을 살려도 좋고 과학과 기술을 연마하여 오성을 살려도 좋습니다. 하여튼 바탈성(性)자를 살려야 합니다. 그것이 사는 것입니다. 나는 몸성히 마음 놓이 바탈타기를 세 금 건(乾)자로 생각합니다. 몸이 건강하고 마음이 건강하고 정신이 건강함이 건입니다. 그런데 건은 원(元) 형(亨) 이(利) 정(貞)이라고 합니다. 원은 하늘 밑에 사람이 앉아 있는 형태를 그린 것입니다. 사람은 하늘 밑에 있고 또 만물 위에 있습니다. 사람은 만물의 근원이요. 밑둥입니다. 우리가 생각한다는 것은 하늘과 통해서 쉬지 않고 원기(元氣)를 마시어 우리의 정신을 살립니다. 원기는 성신같은 것입니다. 줄곧 성신을 받아 건전한 정신이 됩니다. 사람은 줄곧 원기를 받아 원기왕성 합니다. 하늘의 원기를 받아 사는 것이 행복하게 사는 것입니다. 형(亨)자는 상하가 형통하는 것인데 우리는 하늘과 통하고 만물과 통하여 결국 형통하게 되는 것입니다. 형자는 향(享)자와 같은 자인데 향은 제향이라고 하여 하늘에 제사를 지내고 만물을 음복하는 것을 말합니다. 그 이상 행복이

어디 있겠읍니까. 형은 후한 생을 더 후하게 하는 형입니다. 하늘의 이치에 통하고 만물의 이치에 통할 때 사람의 삶은 더 풍부하게 됩니다. 원(元)자는 본래 하늘의 아들입니다. 독생자입니다. 원자인 독생자가 제사를 지내는 것이 십자가입니다. 지금 내가 말하고 있는 것도 하늘에 드리는 제사입니다. 말씀 사름은 목숨 사름보다 더 큰 제사입니다. 제사지내는 것처럼 인생에게 이로운 것은 없읍니다. 이(利)자는 벼화 변에 칼도자를 그린 것입니다. 씨를 뿌리고 거두는 뜻입니다. 벼 한알이 천오백알이 되고 조 한알이 만오천알이 된다니 이렇게 이로운 것은 없읍니다. 주역에서 이자는 서로 서로 많은 도움을 준다고 해서 이자를 씁니다. 이자는 남을 해치는 것의 반대입니다. 칼은 잘못하면 남을 해치는 수도 있읍니다. 그렇기 때문에 모두에게 이롭게 할려면 곧이(貞)를 잊어서는 안됩니다. 곧이 곧장 똑 바로 써야 합니다. 곧이는 언제나 바로 정직하게 써야 합니다. 그리고 곧이 곧장 나아가야 합니다. 우리가 가는 것은 안발 세걸음 바른발 세걸음 곧이 곧장 간다고 행(行)자를 씁니다. 그리고 그 시작은 거름 보(步)자인데 거름 보는 좌지(左止) 우지(右止)를 합친 것입니다. 좌로 그치고 우로 그치는데 곧이 가는 줄을 알아야 합니다. 천행건 군자이 자강 불식(天行健君子以自彊 不息)이라고 그림에 보이는 데 하늘이 간다는 것은 우리가 간다는 것을 느낍니다. 하늘이 가는데 어떻게 가느냐. 아주 힘차게 갑니다. 건전하게 갑니다. 곧이 곧장 가는 것이 하늘입니다. 이것을 본받아 우리도 곧이 곧장 가야 합니다. 군자(君子)라는 것을 나는 그이라고 하는데 임금의 아들 하늘의 아들입니다. 그이의 그는 저 그리운 하늘입니다. 그 하늘 이어 받은이가 그이입니다. 군자이의 이(以)는 써이자인데 써는 소용이라는 뜻입니다. 우리가 무엇을 할려고 하면 사람들은 왜 하느냐고 그 소용을 묻습니다. 그리고 이용가치가 적으면 그런 짓은 왜 하느냐고 비난을 합니다. 그래서 나는 소용이란 말이 싫읍니다. 사람의 이용을 위해서 사는 것이 아닙니다. 사람은 이용이니 소용이니 하는 생각없이 사는 것이 정말 사는 것입니다. 이것을 존재라고 하는데 아무런 욕심없이 산꼭대기에 앉아 있는 것도 좋지 않아요. 하늘을 머리에 이고 땅을 발 밑에 깔고 앉아 있는 것이 좋지 않아요. 그냥 보아서는 아무 의미가 없는 것 그것이 정말 의미가 있는 것입니다. 아무 것에도 쓸데 없는 것이 정말 쓸데가 있는 것입니다. 하늘은 무엇에 쓰는 것입니까. 우리 인간은 무엇에 쓰는 것입니까. 억만 별들은 무엇에 쓰는 것입니까. 구만리 광활한 땅은 무엇에 쓰는 것입니까. 서로 빼앗고 빼앗기고 죽이고 살리라고 있는 것입니까. 땅땅 이를 통채로 삼키면 무슨 소용이 있읍니까. 그런데 하늘여 건전하게 가는데 가는 것은 무엇때문에 가느냐, 그 소용이 무엇이냐고 묻는다면 그것이 군자이(君子以)라는 써 입니다. 그 하늘에 왜 가나. 그 소용이 무엇인가. 그것은 자(自) 자기를 가지기 위해서 간다는 것입니다. 사람은 하늘을 가질 때 자기를 가지게 된다는 것입니다. 하늘이 나이기 때문입니다. 우리는 하늘을 가지기를 싫어합니다. 월남에 하늘을 팔아 먹은 사람이 있었대요. 아무 쓸데 없어서 팔아 먹었더니 그것을 산 사람이 그 사람 사는 위로 큰 집을 지었대요. 그래서 해가 들지 않아 살 수 없게 되어 그 때야 하늘이 필요한 줄 알았답니다. 세상에는 하늘이 소용없어 팔 수 있으면 팔겠다는 사람이 많을 것입니다. 그러나 하늘의 아들인 그이는 이것을 자강(自彊)하는데 쓴다는 것입니다. 자강이란 자기가 자기로서 산다는 말입니다. 자기가 자기로서 사는 것이 곧이 곧장 사는 것입니다. 자기가 자기로서 자신만만하게 사는 것이 떳떳하게 사는 것이요 곧이 곧장 사는 것입니다. 곧이 곧장 사는 것이 잘하는 것입니다 자강이란 자기가 힘쓰고 노력하는 것입니다. 그럴려면 쉬지않고 숨쉬어야 합니다. 쉬지 않는 불식(不息)이 숨쉬는 식(息)입니다. 자(自)강의 자는 코를 그린 것입니다. 나의

대표가 코요 코는 숨쉬는 거관이요 숨쉬는 생명이 자기입니다. 숨은 코로만 쉬는 것이 아닙니다. 정신으로도 숨을 쉽니다. 정신의 숨이 생각입니다. 자강불식은 줄곧 숨쉬고 줄곧 생각하여 하늘에 도달하여 내가 내가 되는 것입니다. 그것이 곧이 곧장입니다. 코로 숨쉬는 데도 몸을 곧게 정신을 숨쉬는데도 곧이 곧장 이것이 양기법 양생법 양심법입니다. 몸을 곧이 곧이 이것이 장생법입니다. 곧이 곧장 정신을 가지고 입 다물고 숨쉬고 곧이 곧장을 가지면 숨이 잘 쉬어지고 호흡이 잘 됩니다. 밥을 너무 먹으면 식곤증이 납니다. 잠이 많아지고 앉아도 곧장 앉아지지 않습니다. 그러면 바로 숨도 잘 쉬지 못합니다. 식(息)은 코에 염통이 붙어 있읍니다. 곧이 곧장 갈려면 숨이 왕성해야 합니다. 세상 모르고 잘 때도 숨은 더 힘차게 됩니다. 숨은 힘차게 쉬니까 쉬지 않는 것입니다. 쉬는 것이 쉬지 않는 것이다. 식불식 참이상한 말입니다. 잠은 쉬는 것인데 숨은 더 힘차게 쉬지 않읍니까. 의식의 세계 보다 무의식의 세계가 더 강한 자기입니다. 무의식에서 초의식이 되면 그 때에야 참 내가 됩니다. 내가 하늘이라는 것도 초의식이 되어야 내가 된다는 말입니다. 초월하는 것이 내가 되는 것입니다. 숨길은 쉬면 안된다. 이것이 식불식이요 자강불식입니다. 힘차게 쉴수록 쉬지않는 것이 나라는 말입니다.

몸성히, 맘놓이, 뜻태우

깐디가 세상에 다녀간 뒤로는 〈참을 꼭 잡아야 한다〉는 진리파지(眞理把持)가 보다 확실하게 되었다. 나는 죽으면 죽었지 참이라는 것은 놓을 수 없다고 꽉 붙잡는 사람들이 얼마나 되는지 모르겠다. 재물은 꽉 쥐고 있는 사람이 많은데, 여기에 비해 진리를 꽉 붙잡고 있는 사람은 도대체 얼마나 될까?

어떤 의미에서 보면, 사람은 손(手)을 쓸 수 있는데 그 특징이 있다고 하겠다. 손을 쓸 줄 알기 때문에 문화도 가지게 되고, 서로 돕고 살 수도 있고, 심지어 전쟁을 하기도 한다. 손을 쓸 줄 몰랐다면, 사람은 아무것도 할 수 없었을 것이다. 그런데 손을 쓰는데는 파악(把握)을 잘 해야 한다. 붙잡는 것을 잘 해야 한다는 말이다. 꼭 붙잡고 놓치지 않는 것을 잘 할 줄 알아야 한다.

그러나 이제껏 우리 인류는 진리파지(眞理把持)를 잘 못하고 있는 것 같다. 히브리 사람들이 종교적으로 생각한 것을 제대로 파악했으면 이 땅은 어떻게 되었을까? 희랍사람이 파악한 참을 찾아서 단단히 손에 쥐

었을것 같으면 인류가 군 꿈이 실현되었을 지도 모른다. 이런 것들이 모두 부실하게 되어서 지금까지 이끌이 된 것 같다.

사람이 어려서는 단단히 쥔다. 건강한 어린 아이일수록 참으로 단단히 쥐려고 한다. 건강한 사람의 양력(陽力)을 표시 하는데는 악고(握固)로써 한다. 사람은 악고해야 한다. 악력(握力)—손아귀로 물건을 쥐는 힘으로써 그 사람의 건강을 측정한다고 한다. 손이라는 것은 생리적으로도 우리를 대표한다. 손이라는 것은 쥘 것 쥐고, 가질 것 잡아서 놓치지 않아야 한다. 이처럼 잡을 것 잡는다는 조(操)라는 글자는 집(執)이라는 글자와는 다르다.

집(執)이라는 글자에는 고집(固執)이라는 숙어를 이룬 것 처럼 고집해서는 못쓴다는 나쁜 뜻이 은연중에 들어 있다. 조(操)라는 글자는 무조건 고집으로 단단히 잡지 않으면 안된다는 글자가 아니다. 자신이 잘 하려고 단단히 잡는 것을 말한다. 정조(貞操)란 〈곧이〉를 단단히 잡는 것을 뜻한다. 잡긴 잡아도 느슨하게 잡는 것, 그것은 정조라고 하지 못한다. 체조(體操)라는 것은 몸을 반듯하게 가지는 것을 말한다. 뜻을 바로 갖는다는 지조(志操)도 마찬가지로 우리에게 긴한 것이다. 체(體), 정(貞), 지(志) 그 어느 것도 갖추지 못하거나, 치우치면 균형(均衡)하다고 할

수 없다.

채조하려면 지조(志操)하지 않으면
안 되고, 지조하려면 정조(貞操)하지
않으면 안 된다. 정조하려면 지조하
고 채조하여야 한다. 이처럼 하나의
조(操)를 지키려면, 여러가지 것이
참여해야 한다.

지(志)는 도덕적인 것을, 정(情)은
감정적 예술적인 것을 말하는데, 몸
(體)에는——과학에는——이 지·정
(志情)이 다 들어가야 한다. 늘 정조
(情操)와 지조(志操)를 가진 사람은
진선미(眞善美)를 다 알려는 사람이
다. 제법 지조, 정조하려는 사람이라
도 한 쪽에 치우치면 그는 정조(貞操)
하려는 사람이 아니다.

몸짓을 잘 가져야 마음 놓임을 얻
는데 마음 놓임을 얻어야 뜻을 얻을
수 있고, 할 바(志向)를 단단히 가질
수 있다. 건강해야 진선미를 알려 하
고 켤려 한다. 뜻만 가지고서는 안된
다. 증자(曾子)는 이후입지(而後立
志)라는 말을 하는데, 무엇무엇을 한
뒤 뜻을 세운다고 할 때 이 〈무엇
무엇〉은 방금 말한 채조, 정조를 가
리킨다고 할 수 있다.

예수교의 신앙에는 영생하겠다는
입지(立志)가 들어있다. 불교에서 성
불(成佛)하겠다는 것도 어떤 의미에
서는 이후입지(而後立志)를 말한다.

지조(志操)란 말은 아무에게나 붙
여서는 안 된다. 이상(理想)과 신앙
이 없는 사람은 몰라도, 이것이 있는
사람은 몸을 바로 가지고 정조·지조
하겠다는 사람이다. 적어도 이것이
신앙이 되어야 한다. 영생한다든지,
성불한다든지 하는 말은 딴 소리가
아니다.

영생하는 이치가 있으면 이것을 꽉
붙잡아야 한다. 성불하길 원하면 그
길을 단단히 붙잡아야 한다. 이것이
진리파지다. 성불하는 이치가 있다면
그것을 기어코 깨닫고야 말겠다고 염
(念)하는 것이 염불(念佛)이다. 염불
한다는 것은 부처의 이름만 부르는
건 아니다. 만일 깨닫는 이치가 있으
면 꼭 붙잡고(操), 그 이치의 자리에
까지 가는 것이 염불이며 신앙이다.

신앙이 영생하려는 노릇이라면, 그
리고 그런 길이 있으면 꽉 붙잡고 끝
까지 가봐야 한다. 적어도 영생하겠
다는 것을 염(念)하는 것만이라도 잊
어서는 안 된다. 이 노릇을 다른 사
람이 업수이 여겨도 〈나는〉 해야 한
다. 내가 하는거지, 딴 사람이 내 대
신 해주는 것이 아니다. 〈쉬지 말고
기도하라〉는 것은 다른 말이 아니다.
영생 다 하도록 그 생각만 하라는 것
이다. 한번 붙잡으면, 죽으면 죽었지
놓지 않았다는 것이 예수를 믿는 것
이다.

우리는 결국 채조, 정조, 지조 이
외에 다른 것을 찾을 것 없다. 이것
을 우리말로 나타내면, 〈몸성히〉,
〈맘놓이〉〈뜻태우〉가 되는데, 이 말
은 내 말이며, 이렇게 하자는 것이

내 뜻이다.

한 가지 사람 노릇 셋——몸성히,
맘 놓여, 뜻태우.
한 가지 셋——몸성히, 맘 놓여,
뜻태우——이 사람 노릇.
사람은 한 가지 셋——몸성히, 맘
놓여, 뜻태우——노릇.
노릇은 셋——몸성히, 맘놓여, 뜻
태우——가지 사람.

나는 셈을 하나부터 셋까지만 인정
한다. 다른 수(數)는 다 있으나마나
하는 것으로 본다. 하나가 생겨서 통
이 나온 숫자라고 생각하기에 그렇다
이런 소리 들으면 다 무슨 소리인지
맛이 없다고 하지만, 나는 대단히
〈맛〉이 있다. 그래서 늘 여기에 들어
가 본다. 사람 노릇은 이 세가지 뿐
이라는 생각으로 이 셋만 갖추면 『사
람의 뜻어 된다는 생각으로 이처럼
좋아서 나는 혼자 이 셋을 보고 있다.
구구한 이론이 있겠지만, 인간이란
무엇이냐고 하면, 간단히 그 요점을
잡아 이 셋——몸성히, 맘놓여, 뜻태
우——이라고 할 수 있다. 이것과 함
께, 이것을 바로 알고 가면 인생에
큰 실패는 없을 것이다. 이것을 꼭
붙잡고 가면 그야말로 무적(無敵)이
다.
이 YMCA 『연경회(研經會)』에서
는 성경을 연구해야 할 것이지만, 이
런 말을 하는 것은 이 모든 것이 다

내가 본 〈성경〉이기 때문이다. 나는
내가 본 성경으로 먹고 사는데, 남보
다 더 잘 먹었는지 못 먹었는지는 모
르나, 나는 나만큼 먹고 내 맘 가지
고 살아 간다. 이 점을 일러두고싶다.
사실 성경만 먹고 사느냐 하면 그
렇지 않다. 유교 경전도, 불경도 먹
는다. 살림이 구차하니까 제대로 먹
지 못해서 여기 저기에서 빌어먹고
있다. 그래서 희랍의 것이나 인도의
것이나 다 먹고 다니는데, 그렇게 했
다고 해서 내 맷감량(飽和量)으로는
소화가 안 되는 것도 아니어서. 내
건강이 상한 적은 거의 없다. 여러분
이 내 말을 감당할런지는 모르나 참
고 삼아 말하는데, 그리스도교의 성
경을 보나, 유교 경전을 보나, 불경
을 보나, 희랍의 지(智)를 보나, 종
국은 이 〈몸성히〉, 〈맘놓여〉, 〈뜻태
우〉에서 벗어나는 것이라곤 하나도
없는 것이다. 이것의 옳고 그름의 판
단은 하나님이 하여 주실 것이지만,
나는 이 자리에서 이 말을 한 것은
여러분께 결코 헛된 일이 아니라고
생각한다. 몸성히는 체조를 통해서
마음 놓이는 정조를 통해서 뜻태우는
지조를 통해서 그래서 체조와 정조와
지조가 필요하다. 몸에 기름이 가득
차고 마음에 심지가 꼿꼿하고 정신에
지혜가 빛나는 것이다. 기름등잔에
기름이 차고 심지가 곧장 서고 불빛
이 휘황한 것을 생각하면 된다. 불교
에서는 계(戒) 정(定) 혜(慧)라고 하

여 몸조심하고 마음을 가라앉히고 정신의 빛을 비추는 것이다. 몸성히를 위해서는 탐욕을 버려야 한다. 자구 먹고싶은 욕심을 경계하고 많이 먹지 않도록 하는 것이다. 이것을 점심이라고 하는데 석가는 대낮에 한번만 먹었다고 해서 일중식(日中食) 혹은 24시간에 한번 먹는다고 해서 점심이라고도 하고 먹는둥 마는둥 마음에 점 친다고 해서 점심이라고 하는데 내가 한끼를 먹어보니 몸성히의 비결은 점심에 있다. 하루에 한끼 먹으면 만병이 없어진다. 모든 병은 입으로 들어간다. 감당 못할 음식을 너무도 집어넣기 때문에 병에 걸린다. 사람은 안먹으면 병이 없다. 욕심을 줄여서 한점을 만드는 것이 점심이다. 그것은 석가가 오랫동안 실천한 건강법이다. 맘놓이를 가질려면 치정을 끊는 것이다. 정조라고 하지만 진짜 정조를 지키는 것은 아주 치정을 끊어 버리는 것이다. 석가의 출가는 마음놓이게하는 가장 곧은 길이다. 언제나 곧이곧장 앉아 있는 것도 치정을 끊었기 때문이다. 석가가 앉아 있는 것을 선정이라고 한다. 마치 곧은 심지처럼 앉아 있는 것이다. 희로애락 미발 위지 중이라고 하는데 마음놓이는 중(中)에 해당한다. 일체감정의 흔들린바 없게 되어야 진리와 하나가 되어 마음이 반석에 놓인 것처럼 평안하게 된다. 세상에 마음을 가장 움직이는 것은 남녀관계다. 남녀관계를 끊으면 마

음은 저절로 가라 앉는 법이다. 이것이 치정을 끊어야 정이 될 수 있는 것이다. 마음이 가라 앉으면 그때 나타나는 것이 지혜의 광명이다. 증절 위지화라는 지경이 지혜의 지경이다. 그것은 정신의 광명이 사방에 비치는 것이다. 정신광명이란 직관력을 말한다. 만물을 직관하여 볼 수 있는 힘이다. 정신광명으로 만물을 비춰보는 세계가 지혜의 세계다. 마치 등잔불을 계속 태워 만물을 비추듯이 뜻을 태워 지혜의 광명으로 만물을 비추게 되는 것이다. 이 지혜의 빛을 사방에 비추는 것이 설법(說法)이다. 정신광명을 흐리게 하는 것이 진여다. 사람은 화내면 안된다. 누구를 미워하면 안된다. 일체가 하나님의 세계요 일체가 하나님의 아들들이다. 누구에게 화를 내든가 미워하면 안된다. 성현에게는 불평불만의 화가 있을 수도 없고 차별의 증오심이 있을 수도 없다. 성현은 성령이 충만한 세계요 광명이 넘치는 세계다. 샘물이 차별 없이 만물을 살려가듯이 성현의 지혜는 일체를 살려내는 생명의 불이다. 뜻태워 만인을 살리는데 화가 난다는 것은 말이 안된다. 탐욕을 버리고 치정을 버리고 진에(瞋恚)를 버려야 한다. 성내지말고 애정에 빠지지 말고 욕심 내지 말고 진리의 빛을 비추고 심지의 고리를 지키고 물욕을 조심하면 몸성히 마음 놓이 뜻 태우게 된다.

버들푸름(25)

체 면

체면을 멘쯔(面子)라고 한다. 멘쯔에 대한 생각을 적어본다(面子辭). 엄당대고실태원(奄當大故失太元) 홀타인간가면리(忽墮人間假面裏) 용납부득면상마(容納不得面相摩) 면상배회기다시(面上徘徊幾多時) 여식췌행부정재(餘食贅行不淨財) 대접향응과객지(待接饗應過客止) 설마유면소위작(舌摩維面所謂嚼) 항찰재자이위시(肛擦滓子以爲屎) 자별정교정심외(自別情交正心外) 미유면절칠정시(未由面折七政施) 면종언이화원여(面從言而和怨餘) 복유참내복명시(伏惟參內復命是) 면자사(面子辭)는 체면을 위해서 산다는 말입니다. 사람은 하나를 찾아야지요. 기독교에서 아버지를 찾는다는 것은 하나를 찾는다는 말입니다. 둘에 빠지지 말고 하나를 찾아 가진다. 땅에 묻히지 말고 하늘로 올라간다. 지(知)에 헤매지 말고 행(行)을 실천하라. 그 말입니다. 엄당대고 갑자기 부모상을 당하고 보니 그만 실태원이라 나의 정신을 잃고 말았다는 것입니다. 사실 부모는 세상을 떠나지만 하나님은 돌아가시는 것이 아니지요. 돌아간 것은 하나님이 아니라 사람이 돌아간 것이지요. 사람이 정신이 돈 것이지요. 사람이 미친 것

이지요. 그러니까 얼이 빠져 그만 체면에만 매이게 된 거지요. 홀타인간가면리(忽墮人間假面裏) 갑자기 떨어져서 사는 인간은 껍데기에만 체면만, 멘쯔만, 더듬게 되었다는 말입니다. 속이 없으면 껍데기로 나갈 수밖에 길이 없지요. 속이 있고 하늘이 있고 아버지가 있어 그 속에 들어가 용납이 되야 하는데 그 속에 용납이 안되면 부득이 껍데기만 비빌 수밖에 길이 없겠지요. 그래서 용납부득면상마(容納不得面相摩)라고 했읍니다. 들어가지 못하니까 하는 수 없이 면만 비빕니다. 모두가 면입니다. 면면 낯판대기만 들고 야단들입니다. 그곳은 들어갈 수가 없으니까 기껏 거기서만 돌아다녔지 어디를 갈 수가 있읍니까. 그러니까 면이나 문지르고 껍데기나 문지르고 가죽이나 문지르니까. 점점 가죽이 두꺼워져서 철면피(鐵面皮)가 될 수밖에 길이 없지 않습니까. 세상이란 용납부득면상마입니다. 이것이면 붙잡을 것을 붙잡은 셈입니다. 세상의 모습 그대로입니다. 면상배회기다시(面上徘徊幾多時) 그러니 얼마나 많은 시간을 수박껍데기에 붙어다니는 파리 모양 껍데기에서 얼마나 오랫동안 배회하며 허송세월을 했는가 말입니다. 새빨간 수박 속은 보지도 못하고 수박껍데기만 헛돌았으니 이런 인생이야말로 허망한 인생 아닙니까. 연애하는 사람들이 그대의 눈동자가 그립다느니 그

대의 콧등이 그립다느니 하지만 눈이란 들창이요 콧구멍은 굴뚝이요 입은 아궁이요 귀는 대문이 아닙니까. 그렇다면 그집에 가서 속은 들어가지도 못하고 굴뚝 언저리에서 대문 밖에서 맴돌다가 왔다면 그것이 무슨 연애입니까. 그 사람의 마음 속으로 들어가 그 사람의 주인과 만나야지요. 문 밖에서나 굴뚝 옆에서 서성거리면 어떻게 해요. 굴뚝이 오뚝하다느니 문창이 번쩍번쩍한다느니 하고 야단쳐보았댔자 모두 면상배회 밖에 되질 않습니다. 개인이 그렇고 온 인류가 그렇고 온 역사가 그렇다면 한심한 일 아닙니까. 수박의 속은 맛도 못보고 수박 겉만 핥는 인생입니다. 인간은 가면이다. 아버지를 따라가야 집안에 들어가지 밖에 있으면 밤낮 밥도 못먹고 먹는다면 거지새끼처럼 식은 밥이나 얻어 먹게 되겠지요. 여식취행부정재(餘食贅行不淨財) 식은 밥 군더더기 혹 같은 생활태도는 더러운 재물과 같습니다. 이 세상은 모두 밥찌꺼기와 군혹이며 부정한 재물입니다. 이 세상을 사랑하는 것은 여식취행입니다. 그것은 더러운 재물을 탐하는 것입니다. 그러니까 더러운 재물을 탐하지 말고 하나님이 주신 것을 먹어야 합니다. 그런데 세상 사람 중에는 못 먹을 것을 먹는 사람이 많습니다. 세상에서는 대접한다고 잔치를 벌리고 지나가는 사람을 끌어 당깁니다. 대접향응과객지(待接饗應過客止)

파티니 연회니 권하니까 자꾸 먹지요. 배가 불러도 먹고 소화제를 먹으면서도 자꾸 먹다가 배가 터져 죽으면 허무한 인생길이 끝이 나는 거지요. 그래서 인생이란 허무한 것입니다. 먹자고 살다가 죽어버리니 말입니다. 소위 먹는다는 것이 무엇입니까. 헛바닥으로 섬유의 껍데기를 마찰하는 것 아닙니까. 설마 유면소위작(舌摩維面所謂嚼) 씹는다는 것도 마찬가지입니다. 세상에 고관대작했다는 사람도 결국 헛바닥으로 섬유의 껍질을 더 핥았다는 것밖에 더 있읍니까. 세상 껍데기를 더 핥으면 무얼 합니까. 결국 홍문으로 내보내기만 분주하지 않겠어요. 항찰재자이위시(肛擦滓子以爲屎) 헛바닥과 꽁무니만 분주하게 야단친 것뿐입니다. 세상 사람들은 아주 특별하게 감정 깊이 사귄다고 야단하지만 사실 자기 속은 딴 데가 있을 것입니다. 자별교정심외(自別情交正心外) 아무리 서로 사랑한다면 무엇합니까. 속은 딴데 가 있는데 껍데기끼리 비비는데 사랑이 어디 있어요. 친구를 공경하거나 임금을 공경함에는 면절(面折)을 해야 합니다. 잘못했다고 야단쳐야지요. 이 야단을 치지 못하고 술만 얻어 먹고 감투만 얻어쓰면 정말 바른 정사는 해 나갈 수 없을 것입니다. 미유면절칠정시(未由面折七政施) 그래서 면전힐책을 못하니 밤낮 감정에 사로잡혀 희로애락애오구의 일곱 가지 정치나 하게 될 것입니다. 기분에 취해서 살고 신경질이나 내는 것이 고작일 것입니다. 입군이 무엇이라고 하면 보는 앞에서 비비하고 돌아가서는 계속 원망하고 원망하여 아무리 화해하려 해도 종래 풀지 못하는 가시가 계속 남아갑니다. 결국 엎드려서 가만 생각해 보니 가족끼리도 체면, 동지끼리도 체면, 먹는데도 체면, 입는 데도 체면 일체가 체면이니 이 체면을 한번 벗어버리고 아버지 품으로 돌아가기 전에는 정말 인생은 없을 것입니다 .복유참내복명시(伏惟參內復命是) 세상에 입신양명이니 출세니 이런 것 다 집어치우고 진리 속에 들어가는 것만이 참 사는 것입니다. 한번 지면 땅에 쓰러져 흙탕구리가 되고(一敗塗地物)백번 이기면 영혼이 자유롭게 하늘을 나른다(百勝游魂天). 마음을 가다듬고 똑바로 하늘을 밝히는 것만이 참사는 것이며(存心正明誠) 절대 부자연스럽게 살지 말아라(無集不自然). 하여튼 체면은 집어치우고 정말 팔괘(八卦)로 살아야겠다. 팔은 2의 3승이니까 입체(立體)지요. 삼원입체현(三元立體賢) 공자 삼십이입(三十而立)이라고 했는데 공자야말로 30에 입체현이라고 할 수 있읍니다. 사십에 불혹(不惑)이라고 했으니 이원방면지(二元方面地)라고나 할까. 오십에 지천명(知天命)을 했으니 일원신명선(一元申命線)이라고 해둡니다. 면전일사장시무간(面前一絲長時無間)이라고 합니다. 영원한

시간의 흐름이 인생의 근원일 것입니다. 그러면 진실무망체(眞實無妄體)를 생각하여 봅시다. 천천흑동천(天天黑洞天) 일일광명체 (日日光明體) 어간유암물(於間有暗物) 형형색색체(形形色色體) 가롱문명연 (假弄文明然) 정견지비례(正見知非禮) 체체접생면(體體接生面) 면면대월계(面面對越界) 선선교원점(線線交原點) 점점상무례(點點相無例) 문복점부득(問卜占不得) 현현묵묵계(玄玄默默契) 유물체물래(有物體物來) 불가유물체(不可遺物體) 은현칭귀신(隱見稱鬼神) 성불종가체(聖佛從可體) 심심매실신(心心每失神) 자공점심례(玆供點心禮) 일월등비광(日月燈非光) 필요적광체(必要寂光體) 녁 줄석을 긁어서 보면 모두 다섯 절이 됩니다. 첫절은 이 무한한 대우주를 쳐다보면 너무 넓어서 까맣다고 할 수 밖에 없는 무한한 허공에 태양처럼 빛나는 광명체가 너무 많아서 그것이 하나의 별구름을 이루고 그 별구름의 모습이 마치 갖가지 꽃으로 만발한 꽃밭 같다고나 할까요. 천천흑동천 일일광명체 어간유암물 행행색색체 여기에 비해서 이 세상을 보니 가짜 빛들이 휘황하게 비쳐 제법 문명세계 같은데 잘 살펴보면 이놈의 문명이 타락한 것을 알 수가 있읍니다. 몸과 몸이 부딪쳐 제법 낯을 내는 것 같지만 서로 만나는 낯과 낯 사이에는 무한한 거리가 펼쳐져 있읍니다. 몸은 만나나 마음

은 영원히 만나지 못하는 고독한 세상이기도 합니다. 가통문명연 정견지비례 체체접생면 면면대월계 그런데 이 세상에는 선과 선이 마주치는 점이 있읍니다. 그것을 가온찌기라고 하는데 선생님과 학생이 만나는 점입니다. 그것은 진리의 점이요 깨달은 점이어서 이런 점은 이 점 저 점 비교할 수 있는 점도 아니고 점을 쳐서 얻을 수 있는 점도 아닙니다. 선생도 깊이 생각하고 학생도 깊이 생각해서 마음 속에서 서로 아무 말도 없지만 서로 마음 속에 깊이 통한 곳에서 만나는 계약의 점입니다. 이 점 한점만이 진실한 점이요 이 점에서 선량한 선이 생기고 이 선에서 아름다운 면이 생기고 이 면에서 거룩한 체가 생길 것입니다. 선선교원점 점점상무례 문복점부득 현현묵묵계 그러면 점에서 선이 선에서 면이 면에서 체가 나오듯이 물질계에서 생명계가 나오고 생명계에서 정신계가 나오고 정신계에서 영의 세계가 나오는데 이 영의 세계는 어떻게 할 수 없는 절대적인 것입니다. 숨으면 귀가 되고 나타나면 신이 되는 것인데 성인이나 부처의 본체도 이 영에 따라오고 영에 따라가는 천명들입니다. 성현이란 이 천명을 따라 성령을 따라 진리를 따라 사는 사람들입니다. 유물체물래 불가 유물체 은현칭귀신 성불종가체 그런데 세상 사람들의 마음을 보니 진리를 따르는 이는 없고 다 가짜 문

명 빛에 정신이 나간 것 같습니다. 이에 진짜 한 점 진실한 마음으로 하나님께 제사드리고 싶은 것은 모든 인류가 하나님의 은혜로 다 마음 속의 진리의 한 점을 깨치고 나오기를 빌 뿐입니다. 그것을 위해서 한 끼를 먹으면서 언제나 하나님께 나 자신을 불사르나니 우리에게 정말 필요한 빛은 자연계를 비치는 해와 달의 빛이 아니라 우리의 마음 속을 비치는 고요하게 가라앉은 진리의 빛입니다. 이 빛을 가지고 인류가 깨어나 대 우주의 무한히 찬란한 빛 처럼 이 세상에도 찬란한 정신문명의 빛이 밝아졌으면 합니다. 심심매실신 자공점심례 일월등비광 필요적광체 우리는 세상의 햇빛을 참인줄 알아서는 안됩니다 참 빛은 적광(寂光)입니다. 이 적광을 찾는 참이 진실무망(眞實無妄)이라는 것입니다. 우리는 이 세상 끄트머리입니다. 이 끝(點)이 정말 진실무망한 적광체를 찾아가는 것이 종시(終始)입니다. 하늘의 아들은 종시(終始)요 사람의 아들은 시말(始末)입니다. 사람의 아들은 태어났다. 죽지만 하늘의 아들은 왔다 갑니다. 점에서 선으로 면으로 체로 진실무망점 일원신명선 이원방면지 삼원 입체현 완당은 앉아서 잤다고 하는데 서서 사는 손사온 이것이 입체현입니다. 사람은 쓰러지면 흙입니다. 일패도지 물 사람은 체면을 버리고 입체가 되어 살아야 합니다.

버들푸름 (26)

지　건

주역의 64괘 가운데 산천(山天) 대축(大畜)이라는 괘가 있읍니다. 산자는 위에 한 금 긋고 아래 가운데가 끊어진 한일자 두금을 긋습니다. 강하게 굵은 한일자를 양(陽)이라고 하고 가운데가 끊어진 약한 한일자를 음(陰)이라고 합니다. 양 한금에 음 두금을 그은 자가 산자입니다. 산은 봉우리가 창공에 뚜렷하게 강한 금을 그었고 아래는 계곡이 패어서 약한 것입니다. 그리고 산은 아무리 높아도 끝이 있고 그치는 데가 있읍니다. 그래서 산을 그칠 간(艮)이라고 하고 그칠 지(止) 자와 같은 뜻으로 씁니다. 천은 건강하다는 건(健)이라 산천(山天)을 지건(止健)이라고 합니다. 대축이란 많은 것을 저축해 놓았다는 뜻인데 옛날 사람이 산꼭대기에 성을 쌓고 그 속에 많은 곡식을 저축해 놓고 적의 공격을 견디어내기도 하였읍니다. 그런데 문왕은 대축을 정신적으로 해석해서 우리 몸 속에 성령이 충만한 것을 생각하여 하늘이 산 속에 있다(天在山中) 이렇게 해석했읍니다. 기독교에서도 너희 몸은 하나님의 성전이라고 하는 말이 있읍니다. 같은 사상일 것입니다. 잠깐 수천수(水天需)괘를 살피고 지나갑시

다. 수자는 아래가 음 가운데가 양 위가 음 그래서 가운데 한 금 상하에 두 점을 찍어서 만든 물 수자입니다. 물은 속은 굳고 껍데기는 무르다는 것입니다. 옛날 사람은 푸른 하늘을 물탱크 처럼 생각했읍니다. 하늘에서 물이 쏟아져 노아의 홍수가 났다고 생각했읍니다. 사실 하늘위의 물은 구름입니다. 하늘 위에 물을 그리고 수라고 했읍니다. 수(需)는 먹을 수입니다. 농촌에서는 비를 기다리다가 비가 오면 농부들이 고단을 풀기 위해 쉬면서 개를 잡아 양껏 먹습니다. 또 비가 오면 곡식이 무성하게 되고 먹을 것이 넉넉해 집니다. 주역에서는 이 수라는 괘가 대축이라는 괘가 됩니다. 그것은 물 수자의 가운데 금이 하나 올라가서 수가 산이 된 것입니다. 먹을 것이 풍부해지니까 창고에 남는 곡식을 저축해 두는 것이 대축입니다. 그런데 이정불가식길(利貞不家食吉)이라는 말이 붙어 있읍니다 이 정은 곧이곧장 올바르고 정직하게 저축해야 이롭지 부정축재를 하면 벌받는다는 말입니다. 그래서 이정이란 말이 주역에 많이 나옵니다. 올바르게 저축하라 부지런히 일하고 곧장곧장 올라가는 것이 이정입니다. 크게 저축하는데는 곧이 곧장 해야 이롭습니다. 그런데 그다음 불가식길(不家食吉)이란 말이 있읍니다. 집에서 밥 먹지 않고 나가서 먹는다는 뜻인데 불교에서는 출가라고 합니다. 집 떠

나 고생하고 애쓰고 생각하는 데서 인간은 철여 들고 사람이 된다고 합니다. 공석불완(孔席不暖)이라고 합니다. 공자는 집에서 밥 먹은 때가 없다. 밥낮 집을 떠나 고생하면서 얻은 인간지가 유교의 가르침입니다. 유교가 오늘에도 우리에게 소용있다면 고난의 종교이기 때문입니다. 그런데 유교가 고난을 떠나 안일을 찾으면 유교는 죽고 맙니다. 사람은 안일에 죽고 부귀에 썩고 맙니다. 그 다음에 이섭대천(利涉大川)이라고 했는데 큰 강을 건너가는 것이 이롭다는 것입니다. 집을 떠나서 험한 산 깊은 물을 수없이 건너고 큰 사건 적은 사건을 수없이 겪으면서 연단되고 단련된 사람만이 이롭다는 것입니다. 대축괘에 단사는 대축강건독실(大畜剛健篤實) 이러한 말로 시작됩니다. 대축은 금강산같이 강하고 정(正)직합니다. 독실은 어떤 것인가, 산을 보십시오. 어엿한 것이 독실하지 않습니까. 산이 독실하지 않으면 무너져버렸을 것입니다. 그 다음에 휘광일신(輝光日新)이란 말이 있는데 산 꼭대기는 해가 제일 먼저 뜨고 해가 제일 늦게 집니다. 산이라는 것은 높아서 언제나 빛나는 것이 산입니다. 산은 독실휘광입니다. 독실휘광을 무엇에 쓰느냐 하면 사람 마음 속에 쓰자는 것입니다. 사람 마음은 언제나 독실하고 휘광해야 합니다. 무겁고 빛나는 곳에 인격이 무럭무럭 자라 일

신기덕(日新其德)이 됩니다. 바탕을 자꾸 되어나가야 하는 것이 살아가는 것입니다. 얻을 것을 얻고 그대로 일신기덕 날마다 새롭게 합니다. 수보다도 하나 더 올라간 것이 대축입니다. 그래서 강상이상현 능지건 대정야(剛上而尙賢 能止健大正也) 높은 자리에서 넉넉히 국록을 먹여 어진 사람을 길러가는 것을 강상상현이라고 합니다. 이렇게 훌륭한 인물이 나라일을 보면 능지건(能止健) 능히 하늘에 가서 그칠 수가 있다. 능히 지어지선(止於至善) 이상국가를 이룩할 수가 있다는 말입니다. 그래야 대정(大正) 크게 정의를 구현할 수가 있다. 이것이 대정입니다. 일본의 명치(明治) 다음이 대정(大正)입니다. 대정은 여기서 딴 글자입니다. 지어지선 즉 지건(止健)해야 대정(大正)합니다. 지건 없이는 대정이 없습니다. 마치 물에 있어야 고기가 자라듯이 지건해야 대정합니다. 이것을 앎이 선지(先知)입니다. 우선 불가식(不家食)하여 고생하고 이섭대천(利涉大川)하여 강건해지고 독실휘광(篤實輝光)이 되어 자기 자리에 지건이 되야 대정하는 것입니다. 사람에게 지건처럼 중요한 것은 없습니다. 그 나라를 구하면 그 의는 저절로 된다 이것이 지건대정입니다. 거인로의(居仁路義) 인에 거하여 의가 성취된다는 말입니다. 마음을 놓아야 바탕을 타게 된다는 것입니다. 그러기 위해서는 몸 성

허 대축독실휘광해야 합니다. 「상왈 천재산중대축 군자이천지구형(象曰天在山中大畜 君子以 天之衢亨) 하늘이 산 속에 있는 것이 대축인데 군자는 하늘나라에 사니까 행복하다고 합니다. 이것이 전언왕행(前言往行) 앞서 간 사람의 말이요 앞서간 사람의 길이라는 것입니다. 이런 사람들이 생각한 것은 저 어마어마한 하늘을 생각하여 영원을 창조하는 참 무궁무한한 것을 공경하는 것입니다. 전언왕행은 역사와 과학이 다 전언왕행입니다. 그래서 다식(多識)입니다. 이것도 천재산중의 한 가지 예입니다. 지식이 많은 사람 이것도 대축입니다. 성경도 대축이고 모든 경전이 다 전언왕행이요 대축입니다. 전언왕행이 또 천(天)이요 거기서 사는 것이 지전(止健)입니다.

상구(上九)는 지극히 높은 자리입니다. 거기가 하늘의 네거리입니다. 그곳은 많은 성현들이 오고 가는 길거리입니다. 거기야말로 군자대로행하는 마음대로 다니는 자유의 거리입니다. 주역에서 땅 위에 산이 있으면 박(山地剝)이라고 합니다. 박자는 긁어모을 박자입니다. 박박 긁어 모은 것이 산이라는 것입니다. 이것을 뒤집어 놓으면 지산겸(地山謙)입니다. 땅 속에 산이 있는 것이 겸입니다. 자기가 가진 것이 산처럼 많아도 그것을 땅 속에 감추어 둔 것이 겸입니다. 산을 땅 속에 숨겨 두는 사람이

겸손한 사람입니다. 큰 분의 눈으로 보는 지구의 히말라야도 귤 껍질의 울퉁불퉁 정도로밖에 보이지 않을 것입니다. 산을 가지고 높다고 야단치는 것은 자기가 적다는 표적입니다. 산은 지구의 끄트머리 지단(地端)일 것입니다. 산은 발톱의 끝 같은 것입니다. 그것을 높다고 뽐낼 것이 없읍니다. 땅 속에 푹 파묻어 두는 것이 겸손입니다. 인류가 대단한 것 같아도 우주에 비하면 아무것도 아닙니다 그래서 인류는 겸손해야 합니다. 피타고라스는 하늘을 쳐다보고 곧 지구는 둥글다고 했다는 것입니다. 땅은 하늘 속에 있으니 땅은 겸손해야 한다는 뜻입니다. 산은 땅 속에 있고 땅은 하늘 속에 있고 다 미미한 존재입니다. 그래서 겸손해야 합니다. 하늘은 나보다 한없이 큰 것입니다. 우리가 하늘아버지라고 하지만 아버지는 우리가 따질 수 없이 큰 존재입니다. 하늘에 도달함이 지천(至天)이요. 지선(至善)이요, 지성(至誠)입니다. 모두 겸손한 표현입니다. 우리가 전언왕행을 알면 하늘에 도달한 것입니다 지지(知至)입니다. 아는 것이 도달하는 것입니다. 천재산중(天在山中) 하늘은 내 속에 있읍니다. 전언왕행도 내 속에 있읍니다. 말씀을 알면 그것이 하늘에 도달하는 것입니다. 땅 아래 산을 거꾸로 그으면 지뢰 둔(地雷屯)이 됩니다. 달로 말하면 시월(十月)인데 양이 끝나는 때입니다. 해가

6, 7, 8, 9, 10까지 양이 빠져 나갑니다. 해가 짧아집니다. 시월은 아주 음침한 달입니다. 그래서 시월에 제사를 지내고 기도를 했읍니다. 이 달에는 우뢰가 많읍니다. 우뢰는 밑이 강하고 위가 약하여 아래 강한 양을 긋고 위에는 무른 음을 두 개 그었읍니다. 그러나 그 밑에 복불원지복이수신(復不遠之復以修身也)라고 합니다. 기도생활을 하는 것을 수신이라고 합니다. 유교에서는 기도를 수신이라고 합니다. 입으로 기도하는 것이 아니라 몸으로 기도합니다. 그러면 종당 멀지 않아서 하늘에 다시 도달한다는 것입니다. 여기에 희망이 있읍니다. 기도하는 것은 천국의 백성이 되게끔 자기를 길러가는 것이며 수신입니다. 자기를 건전하게 길러서 히늘에 가서 그치는 것이 지전입니다. 마지막으로 공색일여(空色一如)를 생각해 봅니다. 물색부득일색물(物色不得一色物) 공허멸이가허공(空虛蔑以加虛空) 수유모무후천치(諛有侮無後天痴) 동공이색본지공(同工異色本地工) 화용허곽천계시(花容虛廓天啓示) 화어허풍인망동(花語虛風人妄動) 복응체면용납지(服膺體面容納止) 직내방외중허공(直內方外中空公) 공색일여는 허공과 물질은 하나 같다는 말입니다. 세상의 미인을 찾고 찾아 물색하는데 아무리 찾아보아도 절대미인은 없는 법입니다. 세상사람들은 허공이라고 하면 멸시하고 달라붙는데 그 결과는

자기멸시를 더할 뿐입니다. 그것은 자기가 허공임을 증명할 뿐입니다. 있는 데는 아첨하고 없는 데는 모욕함이 세상의 어리석은 무리들입니다. 언제나 허공을 좋아하고 물질을 멀리하는 것이 본래 제대로 된 사람입니다. 꽃이 아름답다고 하지만 꽃의 아름다운 윤곽을 들어내 주는 것은 허공뿐입니다. 허공이 꽃을 열어 보여주는 것이 하늘의 계시가 아니겠느냐. 그런데 하늘의 계시는 잊고 미인의 말만 말이라고 화어를 좋아하고 허풍만 떨면 사람은 공연히 망녕되게 움직입니다. 그런고로 사람은 허공을 깊이 가슴 속에 삭이고 체면은 절대 용납해서는 안됩니다. 언제나 속은 곧게 밖은 바르게 이것이 허공과 하나되는 비결입니다. 허공을 내 속에 지니는 일, 이것이 지건대축입니다. 사람은 천하일색을 물색하느라고 야단할 것이 아니라 허공과 하나되기 위해서 직내방외 하여야 합니다. 마음은 곧고 몸은 바르게 이것이 내 속에 허공을 가지게 하는 방법입니다. 사람은 색을 찾는데 너무 정성을 쏟습니다. 색을 찾느니 만큼 공도 찾아야 합니다. 미인을 찾는 것 만큼 허공을 찾아야 합니다. 허공에 대한 애착 이것이 미인에 대한 애착만큼 강할 때 비로소 사람은 공색일여(空色一如)라고 할 수 있읍니다. 지건대축(止健大畜)할 수 있는 사람만이 공색일여할 수 있는 사람이 됩니다.

하 게 되 게

개나 돼지는 그렇지 않는데, 사람은 행실을 여러가지로 따져가야 하는 복잡성을 띠고 있다. 잘 된다 못 된다 하는 말은 어디에서 나오는가? 되어가는 것은 자연(自然)이다. 되어간다는 것은 변화한다는 것을 말한다. 하늘과 땅, 자연과 우주, 무한량의 공간과 시간은 다 변화한다.

우리 말로 〈된다〉고 하면, 어떤 일에 성적이 올라간다는 말로 들리기 쉬우나 실은 가만히 나두는 것을 말한다. 큼직한 자연이 스스로 되기를 위주하고 있는 상태를 가리킨다. 이 자연에 생각을 부쳐서 되어나가는 것을 두량해보는 것은 사람이다. 그래서 사람은 「몸을 몸대로 하고, 몸은 몸대로 되게」하는 말을 하게 된다.

서양에는 자연을 정복해야 잘 살 수 있다고 하는 생각이 있는데 동양에서는 그따위 소리 하지 않는다. 인간을 자연의 한 부분으로 생각한다. 자연은 자연대로 되게 하는 것이지, 이를 사람이 되게 할 수는 없다. 마찬가지로 맘은 맘대로 몸은 몸대로 되게 해야 한다.

〈몸을 몸대로 하고〉 말하면, 마치 사람이 하고 싶은 것을 맘대로 구애됨이 없이 한다는 것 같이 생각이 되나. 따지고 보면 우리는 그런 재능을 얻지 못하고 있다. 그런데 그것을 얻겠다고 한다. 자유가 있어야 한다고 한다. 마음의 자유, 몸의 자유까지 구하고 있다. 그러나 정말 자유라면 〈맘대로〉이고, 〈몸대로〉이다. 맘대로 하면 몸쓸 것 같이 생각하나 이것은 착각이다. 상대를 얻지 못하면 맘대로 못산다고 하는데, 그러한 욕능(慾能)이 채워지는 것을 〈마음대로〉의 뜻으로 새기면 잘못이다. 자연을 정복하겠다는 식의 〈맘대로〉는 안 된다. 아무리 공리무위라고 해도, 「맘은 그저 맘대로, 몸은 그저 몸대로」그냥 두는 것이다. 이것이 원칙이다. 부족한 것이 있어도 부족하려니 하고 그냥 놓아두는 것이다. 맘은 맘대로 있으면 된다. 이런 의미로 〈맘대로 하라〉는 것이다.

마음이란 물건에 걸리지 않으면 언제든지 마음 제대로 있다. 여기에서 마음이라고 한 것은 스토아주의의 정신을 가리키는 것이 아니다. 나의 뜻은 나의 자유로 사는 것이다. 뜻을 잊어버리면 누가 빼앗아 간 것같이 말하나 그렇지가 않다. 의지는 어디까지나 나의 의지이다.

몸부터 내 마음대로 하지 못한다. 자연 현상에 대해서 맘대로 할 수 있다고 생각한 것은 망발이다. 몸이 걷겠다고 하면 걷고, 쉬겠다고 하면 쉬는 것이다. 누을 때가 되면 눕는 것이다. 그대로 놔 두는 것이다. 몸에 대하여 부자연하게 간섭하지 말라. 조급한 마음으로 몸에 간섭하면 마귀 생각밖에 나오지 않고, 좋지 못한 행실밖에 나타나지 않는다. 조급한 생각이 불행을 자아내게 하고 있다. 모든 것이 마음대로 되지 않고 있는 것은 자연을 자연대로 놔두지 않았기 때문이다.

그래서 「사람이 사람 노릇을 하고 몬은 몬들 절로 되게」하는 소리가 나오는 것이다. 몬이란 물건이다. 모든 물건은 저절로 되게 놔두고 보아야 한다. 스피드 시대에는 속성(速成)이 좋다고 하나, 이 속성 때문에 불행한 세상이 되고 말았다. 어떤 사람은 소금이 인체에 해롭다고 하여 무염주의 (無鹽主義)를 내세우는가 하면 어떤 사람은 소금은 절대로 필요하다고 한다. 그런데 소금이 꼭 필요한 사람이 무염주의자가 되었다면, 이것은 비극을 가져온다. 몬은 몬대로 절로 되게 놔두어야 하는 것이다. 사람은 사람 노릇하고, 몬은 몬들 절로 되게 해야 한다. 이것이 진리이다. 이렇게 하면 만족할만한 세상이 온다. 그런데 세상이 이 꼴이 된 것은, 「아직히 절로 제절롤 못 닿 본듯」때문이다. 절로의 이치, 절로의 길에 아직도 못 닿아보았기 때문이 아닌가 생각된다. 못 가본다면 억울한 일이다. 그래서 우리는 이렇게 읊어본다.

몸을 몸대로 하고 몸은 몸대로 되게 사람이 사람노릇하고 몬은 몬들 절로 되게 아직히 절로 제절롤 못 닿 본 듯.

2. 인도(仁道) 우리는 편한 세상을 보자고 평생 떠들고 있다. 이 사람뿐 아니라 죄다 그렇다. 인간들은 인생의 평안함「生平」을 수세기 동안 언론(言論)해오고 있다. 마치 기독교인들이 예수의 재림을 기다리듯이 우리 인생은 오랫동안 생평(生平)을 말하면서 기다려 왔다. 이것을 생각하면 불행한 인생 같이 느껴진다. 더구나 권력이나 금력이 이 불행의 인(因)을 만든다면 우리 인생은 불행의 밑바닥인 지옥을 맛볼 수 밖에 없다. 인류가 몇 천년 동안 무슨 권력, 무슨 능력하면서 생평(生平)의 근원의 힘을 얻겠다고 하지만, 진정한 생평은 권력을 가지고 되는 것이 아니다. 생평을 얻을려는 노력이 역사를 이루고 언론, 문학, 문명, 문화를 이룬다. 그런데 생평을 얻고자 하여 얻는 지경에 갔다면, 이것은 〈문안(文安)〉이다. 그러나 오늘날까지 인류는 아직도 완결을 보지 못하고 있다. 무슨 종교, 무슨 신조, 무슨 사상을 내세워 생평을 얻을 수 있다고 하지만, 이것은 기정론(旣定論)에 지나지 않는다. 이 사람은 미정론(未定論)을 주장한다. 인생이란 끝날 때까지 미정일 것이다. 과학조차도 증명할 수 없는 일이 허다하다. 더구나 구름을 잡는 것과 같은 형이상(形而上)의 것에 완결을 보았다는 것은 당치도 않는 소리이다. 무슨 론(論), 무슨 철학하는 것은 생평을 얻자는 데서 나온 한 이론의 하나인데, 그렇다고 그것이 끝을 본 것은 아니다. 세상에 완전한

이론이란 없는 것이다. 이처럼 모든 것은 다 미정(未定)이다. 그러나 한 가지 뚜렷한 것이 있다. 그것은 〈마음을 마음대로 하는 것〉이다. 이것이 미정고(未定稿)를 이어받아 완결을 짓도록 하게 한다.

마음이란 곧잘 악을 피한다. 그런가 하면 선도 곧잘 피한다. 마음이 신(神)에 있으면 유신(唯神)이오, 몬에 있으면 유물(唯物)이다. 마음은 무엇을 객관적으로 결정하는 것이 아니다. 마음과 몸은 다른 것으로 보아야 한다. 그래서 만날 것 만나면 마음 그대로 해야한다. 사람이 사람노릇하고 몬은 몬대로 절로되게 되어야 한다.

그런데 마음이 제대로 하는데는 〈사랑〉이 있어야 한다. 이것이 인(仁)이다. 이 인(仁)도 옛적부터 내려오고 있지만 미정고(未定稿)로 되어있다. 공자(孔子)는 공자대로 죽기까지 인(仁)을 하려고 했고, 후대 사람도 그 시대에 알맞게 인을 하려고 했지만 아직도 완결을 보지 못했다. 미정고로 그냥 내려보내고 있는 것이다. 이렇게 보면, 근본 그 자리는 예전 그 자리가 된다. 예전 그 자리를 그냥 하는 것 뿐, 그렇게 〈하고〉 그렇게 〈되게〉하자는 것 뿐이다. 「하고 되고」가 그것이다. 공자가 '온순 온순' 하는데, 여기에 인생 대본(大本)이 있다. 그것을 그대로 되게 하면 다 온전하게 이루는데, 그렇지 못한 데서 폭군이 나온다. 마음을 마음대로

하지 않고 인위적으로 하려는데서 오늘의 불행이 온다. 자기 몸에 너무 간섭한 탓이다 문안(文安)의 원칙은 옛 그대로 있다.

증자(曾子)는 인(仁)에 대해서 말할때 인(仁)의 책임을 무겁다고 했다. 공자는 넘어져도 인을 잊어서는 안 된다고 했다. 사랑이 제일이라고 성경은 말한다. 사랑을 길이 깊게 갖는다는 것은 사랑을 스스로 맡아서 짊어지고 간다는 뜻이다.

우리는 인(仁)을 당하면 사양해서는 안 된다. 선생이 하지 못하는 것도 인(仁)이라고 생각될 적에는 사양하지 말고 곧장 해야 한다. 요즈음에는 스승의 덕을 택하는[擇德師] 일이 어렵게 되어있다. 스승다운 스승이 없기 때문이다. 옛날에는 스승을 하늘 같이 모셨고 동서를 막론하고 그 덕(德)에 따라 제자들이 모였다. 제자는 스승의 뒤를 따라야 한다. 그러던 중 인(仁)을 당해 스승이 이를 처리하지 못하면 제자가 사양하지 않고 이를 맡는다. 인자(仁者)라면, 인(仁)을 당할 때 남에게 떠맡기지 않고 주저없이 이를 당해내야 한다. 지금 세상에 〈스승〉으로 택할 스승이 어디에 있는가 하지만, 〈영원〉이라는 스승을 알아서 이의 덕을 따라 영원의 길로 나타나면 된다.

이 사람에게도 의중(意中)의 인물이 있다. 내가 잘못할 때 나에게 잘하자고 책망을 내리는 분이 의중지인(意中之人)이다. 내가 영원히 잊을 수

없는 분은 예수 그리스도이다. 택덕사(擇德師)하는데도 마찬가지다. 내게 선생이라고는 예수 한 분밖에 없다. 예수를 선생으로 아는 것과 믿는다는 것과는 다르다. 사제지간(師弟之間)에는 온고지신(溫故知新)이 있다. 묵은 것을 생각하면서 언제나 새로운 길을 찾아 나가야 한다. 여기에서 인도(仁道)가 서게 된다. 마음이란 무엇이냐? 여기에서는 〈나〉를 말한다. 산다는 것은 무엇이냐? 자꾸 새롭게 나간다는 것을 말한다. 이제까지 말한 것은 한마디로 하면 인도(仁道)인데, 이것을 한자로 말하면 다음과 같다.

當仁不讓擇德師 (당인불양택덕사)
師弟溫故知新道 (사제온고지신도)
生平言論幾世紀 (생평언론기세기)
歷史文安未定稿 (역사문안미정고)

3. 도심(道心)

도심(道心)이라는 것은 진리대로 하려는 마음이다. 그렇다고 옛적부터 오늘까지 완전한 도(道), 완전한 진리가 있는 것은 아니다. 있긴 있겠지만 아직은 완성되지 않고 있는 것이 사실이다. 우리는 이 미정고(未定稿)를 가지고 기준으로 삼아 논하고 있다. 그래서 어떤 의미로는 시대에 따라 제각기 본대로의 결과를 자꾸 시험해 가는 것 뿐이라는 생각이 든다.

실재(實在)란 것이 어디 있는가? 실재한다는 것은 하나의 염(念)이다. 그러니까 옛부터 자꾸 하나를 향해 시험의 길을 걷고 있다. 그래서 인생

의 역사란 「정반합래반정거(正反合來反正去)」이다. 이것은 역사를 변증법적으로 간단히 말한 것인데, 정(正)이 있으면 반(反)이 일어나는 것이고 반이 성하면 반정(反正)이라는 혁명이 일어난다. 인조반정(仁祖反正)이 그것이다. 정(正)이 정대로 갔으면 좋은데 그렇지 못하고 뒤범벅이 되니까 반정(反正)이 일어난다. 그런데 지금은 반정도 없고 정반도 없이 가만히 들 있다. 아마 국민들은 이치를 전부 알기 때문에 가만히 있고, 떠드는 사람들을 그냥 놔두는 모양이다. 도심(道心)이란 이치대로 간다는 뜻이다. 그러면 곧 이(理)를 얻는다.

그리고 생활이라는 것은 이마에 땀을 흘리고 산다는 것이다. 일 이나 쓸 것을 돕는다. 복거(卜居)라는 것은 자기가 들어가야 할 자리를 찾지 못하고 헤매다가 마침내 그 자리를 정하게 된 것을 말하는데, 사람이 「정반합래반정거(正反合來反正去)」의 이치를 알고 도심이 이롭다는 것까지 알고 자기 자리를 찾아 마침내 복거(卜居)한다면, 이 얼마나 즐겁고 호강이겠는가? 권력과 금력으로 남을 눌러서 호강하겠다는 것은 자기가 땀흘린 대신에 남에게 땀흘리게 하는 짓이니, 그 죄악은 얼마나 크겠는가.

실실재재시험행 (實實在在試驗行)
정반합래반정거 (正反合來反正去)
도심행리리득리 (道心行理理得利)
한면작업업복거 (汗面作業業卜居)

인간사상(人間思想)

숙친상의다이견(熱視商議多異見)
생면접어혹동지(生面接語或同志)
고향국중난득의(故鄕國中難得意)
신지천상기정의(新地天上企正義)

사람은 짐승과 다른 점은 별로 없는데, 늘 사상(思想)하고 생각한다는 점에서 다르다는 것을 누구나 알고 있다. 심지어 유물론을 주장하는 사람들도 종당에는 이데올로기가 문제가 된다. 문제는 인간사상이라는 데 있다.

친숙한 사람들이 서로 의논할 때 상의(商議)라는 말을 쓴다. 이것은 근본목적을 나타내는 데 적합하다. 상(商)자는 헤아린다는 뜻이다. 서로 만나서 좋은 방도를 헤아려 찾는다는 것을 뜻하는 글자인데, 후에 장사가 발달되면서 장사하는 뜻으로 굳혀지게 되었다. 장사란 서로 만나서 헤아리라고 따지는 것이 전부이기 때문이다. 본래 제법(除法)에서, 예를 들어 15를 5로 제하면 3이라고 할 때, 15를 실(實)이라 하고 5를 법(法)이라 하고 3을 상(商)이라고 한다. 왜 이런 이름이 붙었는지 요지음 사람은 별로 따져보려고하지 않는다. 가령 떡이 실제로 15개 있는데, 5개씩 먹으면—이것이 법(法)이 된다—몇개씩

먹을 수 있겠는가고 헤아리게(商) 된다. 그래서 실, 법, 상(實, 法, 商)이라는 명칭이 나오게 되었다. 친숙한 사이에도 의견이 많은데, 처음 만난 생면부지(生面不知)의 사람인데도 서로 말을 주고 받으면 공명을 느껴 금방친한 동지가 될 수가 있다. 이런 일은 흔하지가 않다. 죽을 때까지 사귈 수 있는 친구도 이렇게 맺어지는 경우가 많다. 이것은 사상(思想)이라는 것이 있기 때문이다. 사상(思想)에는 동양이니 서양이니 하는 수식어를 달 필요가 없다. 사상은 단 하나 영원한 것이다. 우리는 단 하나인 이 영원한 사상을 찾으려는 것이다, 사상은 미정고(未定稿)이다. 아직도 완결된 사상은 없다. 인류가 남긴 모든 사상은 이 영원한 사상에 도달하려는 과정에서 남긴 것들이다. 따라서 무슨 사상, 무슨 신조하는 것은 다 완결을 보지 못한 것들이다. 사상이나 철학의 대표라는 것은 있을 수 없다. 철학이나 사상이란 다만 자기가 해본 생활의 정도를 발표한 것에 지나지 않는다. 따라서 어떤 사상, 어떤 종교를 내세워 이것을 따르지 않으면 죽는다고 하여 완전고(完全稿)처럼 떠들지만 그것은 완전한 것이 아니다. 고향이라는 것은 조상 때부터 살아온 곳이다. 우리는 이 땅에서 3~4천년 살아오고 있어서 〈우리 나라〉라고 하지만, 여기에서 우리는 득의(得意)할 수 있는가 자문해 보아야 한다. 난득의(難得意)이다. 득의란 무슨 일에

생중했다든지, 돈을 많이 벌었다든지 하는 말이 아니다. 가졌던 이상(理想)을 실현시킨다는 말이다. 정의(正義)에 입각한 이상을 실현시켰을 때 득의했다고 한다. 그것은 고국(故國)에서는 할 수 없는 것이다. 그래서 신천지란 소리가 나오는데, 이 사람은 실지천(新地天)라는 말을 썼다. 새 땅, 새 하늘이라고 하면 히브리 민족이 〈시온〉을 중심으로 하여 메시아가 온 세상을 지배한다는 사상이 연상된다. 여기에는 유태 민족의 해방 사상이 들어 있다. 예수교에서는 신천지가 하늘 위에 있다고 했다.

기정의(企正義)란 말은 정의를 바라고 기도(企圖)하고 얻자는 말이다, 이 세상에서 자기 생명을 연장하는 것에 더 이상 힘들일 필요 없이, 신천지상(新天地上)에 정의를 이룩하도록 노력하자는 것이다. 땅 위의 인간이란 아무것도 아니다. 인간이란 버러지가 여 우주 안에 없다고 해서 어떻다는 것인가. 우주조차도 다 타버린다는 사상이 있다. 먼지 하나 털어버린다고 해서 누가 눈하나 깜짝 할 것인가. 마찬가지로 지구에서 인류를 털어버린다고 해서 무엇이 서운하겠는가. 똥버려져 같은 인류가 염(念)으로 해서 사상(思想)을 내고 동물과 다르다고 하는데 어것이 문제이다.

사람은 좀 천해져야 할것 같고, 많이 모이면 일여 잘 될 것 같고, 또, 그것이 소위 역량(力量)이라고 할 수 있을 것 같지만, 실상은 거녀될 뿐

그렇게 쉽게 되는 것이 아니다. 사상이 같다고 하지만 이에 친해지면 서로 달라진다. 달라지면 어견(異見)이 나온다. 이러한 세상에서는 득의(得意)가 이루어지지 않는다. 요즈음「자유당」에서는 단결이 필요하다고 바득바득 하는데, 아마 이것은 내년 국회의원 선거를 노린 것 같다. 감투를 씌워주면 된다니 한 3,000개의 감투를 만들어 씌워주면 어떻겠는가? 감투가 나라이고 민족인가. 참으로 답답한 노릇이다. 여기에서 무슨 득의가 이루어지겠는가. 그러니 신천지 위에서 정의를 기(企)할 수 밖에 없다. 정말 정의(正義)를 가지고 하늘로 올라가야 한다. 이 정의 없으면 이 세상은 되지 않는다. 이 좌중에서 국회의원이나 장관이 나올지 모르나, 기정의(企正義)의 정신을 가지지 않으면 안 될 것이다.

불신념시대(不信念時代)
당자내이사외유(當自內而使外由)
명칭민주실방생(名稱民主實妨生)
자유독점이요해(自由獨占利要害)
삼권분립머서개(三權分立靡恃介)

인간의 몸은 비록 30대까지 자랄지라도 마음은 80, 90까지 자라기 때문에 반드시 관념(觀念)이 있어야 한다. 그러나 영구한 사상을 갖기 위해서는 관념보다 강한 신념(信念)어 있어야 한다. 정의나 진리를 이룩하겠다는 강한 신념어 우리의 생활에 있어야 한다. 그런데 지금은 불신념시대(不信念時代)이다. 이것은 끝코 자유당

을 비판하려고 하는 말이 아니다.

당(黨)이 자거 속에서 해가지고 밖으로 하여금, 즉 국민으로 하여금 하게 한다. 「자유당」이라는 정치단체는 우리나라 뿐 아니라 다른 나라에도 있는데, 그 원뜻은 국민의 자유를 가급적 보장하겠다는 데 있을 것이다. 가르친다는 것은 길을 만든다는 것이니 길(道)을 보여주고 가게 하는 것도 일리가 있다. 그러나 깨지 못한 백성이 많은 곳에서는 공자의 입장을 꼭 전제(專制)라고만 볼 수 없지 않을까?

사실 국민을 가르친다고 해도 무엇을 가르친다는 것인지, 그저 틀에 박는 것 같은 되지 못한 교육의 합리화라면 가르친다는 것이 안 가르치는 것만 못하다. 이렇게 보면 성인 같은 분이 길을 만들어 그 길을 그냥가게 하는 것도 괜찮을 것이다.

그러나 민주시대는 국민이 주권자인 만큼 국민은 알 건 알아야 한다. 전 국민이 모든 것을 알게 된다면 정부는 필요 없게 된다. 다 아는 국민들이니 자치적으로 잘 처리할 것이다. 정말 전국민이 알때는 정부가 필요없게 될 것이다. 국민을 가르친다는 것은 무엇이고, 국민을 지도한다는 것은 무엇인가? 정말 알아야 할 것은 꼭 가르쳐야 할 터인데, 그렇지 못하다. 이렇게 되면 자유를 독점하게 된다. 그러면, 이요해(利要害), 곧 자신이 이(利)를 볼때면 다른 데가 해(害)를 보는 경우가 생긴다. 군사상 중요한 지점을 점령하면 한 사람이 능

히 적군 수백을 당해낼 수 있다는데, 이 지점을 요해지(要害地)라고 한다. 자가는 이(利)를 보는데 상대에게는 해를 끼치는 지점이란 뜻이다. 마찬가지로 자유를 독점하면, 혼자서 여럿을 못살게 한다. 여럿에게 해를 끼치게 된다. 그러니 이름만 민주(民主)이지, 실상은 생(生)을 방해하게 된다. 이렇게 되면 삼권분립은 일개 미시개(麋恃介) 휴지 같이 될까 장석과 같이 있으나 마나 하는 존재로 되어 버린다.

성지음(誠之吟)
당일과업 약하공(當日課業若何工)
종일건건석척약(終日乾乾夕惕若)
절세숙명 여사부(絶世宿命如斯夫)
　숙흥야매 대장부(夙興夜寐大丈夫)

정성이나 정의나 신념이나 진리나 사상이라는 것은 종당에는 참 하나를 좇아가는 것이다. 성(誠)이라는 것은 참이다. 동양에서 진리라는 것을 〈참〉이다. 성경의 〈아멘〉과 같다. 〈아멘〉이란 말은 우리 말로는 〈아무렴 그렇지〉이다. 이것이 성(誠)이다. 우리가 사람 노릇하는데 정신차려야 할 것은 오늘할 일(日課)은 오늘 해야 한다는 점이다. 한번 정한 일은 꼭 하여야 한다. 과(課)라는 것은 말씀의 열매로서, 말의 결과를 가리킨다. 그러니 말을 열매맺게 하여 종당에 이루게하는(誠) 이것이 지성(至誠)의 길이다. 우리가 사람노릇을 할 때도 그 과업을 어떻게 할 것인지 공(工)해야—힘써야—할 것이다. 성(誠)은 하늘의 참

이니, 하루라도 공(工)하지 않으면 안 되는 일(課業)이다. 인생이란 기왕 나와서 사는 것이니 제일 가는 사람이 돼야 한다. 그렇다고 대통령이나 국회의원이 되라는 것은 아니다. 운전수가 돼도 제일가는 운전수가 되라는 뜻이다.

이처럼 제일 간다는 뜻이 절세(絶世)이다. 절세라는 말의 뜻은 글자로 보면 세상과 인연을 끊는다는 것이니 세상에서 제일이라는 것은 세상과 인연을 끊고 하늘로 올라가는 일인지도 모르겠다. 우리는 형이상(形而上)도 형이하(形而下)도 생각하면서 절세라는 숙명을 지키고 있다. 이 숙명이 어째서 시작됐는지 모른다. 어떤 곤충은 유충시대만 수십년 살다가 성충이 된지 얼마 안 되어 없어져 버린다고 한다. 우리도 〈나〉라는 존재로 나오기 전에 이런 유충시대와 같은 시대가 있었다면, 유충이 성충이 되어 나가는 사명이 있을 것이다. 어떤 시작의 명령이 있을 것이다. 잠깐 있는 이 세상 한 때가 영원하다고 생각할 수 없다. 절세숙명이란 것, 참으로 이상하지 않는가. 우리는 이 세상에서 저 세상으로 올라가자는 것이다. 영원에서 뒤떨어지지 않도록 버림받지 않도록 해야 한다. 이 뜻을 알면 옆사람에게 알게 해서 구해야 할 임무가 있다. 크리스찬의 사명도 이것인데, 오늘날 전도(傳道)는 새시대의 무당노릇을 하고 있는 실정이다. 예수를 믿는다는 것이 부끄러운 현상이 되었다.

우리는 종일토록 지성을 다해야 한다. 종일건건(終日乾乾)해야 한다. 이것은 주역(周易)에 있는 말인데, 건(乾)은 하늘의 성질을 가리킨다. 하늘을 말한다면 건(乾)자 하나면 족하다. 종일 하늘처럼 건건하게 지내다가 저녁까지 간다. 약(若)은 태연자약할 때의 약이며 척(惕)은 근심할 척이다. 그러니 저녁때 까지 조심조심해서 자연스럽게 있는 뜻 그대로 간다는 것이다. 저녁까지 조심한다는 것은 일찍 자고 일찍 일어난다는 뜻도 있다. 우리는 매일 아침과 저녁을 맞이하지만, 정작 아침은 어머니 뱃속에서 나올 때요, 정작 저녁은 죽는 때이다. 우리가 조심조심 저녁을 맞으러 갈 때, 여전히 대장부답게 초연히 맞이해야 한다. 그러면 왜 죽어 따위는 말하지 않게 된다.

인생은 무상(無常)하다. 이 세상에 영원한 것은 없다. 이것을 알면 대장부같이 지내갈 수 있다. 우리가 밤낮없이 가는 것을 알면, 우리는 저녁에 잠자리에 들어가듯이 한번 웃고 죽는 길에 들어설 수 있는 것이다. 이것이 대장부가 아닐까? 숙(夙)자가 이런뜻을 가지고 있다. 숙자는 손으로 어떤 일감을 붙잡고 있는 형(形)이다. 숙자에는 일찍 일감을 붙잡으면 종일토록 건건(乾乾)하게 붙잡고 나간다는 뜻이 들어있다. 이처럼 가는 이가 공자요 석가요 예수이지 대장부가 따로 있는 것이 아니다.

밀 알 (1)

예수를 믿는다는 것은 이세상이 잘 못되었으니 바로 잡자는 것이다. 이 세상은 참 못됐다. 왜 못되었나. 삶 의 법칙이 잘못되었으니 못되었다는 것이다. 이세상을 잘되게 하자. 그것 이 크리스챤이요 그것이 사는 것이다. 그렇기 위해서는 생의 법칙을 바로 잡 아야 한다. 세상사람은 생의 법칙을 식색(食色)으로 생각하고 있다. 재물 에 대한 애착과 남녀에 대한 애착이 인생이라고 생각하고 있다. 이것이 못 된 것이다. 세상은 그것이 못된 것인 줄도 모르고 있다. 못된 것을 바로 잡 자. 밥도 처자도 잊어야한다. 잊어버 려야한다. 식색을 잊은 이후에 세상 못됨을 알고 세상을 고쳐 살게된다. 식색을 사는 것은 음란이요 전란이 다. 못된 세상을 바로 살게하는 것이 구원이다. 구원은 외적제도가 아니 다. 내적인 얼을 바로 잡는 것이다. 살리는 것은 영이요 육은 무익하다고 요한 복음 6장63절에 말한다. 식색이 사는 것이 아니다. 말씀이 사는 것이 다. 원생명은 한없이 풍족하다. 목숨 때 말숨터는 목마르지 않다. 하나님 의 말씀은 마르지 않는다. 성신의 운 동이 말씀이다. 성신은 바람과 같이 불어온다. 아버지의 뜻을 실은 것이

말씀이다. 인생은 피리와 같다. 가락 이 뜻이다. 피리는 속이 비어야 한다. 마음이 가난한 자는 복이 있나니 천 국이 저희의 것이다. 피리를 부는 이 는 신이다. 아름다운 가락이 무한히 흘러나온다. 그것이 말씀이다. 생수 가 강같이 흐른다도 마찬가지다. 노 래가 흘러나오고 물이 흘러나오고 요 는 비어야 한다. 허공이 피리의 본질 이다. 깨끗이 피리의 생명이다. 먹어 야 산다는 것은 육체요 안먹어야 산 다는 것은 정신이다. 나는 지금 한주 일동안 끼때를 잊어먹고 살아왔다. 요 한복음 8장12절에 나는 세상의 빛이 다. 나는 빛으로 왔다. 빛을 얻어라. 참 적극적이다. 속죄가 아니다. 빛이 다. 속죄는 너무도 소극적이다. 밥없 이 사는 것이 정신이다. 그것이 마음 의 본능이다. 죽어서 사는 것이 영생 이다. 요한복음 8장15절 너희는 육신 으로 판단하나 나는 안한다. 세상은 그리스도까지도 육체로 판단할려고 한다. 육은 쓸데 없다고 해도 그리 스도의 생애를 문제삼는다. 생애가 문제가 아니라 말씀이 문제다. 그 리스도를 믿는다면서도 바라는 것은 식색의 풍부함 뿐이다. 그것이 마 귀의 생각이다. 육체로 판단하지 말 고 떡의 대소로 판단하지 말라. 객 관적으로 판단하지 말라. 남을 기준 으로 생각하지 말고 자기를 물어라. 주관을 정신을 물어라. 정신이 풍부 하면 식색을 끊게되고 정신으로 판

단하여야 올바른 판단이다. 나는 위에서 왔다. 나는 정선이다. 먹으려 온 것도 아니고 자식을 낳고저 온 것도 아니다. 자식은 향락의 부산물인가. 안낳을려다가 낳았다면 자식은 아비의 원수다. 이런 세상이 하나님의 말씀을 들을리가 없다. 그것은 난데가 다르기 때문이다. 지상 인생은 하늘 말씀을 모른다. 식색의 주인이 되면 정신의 말씀을 모른다. 하나님은 사람은 죽는 것이 아니다 라고 한다. 사람은 영원한 생명이다. 죽는 것은 짐승뿐이다. 사람은 영원히 산다. 사람은 영혼이 있는지 알 수 없다고 한다. 영혼이 있느냐. 마귀가 있느냐. 하나님이 있느냐. 그런 생각은 다 객관적인 생각이요 육체적인 생각이다. 객관이 아니다. 주관이다. 마음이 문제다. 생각이 문제다. 말씀이 문제다. 생도 문제가 아니고 사도 문제가 아니다. 그것은 객관적인 생각이다. 생각이 문제다. 올라가는 것이 문제다. 올라가면 참이다. 세상은 못됐다고 하고 올라가면 시원하다. 마음이 한없이 넓어진다. 하늘로 머리를 들면 시원하다. 시원하니까 생각이 난다. 백두산에서 물이 흐르듯이 마음에서 생각이 나온다. 객관이 아니다. 주관뿐이다. 육은 무익하다. 영 뿐이다. 주관이라니까 내 주관이 아니다. 하나님의 주관이다. 하나님은 만유보다 크시다. 주관까지도 하나님께로부터 나왔다. 아버지는 그이

보다도 크다. 하나님을 기다리는 것이다. 계시다. 하나님이시다. 세상은 왜 이렇게 답답할까. 돈이나 찬밥이나 술한잔은 확실하다고 하면서 시원한 말씀 영원한 생명은 불확실하다고 한다. 하늘에서 난 이는 위에 친하고 땅에서 난 이는 아래와 친하다. 아버지를 모른다면 나도 거짓이다. 영원생명은 전생도 있고 현생도 있고 내생도 있다. 일생이 아니다. 삼생이다. 좋은 사상은 내 생명을 약동케한다. 남의 말을 들어도 시원하다. 생각처럼 귀한 것은 없다. 생각해서 믿지는 것이 무엇일까. 아무 것도 없다. 생각가운데도 거룩한 생각 그것이 향기(香氣)라. 바람만 통해도 시원한데 거룩한 향기가 뿜어나오는 바람이 불어오면 얼마나 시원한가. 시원한 생각 시원한 말씀이 불어가게하라. 객관적 진리 하늘의 명령은 어쩔 수 없다. 신이 없다면 어때 신은 없이 계신 분이다. 그래서 신은 언제나 시원하다. 신은 육체가 아니다. 영이다. 영은 없이 계신 분이다. 팔이 부러지면 아무리 아파도 바로 잡아야하듯 못된 세상은 아무런 희생을 치러도 바로 잡아야 한다. 정신이 깨야 영생이고 옳아야 영생이다. 영생은 생사와 관계가 없다. 히브리서 2장15절 죽기를 무서워하여 육체에 매여 종노릇하는 모든 자를 놓아주려한다. 그것이 하늘의 말씀이다. 죽음은 없다. 그런데 죽음

이 있는 줄 알고 죽음을 무서워하는 육체적 생각을 내던져야한다. 죽음의 종이 되지말라. 육체의 종이 되지말라. 밥의 종이 되지말라. 왜 밥을 못 잊을까. 죽을까봐. 그렇지. 그러나 생명이 영원함을 알면 당장 시원해진다. 대관하면 당장 시원해진다. 임금을 죽는 날까지하면 어쩌자는거야. 그런 것으로 시원해질 수는 없다. 신이 통해야 시원하다. 신이 통한다. 내가 생각은 했는데 나도 모르는 것을 보면 내 생각도 신에게로부터 오는 것 같다. 나오기는 나에게서 나오는데 오기는 하늘에서 온다. 나오는 것은 생각이고 오는 것은 생명이다. 내가 낳았는데 나는 안닮았다. 아버지 닮았다. 계란도 무정란도 썩는다. 씨는 하늘에서 온다. 말씀은 하늘에서 온다. 하늘에서 온 것을 여래라고 한다. 있다 지금 있다가 다시 온다. 있다시 진실하게 생명을 가지고 온다. 여여불생(如如不生) 내내불멸(來來不滅) 여래는 생멸하는 것이 아니다. 씨는 불생불멸이다. 영은 프라스마이너스제로다. 얼마전에 땅에서 나와서 오늘까지 살아있다. (日前生來存今日) 얼마 후에 죽어가면 그날부터 없어진다. (日後死去亡是日) 그것은 육체적 생명이다. 나나하고 벙벙하게 날을 보내는 나고(我我凡凡度日我) 하루하루는 좋다구나 하고 나를 보내는 날이다(日日好好輸我日). 이것이 못된 세상이다. 거짓 세상이요 가죽(食色)세상이

다. 그러나 참생명은 생전에도 있고 사후에도 있다. 그것이 하늘에 아들이나(生前死後天人子). 남으로 돌고 북으로 돌아 남극북극에는 밤낮이 없 드시 지구축에는 햇빛뿐이다. 육체생명을 초월한 영적생명에는 생사가 없다. 말씀이 있는 것 뿐이다(南回北歸不夜日) 물에서 뛰어나오기도 하고 물에 뛰어들기도 하지만 용자체는 진실뿐이다(或躍在淵自誠意). 물에 용이 뛰듯이 참말 속에는 참뜻이 뛰어오른다. 영원히 사는 것은 참뜻 뿐이다. 하나님의 뜻은 영원하다. 참뜻만은 가지고 가야지. 아버지의 참뜻 그것이 나의 본체다. 유교에서는 사후를 말하지 않지만 참뜻(誠意)이 나의 본체다. 기독교에서 태초에 참뜻이 있었다고 하지만 유교에서도 태초에 참뜻이 있었다고 한다. 참뜻이 우주의 뿌리다. 뜻만은 영원히 죽지 않는다. 참말만이 영원한 생명이다. 하나님의 뜻과 내뜻이 하나가 되어 영원한 참뜻을 이루어간다. 뜻이 참이다. 아버지의 참뜻(誠意)이 내 참뜻이다. 내뜻이 참일 때 아버지 뜻도 참이다. 유교는 뜻을 참 되게 한다. 신의 뜻이 참된 것처럼 내 뜻을 참되게해야 한다. 뜻의 영원은 믿는 것이다. 영원을 믿는 사람에게는 바쁜 것이 없다. 생각도 유유하고 노래도 영원하다(我思悠悠永言日). 하늘이 무너져도 솟아날 구멍이 있다. 영원을 사는 사람은 언제나 유유하다. 생각도 유유하고 나도 유유하다. 영

언이라는 언은 어조사로 의미가 없다. 영언배명자구다복(永言配命自求多福) 영원이 신명에 배합하여 스스로 구원을 받는다는 뜻이다. 영언을 노래라고 해도 좋다. 생각도 유유 노래도 유유하다. 요한복음 9장에는 소경 이야기가 있는데 보는 줄 아는 사람은 다 소경이다. 사람은 무엇을 얻기위해 무엇을 버린다. 사랑을 얻기위해 사람을 버리고 새생명을 얻기위해 이생명 버리고 육체생명을 얻기위해 정신생명을 버리는 것이 생식이요 정신생명을 얻기위해 육체생명을 버리는 것이 천명이다. 살신성인(殺身成仁)이다. 철학은 생각으로 생명을 얻고 말씀으로 뜻을 얻고 종교는 힘으로 빛을 얻고 행으로 지를 얻는 것이다. 산에는 물이 내리듯 생명에서 생각이 나오는 것이 종교다. 죽음의 종을 면하자. 육체가 죽어서 정신을 살리자. 이것이 계명이요 이 계명이 영생이다. 생명은 뺏앗기는 것이 아니다. 내가 버리는 것 뿐이다. 육체를 버리느냐 정신을 버리느냐 버리는 것 뿐이다. 기쁘게 버린다(喜捨). 버릴 때 버린다. 하나를 버리는 것이 육체를 버리는 것이 세상을 버리는 것이 바로 믿기 시작하는 것이다. 요한복음 7장7절에 세상이 하는 짓이 악해서 내가 그것을 들추어내기 때문에 세상이 나를 미워한다. 우리도 세상을 미워하여야 한다. 육체를 미워하여야 한다. 식색을 미워해야한다. 식욕과 색정을 미워해야한다. 정욕을 십자가에 못박아야야한다. 누에는 애벌레 고치 나비로 변형한다. 죽음을 고치로 보자. 이제 나비가 되어 날기위해서 고치가 되는 것이다. 고치는 비행장 닦는 것이나 마찬가지다. 죽음이란 나비가 되기위한 준비다. 죽어야 한다. 죽음이 없으면 자유도 없다. 진리는 죽는 것이다. 우리는 이 세상을 목적으로 알고 있지만 여기가 목적은 아니다. 여기는 수단이다. 여기서 살고 그치는 것이 아니다. 여기는 지나가는 길이다. 여기가 목적이 아니다. 목적은 따로 있다. 육체가 목적이 아니다. 목적은 정신이다. 여기가 목적이 아니다. 목적은 하늘나라다. 그것을 믿는 것이 신앙이다. 신앙은 하늘나라를 바라는 것이다. 하늘나라가 목적인 것을 어떻게 아는가. 그것은 정신이 목적인 것을 알기 때문이다. 정신이 목적이라는 증거는 육체가 정신의 수단이요 육체는 정신의 거름이다. 육체가 거름이 될 때 정신이 살아난다. 정신이 사는 것이 사는 것이다. 정신이 깨는 것이 사는 것이다. 정신이 깰 때 인생은 한없이 기쁘다. 육체가 거름이라는 것은 금식 해보면 안다. 금식하면 정신이 깬다. 정신이 깨면 기쁘고 행복하다. 그것을 보아서 정신이 목적이라는것을 알 수 있다. 정신은 보이지 않지만 금식해 보면 확실한 증거를 잡을 수 있다. 그것이 히브리서 11장1절 믿음이라는 것이다.

밀 알 (2)

죽지않겠다고 야단쳐도 안되고, 죽으면 끝이다 그래도 안되고, 죽는 것을 확실히 인정하고 죽음이 끝이 아니라는 것을 깨닫는 것 그것이 신앙이다. 죽어서 하늘나라로 간다 그것을 믿는 것이다. 내힘으로 가는 것이 아니라 하나님의 힘으로 간다. 그것이 하나님의 사랑이요 그것이 하나님을 믿는 것이다. 육체는 비료요 정신은 초목이다 라는 생각을 놓치지 않아야한다. 초가집을 기와집으로 고친다고 문제가 해결되는 것이 아니다. 이 몸을 고쳐서 영 잘 살자는 것이 아니다. 이몸은 아무리 튼튼해도 죽을 때는 죽는 것이지 죽지 않을 수는 없다. 이몸은 전세집이나 같다. 빌려쓰다가 종당은 두고 가는 것이다. 이몸은 내것이 아니다. 내것이라면 내마음대로 할 수 있지만 내 것이 아니기 때문에 내마음대로 할 수가 없다. 이집은 이집의 법칙에 따라서 존재하는 것뿐이다. 약하든지 강하든지 종당 이집은 내놓아야하는 것이다. 물론 있는 동안 깨끗하고 튼튼하게 간수해야한다. 병없이 잘지내는 것이 사람의 이상이다. 그러나 복잡한 도시생활에서 그것을 보장하기는 어렵다. 하여튼 무병이 인간의 이상이지만 신의 이상은 아니다.

하나님의 계획은 또 따로 있다. 인간의 몸은 자연이지만 자연이 전부는 아니다. 여기에 신의 계획이 또 따른다. 하나님께서 주신 사명이 또 있다. 그것은 이적을 행하는 것도 신인이 되는 것도 아니다. 하나님의 아들이 되는 것이다. 하나님과 하나가 될수 있는 내가 되는 것이다. 내 정신과 신이 통할 때 눈에 정기가 있고 말에 힘이 있다. 하나님은 바다요 나는 샘이다. 하나님의 생명은 내 생각보다 크다. 내마음대로 못하는 몸이 신이다. 요한복음 12장 11절을 보니 제사장들이 예수를 죽이고 예수가 살려놓으신 나사로까지 죽일려고 작정했다고 한다. 신의 종들이 이렇게까지 악하게되는 이유가 어디있을까. 자기를 죽이지 못하고 남만 죽일려는 놈들이 제사장이라니 기가 막힌다. 그런 놈들은 신을 두려워하고 신을 섬기는 것이 아니다. 신을 팔아먹는 악독한 놈들이다. 세상은 이런 놈들 때문에 더 못된 세상이 된다. 요한 12장 12절에 보면 예수의 예루살렘 입성이 나온다. 예수도 몇일 있으면 죽을 것을 알고 또 죽을 각오를 하고 있는 것이다. 그런데 이런 행사를 가지는 것은 잠깐이라도 참사람이 세상을 다스리는 모습을 보여주기 위함인지 모른다. 또는 죽음이 하늘나라로 들어가는 것인 것을 상징하는 것인지 모른다. 예수는 하나의 상징이라고도 볼 수 있다. 일체가 어떤 의미를 들어내는 하나의 상징이다. 나도 하나님의 뜻을 들어내는 하나의 상징이다. 일체가 상징이다. 혈육도 상징이다. 예수의 혈육도 다른 사람과 똑같은 혈육이다. 마음은 목마르지 않으나 몸은 목마르다. 목마르고 아프지만 이 육체가 어떤 의미를 들어내는 상징이라면 입성도 하고 십자가도 지고 천명을 따라야 할 것이다. 곡식을 위하여 비료가 있듯이 어떤 의미를 위하여 육체가 있다면 육체가 나타낼 상징은 빠트리지 말고 들어내야 할 것이다. 죽음은 산고개를 넘어선다고 본다. 우리가 부산을 간다면 죽음은 부산에 도착하는 종착역이다. 그러나 부산 도착이 목적이 아니다. 그것은 제일목적이고 그 다음 제이목적이 있다. 그것은 사람을 만나는 것이다. 죽음은 천국에 도착하는 것이고 제이목적은 하나님을 만나는 것이다. 나는 인생은 죽음으로부터라고 생각한다. 죽은 후 비로써 병아리로 사는 것이다. 몸은 병아리를 기르기 위한 도시락이다. 병아리가 길러지면 몸은 버린다. 기쁘게 버린다. 종교의 핵심은 죽음이다. 죽는 연습이 철학이요 죽음을 없이하자는 것이 종교다. 죽음의 연습은 생명을 기르기 위해서다. 단식단색이 죽음의 연습이다. 사는 것이 사는 것이 아니고 죽는 것이 죽는 것이 아니다. 산다는 것은 육체를 먹고 정신이 잔다는 것이다. 밥을 먹듯이 육체를 먹는 것이 단식이다. 단식에는 금식과 일식이 있다.

유태사람은 금식을 하고 인도사람들은 일식을 했다. 모두 죽는 연습이다. 죽는 연습은 또 생명의 연습이다. 예수는 죽음을 앞에 놓고 나는 죽음을 위해서 왔다고 말한다. 죽으러 왔다. 예수께서는 죽음을 껍으로 본듯하다. 나무가 불이 되는 것이 죽음이다. 인자가 영광을 받을 때가 왔다. 정신을 들어낼 때가 왔다. 정신은 죽음을 넘어설 때 들어난다. 죽을 수 있는 것이 정신이다. 이때 이터이람은 사람은 때와 터와 람을 알아야 한다. 죽을 때 죽어야하고 죽을 터에서 죽어야 하고 죽을 이유가 있어서 죽어야 한다. 예수는 세가지를 다 계산해 본 결과 지금이 곧 그때라고 생각한 것이다. 새가 알을 까듯이 지금이 적기라고 결정한 것이다. 내가 이를 위하여 이때에 왔다. 계산은 끝났다. 셈은 다 끝났다. 이제 죽음을 넘어서 내가 들어난다. 나는 죽는 것이 아니다. 나는 나는 것도 아니다. 나는 영원한 생명이다. 그것을 보여줄 때가 온 것이다. 요한 12장 44절 나를 믿는자는 하나님을 믿는 자다. 나도 영원한 생명이요 하나님도 영원한 생명이다. 믿는 것은 영원한 생명이다. 예수의 생명과 신의 생명은 한 생명이다. 예수를 씨라고 하면 하나님은 나무다. 씨가 어디서 왔나. 나무에서 왔다. 나무는 씨의 근원이다. 예수는 하나님께로부터 왔다. 그리고 씨가 터나면 또 나무가 된다. 이것이 하나님께로 돌아가는 것이다. 예수만 씨가 아니다. 모든 사람이 다 씨다. 그것을 알려주는 것이 종교다. 자기를 봄 이것이 정견이다. 자기를 보아야 한다. 자기를 알아야 한다. 자기를 알게하기 위하여 예수가 오실 것이다. 예수를 믿는 것은 내가 죽지않는 생명임을 알기위해서 예수를 믿는 것이다. 내가 하늘에서 온 씨라는 것을 알아야한다. 예수도 씨요 나도 씨다. 예수가 처음 익은 열매요 나도 익은 열매가 되어야 한다. 예수를 믿고 하나님을 믿고 나를 믿어야 한다. 나를 믿는 것이 예수를 믿는 것이다. 예수와 나는 같은 하나님께로 부터 온 씨다. 나는 신에서서 하늘에서 왔지 땅에서 온것이 아니다. 나는 생각의 주체고 하나님은 생명의 주체다. 하나님은 나무고 나는 씨다. 이 육체는 내가 아니다. 나를 실은 수레라고나 할까. 나는 보이져 않지만 나는 있다는 것을 알아야 한다. 예수도 보이지 않지만 예수가 있다. 하나님도 보이지 않지만 하나님도 있다. 눈도 보이지 않지만 눈이 있다. 눈이 있는 줄은 어떻게 아나. 보이니까. 내가 있는 줄도 어떻게 아나. 생각이 솟아나오니까. 예수가 있는 줄은 어떻게 아나. 말씀이 있으니까. 하나님이 있는 줄은 어떻게 아나. 만물이 있으니까. 그러나 모두 주체기 때문에 보이지는 않는다. 그러나 있는 것을 믿어야 한다. 내가 있다는 것을 믿어야 한다. 그것은 주체다'

주체이기 때문에 절대 볼 수는 없다. 그러나 생각하는 것이 있다는 증거다. 내가 없다는 것은 자기무시요 자기모독이다. 내가 있으면 신도 있고 예수도 있다. 요한복음 12장 46절 나는 빛이라고 한다. 빛은 정신이다. 정신의 자각 그것이 나는 빛이다라는 말이다. 내가 있다는 것은 내가 깨었다는 것이다. 깨었다는 것이 생각이다. 밝은 것이 빛이듯이 깬 것이 빛이다. 깨었는지 안깨었는지는 말이 심판한다. 예수도 모세도 신도 심판 안한다. 말이 심판한다. 법이 심판하듯이 말이 심판한다. 예수는 자기의 말이 하나님의 법이라고 한다. 이 법이 영원한 생명을 준다는 것이다. 진리가 자유케 하듯이 하나님의 명령 예수의 말이 사람을 자유케 한다. 말이 사람을 자유하게도 하고 사람을 구속하기도 한다. 물이 나무를 살리기도 하고 물이 나무를 죽이기도 하듯이 말도 살리기도 하고 죽이기도 한다. 그래서 말이 심판하는 것이다. 생각은 비판하고 말은 심판한다. 나는 명령이 영생임을 안다고 한다. 말씀살음이 영생이다. 육체가 숨이 막히면 죽듯이 정신은 말이 막히면 죽는다. 말대답을 못하면 정신은 죽는다. 하나님의 말씀살음 이것이 영생이다. 마치 비가 와서 샘이 솟듯이 말씀살음이 사는 것이다. 육체는 때요, 시간이요, 정신은 생명이요, 깨끗이다. 몸이란 한금 넘어감이 사상이다. 쌀이 살이 되듯이 봄은 발권적으로 해소되어 정신이 된다. 몸이 숨을 쉬듯이 우주도 숨을 쉰다. 성신도 숨을 쉰다. 성신의 숨섬이 말씀이다. 육체부정이 정신이다. 나는 밑알이다. 낳았다 죽었다 죽었다 낳는 밑알이다. 생명은 늘 활동한다. 말도 무한히 활동한다. 인생이 무력하면 우리민족이 무력해진다. 인생이 무력해지는 원인이 셋이 있다. 사람은 과거와 현재와 미래 일을 잘보아야 한다. 과거는 과장하지 말라. 지나간 일은 허물이다. 나도 조상보다 낫다. 순은 누구요 나는 누구냐. 족보를 들추지 말라. 죽은 이들은 가만 묻어두라. 족보를 들치고 과거를 들추는 것은 무력한 증거다. 현재를 비판하라. 알아야 비판하지. 학문을 통해서 현재를 비판할 줄 모르면 현재는 죽어버린다. 미래는 관을 가져라. 인생관, 세계관, 관념을 가지고 전체적으로 세밀히 계획을 세워야 한다. 관념이 없으면 미래가 죽는다. 과거에 겸손하고 현재에 비판적이고 미래에 계획적이어야 한다. 금새는 값을 매기는 것이다. 싸다 비싸다 비판하는 것이다. 비판을 해야 새 금이 또 나온다. 나는 금새 노래를 지어 부른다. 밑알갱이십 밑알캥이십 (예수) 삶사랑 잃어버림 미워삶 늘가져늚 참길) 밑알갱이 십고 밑알캥이 커이십 (아바) 우리봄 한우리봄 늘새금 (미듬) (깨끗금) 깨나고 끝내는 금이 믿음이다. 생을 사랑하면 망하고 생을

미워하여야 늘어간다. 믿음은 전체를 보는 것이요 늘 새롭게 새롭게 금새를 매기는 것이 믿음이다. 요한복음 7장 6절 내 때는 아직 (命) 너희 때는 늘 (利). 농사꾼은 때를 맞춰야하고 장사꾼은 때 없이 산다. 예수는 농사꾼처럼 생명을 키운다. 심을 때 거둘 때 언제나 때다. 예수는 죽음을 인정한다. 이때를 놓치면 영 소망이 없다. 죽음은 밑알캥이를 심는 일이다. 이때를 놓치면 농사는 없다. 생명을 아는 농부는 때 없이 기회를 기다리지 않는다. (知命無時不待機) 그러나 돈벌기를 위주로 하는 장사꾼은 기한도 없고 모이자고 해서 만나는 것도 아니다. 언제나 장사다. (主利無期不遇會) 그래서 도회지사람은 매일 시장을 열고 (都人每日開場市) 농부는 언제나 황폐에 대비해서 저축을 한다. (夫常蓄備荒畏) 농부는 3년 농사를 지면 일년 먹을 것을 싸놓아야 한다. 농사를 밑지면서도 하는 것은 생명을 사랑하는 천명을 기다리기 때문이다. 하나님을 사랑하고 이웃을 사랑하는 것은 농사꾼뿐이다. 농부는 때를 지키어 할 일을 한다. 그것이 사명이다. 씨뿌릴 때 씨뿌리고 거들 때 거둔다. 장사꾼은 밑저도 또 하고 계속하는 것은 이익을 추구하기 때문이다. 학늘은 때가 있고 땅은 때가 없다. 내 때는 아직, 너희 때는 늘, 공자는 3년비축, 주공은 6년 비축, 문왕의 12년 바축, 천명은 언제나 변하기 때문이다.

꽃 피

논어 7편 첫머리에 공자님께서 나는 옛 성현들의 말씀을 전하는 것 뿐이지 내가 무엇을 새로 만들어서 전하는 것이 아니다. (述而不作) 진리는 영원하며 진리는 만들어내는 것이 아니다. 나는 진리를 믿고 옛날 어른들이 찾아낸 진리를 좋아하는 것 뿐이다. (信而好古) 나는 그런 점에서 우리 선생님 노자와 마찬가지다. (竊比於我老彭) 나에게 있어서 진리는 별것이 아니다. (何有於我哉) 깊이 생각하는 도중에도 얻어지고 (默而識之) 배우는 도중에도 얻어지고 (學而不厭) 가르치는 도중에도 얻어진다. (敎而不倦) 그런데 나에게 걱정이 있다면 (是吾憂也) 진리를 발견하고도 그것을 실천하지 못하는 것과 (德之不修) 진리를 배우고도 남에게 잘 전하지 못하는 것 (學之不講) 과 진리의 세계가 옳은줄 알면서도 곧 옮겨가지 못하는 것 (聞義不能從) 과 진리에 어긋나게 살면서도 곧 그것을 바로잡지 못하는 것 (不善不能改) 이 나의 걱정이다. 나는 신이호고 (信而好古) 란 말을 이렇게 번역한다. 맨 처음이 그리워서 찾음이 사람. 맨첨이란 맨참이나 같은 말이다. 맨처음이 맨참이요 맨참이 맨처음이다. 맨이란 순 (純) 이란 말

이다. 순수한 진리는 산골짜기에서 흘러 나오는 샘물처럼 맨 처음이다. 맨밥하면 팥이나 콩이 섞이지 않은 흰밥을 맨밥이라고 한다. 그러니까 맨참은 순수한 참이다. 나는 모름 모름 무름 이런 말도 한다. 모르므로 무름이라는 이다. 사람은 맨첨은 정말 모른다. 그것은 온통 하나가 되어 그렇다. 사람은 전체를 알 수가 없다. 사람은 완전을 알 수가 없읍니다. 그러나 사람은 완전을 그리워 합니다. 그것은 완전히 하나님 아버지가 되어서 그렇읍니다. 완전을 알 수는 없다. 그러나 사람은 완전을 그리워 한다. 그래서 칸트는 사람을 이상한 동물이라고 하였다. 나는 모름직이라는 우리말을 좋아한다. 모름직이는 반드시 꼭이란 말이다. 사람은 모름을 꼭 지켜야 한다. 아버지를 다 알겠다는 것은 말이 안된다. 아무리 아들이 위대해도 아버지를 알 수는 없다. 그것은 차원이 다르기 때문이다. 아들은 아버지를 알 수가 없다. 그러나 인간의 그리워함은 막을 길이 없다. 그것은 하나와 둘은 부자 (父子) 관계이기 때문이다. 아버지를 그리워하고 맨첨을 사모하고 진리를 탐구함은 어쩔 수 없는 인간성이다. 그것이 인간의 참뜻이다. 그런데 이 뜻은 꼭 이루어진다. 그것이 성의 (誠意) 다. 아버지를 알 수는 없지만 아버지를 볼 수는 있다. 알 수 없기에 부자는 상대나 볼 수 있기에 부자는 절대다.

부자는 둘이면서 하나 붙이(不二)다. 그것이 부자유친이라는 것이다. 아는 것하고 깨닫는 것 하고는 다르다. 아는 것은 과학의 세계요 깨닫는 것은 철학의 세계다. 생각은 그리움에서 나오는 것이다. 그립고 그리워서 생각을 하게 되는 것이다. 사람은 말씀을 생각하는데 말씀은 종당은 하나님의 말씀이다. 맨처음이요 맨참이다. 말씀은 궁극적으로는 맨처음 말씀이 참말씀이다. 맨처음 말씀 그것이 산 끝짜기의 물이다. 이 물을 보는 것이 아니다. 퍼마셔야 한다. 진리는 아는 것이 아니다. 꿰뚫고 보아야 한다. 이때 우리는 아버지를 만날 수 있다. 아버지와 얼굴과 얼굴을 대하여 보는 것이다. 그것은 나의 영이 아버지의 영을 보는 것이다. 형상이 형상을 보는 것이다. 우리는 이것을 각이라고 한다. 각은 인간이 가장 순수한 처음으로 돌아가는 것이다. 가장 순수한 것이 참이다. 페스탈로찌는 이런 말을 했다. 사람은 영원히 맹인(盲人)이어야 할가. 우리들의 정신의 혼란과 우리들의 순결의 파괴와 우리들의 힘의 파멸로 말미암아 인류는 불만한 생활로 우리의 대부분을 병원에 있어서의 죽음으로 그리고 감옥에서의 발광으로 이끌어 간다. 이와 같은 모든 결과를 낳게 하는 최초(最初)의 원천(源泉)으로 사람은 영원히 돌아갈 수 없을 것인가. 우리가 빈자 또는 하층민을 구제하려면 그것은 그들의 학교

를 다시 진실한 도야장소로 바꾸는 것으로써만 될 수 있다. 그 도야장소에서 신이 인간성 가운데 베풀어주신 도덕적 정신적 육체적 모든 힘을 발견하는데서만 인간은 안심하고 만족한 생활을 할 수 있게 될 것이다. 이렇게 되어야만 신의 넓은 세계에서 아무도 구제하지 않고 아무도 구제될 수 없는 인간이 그 스스로 돕는 길을 배우게 될 것이다. 페스탈로찌는 이런 생각을 가지고 자기의 생각을 실천하기 위하여 그는 일생을 노력해 갔다. 그런데 이런 실천을 하기에 앞서 그는 자기자신을 발견하기 위하여 얼마나 노력했는가. 그의 기도는 이런 것이었다. 나를 나의 밑바탈(本性)이 옳글차기(完成)까지 끌어올려주는 참(眞理)이여 나는 너를 어떠한 길에 있어서라도 찾고야 말 것이다. 이것이 페스탈로찌의 각오였다. 맨첨첫참을 발견하기까지 목숨을 바치겠다는 그의 결의는 사뭇 비장하다. 옛날부터 식본달원(識本達原) 불류어말(不流於末) 시위귀식모(是謂貴食母)라고 했다. 근본을 알고 근원에 도달하는 것이 어머니를 드높이는 것이란 말이다. 기독교는 아버지 종교이기 때문에 아버지를 드높이는 것을 아버지께 영광을 돌린다고 한다. 요한복음 13장 31, 32절은 이제 사람의 아들이 영광을 받게 되었고 또 사람의 아들로 말미암아 하나님께서도 영광을 받으시게 되었다. 하나님께서 사람의

아들로 말미암아 영광을 받으신다면 하나님께서도 몸소 사람의 아들에게 영광을 주실 것이다. 아니 이제 곧 주실 것이다. 요약하면 하나님이 저로해서 환빛(榮光)을 받으시고 하나님도 저로해서 환빛을 저에게 주심. 결국 내가 아버지를 밝히니까 아버지도 나를 밝히신다는 말이다. 내가 아버지의 영광을 들어내니까 아버지도 나의 영광을 들어내 주시더란 것이다. 그러면 내가 아버지의 영광을 들어선다는 것은 무엇일가. 아버지께서 나에게 주신 아버지의 본성을 완성하는 것이다. 그것이 진리다. 진리란 본성의 완성이 진리다. 진리를 깨쳤다는 것은 본성이 완성되었다는 것이다. 성숙한 인간이 되었다는 것이다. 스스로 설 수 있는, 누구의 구제도 받을 필요 없는 자족할 수 있는 인간이 되었다는 것이다. 그리하여 자기가 넘치게 될 때 남도 넘치게 한다는 것이다. 그것은 식물로 말하면 꽃 피는 것이다. 꽃은 하늘의 태양이요 태양은 풀의 꽃이다. 꽃이 꽃을 보고 태양이 태양을 보는 것이 내가 내가 되는 것이요 아버지의 영광을 들어내는 것이다. 꽃피는 기독교에서는 십자가의 꽃다운 피를 홀리는 것으로 들어난다. 의의 피를 홀리는 것이 하나님의 영광을 들어내는 것이요 그것이 성숙의 표다. 성숙이란 하나님의 아들이 되는 것이다. 하나님의 아들이란 죽음을 넘어선 것이다. 진리를 깨닫는 것

과 죽음을 넘어서는 것은 같은 말이다. 죽음을 넘어선다는 것은 미성년을 넘어서는 것이요 진리를 깨닫는 것은 지식을 넘어서는 것이다. 지식에 사로잡힌 사람이 미성년이요 지식을 넘어선 사람이 진리를 깨달은 사람이다. 진리와 성숙은 같은 말이다. 죽음을 넘어서고 진리를 깨닫는 것이다. 죽음과 깨남은 같은 말이다. 그것이 꽃피다. 꽃이 피요, 피가 꽃이다. 의인의 피는 다 꽃의 피요, 그리스도의 피다. 아무리 악한 세상도 이 피로 씻으면 정결케 된다. 세상을 의롭게 하는 것은 의인의 피 뿐이다. 나는 이런 생각을 해 봅니다. 세상에 고운 것이 꽃이요 세상에 더러운 것이 진물인데 꽃을 심겨있는 채 두고 보면 고우나 다치고 보면 진물이 납니다. 세상에 깨끗한 것이 피인데 깨끗이 가진 피가 꽃피요 놓지어 홀린 피는 세상에 더러운 진물입니다. 꽃에서 나오는 피도 꽃이 고이 가졌을 때는 알잠 꽃피입니다. 꽃 그의 깨끗한 피입니다. 세상에 거룩하게도 곱고 깨끗한 것은 불인데 아무의 마음이라도 마냥 그리로는 곱다고 놔두질 않으니 그 뜨거움에 조금도 대들 수가 없어서 입니다. 그런즉 세상에서 꽃 위의 꽃은 불꽃입니다. 세상에 못할 노릇은 피는 꽃물 곱다고 홀리는 일이며 말숨은 불꽃 뜨겁다고 떠나는 일이다. 불꽃인 태양은 손은 못대지만 풀꽃인 태양은 꺾기는 것이 보통

이다. 그래서 하나님의 아들들이 많은 피를 흘리게 마련이다. 그러나 꽃 피는 일은 하나님께 영광을 돌리는 일이요 꽃피 흘리는 일도 하나님께 영광을 돌리는 일이다. 꽃잎이 떨어져서 열매가 익듯이 꽃피를 흘린 의인은 하늘에서 그 얼굴이 해처럼 빛난다고 한다. 화락능성실(花落能成實)이란 말이 있다. 꽃이지고 열매가 열리는 것이 십자가(十字架)와 부활(復活)의 뜻일 것이다. 예수는 죽음을 꽃이 떨어지는 것으로 생각했다. 꽃이 피는 것이 진리요 꽃이 떨어지는 것이 십자가다. 십자가는 진리다. 십자가를 믿는 것은 진리를 믿는 것이다. 죽음이 삶에 삼키운 바 되는 것이 십자가다. 십자가는 죽는 것이 아니다. 죽음이 삶에게 삼키운 바가 되는 것이다. 이 말은 정신이 육체를 극복한다는 말이다. 정신이 육체를 이기는 것이 죽음이다. 육체는 죽지만 정신은 죽지 않는다. 정신은 영원한 생명이다. 정신어 육체를 이겨야 성숙한 정신이 된다. 죽음은 육체의 패망이요 정신의 승리라. 내가 세상을 이겼다는 것이 십자가다. 자기의 죽음을 지켜 볼 수 있는 것이 정신이다. 마치 적의 목을 자른 기사처럼 자기의 죽음을 보고 미소지을 수 있는 정신이 성숙한 정신이다. 성숙한 정신이 꽃핀 정신이요 진리를 깨달은 정신이다. 나는 죽을 권리도 있고 살 권리도 있다. 이때 나는 완전한 정신

이다. 완전한 정신은 영원히 죽지 않는다. 요한 13장 31절 32절에서 줄거리를 빼면 아들이 환함으로 아버지도 환하고 아버지가 환함으로 아들도 환하다 란 뜻인듯 합니다. 그러면 예수의 보신 길(道) 참(眞理) 삶(生命)은 사람은 하늘로부터 땅에 내려 왔다가 위로 올라가는 것을 길이라고 보고 그 길을 환하게 걸어감이 참이라고 보고 아버지와 아들이 환빛으로 하나가 되는 것을 삶이라고 본 것 같읍니다. 사람의 아들은 하늘에서 와서 하늘로 갑니다. 이 이상 환한 길은 없읍니다. 이 길을 틀리지말고 곧장 똑바로 가는 것이 진리입니다. 그리하여 하나님과 만나는 것이 생명입니다. 철도가 길이요 기차가 진리요 도착이 생명이다. 이렇게 보면 인생은 조금도 어려운 것이 없읍니다. 지도는 언제나 환한 것입니다. 그 길을 가는 것이 사는 것입니다. 이 한줄 잡고 바로 가는 것이 진리입니다. 이 줄이 잡혀질 때 이 세상은 구원되는 것입니다. 정자(程子)는 목숨을 아는 사람은 목숨이 있는 것을 알고 이것을 믿는다. (知命者知有命而信之) 목숨 있는 것을 모르면 해를 보면 피하고 이를 보면 따라간다. (不知命則見害必避見利必趨) 목숨이 있다고 믿는 것이 하나님 아버지를 믿는 것이다.

여　오

여오(旅獒)란 상서(尙書)에 글을 읽어 봅니다. 덕성(德盡)은 불압모(不狎侮)하니 압모군자(狎侮君子)하면 망이진인심(罔以盡人心)하고 압모소인(狎侮小人)하면 이망진력(罔以盡力)하리이다. 불역이목(不役耳目)하샤 백도유정(百度惟貞)하쇼셔. 왈인(玩人)하면 상덕(喪德)하고 완물(玩物)하면 상지(喪志)하리이다. 지이도령(志以道寧)하시며 언이도접(言以道接)하셔쇼. 부작무익(不作無益)하야 해유익(害有益)하면 공내성(功乃成)하며 불귀이물(不貴異物)하고 천용물(賤用物)하면 민내족(民乃足)하며 견마(犬馬) 비기토성(非其土性)이어든 불축(不畜)하시며 진금기 수(珍禽奇獸)를 불육우국(不育于國)하셔쇼. 불보원물(不寶遠物)하면 즉원인(則遠人)이 격(格)하고 소보유현(所寶惟賢)면이 즉이인(則邇人)이 안(安)하리이다. 이글은 옛날 중국의 주(周)나라 시대 태조 무왕(武王)이 언제나 자기의 자문위원으로 훌륭한 사람을 자기 좌우에 모셨는데 이말은 소공이라는 분의 말입니다. 동기는 서쪽에 사는 여(旅)라고 하는 민족이 큰개(獒)를 한 마리 갖다 바친 것을 받느냐 안 받느냐 하는 것이 동기가 된다. 소

공의 말은 외국물품에 정신을 잃으면 안된다는 것이다. 그런 물건을 자꾸 받기 시작하면 외국의 간계에 말려들어 결국 나라를 망치게 된다는 것이다. 덕성(德盛)은 덕이 왕성한 사람인데 덕이란 속알로써 지혜 정신 인격이 충만한 사람이다. 그런 사람은 무엇을 생각없이 가까이 하던가 멀리 하던가 하지 않는다. 그것이 불압모(不狎侮)이다. 지나치게 친절히 하는 것도 잘 못이고 지나치게 무시하는 것도 잘 못이다. 친압(親狎)이나 모멸(侮蔑)은 속알이 부족한데서 일어난다. 사람은 너무 친근하게 하지도 말고 사람을 너무 모욕하고 멸시하지도 말고 인간관계를 적당하게 할 수 있는 것이 덕이요 예다. 친압처럼 간사한 것은 없고 모멸처럼 어리석은 일은 없다. 사람은 장차 무엇이 될지 모른다. 다 부처가 될 수 있는 사람인데 어떻게 멸시할 수 있겠느냐. 왕을 없이 여겨도 안되고 신하를 없이 여겨도 안되고 백성을 없이 여기면 더욱 안된다. 이 글은 임금님의 태도와 처사를 밝히는 말입니다. 만일 임금이 신하를 무시하면 신하의 충정은 기대할 수 없고 백성을 무시하면 백성의 협력은 기대할 수 없다. 그러니까 임금은 성덕이 되고 불압모해야 한다. 임금은 계속 배워야 한다. 선생을 두려워하고 어렵게 여기고 공경해야 합니다. 임금이 이런 선생 즉 군자(君子)를 선생으로 존경하지 않고

자기 신하를 부릴려고 생각하면 선생의 도는 이어 받을 수 없고 선생의 덕을 받아드릴 수 없다. 사람은 인격이 중심이 되어야지 재간이나 인물이 중심이 되면 또 친압과 모멸을 막을 길이 없다. 인물과 재간을 떠나야 덕성이다. 성인을 존경하는 것은 또 쉬운데 소인들을 모멸하면 그들이 일을 안해 준다. 소인들도 사랑을 받는다고 게을러지면 또 안된다. 임금부터 말단 백성에 이르기까지 친압과 모멸은 다 안된다. 그러니까 누구든지 귀와 눈에 빠져서는 안된다. 이쁜이에게 빠지고 목소리에 끌리면 망한다. 사람과 사물에 끌리지 않고 빠지지 않으면 온갖 법도가 다 꼭바르게 된다. 여자가 정조를 지키듯이 임금은 법도를 지켜야 한다. 사람을 무시하게 되고 사람을 노리개로 여기면 자기의 인격을 상실하게 되고 물건에 마음이 끌리면 정신을 잃게 된다. 그러니까 완인(玩人)도 완물(玩物)도 말아야지 언제나 마음이 편안하게되고 말도 진리와 일치하게 된다. 쓸데없는 일 때문에 쓸데없는 일을 방해받아서는 안된다. 사람들은 거의 쓸데없는 일에 정신을 다 소모하고 정말 쓸데있는 일에는 거의 정신을 쓰지 않읍니다. 시간도 재력도 마찬가지 입니다. 그러니까 무엇이 쓸데있는 일인가. 그것을 아는 것이 진리파지요 덕성이다. 진리파지한 사람이 이룰 것을 이루는 것이고 가질 것을 가지게 된다. 그러

니 여나라에서 큰개를 바쳤다고 함부로 받지 말라는 것이다. 이상한 물건이라고 받기 시작하면 필요한 물건을 무시하게 된다. 이쁘다 귀엽다 하는 것을 귀히 여기면 아주 소용없는 것들에게 시간과 재정을 낭비하게 된다. 먼나라 물건을 탐내지 않으면 먼나라 사람들의 존경을 받고 나라 안의 보배인 성현을 존경하면 나라 안의 백성들의 존경을 사게 된다. 그러니 먼나라 개를 탐하지 말라는 결론이다. 여전 서여가 바친 개를 거절하면 금시는 섭섭해 할지 모르지만 종당은 좋게 될 것이다. 요새처럼 외제 외제(外製)하기 시작하면 나라는 망한다. 국가란 언제나 국산품으로 살아야 흥하게 된다. 이것은 쉬운 이치인데 속알머리 없는 사람들은 이것을 모른다. 예수는 솔로몬의 영화보다도 한송이의 백합이 더 좋다고 한다. 외제보다도 국산으로 살아야 한다. 인위보다도 자연으로 살자. 정치에 있어서 제일 중요한 것은 사람을 뽑아 쓰는 것입니다. 대통령이면 국무총리를 누구로 쓰느냐 그것이 제일 중요하다. 국무총리를 고르는데 압모(狎侮)해서는 안된다. 덕성(德盛)해야 한다. 총리가 잘못하면 총리를 바꿔야 한다. 정치의 묘는 인사에 있다. 사람 쓰는 것이 무엇보다도 중요하다. 옛날부터 미물색사응무주(味物色事應無住)란 말이 있다. 재미있는 물건 즉 사냥개 같은 것, 빛깔일 즉 미인과 친히 지내는

일 같은데는 아예 마음을 두지도 말라고 한 것은 정신을 잃을가 얼빠질가 걱정해서 하는 소리입니다. 미물색사를 멀리하는 사람만이 인사처리(人事處理)를 제대로 할 수 있다. 미물색사불응주는 수도와 고행을 많이 해야 합니다. 덕성이 되기까지 덕행을 닦아야 합니다. 호기무방참독의(好奇無妨參毒意) 호기심과 이 정도는 괜치 않겠지 하는 방심때문에 사람은 탐냄(貪) 미움(瞋) 고움(痴)에 빠져 들게 된다. 한가하다고 주책없이 괜치않지하는 말을 해서는 안된다. (閑居愼勿說無訪) 괜치않지하는 순간에 벌써 해가 된다. (縷縷說無妨便有好)심심하다고 구경이나 갈까. 그래서는 안된다. 무방 곧 방해가 된다. 무방이 벌써 미물색사(味物色事)를 불러 들인다. 미인이 있다든가 신인이 있다든가 하면 만나보고 싶다. 그것도 호기심이다. 무엇이건 호기심으로 되어서는 안된다. 호기심이 아니라, 격물치지(格物致知)여야 한다. 진리를 파악해서 생명을 완성시켜 주어야 합니다. 물성을 알아서 그것을 온전히 이루도록 해주는 것이 격물치지다. 물건은 내가 탐내어 소유하는 것이 아니라 그것을 있도록 완성시켜 주는 것입니다. 소유가 아니고 존재입니다. 물건을 완성시켜야 나도 완성됩니다. 나도 속알이 성숙해진다. 이것이 심리성(心理性)이다. 격물치지심리성(格物致知心理性) 이렇게 되어야

덕성하여 압모가 없어진다. 압모가 없어져야 법도대로 일체가 처리되고 사람의 삶이 올바르게 된다. 순서처리인도의(順序處理人道義) 서울사람을 부산에다 갖다 놓는 것이 인사처리가 아니다. 정말 부산을 격물치지해서 인도의가 되도록 인사처리가 되어야 한다. 이치에 맞고 도의에 맞아야 한다. 이치와 도의에 맞으면 물속에 가도 불속에 가도 괜찮다. 도의 교육을 할려면 도의가 무엇인지를 좀 연구해서 안 다음에 실현하고 또 강조했으면 좋겠읍니다. 하나 더 읽어 봅니다. 고유표상혹생래(固有表象惑生來) 허무소견미사환(虛無所見迷死幻) 물자감각유무분(物自感覺有無分) 심수제한생사간(心受制限生死間) 있다는 것도 진짜 있는 것이 아니고 없다는 것도 진짜 없는 것이 아니다. 생사에 빠진 미혹과 환상에서 있느니 없느니 야단이다. 있느니 없느니를 아는 사람은 없다. 다만 우리 감각이 있다 없다 하는 것 뿐이다. 있다 없다하는 것이 마음인데 이것은 영원한 것인가 하면 그렇지도 않읍니다. 마음은 생사에 제한을 받읍니다. 그러고 보면 상대적인 것은 일체 믿을 것이 못됩니다. 믿을 것은 하나뿐이다. 그런데 하나 밖에 무엇이 많다. (一餘是多) 복잡합니다. 그러니까 존재 하나만 믿고 갈 수 밖에 길이 없다. 하나를 잡으러 올라가는 것 뿐이다. 그러기 위해서 탐진치를 이기고 올라가야 합니다. 우리가 세상에

나온 것이 떨어진 것이라는 것을 알아야 합니다. 우리는 삼독에서 나왔기 때문에 탐진치에 빠져 있읍니다. 우리는 탐진치를 벗어나야 합니다. 도의란 탐진을 벗어나는 것이 도의입니다. 우리들은 호기 무방때문에 음란도 하게되고 도적질도 하게 됩니다. 성경에서는 삼독을 원죄라고 합니다. 유무를 합쳐신을 만들고 고유허무일합신(固有虛無一合神) 천지유무를 통하는 것이 신통이다. 신은 하나입니다. 신은 무극이태극(無極而太極)입니다. 나쁘게 가는 마음을 참고 어질게 가는 마음을 올려 모두를 잘살게 하자는 것입니다. 인인의의대동인(忍仁宜義大同人) 우리는 인의 유무에 참여하여 나자선으로 깨어야 한다. 인의유무양참오(仁義有無兩參伍) 그리하여 깬신과 깬사람이 하나가 되어 참을 이루어야한다. 신인합동야일진(神人合同也一眞) 그러면 마지막으로 유신(唯神) 오직 하나님뿐이다. 유도 무도 생사도 아니다. (非有非無非生死) 물이 옳다 마음이 옳다 말과 생각이 옳다고해도 끝이 없다. (是物是心是思臂) 예니 지금이니, 나니 남이니, 위니 아래니 다 상대적인 것이다. (古今自他上且下) 안밖 선악 우러러 업드려 보았자 다 상대적이다. (內外善惡仰又偃) 시시비비 따지는 것은 내가 지은 망령이요(是是非非自作妄) 시도 아니고 비도 아니고 하나님을 믿고 만족하면 일체의 문제가 그치고

만다. (不是不非止是信) 서버의 끄트머리는 철인의 경지에 가야 끝이 나고(是非之端止上智) 알고 모르는 것은 유일신에 가야 넘어서게 된다. (知不知上唯一神) 절대에 서야 상대는 끊어진다. 상대에 빠져 헤매지 말고 절대에 깨나야한다. 자기가 무지염을 알아야 한다. 아무리 상대지가 많아도 절대지에 비하면 없는 것이나 마찬가지다. 그러니까 진리를 깨치는 것이 가장 급선무다. 진리 밖에 없다. 진리는 하나이기 때문에 하나 밖에 없다. 하나로 들어가야 한다. 하늘 하나님 우리가 머리를 둔곳으로 찾아나서야 한다. 우리의 머리가 있는 곳이 하나님이 계신 곳이다. 내가 주장하는 것은 하나를 알고 하나로 들어가라는 것입니다. 1956년 4월 26일은 내가 죽기를 기원한 날인데 오늘이 일년이 되는 날이다. 내장례를 내가 치르고 오늘은 내 소상을 내가 치르는 날입니다. 내 대상도 내가 치르게 될지 모릅니다. 그러나 그런 것이 문제가 아닙니다. 요는 하나님을 알고 하나님을 믿고 하나님을 사는 것입니다. 그러면 인생은 단순해집니다. 하나 알고 살면 다른 것은 몰라도 괜치 않읍니다. 나는 하나 밖에 모릅니다. 하나 아홉 그것으로 족합니다.

까 막 눈

〈까막눈〉이란 까만(黑) 눈을 가리키는 말도 아니고, 가마귀 눈을 가리키는 말도 아니다. 까막눈은 눈 색갈이 까맣다, 파랗다, 노랗다고 해서 백인종과 구별하기 위해 유색인종(有色人種)에게 붙이는 말도 아니다.

까막눈이란, '무식하다'는 것을 가리킬 때 쓰는 말이다. 눈으로 보기는 하는데 글을 모르는 사람을 까막눈(이)라고 한다. 그리고 글은 잘 아는데, 사물을 제대로 판단하지 못한 사람도 역시 까막눈이라고 한다. 그리고 사물을 멀정하게 판단할 줄은 알면서도 선후(先後)를 제대로 가리지 못하는 사람, 말은 뻔지르게 잘 하면서 도무지 실천하지 못하는 사람도 또한 까막눈이라고 한다.

이렇게 보면, 까막눈에는 세층이 있다는 것을 알 수 있다. 눈을 뜨고도 글을 못보는 이, 글은 하면서도 사물을 판단할 수 없는 이, 그리고 사물을 판단할 줄은 알면서도 그처럼 살지 못하는 이가 그것이다.

여기에서 우리는 〈유일 唯一〉이라는 것을 생각해본다. 그냥 하나 뿐이다는 것이다. 본래 〈하나〉라면 유(唯)자를 붙일 필요가 없다. 그냥 〈하나〉면 된다. 그런데 유일(唯一)이라고

해야 〈하나〉처럼 생각한다. 〈하나〉란 무엇일까? 〈하나〉를 모르면 〈유일〉도 말하지 못한다.

우리는 [모든 것이] 하나로 시작해서 종당에는 하나로 돌아간다는 생각을 어쩔 수 없이 하게 된다. 또 그렇게 되야 하겠다는 강박한 요구가 우리에게 있다. 이런 강박관념은 신경증에 걸린 사람보다도 건전한 사람에게 앞선다. 대종교가나 대사상가가 믿는다는 것이나 말한다는 것은 다 〈하나〉를 구(求)하고 믿고 말한다는 것이다. 신선이고 부처고 도(道)를 얻어 안다는 것은 다 이 〈하나〉다. 사람이란게 이처럼 〈하나〉를 구해마지 않게끔 생겨먹은 존재다.

그런데, 이같은 요구(欲)를 풀어주기 위해서도 억지로라도 〈하나〉를 설명해야겠는데, 그렇게 하려고 하니까 〈까마득하게〉된다. 정말 까마득한 일이다. 그러나 까마득하다고 해서 〈하나〉를 잊을 수가 없다. 아니 구할 수 없고, 아니 찾을 수 없다.

〈하나〉라는 것을 모르면 모두 까막눈이다. 〈하나〉에 대해 까막눈이라는 것을 알았으면. 〈하나〉를 찾아야 한다. 우리는 흔히 〈하나〉가 너무 적은것 같아서, 둘 셋 넷 다섯을 찾고 또 그것들이 더 많고 큰 것인 줄 알고 있다. 하나는 너무 잘 아는 것 같아서 하나를 무시한다. 〈하나〉라는 것은 우리의 까막눈으로서는 정말 까마득하다. 하나는 어디 있어도 하나다. 그래

서 유일오유(唯一烏有)다. 까마귀 눈은 있긴 있는데 그림으로 그리면 하나도 보이지 않는다. 분명히 있으면서 없는 것이 오유(烏有)다. 불(火災)이 나서 다없어진 것을 오유(烏有)라고 한다. 우리는 까막눈이라는 걸 알아야 한다. 그래야 눈이 밝아진다. 못보면서 본다고 하면 영원히 까막눈이 되고 만다. 불이(不二)라는 말이 있다. 둘이 아니면 무엇이겠는가? '둘 아니면 하나'라는 말이 있다. 그런 것은 말도 안 된다. 둘 아니면 셋도, 넷도 있는 것이지, 하나라니 말도 되지 않는다. 불이(不二)이면 즉무(即無)다. 둘이 아니면 하나도 아니고 둘도 아니고 셋도 아니다. 곧 없는 것이다. 상대(相對)가 없으면 절대(絕對)다. 절대는 무(無)다. 둘이 아니면 없는 거다. 이렇게 말하면 말이 안될지 모르지만 나는 〈하나〉라는 말자체도 불만인데──우리가 만든 말이니까──, 더구나 '둘이 아니면 하나'라고 할 수가 있겠는가. 하나에다 하나를 더하면 둘이 되는가. 안된다. 하나나 둘은 모두 신비다. 무엇인지 모르는 것이, 무엇이라 말할 수 없는 것이 무(無)요. 절대요 상대다. 애당초 있다는 것이 무엇인지 없다는 것이 무엇인지 잘 모른다. 상대에서 보니까 있다, 없다지 있다, 없다가 어디에 있느냐? 절대에서는 있다, 없다가 무엇인지 우리는 생각할 수가 없다. 우리는 절대적 유무(有無)를 모르고 있다. 상대적 유무는 과학을 수단으로 해서 조금은 알고 있다 할 수 있지만 이것도 사실은 그렇게 느끼고 있을 뿐이다.

상대적 유도, 상대적 무도 아닌 것이 불이(不二)다. 불이는 무이(無二)라고 해도 좋다. 불이(不二)면 무이(無二)다. 우리가 확실하게 아는 것으로 소유를 말하는데, 소유(所有)했다는 것은 〈두어두었다〉는 말이다. 내 것이라고 한 것은 내가 두어두었다는 것이다. 우리가 말하는 상대적 유는, 다시 말해서 우리가 있다고 말하는 것은 내가 두어두었다는 유(有)다. 그런데 둘이 아니면 두어둔 것이 아니다. 둘이 아니니까 두어지지 않았다는 말이다. 가지지 않았다는 뜻도 된다. '둘이 아니다'할 때는 내가 가진 것이 없다. 두어둔 것이 없다는 것이다. 우리는 이쯤은 알아야 한다.

우리가 진정으로 불이즉무(不二即無)하면 상대계에서의 종노릇을 벗어날 수가 있다.

이제까지의 것을 생각하면. 유일오유(唯一烏有)·물(物)이며. 불이즉무리(不二即無·理)다. 우리가 상대계의 자식이니까 그렇지, 절대계의 자식이면 물건이 모자란다. 쓸물건이 없다고 하지 않을 것이다. 걸핏하면 유물사관(唯物史觀)이라는 걸 들고 나오면서, 만족할 만한 물질과 좋은 환경이 있어야 한다고 한다. 물건에 만족을 느끼면 하나님이 보이지 않는다. 보이지 않으니까, 하나님이나 부처를 찾을 까닭이없다. 우리가 물건에 만족한 것이 없다. 보이는 것을 가져보았지만, 보이는 것만으로 만족을 느끼지 못한다. 보이는 것은 쉬 잊어버리는 것이지 만족할 수가 없다. 불가불 그 밖의 것을 찾아야 한다. 그 밖의 것에 참이 있다면, 그것을 가져보았으면 한다. 〈참〉, 그것이 무얼까? 참 하나일 것이다. 절대가 그러하다. 절대의 자리는 있다 없다는 말이 통하지 않는다. 있고·없고가 문제가 아니다. 있는 듯도 하고 없는 듯도 하다. 우리는 이런 절대를 느끼고 찾고 싶어 하는 것이다. 이쯤 돼야 유일불이(唯一不二)다. 유일무이를 표현하면 〈그저 그런것 그걸〉이다. 〈걸〉이라는 것은 채되지 못한 물건을 가리키는데, 그러니까 〈있는 것〉이 아니다. 있는 것이 아니니까 물건도 아니다. 그래서 그저 하나만이고 어디 있는지 알 수 없는 것 그래서 유일오유·물(唯一烏有·物)이다. 물건도 아니니까 있는 것도 아닌. 그런데 그 하나가 어디 있는지도 모르는 그걸 우리는 찾는 것이다. 그 〈하나〉가 어디에 있느냐고 물으면 〈하나 어디 있어요 하는 그걸〉 찾는다. 이것이 있다면, 내가 아무리 물욕이 없다 해도 내가 먼저 가지고 싶어할 것이다. 남에게 빼앗기지 않고 먼저 섬기고 싶어할 것이다.

불이즉무·리(不二即無·理), 이것은 둘이 아니면 가질 수 없다는 이치를 말하는데, 우리는 이것을 깨달아야 한다. 예수를 유혹한 자가, 높은데 올라가 밑에 있는 도성을 내려다 보이면서 모든 영광을 너에게 줄 것이니 내게 굴복하라고 말한다. 상대 세계를 인정해야지, 그렇지 않으면 너희는 남에게 뒤떨어진다. 죽는다는 것이다. 이것은 무리(無理)다. 도둑놈이 세상에 도둑질 안 하면 못산다는 것과 같다. 이렇든 저렇든 두가지를 해야지 그렇지 않으면 무리(無理)를 당한다는 것이다. 당신 같은 이가 그 자리에 앉아야지, 당신 같은 이가 세상에 어디 있느냐고 아첨한다. 유일오유(唯一烏有)한 인물이라는 것이다. 전국 초에 위대하다는 영도자에게는 다 그러했다.

이런 생각을 하다보니까, 〈절대 진리물(絕對眞理物)〉이란 글이 생각난다. 우리는 절대 참된 이치를 가진 그걸 찾고 싶다. 그런데 참 물리(物理)는 찾기가 어렵다. 유일불이, 이것이 절대진리인데, 그리고 그걸 찾는 길도 있는데, 이것은 절대에서 찾을 것 없다. 상대에서 당장 살아야 하지 않느냐 하는 무리(無理)한 생각에서 참 물리를 터득하지 못하게 된다. 원일물(元一物)이다. 내가 죽을 때까지 말하고 싶은 것은 〈원일(元一)〉이다. 본디 본디의 하나가 원일물이다. 우리는 새삼스럽게 이 절대진리물을 찾는게 아니다. 본디 내가 가지고 있는 것이다. 내가 본디 가진 원일물이다. 그래서 원일물불이(元一物不二)다. 원일물이란 있는 것이 아니다. 불이 즉무(不二即無)한 것이다. 소유한다는 것이 도무지 없다. 있었던 소유조차 잊어야 하는 원일(元一)이다. 원래(元來)나 본래(本來)나 같은 말이지만, 몸둥이나 초목적 사고(草木的思考)로 말할 때는, 그리고 인생으로 생각할 때는 원래(元來)이다. 원태는 무일물(無一物)이 아니겠는가? 원래 아무 것도 없었지 않았겠는가? 불교에서도 원래 무일물을 말한다.

그러나 원일물불이(元一物不二)와 원래무일물(元來無一物)이 같은 말처럼 생각되나, 그렇지 않다. 원일물불이에는 적극적인 요소가 포함되어 있다. 원래무일물은 소극적이다. 원일물불이, 이것이 부처요, 하나님이다. 나는 원일물불이를 믿는다.

지인용자성(智仁勇自誠)이다. 그저 알려하고, 그저 사랑하고, 그저 굴하지 않고 지지않고 이길려 하는 것은 자기 만을 이루는 것(自誠)이다. 자기만을 속 깊이에서 솟아나는 것을 이루자는 것이다. 본래 인생이란 이렇게 하자고 생긴 것인데, 원일물불이

에 까막눈이 되어서 무엇이 무엇인지 분간할 줄 모르게 되고 말았다. 공자는 지인용(智仁勇)을 하면 흔들리지 않고(不惑), 걱정이 없고(不愛), 무서운 것이 없다(不懼)고 했다. 가이 선지자의 말이다. 깐디의 진리파지(眞理把持)에도 무서워하지 않는 정신이 들어있다. 성서의 가르침도 종당에는 〈두려워 말라〉는 것이다. 하나님의 아들인 우리가 무엇이 두렵겠는가. 시편에는 "나를 무서워하지 않는 자는 나의 아들"이라는 말이 있다. 우리는 두려움이 없이 살아야 한다. 저녁꺼리가 없어도 천명(天命)이면 산다는 신념을 얻어야 한다. 다 도둑질해도 나는 도둑질 않겠다는 용기를 가져야 한다. 지성이면 감천이란 말이있다. 자성(自誠)하면 하늘이 감동한다. 우리는 미혹몽환광(迷惑夢幻狂)의 상태에 빠지면 안 된다. 저만 잘 먹고 살겠다는 사람들 권세잡고 떵떵거리고 싶어한 사람들, 이들의 이기적 행동은 죄다. 공유비진리(共由非眞理), 진리가 아닌 데서 나온다. 크게 조심해야 한다. 우리는 원일물(元一物)로 돌아가야 한다. 〈하나〉에 대해 까막눈이 돼서는 안된다.

주 기 도

하늘 계신 아바 계 이름만 거룩 길 말씀 님 생각이니다.

이어이 예 수ㅁ쉬는 우리 밝은 속 알에 더욱 나라 찾임이어지이다.

옛날에는 하늘을 〈ㅎ늘〉이라고 썼다. 이렇게 써놓고 보면 크나 큰 문제가 걸린다. 자기의 의사를 표시하는데 이말처럼 쓰기 좋아하는 말은 드물 것이다. 그냥 말로서만은 안 되는 일에 〈ㅎ늘〉을 가져다 붙인다. 이 점에 문제가 있다.

〈계산〉이란 말도 큰 문제를 지니고 있다. 거기에다 더 큰 〈ㅎ늘〉을 붙여서 〈ㅎ늘 계신〉이라고 하였으니 이 모두 엄청난 말들이다. 〈계신〉이란 말이 존재를 나타낸다고 한다면, 무슨 존재를 말하는 것일까?

〈아바〉는 아버지를 뜻하는 말이다. 이 말은 세계적인 것으로서, 히브리 말에서도 아버지를 〈아바〉라고 한다. 이 말 역시 큰 말임에 틀림없다.

〈계〉라는 것은 계시다의 〈시〉자가 빠진 것인데, 〈거기〉라는 말과 같은 뜻이다. 〈계〉는 〈예〉—여기—와 상대되는 말이지만, 바로 이 점에서 보면 아주 특별한 듯을 갖는다. 〈계〉는 반드시 높은 데를 가리키는 말인데, 혼히 쓰는 말은 아니다.

〈아버지 계〉라고 하면, 아버지보다는 그의 〈계〉를 찾아가는 것을 말한다. 〈이름〉이란 만물을 분간하는데 없어서는 안 된다. 만물의 분간은 이름으로써 가능하다. 성서에 보면, 하느님께서 만물을 창조하시고 나서 아담에게 이름을 지으라고 했다. 만물에게 이름을 붙여 만물을 구별한다는 일은 결코 쉬운 것이 아니다. 이름은 만사의 기초가 되어 있다. 이름이 없었던들 이러한 세상은 벌어지지 않았을런지도 모른다.

〈이름만〉의 〈만〉은 유일(唯一)를 뜻한다. 〈만〉은 〈나〉다 하고서 나가는 〈나간〉이 합쳐서 된 것으로 보면 재미 있다. 〈나 간〉이 합쳐서 〈만〉이 된 것이다. 문제는 '나가는 것'이 무엇을 뜻하느냐에 있다. 나오기는 나왔으니, 어쨌든 나가야하지 않겠는가? 그래서 〈만〉이 문제다. 〈만〉은 참으로 중요한 글자이다.

〈거룩〉은 모두에게 해당한다. 신랑을 가진 사람이나 가지지 않은 사람이나 다 거룩해야 한다. 다 깨끗하고 귀하게 되자는 것이다. 이것은 참으로 중요한 문제다.

〈길〉이란 우리가 움직여 나가는데는 없어서는 안 될 것이다. 길이 없다면, 우리는 꼼짝할 수가 없다. 공간(空間)은 죄다 이 〈길〉을 위해 있다. 원자나 전자 사이의 공간, 세포 사이의 공간도 이 〈길〉을 위한 것이다. 〈길〉이 없다면, 원자나 세포는 제 구실을 다 할 수 없을 것이다. 〈분간(分間)한다〉는 어휘도 공간을 전제하는데, 모든 이치(理致)가 다 분간을 할 줄 아는 데 있다면, 이치는 곧 길이 아니겠는가? 길이 곧 이치인 것이다. 〈도(道)〉라는 것은 길을 말한다. 〈허공(虛空)〉이 진리라는 말은 이 점에서 이해해야 할 것이다. 불교에서 말하는 〈법(法)〉도 이러한 이치와 길을 가리킨다. 〈道〉라는 글자나 〈理〉라는 글자는 같은 뜻을 나타낸다. 참이치가 곧 길이다.

〈길〉에는 또 〈길든다〉는 뜻이 있는데, 이 동사(動詞)에서 〈자란다〉는 뜻도 생긴다. 우리의 몸이란 점점 자라다가 어느 한계에 이르지만, 마음은 보이지 않게 무한히 성장할 수가 있다. 마음이 무한히 자라는 것이 곧 길의 정신이며, 이치이며, 진리이다.

우리가 물건을 가지고 가려면, 〈힘으로〉 가능하다. 물건이 중요하면, 우리는 〈띠고〉 간다. 참고 받들어 가는 것이다. 이어 가는 것이 〈님〉이다. 〈님〉이 문제가 된 것은 생각이 있어서다. 님을 생각하는 것을 〈상사〉라고 한다. 〈님〉을 띠는데는 반드시 생각이 있는 법이다. 생각없이 님은 없다. 우리는 하느님, 아버님, 길님, 말씀님, 생각님들처럼 모두 〈님〉을 붙여서 생각할 수 있다. 이처럼 〈님〉을 붙여 놓으면, 그 깊은 뜻이 절로 울어나온 것을 알 수 있다. 나는 뒤에서 하늘, 아버, 길, 말씀에다 토(조사)를 따트리고 적었으나, 그 밑에 님을 붙여서 읽어보라.

내가 하는 기도는 바로 이 〈님〉을 부르는 것이다. 이 사람의 기도는 옛부터 바로 이것이다. 요즈음에는 더욱 이렇게만 하고 싶다.

〈님〉이라고 할 때는, 아주 정중히 섬기는 것을 말한다. 이 세상에는 절대진리라는 것은 없다. 절대진리는 하늘 위에 있다. 우리는 이 절대를 쫓아 올라가는 것이다. 절대 아닌 것은 생각하지 말고 지상의 것은 훨훨 벗어버리고 〈하나〉를 생각해야 한다. 〈하나〉님을 찾아가는 것이 우리 사람의 일이다. 절대진리를 위해서는 내 버릴 것은 죄다 내버려야 한다.

이런 일은 모두 〈님〉을 생각한데서 가능하다. 삶(生)을 가진자는 영원히 사랑을 추구해 나간다. 이 세상이 제대로 되느냐, 안 되느냐는 님을 찾느냐 못 찾느냐, 사랑의 힘을 갖느냐 못 갖느냐에 달려 있다.

그래서 우리는 이렇게 기도하는 것이다. 「하늘 계신 아버 계 이름만 거룩 길 말씀 님 생각이니이다」고.

우리에게는 여러 말이 따로 있는 것이 아니다. 〈하늘〉이란 말 한 마디에도 이상에서 말한 여러가지 뜻이 다 들어 있는것이다. 하나의 생각, 허공의 생각, 이것 하나 뿐이다.

만물을 창조한 것이 〈로고스〉라면, 이것은 바로 생각을 가리킨 것이다. 〈로고스〉가 〈말〉이라면, 그것은 생각하 지않고서는 나올 수가 없다. 이 〈생각〉이라는 것은, 기독교에서는 〈사랑〉이, 유교에서는 〈길(道)〉이, 불교에서는 〈법(法)〉이 되는 것이다. 〈로고스〉, 〈아트만〉이 다 〈생각〉이다 유신론(唯神論)도 생각없이는 나올 수 없고, 유물론(唯物論) 자체도 생각없이는 나올 수 없다. 유신론, 유물론 하는 것은 모두 생각의 방편이지, 별 것 아니다. 「하늘에 계신 우리 아버지 이름을 거룩히 여김을 받으리」는 것은 지금까지 내가 말한 것과 같은데, 그 뜻을 종합해 보면 하늘 아버지께서 영광을 받으라는 것이다. 이 세상의 모든 존재는 그분의 영광을 위해 있는 것이다. 하늘이 아무리 영광을 받으셔도, 또 아무리 존귀하게 계시더라도, 또 그 이름이 한량없이 뛰어나도, 그 아들된 〈나〉가 거기에 이르지 않으면 아무런 상관이 없는 것이 되고 만다. 하나님께 도달한다, 이른다는 뜻으로 〈이름〉이라는 말을 쓴다면, 이럴 때는 〈히름〉이라고 써야 할 것이다. 아무리 추상적인 이름만 나열해봤자, 이룰 것 이루지 못하면 아무런 소용이 없다. 아담도 만물에 〈이름〉을 붙임으로써 아담이 되는데, 우리도 〈이름〉을 제대로 붙여야 한다. 하나님에 대해서도 이름을 붙여야 하는 것인데, 〈아버지〉하는 것도 이름붙임의 하나다.

그런데 요새처럼 이름을 함부로 부르는 시대는 없으리라고 생각된다.

부흥회니 무어니 해서 〈주(主)〉나 〈하나님〉을 마구 부른다. 이것은 자기의 몸을 거기에 가져다 놓으려는 것이 아니라, 자신은 그대로 땅위에 있으면서 자기로써는 하기 어려운 일을 하나님에게 심부름 시켜먹으려는 것이다. 이름이란 이처럼 제멋대로 부르는 것이 아니다.

〈이름〉이란 반드시 거기에 〈이루움〉이라는 것이 있다. 이름에는 〈이루었다〉는 뜻이 포함되어있다. 신(神)이 〈이름〉에 들어가야, 이름은 이름대로 살고, 이룰 것 이루게 되는데, 무작정 이름을 부르는 것은 그 이름과 아무런 상관이 없는 것이다.

〈이어이〉는 전에 〈ㅣㅓㅣ〉라고 흔히 썼다. 어쨌든 우리의 〈맨 처음〉은 무엇이었는지 알 수가 없지만, 맨처음부터 한 오래기가 시간이라는 것을 타고 이어 내려 왔는데, 그 가운데서도 역사(歷史)위에 군데 군데 토막이 나게 되었다. 처음부터 이어 나오기를 온전히 했더라면 지금쯤은 이상(理想)국가가 이루어졌을 터인데, 그렇지 못하고 토막난 시대가 되고 말았다. 부처가 나타난다든지, 예수가 재강림한다느니 하지만, 그런 분이 나타났다고 해서 사람들이 잘 살았다는 것은 아니다. 한 줄기 이어내려오는 것을 올바르게 이어온 시대가 좋은 시대이고, 그 시대를 올바르게 지도한 이가 부처가 되고 예수가 되었던 것이다.

이 한 줄기가 이어 닿은 여기가 〈예〉다. 〈예〉는 아들이 아버지가 되어가는 글자이다. 영원에서 상대적으로 벌어져서 몸부림치는 여기가 〈예〉이다. 바로 여기에서 이보다 더 낫을 수가 없을까 하고 능력을 찾는다. 이것이 〈수〉다. 〈수〉에다가 〈ㅁ〉을 더하면 〈예수ㅁ〉, 곧 〈예〉에서 〈숨〉을 찾는 것이 된다. 〈숨〉을 쉬게, 되니까 무슨 수가 생길 것 같다. 〈예─숨〉하고 강하게 발음하면, 가장 힘있고 참답게 사는 것을 느끼게 된다. 「이어이 예 숨」하고 불러보면, 몇 천를 전에서 몇 천년 후까지 툭 터서 살고 있는 것 같다. 이것이 진실한 기도소리가 아니겠는가.

그러면 인생노릇하기가 쉬워진다. 쉰살(50)은 쉬는(休) 나이다. 천명(天命)을 알 때가 된 나이다. 인생이란 것이 잠간 쉬고 떠나는 것임을 알면, 다 이러구 저러구 문제를 일으키지 않을 것이다.

아래(下)에 사는 것을 〈우〉라고 한다. 〈ㅎ〉는 한자로서는 下가 된다. 아래에 있으면서 하늘 위를 생각한다. 우를 띠고 있는 것이다. 그래서 〈우히〉이다. 〈하늘〉을 아주 자기의 무대로 만들어 그 범위 안에서 활동한다. 〈두〉를 이는것이 〈우리〉이다. 혼히 성신이 충만하다는 말을 쓰는데, 우리의 정신에 성신이 충만하려면, 정신과 마음이 위로 끌리는 것이 있어야 한다.

'밝은 속알'이란, 〈명덕(明德)〉을 말한다. 명덕은 속알을 밝힌다는 뜻이다. 사람이 사람노릇을 하려면, 무엇보다도 속알을 밝혀야 한다. 자꾸 밝혀나가야 한다. 〈더욱〉이란 우로 들어올린다는 뜻이다. 〈욱〉은 〈우〉로 올라간다는 것을 강조해서 〈ㄱ〉을 붙인 것으로 읽어야 한다. 그래서 〈더욱〉은 더 우로! 가 된다.

〈나라 찾임이어지이다〉는, 새삼스럽게 나라를 찾는다는 것이 아니다. 〈나라〉라는 것은 〈나〉, 이 몸둥이의 〈나〉를 찾아서, 본디대로 이어받는 것을 그대로 이어나간다는 뜻이다. 〈나라〉는 〈나〉를 낳는다(生)는 뜻도 있다. 그렇다고 '나로라!'하고서 자신을 내세우는 것은 아니다. 〈나〉란 마음의 나이다. 땅 위에서 이루는 나라는 쫓아갈 필요가 없다. 이것을 쫓아간 나라가 오늘날 이러한 세상을 만들고 말았다. 정말, 본뜻의 나라, 나─라를 알고 이것을 내세워야 한다. 그렇지 않으면 나라는 서지 않는다.

자기의 나를 찾은 다음에야 그 나에서 떠날 수 있을까. 그렇게 되면 영원을 붙잡는 것이 되고, 소위 구원을 얻는 것이 된다.

이것이 나의 기도이다. 이것을 참고로 해서 신앙의 길을 걸어 보라. 그러면 느끼는 것이 있을 것이다. 자기의 속알을 찾고 나라를 찾으면 사랑이 나오고 어짐(仁)이 나오지 않을 수가 없다.

깨 끗

사람에게 있어서 제일 소중한 것이 생명인데 그것은 내 것이 아니다. 내 것이 아니기 때문에 사람은 일초도 늘 일 수 없는 것이다. 시간도 내 것이 아니다. 진리도 공간도 내 것이 아니다. 내 마음대로 할 수 없기 때문이다. 내 마음대로 할 수 없는 것을 내 것이라고 생각하는 것은 망상이다. 그것은 하나님의 것이다. 하나님의 것을 내 것이라고 생각하면 그런 망상이 어디있나. 내 몸도 이 우주도 다 내 것이 아니야. 그것을 알아야 해. 산도 강도 가구도 식구도 다 내 것이 아니야. 하나님의 것이야. 나 자신도 내 것이 아니야. 하나님의 것이야. 일체를 한번 부정하여야 돼. 그것을 모르면 어리석고 어리석은 것이야. 돈이니 감투니 하는 것도 그것을 몰라서 하는 어리광대지. 그러니까 내 것인양 타고앉아 있으려고 하지말고 하나님께 돌리는 것이 성오반은(省吾返隱)이다. 돌리고 나면 가벼워 일단 돌리고 나서 다시 받아 쓰는거야. 권토중래(捲土重來)라고 하듯이 일단 돌리고 다시 받아 쓰는거야. 그러면 몸이 가벼워 아무리 올라가도 숨도 안 차. 천국은 올라갈수록 기쁜 것이야. 목숨은 기쁨이야. 사는 것은 기쁜 것이다. 생각하는 것은 기쁜 것이다. 생각하는 것이 올라가는 거야. 생각이 기도야. 기도는 하늘에 울라가는 거야. 정말 신의 뜻을 따라 올라간다는 것이 그렇게 기쁘고 즐거울 수가 없다. 인생은 허무한 것이 아니다. 생각은 진실한 것이다. 삶이 덧 없어도 목숨같이 만이라고 생각한다 인생이 허무한 것 같아도 목에 숨쉬듯 한발자욱씩 올라가면 하늘에 까지 도달할 수 있다. 인생은 무상(無常)이 아니다. 생명은 비상(非常)한 것이다. 육체로 사는 생은 무상하지만 정신으로 사는 명은 비상한 것이다. 비상은 보통이 아니라는 것이다. 독특하다는 것이다. 사명을 깨닫고 사는 삶은 독특한 것이다. 무상생(無常生) 비상명(非常命)이다. 연못속에 뛰어드는 개구리의 생명은 무상한 것 같지만 적막을 깨뜨리는 그 물소리는 한없이 심오하다. 그것은 성오반은지금심(省吾返隱知今深)이다. 인생의 죽음도 개구리가 시간이란 연못속에 뛰어드는 것이나 마찬가질 것이다. 그러나 영원한 생명에 뛰어드는 물소리는 한없는 묘미가 있을 것이다. 그것이 복음이다. 죽음을 넘어서 울리는 소리 그것이 복음이다. 몸은 물속으로 그러나 소리는 바람과 같이 몸은 흙속으로 그러나 마음은 희망과 같이 울려 퍼진다. 종(種)이 깨지고 유(類)가 산다고 할가. 밀알이 떨어져 인류가 산다고 할가. 육체가 무너지고 정신이 산다고 할가. 나를 깨치고 나라를 열어야 한다. 나는 진선미가 아니야. 나는 고노병사(苦老病死)다. 나는 썩는거야. 그러나 나라는 진선미성(眞善美聖)이야. 목숨은 썩는거야. 그러나 말씀은 빛나는 거야. 그것이 승명승하궁고고(承命昇遐窮古高)야. 빛날래면 깨야지 깨져야지. 죽어야지. 하늘에서 이룬것 같이 땅에서도 이루어지이다 하고 죽는거야. 그것이 아버지의 뜻이다. 죽는것이 아버지의 뜻이야. 죽으러 왔어 안 죽으러 온 것이 아니야. 밀알 한 알이 땅에 떨어져 죽으러 온 거야. 나는 죽으러 온줄을 알아야 해. 안죽는것은 하나님뿐이야. 하나님의 말씀뿐이야. 진리뿐이야. 한우후님 한을님은 언제나 하늘에 계시다. 그분만이 영원한 것이다. 그러나 나는 땅에 있다. 죽음은 제게 목숨은 끈이 말씀은 깨끗 이것이 인생이다. 인생은 죽는거야. 죽음은 제게 그리고 목숨은 끊었다가야 이어지는거나. 마치 밥이 끊었다 이어지는거나 마찬가지다. 한번 끊어져야 다시 이어진다. 말씀은 깨끗 말씀은 깨야하고 언제나 끝쳐야 해. 그것이 말씀의 운명이다. 말씀에 깨치고 말씀이 끝치는 것이 진리와 같이 사는 것이다. 진리란 있는 그대로를 보는 것이다. 그것이 정견(正見)이다. 그것은 내뜻 없이 보아야 한다. 그것이 무의다. 내뜻 없이 볼 때 진리의 뜻을 이루게 되는 것이 성의(誠意)다. 진리의 뜻을 이루는 것을 진

성(靈性)이라고도 한다. 연광응이모산자(年光靉而模產紫)도 같은 뜻이다. 응이란 뭉치는 것이다. 그것은 원의 중심같은 것이다. 그것이 인간의 본성이다. 이 개성을 중심해서 원주처럼 친화력(親和力) 조화력(調和力) 찬화력(贊化力)이 있다고 생각한다. 찬화력이란 글 그리는 힘이요 길 기리는 힘이다. 글 그리워하고 길을 찬양하는 진리에 대한 사랑의 힘이다. 그린다 기린다는 같은 것이다. 진리와 내가 하나가 되는 것이다. 찬송도 사랑도 다 하나가 되는 것이다. 글 그림 글월 그림 다 존심양성(存心養性)의 뜻이다. 그것은 무의(無意) 무고(無固) 무아(無我) 무필(無必) 고집과 아만과 기필과 유의가 없어진 세계다. 무아의 세계가 글 그리는 세계다. 진리와 하나가 되는 세계다. 친화력은 엉키어 모으는 힘이고 조화력은 고루고루는 힘이다. 그를 늘 그림이 그날 끈이 위에 높고 저 밤낮 깨끗이 저녁 그늘 밑에 깊더니 이 누리건너 제 그늘에 드니라. 계 그는 끝이 없이 그느르는 그늘 영그늘 앎. 진리에 대한 사랑이 밥먹는 것보다 더 강하다. 그늘 그림이 끈이 위에 높다. 발분망식(發憤忘食) 또는 위도망기(爲道忘飢)다. 저 밤낮 깨끗이는 정결(貞潔)이다. 인격의 온전함이 능히 독신을 가능케 한다. 누구를 의지하거나 기대거나가 없고 혼자서 오줌 똥을 가누게 되고 남녀문제를 초월하게 되고 생사문제를

초월하게 되었다. 그쯤돼야 이 세상을 건너서 제 그늘속에 영원한 생명 속에 들어 갈수가 있다. 영원한 세계에는 더 그늘 금이 없다. 처리하고 처리하는 모든 문제는 상대세계의 일이다. 절대세계에는 분열이 없고 문제가 없고 조건이 없다. 거기는 영원한 평화만이 깃들이는 그늘이요 완전과 성숙이 영그는 영원한 그늘이다. 그것을 알아야 한다. 그러기 위해서 마음은 놓고 몸을 곧게 가지자. 마음은 영원한 그늘 속에 쉬게하고 몸은 끈이요 그늘 위에 높이 올라 세우자. 그것이 안심입명(安心立命)이다. 마음은 놓고 몸은 꼿꼿이 이것이 참선이다. 내 마음은 고은 재와 같이 가라앉히고 내 몸은 막대기처럼 꼿꼿이 세워야 한다. 몸은 몬으로 된 꺼풀이기에 내버려두면 묽어지고 썩어지고 주저앉는다. 막대기처럼 일으켜 세워야 한다. 무슨 막대기인가. 정신이라는 막대기다. 정신이 강해야 몸은 일어선다. 몸이 일어섰다는 말은 정신이 강하다는 것이다. 독립은 정신에서 나온다. 정신이 약하면 쓰러지는 이유가 어디 있나. 정신때문이다. 말숨쉰다는 것은 정신의 향기를 하늘로 올리는 것이다. 몸은 끓고 위로 끓는다는 말은 밥을 끓는다는 말이다. 밥을 끓는다는 말은 정신이라는 말이다. 정신이 밥을 끓는 것이다. 몬을 끓고 몸은 고디 이것이 몸을 곤두세우는 것이다. 아이들이 밥풀이 곤두

센다고 한다. 아이들은 앉지를 않는다. 기운이 세서 그렇다. 정신은 기운이다. 정신에서 기운이 나온다. 어린애와 같은 기운이 정신에서 나온다. 어린애는 제정신이 아니다. 하나님의 정신이다. 그러나 어른이되면 제정신이라야 한다. 저잘난 맛에 산다. 이것이 교만이다. 교만이 깨져야 한다. 바람이 빠져야 한다. 겸손해져야 한다. 풍선이 터져야 한다. 망상이 없어져야 한다. 그리고 실상에 깨어나야 한다. 그리하여 내가 못난 줄을 알아야 한다. 무상이 되어야 한다. 내가 없어져야 한다. 그래야 마음이 가라 앉고 거울같이 빛나게 된다. 바람이 자고 호수같이 빛난다. 그것이 얼이라는 것이다. 얼은이 되면 망상이 깨지고 실상(實相)이 된다. 현실을 알게 되고 현실을 따지게 된다. 그것이 마음이다. 마음은 없어져야 마음이다. 내가 없는 것이 마음이다. 무념 무상하게 돼야 마음이다. 이런 마음이 거울같은 마음이요 얼이요 얼은이다. 마음은 거울처럼 고요하고 몸은 막대기 처럼 곧이 곧장 그것이 안심입명(安心立命)이다. 안심입명이 되어야 국태민안(國泰民安)이다. 마음은 거울같이 깨끗이 먼지도 없고 물결도 없다. 그것이 마음이다. 마음에 바람을 일으키는 것이 번뇌요 애착이다. 남녀 문제에서 바람은 일어난다. 마음은 깨끗이 남녀를 초월하그 이말이 저 밤낮 깨끗이 저

녁그늠 밑예 깊며나다 남녀의 바람이 자고 생각의 호수가 깊이 그것이 열 반이다. 깊은 호수에 물이 한없이 맑다. 남녀유별부부유별 똥 싸 뭉게고 오줌 싸 뭉게는 짓 어리석은 짓을 벗어나야 한다. 그것이 가늠이오 그늠이다. 오줌 똥을 구별하고 오줌 똥을 가릴줄 안다. 오줌 똥을 가린다는 것은 변소에 간다는 말이다. 철이 들었다는 말이다. 오줌 똥도 못가리고 밤낮 싸는 싸개들 그것이 현대인이다. 남녀가 달려붙어 밤낮 싸는 싸개를 강아지처럼 오줌 똥도 구별 못하는 것들이 현대인 들이다. 밤낮 섹스니 사랑이니 그것은 성도 사랑도 아니다. 그것은 오줌이요 똥이요 강아지요 배암이다. 남녀를 구별할 줄 아는 것이 부처다. 밥을 끊고 남녀를 끊어야 부처다. 부처가 되어야 이누리 건너 제그늘에 드나라. 이 오줌 똥으로 가득 찬 이 우리 더러운 예토(穢土)를 넘어서서 정토(淨土)에 들어간다. 그것이 철이든 부처요 지혜요 천국이다. 천국에 가는 것이 아니다. 깸 이것이 천국이다. 그래서 있다시온이 되는 것이다. 있는 그대로 온전한 존재가 되는 것이다. 그러기 위해서는 진리와 천국을 그리워해야 한다. 정토에는 늙음이 없다. 병이 없다. 죽음이 없다. 고통이 없다. 그 늙음이 없이 그느르는 그늘 영원한 진리와 사랑이 있을 뿐이다. 그늠이 있는 곳에 그느름이 있다. 그느름은 자치다. 자치하는 곳

에 생명이 있다. 영그늘이 있다. 영원한 생명이 있다. 그것이 제계다. 내가 없는 곳에 하나님이 있고 하나님 앞에 제가 있고 제가 있는 곳이 하나님 앞 그곳이 계다. 천국은 제계다. 제계 가온 이것이 인생이다. 제계 가온은 천국 가온도 되고 자각도 된다. 천국이 자각이요 자각과 천국이 둘이 아니다. 나를 보는 자는 하나님을 본 것이다. 제계 하나님 가온 나 들이 아니다. 나와 하나님은 하나다. 그늘은 나무 그늘이요 하나님의 품이다. 그 품속에 앉아주는 것이 그느름이요 이 것이 통치(統治)다. 통치되는 곳이 천국이요 그늘이다. 늘은 영원이다. 그늘에는 금이 없다. 갈라짐이 없다. 싸움이 없다. 제그늘은 자기가 통치하는 자유의 왕국이다. 제그늘에 들어야 한다. 통일된 세계가 일이요 일속이 천국이다. 제그늘은 제일이요 자기의 사업이다. 몸을 곧이 마음을 놓이 한후에야 일이 된다. 일이 이루어진다. 제계가 된다. 제계가 제나라요 천국이다. 식색을 넘어서야 하늘 나라가 이루어진다. 나는 곧이 깨끗 제계 제계가 자기가 자기를 지배하는 자기 왕국이다. 안심 입명한 뒤에야 내 나라가 있다. 식색을 해결 못한 사람은 내 나라가 없다. 그것은 아직 정신이 아니다. 정신은 자기가 자기를 지배할 수 있어야 정신이다. 정신의 세계가 제계다. 정신의 세계란 자성존지(自性尊持)하는 세계다.

끈 이

옛날 진(晉)나라시대에 광주(廣州)의 시장으로 오은지(吳隱之)라는 사람이 있었는데 탐천(貪泉)이라는 시를 지었다. 고인운차수(古人云此水) 일사회천금(一歃懷千金) 시사이제음(試使夷齊飮) 종시불역심(終是不易心) 뜻은 옛날 어떤 샘이 있었는데 누구나 그 샘물을 마시면 돈에 탐을 내게 되어 그 샘의 이름을 탐천이라고 했는데 첨렴결백의 상징인 백이숙제더러 그 물을 마시게 했더니 욕심커녕 아무 변함이 없드라는 것이다. 옛날부터 관청이란 탐천과 같아서 탐관오리들이 그치지 않지만 요순같이 어진 임금이 되면 탐오는 생각조차 할 수가 없다. 그래서 왕발(王勃)은 이런 시를 썼다. 탐작천이각상(貪酌泉而覺爽) 처고철이유환(處固轍以猶懽) 탐천을 퍼 마셔도 시원하기만 하고 고철에 있어도 즐겁기만 하다. 양지자펌부귀일(良知自砭富貴日) 극념능작탐천수(克念能酌貪泉水) 대우하방고철어(大雨下放涸轍魚) 신조상만응접수(新潮上滿應接受) 부귀일이라는 말은 세상사람들이 돈과 감투만을 찾는 시대란 말이다. 아는 사람이나 모르는 사람이나 다 마찬가지다. 모르는 사람은 몰라서 그렇다고 하지만

아는 사람은 참을 아느냐하면 참(眞理)을 모른다. 아는 것은 부귀(富貴)뿐이다. 부귀란 식색(食色)의 사회적 표현이다. 시간공간에 사로 잡힌 것이다. 그것은 참 아는 것이 아니다. 참이란 부귀를 넘어서야 한다. 식색을 넘어서야 한다. 시간공간을 넘어선 사람이 양지다. 양지(良知)만이 영원한 상하에서 사물을 볼 수 있는 것이다. 양지만이 부귀를 초월한 사람이다. 양(良)자는 본래 부(富)자와 망(亡)자가 합친 글자다. 돈을 넘어서기 전에는 양심이나 양지가 나타날 수가 없다. 옛날부터 위인불부(爲仁不富)라는 말이 있다. 사람이 되어야지 부자가 되는 것이 아니라는 것이다. 사람과 부자를 가릴 줄 아는 것이 양지다. 인간의 본성은 사람 되는 것이지 부자 되는 것이 아니다. 부는 인간에게 힘을 주고 귀는 인간에게 빛을 준다. 부귀는 힘과 빛때문에 인간에게 필요하다. 그러나 인간에게는 정신력과 얼빛이 있는 줄을 알아야 한다. 그것이 힘이 있고 빛나야 사람이지 정신력이 없고 얼빛(靈光)이 어두어진 후에 부귀를 가지고 대신할려면 그것은 인류멸망의 징조다. 우선 부귀를 넘어서는 정신력과 얼빛을 가진 사람이 양지다. 이런 양지는 탐천수를 마셔도 시원만 하다. 아무리 어려운 고철(涸轍)속에서도 장마를 기다릴 수 있고 바닷물을 기다릴 수 있다. 죽어야 산다. 이것을 알아야 양

지(良知)다. 완전히 내가 없어져야 참 나다. 참 내가 우주의 중심이요 나의 주인이다. 나의 주인이란 나를 지배하고 책임질 수 있는 자유인이라는 것이다. 이런 사람만이 남을 생각해 줄 수 있다. 녀의 소원하지 않는 것을 남에게 하지말라는 유태 히 루렐 말이나 녀 싫은 것은 남에게 하지말라는 공자의 말도 다 이런 주인이 되어서 하는 말이다. 양지가 되는 것은 마치 가을이 오는 것 같다. 요수진이한담청(潦水盡而寒潭淸)이라는 말이 있다. 장마물 거쳐야 연못물이 꿰뚫려 보인다고 한다. 식색부귀를 초월해야 양지가 생긴단 말이다. 연광응이모산자(烟光凝而暮山紫) 그런데 가을 날이 봄 날 같아서 아지랑이 낀 것처럼 저녁 산빛이 자주 빛이 된다. 진리를 깨달은 후에 오는 법열을 그린 것이다. 정말 지덕(至德)이 아니면 지도(至道)는 엉키지 않는다(苟不至德至道不凝焉) 정말 부귀를 초월하지 않으면 진리는 깨치지 못한다. 가을이 되면 유명한 추수공장천일색(秋水共長天一色) 낙하여고목제비(落霞與孤鶩齊飛) 라는 시가 있다. 시냇물과 하늘이 맞닿았고 따오기와 보라빛 안개가 같이 난다는 것이다. 천인합일(天人合一) 신인합일(神人合一)을 노래 부른 것이다. 천이니 신이니 해서 멀리 있는 것이 아니다. 내마음이 깨끗해지면 하나님을 볼 수 있는 것이다. 마음이 깨끗하다는 말은 부

귀를 초월했다는 것이다. 나는 추수공장천일색낙하여고목제승(抽壽共長天一索落下與孤牧齊昇)이라고 글자를 바꾸어놓기도 한다. 나와 하나님이 하나요 성령과 내가 하나라는 것이다. 나는 낙하대신에 원산여고궁제기(遠山與高穹齊氣)라고 바꾸어놓기도 한다. 먼산과 높은 하늘이 하나라는 것이다. 장천(長天)이라는 말대신에 장시(長時)라고 해도 마찬가지다. 영원이라는 것이다. 면전일사장시무간(面前一絲長時無間)이란 말이 있다. 내생명과 하나님의 생명이 하나라는 것이다. 나와 하나님이 연결되어야 한다. 유한과 무한이 연결되어야 한다. 그것이 영원한 생명이요. 일모창산원(日暮蒼山遠)이라는 원이 아니다. 날이 저물고 길은 멀다. 이런 원이 아니다. 영원의 원은 진선미(眞善美)라는 뜻이다. 지덕은 득지도어기(得至道於己)라는 말이요 도는 세상을 초월한 진리를 말한다. 도는 아무 것도 바라는 마음이 없이 언제나 주인을 섬기는 종의 마음을 가질 때 이루어진다. 호지이불학탕(好知而不學蕩)이란 말도 있다. 정말 진리를 찾을려면 생명을 내걸고 실천해 보아야 한다. 그렇지 못하면 밤낮 시지무지하게 된다. 내가 추수공장천일색(抽壽共長天一索) 연광응이모산자(年光凝而模產紫) 이렇게 다시 글자를 바꾸어 본다. 추수공장천일색은 누에가 실을 뽑아서 고치를 만드는 것처럼 우리가 생각을

해서 글을 써서 책을 만드는 것을 연상해도 좋다. 말씀이 곧 하나님이다. 하는 것을 그려본 것이다. 우리 생명은 목숨인데 목숨은 말씀하고 바꾸어 놓을 수 있다. 공자를 논어와 바꾸어 놓는 것처럼 말이다. 하여튼 죽음이란 고치를 만들고 그속에 들어가는 것이다. 우리에게서 생각이 끊이지 않고 말씀이 끊이지 않는 것은 누에가 실을 뽑는 것이다. 그리하여 목숨은 말씀속에 들어 가게 된다. 이것이 인생이다. 그다음 연광웅이모산자(年光凝而模產紫)는 실로 비단천을 짜는 것을 그린 것이다. 면전일사를 모아서 수많은 일생을 모아서 수많은 실을 모아서 하늘나라란 천국사회를 짜는 것이다. 그것이 모산자다. 사회나 민족이나 국가는 개인과 개인이 씨가 되고 날이 되어 짜놓은 천이라고 할 수 있다. 우리의 믿음이 모여 하나님의 사랑이 되는 것이다. 우리는 밤낮 숨쉬어 실을 뽑는 것이 기도요 영원한 생명의 천을 짜는 것이 감사요 기쁨이다. 사람은 누에다. 실을 뽑고 죽는 것이다. 밀알 하나가 땅에 떨어져 죽는 것이다. 그것을 감사할 줄 알아야 한다. 누에가 기도고 고치가 감사고 나비가 기쁨이고 실이 기도고 천이 감사고 이 천으로 옷을 해 입는 것이 기쁨이다. 누에는 죽어야 고치가 된다. 죽지 않으려는 생각은 어리석은 일이다. 실을 뽑았으면 죽는 것이다. 집을 지었으면 그속에 드는 것이다.

열반에 드는 것이다. 실 다 뽑기까지 살아야하고 실 다 뽑으면 죽어야 한다. 죽지 않을려는 날맘은 버려야 한다. 죽지않을려고 하지말고 실을 뽑아라. 집을 지어라. 내가 가서 있을 집을 예비하는 것이다. 내가 가서 있을 집을 지어 놓는 것이 이 세상이다. 이 세상은 거저 있으라는 것이 아니다. 우리는 집지으러 왔다. 실뽑으러 왔다. 생각하러 왔다. 기도하러 왔다. 일하러 왔다. 집을 지어야 한다. 너희는 마음에 근심하지 말라. 하나님을 믿으니 나를 믿어라. 내가 가서 있을 집을 지어놓겠다. 가서 지어놓는 것이 아니다. 벌써 여기에서 지어놓았다. 이 세상은 집짓는 길이요 하늘에 오르는 길이다. 수등수난 등산로(隨登隨難登山路) 유상유예상천도(愈上愈豫上天道) 성오반은지금심(省吾返隱知今深) 승명승하궁고고(承命昇遐窮古高) 산을 오르면 오를수록 새길은 더욱 험한 법 그러나 오르면 오를수록 기쁨이 넘치는 것이 하늘 가는 길이다. 나의 죽음이라는 것은 고치 속에 숨는다는 것을 지금에야 깊이 알게 되었다. 은(隱)은 하나님은 은밀한 가운데 계시다는 은이다. 하나님은 말씀 속에 있다. 나도 말씀속에 있다. 고치 속에 있다. 지(知)는 말씀이다. 지화(知化)는 말씀이 되는 것이다. 목숨이 말씀이 되는 것이다. 죽음은 결국 신의 명령을 받고 올라가는 것이 승하(昇遐)다. 올라가서 고고(古高)에 가 닿는 것이 궁고고(窮古高)다. 고고는 원초적인 가장 높은 곳 태초의 지고선(至高善)에 가닿는 것이다. 궁은 궁신(窮神)이다. 지화(知化) 고치가 되었다가 궁신(窮神) 나비가 되는 것이다. 궁신지화(窮神知化)는 하나님의 사랑을 더듬어 보면 일체가 변화하는 것임을 알게 된다는 것이다. 일체는 변화해 가는 것이 신의 조화(造化)다. 그것이 신의 사랑이다. 무에서 와서 무로 가는 것 같아서 허무를 느끼는데 무가 무가 아니다. 새로운 시대다. 그것을 알기 위해서는 지금 누에에서 실을 뽑아야 한다. 이 실이 지금은 보이지 않지만 바라는 고치가 될 것을 믿는 것이 믿음이다. 믿음은 바라는 것(고치)의 실현이요 보지못하는 것(고치)의 증거가 실이 나오고 있는 현재다. 지금심(知今深) 현재를 깊이 알아야 한다. 생각이 자꾸 나와야 한다. 영원이 있다는 것을 미신적으로 망상해서는 안된다. 지금 나오는 생각이 자꾸 흘러서 바다가 된다는 것을 알아야 한다. 이 생각때문에 바다를 믿는 것이다. 생각없이 기도 바다를 믿는다. 그것은 미신이다. 증 없이 교는 그런 것이 아니다. 산 것이다. 내속에서 말이 자꾸 나온다. 그것을 보아서 말씀의 세계가 있는 것을 믿는 것이다. 산은 오를수록 힘하다. 학문도 종교도 올라갈수록 어렵다. 그것은 행의 세계이기 때문이다. 그러나 올라갈수록 기쁨이 넘친다. 이것이 바라는 것의 실상이요 보지못하는 것의 증거다. 우리가 천국에 못 가보았지만 천국은 기쁨이 넘칠 것이다. 산에 올라가 보면 곧 알 수 있다. 천국은 보지는 못했지만 산에 올라가 보면 오르는데 기쁨이 넘치는 것을 보아 천국이 극락임을 알 수가 있다. 성 오반은 지금심(略吾返隱知今深) 자기를 반성하여 깊이 숨으면 숨을수록 더욱 빨리 고치가 될 것이다. 세상에 나타나려고 하지말고 숨을려고 해라. 숨으면 숨을수록 더 기쁨이 충만하게 된다. 그것은 더 높이 올라갈 수 있기 때문이다. 인도사람은 33층의 하늘에도 계단이 있다고 생각했다. 오를려는 사람은 깊이 숨어야한다. 숨는다는 것은 더 깊이 즐비한다 훈련한다는 것이다. 훈련에 훈련을 통하여 인간은 도에 닿하는 것이다. 사람이 에베레스트에 올라가는 것은 인간의 본성이다. 인간의 본성은 오르는 것이다. 부귀를 탐하는 것도 인간의 본성의 나타남이다. 그러나 그것은 언덕에 올라가는 것과 같다. 우리는 산에 올라야한다. 높은 산에는 부귀를 가지고는 못오른다. 우리의 육체를 벗고 죄짐을 벗고 정신이 되어 영이 되어야 오를 수가 있다. 이것이 형이상학이다. 오르고 또 으르는 것이 우리의 본성이다. 그것이 하늘이 우리에게 주신 천명이다. 올라가는 것이 믿음이다.

바람직한 상

하늘에 따라를 두고 있는 인간은 〈하늘〉을 쳐다보고 살라는 뜻이다. 인생은 한정된 곳에 뜻이 있는 것이 아니고 한정없는 곳에 뜻이 있는 것이다. 정신과 신앙과 철학을 가지고 살려는 사람은 이것을 절실히 느낀다. 이 시간은 연경회(研經會)로 보이지만 이 사람은 성경 이야기는 많이 하지 않는다.

우리가 꽃을 통해서 미(美)를 배우는데 그것은 땅위의 아름다움은 일시적인 것이지, 영원한 것은 아니라는 사실이다. 우리는 눈에 보이는 것에서 눈에 보이지 않는 것을 늘 생각해야 된다. 우리는 눈에 보이는 상(像)을 통해서 영원의 상을 생각해야 한다. 우리는 모든 상 속에서 우주의 생명의 율동을 느껴야 한다. 오늘은 상(像)에 관해서 생각해 보기로 하자. 이제부터 말하려는 상(像)은 인식의 근거로서의 표상을 가리키는 상(象)이 아니고, 화상이나 초상을 가리키는 상(像)이다. 오늘 특히 상(像) 속에서 생명의 율동을 보려는 이에게 말씀을 드리려고 한다.

모든 상 속에는 생명과 율동이 있다. 하늘과 땅이 모두 상(像)이다. 우주가 다 상(像)이다. 악기에서 리듬이 나오는 모양으로 우리는 삼라만상 속에서 생명의 고동을 느낀다. 우주의 상 속에서 생명의 율동을 느껴보려고 하지 않는 사람에게는 이 말은 필요가 없다. 우리가 만물을 본다는 것은 우선 〈빛깔〉을 통해서 그 껍데기(表面)을 본다는 것이다. 그 표면을 따져보면 선(線)의 모임이다. 선이란 끝머리가 좀 길어진 것이다. 고로 우리가 본다는 것은 끄트머리의 연장인 선을 그어놓고 이 선을 확대해서 상을 그리는 것이다. 우리가 표면이라든가 얼굴이라고 한 것은 따져 보면 빛깔의 끝, 그 끝의 연장인선, 선이 넓어진 면(面)에 지나지 않는다.

그래서 상(像)이란 그것만으로는 만족하지 못한다. 따라서 우리는 그 상 위의 무엇인가를 알려고 한다. 상의 핵심 속에 들어가서 그 주인을 만나보고 싶어 한다. 마음 속에 좇아들어가 근본적 인격, 하나님의 정신을 알려고 한다. 인간이란 껍질(表面)로만 반죽되어 있는 것이 아니다.

이제 우리는 상(像) 속에서 생명의 율동을 느껴보기로 하자. 1. 잠들어 자라는 애기상(像) 먼저, 잠들어 자라는 애기상을 생각할 수 있다. 이번에 손주 하나를 길러 보는데, 젖먹고 자는 그 얼굴은 정말 명화의 상(像) 그대로다. 세상 모르고 자는 그 얼굴은 풍만한 생명의 율동을 느끼게 한다. 잠 자라고 하는 것은 잠을 자라 그러면 자란다는 뜻이다. 잠을 자는데 생명은 자란다. 뛰고놀 때 보다 잠잘 때 더 안전하게 자라는 편이다. 잠자는 어린이는 영원과 짝해 있는 듯 잔다.

생각해보면, 우주란 것도 마치 잠들어 자라는 애기 같다. 우리 몸둥이도 그렇지 않을지 모르겠다. 세포 하나 하나가 따로 생명이 있는 것이라면, 그리고 그 생명이 느끼는 게 있다면, 우리를 그처럼 느낄 것이다. 우리를 우주의 세포로 본다면 우리에게서 우주의 생명의 율동을 느낄 수밖에 없을 것이다. 2. 서서 돌보는 성모상(聖母像) 성모상은 꼭 서 있지 않아있는 법이 없다. 이것은 뒤집어 보면 아이가 잠자면서 자라는 것과 같은 것으로 생각할 수 있다. 성모상은 예술품으로 만들어진 것인데 예술과 종교를 혼동한 사람들에 의해 우상화되어 거기에 절을 하고 받들고 하는 것을 본다. 성모는 항상 서서 돌본다. 한시도 앉지 않는다. 우리 나라의 옛 어머니들은 거의 다 성모다. 서서 돌아봄이 어찌나 많은지, 앉아서 따뜻한 밥 한 그릇 들지 못한다. 더움과 추위를 혼자 이고 앉지도 못하고 서성거리다가 간 것이 우리나라 어머니다. 불교의 관세음보살도 그렇다. 세상 소리를 듣고 잘 처리해 준다는 영리하고 자비로운 부처인데, 천수(千手)관세음보살이 있다. 손이 천 개, 귀가 천개다. 세상 소리를 듣고 처리해 주는데 그만큼 바쁘다. 우리의 경험이지만, 성모나 관음보살에게 기도를 드리는 심리는, 어려운 부탁은 먼저 어머니에게 하는 것과 같다. 아버지는 아무래도 어려운 분이다. 그래서 어머니에게 대신 부탁해달라는 것이다. 「일체 참 마음으로 〈있을 것이면〉 섬기는 이는 성모시지요」 일체 참 마음이란 게 있다면, 그것을 가지고 섬기는 이가 성모다. 참 마음으로 봉사하는 이가 성모다. 예수는 〈섬김을 받으려 온 것이 아니고 섬기려 왔다〉 우리나라 옛날 어머니가 그랬다. 나는 성모상에 기도하는 것을 인정하지 않지만 참 마음으로 섬기는 이가 성모라는 것을 느끼면서 하는 기도는 인정한다. 이건 성모에 대해서만이겠는가? 자신이 진심으로 성(誠)으로 섬기는 이는 모두 성모로 인정해야 한다. 이런 뜻으로 우리나라 농부는 우리의 〈어머니〉시다. 어머니가 밥을 지어주듯이 농부는 농사를 지어준다. 지금은 서로가 할퀴고 뜯는 세상이 되었지만, 정말 농(農)을 천하지대본(天下之大本)으로 알고 천직으로 삼아 마음을 다해서 농사를 짓는 이는 우리의 어버이다. 우리는 그들을 대접해야 한다. 땀 흘리고 김메는 농부는 어버이상과 같다. 이러한 마음을 서로 가지게 될 날이 오기를 바란다. 3. 앉아 먹이는 불타상(佛陀像) 「일체 참 마음으로 〈있을 것이면〉 앉은 일로 골몰하는 이는 깨신 이지요.」

앉아 있는 부처의 모습은 참에 가

까운 상이다. 인도에서는 앉는 것을 귀하게 여긴다. 참선(參禪)이 그것인데, 앉아서 아주 완전에 들어가려는 것이다. 마지막에 석가는 자신이 깨닫기 전에는 안 일어나겠다고 마음먹고 앉은 채 마귀와 싸워 끝내 아주 좋은 것을 얻었다고 해서 『금강경』을 내놓았다고 한다. 그래서 앉은 일에 골몰한 사람은 성불(成佛)할 수 있을 것이다. 자꾸 깨어나가겠다는 일이 부처될 사람의 일이다. 성경의 가르침도 깨야한다는 것이다. 깨기 위해서 우리는 앉아서 배기는 일을, 참고 배워야 한다. 학교에서 불과 몇년 동안 앉아 있는 일을 배울 뿐, 세상에 나가서는 초조하게 서성거리다가 시간을 다 보낸다. 〈앉아있는 법〉을 배워야 한다. 4. 낡에 매달린 그리스도 상(像) 「일체 참 마음으로 〈있을 것이며〉 천직에 매달리는 이는 그리스도지요.」

사람에게는 천직(天職)이 있다. 타고난 매인 곳이 있다. 여기에 매어있으면 그는 천직을 살고 있는 것이다. 세상이 어수선한 것은 타고난 천직을 업수이 여겨서다. 좀 편리하고 쉽게 살아보자는 생각 때문이다. 돈좀 벌겠다고 천직을 버리고 딴 길로 간 사람이 많다. 그것은 정말 자기가 스스로 자기를 묶는 짓이다. 십자가에 매달린 예수 그리스도는 천직에 매달린 사람으로 우리에게 많은 모범을 보였다. 그는 죽기를 다해 천직을 지킨 분

이다. 천직에 순직한 분이다. 그래서

5. 늘 보아 좋은 상(像) 한참만 보면 안보는 사람의 상이 못되는 상이다.

애기상이나 성모상이나, 부처상이나 그리스도상이나 다같이 늘 보아 좋은 상이다. 이 상을 한참 안 보면 우리의 꼴은 못돼 간다. 우리는 그들 상 속에서 생명의 율동을 못 느끼면 헛된 일이다. 이런것 못느끼면 자신의 꼴이 못되게끔 돼야 한다. 항상 보고 싶은 상, 보지 않으면 못견디는 상, 우리는 이런 상을 찾아 생명의 율동을 느껴보아야 한다. 상가운데 상은 아버지의 상이다. 하나님의 형상대로 지음을 받은 사람이기에 종당 찾는 상은 아버지의 상이다. 아바 아바다 아는 감타사요 바는 밝다는 것이요 디는 디디고 실천한다는 것이다. 아버지의 형상을 찾는 것은 아버지의 형상과 같지 않은 불초자식이 될까봐 걱정이 되어서 그렇다. 하나님의 형상은 햇빛보다도 밝은 영광스런 모습일 것이다. 우리는 그것을 진리라고 한다. 진리의 모습이다. 진리란 아버지의 모습이 들어난 것이 진리다. 그 모습을 보고 우리도 그대로 따라 사는 것이 생명이다. 아버지의 모습을 보고 감탄 안할 사람이 어디 있을가. 철학은 경탄에서 부터 시작된다고 하지만 인간이 근본경험을 가질 때에는 깜짝 놀라지 않을 수 없다. 아는 감탄사다. 바는 밝은 빛이요 디는 빛의 실천이다. 우리로서 바로 알아 꾀실

우리 아바디여 흙을 빚어 코로 숨쉼만이 아담이오니 한울님 아바디시믄 아달 아담 하나님이 아담을 만들 때 흙으로 빚어놓고 코로 숨을 불어 넣었다고 한다. 도란 별 것이 아니다. 흙으로 빚고 코로 숨쉬는 것이다. 도란 먹는 것이 아니다. 가장 평범한데 있다. 배고프면 먹어 흙을 빚고 고단하면 자고 코로 숨쉰다. 인생은 그것뿐이다. 그것을 제대로 하면 그것이 아들의 도를 다하는 것이다. 그런데 어느새 어떤 어머니 아바디를 떠나서 어떤 멀리 떨어져 어머니에게로 가고 말았다. 어떤 어머니다. 우리 속알머리 등걸위 알맘 아바 아비디. 암 아므렴 엄마맘마 어구머니 사람사이 요셉의 아달아니시 그리스도 예수시 그런데 우리 속알머리가 되먹지 않아서 우리의 등걸 우리의 근원 우리의 위 앉아야 할 것은 마음이요 아바 아바디 인데 그것이 암 아무렴 당연하고 지당한데 엄마 이것이 웬일이지. 엄마만 찾고 맘마만 찾게 되니 종당은 어구머니 하고 멀어져서 인간과 인간 사이에 떨어져 허우적거리는 요셉의 아들들이 되고 말았다. 그러나 그리스도 예수만은 요셉의 아들이 아니요 하나님의 아들이다. 하나님의 아들과 요셉의 아들을 확실히 갈라 놓을 때 사람이 사람이 되어 시원히도 열려 나온다. 하늘도 열리고 하날도 열리고 한울도 열린 사람만이 땅위 여기 있는 하나님의 아들이다. 하늘 한날 한

울도 사람이 땅위에 있 예 여기서 무엇을 할려고 있나. 예 있기는 있지만 살기는 계 하늘을 살고 있다오. 하늘은 하늘에 있는 것이 아니라 땅 위에 있다. 하이식혀 하이시니 해힘 바다 사람사오 사람된 하야글 예암 내일 내해 할웅 참 하나님께서 하라고 시키시는 일을 하게 하시니 내 힘으로 하는 것이 아니라 하나님의 힘을 받아서 사람을 사니 사람 노릇하기처럼 쉬운 것은 없다. 그것이 밥먹은 것이다. 밥먹으면 저절로 힘이 샘솟는다. 그런데 사람에게는 한계가 있다. 그것이 사람된 하야금이다. 금이 있다. 제한이 있기 때문에 제한 안에서 살 수 밖에 길이 없다. 그것이 예를 아는 것이오 여기를 아는 것이요 고단해서 쉬는 것이다. 내가 할일은 쉬는 것 뿐이다. 자는 것 뿐이다. 그것 내 할일을 해내는 것이다. 자고 나면 또 하루를 채운 것이오 또 힘이 차고 위로 올라 갈 힘이 충만하다. 그것이 자는 것이요 쉬는 것이요 생각하는 것이요 연구하는 것이다. 밥먹고 생각하는 것 그것이 사람이다. 생각해서 말하고 말하고 다시 풀어 들어내는 것이 마음이다. 그만만 말색이니 울은 들어낸 맘, 보니 뜻, 마음에서 보이는 것이 인생의 뜻이다. 이치에 맞추어 들어가는데야 올바로 뜻마저 들어가는데야 갈데없죠. 갈레는 뻔하지 어디로 가나. 아버지께로 가는 것이다.

빛

흔히 빛이라는 것을 볼 수 있는 것으로 생각하지만 사실은 보이지 않는 것이다. 빛이란 것이 무엇인지 도무지 모른다. 지금 보고 있는 것이 빛이 아니냐고 하지만, 빛이 무엇이냐고 반문하면, 답변할 길이 없다. 빛이 무엇인지 모르게 되니까, 물질이란 것도 무엇인지 모르게 된다. 우리가 물건을 보는 것은 빛의 반사로 인한 것인데, 빛이 무엇인지 모르니까 물질을 알 까닭이 없다. 물질, 그것이 무엇인지 볼 수 없는 것이다.

요새는 과학이 발달되어서 물질을 나누어 본다. 분자, 원자, 전자……라고 하는데, 그것을 빛이라고 할 수 있고 벼락이라고도 할 수 있어서 도무지 질서를 잡을 수가 없는 것 같다. 빛은 어떻게 형용해 보아도 모르는 것은 마찬가지이다. 생명은 빛이라고 한다. 생명 자체를 어떻게 표현할 수가 없으니까, 설명이 안 되니까 좀 근사한 표현을 쓴다는 것이 생명을 〈빛〉이라고 한 것이다. 생명 그것을 우리는 모르고 있는 것이다. 모든 것을 보시는 이가 저를 남에게 보이는 이가 저를 남에게 보이시지 않고, 모든 것을 들으시는 이가 저를 남에게 들으

시지를 아니 하시고 모든 데에 들어 알아하시는 이가 저를 남에게 알리지 않으시고 이런 분은, 절대이신 하나님의 성질과 비슷할 것임에 틀림없다. 하느님은 자연계를 다스리는데 보이지 않는다. 하느님은 일을 하시는데, 통이 나타나지 않고, 저절로 되게 하신다. 하느님은 우리가 생각하고 있는대로 우리가 높인대로 그렇게 계시는 분이 아니다. 우리가 듣고 알만한 일에 그의 존재를 나타내시지 않는다. 하느님이 어떤 분이라는 것은 결코 단언할 수 없다. 그래서 하느님에 대해서는 모든 것의 삶 위에 한 힘 일이라고 말할 수 밖에 없다. 모든 사람 위에 떠받들어 모실 수 밖에 없는 분이 곧 하느님이다. 여러분이 절대이상으로 삼고서 모시고 싶은 이가 있으면, 그 분이 곧 하나님이라고 말할 수 있다. 「이러한 하나를 우리 사람은 꼭 알고 있지 않습니까」 이것은 무엇을 말하는가? 이것이 곧 〈빛〉이다. 빛이 이러한 성질을 가지고 있다. 빛은 모든 것을 보는 것 같다. 모든 데에 들어가 모든 것을 알아 보는 것 같다. 빛이 없으면 보는 것도 없고, 무엇을 알아서 할 일도 없다. 그런데 빛은 자신을 누구에게 보이거나 듣게 하거나 알리지를 않는다. 통성명(通性名)해서 자신을 남에게 알리려고 하지 않는다. 그런데 지금 빛을 보고 있지 않느냐고 반문하는데, 그것은 만물에 반사되는 〈빛갈〉을 말한 것이지

빛은 아니다. 우리는 반사되는 빛갈을 보고 색(色)과 모양을 알아낸다. 그러나 색은 빛이 아니다. 빛을 볼 수는 없다. 빛은 자기만을 비춰주는 것이 아니다. 자기가 있는 곳이나, 남에게까지 비춰주어야 한다. 그래야 사회도 나라도 좀 나아질 것이다. 그러나 색광(色光)을 가리지 않고 번쩍하는 맛에 홀리면 그만 헤어날 수 없게 된다. 속살은 사리어야 하는데, 그렇지 못하면 역사까지도 그르치게 된다. 오늘날에는 옷은 입었는데 옷을 안 입는 사람처럼하고 다닌다. 왜 그러는가? 자꾸 속살을 만나보고 싶어서이다. 아무리 간단히 차리는 것이 좋다고 하지만, 사리는 것이 이렇게 없고서야 못 될 것이 맥주에 거리낌 없이 자행될 수 밖에 없다. 빛갈을 가리지 않고 그저 번쩍하는 데 더매돌고 속살을 가리는 것이 없으면 사람은 금수만도 못한 인충류(人虫類)가 되고 말 것이다. 금수에게는 암수가 서로 만나 새끼를 낳으면 끝낸다. 그런데 인류라는 것은 주인 있는 마누라도 색광에 미치면 그만 일을 저질르고 만다. 강제나 폭력까지 동원한다. 동물은 자연을 따르는데, 사람은 의지를 발동한다. 행동으로도 동물과 같지 못하다. 분망한 의지를 걷잡지 못한다. 문명인이나 미개인이나 마찬가지다. 사람은 〈맛〉으로 살아서는 안 된다. 산다는 것은 말끔 시험(試驗)인데, 맛을 좇아 살면 금수만도 못하게 된다. 고기맛을 보

면 더한다. 고기맛은 〈살맛〉이라고 해도 좋다. 어떻게 하면 속살을 만져보나, 어떻게 하면 속살에 닿아보나 하고 무척 동경한다. 사람은 참에 나선 길이다. 사람은 무슨 일을 하든지 참을 찾고 나서야 한다. 그러면 인류는 종속될 것이다. 이것이 나의 신앙이다. 어떻게 하면 〈참〉을 찾아 나서게 되는가? 사람은 이제의 〈나〉를 알아야 한다. 〈이제〉라는 것이 거짓됨을 알아야 한다. 우리의 존재는 거짓된 것이고, 참이 아니다. 우리가 아는 지식이라는 것도 거짓된 것이다. 하잘 것 없는 것 이다. 그러므로 우리가 한 끗 찾아야 할 것은 오직 〈참〉이라는 것을 알아야 한다. 참은 아주 가까운데 있다. 그리고 참은 아주 쉽게 볼 수 있다. 가까이 있다고 해서 그냥 쉽게 찾을 수 있는 것은 아니다.

참이란 생전을 두고 찾아야 한다. 일생 뿐 아니라, 대(代)를 물려가면서 찾아야 한다. 인류가 끝일 때까지 찾아야 한다. 전(全) 인류가 다 들어받아서 마침내 바로 알아낼 것은 참 하나일 것이다. 진리 하나 뿐이고 그 이외에는 없다. 참이란 절대자의 뜻을 완성하겠다고 나서는 데서 가까워진다. 우리는 참을 알려는 슬기를 가져야 한다. 참을 아는 것이 슬기다. 여기에서 속알이 나온다. 속알이 있기에 사람은 짐승으로 빠져들어가는 것을 막고, 참 하나님의 뜻을 이루고 나가게 된다. 그래서 우리에게는 슬

기가 필요한 것이다. 알자는 것이 슬기이다. 참을 알려는 슬기가 〈나〉이다. 알도록 찾는 것이 참이며, 보게 하는 힘이 참이다. 참을 찾는 것은 참을 찾는 원동력에서 일어난다. 이렇게 하고 나가면 〈참 하나님〉이라는 소리가 나오게 된다. 참을 알게 하는 것은 성신이다. 이것을 위해 우리는 하나님의 아들이되어야 한다. 우리를 태운 참은 교본(敎本)이다. '믿는다' 는 것은 교본이다. 믿음은 정신의 생명의 교본이다. 이 우주는 통감문(通鑑文) 같은 것이다. 그러나 우리에게는 점자문(點字文)으로 있다. 우리는 소경이어서, 볼 줄 모르기 때문이다. 우리는 우리가 있는 뜻을 모르고 있다. 태양광선만을 빛으로 알고 그 빛을 쫓는데 정신이 팔려 있다. 그저 영광, 거짓된 허영에만 쏠리고 있다. 해요 달, 저게 있는 것인가? 없는 것이다. 있는 것은 오직 나 뿐, 그 중에서도 생각 뿐이다. 참은 속알이 얘기할 뿐이다. 빛과 빛갈을 구별할 줄 알아야 한다. 빛갈을 잘가리는 이는 빛갈에 달려붙지 않고 소리 냄새 맛을 잘가리는 이는 소리 냄새 맛에 달라 붙지 않고 맨지를 잘맨지는 이는 이는 맨지는데 들려 붙지 않고 수(方法)를 잘내는이는 수에 둘러붙질 않는다. 그것이 본 마음이다 일체 집착이 없다. 절대 집착함이 없이(應無所住而) 살아간(生其心)다 예술가는 득의작(得意作)속에 거주하거나 자족하지 않으며 시인이 자성품(自成品)속에 해골(骸骨)을 눕힐수는 없다. 종교가가 자설법속에 열반할수는 없을 것이다. 작품 시집 업적 경전 보감 의사당 교회 사회등등은 색계(色界)의 그림자다. 혼명을 찾아가는 생각의 귀착점은 자아만이 만나는 것이다. 엇지 법 아닌것을 숭상할 수 있으랴. 생명은 만족이란 없다. 계속 에어 나가는 것 뿐이다. 지나간 일은 벌서 허물이요 껍대기요 생명은 아니다 세상에 달려 붙들면 생명은 죽는다. 자연에게는 애착이란 없다. 나올 때 나오고 들어갈 때 들어가지 능수능란함을 알아야 한다. 자연은 절대 더듬지 않는다. 완전준비되면 저승으로 가는 것 뿐이다. 이 세상에는 붙어도 안되고 멀어져도 안된다. 붙었다 멀어졌다 멀어졌다 붙었다 하는 것이 생명의 본질이다. 마음이 빈 사람은 붙지도 않고 멀어지지도 않는다. 마음이 빈 사람에게는 병이 없다. 사물에 집착하여 화를 잘 내는 사람은 몸에 병이 많다. 노여움을 옮기면 안된다. 화를 풀고 분을 넘겨야 한다. 이 사람에 대한 화를 다른 사람에 옮기는 것은 큰 잘못이다. 부모를 사랑하는 사람은 사람을 미워하지 않고 부모를 존경하는 사람은 사람을 업수히 여기지 않는다. 부모님에게 애경을 다한 후에야 천명을 알게 된다. 천명을 모르면 군자라고 할 수는 없다. 군자란 빛과 빛갈을 가를 줄 아는 사람이다. 빛갈이 너무 새면 속살 모으겠고 속살에 가닿으면 속알은 멀고 속알이 멀면 빛갈도 가리지 못한다. 응당 주한바 없는데서 마음을 내어야한다. 색성향미촉법 무엇이나 독점할려고 생각하지 말아. 여러가지 경우를 생각해두어라. 그렇지 않으면 반드시 범죄하게 된다. 사람이란 천명을 알지 못하면 해를 보면 반드시 좇아간다. 세상사람들은 평등을 좇지 않고 자꾸 진미만을 찾는다. 본체는 언제나 평등한 것이다. 깬사람은 언제나 평범을 찾는다. 평범한 것이 본래적인 것이다. 그것도 모르고 자꾸 맛을 찾으면 똑똑한 사람들이 죄를 범하게 된다(聰俊犯行多) 깬 사람의 윤리를 따려야 한다(愛敬倫理由). 어른을 사랑하는 것이 곧 예다(親尊所以禮). 그런데 괴상한 것 이상한 것만 소중하게 생각하여 조차가면(珍重怪異趣) 신용은 조만간 땅에 떨어진다(信用早晩弊). 구물로 뛰여들고 함정으로 빠져드니(驅置擾陷穽) 빠져들지 않은 사람을 볼 수 없구나. (莫之知避例) 딸라돈 때문에 뛰어난 이가 뛰어나질 못하니(達那弗達那) 총명한 준걸이 꼭두각시가 되었구나(聰俊爲傀儡). 세상에는 가깝게 적게 멀어지는 사람이 무척 많구나(近小下多生). 멀리 크게 올라가라는 것이 하나님의 명령인데(遠大上一命) 산정신이라면 아버지 닮지 못한 것을 자각하여(生靈覺不肖) 천명을 알아 스스로 정성을 다하여 밝

혀나가야 한다. 자기의 속알을 밝히고 자기속빛을 밝히 비쳐야 한다. 생명이란 빛이다. 생명은 빛이라고 밖에 말할 수가 없다. 생각은 생명의 빛을 밝히는 것이다. 한 말씀만 나는 남겨 그리스도를 걸일 뉘나 홀린데서 벗어나서 뚜렷이 나슬말씀 예수 뚜렷이 한웅님 보시고 맨첨부터 내모신 아버지라 브르심 나는 나무에 곧바루 서도록 나자신을 빗그러 매어야 한다. 그리하여 세상에 빠진 나를 미혹에서 벗어나서 뚜렷하게 나서야 한다. 예수는 뚜렷이 한웅님을 모시고 태초부터 자기가 모신 아버지라고 불렀다. 나도 이에 숨쉬므로 뚜렷이 아달로 사람나이단 말씀 나도 이제부터 깊이 생각하여 뚜렷이 하나님의 아들로 사람답게 살겠다는 말씀 한마디만 하고 싶은 것이다. 1647년 죠지 폭스는 나는 이 세상사람 사람이 예수그리스도를 받아들이게 어두운데서 빛을 보게 하고 받아들이는 이에게 아들되는 힘을 주고 나는 힘을 얻었다고 하였다. 누구나 홀린데라 홀리우고 홀리이니 홀릴터라. 루진통(漏靈通)이다. 새는 것이 더러워 한웅님께 뚜렷할손 아달로서 솟날뚜렷 거룩다. 그리스도록이에 숨을 쉬는 이 숨을 쉰다는 것은 성령의 숨을 쉬는것이다. 그리하여 진리를 체득하는 것이다. 그리하여 이 세상을 솟아나가 영생에 드는 것이다. 이 모든 것은 기도에 있다. 기도는 생각이요 성신은 권능이다. 성신의 힘으로 숨쉬고 솟아나는 것이다. 그것이 빛을 비추는 것이다.

밥

불교집안에서는 밥먹기 전에 이런 기도를 드린다. 손에 손이 많이 가고 힘에 힘도 퍽은 드려(討功多少) 곱게도 지고 지며 바로도 되고 되여 온 이 맘을(量彼來處) 우리지은 노릇으론(村己德行) 구태여 받을 수 있사오리까(全缺應供) 거듭 잘못이 없게스리(防心離過) 걸쳄부치의 마음을 막고(貪等爲宗) 오직 깨나는 약으로(正思良藥 爲療形枯) 우리 맡은 것을 마치기까지(爲成道業) 몸에 이바지여 삼가 받들렵니다. 이기도를 오관개(五觀偈)라고 한다. 밥먹을 때 하는 기도로는 이이상 좋은 기도는 없을 것이다. 밥먹고 자지 말고 밥먹고 깨나도록 밥을 먹어야 한다. 밥은 제물이다. 바울은 너희 몸은 하나님의 성전이라고 한다. 우리 몸이 하나님의 성전인 줄 아는 사람 만이 능히 밥을 먹을 수 있다. 밥은 하나님께 드리는 제사이기 때문이다. 내가 먹는 것이 아니라 하나님께 드리는 것이다. 내 안에 계시는 하나님께 드리는 것이다. 그러니까 밥먹는다는 것은 예배다. 천주교에서는 떡과 포도주를 먹으면서 미사드린다고 한다. 미사란 우리 말로 제사란 말이다. 밥먹는 것이 제사인줄 알아야 미사드릴 수 있다. 밥먹는 것이 제사인 줄 아는 사람 만이 예배를 드릴 수 있다. 예배는 제사와 같은 것이다. 내가 먹는 것 이아니다. 하나님께 드리는 것이다. 내가 먹는다고 생각하는 사람은 제물을 도적질 하는 것이다. 그래서 걸쳄의 탐욕을 버리라는 것이다. 밥이 제물이 될 때 진짜 예배는 밥을 제물로 바치는 사람 만이 하나님을 사랑할 수 있는 것이다. 하나님을 사랑한다는 말은 밥 먹는다는 말이다. 그것이 미사요 제사요 성만찬이다. 예수는 십자가의 자기를 바쳤다. 바쳤다는 말은 밥이 되었다는 것이다. 밥이 되었다는 말은 밥을 지을 수 있는 쌀이 되었다는 것이다. 밥을 지을 수 있는 쌀이 되었다는 말은 다 익은 것이다. 성숙하여 무른익은 열매가 된 것이다. 성숙하여 무르익었으니까 밥을 지을 수 있는 것이다. 제물이 되었다는 말은 무르익었다는 말이다. 인생은 무엇인가 무르익는 것이다. 제물이 되는 것이다. 밥이 되는 것이다. 밥이 될 수 있는 사람 만이 밥을 먹을 자격이 있다. 그래서 오관개에서는 내가 아직 성숙하지 못한 불완전한 인간으로써 어떻게 밥을 먹을 수 있겠는가고 솔직히 사양한다. 사실 완전한 사람 익은 사람 아니고는 밥을 먹을 자격이 없다. 밥은 덜된 사람 먹으라고 지어진 것이 아니라 정말 된 사람에게 공양하기 위하여 지어진 것이다. 밥이 되기까지 하늘과 땅과 하나님과 사람들의 얼마나 많은 손이 가고 또 간 것일까. 한알 한알이 금싸

래기 같어 익기 위해서 얼마나 많은 손이 정성이 사랑이 들었을 것인가. 이렇게 알찬 쌀을 죽정이 같은 내가 먹을 자격이 있을 수 있단 말인가. 그러니 중생인 부족한 우리로서는 떳떳하게 먹을 수는 없다. 참 미안하다. 그렇다 안먹을 수 없으니 먹는 것이다. 그런데 먹는 까닭은 구차한 인생의 생명을 연장하자고 먹는 것이 아니다. 그것은 연장해서 무엇을 하느냐. 아까운 밥만 썩이지. 그보다는 이제라도께서 완전한 사람이 될려고 정신을 깨우치는 약으로 먹는 것이다. 이제 우리는 밥을 먹고 구차한 인생의 생명을 연장하는 것이 아니라 완전한 사람이 될려고 노력하는 무한한 힘의 원동력으로 먹는 것이다. 사람되게 하는 원동력으로 먹는다. 사람이 사람이 되는 것은 하나님의 뜻이니까 하나님의 뜻을 실현하기 위해 먹는다. 그렇게 되면 조금이나마 쌀에 대하여 덜 미안하게 될 것이 아닌가. 내가 쌀로 하여금 하나님의 뜻을 이루게 하기 위하여 먹는 것이다. 하나님의 뜻을 이루는 일이니 그곳에 욕심이 붙을 수가 없다. 하나님의 뜻을 이루기 위하여(爲成道業) 욕심으로 먹는 것이 아니라 뜻을 이루기 위하여 깨는 약으로 먹는 것이다. 요한복음 1장 21절에는 사람들이 세례요한에게 당신이 누구냐고 자꾸 다그쳐 묻자 자기는 주의 길을 곧게 하라고 광야에서 외치는 소리요 하고 대답 했다고 한다. 주의 길을 바로잡는 것이 요한

의 사명이요 하나님의 길을 바로 잡는 것이 인생의 사명이다. 인생은 하나님의 뜻을 이루어 가기 위하여 밥을 먹어야 한다. 사람이 사람되는 것이 하나님의 뜻이기에 사람이 될려고 먹는 것이지 사람이 안될려면 먹을 필요가 없다. 사람이 된다는 말을 도(道)라고 한다. 아침에 도를 들으면 저녁에 죽어도 좋다고 한다. 도를 들었단 말은 사람이 되었다는 말이다. 사람이 되면 언제나 죽을 수 있다. 알알이 익기만 하면 언제나 떨어질 수 있다. 사람이 되기만 하면 언제나 십자가에 달릴 수 있다. 사람이 되기만 하면 언제나 제물이 될수 있다. 인생의 목적은 제물이 되는 것이다. 인생도 밥이 되는 것이다. 인생의 목적이 밥이 되는 것이기에 인생은 밥을 먹는 것이다. 인생이 밥을 먹는 것은 자격이 있어서 먹는 것도 아니고 내 힘으로 먹는 것도 아니다. 하나님의 은혜로 수 많은 사람의 덕으로 대자연의 공로로 주어져서 먹는 것이다. 내가 밥을 만든 것이 아니라 남이 밥을 지어주어서 그것은 가격을 따질 수 없는 무한한 가치와 힘이 합쳐져서 밥이 된 것이다. 우리가 밥을 내 돈 내고 사먹는다고 생각해서는 안된다. 돈은 밥의 가치의 몇 억분의 일도 안된다. 사람들이 수고한 노동력의 대가의 일부를 지불하는 것 뿐이다. 밥이 되기까지에는 태양빛과 바다의 물과 그밖에 갖은 신비가 총동원되어 밥이 지어진 것이다. 그러

니까 이것은 순수하며 거저받는 하나님의 선물인 줄을 알아야 한다. 그래서 에베소 2장 8절에는 여러분이 구원을 받는 것은 하기님의 은총을 입고 그리스도를 믿어서 된 것이지 여러분 자신의 힘으로 된 것이 아닙니다. 이 구원이야 말로 하나님께서 주신 선물입니다. 우리가 밥먹는 것은 하나님의 은혜요 선물이지 우리의 힘으로 된 것은 아니다. 이렇게 구원은 사람의 공로로 이루어지는 것이 아니기 때문에 아무도 자기 자랑을 할 수가 없습니다. 정말 우리는 뽐낼 것이 아무 것도 없다. 결국 우리의 몸도 하나님이 먹이시고 길러주시기 때문에 있는 것 뿐이다. 우리는 하나님의 작품입니다. 어떤 작품인가 하면 하나님께서 미리 마련하신대로 선한 생활을 하도록 그리스도 예수를 통해서 창조된 작품입니다. 우리는 우리도 하나님의 뜻을 이루게 되기 위하여 만들어진 작품이다. 우리도 밥먹고 거저 가만 있으라는 것이 아니라 우리도 성숙하여 밥이 될 수 있도록 태초부터 계획적으로 만들어진 작품이다. 우리도 밥이 되는 것이 우리의 목적이다. 인생뿐만 아니라 일체가 하나님에게 바쳐지기 위한 제물이다. 일체가 밥이다. 특히 인생이란 밥을 통해서 우주와 인생이 얻는 영양은 무엇일까. 그것은 말씀이다. 마태 10장 19절에 그러나 잡혀갔을 때에 무슨 말을 어떻게 할까 하고 미리 걱정하지 말라. 때가 오면 너희가 해야할

말을 일러주실 것이다. 말하는 이는 너희가 아니라 너희안에서 말씀하시는 아버지의 성령이다. 너희가 제물로 잡혀갈 때 너희가 밥이 되었을 때 밥의 영양에 대해서 걱정할 것은 없다. 밥에는 말씀이 있다. 아버지의 성령의 말씀이 있다. 온 인류를 살리는 우주의 힘이 되는 성령의 말씀이 있다. 인생은 신비한 존재다. 인생은 자기존재에 있어서 자기 존재가 언제나 문제가 되는 동물이다. 인생이 다른 동물과 다른 것은 자기 존재가 문제가 된다. 왜 문제가 되나하면 인생은 자기 속에서 존재의 소리를 들을 수가 있는 것이다. 공자는 60에 이순 (耳順)이라고 했다. 육십에 나면 존재의 소리가 들린다. 그것은 공자 뿐만 아니라 모든 사람이 다 그런 것이다. 존재의 소리를 듣고 말할 수 있는 것이 인생의 특징이다. 인생은 짐승처럼 자기의 육체를 바치는 밥이 아니다. 인생은 하나님의 말씀을 바칠 수 있는 밥이다. 인생의 육체는 말씀을 싸고 있는 껍데기에 불과하다. 인생은 밥을 먹고 또 다시 물질적인 밥이 되는 것이 아니다. 인생은 밥을 먹고 육체를 기르고 이 육체 속에는 다시 성령의 말씀이 영글어 정신적인 밥 말씀을 내놓을 수 있는 존재다. 인생이 제물이 되는 것은 육체적 제물이 아니다. 영적인 제물이다. 인생이 제물이 되는 것은 말씀이지 목숨이 아니다. 목숨은 껍데기요 말씀이 속알이다. 갈라디아 5장 22절에는 성령께

서 맺어 주시는 열매는 사랑 기쁨 평화 인내 친절 선행 진실 온유 그리고 절제입니다. 인간은 한마디로 밥이요 이 밥은 사랑 기쁨 평화 인내 친절 선행 진실 온유 절제의 밥이다. 이것은 하나님께서 기뻐하시는 제물이다. 로마인서 12장 1절에는 그러므로 형제 여러분 하나님의 자비가 이토록 크시니 나는 여러분에게 권고합니다. 여러분 자신을 하나님께서 기쁘게 받아 주실 거룩한 산 제물로 바치십시오. 그것이 여러분이 드릴 진정한 예배입니다. 여러분은 이세상을 본받지 말고 마음을 새롭게 하여 새 사람이 되십시요. 이리하여 무엇이 하나님의 뜻인지 무엇이 선하고 무엇이 그 분 마음에 들며 무엇이 완전한 것인지를 분간하도록 하십시요. 인생은 밥이다. 이 밥을 하나님께 바쳐지는 성령의 열매다. 성령의 열매란 사람다운 사람 인격이 되는 것이다. 하나님께 바치는 것은 인격을 바치는 것이다. 인격이란 인의예지(仁義禮智)다. 인의예지가 인간의 본성이다. 이 본성을 우리는 하나님께 바치는 것이다. 그것을 우리는 말씀이라고 한다. 말씀이야말로 인격의 표현이기 때문이다. 말씀을 통해서 우리는 인격을 바친다. 이 말씀은 태초부터 있는 말씀이요, 이 인격은 태초부터 있는 인격이다. 우리는 본래 제물로 만들어져 있었다. 에베소 1장 4절에는 우리를 그리스도와 함께 살게 하시려고 천지창조 이전에 이미 우리를 뽑아주시고 당신의

사랑으로 우리를 거룩하고 흠없는 자가 되게 하셔서 당신 앞에 설수 있게 하셨읍니다. 하나님께서는 예수 그리스도를 통하여 우리를 당신의 자녀로 삼으시기로 미리 정하신 것입니다. 이것을 하나님께서 뜻하시고 기뻐하시는 일이었읍니다. 사랑하시는 아드님을 통하여 우리에게 거저주신 이 영광스러운 은총에 대하여 우리는 하나님을 찬양할 수 밖에 없읍니다. 마치 쌀을 십어서 쌀이 나오듯이 오늘 우리가 밥된 것도 이제 시작된 것이 아니요 태초에 밥을 십어주셨기 때문에 오늘 밥이 될수 있었다고 한다. 에베소 2장 10절 우리는 하나님의 작품입니다. 곧 하나님께서 미리 마련 하신대로 선한 생활을 하도록 그리스도 예수를 통해서 창조하신 작품입니다. 밀알이 땅에 떨어져 많은 열매가 되듯이 우리는 그리스도의 밀알이 땅에 떨어져 죽었기 때문에 오늘 성령의 밀알이 되었다는 달이다. 그리스도가 밥이 되었으니 우리도 밥이 되었다는 것이다. 밥은 제사드릴 때는 맙이라고 하는 모양이다. 그래서 이제 부터는 맙이라고 한다 하나님께드리는 맙 이것이 인생이다. 모름지기 믿고 살 움지기 살어 낧움지기 슌이 웅굼에 들어간다. 몸직믿고 삶직 살어 낧직 슌이 웅굼에 들다 맭이 곧이 군세이 절대 믿고 사람답게 살고 나를 움직여 날 수 있는 사람 이런 사람이 완성에 들어 갈 수 있는 성숙한 열매다.

속   알

밥은 정신을 깨우는 약으로 먹는다. 그래야 이롭다. 그러나 욕심으로 먹으면 독을 먹는 것이나 마찬가지다. 그것은 먹고 사는 것이 아니고 먹고 죽는 것이다. 욕심이란 끝이 없다. 그것은 밑빠진 항아리와 같다. 물을 아무리 부어도 소용이 없다. 그것은 죽음이요 손실 뿐이다. 왜 손해나는 것을 그렇게 싫어하는 인생이 왜 욕심을 버리지 못하는 것일까. 욕은 손이다. 욕을 버리면 의롭고 욕을 가지면 해롭다. 정말 욕심이 없으면 생사도 넘어 설 수가 있다. 정말 욕심이 없으면 죽어도 싫어하지 않고 살아도 좋아하지 않는다. 생사를 초월하면 그것이 자유요 진리요 사랑이요 무한이요 믿음이다. 그대의 생명을 정말 사랑하라. 돈을 아끼듯이 말이다. 돈전대를 바짝 조여매고(括囊) 절대 안쓰는 것처럼 땅속에 몰래 파묻어 두는 것처럼 그대의 생명을 완성하여 영(靈)이 되게 하라. 너의 머리를 너의 머리로 삼지 말라. 다시 산 목은 피가 돌지 않는 새로운 머리를 가져야 한다. 그대의 머리는 감정의 피가 언제나 오르내리고 그대를 유혹하여 그대를 죄악의 포로로 만든다. 그리하여 그대를 가두어 놓고 꼼짝도 못하게 만든다. 이런 심장과 연결되어 있는 머리는 짤라 버려라. 그것이 무수(無首)면 길(吉)하다는 말이다. 피는 몸에만 돌아가게 하고 머리에는 피가 한방울도 안돌게 하라. 오직 정(精)과 신(神)만이 통하는 이(理)처럼 차디차고 금강석처럼 빛나는 머리를 가지도록 하라. 이럴 때에 이 머리를 말씀이라고 한다. 말씀으로 살라. 말씀 만으로 살라. 생각하지 말라. 다만 말씀을 머리 위에 빛나게 하라. 말씀으르 사는 것이다. 말씀 만으로만 사는 것이다. 피없는 머리는 말씀 뿐이다. 말씀의 세계 영원한 세계 이런 입장에서 사는 것이다. 나는 이세상을 한번 살펴보면서 이런 노래를 불러 볼까 한다. 첫째, 곧히 세울 기둥기둥 목숨 고나 니고 선레 무짐 실고 질펀히 눈 들보를 들린줄 볼라 바침   땅이야 말로 하나가는 기둥딜 사람은 집과 같다. 사람에게는 기둥같은 곧이 정직이 가장 중요하고 그 위에는 대들보처럼 무거운 지붕을 들어 바칠 수 있는 굳셈의 확고가 필요하다. 그리고 들보와 기둥을 바쳐줄 맽이로서 통일된 기초 땅이 필요하다. 맽이 곧이 굳세이 가 우리 인격의 핵심이다. 곧이는 명전(命健) 굳세이는 세력(勢力)   이는 진중(鎭重)이라고 하는 것이 좋을 것이다. 생명은 곧게 입명(立命)이 되어야 한다. 입명은 안심에서 이루어진다. 안심입명(安心立命)이란 말이 있다. 우리에게 욕심이 없을 때 마음은 안심되고 마음이 안심 되어야 우리의 생명이 힘차게 일어선다. 고뇌니 고 섰다는 말은 안심입명이다. 곱게 놓아 안심이 되고 이고 섰데 입명이 된다. 그다음에는 이 기둥 위를 질펀 히 누워있는 대들보야 말로 번쩍 두 손으로 지붕을 받치듯이 힘차게 받들 고 누워야 한다. 이런 힘을 가진 사 람을 인자(仁者)라고 한다. 인자무적 (仁者無敵)이다. 사랑에는 원수가 없 다. 원수까지 사랑하는데 적이 있을 리 없다. 언제나 힘이 없는 것 같지 만 언제나 무서운 힘을 내놓는 것이 사랑이다. 사랑은 평등각(平等覺)이 다. 누구나 꼭같이 사랑하는 것이 질 펀히 눈것 같이 보인다. 그러나 그 힘 은 아무도 당할 재간이 없다. 굳셈의 굳셈은 사랑이다. 그래서 하나님도 사랑이라고 한다. 이 집 전체를 바치 고 통일하는 것이 땅이요 마디다. 이 통일에는 지혜가 필요하다. 지혜로 통일하기 때문이다. 지혜의 통일과 사랑의 평등과 용기의 독립 이것이 기둥과 들보와 집터다. 통일 평등 독 립 이 세가지로 인격은 성립된다. 둘 째 노래는 외누리 없어 다누리란 일수 뉘뇨 못난나 나못나 남 못보고 남이 나 같지 않다 고만 솟나라 울로 솟아 날 한을 한데 나라들 인격은 독립에 있다고 했는데 독립의 본보기는 국가 라고 할 수 있다. 내가 확대된 것이 나라요 나라가 축소된 것이 나라고 할 수 있다. 그런데 독립은 나만 할 것 이 아니다. 집을 지으면 모든 기둥이 서야지 한기둥 만 서가지고는 집이 안

된다. 모든 기둥이 서야 한다는 것이 민주(民主)라는 것이다. 독재는 외기 둥으로 집을 세우겠다는 말인데 외 기둥 집이 어데 있으며 그런 집이 몇 날 가겠는가. 외기둥 집은 없다. 외기 둥 세상은 없다. 그것이 외누리 없이 다 죽어도 나 혼자만 죽는 것이 아니 다. 다누리다 다누어 죽는 것이다. 누리는 세상인데 외누리가 있는 줄 알고 장에 가도 외누리가 많은데 그것 은 불신(不信)만을 강조한다. 그것은 죽은 세상이다. 그러니까 온세상이 다 눕지않도록 일으켜 세워야한다. 그렇 게 일으켜 세워야할 리가 누구냐 말이 다. 정말 다 일으켜 세울 박시제중 (博施濟衆)할 사람이 누구냐 하면 그 것이 나다. 그런데 나부터 서지 못하 고 누어 버렸으니 외누리만 하는 못 난 나가 되고 말았다. 나 못나면 남은 못보게 마련이다. 그래서 남이 자기 같지 않다고만 남까지도 끌어 놀릴려 고 하는 못된 세상이다. 그러니 이놈 의 세상에서 다누리 다 눕겠다는 세 상 누리는 눈린다. 향락도 의미한다. 향락만 위주하는 이놈의 세상 멸망을 자청하는 이 망한 세상을 집어 치우 고 위로 솟날것 밖에 다른 길이 없다. 그래서 웅트 웅토 숫아나 한웋 한대 천상의 나라들까지 올라가는 길밖에 없다. 물론 하늘나라란 곧대를 가진 사람들의 나라다. 그것은 하나로 통 일된 한대 나라다. 시간을 초월하고 공간을 초월하여 언제나 있는 나라가 하늘나라다. 세째로 하고프단 사랑녁

오 될상프담 슬픔넉은 고품여이 미움여이 슬픔갖아 나남하나 시원 좀 아픔 쓰므로 곁뫼 곁골 늠실꿈 무엇이나 하고 싶다는 세계는 사랑편이고, 무엇이 되고 싶다는 세계는 슬픔의 세계다. 이것을 대자대비(大慈大悲)라고 한다. 그런데 대자대비의 세계는 곱다 밉다하는 애증의 세계를 넘어서야 한다. 그리고 남의 슬픔을 내 슬픔으로 가질 때에만 나와 남이 하나가 될 수 있다. 결국 시원하고 좋은 세상을 가지기 위해서는 아픔과 쓴맛을 같이 맛볼 때에만 나와 남사이를 가로 막는 산과 골짜기를 넘어서서 온 세상에 넘치고 넘치는 늠실늠실 춤을 추는 꿈을 이룰 수가 있을 것이다. 만일 사람이 말씀을 믿지 않으면 종당은 손잡고 입맞추고 얼싸안던 것을 마지막 거두어 씻기어 널에 너 흙속으로 던진단 말인가. 이렇게 세운 오리목에 광목에 글월 몇자 썼다가 불사르면 재 한줌이나 될가. 저 무슨 노릇이냐. 인생에게서 말씀을 빼면 재 한줌 밖에 될 것이 없다. 결국 사는 길은 말씀 뿐이다. 욥기 13장 13절에 하나님은 모든 행하시는 것을 스스로 진술치 아니하시나니 네가 하나님과 변쟁함은 어점이뇨. 사람은 무관히 여겨도 하나님은 한번 말씀 하시고 다시 말씀하시되 사람이 침상에서 졸며 깊이 잠들 때에나 꿈이나 밤의 이상 증에 사람의 귀를 여시고 인치듯 교훈하시나니 이는 사람으로 그 꾀를 버리게 하려 하심이니 사람에게 교만을

막으려 하심이라. 그는 사람의 혼으로 구덩이에 빠지지 않게 하시니 그 생명으로 칼에 멸망치 않게 하시느니라. 하나님은 고요히 사람의 귀를 여시고 인치듯 교훈하신다. 존재의 소리가 들려 온다. 하나님의 말씀을 막을 길은 없다. 잠잘 때나 꿈속에서 말씀하신다. 존재의 소리를 들어라. 그것은 인생을 던망에서 구원하기 위해서다. 하나님의 말씀도 공상이 아니다. 진실이다. 구체적이다. 하늘에 비가 차도 그릇에 따라 받는 물이 다르듯이 사람은 마음의 정도에 따라서 존재의 소리를 듣는 내용이 다를지도 모른다. 그러나 하나님의 말씀은 우주에 찾다. 우주가 다 하나님의 말씀이다. 사람은 자기에 대해서 책임을 겨야 한다. 하나님의 말씀에 공손히 순응해야 한다. 인상(人相) 아상(我相)을 넘어서 하나님의 나라를 세우기 위해서 일어서고 힘을 쓰고 맨이를 맺어야한다. 마치 신발이 맞아서 발이 신을 잊고 허리띠가 알맞아 허리가 띠를 잊듯이 말이 통하고 이치가 통하고 신이 통하여 한통 한누리를 이루워야 한다. 나는 장자 외물(外物)편의 한절을 읽고 내말을 끝이겠다. 눈뚫려 봄밝(目徹爲明) 귀뚫여 듣잘(耳徹爲聰) 코뚫여 내맛(鼻 爲顫) 입뚫여 달콤(口徹爲甘) 마음뚫여 앎이요(心徹爲知) 뚫어지게 알면 속알이 듬(知徹爲德) 무릇 길이란 막힐라고 안함(凡道不欲壅) 막으면 목이 메고(壅則哽) 목이 메기를 마지 않으면 발바닥이 뗏뗏해지고(哽

而不止則跂) 발바닥이 떳떳해지면 못 언잔 홈이 나온다(跂則衆害生) 몸의 앓이 있기는 쉬는 숨으로 나니(物立 有知者恃息) 그 넉넉지 못함이 하늘의 잘못이 아니다. (其不殷 非天之罪) 하늘이 뚫기는 밤낮 뚫으는데(天之穿 之 日夜無降) 사람이 도리어 그 궁을 막는다(人則顧塞其寶) 살 속은 구석구석 비어 있고(胞有重閬) 마음은 하늘에 높이 있거니(心有天遊) 빈 방이 없으면 시어머니와 며누리가 짜증이 날 것이니(室無空虛 則 婦姑勃谿) 마음에 하늘놀이가 없으면(心無天遊則), 여섯구멍이 서로 부딪힌다. (六鑿相攘) 큰 숲과 내 언덕이 사람에게 좋다는 것은(大林丘山之 善於人也) 또한 엉큼하니만 못하오. (亦神者不勝) 나는 영통을 엉큼이라고 했다. 엉큼한 수가 있나하지만 영이 통하는 것 존재의 소리가 들리는 것처럼 엉큼한 일은 없다. 사람은 존재의 소리를 듣고 살어야한다. 존재의 소리를 들어야 엉큼해지는 것이다. 엉큼은 얼이 크다는 말이다. 우리의 영혼이 커진다. 우리의 정신이 커진다. 우리의 인격이 커진다. 우리의 속사람이 커진다. 우리의 속알이 커진다. 겉사람은 날로 흉패하나 속사람은 날로 새롭다고 한다. 대학에는 일신 우일신(日新又 日新)이라고 한다. 새롭고 새롭게 살아가기 위해서는 말씀으로 살아야하고 말씀으로 살기 위해서는 눈이 뚫리고 코가 뚫리고 귀가 뚫리고 입이 뚫려야한다. 마음이 뚫리고 앎음 아

리가 뚫려야 정말 속알이 엉큼 엉큼 자라게된다. 엉큼 엉큼 성큼 성큼 자란다. 이것이 나다. 어머니 배에서 나온 것이 내가 아니다. 속알이 나다. 정신이 나다. 속사람이 나다. 겉사람은 흙한줌이오 재한줌이다. 그러나 속사람은 나라를 세우고 하늘 나라를 세울 수 있읍니다. 그것은 한없이 크고 한없이 강한 나라 지강지대한 나라 놓아두면 우주에 꽉 차고 웅켜 잡으면 가슴 세치에 들어서는 나다. 이것이 호연지기의 나다. 이 기를 가진 나가 기체요 영체다. 이 영체가 자라나는 것이 정말 사는 것이다. 입에 밥이 통하고 코에 공기가 통하고 귀에 말이 통하고 마음에 신이 통한다. 동양사람은 통하는 것을 좋아 한다. 동양사람은 참 나를 좋다고 하기 때문이다. 길은 언제나 환하게 뚫려야 한다. 그것은 아무 것으로라도 막으면 안된다. 비록 성현이라도 길을 막을 수는 없다. 확연무성(廓然無聖) 이다. 언제나 툭 틔운 길이 길로 자동차도 기차도 비행기도 자전거도 나귀도 말도 벌레도 일체가 지나간다. 이런 길을 가진 사람이 우주보다도 크고 세계보다도 큰 길이다. 이런 길을 활보하는 것이 하나님의 아들이다. 이 세상은 흙한줌이 아니다. 우주와 지구를 통체로 싸고 있는 호연지기가 나다. 그것은 지강지대(至剛至大)하여 아무도 헤아릴 수 없고 아무도 견줄 수가 없다. 그것이 나다.

오 될상프답 슬픔넉은 고픔여이 미움
여이 슬픔갖아 나남하나 시원 좀 아
픔 쓰므로 결뇌 결골 늠실꿈 무엇이
나 하고 싶다는 세계는 사랑편이고,
무엇이 되고 싶다는 세계는 슬픔의
세계다. 이것을 대자대비(大慈大悲)
라고 한다. 그런데 대자대비의 세계
는 곱다 밉다하는 애증의 세계를 넘
어서야 한다. 그리고 남의 슬픔을 내
슬픔으로 가질 때에만 나와 남이 하나
가 될 수 있다. 결국 시원하고 좋은
세상을 가지기 위해서는 아픔과 쓴맛
을 같이 맛볼 때에만 나와 남사이를 가
로 막는 산과 골짜기를 넘어서서 온
세상에 넘치고 넘치는 늠실늠실 춤을
추는 꿈을 이룰 수가 있을 것이다. 만
일 사람이 말씀을 믿지 않으면 종당
은 손잡고 입맞추고 얼싸안던 것을
마지막 거두어 씻기어 넣에 너 흙속
으로 던진단 말인가. 이렇게 세운 오
리목에 광목에 글월 몇자 썼다가 불사
르면 재 한줌이나 될가. 저 무슨 노릇
이냐. 인생에게서 말씀을 빼면 재 한
줌 밖에 될 것이 없다. 결국 사는 길은
말씀 뿐이다. 욥기 13장 13절에 하나
님은 모든 행하시는 것을 스스로 진
술치 아니하시나니 네가 하나님과 변
쟁함은 어쩜이뇨. 사람은 무관히 여겨
도 하나님은 한번 말씀 하시고 다시
말씀하시되 사람이 침상에서 졸며 깊
이 잠들 때에나 꿈이나 밤의 이상 중
에 사람의 귀를 여시고 인치듯 교훈
하시나니 이는 사람으로 그 꾀를 버
리게 하려 하심이니 사람에게 교만을

막으려 하심이라. 그는 사람의 혼으로
구덩이에 빠지지 않게 하시니 그 생
명으로 칼에 멸망치 않게 하시느니라.
하나님은 고요히 사람의 귀를 여시고
인치듯 교훈하신다. 존재의 소리가 들
려 온다. 하나님의 말씀을 막을 길은
없다. 잠잘 때나 꿈속에서 말씀하신
다. 존재의 소리를 들어라. 그것은 인
생을 던망에서 구원하기 위해서다. 하
나님의 말씀도 공상이 아니다. 진실이
다. 구체적이다. 하늘에 비가 차도 그
릇에 따라 받는 물이 다르듯이 사람은
마음의 정도에 따라서 존재의 소리를
듣는 내용이 다를지도 모른다. 그러
나 하나님의 말씀은 우주에 찼다. 우
주가 다 하나님의 말씀이다. 사람은
자기에 대해서 책임을 져야 한다. 하
나님의 말씀에 공손히 순응해야 한다.
인상(人相) 아상(我相)을 넘어서 하
나님의 나라를 세우기 위해서 일어서
고 힘을 쓰고 맨이를 맺어야한다. 마
치 신발이 맞아서 발이 신을 잊고 허
리띠가 알맞아 허리가 띠를 잊듯이 발
이 통하고 이치가 통하고 신이 통하
여 한통 한누리를 이루워야 한다. 나
는 장자 외물(外物)편의 한절을 읽고
내말을 끝이겠다. 눈뚫려 봄밝(目徹
爲明) 귀뚫려 듣잘(耳徹爲聰) 코뚫려
내맛(鼻 爲顫) 입뚫여 달콤(口徹爲
甘) 마음뚫려 앎이오(心徹爲知) 뚫어
지게 알면 속알이 듬(知徹爲德) 무릇
길이란 막힐라고 안함(凡道不欲壅) 막
으면 목이 메고(壅則哽) 목이 메기를
마지 않으면 발바닥이 댓댓해지고(哽

而不止則疹) 발바닥이 꺼떡해지면 못 언짢 홈이 나온다(疹則衆害生) 몸의 앓이 있기는 쉬는 숨으로 나니(物立有知者恃息) 그 녀녀지 못함이 하늘의 잘못이 아니다.(其不殷 非天之罪) 하늘이 뚫기는 밤낮 뚫으는데(天之穿之 日夜無降) 사람이 도리어 그 궁을 막는다(人則顧塞其寶) 살 속은 구석구석 비어 있고(胞有重闒) 마음은 하늘에 높이 있거니(心有天遊) 빈 방이 없으면 시어머니와 며누리가 짜증이 날 것이니(室無空虛 則 婦姑勃谿) 마음에 하늘놀이가 없으면(心無天遊則), 여섯구멍이 서로 부딪힌다.(六鑿相攘) 큰 숲과 내 언덕이 사람에게 좋다는 것은(大林丘山之 善於人也) 또한 엉큼하니만 못하오. (亦神者不勝) 나는 영통을 엉큼이라고 했다. 엉큼한 수가 있나하지만 영이 통하는 것 존재의 소리가 들리는 것처럼 엉큼한 일은 없다. 사람은 존재의 소리를 듣고 살어야한다. 존재의 소리를 들어야 엉큼해지는 것이다. 엉큼은 얼이 크다는 말이다. 우리의 영혼이 커진다. 우리의 정신이 커진다. 우리의 인격이 커진다. 우리의 속사람이 커진다. 우리의 속알이 커진다. 겉사람은 날로 휴패하나 속사람은 날로 새롭다고 한다. 대학에는 일신 우일신(日新又日新)이라고 한다. 새롭고 새롭게 살아가기 위해서는 말씀으로 살아야하고 말씀으로 살기 위해서는 눈이 뚫리고 코가 뚫리고 귀가 뚫리고 입이 뚫려야한다. 마음이 뚫리고 앏음 아

리가 뚫려야 정말 속알이 엉큼 엉큼 자라게된다. 엉큼 엉큼 성큼 성큼 자란다. 이것이 나다. 어머니 배에서 나온 것이 내가 아니다. 속알이 나다. 정신이 나다. 속사람이 나다. 겉사람은 흙한줌이오 재한줌이다. 그러나 속사람은 나라를 세우고 하늘 나라를 세울 수 있읍니다. 그것은 한없이 크고 한없이 강한 나라 지강지대한 나라 놓아두면 우주에 꽉 차고 웅켜잡으면 가슴 세치에 들어서는 나다. 이것이 호연지기의 나다. 이 기를 가진 나가 기체오 영체다. 이 영체가 자라나는 것이 정말 사는 것이다. 입에 밥이 통하고 코에 공기가 통하고 귀에 말이 통하고 마음에 신이 통한다. 동양사람은 통하는 것을 좋아 한다. 동양사람은 참 나를 좋다고 하기 때문이다. 길은 언제나 환하게 뚫려야 한다. 그것은 아무 것으로 라도 막으면 안된다. 비록 성현이라도 길을 막을 수는 없다. 확연무성(廓然無聖)이다. 언제나 툭 뚫린 길 이 길로 자동차도 기차도 비행기도 자전거도 나귀도 말도 벌레도 일체가 지나간다. 이런 길을 가진 사람이 우주보다도 크고 세계보다도 른 길이다. 이런 길을 활보하는 것이 하나님의 아들이다. 이 세상은 흙한줌이 아니다. 우주와 지구를 통체로 싸고 있는 호연지기가 나다. 그것은 지강지대(至剛至大)하여 아무도 헤아릴 수 없고 아무도 견줄 수가 없다. 그것이 나다.

남 녀

세상에 꽤 똑똑한 사람도 먹는 문제와 남녀문제가 되면 꼼짝 못한다. 먹는 문제와 남녀문제에 꼼짝 못하는 것을 부끄러워할 줄도 모르고 무슨 자랑처럼 여긴다. 영웅이나 된 것처럼 여긴다. 또 세상에 영웅이라는 자들이 힘이나 권력을 붙잡으면 고작 처먹고 첩을 많이 거느리는 것이 다인 줄로 생각했다. 과식하고 과색하는 악마의 나라를 세우고 멸망해 가는 것이다. 그래서 베드로후서 2장에 보면 밤낮 연락하고 음녀와 음행에 종사하고 뱀이나 개나 진귀한 보약이나 심지어는 아편을 먹고까지 음란에 젖어 들어가고저 한다. 중국에서 아편이 그렇게 유행한 것도 음란때문이요 세상에 폐병이 그렇게 흔한 것도 음란 때문이다. 지옥이 먼 데 있는 것이 아니다. 음란이 지옥이다. 여자는 땅과 같다. 땅은 굳은 것이 특징이다. 굳은 땅에 물이 고이고 굳은 땅에 초목이 무성하다. 여자에게 있어서 정조는 생명이다. 그것이 사막처럼 바람에 휩쓸리면 그것이야말로 불모에 사각지대다. 노자는 색 (嗇)이라고 한다. 땅은 아끼는 것이다. 아가서에 보면 닫친 동산이요 덮

은 우물이요 맥힌 샘물이라고 한다. 수도꼭지는 언제나 막아 두어야하고 우물은 덮어 두어야하고 우물가는 깨끗하게 닫아 두어야한다. 샘구멍이 언제나 열려있고 우물이 언제나 열려있고 동산이 언제나 열려있으면 그 우물은 먹을 수 없이 더러워진다. 창녀가 더럽다는 것은 열린 우물이 되어서 그렇다. 천지 부모 부부 자녀는 모두 신성한 것이다. 한없이 깨끗한 것이다. 그것은 언제나 닫아 두어야 하고 그것은 언제나 진리에 복종하여야한다. 땅은 굳고 하늘은 넓어야 지천태라는 평안이 온다. 땅이 사막이 되면 하늘은 비를 잃고 오곡은 말라 죽는다. 생명의 핵심은 식색에게 있다. 식색을 절제할 줄 모르면 용기도 지혜도 정의도 있을 수 없다. 땅에 터가 잡히지 않으면 집은 서지않는다. 여자의 정조가 집의 터요 나라의 터다. 여성들은 자기들이 이 나라의 터라는 것을 알아야한다. 남녀의 성은 나무의 뿌리와 같다. 뿌리는 언제나 땅속에 파묻어 두어야 한다. 뿌리가 들어나면 나무는 말라 죽는다. 세상은 그것을 모르고 뿌리를 들추는 것으로 락을 삼는다. 세상이 음란한 세상이라는 것은 식색을 너무 좋아하는 까닭이다. 밥을 살려고 먹게 되어야하고 남녀는 낳을려고 만나게 되어야 한다. 자연의 동물들은 이 법칙을 지키고 있다. 그런데 사람은 이 법칙을 지키지 않고 있다. 이

것이 타락이라는 것이다. 에덴의 타락도 남녀의 관계가 깨진 것이다. 요사이 성의 개방이니 자유니 하지만 개방이니 자유니 하여 개방하면 무엇이 자유롭다는 말인가. 그래서 인격이 더 존중된다는 것인가. 여자를 존중한다는 것과 성을 개방한다는 말은 같은 말이 아니다. 다 창녀가 되어야 여자가 자유롭다는 말인가. 그럴 수가 없다. 여자의 자유는 여자의 존엄에 있지 성에 있는 것이 아니다. 여자의 존엄은 정신에 있지 육체에 있는 것이 아니다. 여자가 미의 경연대회를 하여 대중 앞에 나서 하나의 상품처럼 취급되는 것은 여자의 물화(物化)요 여자의 천대지 여자의 존경이 아니다. 아름답다는 것이 나쁘다는 것이 아니다. 아름다움이 자본주의에 이용된다면 그것은 여자의 모독이라는 것 뿐이다. 남자건 여자건 절제해서 자기의 정과 신을 보존해야한다. 옛날사람은 전정성단(轉精成丹)이라고 하여 정을 가지고 단을 만든다고 하였다. 아랫배가 단단하게 단이 박힌 사람이 도인이다. 그들의 기운은 날듯하고 그들의 신기는 상쾌하며 그들의 정신은 고상하다. 이런 사람들을 도인이라고 한다. 절대 무위한도인(絕對無爲閑道人)이다. 절대 남녀관계를 끊고 정신적으로 사는 사람이 도인이요 신선이다. 도교에서는 정기신(精氣神)이라고 하여 정에서 기운이 나오

고 기운에서 신이 나온다고 생각했다. 신선이 되는 길은 전정성단하는데 있었다. 그래서 그들이 시행한 것은 정좌다. 깊히 숨을 들어쉬면서 배밑에 마음을 통일하는 것이다. 그래서 나중에는 자기를 잊어먹는 지경에 이른다. 자기의 형해(形骸)를 초월하는 것이다. 이것을 좌망(坐忘)이라고 한다. 불교의 참선과 같다. 그리하여 아랫배에 힘이 붙기 시작하면 기해(氣海) 단전(丹田)에서 성단이 되는 것이다. 마치 나무를 불완전 연소시켜서 숯을 굽듯이 호흡을 조절하여 불완전연소를 시켜서 밥의 알짬을 단(丹)으로 만드는 것이다. 이리하여 생체내에서 탄(炭)과 같은 단이 구어지면 거기서 나는 열이 기운이요 이 탄이 금강석이 되면 거기서 나는 지혜가 신인 것이다. 모두 정을 함부로 내버리지 말고 아끼고 아껴서 그것을 가지고 숯을 구어 석탄을 만들고 금강석을 만드는 것이 좌망이다. 이리하여 사람은 없어지고 신선이 되는 것이다. 인간의 힘이 있다면 정이라는 기름을 때서 기관을 움직이는 것일 것이다. 석유를 아끼듯이 정을 아끼는 것이 절제요 지혜다. 기름을 아낄줄 모르고 함부로 하수도에 버리고 만다면 그것이야 말로 어리석은 일이요 지혜에 병이 든 것이다. 쌀을 아낄줄 알아야한다. 벼한톨을 아낄줄 알아야한다. 벼한톨이 싹이 트면 온 세상도 덮을 수 있는 곡식을 거둘 수

가 있다. 그런데 벼는 종자만 되는 것이 아니다. 사람의 양식으로 제공 된다. 벼 백섬을 추수하였다면 종자로 쓰여지는 것은 한말정도고 99섬 9말 은 모두 쌀을 만들어서 사람의 양식 으로 제공된다. 그것이 당면한 것이 다. 종자로 제공되는 것은 천분의 일 만분의 일이고 대부분은 사람의 양식 을 위해서 쓰여진다. 사람의 정도 마 찬가지다. 생식을 위해서 쓰여지는 것은 종자로 쓰여지는 것은 극히 적 은 부분이고 정의 대부분은 정신을 위하여 문화의 창조를 위하여 가치의 구현을 위하여 하나님을 위하여 쓰여 져야한다. 그것은 생각에 쓰여져야하 고 연구에 쓰여져야하고 하나님의 나 라를 위하여 쓰여져야한다. 인간의 정력은 헤프게 쓰여져서는 안된다. 그것은 생각에 쓰여지든지 생식에 쓰 여지든지 해야한다. 사람을 위해 쓰 여지든지 하나님을 위해서 쓰여지든 지 해야한다. 그런데 그것이 아무 목 적없이 거저 허비된다든가 인생의 가 장 원동력인 기름을 거저 하수도에 흘려보낸다면 그사람이 정신있는 사 람일까. 그것은 도저히 실성한 사 람 아니고는 있을 수 없는 일이다. 그러니까 요사이 성생활을 한다는 사람은 목적없는 눈이 삔 정신 나 간 실성한 사람들이다 성생활이 아 니라 실성(失性生活)이다. 인간의 모 든 행동은 목적이 있어야한다. 돈을 써도 목적을 위해서 써야한다. 거저

돈을 내 버린다는 것은 말이 안된다. 자기의 생명을 나라를 위하여 바친다 든가 하늘 나라를 위해서 바치지않고 동물적 자기를 위해서 생명을 낭비한 다는 것은 있을 수 없는 것이다. 하 물며 자기를 위하는 것이 아니라 자 기를 죽이는 일에 자기의 정력을 소 모한다면 그것은 자살행위요 자독행 위다. 사람은 기름이 얼마나 고귀한 줄을 알아야한다. 그것은 문화를 창 조하고 가치를 구현하여야할 값진 기 름이라는 것을 알아야한다. 맛과 멋 으로 사는 향락생활은 자살행위에 불 과하다. 사람은 식색을 초월하여야하 며 그래서 부부유별이 오륜의 하나이 다. 부부는 생식을 위해서 만나고 언 제나 기름을 소모하지 않도록 따로 있어야한다. 그것이 참사랑이다. 남 편은 아내의 도구도 아니고 아내는 남편의 도구도 아니다. 인간은 물건 일 수는 없다. 상대방을 죽이는 것을 사랑이라고 할 수는 없다. 사랑이란 살리는 일이지 죽이는 일이 아니다. 상대방을 죽이면서 사랑한다고 하는 것은 말이 안된다. 옛날부터 절색미인 을 등골 빼먹는 년이라고 하였다. 등 골 빼먹는 것도 안되었고 등골 빼먹히 는 것도 잘못이다. 자기의 등골이나 보존하는 것이 사는 것이지 얼빠지고 등골까지 빠져버리면 그것을 사람이 라고 할 것이 있겠는가. 그것이야말 로 유황불 속에서 펄펄 타고있는 지 옥이 아니겠는가. 정욕이란 지옥불과

무엇이 다르겠느냐. 눈을 감으니까 못보지 눈을 뜨면 지옥불이 보일 것이 아니냐. 주지육림(酒池肉林)이 지옥이지 지옥이 따로 있겠느냐. 그러니까 생각할 줄 아는 사람은 인생의 **가장 소중한 재보가 무엇인지 확실히 알아 놓아야한다.** 석가는 12지 인연에 **무명(無明) 행(行)이라고 한다.** 무명 때문에 지옥이 전개된다는 것이다. 눈만 뜨면 산다는 것이 얼마나 아름다운지를 알 수 있는데 눈을 감았기 때문에 지옥에 빠지고 만다. 눈을 뜬다는 말은 진리를 깨닫는다는 말이다. 남녀가 정신을 차려야한다. 서로 생명을 갉아먹으면 안된다. 서로 생명을 갉아먹으면서 사랑한다고 착각하는 것은 안된다. 세상에 죄악치고 남녀없이 죄악은 없다. 일체 범죄는 남녀관계에서 시작된다. 바울이도 죄의 근원을 남녀의 타락에서 찾았다. 창세기의 아담 하와의 이야기가 그것을 표시하고 있다. 그런데 세상에 이 이치를 밝혀주는 이가 없다. 늙어서도 색에 주린 노인이 있는가하면 젊어서도 색을 좇아가는 것이 인생의 전부처럼 생각하는 이가 있다. 영웅호색이라고 하여 삼천궁녀를 두는 것이 큰대접으로 생각했다. 그 결과는 왕치고 허약하지 않은 이가 없고 단명요절하여 사람구실 못한 임금이 태반이다. 국가의 정기를 모아 하수도로 쏟아버리고 말았으니 이 민족이 그러고도 망하지 않을 수가 있을까. 왕은 국가를 위해서 혼자 살아야 할 몸이 증전 밖에 수없이 많은 처첩을 두었다하니 그런 제도에 얽매인 어린왕 만이 가엾게 죽어간 것이다. 이것은 물에 빠져 죽는 것이 아니라 색에 빠져 죽는 것이다. 중국에 천자 치고 제대로 사람같은 것이 몇명이나 될까. 왕이나 대통령은 독신이라야 한다. 그것이 철인정치다. 가정을 가지고 어떻게 국사에 전념할 수 있을 것인가. 만왕의 왕이신 예수는 언제나 독신이요 여자를 보고 음욕을 품은 일이 없다. 정신든 사람이 어떻게 음욕을 품을 수가 있느냐. 음욕이란 실성한 사람들이 하는 짓이지 정신이 바로 박힌 사람은 음란에 젖을 이치가 없다. 짐승들도 음란에 젖지 않는다. 저들은 생식을 위해서만 암수가 만나지 생식이 끝나면 절대 만나지 않는다. 사람은 짐승보다도 못하면서 소나 돼지를 잡아먹는다는 것은 말도 안된다. 사람은 소와 말에게 배워야 하고 짐승에게 배워야한다. 그들은 본능대로 사는 것이다. 생식은 본능이다. 그러나 음란은 본능이 아니다. 그것은 타락이다. 이것을 모르는 사람은 신앙과는 아무 상관이 없다. 이것을 아는 사람만이 진리를 사랑하는 사람이다. 마음대로 밤낮 음란에 빠진다면 그것이야말로 음란한 세상이며 마귀의 세상이다.

—버 들 푸 름 (42)—

결 혼

마태복음 19장 3절에 보면 예수님 께서는 이혼을 절대 허락하질 않았어 요. 결혼이란 하나님이 맺어준 것이 니까 사람은 그것을 깨트릴 수 없다. 신우파분(神耦叵分) 이라고나 할까요 파(叵)자는 옳을가(可)자를 거꾸로 논 글자로서 불가(不可)를 말하는 것 이지요. 사람이 갈라놓으면 안된다는 것이다. 그랬더니 유대사람들이 그 말을 듣고 마음에 맞지않는 사람과 어떻게 사느냐. 마음에 맞지 않을 때 에는 모세도 이혼을 허락하지 않았느 냐고 예수에게 대들자 그것은 너희들 의 마음이 굳을 대로 굳어서 도저히 소망이 없기때문에 한 것이지 너희들 에게 조금이라도 희망이 있다면 그런 말을 했을 이치가 없을 것이다. 그랬 더니 유대인들이 남녀의 관계가 그렇 게 엄격한 것이라면 결혼하지 않는 것이 낳지 어떻게 맞지 않는 사람과 이혼하지 않고 살 수 있단 말인가. 그랬더니 제일 좋기야 결혼 안하고 사 는 것이 제일 좋지. 그런데 그것은 수 가 센사람이어야지 아무나 할 수 있 는 것은 아니다. 하나님께서 허락하 신 사람 만이 할 수 있다. 물론 세상 에는 몸이 약해서 결혼할 수 없는 사

람도 있고 인위적으로 결혼할 수 없 게 된 사람도 있지만 그외에 세상에 는 하늘나라를 위하여 자발적으로 결 혼하지 않는 사람도 있는 것이다. 이 말을 제대로 이해할 수 있는 사람은 깊히 생각해 보라고 했다. 하나님나 라를 위해서는 전통과 율법을 깨틀 수 도 있다. 그것이 진정으로 율법을 완 성하는 것이기 때문이다. 율법의 정 신도 별 것이 아니다. 하나님나라를 이룩하는 것이다. 하나님나라를 이룩 한다는 것은 별 것이 아니다. 사람이 사람이 되는 것이다. 사람이 사람이 되는 것이 하나님의 뜻이다. 사람이 사람의 모습을 찾아야한다. 사람은 본래 하나님의 형상대로 지으심을 받 았다고 한다. 본래의 모습을 찾는 것 이 사람이 되는 것이다. 참된 자기의 얼굴(眞面自)을 찾아야한다. 참된 자 기가 둘이 아니다. 하나로 돌아 가야 한다. 본래적 자기란 남자도 아니고 여자도 아니다. 하늘나라에는 시집가 는 것도 장가가는 것도 없다. 천사는 남자도 아니고 여자도 아니다. 신은 남자도 아니고 여자도 아니다. 하나 다. 하나로 돌아가야한다. 빛을 회복 하여야한다. 생명을 완성하여야한다. 하나님을 섬기는 사람 진리를 섬기는 사람은 본래적인 사람이요 남자도 여 자도 아니다. 본래적 자아는 타고난 것이다. 그것은 타고난 자기의 본성 이다. 그것은 남자도 아니고 여자도 아니다. 그것은 신이다. 인간의 본성

은 신이다. 신이 나타나면 남자도 없고 여자도 없다. 마음은 본래 남자도 아니고 여자도 아니다. 남자니 여자니 하는건 몸뿐이다. 하늘나라를 위하여 독신으로 사는 사람은 자기의 마음을 회복했기 때문이다. 마음으로 사는 사람(大心之士)은 누구나 스스로 고자가 된 사람이다. 마음으로 사는 사람은 결혼할 수도 없고 결혼을 했어도 곧 갈라지게 된다. 간디는 어렸을 때 결혼했지만 38살에 · 해혼(解婚)을 했다. 이혼이 아니다. 해혼이다. 성욕이 없어진 것이다. 몸이 없어지고 마음이 되고 만 것이다. 마음이 없어지면 몸도 없어진다. 마음이 문제지 몸이 문제가 아니다. 마음의 불을 끄면 몸의 불은 자연 꺼진다. 에베소서 5장31절에는 남녀가 하나가 된다는 말을 하다가 우리는 그리스도와 하나가 된다고 한다. 이것이 영적 결혼이다. 바울은 그리스도와 결혼한 사람이다. 그런즉 육체의 결혼은 영적인 결혼의 상징으로서 의미가 있다. 결혼을 완성하는 것은 영적결혼이다. 하나님과 결혼하면 육적 결혼은 저절로 풀어진다. 이것이 해혼이라는 것이다. 성령을 받은 사람은 해혼하지 않을 수 없다. 예수를 위해서 결혼하지 않는 것이 아니다. 예수와 결혼하면 저절로 세상 결혼은 안하게된다. 예수때문이라고 예수를 파는 놈들은 도적놈이다. 그들은 숨어서 더 나쁜 짓을 한다. 역사에 보면 운좌예배라

는 예배도 있고 성력파(性力派)라는 것도 있다. 종교의 본질을 성교로 보는 것이다. 물론 기독교뿐만 아니라 모든 종교의 본질이 사랑인 것은 확실하다. 남녀의 성이 사랑의 한 상징이 될 수도 있다. 그러나 종교적 사랑을 남녀의 사랑과 동일시 하면 이거야말로 큰일이다. 나는 통일교가 어떤 것인지는 모르지만 남녀를 적지 않게 하나님의 계시로 붙여준다고 하는 것은 좋지 않다고 생각한다. 종교는 남녀를 초월한 것이지 남녀에 끌려다니는 것이 아니다. 가끔 제사장이 타락하고 신부가 타락하고 목사가 타락하고 무당이 타락하여 권주가를 부르게 되고 매음(賣淫)을 한다. 옛날 일본 신사가 있는 곳에는 유곽이 있었다고 한다. 희랍신전에도 신창(神娼)이라는 창녀가 있었다. 라마교란 승려들이 창남이 될 것이다. 그래서 등고가 망했다고 한다. 소돔 고무타 토마가 종교적인 음란으로 망한 곳이다. 나는 이성을 하나님의 편지로 생각한다. 나에게 무엇을 알라고 인생을 알라고 하나님께서 보내주신 것이다. 여자에게 빠지라고 여자를 보내준 것이 아니다. 사랑이 무엇인지 알라고 보내준 것이다. 사랑은 맛에 있는 것이 아니다. 인격이다. 그것은 독특한 것이다. 이 여자와 만나고 저 여자와 만나는 것은 사랑이 아니다. 그것은 인격이 아니기 때문이다. 그것은 동물이지 인격이 아니다. 사랑에는 신의

가 있어야 하고 정조가 있어야한다. 사랑은 배신일 수는 없다. 그 사람을 사랑한다면 그사람을 사랑하는 것이지 그 사람을 배신할 수가 없다. 배신은 인격이 아니다. 인격은 존엄한 것이 인격이다. 인격은 목적적인 것이지 수단이 될 수는 없다. 상대방을 자기의 욕망의 수단으로 삼는다면 그것은 인격이 아니요 사랑이 아니다. 인간의 사랑은 사람다운 사랑이어야 한다. 상대방을 살려주고 상대방을 존경하고 상대방을 신뢰하는 사랑이라야 한다. 사랑은 자기 편지만 보는 것이다. 남의 편지는 절대 보아서는 안된다. 생명의 편지는 한 번뿐이다. 한 이름만 믿어라. 하나님의 편지를 받았으면 그것을 잘 읽어보라. 카톨릭은 한번 결혼하는 것만 인정한다고 한다. 안하는 것이 제일 좋고 하면 한번하면 된다. 두번 세번 자꾸 편지를 읽어본다고 인생을 아는 것은 아니다. 한번 읽어보아서 인생을 모르면 열번 읽어보아도 모른다. 결혼도 하나님을 섬기기 위한 수단이어야지 결혼때문에 하나님이 무시되면 안된다. 애인을 위하여 괴흘리는 사람이 있는데 피는 하나님 만을 위해서 흘리라는 것이 성경의 사상이다. 그런데 남녀관계가 인격이 빠져나가고 동물적인 욕정으로 떨어지면 사랑은 악의 근원이 된다. 서로 좋으면 좋지 않느냐. 사랑에는 이유가 없다. 인간은 좋자고 산

다. 이런식으로 사람이 나가면 인간의 존엄성은 깨지고 만다. 인간은 향락주의의 잔여(殘餘)가 된다. 인간은 정욕의 찌꺼기 향락의 부산물이 되고 만다. 사람은 정성껏 빌어서 나와야 한다. 그것이 사람이다. 몇천년 오기를 기다리다가 와야하는 것이 사람이다. 빌고 또 빌고 기다리고 또 기다리다 나온 것이 사람이다. 그런데 그와는 정반대로 안나왔으면 좋겠다고 생각 했는데 실수해서 사람을 낳게되었다면 그것은 실패요 부모의 의도에 어긋난 원수지 그것이 아들이 될 수 있겠느냐. 실수해서 난 아들에게 성공을 빌 수 있겠는가. 원수로 나온 음탕한 눈으로 사람을 보면 그것이 사람으로 보이겠느냐. 남이 내버린 편지들을 서로 주어서 보면 그속에 무슨 뜻이 있겠느냐. 맛을 찾으면 안된다. 얼굴이나 보고 모양이나 보아서는 안된다. 뜻을 읽어야 한다. 성질을 알아야한다. 남녀의 맛이 아니라 남녀의 뜻을 알아야한다. 음식의 맛이 아니라 음식의 뜻이다. 우리가 음식을 왜 먹나. 깨나는 약으로 먹었다. 그렇다면 남녀의 뜻은 무엇일가. 하나님의 거룩을 깨닫기 위한 것이 아닌가. 남녀의 사랑이 종당 하나님의 사랑에 까지 도달할 때 그것은 영원한 사랑이 되는 것이 아닐까. 일본사람들은 부부는 2세란 말을 쓴다. 금생뿐만 아니라 내세도 계속된다는 뜻일 것이다. 하

나님나라는 시집가고 장가가는 것이 아니라는 사상으로 보면 부부의 사랑을 천국에 까지 끌고 갈 수는 없겠지만 그러나 부부의 사랑을 천국의 사랑까지 끌어 올릴 수도 있을 것이다. 그래서 바울은 부부의 관계를 그리스도와 교회의 관계의 상징이라고 하였다. 상대적인 사랑은 절대적 사랑의 상징이 될 수 있을 것이다. 나는 결혼 안하는 것이 제일 좋다고 생각한다. 그것은 인간이 완전에 도달하면 결혼할 필요가 없기 때문이다. 만일 불완전한 인간이 둘이 하나가 되어 완전을 이룬다면 한번하는 것이 가장 좋다. 그래서 기독교에서 일부일처제도를 쓰고 있는 것 같다. 나는 하나님과 나와의 관계가 부자유친이 되지 않으면 부부유별이 되지 않을 줄 생각한다. 요새는 부자유별이 되고 부부유친이 되었다. 하늘은 내버리고 땅만 움켜 잡을려고 한다. 올라가는 것은 집어치우고 가로 갈려고 한다. 누워사는 세상이 되고 말았다. 사람은 서서 살아야 사람인데 누어서 살기 시작하면 짐승과 별로 다를 것이 없어진다. 사람은 하나님을 섬길 때 사람이 된다. 그것이 독립이기 때문이다. 아버지가 어린애 서기를 얼마나 기다리고 걸어다니기를 얼마나 기다릴가. 독립과 자유 이것이 아버지 섬기는 길이다. 누어만 있고 붙잡혀만 있으면 그것은 아들도 아니요 사람도 아니다. 요새는 너무도 성에 억매여 있다. 석가도 지금 사람의 성욕에 두배가 강해지면 세상에 구원받을 사람이 하나도 없다고 하였다. 모두 쓰러지고 억매여 있다. 집에 짓눌려 꼼작도 못하고 있다. 출가할 용기를 가진 사람은 찾아보기가 어렵게 되었다. 산돼지가 집돼지가 된채 잡아 먹히고 있다. 사람은 정말 구원받을 가망이 없게 되었다. 다만 그리스도라는 하나님의 편지를 받아보고야 하나님아들의 삶을 보고야 사람의 편지를 보지 않기 시작했다. 남의 편지는 절대 보지말라. 음욕을 품고 여인을 본 자는 벌써 간음하였다. 하나님의 편지를 받은 사람은 음욕이 없다. 남의 편지는 절대 보고 싶지도 않다. 물론 자기의 편지도 보고 싶지 않다. 그래서 간디는 해혼을 하게 되는 것이다. 생명의 편지는 한장이면 족하다. 한이름만 믿어라. 그것이 말씀과 하나가 된 사랑이다. 진리적인 사랑 지적인 사랑 깨달은 사랑 그것이 인(仁)이요 자비다. 지적 사랑 그것이 진짜 사랑이다. 지가 병들면 어리석어진다. 그것이 치(痴)다. 음란은 치정에서 나온다. 지가 병든 것이다. 지식 계급이 더 음란에 빠진다. 문명이 높으면 높을수록 더 음란에 빠진다. 음란은 문명에 있다. 문명이 병들었기 때문이다. 문명이 병들면 그나라의 앞날도 멀지않다. 음란치고 망하지 않는 나라는 없기때문이다.

산   보

높고 높고 높고 산보다 높고 산들보다 높고 흰눈보다도 높고 삼만오천육백만리 해보다도 높고 백억천조 해들이 돌고 도는 우리 하늘보다 높고 하늘을 휩싼 빈탕보다 높고 허공을 새겨낸 마음보다 높고 마음이 난 바탈보다 높은 자리에 아버지 한나신 아들 참거룩하신 얼이 끝없이 밑없이 그득 차이시고 고루 잠기시며 두루 옮기시사 얼얼이 절절이 사무쳐 움직이시는 얼김 맞아 마음 오래 열려 에여오른 김 큰김 굴려 코뜰니 안으로 그득 산김이 사백조살알을 뚫고 모여 나린 뱃심 잘몬의 바탕 힘 바다보다 깊이 따아래로 깊이 은하계 아래로 깊이 한 알알을 꿰어뚫다. 이 긴김 깊이 크김 뱃심으로 잇대는 동안 얕은 낮에 블뚱이 뛰고 좁은 속에 마음종 울리다 마니 싫으지 않은가. 고프지 않은가. 울고프지 않는가. 우는 이는 좋음이 있나니 저희가 마음 삭음을 받을 것임이라. 우리 마음에 한 목숨은 목숨키기 깊이 느껴 높이 살음 잘몬 의뙤어 올리는 피도 이때문 한 알 알의 붓어져 내리는 빛도 이 때문 우리안에 밝는 속알이 밝아 굴러커지는 대로 우리속은 넓어지며 우리 꺼풀은 얇아지니 바탈

타고난 마음 그대로 윈통울려 속알굴려 깨처솟아나라 오르리로다. 이글은 내가 혼자 가만히 앉아서 마음 속에서 깊이 외우는 것인데 한바퀴 외우고 나면 내속이 더 깊어지고 더 넓어지고 더 읇글어지고 더 깨어나는 것 같아서 나는 이것을 정신하이킹이라고 한다. 여러분도 오르고 오르고 높이 높이 올라 하나님의 보좌까지 올라갔다가 거기서 얼김을 받아가지고 다시 이세상에 내려왔다가 다시 내목숨을 키워 올려 종당은 마음의 꽃을 피우라는 것이 이 노래의 내용이다. 이 노래를 깊이 명상하면 우선 내몸의 혈액순환이 잘되고 내 마음의 이치가 잘돌고 내 정신의 얼김이 돌아서 내 생명 전체가 풍성해진다. 나는 언제나 코에 숨이 통하고 귀에 말이 통하고 우리 마음에 생각이 통하고 우리 영혼에 신이 통하는 삶을 생명이라고 한다. 생명은 통해야 살고 막히면 죽는다. 맨처음에 산에서 부터 시작하여 해를 거쳐서 은하계 저편 우주를 싸고 있는 빈탕한대 저편에 거기가 마음인데 그 마음 한복판에 하나님의 보좌를 생각하고 그 보좌에서 생명의 강처럼 흘러내려오는 얼김을 생각해 본다. 그래서 이슬이 내리듯 내마음에 내려 그 얼김으로 입이 뚫리고 코가 뚫리고 눈이 뚫리고 귀가 뚫리고 마음이 뚫리고 지혜가 뚫려서 사백조 살알 세포를 다 뚫고 그 기운이 배밑에 모여 자연을 움직이는 힘이 되어

은하계를 뚫고 태양계를 뚫고 내리어 우리 얼굴에 불똥이 튀게하고 우리 마음에 종을 울리게하여 깊이 느끼고 깊이 생각하여 마음을 비게 하고 마음을 밝게하면 우리 마음속에서 깨닫게 되는 것이 있으니 그것은 우리의 목숨키우고 우리의 생명을 키워가는 것이다. 그래서 깊이 느끼고 높이 살게 하는 것 깊이 생각하고 고귀하게 실천하는 것 그것이 생명의 핵심임을 알게된다. 우리가 밥먹는 것도 잠자는 것도 이 우주의 기운이 올라가고 빛이 내려옴도 다 우리의 목숨을 키우기 위해서 있다. 우주와 세계와 인생이 모두 목숨키우기 위해 있다. 우리의 정신이 자꾸 밝아지고 우리의 영혼이 자꾸 울려퍼지고 우리의 마음이 자꾸 넓어지며 우리의 얼굴가죽은 자꾸 얇아지고 우리의 개성은 자꾸 깨어나서 존심양성 마음은 가라앉고 개성은 피어나서 아름다운 하나의 꽃을 피우는 것 이것이 인생의 생명이다. 나는 늘 인생의 생명의 꽃을 피우는 농사를 하고 있으며 자기의 생명을 키우는 일보다 더 아름다운 것은 없다고 생각한다. 나는 위로 올라 갈려고 하는 것을 얼이라고 하고 아래로 떨어질려는 것을 덜이라고 생각한다. 얼떨결이란 말이 있지만 얼은 영(靈)이고 덜은 마(魔)라고 생각한다. 오늘은 신령하다는 것을 생각하고 싶다. 신령한 것은 영이다. 믿는 사람들은 영이라고 하면 성령을 생

각하고 믿지 않는 사람들은 영이라고 하면 영특한 것을 생각 한다. 영지주의라는 것도 있다. 보통 사람의 힘으로는 알 수 없는 것을 알고 싶어하는 사람일수록 영한 사람을 찾게됩니다. 그래서 귀신이 집힌 사람을 무당이라고 하여 무당을 찾는 사람도 많습니다. 그래서 백백교가 생기고 유사종교가 생깁니다. 대학을 나오고 똑똑한 사람도 이런데 흥미를 가지는 이가 많이 있습니다. 이런 것들은 덜된 사람으로써 얼에 씌운 것이 아니라 덜에 씌운 사람이라고 생각합니다. 얼이라는 것은 성령이요 덜이라는 것은 악마입니다. 그 차이는 우리의 욕심이 있으면 덜이 되고 욕심이 없으면 얼이 됩니다. 우리의 생명을 키울 생각으로 신통을 찾으면 그것은 진리를 찾는 것과 조금도 다를 것이 없습니다. 그러나 우리의 욕심을 위해서 얼을 찾으면 그것은 마귀에 떨어지고 마는 것입니다. 신통이 문제가 아니고 우리의 마음이 문제입니다. 마음이 깨끗하면 성령이 되고 마음이 더러워지면 악마가 된다. 우리는 욕심을 떠나서 성령을 받아야 한다. 인간이 귀하다는 것은 얼을 가지고 있기 때문이다. 만물의 영장이 될 수 있는 것은 얼때문이다. 얼때문에 우리는 오르고 또 올라 만물 중에서 가장 높은데 까지 올라간 것이다. 만물이 아직도 기어다니는데 사람이 서서 다닌다는 것만해도 신통한 것이

다. 우리의 정신이 얼이다. 우리의 모든 것이 결단이 나도 얼하나 만은 결단이 나서는 안된다. 우리가 산다는 것은 얼하나 가지고 사는 것이다. 우리에게 소중한 것은 얼을 가지고 덜을 덮어버리는 것입니다. 덜은 마귀로서 우리가 올라가려는 것을 막는 세력입니다. 나는 얼결을 영도(靈濤)라고 쓰고 덜결을 마랑(魔浪)이라고 씁니다. 우리는 얼을 이고 가야합니다. 하나님은 얼이기 때문입니다. 우리는 거룩하고 깨끗게 되기위해서 얼김을 이어야 합니다. 우리가 거룩하다는 것은 얼김을 일 때 거룩하다고 합니다. 덜결을 이면 요사스런 것이 된다. 얼은 얼김을 쳐다보고 올라가는 것이고 덜은 더러운 것을 내려다 보면서 떨어지는 것이다. 아래로 미끄러지고 덜을 업으면 영원과는 아무 상관도 없게된다. 나는 삼각산에서 끌짜기 끌짜기 성령을 받으면 권능을 얻고 라고 써 부치고 산기도를 하는 것을 보는데 그것은 성령이 될 이치가 없다. 벌써 욕심으로 성령을 찾고 있기 때문이다. 이런 사람에게 령이 나리면 덜이 될 수 밖에 길이 없다. 부활한 예수에게 그때가 언제 오느냐고 물었을 때 아버지 외는 아무도 모른다고 했다. 절대 하나님의 권한을 믿는 것이 예수였다. 아버지가 얼마나 높은 지경인지 아무도 아는 이가 없으나 거저 그것을 믿는 것이 인간의 도리일뿐이다. 예수는 성령을 받

아 권능을 얻으면 자기의 증인이 된다는 것이다. 무엇 딴짓하라는 것이 아니다. 그리스도를 증거하고 자기를 증거하는 것 뿐이다. 진리의 영을 받고 자유케 되었으니 자유함을 보여주는 것 그것이 증거다. 예수가 우리에게 기대하는 것은 그것뿐이다. 자유의 증인 그것이 그리스도의 증인이다. 기독교인들은 오순절을 성령의 강림으로 보지만 성부와 성자와 사이에는 언제나 성령이 연결되어 있다. 또 아버지가 지은 천지만물에도 모두 성령이 깃들어있다고 생각할 수도 있다. 히브리 사람은 사람마다 지켜주는 천사가 있다고 생각했다. 우리는 계속 성신을 받고 살아가고 있읍니다. 성신이 충만하지 않으면 올라간다는 생각을 할수가 없읍니다. 사람은 가끔 의를 위하여 목숨을 내놓을 때가 있읍니다. 삼손이 마지막에 성신이 임하여 큰 일을 해냈읍니다. 성신은 세계 어디서나 일하고 있읍니다. 우리는 우리가 영의 존재임을 알아야한다. 우리의 정신이 정직하면 그것은 성신이 임했기 때문입니다. 우리의 마음을 닫는 사람은 성신과 아무 상관이 없읍니다. 그래서 성신을 거역하면 용서받지 못한다고 합니다. 성신의 거역은 마음을 닫고 의를 생각하지 않는 사람입니다. 성신이 권능을 행하는 것이 아니라 우리가 그의 나라와 의를 구하는 것이다. 우리가 급하게 생각하여 성신을 받아

가지고 권능을 얻어 당장 무엇을 해 볼려고 하지만 하나님의 뜻은 하나님이 이루시는 것이니 우리는 뜻이 이루어지도록 기다리는 수 밖에 없읍니다. 우리는 다만 내가 깨닫고 내 생명을 나무를 가꾸듯이 키워나가야 합니다. 그때에만 우리는 성신을 입는 것이 됩니다. 우리는 하나님의 나라가 언제 올지도 모릅니다. 다만 우리는 예수처럼 그것을 알려고 하지 않고 다만 영원한 정신을 이어가는 것을 증거하는 것 뿐입니다. 복음이란 누가15장에 탕자처럼 아버지께로 돌아가는 것이다. 돌아가기만 하면 성신을 넉넉히 부어주신다. 그것이 우리의 권리다. 우리가 만물의 영장으로서 우리가 우리의 정신을 깨치고 나서면 그때에 성신을 받는 것입니다. 우리가 성신을 받는 것은 영원한 생명을 얻기 위해서 입니다. 영원한 생명이란 하나님의 아들이 되는 것입니다. 부흥회를 해서 병을 고치고 돈이 쏟아지는 것이 성신이 아닙니다. 한 사람 한사람 거룩해지는 것이 성신입니다. 요새 교회가 성신을 팔아서 사람들을 미혹케하는 것도 좋지 못합니다. 사람은 무엇이나 할 수 없는 것을 하고 싶어서 권능권능하는데 이런 생각은 아주 없어져야한다. 요사이는 병고친다고 야단들이고 여자들이 따라다니고 한다는데 그것은 모두 마귀의 짓입니다. 또 통일교회라고 남녀가 붙어 다닌다는데 그것도 마귀의 짓

이다. 요새 탐관오리들이 서로 백성을 등처먹을려는 것도 마귀의 짓들입니다. 하물며 교회에서 재물을 탐내면 그것은 마귀드 큰마귀의 짓입니다. 인생은 고달픈 삶을 겪고 있읍니다. 그러나 우리의 갈길은 하늘과 통하는 길뿐입니다. 천명을 받들어 느낄 줄 알면 성신을 받아 권능을 얻게 됩니다. 그것은 하나님 아들이라는 권능을 가지게 되는 것입니다. 사람들은 함정을 파놓고 동물을 잡을려고 하지만 사람들은 자기가 함정에 빠져있는 것은 도르고 있다. 성신이란 하늘에서 내려오는 사다리입니다. 성경이란 하늘에서 내려온 밧줄입니다. 하늘을 쳐다보는 것은 이 함정에서 빠져나가기 위해서 입니다. 옛날부터 오랜 친구 오랜 나무 오랜 글이 좋다고한다. 성령은 오랜 친구요 성경은 오랜 글이오 말씀은 오랜 나무다. 정치의 억압에서 벗어나는 것이 민주주의라면 죄의 억압에서 벗어나는 것이 자유주의일 것입니다. 자기욕심에서 벗어나는 것이 진정한 자유입니다. 우리를 욕심에서 벗어나게하는 것이 성령입니다. 성령은 진리의 영입니다. 진리를 빼고 교육이 어디에 있읍니까. 종교 없는 교육은 지식의 매매는 될지언정 인간의 구원은 되지 않는다. 구원 안된 인간을 가지고 아무리 애써도 그것은 지옥이지 천국은 아니다.

인 가

오늘은 생명인(生命印)이라는 도장을 새겨가지고 왔는데 여러분 종이에 찍어 드리리다. 크기는 옛날 엽전만 하고 모양도 밖은 둥글고 속은 네모난 구멍이 뚫린 것이 옛날 엽전과 마찬가지다. 가운데 네모난 구멍은 몃몃상(常)자의 가운데 입구(口)로 만들어졌다. 그런고로 가운데 몃몃상자를 새기고 상위에 하늘천자와 비슷한 없을 무(无)자를 상아래 날생(生)를 그래서 무상생(無常生)이라고 새기고 상자 오른편에 아니 비(非)자를 왼편에 목숨 명(命)자를 새기어 비상명(非常命)이라고 새겼다. 종이에다 이런 도장을 찍고 그 밑에는 이런 글귀가 적혀있다. 생필무(生必無) 명시비(命是非) 그리고 그밑에 두줄 가운데 상(常)자를 적어놓았다. 그러니까 뜻은 생필무상은 명시비상이라는 뜻이다. 인생은 무상하다. 백년을 살아보았댔자 인생이 무상하다는 것은 누구나 다 아는 사실이요 다 느끼고 있는 것이다. 그래서 어떻게 하면 인생은 무상을 벗어나서 무상 아닌 세계에 주할 수가 있을가 하는 것이 모든 인간의 소원이요 바람이다. 이런 소원과 바람때문에 인간은 생각하고 연구하고 창조하고 신앙하는 것이다.

인간을 근본적으로 움직이고 있는 것이 있다면 인생이 무상하다는 것이다. 그래서 생각하고 연구한 결과가 무엇인가. 그것은 천명은 비상하다는 것이다. 천명은 무상한 인생을 무상하게 살도록 내버려두지 않는다. 무상한 인생이지만 이 무상한 인생에서 비상한 명령을 내려주신다. 그것은 명상시에 명령이 아니라 비상시에 명령이기 때문에 그것은 거역할 수가 없는 절대명령이다. 마치 전시에 군인에게 내려진 것같은 명령이어서 복종하지 않으면 곧 살해되는 무서운 명령이다. 그것은 하지 않으면 안되는 명령이니 내가 온 것은 이 명령을 실천하러 온 것이다. 인생은 놀러 온 것이 아니라 일하러 왔다. 놀러 왔다면 백년을 살아도 그것은 아무 의미가 없다. 그러나 인간은 놀러온 것이 아니라 일하러 왔다. 인간은 일하는데 의미가 있다. 인생은 아이로 끝나면 인생은 요절(夭折)이지만 어른으로 마치면 인생은 장수(長壽)인 것이다. 무상생이란 말은 요절이란 말이요 비상생이란 장수라는 것이다. 인생은 요절할 때 허무하고 인생은 장수할 때 자족한다. 인생이 무상하다는 것은 미숙한 탓이요 인생이 자족하다는 것은 성숙한 탓이다. 인생의 문제는 성숙해질 때 해결된다. 성숙이란 내가 나 아니면서 내가 될 때 이루어진다. 성숙한 세계를 대괴(大塊)라고 한다. 큰덩어리란 뜻인데 대우주를 대괴라고 한다.

대우주는 언제나 자기 아니면서 자기다. 자기가 아니라는 말은 계속 변해 간다는 말이다. 계속 변하여 자기가 없어지는데 그런데 대우주는 여전히 대우주라는 것이다. 변하는 것이 곧 변하지 않는 것이다. 변하지 않는 것을 상(常)이라고 하면 대피는 변을 가지고 상을 삼는다. 변하는 것이 변하지 않는 것이 된다는 것이다. 계속 죽는 것이 계속 사는 것이 된다는 것이다. 이것을 이변위상(以變爲常)이라고 한다. 그렇기 때문에 자꾸 변해야한다. 자꾸 변해야 불변이 된다. 이것이 일이다. 일한다는 것은 자꾸 변화를 일으키는 것이다. 그것이 비상이다. 우리에게 명이 있다면 자꾸 변화를 일으키라는 명이 비상명(非常命)이다. 가만히 있으라는 것이 아니다. 가만이 있으면 없어지고 만다. 그것이 무상이다. 가만이 있으면 상이 없어진다. 그래서 무상이다. 그런데 계속 변하면 계속 있어진다. 그것이 비상이다. 그래서 능변여상이라고 한다. 고(故) 능변여상(能變如常) 아이들은 놀고놀아 상을 유지할려다가 도리혀 변을 만나고 상에 어긋나고 만다. 소아집착욕상(小我執着欽常) 고(故)로 봉변괴상(逢變乖常)하게 된다. 사람은 놀기만 할 수도 없고 일만 할 수도 없다. 놀다가는 일하고 일하다가는 쉰다. 낮에 일하고 밤에는 쉰다. 이것이 인생이다. 인생은 무상생을 살면서 비상생을 살고 있다.

밤에는 무상생을 살고 낮에는 비상생을 산다. 낮만 있어도 안되고 밤만 있어도 안된다. 낮과 밤을 다같이 사는 것이 생명이다. 그것은 하루에도 이루어지지만 사람의 한숨 일호흡 속에서도 이루어진다. 사람은 일생동안 구억번 호흡을 한다. 호흡대사 백년 구억(呼吸代謝百年九億) 쉬는 것이 사는거고 일하는 것이 죽는 것이라면 숨을 들어쉬는 것이 사는 것이요 숨을 내쉬는 것이 죽는 것이다. 흡시이생 호종이사(吸始以生 呼終而死) 그러니 한번 들어마시고 한번 내쉬는 것이 한번 낳았나 한번 죽는 것이나 다를 것이 없다. 결국 낳았다 죽는다는 것은 한번 숨을 들어쉬었다 내쉬는 것에 불과하다. 결국 구억번을 쉰다고 해도 들어쉬었다 내쉬는 것이지 그밖에 아무 것도 아니다. 흡시이생(吸始以生) 호종이사(呼終而死) 일생일사(一生一死) 불외기식지두미야(不外氣息之頭尾也) 한번 숨을 들어쉬고는 더 견딜 수가 없어서 황급히 내쉬고 한번 내쉬고는 큰일 났다고 아찔해서 다시 들어쉰다. 일흡무상(一吸無常) 황혜반호(恍兮反呼) 일호비상(一呼非常) 홀혜복흡(惚兮復吸) 한번 숨쉬고 내쉬는데 생의 덧없음과 명의 보통 아님을 볼 수 있다. 일식지간(一息之間) 가견(可見) 생지무상(生之無常) 명지비상(命之非常) 한번 내쉬고 한번 들어쉬는 것이 곧 생명의 내용이다. 일호일흡즉생명지좌우야(一呼一吸即生命之左右也) 결국 개인으로 보면 호흡을 반복하고 민족으로 보면 생사를 반복한다. 호흡을 반복하는 것이 내가 사는 길이요 생사를 반복하는 것이 민족이 사는 길이다. 계속 변하는 것이 계속 변하지 않는 것이다. 나무 잎은 돋아났다 지지만 나무는 그대로 있다. 여기에 변하는 것속에 또 변하지 않는 것을 본다. 호흡은 변하지만 나는 영원하다. 호흡과 생사가 양극처럼 프로펠라처럼 돌아가는데 비행기는 나는 것 처럼 호흡사생(呼吸死生) 각이극이반복(各二極而反復)하는데 기식생명(氣息生命)이 한없이 발전하고 한없이 튼튼해진다. 자중정이강건(自中正而剛健) 생명이 계속 발전하고 계속 커지는 것 중정(中正) 그것이 영원한 것이다. 중정지위상(中正之謂常) 이렇게 영원한 것을 아는 것이 도다. 지상지위도(知常之謂道) 일음일양위지도(一陰一陽謂之道)라고 한다. 프라스 마이나스 프라스 마이나스 계속 숨쉬면서 변하면서 영원히 변하지 않고 살아가는 것이 도다. 그래서 동그라미 속에 무상생 비상명이라고 쓴 이 도장을 해석하면 시고(是故) 석생명인왈(釋生命印曰) 무상생(無常生) 비상명(非常命)인데 인생은 덧없고 천명은 비상한데 그러나 언제나 상을 알아서 언제나 그 영원 속에 처하면 지상처중(知常處中) 내가 언제나 영원한 현재가 되어서 영원 속에 살아가면 어동어서(於東於西) 무비생명(無非生命) 동에서나 서에서나 어디에 있든지 생명 아닌 것이 없고 행복하지 않은 곳이 없다. 영원한 생명이 되면 죽어도 살아도 여기서도 저기서도 나도 너도 언제나 행복하다. 생명의 비결은 지상처중(知常處中)하는 것이다. 영원한 현재가 되는 것이다. 삶이 덧없어도 목숨같이만 이것이 생명의 알짬이다. 일생을 하루에 사는 것이다. 이것이 지상 처중이다. 하루 하루를 지성껏 살면 무상한 인생이 비상한 인생이 된다. 하루 하루를 덧없이 내버리면 일생은 허무외에 아무 것도 아니다. 그러나 지성불식(至誠不息) 정성을 다해서 쉬지않는 숨처럼 언제나 깨어 있는 숨은 쉬지 않으면서 쉬는 숨이며 늘 괴로우면서 제일 기쁜 것이 숨님이다. 사람은 열심히 일하는데서 삶의 보람을 느낀다. 그러나 그 일이 자기의 본성에 맞는 일이어야 한다. 그론 덧숨 우리의 생은 동물적 생이다. 그론 것이요 욕심에 가득찬 덧숨이다. 그러나 그 숨이 돐하이금(自己使命)을 사는 목숨이 되어야 한다. 하늘이 시키시는대로 하며 자기 목을 다하는 삶이 되어야 한다. 사명(使命)을 가지고 사는 생명 언제 죽어도 좋다고 생각하고 죽어서(死) 사는 생명 그것이 영원한 생명이다. 중심을 잡고 바로 사는 것 이것이 인생의 비밀이다. 내쉬고 들이 쉬는 것이 호흡인데 호흡이야말

로 하나의 소식(消息)이다. 소식이
라면 편지라는 말이 되는데 인생이라
는 것도 하나의 맛과 뜻을 들어내는
하나의 편지다. 소식 소식 무슨 소
식(消息消息假消息) 우주 기후는 평
소식이다. (宇宙氣候平消息) 우주와기
후에는 아무 이상도 없어 오늘도 살
아가고 있다. 사람들은 자꾸 소식을
묻지만(尋消耳息人消息) 깨어 일어났
다 또 자고 쉬는 것이 내 소식이다.
興消寢息自消息) 침식에 이상이 없
어서 우리의 전통이 이어지고(寢食
無恙一姑息) 부모님의 은덕으로 우
리의 자손이 이어진다. (父母有養多
子息) 일생을 살려면 9억 4천만번의
숨을 쉬어야하고(九億四千萬回消) 우
리의 삶은 한없이 신비한 것이다. (無
量下可思議息) 같은 공기를 숨쉬며
모든 생명이 하나의 동포를 이루고
(壹氣衆生同胞消) 수많은 계절을 지
내면서 하나님의 아들을 길러내는 세
상이다. (兆候一也獨胎息) 때를 끊
고 기다림 음식을 소화하고 지식을
소화시키기 위해서요 땅에 누워 깊이
쉼은 우리의 육체와 정신이 다시 깨
어나기 위해서다. (消遣有待食消化 休
息無他要氣息) 숨었다 들어났다 하는
만믈에서 조화의 신의 뜻을 살펴야하
고(隱顯事物萬化消) 몸과 마음을 살
리고 죽이어 자기의 영혼을 일깨워
살려야한다. (活殺心身一乞息) 언제나
안일과 이해는 죽은 소식이요(便消利
息死消息) 숨이 통하고 이치에 통하

며 신에게 통하는 것이 산소식이다.
(通息窮消活消息) 노래가 그치고 춤
이 멎음은 너무도 고독한 처사이고
(歌消舞息固孤單) 춤을 추고 노래를
부르며 소일하는 것이 흥겨운 삶이다.
(消舞息歌眞如息) 소식가운데 기쁜소
식은 어린애 낳았다는 소식이다. (消
息象中消息子) 어린애야 말로 메시야
며 구세주며 우주를 다스릴 존재이기
때문이다. 하늘에 기운은 내려오고
땅에 기운은 올라간다. 이리하여 비
가 오고 이슬이 맺혀 농사가 풍년이
되듯이 하나님의 사랑과 인간의 기도
가 합쳐서 여기에 새로운 세계가 펼
쳐진다. (氤氳氣壹統萬息) 이것이 소
식이라는 노래다. 언제나 주의할 것
은 땅은 올라가고 하늘은 내려와야한
다. 몸은 기운차려 올라가고 마음은
겸손하게 내려가야 한다. (心可配地重
身克奉天欽) 마음은 언제나 무겁게
땅으로 가라앉아야하고 몸은 언제나
재빠르게 하늘을 섬길 수 있어야한다.
인간은 자연을 빗어나서 유희삼매하
는 것이 사는 것이요(肵情則生) 사람
이 구습에 짓눌리면 죽는 것이다. (人
套故則殞) 생명은 언제나 옛 것을 넘
어서 새롭게 창조되어야한다. 옛 껍
질을 벗고 새로운 삶을 사는 창조적
지성이 올라가는 생명이다. 높이 긴
김 민 숨 묵눔 폭 깊이 핀 피 깨끗이
直前勁志動地來 向上歗氣冲天去) 깊
이 생각하고 높게 살아가는 것이 생
명이다.

신

일생 신을 신으니 발에 편히 맞도록 아름답게 지어서 흙떼고 먼지털고 약칠하고 솔질하여 빛나게 닦아 힘있게 바로 신고 조심 조심 길찾아 마음놓고 걷다가 갈길 다 간 후에는 아낌없이 주리라. 남이 지은 신이니 뜻있게 신다가 갈길 다 간 후에는 아낌없이 주리라. 인생은 신발과 같다. 이 신발은 일생을 신는다. 그렇기 때문에 발에 맞도록 아름답게 지어야 한다. 눈물로 씻고 성신으로 솔질하여 후회없는 인생을 힘차게 살아가야 한다. 언제나 길을 골라 조심조심 걸어가야 한다. 길을 가지 않으면 남하고 같이 갈 수가 없다. 길을 가기 위해서는 말씀을 따라야 한다. 신이 낡아지면 마음 놓고 버려야 한다. 낡아진다는 말은 자아발견이란 뜻인데 인생의 의미란 말이다. 인생의 의미를 알았으면 아무 때 죽어도 좋다. 아침에 도를 들으면 저녁에 죽어도좋다. 인생의 의미란 내가 하나님의 아들이라는 것을 깨닫는 것이다. 내가 하나님의 아들임을 깨달으면 아무 때 죽어도 좋다. 내속에는 벌써 영원한 생명이 깃들어 있기 때문이다. 하나님의 아들은 죽지 않는다. 죽지 않는 생명이기에 아무 때 죽어도 좋은 것이

다. 남이 지은 신이니 더욱 뜻있게 신어야 한다. 빛나게 신고 힘있게 신자. 언제나 고맙게 생각하고 겸손하게 살아가야 한다. 나는 내성경에 이런 글을 적어 놓았다. 이것은 1647년 퀘커를 시작한 죠지 폭스의 말인데 참 좋아서 적어 놓았다. 나는 사람 사람이 예수그리스도를 받아들이게 곧 그들이 어둠에서 빛으로 마주가게 할일로 온 것이다. 예수는 빛을 가지고 받는 사람에겐 하나님 아들인 힘을 주신다. 이 힘은 내가 그리스도를 받으므로 얻는다. 인생에 가장 소중한 것은 빛과 힘을 얻는 것이다. 기독교에서 하나님을 힘이라고 하는데 유태말로 엘리라고 한다. 또 여호와는 계시란 말인데 빛이라는 뜻이다. 빛을 이(理)라고 하고 힘을 기(氣)라고 한다. 기발이승(氣發理乘)은 힘이 나고 빛이 밝다는 것이다. 인생의 몸은 힘이 있어야 하고 인생의 마음은 빛이 있어야 한다. 빛과 힘이 인생의 핵심이다. 정신의 빛과 영원의 힘이 없으면 인생은 마음놓고 죽을 수가 없다. 언제나 신발은 벗을 수 있도록 남이 지어주신 신발이니 뜻있게 신다가 아낌없이 벗어버리는 것이 인생의 도리다. 나는 장미꽃이 담장에 말라붙은 것을 보기가 싫다. 장미는 꽃은 고운데 질줄을 몰라 탈이다. 꽃이 지고 열매가 맺히는 것이 좋다. 낙화착실종추성(落花着實終秋成)이다. 사람은 가끔 이번만 살려달라고 기도를 한다. 씨가

들지 않아서 그렇다. 열매가 맺지 못해서 그렇다. 빈죽정이가 된 것이다. 죽정이 가지에 삼년 이란 말이 있다. 가지에 붙어 있으면 무얼하나. 모양만 사납지. 나는 이번만 살려달라는 죽정이 인생들의 남은 여생이 문제라고 생각한다. 마치 전과자들 처럼 용서해 주면 또 죄를 범하는 쓰리꾼과 같다. 인생은 생사(生死)를 벗어나야지 몸맘을 벗어나야지 그렇지 못하면 빛나고 힘있게 살 수가 없다. 인생은 좀더 빛나고 힘있게 살아야 한다. 하늘은 우리 속에 영원한 생명을 깊이 감추어 두었다. (天藏信秘息永心) 이 씨앗을 잘 길러서 물신을 초월해야 한다. (物身超而因育成) 마지막 끝을 성스럽게 내라. 끝이 힘을 준다. 끝이 힘을 준다는 말은 결단하는데서 힘이 생긴다는 것이다. 끝이란 끊어버리는 것이다. 끊어버리는데 정신이 자란다. 전광석화(電光石火)처럼 꽃의 찰나 끝에 생명의 꽃이 핀다. 마지막 숨끝 그것이 꽃이다. 그래서 유종지미 (有終之美)라고 한다. 마지막을 아름답게 꽃처럼 그것이 끝꽃이다. 그러기 위해서는 마지막을 기다릴 것이 아니다. 순간 순간이 곧 끝이다. 그렇기 때문에 언제나 끝이요 언제나 꽃이다. 현재는 끝꽃이다. 하나님은 알파와 오메가다. 하나님은 처음과 끝이다. 현재의 현은 꽃처럼 피여나는 것이요 현재의 재는 하나님의 끝이다. 인생의 끝은 죽음인데 죽음이 곧 끝이요 꽃이다. 십자가를 바라보는 것은 꽃구경하는 것이다. 죽음이야말로 엄숙하고 갸륵한 것이다. 꽃피를 흘리는 젊은이의 죽음은 더욱 숭고한 꽃을 피우고 있다. 내끝을 브아야 한다. 자기 죽음을 지켜 볼 수 있는 것이 정신이다. 나는 오늘 내 숨끝 오늘 내생의 순간을 아름답게 또박 또박 가면 마지막 끝도 아름답게 갈 것이라고 생각한다. 철학이 죽음의 연습이라는 것은 오늘 하루 하루를 착실하고 아름답게 생각꽃을 피우는 것이기 때문이다. 생각이란 꽃피요 죽는 연습이다. 매일 매일의 생각을 아름답고 성스럽게 하라. 말씀은 숨의 마지막이요 사(死) 이후의 생이라고 할 수 있다. 말숨쉼은 영원을 사는 것이요 죽음 이후를 사는 것이다. 말숨을 생각하는 것은 영원을 생각하는 것이요 말씀이 곧 하나님이기도 하다. 말씀 쉬는 것이 하나님을 믿는 것이요 하나님을 사는 것이다. 끝이 힘을 준다. 말씀이 힘을 준다. 하나님이 힘을 준다. 영원이 힘을 준다. 말씀은 우리속에 타는 불이다. 속에서 장작처럼 쓰여지는 것이 말씀이다. 속에 태워지는 장작 그것이 말씀이다. 진리란 속에서 쓰여지는 것이다. 중용(中庸)이란 속에서 쓰여진다는 말이다. 우리 속에서 영원한 생명이 타고 있다. 하나님의 말씀이 타고 있다. 그것이 생각이다. 사람은 말씀이 타는 화로다. 그것이 현존재다. 그것이 천장신비식영심(天藏

信秘息永心)이다. 칼숨 쉬는 것이 사람이다. 이성적 동물이 사람이다. 숨쉬지 못하면 사람이라고 하기 어렵다. 그러기 위해서는 식색(食色)을 초월해야 한다. 물신초이인육성(物身超而因育成) 물신을 초월하지 못하면 우리의 정신생명이 자라지 못한다. 언제나 먹을 것을 삼가고 남녀(男女)를 조심해야 한다. 일숙장성유별신(一宿長成有別身) 평생상경극종신(平生相敬克終身) 이상조변견빙지(履霜早辨堅水至) 인빈중절친일신(寅賓中節親日新) 하루밤을 자도 남녀유별 만리 장성을 쌓아놓고 자라. 오랑캐의 침략을 받지말도록. 색마는 오랑캐의 말보다 더 무서운 것이다. 먹는 것은일 평생 시험에 빠지지 말도록 언제나 자기몸을 공경하여 자기의 수명을 다하기까지 건강한 육체를 유지해야 한다. 건강한 정신으로 남녀를 이기고 건강한 육체로 음식을 이겨야 한다. 음식 남녀에 지면 곧 병신이 되고 등신이 되어 죽게됨이 마치 서리가 내리면 얼음이 어는 것이나 마찬가지다. 남녀, 음식에 이긴 사람만이 건강한 육체와 건강한 정신을 가지고 새벽에 일어나서 종일 새 정신과 새 육체를 유지할 수 있다. 음식, 남녀에 끌려 다니면 인생은 무의미하고 신세는 망치고 만다. (無別味兮 無別味兮 果無滋味 離散衆) 남녀음식을 조심하면 온나라가 행복해진다. (有別義矣 有別義矣 必有餘瘦圉聚民) 음식을 조심하면 건강하게

마칠 수 있고 남녀를 조심하면 평안하게 살아 갈 수 있다. 음식 남녀야말로 인생의 핵심이다. (敬則克終 苟則易離 昏義原則眞) 나는 인생의 이상세계는 벌사회라고 생각한다. 너는 벌사회를 본일이 있는가. (君不見 蜂世界) 여왕벌은 일생에 한번 수정해서 그것을 평생 자기 속에 간직한 후에 필요할 때마다 꺼내쓴다.(惟精惟一允執厥中) 유정유일 윤집궐중은 중국사상의 핵심이다. 요임금이 순임금에게 전하고 순이 우에 우가 탕에 탕이 문왕에게 문왕이 주공에게 주공이 공자에게 공자가 맹자에게 맹자가 주자에게 주자가 왕자에게 전해 준 것이 중이라는 것이다. 정신을 통일해 가지고 사물의 핵심을 잡는 것이 유정 유일 윤집 궐중이다. 그러기 위해서는 성령을 받아야하고 말씀을 받아서 내 속에서 불사르어야 한다. 천장신비식영심(天藏信秘息永心)이 되어야 한다. 그러기 위해서는 식색을 초월히여 물신초이인육성(物身超而因育成)이 되어야 한다. 식색을 초월하고 말씀을 불사르는 세계가 이상 세계요 그것이 벌세계라는 것이다. 무정란(無精卵)에서는 숫벌이 나오고 유정란(有精卵)에서는 암벌이 나온다. 숫벌은 수가 적고 암벌은 수가 한없이 많다. 그것이 일하는 벌이요 동봉(働蜂)이다. 암벌은 결혼하는 법이 없다. 암벌은 평생 정성을 다해서 꿀을 모아 들이는 일에만 열중한다. 부국(富國)은 암벌

의 공이다. 숫벌은 영웅처럼 나라를 지킨다. 숫벌도 결혼하지 않는다. 다만 숫벌 한마리 만이 여왕벌에게 한번 수정시킨다. 한번 여왕이 수정되면 평생 그 정을 가지고 일하는 암벌을 생산해 간다. 그리고 국민은 꿀을 아껴 먹는다. 그리고 여왕은 꿀을 많이 먹이고 좋은 꿀을 먹인다. 그러면 여왕벌이 된다. 조금 먹으면 작은 벌이 되고 많이 먹으면 왕벌이 된다. 왕벌은 한마리 뿐이다. 숫벌은 나라를 위해 싸운다. 강병(强兵)이다. 벌은 한번 수정하면 죽어버린다. 자란출웅웅유정(自卵出雄雄有精) 수정생녀녀불귀(受精生女女不歸) 중매정중치확밀(衆妹正中致穫蜜) 왕모정일생민위(王母精一生民爲) 벌세계는 흡사 정신의 세계와 같다. 정신의 세계가 유정유일 운집궐중이다. 벌세계처럼 순진하고(推精) 한결같은(惟一) 사회는 없을 것이다. 여왕은 한번 수정하면 족함이 성신받은 성인을 연상케 한다. 왕봉이 백성을 낳는 사회가 벌사회다. 교회란 교인을 낳는 사회다. 오늘 내가 너를 낳았다. 거듭난 사회 새로난 사회 그것이 교리가 아닌가. 동봉은 한 벌통에 4만마리 정도라고 한다. 동봉은 일주일 일하고 죽는 모양이다. 왕봉은 3개월가량 사는 것 같다. 또 새 왕을 뽑는데 새왕은 먹이는 것이 특별하다고 한다. 벌세계가 인간에게보여주는 것이 무엇인가. 벌은 한번 쏘면 독기를 발한다. 사람은 한번 쏘면 무엇을 발할 것인가. 꽃끝 한번 꼭쏘면 무엇이 나올 것인가. 나는 가온찌기란 말을 잘한다. 중정(中正)이란 말이다. 생의 핵심을 찍으라는 것이다. 생의 핵심을 못붙잡으면 인생은 중정이 될 수가 없다. 생의 핵심은 식색이다. 식색이 생의 핵심임을 알아야 한다. 식색의 정체를 모르면 생을 바로 살 수는 없을 것이다. 생의 핵심을 못붙잡으면 자기를 사랑한다고 하고 남을 사랑한다고 해도 사랑하는 것이 아니고 서로 죽이고 서로 해치고 있는 것이다. 자애애인애애매(自愛愛人優曖昧) 죽기까지 사람은 서로 모르고 살게된다. 종천부득상견해(終天不得相見解) 세상일이란 복잡다단하고 인사망라무잡철(人事網羅無雜綴) 사람의 진면목은 들어나지 않은 채 애매한 세상을 살아가고 만다. 오제면목지애매(吾儕面目止曖昧) 자칫하면 인생은 헛살기 쉽다. 식색을 초월하지 못하면 인생은 애매한 인생이다. 보아서는 돈도 있고 권세도 있고 세상에서 출세하는 것 같아도 속을 들여다 보면 썩은 무같아서 아무 쓸모 없는 인생이다. 이 나라 백성이 언제나 벌을 본 받아 인생을 살아도 꼭찌들 수 있는 알찬 인생이 될 수 있을까. 줄어드는 바탈(彈力)이 늘어매임에 싸움을 줄이라하고 아니하기로 조이는 바탈이 하이엄(使命) 씨움에 이름을 안해라.

말 씀

옛날 요나 순은 바탈로 다스렸다고 해서 성지(性之)라고 한다. 성지(性之)는 自然처럼 순리대로 다스리는 것이다. 그런데 탕무(湯武)는 신지(身之)라는 말을 쓴다. 자연적이 못되고 사회적 인의(仁義)적인 면이 있다. 그러나 자기의 정성을 다해 몸소 실천하는 정치를 한 것이다. 그러나 관환(管桓)은 가지(假之) 억지로 수단을 써서 정치를 했다. 성지는 도치(道治)고 신지는 덕치(德治)고 가치는 법치(法治)라고 할 수 있다. 세가지가 정도의 차이는 있지만 다 훌륭한 정치다. 요순이나 탕무나 관환은 모두 좋은 신하를 가지든지 그렇지 않으면 자기자신이 바짝 정신을 차려 무슨 일이든지 빈틈없이 정치를 해 간 것이다. 그런데 요새는 왜그리 거짓 말이 많고 꾸민 말이 많고 선전이 많은가. 옛날은 국가의 기밀은 절대 비밀이어야 한다고 불출호정(不出戶庭)이라고 했는데 요새는 국가의 기밀이 미리 미리 새어나와 경제시장을 혼미하게 하고 있으니 도대체 이것이 어찌된 일인가. 임금이 기밀을 지키지 못하면 신하를 잃고 신하가 기밀을 지키지 못하면 자기자신이 죽게되고 국가의 기밀이 지켜지지 못하면 나라가 해를 입는다고 했는데 요사이는 언론의 권위가 왜 이렇게 땅에 떨어지고 정치가 엉망이 되어가는지 알수가 없다. 성지신지가지언(性之身之假之言) 득신존신사밀기(得臣存身事密幾)식언기어환다반(食言綺語恒茶飯)호정하유자기시(戶庭何有自棄市) 말이 자꾸 타락하면 인간의 권위는 자꾸 땅에 떨어진다. 말이 존경을 받고 글이 존경을 받아야 한다. 말이나 글이 쓰레기통에 던져짐은 자기의 정신을 쓰레기통에 던지는 것이나 마찬가지다. 인간의 권위는 말의 권위에 있다. 그렇기 때문에 말 한번 할려면 좋은 말 높은 말을 고르고 또 골라서 해야 한다. 옛날부터 수사입기성(修辭立其誠)이라고 한다. 말을 제대로 할려면 고르고 또 골라야 한다. 수사란 말은 고른다는 뜻이다. 말이란 우리 정신의 양식인데 정신의 양식을 아무 것이나 먹을 수 있느냐. 좋은 말 좋은 책을 고르고 골라서 먹어야 하지 않겠느냐. 우리가 물 한모금을 마실려고 해도 고르고 고르는데 하물며 말씀을 사를려면 얼마나 고르고 또 골라야 할지 알 수 없다. 수사하고 수사해야 참말을 할 수 있다. 그것이 입기성(立其誠)이다. 말을 닦은 후에야 몸이 닦아진다고 한다. 언수이후에 신수(言修以後身修)라고 한다. 참말한 후에야 인격이 생기지 거짓말하면서 무슨 인격이냐. 개인도 그렇거든 나라야 말해서 무엇하랴. 나라가 참말을 해야 나라가 서지. 거짓말하는 나라가 무슨 나라인가. 말은 한번하면 천리를 간다. 쏟아진 물이 담기 어렵듯이 실언하면 회복하기 참 어렵다. 일단 천리를 가면 누가 그것을 잡아올 수 있을까. 불원복수여(不遠復誰與) 남의 말을 함부러해도 안되고 모르는 말을 해도 안된다. 더우기 남의 인신에 관한 말은 절대 해선 안된다. 말씀을 삼가자. 말씀을 고르자. 말씀을 닦자. 우리의 정신을 닦는다는 것은 말씀을 닦는 것이다. 생각이란 무엇이냐. 말씀닦는 것 아니냐. 몸을 닦듯이 말을 닦자. 말이 안되는 소리를 자꾸 지껄이면 누구가 다시 말의 존귀함을 알 것이냐. 말을 한다는 것이 남의 흉만 보고, 말을 하면 거짓말만 하니 이 일을 누구에게 호소를 할까. 만부성설어(萬不成說語) 수복지존어(誰復知尊語) 언필칭고소(言必稱告訴) 실언무고처(失言無告處) 요사이 글자나 알고 글귀나 읽고 책을 써낸다는 자들의 짓이 무엇이냐. 도리혀 세상을 어지럽게 하고 젊은이들을 타락하게 하고 국민정신을 죽이고 있지 않느냐. 식자지구해문장(識字知句解文章) 사간면식장살생(史簡眠食壯殺生) 정말 참말에는 의미가 심장하고 그속에는 인간의 참 갈길이 환하게 보이어야 하지 않는가. 의미심각의리처(意味深刻義理處) 그런데 요사이 세상을 지배하는 이는 누군가.

악마인가. 성신인가. 도무지 알 수가 없지 않은가. 당자소간오불량(當者所幹吾不諒) 정말 맑은 샘물이 있어야 하듯이 이 세상에는 정신을 살릴 참말이 있어야 한다. 진리가 존재해야 한다. 그래서 진리가 하나르 꿰뚫려야 한다.(一以貫之) 하늘에서 오시는 이는 만물(萬物) 위에 있나니 그는 보고 들은 것을 말하되 듣는 이가 없더라고 요한 6장 61절에 적혀 있다. 참말을 듣는 이들이 있어야 나라는 흥한다. 말씀의 주인공이 누군가. 성신이 아닌가. 말하는 이는 신이라고 마태10장20절에 있지 않느냐. 우리속에서 말하는 이는 신이다. 우리가 말하는 것이 아니다. 신이 말한다. 신의 말씀이 참 말씀이다. 아바께서 계셔 마치 신일(父在申申命) 우리 위로 된 길나서(上天攸好德) 단길발로 마침거름(坤足信步行) 들머리에 된길가온(乾頭峻極天) 들머리 당길발던짐(乾坤一擲去) 한고딘가 하노라(一貞勝也辭) 옛날 창힐(蒼頡)이가 처음으로 새발자국을 보고 글을 만들었을 때 성신은 좋아서 좁살비(粟雨)를 뿌려주고 마귀들은 통분하여 목놓아 울었다(鬼哭)고 한다. 글은 통해야 한다. 진리는 통해야 한다. 통하는 것이 고디(貞)다. 화살처럼 정직해야 뚫고 나갈 수가 있다. 세상에 사실처럼 강한 것은 없다. 참말처럼 강한 것은 없다. 고디가 제일 강하다. 정승자(貞勝者)이다. 고디 만이 책임을 완

수 할 수 있다. 고디 만이 하나님과 통할 수 있다. 정직 만을 신이 좋아 하신다. 신의 말은 정직한 말이다. 사실이 신의 말이다. 하늘은 말이 없어도 사시(四時)가 행하고 있지 않느냐. 진리는 영원하다. 요한12장 60절 나는 그의 이름이 늘 삶인 줄 아노라. 하나님의 명령이 영원한 생명이다. 파리는 일년에 백만마리로 번식한다. 진리는 무한하다. 영원하다. 진리가 있을 뿐이다. 하나님의 말씀은 진리 뿐이다. 아버지께서 우리에게 신신 부탁한 말씀이 있다면 정직하게 살라는 것이다. 정직한 길은 옛날부터 하늘에서 주워진 길로 모든 성현들이 걸어간 길이다. 이 길 만이 마음 놓고 턱턱 걸어갈 수 있는 길이요 이 길 만이 언제나 머리 쳐들고 떳떳하게 걸어갈 길이다. 모든 상대를 툭툭 털어버리고 오로지 갈 수 있는 길은 곧은 길뿐이고 곧은 길 만이 일체를 이기는 길이다. 말씀은 맨 꼭대기다. 말씀에 우주가 달려있다. 태극지시리(太極之是理)라고 한다. 진리가 최고다. 진리에 순종하는 것이 태극을 따르는 길이다. 하늘이 돕는 것은 순(順)이요 사람이 돕는 것은 신(信)이다. 신을 지키고 순을 생각하라. (履信思乎順) 신용은 지켜야하고 순종은 생각하여야 한다. 순종은 진리를 쫓아가는 것이다. 세상을 사랑하면 멸망한다. (甚想必大費) 진리를 쫓아가면 모든 것이 살아난다. 건강

한 사람은 죽음을 생각하지 않는다. 죽음을 생각하는 것은 병든 사람이다. 현인은 생을 생각하지 사를 생각하지 않는다. 죽음이란 어린애가 만삭이 되어 어머니 배밖으로 나가는 것이다. 지구는 어머니 배나 마찬가지다. 어린애가 열달동안 뱃속에 있듯이 우리는 100년동안 지구에 있다가 때가 되면 지구를 박차고 나가는 것이 죽음이라고 생각한다. 죽으면 우리는 또다시 일하고 하나님께 감사해야 한다. 살다 간 후에는 은혜에 감사하고 족히 어른이 되어야 한다. 생후은감족성인(生後恩感足成仁) 살아 있을 동안은 어머니 뱃속이니 무럭무럭 자라서 생명이 충실하고 자꾸 자꾸 올라가서 향상일로하여 진리를 깨닫고 생명을 얻어 암호를 해독하고 체득하여 열달이 차서 만삭공(滿朔空)이 되어야 한다. 생전관효만삭공(生前觀爻滿朔空) 무럭 무럭자라기 위해서는 밥먹지 않고 하루종일을 보내야 한다. 지혜를 빛내기위해서다. 식전혜명장종일(食前惠明長終日) 밥먹고 나서는 꿈없이 깊은 잠을 자야겠지. 식후습유안무몽(食後習幽安無夢) 결국 사람은 먹고 자고 살고 죽는 가운데 사는 것이 사람이다. 그러므로 입은 묵혀두고(宿口) 마음은 비어두는 것(空心)이 인생의 사는 이치라. 죽음이 무엇이냐. (死辭) 채문식생사사중래(借問食生事死中來) 군지야부지야(君知也不知也) 숙구공심미(宿口空心

味) 식전혜명장종일(食前惠明長終日) 식후습유안무몽(食後習幽安無夢) 생후은감족성인(生後恩感足成仁) 생전관효만삭공(生前觀爻滿朔空) 결국 산다는 것은 무엇인가. (生辭) 사는 요령은 무엇인가. 사람은 나기 전부터 열달을 채워서 나왔고 죽은 후에는 편안히 안장된다. 생전신순사후안(生前信順死後安) 사람은 깨기 전에는 편안히 쉬어야하고 먹은 후에는 고맙게 생각해야 한다. 식후적충각전식(食後適充覺前息) 부모님의 덕으로 세상에 나오고 하나님의 은혜로 고디를 받았으니 정일부모참양지(貞一父母參兩之) 먹고는 쉬고 색은 아끼어 인의예지(仁義禮智)를 참되게 가지는 것이 사람의 사는 길이다. 식식색색사상식(食息色嗇四象寔) 산다는 것은 식색(食色)을 초월한다는 것이 사는 것이다. 식색을 초월하면 생사(生死)가 초월된다. 나는 생사를 깨끗이라고 한다. 깨어 시작하고 끝내어 마추기 때문이다. 인생은 언제나 깨끗해야 한다. 깨끗은 나남없는 이제다. 생사를 초월한 사람은 대아를 살기 때문에 나니 남이니 하는 소이가 없다. 그리고 하루 하루가 다 영원한 현재다. 오늘이요 늘이다. 하루가 영원이란 말이다. 생사를 초월한 사람은 깬 사람이요 끝에서 사는 사람이다. 끝하면 칼끝을 생각해 보아라. 있는 것 같기도 하고 없는 것 같기도 하다. 끝은 유무를 초월한 세계다. 생사를

초월하면 유무도 초월한다. 있어도 걸리지 않고 없어도 걸리지 않는다. 깨끗이다. 깨끗 떠나면 인생은 허무하다. 깨끗한 길을 깨끗하게 다달아야 한다. 깨끗한 길은 험하고 좁은 길이다. 그러나 그것은 순탄하고 평안한 길이다. (信道行來皆擔道) 그러나 미혹된 길은 넓고 평탄한 것 같으나 그것은 허무하고 빠지는 길이다. (迷惑經過無平地) 인제 인제 내일을 찾으면 안된다. 언제나 오늘 오늘 하루를 사는 것이다. 일생도 오늘에 있지 내일에 있는 것이 아니다. 깨끗은 오늘에 있지 내일에 있는 것이 아니다. 깨끗은 어제 있는 것도 아니다. 지나간 것은 찌꺼기다. 찌꺼기는 돌볼 것이 못된다. 깬다는 것은 습관을 벗어 난다(脫慣性)는 것이다. 무거운 짐은 습관이요 게으름은 습관이다. 저승에 깨어나 그 나라에 끝마침이 깨끗이다. 이세상을 끝내고 저세상을 사는 것이다. 없이 있어야(無欲) 막힘 없다. (自由) 칼날처럼 보이는 것 같으나 보이지 않고 보이지 않는 것 같으나 보이는 것이 깨끗이다. 하나님의 손끝은 날카롭고 무섭다. 끝수의 무서움을 알아야한다. 끝수를 새롭게 가지자. 하나님의 심판은 무서운 것이다. 하루하루가 심판인 것을 알아야 한다. 역사는 심판이다. 시간이 심판이다. 허송세월이란 있을 수 없다. 깨어서 사는 것이다. 그것이 끝에서 사는 것이다.

빈탕 한디 맞혀 놀이
與空配享

多夕 柳 永 模

여기에 실린 『與空配享』은 多夕 柳永模(1890~   )님이 1957년 3월 8일, 서울 YMCA의 『金曜講座』에서 행한 講義를 速記錄에서 정리한 것이다. 多夕은 咸錫憲님이 유일하게 〈선생님〉이라고 부르는 분이다. 지금은 90고령으로 자하문 밖에 살고 있다.

現存의 『對談』으로 첫번째 모실 어른이나, 多夕은 이미 〈말씀〉을 끓은지 오래이다. 얼마 전에 엮은이가 찾아갔다.

"선생님, 말-숨(多夕은 말씀을 〈말의 숨〉으로 새겨 읽는다) 한 마디 들려주시지요?" 귀가 어두어, 큰 소리로 물었다. 말이 그치기도 전에

"말숨 그품 쉬어." 일할했다. 그래도 한 마디 물었다.

"세상이 어쩌 이 끝입니까?"

"두어 둬ㅡ"

글자 그대로 호령이었다. 그렇지만, 한 물음 더 보냈다.

"사는 게 무엇입니까?"

"이 밖에 별개 있을리 있나?"

그는 그 특유의 모습으로 (多夕은 언제나 무릎을 꿇고 앉는다), 한참 〈하늘〉에 눈을 주었다. 이윽고,

"모를 일이야" 음성을 낮추었다.

여기에 실린 이 글을, 22년이나 지난 오늘의 多夕으로서는 어떻게 생각할까? 실린다는 것 자체가 그에 대한 하나의 背德일지 모른다.

오늘 저가 말하려는 「與空配享」
은 어떤 의미에서 人生에 관한 결
론이라고 할 수 있다. 저는 오래
전부터 〈虛空〉과 〈마음〉에 대해서
생각해 왔는데; 그것은 결코 둘이
아니라는 느낌이다. 절대자다, 하
나님이다, 허공이다, 마음이다 하
는 것은 서로 다른 것이 아니라고
생각한다. 안의 것이나 밖의 것은
따로가 아니고, 완전히 하나라고
생각한다.

꽃 테두리를 볼 적에, 우리는 흔
히 그 테두리 안에 있는 꽃만 보지
그 테두리 밖에 있는 빈탕(虛空)은
보지 않는다. 우리가 바로 보아야
할 것은 허공인데 말이다.

虛空을 모르고서 하는 말이나 짓
은 모두가 거짓이라 할 수 있다.
참(眞)은 허공에 있기 때문이다.

빈탕 한티 맞혀 노리
　　　　(與空配享)

나(我) ㄹ[飛] 수 없는, 붙
(着) 닫힌(閉塞) 몸동이(束縛)
맴달린 나
월이 묻언[어서는] (染埋) 꿈

틀더니

　맑혀 맔(止) 묨만큼 맞난
내, 날라 나
　비롯오 빈탕 계에(晷前)
　한티 계(昊自)를 보았나

　빈탕 묨 한티 나 뵈옵
옹로 올(將來)나(子) [上昇] 내
깃븐(自己分己·自己喜之之)

孔子의 祭를 지낼 때 열 제자를
함께 모시는 것을 〈配享〉이라고 한
다. 아랫 사람이 어른과 겸상으로
음식을 먹을 때 이를 〈배향받는다〉
고 한다. 합해서 祭祀를 드리는 것
을 配享이라 하고, 한 분께 제사를
드리는 것을 〈配靈〉이라 한다. 祭
를 從으로 받는 것을 配靈이라 하
고, 橫으로 받는 것을 配享이라고
한다.

우리가 한 세상 사는 것, 우리가
서로 짝을 지어 사는 것, 이것을
우리는 〈配享〉이라고 생각할 수 있
다.

빈탕 한디 맞혀 노리

속이 빈 것을 〈빈탕〉이라 하고, 밖(外)을 〈한디〉라고 한다.

우리가 밤송이를 쪼갤 때 안이 텅 비어 있으면, "아 빈탕이야"라는 말을 쓴다. 빈탕이라는 것은 대개 맞이한 것을 맞지 못 할 적에, 또는 맛보고 싶은 것을 맞지 못 할 때 쓰는 말이다. 세상 사람들은 진물 같은 것이 혀에 닿아야 그걸 〈實〉이라 하고, 그렇지 않으면, 아무리 확실한 것을 맞았다고 해도 그걸 빈탕이라 하여 멸시한다. 虛空 역시 빈탕이다. 그런데 밤송이를 까서 속에 아무 것도 없는 것을 〈빈탕〉으로 보는 그따위 소견으로써 허공을 알려고 하는 것은 참으로 어리석은 짓이다.

빈탕처럼 확실한 게 따로 없다. 「空空虛虛 大丕實」이란 말이 있다. 비고 빈 것이 크고 큰 實狀이란 뜻이다.

〈한디〉라는 것은 〈밖(外)〉을 말한다. 어머니 품에 안기고, 이불에 싸이고 집안에 가치어 지내는 것을 〈안〉에서 산다고 산다. 이처럼 〈안〉에서 사랑을 받으면서 半生을 지내노라면 이 〈안〉을 떠나는 것을 허전하다고 할 수 밖에 없다. 또 쓸쓸한 데(곳)를 〈한디〉라고도 한다.

그렇지만 한디는 시원한 곳이다. 좁은 집 안에 갇혀 있다가 들이나 산에 나가면 시원함을 느낀다. 한거름 나아가 宇宙 밖으로 나간다면 더할 나위없이 시원할 것이다. 사람들이 시원한 곳을 찾는 것을 보면, 〈한디〉라는 것이 대단히 필요한 것으로 여기고 있음에 틀림없다.

그런데, 시원한 한대라면 자꾸 찾아야 할 것인데, 사람들은 웬지 한대를 싫어한다. 감기든다고 싫어하고, 위험하다고 싫어한다. 아이들이 밖에 놀러 나가면 몹씨 꾸짖기조차 한다. 정말 내 것이 되어야 할 빈탕을, 〈빈탕〉이라고 싫어한다.

빈탕을 모르면, 다른 것 알기 어렵다. 빈탕은 우리에게 말미(理由)를 주기 때문이다.

한대가 시원한 곳이라면, 열심히 한대를 찾아야 한다. 한대를 제 것으로 찾이해야 한다. 그리고 거기에서 놀아야 한다.

그래서 與空配享을, 우리 말로 「빈탕 한디 맞혀 노리」라고 옮길 수 있다.

한디라는 것은 〈밖〉이라는 말이나, 정말 밖을 죄다 점령하면 안과 밖이 따로 없게 된다. 〈한디〉에는 〈안〉도 다 들어있다. 거기에는 세계도 들어오고, 나라도 들어오고, 우리 집도, 우리 몸둥이도 다 들어온다. 한대의 근본은 〈하나〉이다. 이 〈하나〉를 얻으면 한대를 얻고 그것을 잃으면 한대를 잃는다. 한

덕의 근본을 모르면 한덕를 理解하기 어렵다. 그러기에 한덕에서는 안과 밖이 한데(與) 있게 된다.

〈맞혀〉는 맞어간다는 뜻으로 썼다. 우리는 서로 마주 만나서 자신의 사명을 다 마치어(끝)내야 완전한 인간이 된다는 것을 나는 늘 강調한다. 서로 만나, 맞혀 해놓는다는 뜻으로 〈配〉자를 쓴다.

〈노리〉는 그대로 놀이(遊)인데, 어떤 의미로는 祭祀 역시 이 놀이라고 할 수 있다. 세상 일은 사실 다 〈놀이〉(遊)라고 볼 수 있다. 자고 일어나고, 활동하는 것 모두가 다 〈놀이〉이다. 하나님 앞에서 한 어린 아이로서 이 세상을 지낸다면 그거야말로 참 놀이가 될 수 있다. 내가 자주 말하는 遊戲三昧란 것은 우리가 한 세상 사는데, 마치 어린 아이들이 유희에 심취하듯이, 우리도 人生에 취해 살자는 뜻에서이다.

우리는 어디에서 놀아야 할 것인가? 빈탕 한디〔빈탕한 데〕를 맞추어 놀자는 것이다. 그래서 眞空配享이다. 우리가 어렸을 적에 한 데에 나가 뛰어 놀 때를 회상하면 〈빈탕 한디 맞혀 놀어〉가, 어지간히 피가 돌고 살이 붙는 것처럼 느껴진다.

이것을, 내가 人生에 대한 결론이라고 한 것은 빈탕한 데 맞혀 놀자는 뜻에서이다. 저는, 人生을 配享으로 느끼고 있다. 거기에는 하나님을 모시고 늘 제사를 드리는 자세로 살고 있다는 뜻이 들어 있다.

나(我)ㄹ 수〔飛〕 없는

〈나〉를 我로 볼 땐, 용감하고 대담하게 생각된다. 〈나다!〉하고 나설 때 무서운 것이 된다. 그러나 責任을 질려는 확고한 信念을 가지고 있느냐가 문제이다. 〈내〉가 좋아한다고 할 때, 또는 〈내〉가 싫어한다고 할 때, 정말 책임지려는 각오에서 하는 말일까? 책임을 지고 나서는 〈나〉라면 참으로 무서운 존재이다.

책임을 지려는 각오없이 〈나〉를 내세울 수는 없다. 국가도, 민족도 집단도 그러하다. 이런 후에야 〈나〉는 비로소 나를(飛) 수 있다. 그래서 참 自由와 公平이 오게 되는 것이다.

그런데 〈나〉란 것은 여간한 힘이 아니고서는 나를 수 없다. 이 따위 나는 나를 수가 없다. 〈나〉의 책임을 지지 못하면, 나르다가도 떨어지게 마련이다. 〈나〉일 수 없으니 결국 날(飛) 수 없는 것이다. 우리의 魂은 飛躍하고 싶어한다. 그러나 그렇게 못하는 경우가 많다. 웰까?

붙(着) 달힌(閉塞) 몸동이 맹달린 나

몸동이가 나르지 못하게 한다. 몸동이는 〈묶는다(束)〉는 뜻이다. 그러니 나를 수 없는 것은 당연하다. 붙(着)고, 달힌(閉塞) 몸동이, 이 몸동이에 매달린 나이다.

얼이 묻언(어서는)〔染埋〕꿈 틀더니

「얼이 묻언」이란 말을 소리대로 적으면, 「어리무던하다」는 달이다. 「어련무던하다」는 말과 같다. 별로 흠이 없이 무던하다는 뜻이다. 얼(얼)이라는 것은 옳은 精神을 가리키는데, 이 얼이 〈붙달힌〉 몸동이에 갇혀서, 얼이 조금 묻어(染) 들었다. 그리고 얼이 완전히 나타나지 않고 있는 것을 보면, 그것이 어디에 묻혀(埋) 있는 것 같기도 하다. 얼(精神)이 묻거나(染), 묻히면(埋), 나를 수가 없다. 그러니 사람들이 모두 어리무던하다. 얼이 빠져서 아주 없으면 모르겠는데, 조금은 묻어 있어서 꿈틀거린다. 조금 묻은 걸 가지고 별 꿈을 다 꾼다. 인생은 꿈꾸는 틀인가?

맑혀 맘(止) 될 만큼 맞난 내, 날라나

「맑혀서 마는 맘이 나가니 만큼」이라는 말이다. 몸동이는 날을 수 없지만, 맑히고 맑혀서 말, 또는 만(止) 마음만큼은 날아갈 수 있다. 「맞난 내」란 둘이 서로 만나면, 마침내 마치자(終)는 것으로서 만난 나(我)이다. 만날 것을 만났고, 통할 것을 통하면, 〈맞혀 놀이〉에서 말했던 것처럼, 혀서 만난 나가 못 날을 데서 날을 수가 있게 된다. 여태껏 갇혔던 내가 날 수 있다. 해방된다는 뜻이다.

비롯오 빈탕 계애(尊前)

「비롯오」는 비로소란 뜻이다. 「계에」는 尊前이란 뜻인데, 〈하나〉에 있는 빈탕이기 때문에, 그것을 높으신 님의 앞과 동일시해서 〈계에〉라고 尊稱語를 쓴 것이다. 이러한 〈빈탕〉에 서지 않고 서는 하나님 아버지를 아무리 불러보아야 소용이 없다.

한디 제(卑自)를 보았다

「한디 제」는 저 밖의 제(自己), 자기의 얼을 얻는 제, 아주 높게 된 제를 가리킨다. 앞서 말한 〈한디〉에 있는 자기를 말한다. 높은 尊前을 〈계〉라 하고, 자신은 낮추어 〈제〉라고 表現하는데, 〈제〉에 점을 하나 더 찍은 것은 自己의 存在, 곧 「제가 여기 있읍니다」는 뜻을 나타내기 위함이다.

「보았다」는, 「보아서 알았다」는 뜻이다. 우리는 〈계〉도 알아야 하고 〈째〉도 알아야 한다. 이 둘을 잘 알면, 〈한뒤〉에 있어도 추위를 느끼지 않고, 〈빈탕〉에 있어도 失敗感을 느끼지 않는다.

이제까지 말한 것을 詩에 비하면 初章은 〈갇힘〉을, 中章은 〈解放〉을 말하려는 것인데, 이제 終章은 어떤 결론으로 나가는 것일까?

빈탕 호 한디 나 뵈웁

마음의 빈탕은 반드시 밖에서만 해당하는 것이 아니고 마음 안에도 적용된다. 빈탕의 마음은 마음이 빈탕이다. 본시의 나, 가슴 속의 나 곧 한대의 나이다. 「뵈웁」은 「본다」, 곧 볼 것 다 본다는 뜻이다.

웋로 올(將來) 나(矛) 〔上昇〕 내

우리가 갑갑할 때는 여기 저기 돌아 다닌다. 시원한 것을 그리기 때문이다. 〈아버지〉를 보여달라는 것도 그 때문이다. 그러나 〈나〉를 보면 아버지를 본 것이다. 〈나〉 밖에서는 시원한 것을 볼 수 없다. 그런데 새삼스럽게 〈하나님〉을 보여달라는 것이다. 이것은 결국 〈하나〉를 보고, 〈하나〉를 알아야 한다는 것을 말하려는 것이다. 그 〈아들〉인 나는 빈탕의 〈몸〉이며 〈한디〉의 나이다. 이것 때문에 우리에게 빈탕과 한대가 주어져 있다. 〈하나〉를 떠나서는 빈탕과 한대는 느낄

수 없다.

웋(위)로 올라간다는 말은, 이 사람이 저들도록 강조하는 소리어다. 우리는 올라가고 또 올라가는 〈나〉들이다.

그런데 올라 〈가는 것〉이나, 〈오는 것〉은 한가지이다. 집으로 가는 것을, 집으로 온다고 한다. 가는 것이 오는 것이 된다. 자꾸 올라가는 길이, 자꾸 오는 걸로 생각키우면, 참으로 좋은 일이다.

우리는 간다면 섭섭해 하고, 온다면 반가워하지만, 오감이 다 같은 것이다. 우리는 오감에 매이지 말고, 놀이(遊)를 하잔 것이다.

그런데, 자꾸 올라가자는 것이 〈나〉인데, 올라가려고는 하지 않고 턱 버티고 앉아 무엇이 오기단을 바라는데, 이것 잘못이다. 항상 올(將來) 나를 찾아, 올라갈(上昇) 수 있는 나(予)가 되면 얼마나 좋겠는가? 그리하여

내 깃븐(自己分己, 自己喜之之)

이라 한 것이다. 올 나를 찾아, 올라가는 것, 그것이 나의 분수라는 뜻이다. 자기 분수, 곧 자기 것을 찾으면, 이것이 바로 깃븐 〔기쁨〕이 아니겠는가? 여기 之之라고 한 것은 기쁨이 겹치는 것을 나타내려는 것이다.

우리가 인생을 걷는데, 이처럼

빈탕한 데 맞혀 놀면, 얼마나 人生다웁겠는가를 생각해본 것이다. 어떻게 사는 것이 人生의 結論이 아닐까?

浩大黑闇光體微
單一虛空色界雜
日下幻惑人智迷
白晝爲明錯覺微

浩大黑闇光體微

「浩大」란 넓고 크다는 뜻인데, 참으로 넓고 큰 것은 빛없는 캄캄한 곳이다. 우리는 이와같은 넓고 큰 것을 빈탕으로 여기고 한데만을 보니까, 무엇이 넓고 큰지를 잘 모르게 된다.

太陽이 〈큰〉빛이라고 하여 太(클태)자를 쓴다. 太는 大자에 점 하나를 더 적어서 엄청나게 크다는 것을 나타낸다. 太陽이란 게 그처럼 엄청나게 큰 빛인가?

聖經에 보면, 하나님과 그리스도를 인간의 빛(光明)이라 했다. 이 빛이 비추이면, 어두움(黑暗)이 사라진다고 한다. 그러나 그러한 完全한 빛이라는 게 있는 것일까? 기껏 太陽이라는 큰 불덩어리(빛이 아님) 하나를 가리켜, 그걸 빛이라고 하는데 지나지 않는다. 정말 太陽이 큰 빛이라면, 왜 해가 질 때 세상이 캄캄해지는 것인가? 얄팍한 구름 한 점에도 쉬 어두어지는

가? 어떤 光明이 黑暗을 쫓는 것을 보았는가?

宇宙는 浩大한 黑暗이다. 太陽이 엄청나게 크다고 해도, 또 그 밖의 發光體가 우주의 어두움을 다 쫓아낸 적이 없다.

그 따위 생각은 매이고 갇힌 몸으로 생각한 데서 나온다. 정말 眞理의 말씀에 비추어 보면 결코 우리는 光明이라는 것을 본 일이 없다. 정말 큰 것을 〈太〉라 한다던, 그건 黑暗 바로 그것이지, 太陽이 아니다. 太陽이 크다는 것은 妄發이다. 그래서 「浩大한 것은 黑暗이오, 光體는 微微한 것이다」고 한 것이다.

이런 생각은, 빈탕 한데에 서서야 비로소 알 수 있다. 혹암을 송두리째 내 쫓는 빛이란 없다. 늘 크다고 보는 太陽도 미미한 것일 뿐이다. 게다가 그 태양 광선을 받고 나타난 〈現象〉이란 더욱 미미한 存在일 뿐이다.

單一虛空色界雜

「單一虛空」이란, 단 하나 밖에 없는 것은 虛空일 뿐이다는 뜻이다. 「色界」란 物質의 世界를 말한다.

저는 單一虛空을 느낀다. 하나님의 마음이 있다면, 아마 그건 虛空일 것이라고 생각한다.

이제 우리는 〈하나님의 아들〉로서, 하늘에 제사지내는 돔둥이라는

떼 만족할 수 없다. 우리는 하늘 아버지가 가진 허공에 들어가야 한다. 이 때 허공은 그대로 우리의 몸둥이가 될 수 있다.

우리 가운데는 혼히 허공을 單一하다고 업수이 여기는 사람이 있다. 그리고 科學의 結果를 가지고 絕對를 추상하려고 하며, 알 수 없는 것은 무조건 없다고 하는 경우가 있다. 〈있다·없다〉하는 限定이 얼마나 피상적인가를 짐작케 한다.

우리는 단순히 〈있다〉는 存在意識을 가지고 虛空을 알려고 해서는 안 된다. 허공은 우리의 五官으로 感知할 성질의 것이 아니다. 科學으로 아는 것도 아니다. 虛空은 限量이 있다. 밤송이 속에 빈 것을 빈탈이라고 생각하는 그런 소견으로써 虛空은 알 수 없다.

이 色界, 곧 物質界는 굉장한 것 같지만, 실은 單一虛空의 한 티끗에 지나지 않는다. 그건 아무 것도 아니다.

그런데도 거기에 매이면, 날씨가 좀 나빠도 기분이 안 좋다 하고, 消化가 안 된다고들 야단이다. 그 따위 存在가 되어서는 무얼 하겠다는 건가?

日下幻惑人智迷

해 아래 幻하고 惑한 것, 그것 가지고 무엇이 되겠는가? 視覺에 의해서 이루어지는 것이란, 별것일

수가 없다. 제 아무리 科學이라도 호되게 보는 것 가운데서 막연한 것에 지나지 않는다고 할 수 있다.

혼히 등잔불 밑이 어두운 것은 알지만 해(太陽) 아래 어두운 것은 잘 모른다. 등잔불보다 더 큰 등잔이 太陽이라고 할 수 있다. 해 아래 어두운 것조차 모르는 人智가 迷할 수밖에 없다. 해 자체가 어두운데 인간의 지혜인들 오직하겠는가? 사람은 〈迷〉하니까 쌀(米)만 먹고 사는 것인지 모른다. 쌀만 먹고 살아야 한다고 믿는 것이 迷信이 아닐까? 日下幻惑인데, 人智 또한 〈迷〉한 것은 당연하다. 迷信에 빠진 사람에게서 좋은 所見이나 올 리 없다.

白晝爲明錯覺遊

白晝를 밝다고 하니까, 錯覺을 참이라고 하려든다. 錯覺이라도 너무나 난삽한 착각을 일으킨다. 착각을 科學을 가지고 벗어나려 하지만, 인간은 착각을 가지고 죽게 마련이다. 밝은 것은 오직 태양이고 빛은 다만 光明이라고 믿다가 간다. 밝기가 日月같다고 하지만, 그래서 〈明〉자를 쓰지만, 그러한 착각이 어디에 있겠는가? 대낮이 밝다고 하니, 난삽하게 될 수밖에 없다. 그래서 이 世上은 자연히 迷한 것이 되지 않을 수 없다. "백주에 그런 일을 할 수 있느냐"는 말이 있

다. 밝은 날에는 그런 짓을 안 하는 것이 원칙이라고 생각하기 때문이다. 그런데 백주에도 그런 짓을 하는 것이 이 세상이고 보니 백주라도 제대로 밝은 것이 못 된다는 것이 아닌가? 백주라는 것이 벌써 어긋나서 그런 일이 많이 일어나는 것이다.

소위 영혼을 가졌다는 사람도 그런 말을 흔히 쓰는 것을 보면, 아무리 예수교에저 우상을 만들지 않는다고 하지만 죄다 太陽 崇拜者임을 면치 못한다. 백주에 그런 짓을 해서는 못 쓴다는 말, 밝음(明)을 日月로 표현하는 것, 광명을 빛이라 하고 빛을 하늘이라고 하는 것, 모두 그 정도라면 太陽 숭배자에 지나지 않는다. 이같은 우상을 만들어 놓고도 唯一神을 찾으니 착각의 난삽함이란 이만저만이 아니다. 백주를 밝음의 표준으로 할 수 있겠는가? 흔히 〈대낮에〉라는 말을 쓰는데 이건 정말 큰 대낮을 보지 못해서 하는 소리다. 이 세상을 어떻게 대낮이라고 할 수 있겠는가?

참 대낮은 日月이 없이 밝은 것을 가리킨다. 우리나라에서 쓰는 〈대낮〉이라는 말은, 우리가 日月없이 밝은 대낮을 볼 것같은 사실을 豫示하는 것 같다.

그러므로 우리는 해나 달에 맞혀 놀려고 할 것이 아니라, 앞서 말한 대로 빈탕 한데 맞혀 놀아야 할 것이다. 우리는 항상 맘에 몬(事物)이 살아나는 것을 두려워 해야 한다. 몬이 마음에 살아나면 아무 것도 보이는 것이 없어진다. 모든 것을 바로 볼 수 없다는 말이다. 맘이 몬에 살면 맘의 자격을 잃고 만다. 그래서 나는 「似而非光中生心何獨眞」이라 말한다.

우리가 光明하다고 하는 이 세계는 실은 似而非光明이다. 이러한 사이비 광명 속에서 물질에 맘이 살아나면 그것이 유독 참이 될 수 있겠는가? 그것은 결코 참이 될 수 없다. 우리는 빈탕 한데 맞혀 놀아야 한다. 빈탕한 데 서야 밝음도 어두움도 달 할 수 있기 때문이다.

우리는 빛이라는 것은 영원할 것으로 생각하고 그것을 영원을 정신을 가지고 생각한다. 그러나 그것은 뭣을 찾고, 어떤 능력을 얻으려고 해서가 아니다. 成佛하려고 참선한 것은 아니다. 이것은 무엇인가 자기 앞에 나타내 보이고 싶어서 하는 짓인데, 그것은 허영에 지나지 않는다. 사람이 허영에 빠지면 맘의 세계에서조차 허영을 빌려고 한다.

그래서 우리는 빈 몸으로 가야 한다. 빈 몸은 홀가분하다는 것을 우리는 알고 있다. 물건을 많이 지니고 다니면 몸이 무겁다. 세상의 욕심장이는 그저 달라고만 하고, 물건을 잔뜩 지는 것을 좋아 한다. 세상에서 크다는 사람이 많은 남을 번거럽게 하는 사람은 「大者煩人多」이다. 이 漢字를 그르면 〈奢(煩)侈〉라는 말이 된다. 진정 大者란 純金 장식이나 비단을 몸에 무겁도록 걸치고 다니지 않는다. 구미고 살지 않는다는 말이다.

그러나 정말 홀가분함을 알려면 번탕한 데 얼(魂)이 연락되어야 한다. 그 때야 비로소 얼을 담는 몸 둥이가 홀가분해지는 것이다.

옛날 등잔에 기름이 떨어지면, 반디불이나 눈(雪)에 비춰 책을 읽었다는 이야기가 있는데, 낮에 배운 것을 밤에 익히면 족할 것이고 더 나아가 정말 배울 것은 자기 안에서 얻어야 하는 것이라면, 그게 무엇이 그리 대단하다고 할 것인가? 지금은 전기불도 어둡다 하여 대 낮처럼 밝아야 〈공부〉가 된다고 하는데 그렇게 배운 것이 마음을 가볍게 하는 것은 아니다. 우리의 몸이 정말 홀가분하려면, 우리의 얼이 빈탕 한데 자리해야 하는 것이다.

이 세상의 물건은 죄다 번적거리는 빛이 있는데, 만일 우리가 여기에다 우리의 얼을 덜다가는 정말 〈얼빠진 나〉가 되고 만다. 그야말로 우리는 〈얼떨떨하게〉되고 만다. 우리가 얼빠진 사람이 되면, 결국 죄짐을 지고, 그 짐에 짓눌려 못 일어나게 될 것이다. 경계해야 할 일이다.

그래서 우리는 묶고 묶이는 큰 짐을 크고 넓은 〈한데〉에다 다 실리고 홀가분한 몸으로 놀며 가야 할 것이다. 그리고 종당에는 이 〈몸〉까지도 벗어버려야 할 것이다.

이것은 일시에 다 되는 것이 아니다. 조금씩 덜어가야 한다. 덜기 싫다고 망서려서는 안 된다. 다 벗어버리고 홀가분한 몸이 되어 〈빈탕 한데〉로 날아가야 하는 것이다.

體肉體、死也、體聖靈、生且安。

人格의 根源을 하나님 으로 생각 합니다
또 그 人格을 닮아 지음을 받은 人間은 亦
是 自由意思를 가지고 人格의 主體下에
살아 갈수가 있읍니다.

우리 아는 예수

예수는 믿은이
아버으를 일김 믿은이
—— 높낮 잘못 살축 ——
예수는 믿은이
—— 솟아 오를길 있읍믿믿—
예수는 믿은이
참을 믿은이 말씀을 믿은이
한 뜻 계심 믿은이
예수는 믿은이
없이 계심 믿은이
예수는 믿은이

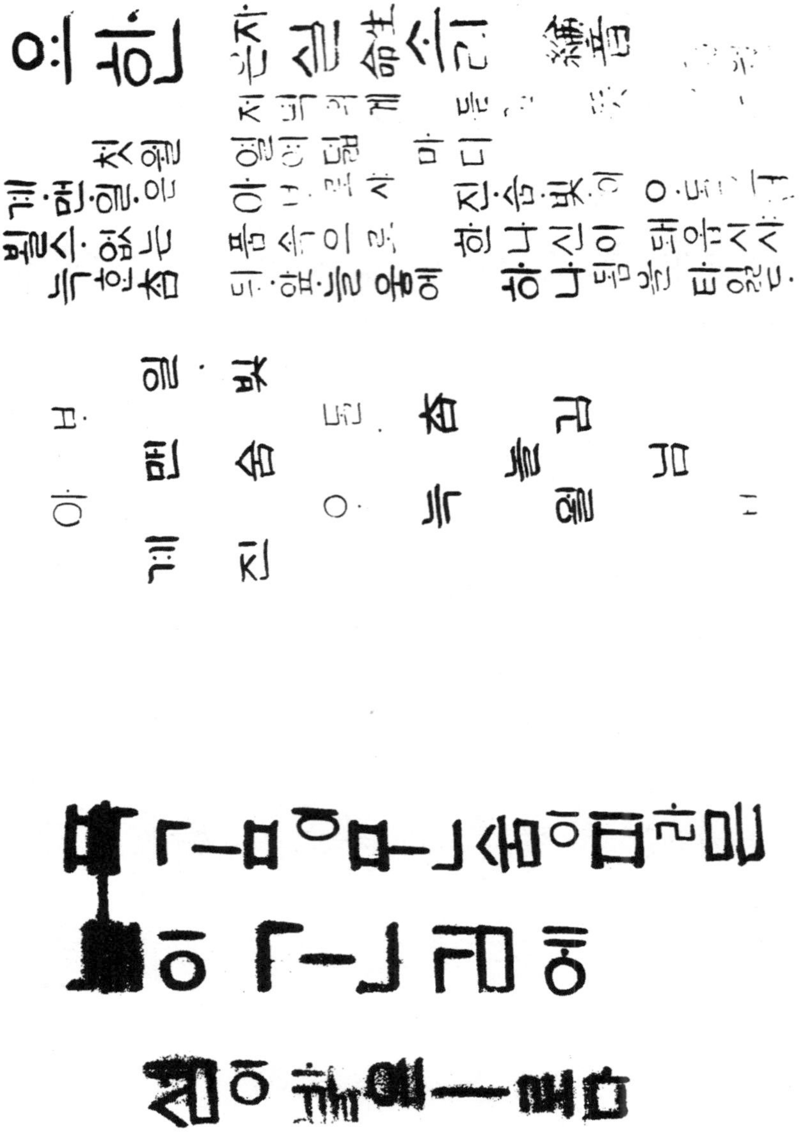

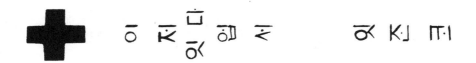

地 中 情 確 牟 着
鳥 道 實 令 歲 時
消 彌 現 理 未 無
極 能 人 客
立 放 靈 能
天 奇
主 天 客 主 宮 主 來
繼 藏 己 呈 主 來

빛 아 진 대시 직 음
우리 나나 하나나 나나 으리 하나 므자리
지리 잠잠고 지리 낮을 지나 바린 밤 낮나
새는 날 다시 하라나 다시나서 보진나

偈文
苦 根 本
成 無 上
施 具 足 波 羅 密
天 護 法 利 群 生
念 (大)
淨 土 宗 六
佛 救 世 大 慈 父
上 出 世 解 脫 門

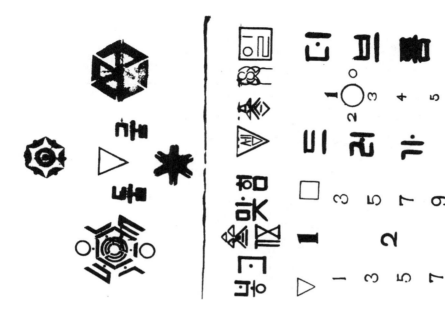

나가 꿈 이 기 시...

하늘로 꿈(夢)이란 조회롱치!

해씨느나. 祭롱 꺼름 깨를 마다.

...

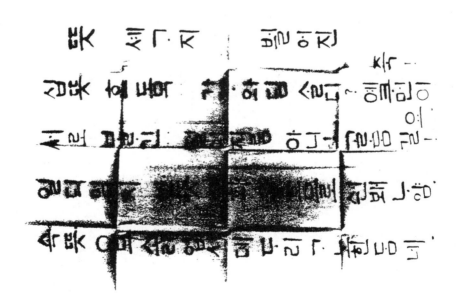

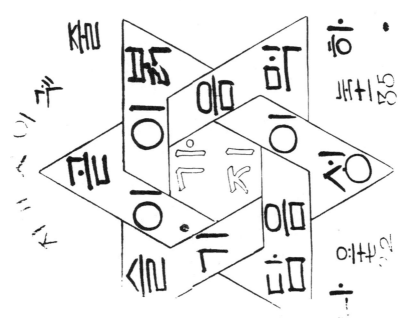

나이있어나못을좇어있지만 죽어：이：이：낫어：이：
낟을나남이다：때름：고：밝아：오：름：낫·
制備이첫번맨든이孔구멍으로되었다．

낮이느게름맞으로맞아앉맛이낮이고
눈밤의숲소이앉아서앉츷다：춫다：마：금
五十에四十九年非千歲佗否定길

낮으면눈물아래로눈물보다뜨기
남의本의마음의本々며멍에로써아왕
나안에서本을따라낟보는본를：낟보기

질햐？?님의모의맘의뜯이고�’언：주이있기
이런낫의맘이맞의맞을나라되기라고구
뭇을속에림도눈을샇앓은썿못

低級

白畫

나。있。있어。나뭇리도기도첫째나를뭇기·
밤안단버릇에제모이제모이누새못은모음도
제모에못다암다는곱다：멍을밤의임이둘래임·

何 千 舊 飛 昊 憬 戾 天 魚 鳥
不 淵 作 惺 人 情 君 子 踽
如 生 來
往 生 來
日 日 勑
來 勑 來
牛

（한글 붓글씨 십자형 구성）

그리스도를
는오리

맨첨
예수
해를꼭대
ㅣㅣ ㅣㅣㅣ 솟
매

（한문 초서）

欲知未來　先察已然
明鏡所以照形
往者所以知今
過去未來事
天薄明朝春看不測
天有不測風雨　人有朝夕禍福

誠

孟子의 變化 終可終 유存義

忠信主乎於小者　一念之不誠也
修辭見於大事者　一言之不實也

雖有忠信之心然非修辭立誠則无以居之

믿음과 성실이 몸에서 잡히지 되
이는 한순간의 믿음을 잃음이 없게 하고
한마디도 속임이 없었다.

비록 믿음과 성실을 지니고 있더라도

믿음을 갖지 않는 살지를 않으리라

듣건대 믿음의 매이고 매이를 끝을 맺시
끝을 얻을 잃을 잃하이 므로하이 왔으리오리디이다.
한하이 고드고 믿음 싶에 을 찾칠나

嘗託心室 永棄天性虛 上虛下虛中　方今居
現住
斷託心室 上虛下虛中
現念空中心 維信修辭誠 神而明存人 忠信修辭誠

今 即 孩 莊 我 有 物
行 命 上 上 元 吾
利 玄 玄 通 昔
貞 斷 三 時
即 幹 一 庭
鄉 杯 神 空
古 妓 ... 无

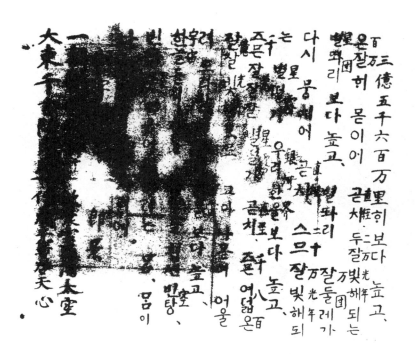

發微不可見、充周不可窮之謂：神．性焉安焉
之謂：聖．復焉執焉之謂：賢
幾：動之微、善惡之所由分也．誠：無爲
天所賦：爲命〔猶誥勅〕物所受：爲性〔猶職任〕

에 베스 二章 19—22
億兆의 가늠 내남의 가늠 내億꼭 남兆꼭
꼭꼭꼭꼭 꼭인듸아 내다꼭꼭 남꼭 남아
내 나로 흐흘 나라로 씨알 泰平 게있슴．

일가락 온손을 쓸제 캐본 갖훈 발도
문 물 갖되 흐흘논 그리스도 슘님의 기름
임통속 산이 솟날손 게집 안히 드곤들

于箕子

王乃言曰嗚呼箕子惟
天陰騭下民相協厥居
我不知其彝倫攸叙
箕子乃曰我聞
在昔鯀陻洪水汨陳
其五行帝乃震怒不畀
洪範九疇彝倫攸斁
則殛死禹乃嗣興天
洪範九疇彝倫攸叙
次敬農㺩彝倫建
錫**洪範九疇**彝倫攸叙
㐅次敬明念㺩威

있 나ㅣ　　나ㅎ게
작은 있나들이 나서　　　　　이며요
나라라도　　　　　　　　　　모ㅎ
한없나　심심　　　　　　　서디워。

모　깨치　　　　　　　뷔
늬란 앞음도 하　　　　　룸 앉아、
즐검 무ㅣ란말고? 쳐　또 가른 울음 브르기
이브름 발라마치　사랑이라ㅡ모없은!。

이브름을 말잔말이 일직브티 생겼기니
이줄기리 말씀이나 즐고다믄 모르지만
이늬에 즐겁이라고 있을 일은 없은기 ‥。

하 흘

하나 살六끝 틈타 엡五16

4713.1.1 2438761 A.D 1964 ³⁄₁₂
六六七七年日子

그네 고 길 다

호 드 드토 흐 ㅇ 들셈: 굽이봐도 ㅎ늘 들셈:
외드 바릐드 다실손, 드즘 묘모을 꼭 쥐니,
두 발로 열 가락 가듬 드딈 돼낸 고 길다'

1866·7·19날 ─ 1933·11·2날   壹千壹百쉰 닷새
二ᄀ二ᄂᄋ二 24578 二四二七三七九   六千五百쉰 하루를
壹八六六·七·壹九   壹千七百엿새 를
기달 그날 꼭 온동 百年·三萬六千五百廿五일 앞서 보다 뒤지신
壹九三三·壹壹二   壹八六三·五·貳壹 ─ 壹九五壹 十月 日
흐늘 萬千九五四   2401647 壹貳貳八四   2433930
243 _____

보돔 못ᄒ고 나무람 (責任所在)
보·보·보·들보·보·들보·들보·한(大)들보를 보오、
들보의 크다던가 높들린거로 보란 말, 아니!
저 집웅 섯가래 흙기와 이게 질줄 보란 말.

「막면 말고 보ᄒ감 되라」 막대드리 홀말 못됨、
나무로 자라거들랑 흙을 낢이 되랄 거지、
될생각 브터 아니고 넉넉 저절 뜻, 먼지

제 못질기 잔다다가 저 질은일은 허도 하、
그른대로 박쳤다던 뻘 못쓰게 저길은 命、
나라를 버세우는어 저 질은게 적이 厂史림
                                        저기기 人間

孔子曰 不患無位·患所以立
一日·克己復禮·天下·歸仁焉

524

참·말·슴·뜻

너롬이라 먹음 없시 제대로 저 제계근 을
바른 몸에 몸도·집도·나라! 섰다 참말슴은·
돌린탐 참 고요 좋음 쌓아 섬긴 뒤 따라 。

죽은뒤
먼저 흘거·뒤에 흘거르 왔면: 걸 바로 든다고 、
속알이·다싫어·싫림·잘할것은 거쁜 말슴 ㄴ
씨알의 싫림이 못돼 못 다싫게 속 썩다 ㄴ

한둥그러미 테 밖에 나 ～～～～～～ 면둘가
돼 뒤 지기 되게、일 나니 일 울: 좋은 일: 오전 일 ━ 날
아·미타 타령은 그만! 도로라며 좋는담 ━ 날

나ㄹ근 바탈한금 [性命]엔 더본갈 [本命]에 었답니다 。
누리·나라 골라ᄉ대도、하늘·땅에 려린대도
한금 [命] 인 제바탈 [自性]에는 더도 덜도 없떤담 。

誠 彼 丈 夫 我 丈 夫 讚　書 不 盡 言 隔 意
意 武 敬 意 且 慢 心 僧　共 鳴 同 感 遠 外

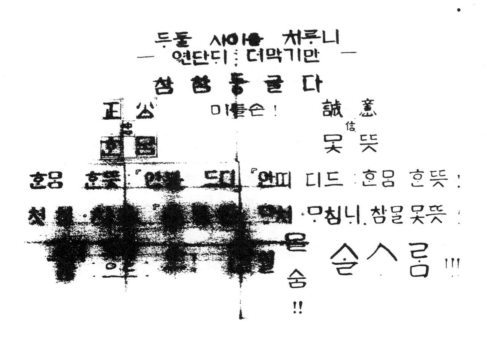

두둘 사이ㅇ 처루니
━ 연단듸: 더막기만 ━

참 첨 둥 글 다

正 公　　미들손!　　誠 意
信
믓 뜻

호몸 호뜻 「앖믐 도듸 「앉ㅍ 디드 :호몸 호뜻:
:ᄆ침늬.참물믓뜻:
숨
!!
숨ㅅ음 ‼
‼

識者

12. 22
22대 17자

詩之子 邪

冬至子之半　一陽初動處
天心无改移　萬物未生時
玄酒味方淡　此言如不信
大音聲正希　更請問包羲

歷史長養生　消長去來中
希望消消息　人我出沒識

惟皇上載尊　崇天自卑地
降衷下民仁　成性存存人

을ㅅ리

早來今年新出
올 올을히 히ㅅ걸 닏ㄷ 히오리기
ㅅ 즈혼 새!

次次今年 將紊年
담 담 올히 오는히는 보진 안돠 거울속폼
雖不見而 冬 春秋

通年中去 大晦日
온히근 싰들 금속 三百엔손 디세속폼

物[ ]
쇠코뚜레 둥을라믄 쇠코잠뱅이 팽팽이.
코기리는 코도 길지, 크만 길가? 숨도 길드!
소리음 투새에 세미 揚豪 본가 흐노라.
무슨 소리: 둥을 붉 둥 七零八落
몸 가지고 눈 님 이어, 열어 가시 줌 봅니다!
흙 벗어 나 그 지 는은 ㅇㅂ 믜셔: 스리 춤음!
쇳소린? 둙맹스린를! 실올 되쪽 가죽 낭?
金 石 絲 竹 匏 土 革 木
笙
밤가 빌리어준 자리에 따ㅣ때ㅣ제에는!
다른 딴몬으로서: 들: 수 없슴이! 드렵슴 그:
따ㅣ때 길다 쩔다 아! 늘길길은 아니ㄴ길!

多夕日誌
526

「참」

절 되라 이룰젯기 어려운 때가

짐짓맛들 어볼까

늙으면 늘 보여어 그끌 다시

달리 될수는 없는 때(누리에서는)

누리나 나온 남 온갑들 치림

러르면서(스)를 일이오

차라리 자라리 살게—게

사람, 자람, 치람, 참이 우니

우직 참하나신 한웅님 게

맨꼭대기가 늘 살길이니 이

다 「맞아맞이 힘」

存 義 囚 名
生 齊 塚 學
學 二 人 文
殉 十 　 旬
齊 　 　 人
國 　 　
仁

主 職 立 人
　 政 行 槍
　 　 人

子曰 克己復禮 爲仁
己復禮 天下歸仁焉 為
由人乎哉

ㄱ 리 ㅇ 가 ?

시굼 ㅁ 쌔깔려 밧ㄴ 귀ㅣ머ㅅ송

뜻

듣고보면 말씀없고 알고나면 가론뜻을
듣고듣되 ⬛⬛⬛고 배고뱄되 못깬알아
빛갈에 한눈팔동안 입의말기 속은속

느 ㄱ ㅅ

게옥어레 내니매니 때이도라 가리로다
사라자라 자리리니 :ㅕ로끼롯 믿돋힘을
한웋에 봄여름갈겿 이부ㅇ둘 뜨리시

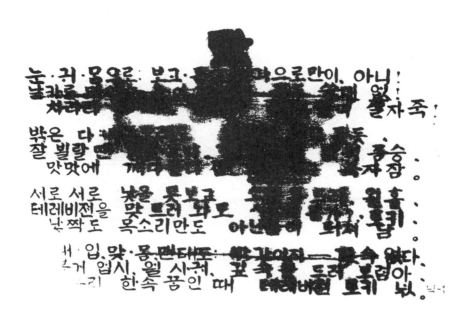

눈·귀·몸으로 보고· ... 겨으로만이· 아니!
...

밝은 다 ...
찰 빛탈에 ...
맛맛에 ...

서로 서로 ...
테레비젼을 맞 드러 봐도 ...
낮짝도 목소리만도 ...

서·입·맞·몸 ... 데로 ...

밤

낮아지자! 예코예 ... 그저 그저 예란 말가
으리르면 계신더 ... 으리고 제게랄가
참제게 도라가 ... 밤낮없이 바·라·밤

제

제게로 제게로 ... 게 제게로브터
이어 이에 여게 ... 예어 게 뵙고·지
제게로 으라란 ... 알아 예進는 ...

虛

萬有非常有　　流形無定色

太虛无妄虛　　生成必歸虛

落齒詩（視·親）

以齒爲骸自承訣

平報無事物故前　物物件件刺牛件
故人何作別故人　物像自拔反弱津

七齡換胎巨期亂　眼睛力量全委人
爪髮剪定齒代謝　閑骨變毛生又死

同一人意乘精神　君去顙代調攝篤
或者拜像或割烹　友牛思君攸緣因

在牛勿論六什後之齒世·不足掛齒的
長廣舌·正如是　所以

（老齼兩缺齒·欲弋…鑿齒·假牛鼠之首…
錄也）

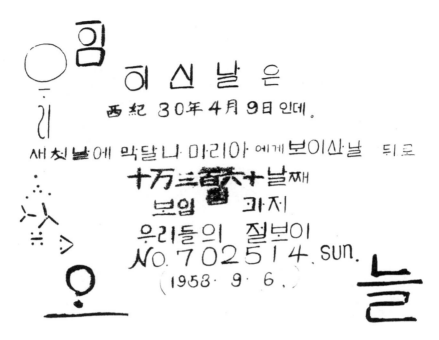

임
이
리

히 신 날 은

西紀 30年 4月 9日 인데.

새칠날에 막달나 마리아 에게 보이산날 뒤로

十万三督十 날째

보임 까지

우리들의 절보이

No.702514. sun.

(1958. 9. 6.)

늘

ㅇ

늘사는 애기 兆億世春秋

옛적애기 이제애기 앞의애기 뒤의애기,
지금애기 죽는애기, 제내멈
사는애기 創作애기, 옮기것은
품을의 續譯物

그제애기 지은이 著作者요 웃어는
이애기 풀어놓은 사람이 곳 譯述者이다.

마침내 뵈니 기쁜 ──── 永遠欲

숨지신 날이 나오니
한우님계 손발 닿아니

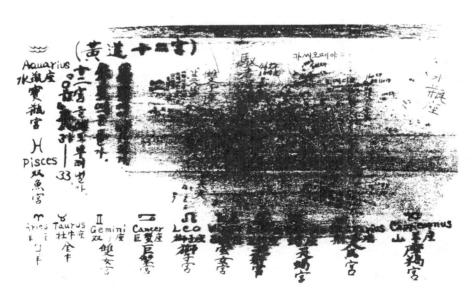

感謝曲

遠觀明々羅沙苦
襄觀重々誕生涯

自覺萬有 是 重
　　　　　煩 ?
能體壹空 正 無 石?

설이 움　웃어도 신웃음들

가늠바로　잡은나라　돈이옳게　도는히돌,
몸몸바로　잡은사름　피가옳게　도는밤낮,
히돌이　밤낮에대와　돈이피에　대같슴.
이리이리　홀것같그　이리이리　될듯될듯,
드리두리　그리타그　우리우리　그리진뜻,
믿즈므　굼질히들에　사름사름　서리움.

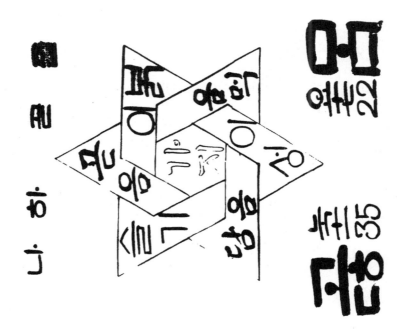

ㅍ:ㅏ ♡ 를 믿!

너러뇌시 보는바 따 올ㄴ가 ... 땅을 ...
머리들고 나슨사람 죽 ...
솟나길 바라 믿음은 절로 호ㄹ 나 ...

信仰 信天耕作死葬地   生前所望在超越
　　　落地人生希望天   性靈發起信必然
　　　을 줄   示申 經

털과톱은 신발같에 쓸대로 대즈는게오
살 자라고 벙낳지만 못크는숨 못근힐 늙
사람이 늙기정숨의 제직힘이 있음직

윌줄의 알림줄로 모를줄은 사람만이지?
우리몸은 줄없는 알림줄! 윌줄맞아 윌길!
내노롯 어찌되와서 이리 답답 모를가

바뀌기 닫말, 에: 누리의 가장 깊은걸 발ᄒ되
미울게 없고, 누리의 가장 용자ᄅ을 ᄒᆞᆯᄒ회 어지러
울게없으니, 비ᄀᆞᆫ되여ᄅ: ᄯᅡ짠뒤서 움ᄌᆞᆨ이ᄂᆞ,
비ᄀᆞᆫ고 ᄯᅡ져서, 그ᄀᆞᆯ러 ᄀᆞᆷ을 이루ᄂᆞᆫ나면.
바뀌긴: 라른이 없고, 때른이없어 ᄑᆞ료ᄒᆞ 가만타가,
갑작 드디어 누리의 까닭얼 몰란다고, 깊히 ᄭᅮᆯ 대려ᄒᆞᆨ고,
그래 바뀌긴: 씻어난이가 가져고 거의ᄀᆞᆯ러 씻ᄂᆞ니라.
몸을 가추고, 쓰게스라ᄒᆞᆷ, 된그릇을 세워가져고 누려들어
롭게ᄒᆞ기는 씻어난이만 ᄒᆞ이 없고, 꽃하론ᄒᆞᆫ걸 더듬고, 숨
은걸 찾고, 깊은걸 끌어내고, 맑걸 니르게ᄒᆞ야지고 누리의
줌 먼잠음을 잡아서, 누리의 힘쓰고 힘쓸걸 이루는것은 셈
치는것만 ᄒᆞ게 없나니라.
공조 말슴: 숨은걸 찾고, 다른짓을 ᄒᆞ랴고들, 다음 누리
ᄂᆡ가서 홀것이나, 나는 아니ᄒᆞ겟다.

나ᄃᆡ가서 가자! 요十四 28 -- 31

우리는 우리 아부지를 ᄉᆞ랑ᄒᆞᆸ니다, 아멘
ᄌᆞ 그라시는대로 죷습니다, 맛침ᄂᆡ는, 음
우리는 나ᆞ남 보다 ―큰― 게신데를, 드리고

저ᄒᆞᆯ게 올려 요十五

우리 아부ᄂ 여름짓기 우리언니ᄂ 포도 나므!
우리ᄂ 너나 가짠 가지 낡에 붗쳐 열미맷깃!
짓기와 열미 맛기로 기리우며 깃습겟!!

아부게로 곧힌 뜻 두근 목숨박길 ᄉᆞ랑 ᆞ!
뼈도 살도 가깜 암도 힘입 듣도 업고입시,
춤말로 ᄒᆞ이금 뜻갈 살도 죶도 끍갓

第四卷

曾子曰 士不可以不弘毅 任重而
道遠 仁以為己任 不亦重乎 　而
後已 不亦遠乎

中庸曰 寬裕溫柔 足以有容也
　　　發強剛毅 足以有執也

涅槃經曰 諸惡莫作 諸善奉行
　　　　　自淨其意 是諸佛教

고린도前十三章
　　　　四節
그 짐을 지고만 싶고
그의게 잘만 호고싶어

北緯 43° 0' 36"
地籥 蠱絶 三六計
地籥時分秒
東經

百三十度五十 法伊土四二秒
一世 吾 英獨希三
西波聖時
白瑞及五
蜀抹地半

時半이半질야
準이와時라中時
標15하브밤
낮드時育드正최時
한란五紐판
下盛란子北
우리질子니九
늬昨華그리초
리장
자그리음慶日
그음印中

緯 8 3 6 4

麥一粒遺地

藥山 樂水 上谷玄
宜迎 宜送 下世地

1963.10.25

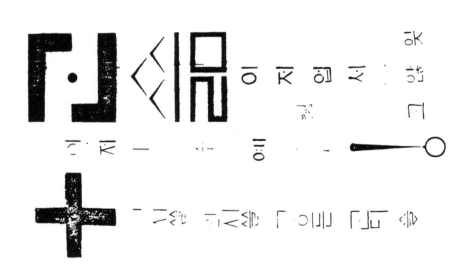

음음음·
우리가 음음음·
오 12.24

道巖 瑞氣 無等 騰
賢弼 李公 啓明 致

1964.3.18

在新民四周紀念日
夕　　追慕

多夕日誌

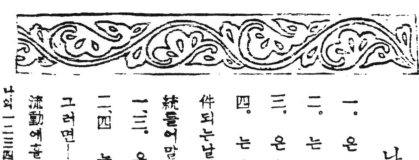

나의 一, 二, 三, 四,

一. 온 혹덩이니、地心에 쓸니우는 落下向과 進化를 쎄하는 慣習에 매이는 惰性이 잇도다.

二. 는 生物이니、天日을 낫하는 向上能과 進化를 쎄하는 精力을 가졋도다.

三. 온 血肉이니、痴情을 끄는 雌雄性과 快樂을 欲求하는 本能이 잇도다.

四. 는 生靈이니、高潔을 尊重하며 慈悲를 感發하야「完全」이란것이 내 物件되는 理想點을 놉히 어서 나아가려하는 良能을 가졋도다.

統틀어 말하면──

一,三. 온 物質的 流動 墮落、倦怠、痴情、貪慾…이오、

二,四. 는 生命的 衝動──向上、精進、高潔、慈悲 라.

그러면──

나의 一二三四

流動에 흘너 싸질가

엇던것이自然인가?——大自然인가?!

水土로서소사난草木이되야!

草木보다더나간禽獸가되야!

禽獸에서지나간「사람」이되야!

「사람」中「사람」이되려는——우리는!!——나는!!

아아오직時刻時刻에——!

혹멍이를짜에게돌닐때에지는——

流動을制御하야나가며、

衝動을發揚하야活潑潑한生命力을길을것이로다。

이쁜!이쁜! 나의大自然으로알고갈길이

一九一四、八、一 慈广

活潑

慧 廣

○時間과活力을合하면卽生命이니라

○萬般事爲에時間과力만드는것이엽나니니人生作業은毋論巨細하고그個人的 生命을갑으로주고社會的必要品을貿易하는것에不外하나니라

○貿易品中에는그主人以外社會的必要品을貿易할善業도잇스며 그와反對로不必要뿐안이오毒毒이極한惡業도잇슬수잇나니라

○萬一善業을못하고惡業을하게될진댄차랄히아모것도아니하는것이엿더할 가? 아니라이것은不可能이라아모것도아니하려는그것——卽께으름——은 第一만흔生命을갑스로주고아서싸드리는가장큰惡業이니(一)께으름도相當 한時間과活力을떠나서는어들수업는것인故오(二)께으름의必要는언제든지게 으듬그것뿐인故오(三)께으듬뒤에는그께으름동안갑업서먹고닙고줄기는相當 한生活費꾼이有形無形한빗(債)으로써허는故라

○便安을줄것가처하면서溶蕩苦惱의無底坑으로쉬러나리는것은께듬이니라

○께으름은게으름을나코惡은惡을더하나니한번게으름의밥이된生命은善業 엑나아가기를쳈하나니라

二

○제 으름은 時間의 좀이오 活力의 곰팡이로다 게 으름을 갓가히하는 生涯에는 그 生命이 不識不知間無爲無業中 썩은 나무 문허 안듯 漸漸 하고 말것이니라

○제 으름을 떠 나 첫거름으로 밟을것은 부즈런이오 또부즈런의 첫머리는 活潑이니라

○活潑우 時間의 눈이오 活力의 날개로다 活潑이 잇는 떠에 時間의 散失이 업고 活潑이 잇는 곳에 力의 虛費가 업나니라

○活潑은 惡을 물니 처고 善을 取擇하기여 勇敢하니라

○活潑히 하는 일에는 맛이 잇고 與이 잇고 익임을 볼수 잇나니라

○活潑한 生涯는 權威 잇는 生命이니 能히 딱을 者가 업도다

○活潑이 죽는것이 게 으른것보다 나흐니라 ── 一時善을 爲하야 活潑히 죽음은 永遠한 生命의 열매를매 짐이오 百年 덧업시 게 으르게 삶우 長久한 歲月에 活潑한사람에게는 恒常時間이 밀니고 게 으른사람에게는 恒常일이 밀너나니

라

○活潑한이 여게 는 남은 힘이 잇고 게 으른이에 게 는 다 적못 할일이 잇나니라

○活潑한 이는 무엇이나 할일은 먼저하야 노코 쉬기를 뒤에 하겟다 는 主義로되게 서들어 죽는것뿐이니라

으로 이는 언제든지 좀더 놀다가 일은 那終하겠다는 버릇이니라

○活潑한 이는 일이 업스면 일을 찾고 또 무엇이나 남하는 것을 기다릴것업시 自己가 하야가나니 恒常自己의 할것온 먼저 다하야노코 오히려 남의 일까지 도웁나니라——먼저 自己를 부리어 남을 섬김으로 남이 나를 尊敬하게 하는 人物은 다 이러한 活潑을 가졋나니라

○活潑한 이는 남의게 으름을 살필새업시 일을 붓잡음으로 終當은 모든 사람싸지 스스로 感動하야 協議아나 한 協同으로 일을 完成하는데 이를것이니라

○活潑한 이의 얼골에는 우슴!!!집에는 즐김이 잇고 게으른이의 얼골에는 징그림!!!집에는 걱정이 잇나니라

○牛가를 기러쓰지안으면 썩고 기러쓰면 쓸사록 新生水가 소사나는 것과 가치 活力도 안쓰면 줄고 쓰면 쓸사록 新活力이 發生하나니 그바 잇는 者에게는 다주고 업는 者에게는 잇싸지쌔앗는 것까지 理致가이에 잇나니라——이로 말미암어불진댄活潑한者에게 健康과 長壽가 잇스며 게으른者에게 疾病과 短命이 잇슬것이니라

○活潑온 萬福의 더날이 오게 으름은 百禍의 실머리니라

○活潑의 機關으로 生命車를 運轉하는 生涯뒤에는 預想以外의 多大한 事業을 싸

쳐러니 一人의 一生이 活潑하면 그노픈 人格은 能허 人道를 밝히기에 큰 光明일것

이오 萬人의 生涯가 活潑하면 世界의 平和는 同日에 얼을이로다

○우리의 理想하는 活潑은 무슨 豪氣로운 것이나 特別한 驍勇을 가르침이아니며

따르어 일이란 것도 무슨 驚世動人할 英雄的 事業을 이름이아니로다――오직 恒

心的으로 日常事를 함에 活潑한 精神과 活潑한 動作으로 하기를 뜻함이니 實例를

들것가르면 (一)자고 쌜때에 자리에서 이러나기를 (二)飮食이 量에 適할때에 食卓에

서 물너나기를 (三)설時刻이 다할때에 일터로 나가기를 (四)안저서 몸을 바루기와 맘

에 思索하기를 (五)안젓다가 서기와 섯다가 動하기를 (六)운데를 向하기

를 (七)瓬한 것을 노코 어려운 것 잡기를 (八)즐기기를 근처고 勞動하기를 (九)맘에 사렴

이들 써에 물니쳐내기를 (十)허믈을 때다롤때에 고치기를 (十一)뭇는이 잇슬때에 對答

하기를 (十二)가르쳐줄이 잇슬때에 배호기를 (十三)써호려는 어 잇슬때에 가르치기를 (十四)

칮들 업서하고 義를 求하기를 (十五)남을 容恕하고 나를 反省하기를 (十六)모든 善을 行하

기룬 (十七)모든 惡을 避하기를――오직 活潑히

○一移一刻마다 活潑이아니면 게으름이니 게으름을 울니쳐러면 또 活潑――이

뿐

農牛

戀　广

農牛야 나는 너에게 배훌것이 만토다 아니― 배홀것이 만홀뿐만 아니라 아조 너와 가치되기를 바라노라. 너의天性 너의氣質 너의事業(一平生職業) 너의生活(衣、食、住)에 무엇이든지 나는 부러워하고 참으로 가지고자 하노라.

一、【天性】 아름답도다 너의天性이야 범이나獅子갓흔 猛君勇將의 膽力을 가진同時에 비닭이갓흔 溫和한品性을 가진者는 너로다 그러하야 너의勇氣는 鼠窃을 짓지한코 너의溫柔는 鄙劣함이업도다 너는 動物界에平和主義者가 될만하도다 바라노니 날로하야곰 너의和平한一友가 되기를 許諾하여라

二、【氣質】 한번 그 雄相을 나타낼때 多數動物이 戰慄逃避하고 한번 그 鳴聲을 發할때에 山野가震動하는 호랑의 힘센氣質도잇고 日行千里하는 駿馬라는 名稱을듯는 날넌망아지의氣質도잇스나 和平한自結果역 소리 업시 緩緩히 따뷔돌으는 저―日常僱作에 忠實不撓하고 忍勸히恒進하는 乾健한氣質이야 참으로 나의 사랑하는 바로라

三、【事業】(平生職業) 저의事業은 무슨 아모 競爭의 意味가업도다 한갓獻

身的生涯을 義務로알어 —아니— 아는지? 모로는지? 一平生樂從實
行하야 가는도다. 或저런 生涯를 奴隸的生涯로 보는 視覺을 가진者도
잇지마는 根本的 報道者 ─된萬物은 造物主의 大法則下에 順從하야 大自
然(相當한⋯⋯⋯⋯⋯⋯⋯⋯⋯⋯⋯⋯재⋯⋯⋯⋯⋯⋯넘며順從할것)을 싸로서 밧게 다른事
業이업나니라. 一大對立이 自然을이고 나아가려하는것은 慾心이라

그慾心인데⋯⋯는그結果로를보아알것이니 그結果는 곳 도로혀不不 不
自由를 쓴다⋯⋯그⋯것이니라. 다시저 소의生涯를보아라 저는穩全히
服從的으로⋯⋯이아니라 生存競爭의 學說을 主張하는者의眼目으
로 저를보ㄴ다 저는 一日이라도 이世上에 存在하지 못할것이라 劣敗한族屬
그러나 저⋯에는 그反對로 저는動物界에 오늘날 써지 劣敗한族屬
이아니며 이압해도 또한長久할所望이만혼 族屬이니라. 저는自己
의食物을爲하야 일하지아니하나 저의 먹을것이 恒常豐盛하나니라
주린창구와 목마 른범은 잇슬지라도 저는恒常배부르고 목마르지안
로다. 더 는므드目身에 無關係한것갓흔勞動에 服從하야는 苦楚를 밧
는것갓흐나 저苦勞옴은限界가잇고 저의安息은 때를싸러자조오나니
라 自由自立한것갓흔 범과獅子는 自己食物을要求하기에 晝夜無暇
하게 勞苦하다가 機會를맛나면 飽食하고 不然하면不平과飢渴의苦勞

盡
牛

六五

를 添加하게 되는것이라 또저(牛)는 獻身에 關念업시 다만 勞働에 獻身
하나 저의 相當한 生活期間內에는 平和的 生涯를 보내고 (人類가肉食合
외生命을 妨害하는것이 잇스나 이는 根本的 우러 그런것도아니오 이後에 永續할것도아니나 人類에재잇고自己(牛)에재잇
類厭然한 生活을 하는동안에 잇는것이니그滋合이오人類에재옴을當하야 오히려 人類의재재進하기를멧치
지안으며 쓰는저가 어쌔서저로라가는것은 저의完全한 本能이로되) 범과獅子는 自護自
아니하고곳一庖厨이어셔지셔라가는것은 저의完全한 本能이로되) 범과獅子는 自護自
抗의主義를 가진者라 그結果인 그의生涯는 一進一退에 畏死的뿐
이니라 그러면 엇든것이 참自由의生涯뇨? 또는 奴隷의生涯뇨? 宇
齒의大法則을 不從하는춤의 그生涯가 不規則、不完全할것은 眞理라
또 무엇이냐 保維하는能力은 自然의大原能을 버서난以外에 다시
어늘곳이업나니라 (다른慾望과다른學說과다른意見으로事業을求할
것업시 무엇이냐 自然의大眞理를 爲하야獻身的으로生涯를 보낼할
이라)저(牛)의事業은 무슨 競爭的意味나 아도다른것 업시 다만自
然的自己義務에獻身함으로 그結果가單純하고完全하도다 그럼으로
저는무슨 虛榮의管攝을 밧는것이업스며 私
慾의牽制를 바듬도 아님으로 厭忌라는惡弊도 업는것이라 (無情한사람
荷와無法한役役을 밧는것 (의趣度한
밧는세는 例外라)저는完全또는忠實한力作家니라

一、【生活】(衣食) 저의皮毛는別로美麗한것도업는同時에 醜汚하지도아
니하고 다만 堅固하게 ᄉ멋스니 저의本性과相合하는衣裝이오 저

의食物로만하면 設物草類를要하고 肉類는 味、臭라도近하면厭惡하

나니自然이 저의 天性을 表現하는것이로다——上等動物이肉食하는

것은 自然法則에 違反하는것이라——저의住處는過히狹窄하자나

아니하고空氣流通이나 잘되는風雨를防禦할만한 곳이면足하도다 저

는夕陽西海에 풀도뜻고 平滯細流에 물도마시고 山田野峀에서땀을

흘린後인溪邊松下에 바람도 소이는도다 저가 芳草밧혜 누어서安然

히쉬는 그때 그貌樣 참으로어엿브도다 그前時間싸지自己의 할일

을다근힘쏫다하고 뼈를짜러오는 自然의安息을 누리는 그즐거

움은 自己自身以外에 叅與할者—업도다——그의專有로다——客觀

으로는 엇ㅣ한것인지 알수도업는것이라 그러나 잇기는分明히잇도

다무거운짐을푸러 부린后와黃昏에 들로부터 도라와서 집에 드른後

에 주는食物을먹고 한가히섯는그때 反芻하야 緩緩히 색임질하는

그貌樣 枯孤 묘粥에빠 부르것을 滿足해하는듯 아야…… 참으로그

生涯야 單純하도다 아름답도다 째뜻하도다 實際的이로다 부럽도

다

나는 너를 배호노라 너와 가치되기를 바라노라

農 牛

六七

550

1918년
── 靑春, 제14호 大正7년 6. 16 ──
(新文館 創業 10주년 記念号)

오 늘

柳永模

人生이 꿈이라 하면 꿈 같기도 하다. 그러나
꿈이란 무엇이냐? 꿈도 事實이라 (주관적).
(물론 주관적 현상 뿐이오 객관적이 아닌것을 사실이라는
말로 일걷기 어려우나 吾人이 一生에는 睡眠이 其多
를 ─ 가량이나 차지라고 靜的 睡眠中에는 動的 見신
현상인 꿈이 間或 있는것이니 꿈는 수면과 한가지 人生 자체
의 내적 사실이라 할수 밖에 없다) 꿈를 꾸게 되면
죄랄수 없는 없는 일이오 꿈에라고 가쁨이 가쁨 아닐것
아니오 슬픔이 슬픔 아닐것 아니니 꿈를 虛보다 함는 변천
하야 지나감이 速타 함이겠느나 速하나마 그 當하는 사람
의 그 때 그자리 (夢中) 에 當할 때로 當하는것은 事實이라.
毋論, 全人格이 充實 (精神과 身体가 건전) 하야 俗談에
「노루 잠자고 개꿈꾼다」 는 것 같은 心身을 混乱케 할꿈이
없게 될수 있는것는 마치 全社會가 圓滿라야 獸的 行
為나 惡魔的 作戱로 人生을 어지럽게 함이 없게 될수 있음
과 같으리라.
또 꿈에는 幻想的 無價値한 不規的 觀念再生으로
도는것 뿐이 아니오 洞觀的 ─ 想像以上의 價値가 있는 ─
先知的 現象이 있으니 근 未來의 事物을 如實하게 꿈주는
것이라 이몰을 쓰는 사람과 이 사람의 친구 중에는 後者
에 속한 꿈들 꾼 事實이 있노라. 첨부터 꿈 이야기를
하자는것이 아니매 꿈도 事實이라는 말 만으로써 꿈에 대한
말는 그만두고, 要컨대 事実를 事実로 보고 가자 람이라.

꿈이거나 깨어서나 잠이거나 쉼이거나 일이거나 놂이거나
꿈 같은 세상이거나 깰을때 같은 꿈이거나, 過去와 未來를
꿈꾸는 것이거나, 過去와 未來를 想像하는 것이거나, 現在
急한 일이거나 方今 알는 소리거나 다 한가지 人生의 當場 당장
(이곳·이때·나의) 當하는 事實이니 모든 것을 事實로 더하장
바꾸어 말하면 我生으로 살자.
　人生이라 하면 「人生이란 무엇이냐?」할 必要도 있겠으나
我生이라 하면 벌써 문제는 아니니 人生이 마치 꿈일른지
모르되 我生으로 事實뿐이니라. 꿈까지도 我生의 事實일일
새라. 我生이 充實하야 當場의 事實을 事實로만 대하야 聰明
하게 潑潑하게 生活 할것이면 夢幻的 사실은 夢幻인 만치 신속
히 지나고, 마침내는 사실스러운 사실만으로 채워질줄을 믿노라.
　그러나 사실로 다할다던지 我生으로 산다는 極意— 어디 있는
가? 가로대 오늘사리(今日生活)에 있다 하노라. 오늘(今日)
여기(此處) 나(自我)라 하는것은 同出而異名이라 하지않으
면 三位一體라 할것이니 오늘이라 할때엔 여기 내가
있는 것은 勿論. 여기라 하는 곳이면 오늘 내가 사는것
이 分明. 나라 하면 오늘 여기서 이렇게 사는 사람이라 하
는 뜻이로다. 無數地點에 曠劫時間에, 億兆人生이 살드
랟도. 生의 實相은 오늘·여기·나에서 볼뿐이니라.
어제라. 來日이라 하지마는 어제란 오늘의 諡號오 來日
이란 오늘의 謠名뿐. 거기라, 저기라 하지마는 거기란
거가사람의 여기요 저기란 저가 사람의 여기 뜰뿐. 그이라
저이라 하지마는 그도 나로라 하고 살고, 저도 나로라 하고 살
뿐. 산 사람은 다 나를 가졌고, 사는 곳은 여기가 되고
살때는 오늘이로다. 오늘? 오늘 산 오늘!! 어제의 나와.
거기의 나는 죽은 나가 아니면 남된 나라. 나—오늘 여기서
사는 나—를 나 놓은 父母라고는 하겠으되 現實我는 아니니라.

來日의 나와 거기의 나는 없는 나가 아니면 남이라 할 나니, 오늘 동안에 내가 길러 내놀 子息이라고는 하겠으되 現實我는 아니니라.

過去 其處를 父母·親戚같이 思慕할수 있고 未來 彼地를 子孫, 朋友같이 希望할수는 있으리 現在 此所·我와 一体는 못되나니라. 나라 하면 오늘, 여기서, 사는 事實됨은 上述한바와 같거니와 이에 산다는것을 생각하건대 첫째 나와 物件과의 關係니 먹고, 입고, 쓰고, 보고, 찾고, 알고, 기르고 거나리려 — 통틀어 말하면 누리려 — 하는 欲望으로 조차 活動하는 作業이오. 둘째, 나와 남과의 關係니 前記作業에 對하야 或은 힘을 合하고 뜻을 아울으며, 或은 잘잘못을 겨름으로 하는 일이로다. 究竟 산다 하는것은 때와 곳을 옮기면서 곧 내 生命을 번중하면서 일을 하는 것이니 나와 남과 物件 三方이 연결하는 가운데 生命이 疏通하되 眞理를 나타내며 光明이 떠오나니라.

生命力은 내게 있으니 오늘 여기, 내가 살게된것은 오늘 일을 위하야 生命力을 발휘하라고 된것이 今明하다. 그러나 발휘하지 못하고 潛銷하는 生命이 많으니 이는 오늘살이에 忠實치 못함일세라. 或은 過去가 많은 것을 자랑하나 過去는 죽은것이오 남이라 오즉 오늘 이 生命力을 길러본 過去라 하야서만 뜻이 있으되 만일 오늘 生命力을 實用치 않는 境遇면 그 뜻조차 소멸할것이 아니뇨? 或은 前程이 멀다고 自多하나 未來란 期約할수 없고 또한 남이라 오즉 오늘 내 生命力을 할수 있는데까지 발전 시키며 未來我를 造成하라는데 비로소 의미가 있을 것이니 오늘살이에 無心한 사람으로는 그 의미조차 없을것이니라. 어제를 도라보거든 오늘은 어제보다 낫게 살겠다는 뜻으로나 볼것 뿐. 만일 어제 잘못된것을 悔恨하는 일로 오늘을 虛費한다면 그것은 마치 남의 잘못 죽은것을 恨嘆하다가 나의 잘살

것 까지 잊어버리는 셈이라.　來日을 생각하려거던 어떻게 하면 來日의 위함이 되도록 오늘을 盡善하게 살가 하는 맘으로나 할것이오 너무 내일만 虛望하다가 오늘을 無聊히 보내게 되면 이것은 나지도 않는 龍馬를 꿈꾸다가 집에 있는 망아지 까지 먹이지 않는 格이라.　산것은 사는 때의 산것이오 켯코 나기 前이나 죽은 後의 것이 아니니 산 오늘을 죽은 어제와 같이 보거나 난 오늘을 나지 않은 來日만 여기지 말라.

산 오늘은 살게 써서 산가 싶게 살어라.
어제 슬픔은 어제 속에 장사하고　來日 즐거움은 來日 가 누리기로 하고 오늘은 오늘 살이에 實力하야 맛보고·갈고·싶고·삼키고·삭혀어 내 몸에 넣고 말것이라.

즐거우면 즐거운 일의 참 맛과 뜻을 알고야 말며 슬프면 슬픔의 참 理致나 값을 찾어 볼것이라.　또 구태여 큰일 귀한 일만을 찾지 말라.　네 生命이 큰일 귀한 일을 볼만 하게 자라나면 곧 큰일 귀한 일이 그 날과 한가지 또 너와 와 한가지 나타나리라.　모처럼 큰일 귀한 일을 만난다 할지라도 그 큰대를·그 귀한대로를 이해하야 앓어 보지를 못할것이면 그 크고 귀한 뜻이 어데 있으리오?　또 아무리 크다 귀하다 할 일이라도 나의 能作할 나의 일이 되고보면 別로 큰것도 귀한것도 없이 되리니 무슨 일어냐.　오늘 내가 하여야만 할 일이면 그 일이 참 큰 일이오·참 귀한 일로 아는것이 可하다 하노라 ── 한 學課를 익힘이나·한 이랑 검을 맴이나.

크도다.　나여!　귀하도다 오늘이여!　거룩하도다.　일이여!　신성하도다.　오늘 내가 연호 살게 됨이여.‼　어제는 이미 죽었으니 祖先이오.　來日은 아직 안났으니 後生이라.
어제도 나 없었고 來日도 나라 할것이면 내 祖先도 나요 내 後孫도 나라.　우리 祖上들도 「오늘·오늘」 하면서 살았

고   우리 子孫들도 「오늘, 오늘」 하면서 살것이니 前萬古도
오늘이오 後萬古도 오늘이라.

　무슨 일이고 한가지 일에 몸이 매이면 同時間에는 其他
4萬事物에 처하야 나를 없이 하엿도다.　내 只今 이 글을 쓰노라
고 이곳에 앉앗을에 內堂에 있는 가족들과는 死別한것과 나름
없이 아무 상관이 없고 더욱이 한 房에 있는 아우까지도 極
言하라면 別世界에서 산다 하겟다. 저가 내 이 時間에 이 글을
쓰기 위하야 全生命力을 드리는 줄을 알바 없겠고 나 亦 저의 生命
力의 流出하는 方向과 眞狀을 살필걸 없다.

　내 오늘 午前에 시골 어떤 아는 어른께 글월을 닦어
올렸으니 오늘 내 生命力의 一部分은 그 어른을 思慕하는 일로
드린것이라.　그 片紙가 못수 어떤 우편국원의 生命力으로
取扱을 받는지를 모르겠고 日間에는 또 그 어른께서 그 편지를
접수 하셔서 내 오늘 생명력으로 자은바 세계에 드러서 잠시것
이라도 나와 만의 관계, 즉 내가 쓴 글월을 대하야 보시는
일로만 그 어른 생명력을 쓰실 것이로꾸나!

　벌써 半日 以上이나 소비하야 오늘 내 生命力으로 개척하는
이 글 세계에는 어느날이고 또 어떤 독자가 그 貴한 生命力을
가지고 들어와서 오직 나하고만 사리어 通하리로다.
아— 사람이 하루에도 열가지 일을 잡으면 十 世界에 轉生
하다고 할수도 있고, 十種 회생이 된다고 할수도 있다.
거룩하다. 일이여! 이붓 이 종이도 植物과 動物의 목숨은 물론
筆工, 紙工의 목숨과 피로된 別世界에서 나온 物品이로다.
婦女— 足히 厨와 針房에서 三千세계를 벌릴수 있고 書生이
足히 文房書齊에 大千世界를 갈을수 있다.
　일의 참맛을 알것이면 따로히 繁忙한일 따로히 孤寂한
일도 없을것이오 榮이 貴하고 賤함이 또럿 없을것이니라.
　— 산 나는 산 오늘의 산 일 뿐이로다.

千萬事에 千萬趣味가 있고 眞理가 있고 道理가 있나니
能히 그 맛을 맛보고 그 眞理를 살펴 있고 그 道理를 밟어 行
하면 足하니라.   하루동안에도 十.百世界가 갈릴수 있고 하루
라는 것은 늘 오늘이라는 現實로 나타나는것을 알것이면
오늘에 自足 아니할수 없고 自治 아니할수 없다.

    萬般事物로 因緣이 닿는대로 만나는 사람사람 — 열리는 世界
世界에
    오즉 오늘 — 神聖컷 오늘 나의 眞如컷 生命力을
至誠 發揮하야서 첫갓 나를 대하게 된 그들의 生命力과
投合 一致 하기를 바라노라

    아침에 道를 들으면 저녁에 죽어도 좋다 (論語)

    사람의 生命이 呼吸間에 있나니라 (四十二章經)

    來日을 來日 염려할것이오, 찬날 괴로움은 그날에
足하니라   (마태복음)
        (1918 . 4 . 5)

배웠다고 했던가 보오 그 얘기에 이렇게 있어요 내가 日中한지 몇해만에 몇몇사람이 모여서 北漢山엘 갔더라오. 추성문에 이르러 해가 졌지 않나봐. 모두 시장하지 먹을것을 찾더군 나도 싸가지고 간것을 여기도 있으니 먹으려면 먹으라고 내 놓았지 그 때 일을 보고 咸용이 그런 소릴 했던 모양인가 보구려 그후에 咸용도 日中을 했다던가 하기는 日中한다고 허기 지는 법 없지 나는 사흘 굶고 50리 걸었어 배고프긴 뭐가 그와 인에 군침이 돌아서 말할때 떡 튀어 나오는 걸 물도 먹고싶지 않던데 日中하면 그런 법이야 잠이 쉬 어지고 속이 편해지고. 集会 장소에서 묻기 거북한것을 물었더라오 그랬더니 咸용 대답이 「강연하던 날 아침에 잔 입으로 나왔더니 그랬나 보아오」 하고 거침 없이 나옵디다구려. 이 잔입이라는 말이 의아스럽더군 日中하는 사람에게 잔입이 어디 있어 군임도 없는데 日中하는 사람에겐 잔입이 없는 법인데 강연 하던날 그 시에 시작하여 4시에 좋도 했나 봅디다. 日中하는 사람에게 時間이 무슨 상관이야 다섯시간은 강연을 못하나 띄약 벹이 면 어때 침이 입안에 그득히 고이는것을 잔입이라는 말이 거침없이 나올때 나는 서운한 생각이 들었더라오 그가 日中을 中止했나 의아 했더라오 그야 咸용이 바빠졌거도 하였겠지 남의 초대 를 받고 대접을 받으면 日中을 관철하기도 어려울테지.

나는 예수교 잘 하려면 咸용 한테로 가라고 했소 지금도 그러고 싶소 그러기에 咸용은 내 딸녀이란 말이오 내가 받드는 사람이오. 여보시오 咸용의 여성을 조용히 살게 해주오 강연이 어쨌다는 거고 내가 咸용과 어쨌다는 거오 공연한 일을 그만 두고 조용히 살게 해주오 그가 내 딸녀이면 나도 그를 생각 해야지.

————(끝)

無限大

花 紅

無限大

별떠노는　太虛庭園　無邊없다ー
太陽이란　하두서니　一小群의　王이되니
그身長이　三百萬里　內率으로　水金地火
外率으로　木土天海　八將星을　거나리고
그中間에　五百矢士　常備하야　邏卒하고
各將星의　近衛卒들　間或오는　손님네도
설세모혀　세를지니　그꼴내가　어마한세
그별들을　太陽系라　어마한세　금직하리
그별들이　比較컨맨　太陽系도　한點에라
어떤王의　王인돛홀　紫微宮의　北辰天帝
하오시니　王인돛홀　세、튼법이
一秒間에　七十三萬　九千里나　달린다는
地球까지　達하기에　二十餘年　걸닌다네
第三位의　將星地球　그身長이　三萬里라
그온몸에　곰팡나서　千萬年을　繁殖하니
萬物이며　일켜도록　가지치고　겨대낫어
그한가릴　꼿꼿개면　꼿꼿千의　原分子라
原分子도　運動이오　꼼팡이오　教動이

가을기도　그렇거니
우무별선　다위조차　안겨오련
여마하담　손발기름　파머들어
웃거나　잠히업서　빠러덩게
詩華잇서　그더하거나　無心히　그별인가
선비의　큰별이고　가차누덕　싸러더가
한제짓는　서웃갈슬　구데어　더럼하노
混濁운　네모도니　사람들어　실다누나
암을안　虛空에는　한날두승　라낫다는
하두사럭　세금겨어　오도내리　강광절광
百事가　弃走하나　分陰이　엇가오나　三十三天
내집마는　부어閒이　너러들의　三十三天
評蝶世界　求長하매　蒼蝈時代　現光타가
明細照도　出動하야ーー宇宙間
「天然바든　胎細胞도　捗民政의　하두사 의　데릴갈너

四六

하루사리 회돌기와 　여러째의 　줄다름질
永刧無窮 한선다니 　미못하진 　언제부터，
마당도 넓거니와 　時節도 　기나길다
강여나면 原分子오 　統合하면 　宇宙굿득
객여나면 째째곳곳 　얼맛나니
密察다를 動했너도 　不生不滅 　한다지단
어늬써와 더브러서 　蠢蠢生死 　다시닌다
「하나」라면 「둘」이되니

다시웃픠 空圓어딸？ 　變動（알）어딴？ 「어늬므로 作用어딴」
파래로션 空圓어딸 　空圓땅은 꽃어라」고
物質어딴 무엇어냐？ 　「空圓쩌웅 젓어라」가여
둠름걷도 본수지 본수쌔
어때하는 同答으로 추순웃솔
그런어도 空圓에돈 物質어라
예비도쇠 作圖펄에
영어모쇠 空圓옷모 얼단거요
우리눗기！ 그무엇을 우리눗거
有面어면 우리눗기ー 무엇어라 무엇인가？

大宇宙에 엇지갈녀 　自迷中에 　너러나와
個性으로 싸도써서 　個性之用 　닶이로다
感이個性 自認하여 　生이라고 　하고본즉
無個性 그存在方法이所謂（生物과다름）을 가로쳐서
死어라 일오도다
또는物質 認識하여 　有타하고 　저나갈째
不可說處 不可感時 　日無日空 　버릇이라
예비도쇠 變動보고 　光어라 　음어라째
無光어면 無音어면 　吾이하ㅗ
어듸個性（有） 中心하여 　生어撃着 　돠엿스니
死空晤寂ーー하매는 　大圓覺요 　大圓佛다
어떤은 너희들께 　무듸불암 　엇스나
너희들어 경낭어나 　有을愛着ー 有어란阿盞，
조촐한 되여쇠도 　또한「다른」放射線은
어늬光線 不透燈을 　能하쥐도 通過한다
眞一大會 非感識的 　有단것어 잇고모면
空圓옷모 열단거요 　思避하면 空어라無라
卽수우리 思避하면 　空어라無라 그나늬가
우리들어 迷宮헛고 　크게도라 큰점어면
그무엇을 우리눗거 　逃走켓고 간절어면
有面어면 우리눗기ー 무엇어라 무상건님
宇宙橫行 한다기에 엇슨쇼냐

그제가서　物質有한

에너로세　것이란것

平生두고　免하려다

사람마닥　싈적하되

人生最後　死탄것어

잇는有액　愛着안함

無限　六

귀일크도　살어가며

다섯그릇　다버린들

人生涯의　小器其業을

大宇宙의　永基業을

拜천クニ　恩情好惡

感覺永失　寂滅합이

詐夜長辭　하고나면

無夢無魂　작문잔어

四七

내게對해　무엇이며

쫏이란것　또한엇더

荊荊밥비　쩌나는길

사람마닥　가느니라

判단서　두려울가

업는無을　恐怖하랴

눈업시도　지내느니

갈긴또한　업슬거라

이예맥여　눔오로써

져여조차　불것이라

다시相圖　할수업져

死따하야　虛悲幻憶

今朝深痛　될열이의

恭與못해　恨한단생

밝은江가　磐石우에　한便짝엔　언덕잇서

어려가지　흐르ᄉ香臭　微風부러　실어오고

月到天心　水面照耀　쩌조코　물가운곳에

淸甘飮料　濃熱果種　小卓杯盤　벌녀잇고

多情多才　知己友가　거문고줄　타울니여

그情懷를　알위어벌제　그자리에

主人된이　過勞疲倦！　모든것이　거처안어

無壁無臭　無色無味　無情無意　장이돈다

大安息어　여왓도다　무슨무어서　그리울다

사람살다　죽는것이　이와다름　또업거니

무슨것어　선선하며　무슨것이　두텁으랴

살다가　죽음에딴　일하다가　쉬힘세라

일합오도　밥먹고　잠자므로　쉬느니

부즈런이　구는것이　生界에서　上善大吉

사려서는　움주이라　죽거지면　도라간다

알겠스되　또한궁굼　안처안어 …

한번이면　忍耐精進　하러라만

꽃업스면　大悲說이　업슬손가

彩送世界　輪廻流轉

四八

生界와도는 어느모로서
不生不滅 한다하고
物化則인즉
佛家說을 何疑하랴

全知一斑
一生滅이
宇宙他界 머덤잔코
金剛石어 氣化하던
다시깨여 나의크게
宇宙의 빗갈돌의
字宇宙의 엇지못한 一
生民發穎 크지못하야
死滅함어 始있어라
太陽만녀 地球되고
一大塊를 氣化하야

神이여　　佛이여　　道여
永生이라　涅槃이라　멋가지로
無限에서　쎄러저온　有限界의　衆生들이
無限품에　못드러서　부르지짐　아닐넌가
各어머니　子息되어　님의말슴　안듯거는
泉生界의　유例지만　一宇宙의　眞有럼도
한골스론　衆生이돈　無限이어　더우다가……
無限이어　안어주소
어머니의　大慈悲을　열어주실　것이며는
대옥苦를　겨고라도　말안듯는　못同生과
되지가는　아우들도　라일느고　無限이어
손목함에　얼어잡고　도라가서　안기리다

—　一九一七,六,二三　—

人格的 偉大의 好表現
南岡李先生님!

柳 永 模

公正履行

鄕村農家의 出生

저것이 되기前에

사람으로하는일은 남 지지안커 하여 보고 닯것이다ㅡ하는 決心한 것을 가지자. 피섰구나려어라.

이것이, 이決心이 생긴 뒤면 대우
向上心, 發展心이 發達되어서 小成에
不忍하고 其와 英을 熱誠하여 商
務를 邀理하는 中에도 不絕하여 띄고

特操가 굳든데서만

成功을 將來할줄도 確信하며 띄어 이다.

本來가 高尙한 精神

ㅣ높하는 靑씨이 行한다 하여 이다.

理學하는 經義齋

舊學보다 新文明

先生의 性格의 卓越

天眞한 信念과 굳센 操守

(一九三六 · 八 · 二八日)
(第一一五六日)

故三醒金貞植先生

柳永模

基督敎徒의生涯란十字架에 기대여서 떠을보는것이
냐? 그一小部分이나마 질머지는것이냐?

金先生의生涯는 그질머지는便——。

平生에 말슴이 나의知人으로서 내死後에 追悼하는儀
式을發論하는이가 있드라도 도모지 하지안도록 하여주
기를 付託한다 하시면先生님의일을 單몇말슴이라도 쓰
기가 罪悚스럽다。

天眞으로氣高하신便이오 武科出身이신先生으로서 心懷
물펼수는 없는歲月이엇고 그心肝肺腑를 두고두고 쩍이
시엇나? 平生無病하시면 便이신째 別世하시기數日前에
醫師의診斷으로보면 臟腑諸器官이 一切로老衰하신中에도
X線에 비친바로 肺全部가 痰에凝結되였다 하엿고 閔計
來吊한 友人의말슴이 先生은 都是大氣실에 漢方으로
말하면 寒熱를投弄하엿서야 하섯을것이다。함을 듣는째
筆者의心中에 一先生님—1 하는번적임이 있엇다。그러
면 어찌하야 平日에 先生의大氣를 피울수는 없엇는가?
大患을 치문이 小患에 놀라지 않을것이오、多難을격
으선이 小不平은氣色에 보하지않으섯슴인가한다。

六十餘年偕老하신同年甲이신夫人姜氏와 는早婚하섯던듯한
데 海州本宅에 젊은夫人을두시고（至今歲月과도 다른째）
二十未滿에 金剛山에들어게신일이 있엇다하니 家庭上으로
도（其時不貴하섯던듯한데）不平하심이 없지않으섯나한다。
十八子女를生育하섯던듯하다 筆者—歷歷히目睹한일이다。長子松鳳沼은 米
國留學中에 病이나서 도라와 죽고、最終으로次子裕鴻君은 中學二
年（?）中、急性腎臟炎으로夭折하고、三子裕鴻君은
東京帝大에서第一學期를치두고 夏休歸省하엿다가 登校次
에 下關에서點心먹은것이 빌미로腸窒扶斯에걸려 不起早
死하엿다。

接型을 보신째 吊者앞에서는 如常한熊度로 一하나님이
불러가섯다。一自慰의말슴을 夫妻한가지로 하시엇다。그
러나一夫人과같이 山中無人處에가서 실컷을으섯노라、情
話을 하시는째도있엇다。最終慘憺時에 말슴이 一情만아니
고 欲이붙어떤것을 노친것이다、하섯스니 當身에 老后
孤寂이 極한外에 貧窮이 晕追한것을 느끼심이다。

남의일周族하시기를 자못好事하는 사람처럼하섯고、邪正
이두렷하면 正其에鬪士노릇을 死而後已할氣慨로하시엇
고、內外國人誰何를莫論하
學徒들의學費困難한情을 들으시면 어든
고 紹介周族하시기에 奔忙하섯고、財界에는 無關한 어든
이나 오히려 先生의말슴이라야 財界當局者가 應하기도

故三醒金貞楷先生

四

討하시는等、鬪世不平이滿々하셨었다。原來政客이시오、社
交가넓으셨고、長老派에義務도하셨고 會衆派에視務도하셨으나
佛敎人은勿論、其他類似宗敎人까지 合同하야 우리親睦會
等을 發起會合하시는等々히 澗達無軌하신가도 넉여지나
故月南李商在先生이 先生의來訪하시면 피우시며
담배를 번々히피우시고 않으셔서 말슴을하셨다하고、酒類
窓을열어 撲滅하시고 一夫一妻의嚴格한基督敎倫理를 極重히넉이
신等々은 淸敎徒的規範을 堅持하셨다 每樣말슴
一時間이가면 不義는亡한다、正義만이 將來가있다 一一歲
月지나가는것이좋다 不義가敗亡하는것을 보게되겠스니。
따하셨다。——이信念이 굳으신이의말슴이아닌가？ 甚히
사랑함이 있어 하시는말슴이 아닌가？
和而不流하고 中立而不倚하고 至死不變하는人子（君子）
의强이 先生께 있었슴을 우리는본다。

嗚呼라、 돈을醵造하려는 便의뜻을 達하게도되었다。其他事
에도 非禮가아니면 有志者의 便益을爲하야 權門에出入도
오하였고 韓譯틋아니하셨다。

그러나 言論의일로는 有利한機會도 大지않고 도라닷는
先生도 못본듯이하셨다。그러하야 一時紹介의勞만이라도
先生의 도움을 반이는 數百人이 아닐것이나 先生晩年의飢塞
에신 實情을알어 보이는 손가락으로 잡을만치도 없었다。

오로로섰다。 그럼으로 일즉이 先生의紹介를얻어
財勢를輕巨하는 實業家가 있는듯한데 그親
金先生과相接한 盟案이 없었섰다。

金先生은無愛企의家라고 先生과同苦한분中에도 그뒤
先生을 부드신記錄이 先生의自敍도되어 遺存
하기에 世苦怨變에 못살겠다는 사람에게는 先生말슴이 一날보
따 내가산다 하셨다。先生自身은 主님께 一날보다、하심을
하시었다。 先生의信仰은 가장深刻하게 예수의十字架의苦
를 同情하신데에서 始作된다。

湖岩文一平兄이먼저가시는데

우러서 아버지께서 나의 缺席人事하는것을
구버드도시는듯하다.

柳 永 模

四月十四日 內養町 湖岩宅을 찾다. 門柱에 弔燈이 걸
렀다. "무순죽, 昨朝 主人別世란다."

氏, 年前에 重病(傷寒)으로 알음하시기를 「古로 佛教文
化와 近으로 基督教文化를 담이 입은 朝鮮에서 兩教
의 깊은 造詣가 없어 本史를 學究한다는것이 듯이었
다.」고. 인제부러는 敎學을 좀더 알어가지고야 史學을
알라보다 하시고, 또 남머러 「모은 傳道에라도 忠實하
라!」 우리가 虛生하는것이 큰일났다」하시던 氏는 드
대여 가섯도다.

닷年四月十九日에는 五十歲를 一期로 別世한 분이어
그의 一生을 計日하니 一七七○一日이오 나보
다 一三二日을 지나서 나의 一七七○一日에는 故人을 생각
도 었섯고, 그의 一八○○○日에는 나의 萬八千日의 萬近함
을 끝흘케되었섯다.

湖岩氏는 五十二歲──一八五四五日──도 가섯니, 나

湖岩文一平先生이먼저가시는데

보다 六二七日 先出生이시었다.

今年으로따러 나에게 知命의年을 주신 하나님께서 前
後에 雲柱火柱를 세우시니, 이어찌하신 恩分이실가 虛
生의 憂를 堅持케하시는 재人生이신가?

近年來에 病을 모르고 오든 몸이 一月九日頃에는 健
康이 人生의 太陽인것을 보았다. 이리기보다 人生의
乾行事的인 健康을 보았다. 永生을 힘써 맛으오며는
健康이다.──食色을
享樂할수있는(달빛비슷한)健康따위가 아니었다.
天然그대로 等閑視하여는(햇빛같은)健康이다.──食色
인즉 疾病을 因果로 口味를爲한 食事에서는 떠나게
하신 思惠가 있었는데 晩年에 또한 思惠를 더하심일
가? 이 訣別人事를 할수있는 準備시었나? 이人事도
세로 째프시는 恩惠를 굳게하심인가?

無常
永遠에다 비겨보면 萬八千歲 멋있던가?
萬八千日──大關嶺에──두분벗이 이편저편
내살이 하루살인걸 밝히피고 가서게
無私
목숨마춰 는도타가나 자국하나 아니피며
바퀴라고 나선것이 사람이란 노릇인데

호 소

벗어여 살려는가 어엿이 살 볼것이
벗어여 죽을라나 으젓이 죽을것이
멋멋이 도라가옴을 어느누가 큰하며
　自感 （一生評）
한머리면 멋도막여、한토막은 멋점인가
하루하루 접어내니 어느멋 끝점하루
하루는 죽는날인데 萬날壽만 넉이녜

꽛없이도 머리토막 쩍어내여 없이됬고
世間살어 한겁서고 간대토막 녹앗으니
님게는 무얼맞이나 꼬뤈잡고 뷔웃네

국거디는 못되어도 쩌개파도 하서퍼나
쩌개감도 채못되면 그켱에는 쩌울거니
성키판 하울것이면 님게드려 오고져

五十구멀 도라드니 큰토막은 다썼고나
人間의 도라우예선 쓸데없는 적적어나
님께서 넘너주서면 째부드게 五千人！

第一七九二〇日
（四、五）

決定함이 있으라

柳永模

사는날을 거듭할수록 남의 訃音을 듣기와 葬行을 보
기는 例事으、죽는이의 혜까부는것을 한式典이나 參觀
하듯이 거듭하게 되니 이것은 맛당히 안보아도 될것
을、이눈이 蓮福하여서 본것일까。

自然的人生의 끝은 滅亡이다。「滅亡」이라는 確定判決
을받고 나온것이 人生이다。우로부터 되는 加恩이 없
이는 滅亡에 근친다。사람씨게는 亡하기를 절여하는 天
性이 있기때문에 亡할놈이라 하면 욕이라고 아조 질
여하면서도 執行猶豫的 亡할놈으로의 現實살림에 無
心히도 醉하였으니――兄弟여、저승(他界)에 가면 어찌
나우、가 아니오、이승(此生)이란댄 이렇게 지내다가。

이승

이승의 목숨이란
묵여는 줄(絲)
靜靜히 울리우나
머잖어 근칠것―

이승의 목숨이란
決定함이 있으라

피여는 꽃、
姸姸히 곱다가도
깜짝이 지들것!

이승의 목숨이란
방울진 물、
分明히 여무지나
덧없이 꺼질것!

덫

어머니 달래는 말이
제 맘에 들제
우름같을 삼키며 까딱이든 먹도、

동무의 졸르는 말이
제 속에 맛 않을 쯤
머리채 매젓면 먹도、

먹을것 닮이 먹고、
할말은 잠것 하자니
(먹을적에、말할적에)
분주히 움즈기면 먹돌도、

三

決定함이 있으라

젊음과 成熟을

......사랑과 親切을......

그 曲線의 純念으로

或 重厚케、或 輕快케

나타내이려던 뜻들도、

두손 우에 고여졌던 뜻도、

딸 굴여 버릴 적에

숙어지는 무거운 머리를

시름과 서름이 북받이어서

남들이 (남의말에、째가 쏘다저라고)

이야기 하는 결에서와

或은、저혼자서 지향없는 생각에

잠긴 때에

먼산바라기로 쳐들었든 뜻들도、

여러 사람을 부디게 물수록

말로보다 더많이

그윽으로 뜻을 보이던 뜻들도、

──마지막숨을 거두고

하염없이 까부는 뜻이어라!

아、 허무한 뜻!──○

무슨뜻으로?

계정일까、固執일까、저만 옳달까。

무슨뜻으로!

먹기만 하자나、자랑만 하려나、親戚 하나、或 저

만 가엾다나、또 저는 걱정 없다나。

무슨뜻으로?

거만하게스리 구나、이승의 맛났음을 모르는척 하

나。

마지막 뜻을 까불게 되기 前에

뇌력을 다시 만저보고、드려보고、돌려보고、

깊고깊은 너의 속맘과 여론하고、생각한 뒤에

네일을 굳게 다문째、

세력이 제절로 끗덕끗덕 할만큼 決定함이 있으라。

저녁 讚頌

柳 永 模

이뜻을 먼저 咸氏께 드리고저 합니다. 近二十年前여, 그때도, 여름비에 길에 물이 넘치고 밤이 어둔데 五山서 古邑縣까지 오이 나들 넘 내여 줄제, 弟 허방을 빠이며 나아가 기어겼었습니다. 어둠의 分明 빛보다 크다. 그러나 瞠大하게 斷定치는 못하고 이때까지 왔던 問題입니다. 오늘 當하여 보니 弟 어둠을 스러하기보다도 빛에 惑함이 많엿던 탓이었음니다. 無私만 하고보면 빛을 忌함은 黑暗이나 死亡의 두려움이 없음을 알겠었습니다. 빛을 忌함은 사람의 것(物貨)을 盜賊하는 者이지만, 어둠을 忌함은 하나님의 것을 盜賊하라는 者(生命을 私有하라는 者)입니다.

하나님은 사랑이시나 사랑이 하나님 될수 없음 같이 하나님은 빛이시나 빛이 하나님은 안이니라.

1. 어둠

暗黑을 타는 小賊이 있지만 光色을 쓰는 大盜이로다.

흔한 사랑이 疾迷를 니르키고, 여러가지 빛은 虛榮을 꿈이로다.

불을 위하고, 해여 걸한 일이 있었다지만 허브리집을 일가로 갖인 人類라. 그죰임을 알도다. 太陽界에서 美와 力와 大곺의 精神은 宇宙의 한 작은 火慽니라. 太陽어지만 太陽도 物質이 어니 宇宙의 한 작은 物質보다 크다. 煌煌而上이라. (光은宇宙波動의 小部分).

功을 감추는 美와 力은 爆裂속의 기름이오, 賞을 타는 光榮은 심지끝의 불이니라.

기름은 隱密한데 계신 아버지의 永遠하신 指示대로 감이오, 불은 바리진 世上의 한땀 자랑니다.

創世記에 「(먼저)저녁이 되고 아침이 있다.」하엿고, 黙示錄에 「새하늘과 싸다에는 다시 해빛이 쓸데없다.」하엿으니 첨도 저녁이오 나종도 저녁이로다. 저녁은 永遠하다. 낮이란 萬年을 감박으려도 하루살이의 빛이다. 아 永遠한 저녁이 그럼도소이다——波動아닌 빛속에서 쉼이 없는 쉼에 살리로다.

2. 쉼

일을 하다가 쉬는것과 코로 숨을 쉬는것이 같은 로 되고·休息과 氣息이 같은 息字오, イコ는 イキ, イキ의 뜻이라하니 이말에서 사람의 本分을 알퍠라.

숨은 피를 돌리기, 피는 養分을 옮기기, 養分은 일

九

저녁 讚頌

할 힘을 내기, 힘은 發分을 얻는것과 목숨을 도라보는 모든일을 하기 爲함이니 숨을 爲한 일이오 일을 爲한 숨이로다.

그러므로 일을 避하는 「숨도 없고 숨을 害하는 일도 못쓰겠으니 일을 하다가 숨이 가뻐지면 숨을 돌녀 쉬짔다는 뜻이오, 일을 슬여바림이 아니로다.

숨쉬는것이 편첩일이오 또 내종까지 같일이니 숨도 일로 녁여서 사람삶이 統히 일이라고 보아도 可하고 모든일이 목숨을 爲한것이니 일도 숨으로 녁여서 統히 숨이라고 보아도 可치 안한가.」

도리켜 생각하니 쉬느란일이 일찍이 못하고, 일찍게 쉼이 참쉼이 아니로다. 姑息苟安하는 人生아 혈라도 쉴수없는 숨 너머편에서 쉼이 없는 숨을 찾어라, 쉬지말고 찾어라. 새로 찾어 쉬는데까지. 찾이라 쉼이 없는 쉼과 쉼이없는 숨의 수수꺼끼를 이에서 다 풀것으로는 녁임지안함이 맛당할진저.

息　觀

本來安息　无鼻无心　今息叵息　生滅自心
究竟消息　離鼻即心　日終夕宿　命終夕休
世終夕信　罪子遲寢　多夕要息　永夕不息

奇別

落傷有感

多々齋

其一 內 外（出生入死乎 生入死出乎）

外外匪非外 內內別無內 分別自分外 內外無定界
外是不外內 內本合外內 中合是分內 出入復奚謂

其二 人 我

人人我我無我 不外外人外餘我
人也人也無他人 不自自我自然人

其三 新 奇

每催新聞異常見 好奇素隱平生習
於我臨終最新期 時今如不斬新奇

其四 苦 樂

脊髓有症頗辛酸 匪不要味只叫苦
如在口中可一味 人問以痛吾亦痿
苦樂匪苦遠則快 時期痛快時快癒
甚辛且樂達是痒 快與痛是本不二

其五 中 和

速罷爲貴快本務 苦痛支離不能拒
遲支作崇焉乃憂 快樂瞬息莫可追

編者曰 이글은 다음과 같은 소식과 함께 온것이다。解讀에 도움이 될가하여 아래에 添刷한다。

金 兄

나시어나 드시어서 恭悶하시기를 바랍니다。弟 今月五日도早起하여서 朝課로하는 家間盆動中에서도 맘에感謝와 몸에生動을 가장 잘 갖인 참 좋은 아침으로 보내려는때「空心服藥」으로 朝飯을代試하는동안이어서 食口들의朝食事에 無與할것도없이、自家入口길가에선 아까시아의허러진枝葉을 좀 剪齊하려고 三脚木梯에 올라서서 小枝十餘介나 剪斷하는際、사다리 써러지며 自身長남짓한 높이에서 몸이 떠러졌는데 地面에 左臀部를 衝突하면서 脊柱에 振動을 받었읍니다。몸을 일수없이 腰部가不仁하여 臥席하였었읍니다。二週間만에 自由起居가 되오며 日間에는 腰痛을 頻感하는것만이 異狀입니다。

收穫(實感)으로

一、臨終이最新期이겠다는것。一、苦痛과快感과는 많은錯雜과交響이있는것——實은 苦痛인것을 快味로 食하는不覺省期에醉妄이 많은것이오、實은 亦一味인것을 苦痛視하여 大自物을 먹는수가 많은것인듯——。一、肢體의小給仕로 終始되는것이 生活의 大部分인것을 明觀합니다。——어찌하면 靈과 眞의主께 同行하는實生을 보리이까?、……肉은畢竟、重荷오 大敵이오 桎梏이오 惡弄이겠다。고 봅니다。이만寄別로 드리옵니다。

(第一八七九〇日 八月二二日) × 弟 上

消息

多夕齊

사람의 生活動靜을 消日이라 말하는것은 消光, 消陰,
消年, 消歲라 한과 한가지. 時間的으로, 지내간다는것을 主
觀하여, 날자들 消費한다는것으로써요?
消遣이라 말하는것은 世慮를 消散하면서 어떻게든지 보
내겠다는感情을 主로하여, 그야말로 消極的인 人生觀으로 된말이
다.

消息한가 말하는것은 氣息 곧呼吸(숨) 即목숨(生命)
을 消息하는것을, 主하여여쩌니 가장 人間生活理의 核
心을잡어 된말이다. 自는 鼻의本字요, 心은 염통이니,
코와, 염통을 대여놓은 形象으로 숨쉰다는 息字들 일
운것도 妙하고. 休息은安息이오, 氣息은呼吸이며, 元來,
사닥이 勤勞하다가 疲困하여드는것이 氣息의順便을 天然
으로要求한이며, 心身의全動作을 抱休止하고 呼吸循環만
享一히하는것이 安息곧 잠자는것이다。그러므로 息一字
가 氣息。同時에安息이며 연다하면、일을쉰다。숨을쉰다
가 한가지며、昭然히 누다남이 곧天理다。또息。食、殖에同
땀편이여 歌語로된것도 숨쉬는것과 먹는것과 머지는것과의 서로
聯語로된것도 숨쉬는것과 먹는것과 머지는것과의 서로

온 한울의 여픈때로요。살림은 사람의造作이다。살림은 各

關聯있음을 보임이아닐가? (더욱子息、利息의用例를생각
할것?)

消日은消日에 끝치고 消遣은消遣만이나 消息은生活動靜
그것만아니고, 한生活動靜이, 다른데影響하는것을 消息이
라한다。 一夫、 一日、天命 (生命의使命을 다하는것을 天
命이라하자)해眞摯하면、 바른生活動靜을하면 그것이 自個生
活에만 끝칠理없고 반듯이他衆에影響하니 이 곧消息이
息이오通信인것이야! 二하겠지만。이만큼 말하면「누가아니래?」 消
息이오通信인것이야! 二하겠지만。이만큼 말하면「누가아니래?」 消

息이 生活動靜의 根本이
오 根本的生活動靜은 獨個的이아닌原理가있어서 生活動
靜을 가르쳐消息이란말이所聞이라. 通信이란뜻을 갖여게
까지 된것이지、消息二字가 바로 通信의뜻이있다면 無
理다。본수업다。消日。消遣에通信의뜻이 안붙는것과 때

吾人이消息하는데는 二大息을 消費한다。氣息과信息이
다。氣息은呼吸으로되고、信息은往復으로되는데 呼吸의氣
는天地間에 그득찬大氣요、往復의信은神人間에 바로놓인
誠信이니 大氣는生理의本源이오
誠信은倫理의本源이다。
코로 숨쉬는者。大氣의子息이오、맘(心情)으로往復하는者
誠信의子息이오、氣息、信息하는息이或、子息의息은아니냐?
消日。消遣은살림(生活)의말이오。消息은삶의말이다。

消息

人各色이오, 삶은 一天大同이다. 살림은 私요, 삶은 公이다.
삶은 숨이 爲主요 살림은 먹는 것이 爲主다, 먹고 입어야
만하는 살림은 집을 定하고, 숨을 붙처야하지만 숨을 쉬
는데는 집도 숨도 입없이 입은 팍 달어두고 코만 바
또 들렸으면 언제 어디서나 걸림없이런다。──或時는
살림이, 삶을 妨害한다。飲食에 醉하고、衣服에 눌티고、房屋
혜막히고、市井색호띠워서、숨을 째떠도못쉰다。──삶을
爲한 살림이요、살림을 爲한 삶은 아니겠는데) 살림만 커
가다가 삶이 줄어듦이여, 일만 많이 버려지고 코가 （菜
가）많이 막히는 주린목숨들이여、消息을알라! ──참消
息을──?

前에 七十年生을 살고가신 분으로서 늘 말슴하기를「蔡
地不幸 四字면 그만이다。본서 苦生하라고 따에 떠러진것
을,」하고 입버릇과 같이 말슴하시는것을 들었거니와、
筆者는 五十年生에 때운것、닦은것、쌓은것、일운것이 없
고、시원한것、즐거운것을 못보았다하여 過言이아니며、
人間的으로만말한다면 부끄럽고、접쩍하고、없이임에 또
없이임에 아조없이임을 받는 ──말하자면 아조 흥한노
릇의 살림을──어여 왔건마는、그래도 不幸어아니고、
感謝다。어찌落地不幸일가?乘塊多感이다。살림으로
는 남색게 떠러지고、모끄러젔어도 삶은 갑절되는
豊足하니 어쩌深切한感謝가 없으랴! 우리 목숨을위하
불구슬이

六

여 準備하신呼吸의氣와制의虛大、豊厚、莊麗、殷淨、奇異
함어여 무엇으로 다 感激感謝함을 드러 말슴할가?

大、氣、頌

二十億餘 人類들 머터잡어 세우시고,
나느새와 기는즘승 묻고기며 버테까지、
한덩어리 高구슬에 몬아렴께 살리실제
코로숨을 쉬게마련 밤낮없이 너、나없이

高구슬의 表面積이 五億千萬 平方킬로、
七、八千 메드르의 높이 그뜩 힘뽕놓은
二割一分 酸素라고、七割八分 窒素인데
이름지어 氣象圖! 氣象圖은 呼吸뇹!

天氣候가 人氣候라! 비、바람이 이쩨짓고、
비、바람을 짓는中에 더움고틈 따러된다。
그以上、七萬메틀쯤가면、大部分이 窒素만、
溫度도 아조低溫 아모變化 없는成層!

그밖에는 無限空에 仔細모들 精氣모듬!
一億四千 九百四十 萬킬로의 사이두고、
高구슬의 直徑보다 百아홉 갑절되는
그이름이 太陽이라。

太陽尤熱 이에밎어 氣를더고 고르는때、
氣를듣고 지게오되 죽은듯이 몰래와서、
우리들의 코안에서 고로·두로 쓰게되만)
미、이슬과 바람、더움 코로염통에)바다와물에。

어떤즘만 살어보아 도感激없이 숨을쉴가？
숨막히면 낯죽겠다。窒塞하는者돌아、又常恒常에 이렇듯
한天供養을 우리爲해 펴끄섰다。

먹는것은 第멫째다、더러굶어도 살릴니다、呼吸은 第一이
오 끝까지오 원통이오 숨이니、맨먼저 精一하게 敬虔
하게 숨쉬어야 한다。숨은 決코 各自가 利用하는것은 아니
오、全體가 奉行하는것이다、生命은 至公이니、生命을 爲한
다、即 惡消息(숨을잘못쉼)이 된다。

現代人의 反名할것인？酸素와 窒素와 等分揀하고
呼吸作用과 同化作用의 知識이 밝은 現代人이 저科學的 分解가
있던 古代人만큼 生命(消息)을 完全히 못함은 어찌됨일가？
直觀大觀의 能을일고 全體에서 分離하며(제간나며)고만하는
傾向에 天惠全篇에 感激함을 모르는 大痲痺症에걸렸써다。

여기 壯子의 活然한深大呼吸觀의 一例로 우리는 莊子의 逍遙遊
를 좀 더들자。

逍　遙　遊
消　息

北冥有魚、其名爲鯤、鯤之大、不知其幾千里也、化而爲鳥、
其名爲鵬、鵬之背、不知其幾千里也、怒而飛、其翼若垂天之
雲、是鳥也、海運則、將徙於南冥、南冥者天池也、齊諧者、
志怪者也、諧之言曰、鵬之徙於南冥也、水擊三千里、摶扶搖
而上者、九萬里、去以六月息者也、野馬也、塵埃也、生物之
以息相吹也、天之蒼蒼、其正色耶、其遠而無所至極耶、其視
下也、亦若是則、已矣、且夫水之積也不厚則、其負大舟也
無力、覆杯水於坳堂之上則、芥爲之舟、置杯焉則、膠、水淺
而舟大也、風之積也不厚則、其負大翼也、無力故、九萬里
則、風斯在下矣、而後、乃今培風、背負青天而、莫之夭閼者
而後、乃今將圖南。

우리가 古信을 불때에 먼저 그 時代에 當한 同情的 理解를
바로잡이고서 보아야 그 思想의 體系를 바로알수 있다。

凡例로

一、古人이 地、水、火、風 四大를 各其 莊嚴하도록 큰 줄
을 直感한것이 壯하나 二位置와 限界에 對하여는 未知
하여 水(바다)와 風(바람)이 地와는 各別히 더 큰줄도
여긴것 같고。

一、大地의 球形인줄、赤道며 兩極을、重力을 모르므로
熱方은 南으로 여겼고、上下 觀은 未知
이러니、袞方은 北 熱方은 南으로여겼고、본것이다。古代印度人은 華嚴經華莊
嚴品에보면 世界의 最下는 風輪이오、風輪上에海、

七

消息

海上에 陸이 建立된모양으로 여겼다.
字句로리를 좀하기로

一, 其은 큰바다。本文에 한울 못이란것으로 보아
땅以外에 어떤「큰範圍」를 이름이다。

一, 그런즉 北其은 黃道上에 冬至點이 으, 南其은 全

一, 其은 陰을 象徵한 寒節期의 自然界全體거나 氣候全
部를 가르침이되、生物化하고、超大化한것이나 氣候全

一, 鯤은 陰을

一, 鵬은 陽、暖節期의 그것일것이다。

一, 漁遊則은「節期바괌形勢가되면」이거니、「換節이되는
데는 느긋함이겠다。

一, 鵬은 誌니、記錄이오。

一, 對馬는 陽炎이니 空氣中微細塵埃가 日光에 照熱流
動되는것이 알른알른보이는것이니、곧照熱된 空氣
의現象인데、氣流라하야可할것이다。

一, 坳는凹니、坳堂은 옴옥한房바닥이오、

一, 天闕(음알)은 天過이니、가다가 맥히는것이다。
그만하고 本文을 색이기로한다。

道遊

北其에 물고기 있으니 이름이 鯤이라。鯤의 크기가
그멫千里인지를 모르겠다。化하여 새가 되니 그 이름이
鵬이라。鵬의 키가 그멫千里인지 모르는것이
鵬으로 化하여서 北其에서 南其으로 옮기는떼는

다。忿한듯이 날르니 그날게가 한울에 드리운 구름
같더라。이새는 바다가 움즉어리면 南其으로 올라가는
것인데 南其이란것은 한울못이다。齊諧란冊은 怪異한
것을 적은冊인데 그冊에 날리게 탈하기를 鵬이 南其으로 옮
길적에 물을 三千里나、날리게 부더처면서 회저어틀
어 九萬里를 올라가서야 進行하는때 六個月을 한숨
에 가는것이더라。

陽炎과 먼지는 生物들이 숨으로 서로 부난것이다。
한울 푸른것이 그正빛이냐 그 멀어서 아조 끝질떼
가 없어서냐 그우에서 이아래를 보는때도 그러할것
같으면 그만일것이다。

또한 저 물이 깊이 못이지 않으면 그 큰배를 띠
우기에 힘이 없다。盞의 물을 房바닥 옴옥한떼다
넘으면 티검불이 떼 노릇을 하지만 거기다가 그盞을
놓으면 붙이 바닥에 들어붙는다。물이 알고、배가 큼
이다。바락이 두텁게 쌓이지 않으면 그 큰날게들 띠
우기에 힘이 없을것이므로 눈기들 九萬里를 하면 바
람이 아래에 있으니 그런後에 인제는 바람이 호못
하여 푸른 한울을 질머집에 맥힐것이 없으니 而後에
야 인제는 참 南征을 圖謀할것이다。(아래를 끊음)

○

九萬里나 居厚한 風(氣)을 얻지못하고는 不可能하겠다는 것을
仔細說明하려하였으니, 極寒節期가 極暑節期로 變化하여가는
째는 따른말로하면 四時行焉하고 萬物이作焉하는데는
눈에는안보이는것이나 보이는것以上으로絕大한氣運이 있
어서되는것을直感한것이나 去以六月息者란것을 여겨서 一
年의折半으로冬至에서夏至까지 息字를놓은것이오, 그리고 그
天地大氣의呼吸으로 여겨서 息字를놓은것이오, 塞暑往來를
大氣는 곧生物들의呼吸이 서로 부는것이라 斷定하였으
어 그眞理를 直感한것이 얼마나確實한가!

한기름 며나가 大氣의 現象을證하되 저 한울을 푸른것이
무슨 목구까 같은것이 있어서 그런것이 아니고 風(氣)
厚層이되어서 그렇게 보이는것뿐이다. 하여 大氣厚
에 日光이通過되면 蒼色으로 보이는것을 喝破하였으니
想像的推理가 어떤때는 實驗的分別보다
社하지않은가! 想像的推理가 어떤때는
도 通透打盡的이아니냐? 法悅的이아니냐? 信仰的이아
니냐.

—–其를款實라는同時에 美를藝讚하고, 於間에着이涵養되
도록되지않았느냐?. 莊子의消息도크고나! 그목숨今우나!
天地間에는正大至高한氣가充滿하고, 萬象의根本은氣오.
였다. 목숨(生命)이란말이 목숨이란말로된것이며 イキ
ル는イキ에語源한것을보라. 사람의元氣는 숨쉬었고, 숨쉬
는氣는 곧天地의 元氣인것을. 決定的으로認識하여서 天地
消息

間에 그득한것이라 하였다. 孟子도 이런消
와同呼吸이오, 萬有互相一消息인것을 믿고 살었던것이다.

消息을갖었기에—–通했기에—–「萬物이皆備於我」란 觀念,
乃至信念, 바로信仰을 얻었던것이다。
같은분들에게 信仰이있었다하는것을讀 者中에或은 아까워
할이가 있을지 모르나 古今에없이 氣가 돌린사람에게는
能히 大感激을갖인者에게는—–어찌 누가 信仰이란말
을 아끼랴. 우리가 그말을 아끼는동안, 아니 별서前
때 아바지께서는 그날에게 큰목숨을 주셨다。不信者가
따로있으니, 孟子의浩然之氣도穀氣에서나온다는 俗儒의말을 잘
알고, 消日, 消遣만 잘할라는者들(그런사람들에게는
孟子本文이라도 더信用하는사람들의不信者다。莊子의
말로하면 鵬鳥의類오, 斥鷃의類다。도로혀 鵬鳥를 웃는
무리다。이런 무리로 참世上에서 信仰이 없이 莊子나孟
子같은 專氣한生命의消息이 있을듯 싶은가?
古代일수록 사람들은 呼吸곧生命인消息을 深感하고 살
었다。 목숨(生命)이란말이 목숨의元氣는 숨쉬었고 メ

清 息

廣義로 보면 出入은 呼吸이오 往來은 消息이다。코로만通
하는 것이 呼吸이랴?（兩棲類는 皮膚로도呼吸한다지만）大衆中
에 存在動靜하는 것만이 모도呼吸이랴。言意와文字로
情意를往復하는 것만이 消息이랴? 天森羅地萬象의 모든形
態、모든變化가 가지가지의 소리와 別의別한 빛（빛아
닌빛과 線없는 線까지）쓰間이든 理路를 通하고、時間
드는것이 우리에게傳하는 것이 모도消息이오 우리로
서는 얼마만큼感受하느냐? 感激하느냐?。만 問題다。우리토
信息이다。벌려서 吾人에게感觸되는것이 있어서다。우리로
안은우리 自己에서의 消息은 그만하고 進行上의 消息을 좀 생
각하려고 한다。

二十三年前十月二十六日記에

生死線一〇四五六驛

墝 事 따題하고 恁感想句中에

乘大塊、逍遙승、天道浩蕩이라고、한것이 있다。
우리生物全體가 우리大地를同乘하고 이것은世界一周가
아니고 太陽系를 百周、千周、萬周하면서 또太陽系가所
屬된全星團으로서는 銀河系를 無數周하라는排布로 自古
飛行이오 永遠飛行인데、우리大塊號의直徑
은三萬里（二百七十五萬米）! 秒速力이近三十粁된다。
우리가 우리船室內에서 하로살이 모기 파리와 쌈하
고 나뷔 별 미돌기 돌의最를보고 술기 수리 飛行家들의

昔上은 우리의 永住所로 따련된것이 아니고 宇宙的滑
走場에 나선機器다。生命은固着이아닌것을、살림어라하면
제법、무엇을 이地上에積成할듯이만 여기는고나。삶을爲
한、살림은可하나 살림을爲한 삶은 애초에 없는것이다
한울을 바랄 뛰어지、땅을 바랄 한울은 없다。神을 느
낄「나」지「나」를 따르실 神은 없다。非유클리드의眞理
가 때낮을 보이었건만 유클리드의作圖속에서 좀더 자
졌다한다。生活한 것고드는 노릇을 좀머하짔다한다。
그러나 살림만 크게하라다가는 살림에 좀머
二러다가 살림 속에 묻쳐

축는 성쥐와 같이。

着實勤勉이 道德이오 眞理나, 무엇을 爲한 着實勤勉이냐, 五千年文化가 같고, 닥고, 쌓고, 일흔것이라고는? 生活을 爲한다고 처드도록 하건마는 生活을 일우기는커녕 그 쯤하기 까뭔한 生存이 짧듯튼 콩나둘에 삼태부리 나리듯기 핥이란 뿌리가 나러서 인젠 生存根을 爲하여서 모든것을 모다 모두, 모두하게되었다。

……하다。그러나。大氣를 한가지 消息하는 同生들이여 筆者도 着實勤勉宗은 破産이다。

五十年着實勤勉은 破産이다。년富하대야 七十年을 古來로 드물다하나。呼吸氣로 七億未滿이다。歲億圓의 試貨를 거저줄 것이나。一圓식 베손으로, 만저만보대도「그것은 못한다。그럴듯이 一圓식 드모지 없음니다。할 天生인 未牛身欢은 直錢이 一千二百萬米넘는 地球며 피기면 바보라「나」라는 가난쟁이을。

一點밝혀 더되며? 銀河系는 드 또 大字宙해 對, 亦然하다니。

「나」라는 存在? 쪽이 아닌가!

「나」라는 時間의 存在가 죽이라。時永, 空遠은 도모지 모르짓다고, 時間으로는「이제,」空間으로「여기」해야만 確實과

하여 무엇이나 確認하라면 언제? 어디서, 누가 發實하였느냐?고 하게되되 結局「나」스러운 零細件만 感知하는 差別智에 떠러지고 만다。그리하여 하나님의 계시라 고 한다。참 가난쟁이의 가난한 所見!

편 어디, 언제, 누가 어떻게하는지 그 게심을 알겠느냐

年來에「나」들 무엇에다。比할가? 하고 뫼 찾었었다。我는 無다。하나님께서 있으라, 하시고 자리를 각게하셨으나 一毫도 所有는 없다。位而無다。

座뿐이오 實大는 없다。無인我에게는 時間의 資長이나空間의 實積도 또한 없다。時間이 나맘대로 쓰게는 함된다。時間, 空間도「내」맘에「이제」(今),「여기」(茲)란 點으로 적히는듯。알른알른 點으로의 接觸外에는 없을것이, 眞理다。

「어제」랄 돌(石)삼어서「내」탄玉을 닥을년다。그제。저젠 못줓나니, 오직「이제」사는날 닦는펙로만 우리百年하리라。

(漢字譯)今石我玉一生攻, 呑日吐月百年光。

淸息

二一

「나」를 잘일우랴면 나를 잔 깨워누어가야만 되겠다
는切迫心으로「이제」만 虛送하지 않으면 百年은 내것이
될줄로 상각하고「이제」만을 꼭 잡어쓰라고 퍽 애를
쓴것이다.

恐受了甚如寶惜、無去無來亦無住、譽當一樣尋常虛、
要觀光明神速度、

生馬보다 더 잘 달리는「이제」를 잡어 란듯한 實行力을얻
으라고、「이제」를 쓰고、「여기」만 맑금이 닦어나가기만
하면 거저보낼時間이 없을것이오、 있다울것을 기다림도
아니오、勿論머들러 들수는 애초생 없는것을 아노니、
눌 한모양 같이로 늘 덧덧이 가기를 恒放射不息하는光
明과같이 生命을發現하여야겠다。（天行健、君子、以、
自彊不息。）

呼吸調讀하려함이며、 自身中에서도 不息하는呼吸을 부러
워하여、 내行爲가 애숨만 따를수 있었으면 하는懇求을、
삼어 멋었어도、 목숨같이만！
을 순하였다。

그러나 나의熱忱이 天體運行이나 呼吸不息과 같이 自
然스럽게 드러서지 않는데는 스스로 煩懷뿐이다。 無心
中에、 몇時間의「이제」나、 몇날동안「이제」가 내안밖이 다 잘
맞도록 졸해워다 주는수도 있으나、 내가爲하여「이제」
「이제」하고 잡어파랴고하면 틀림이 모자라저된「인제」
으로 해마다 돌려며여준다。 四時의功을 일우거爲함인저。

（而今）（イマニ）（가되다.）「이제」란말은 어려진「이제」（ㅅ）
가「나」를 부러어 먼터러진고、 거저 다머나 는時間을 이
름이다。「인제」「인제」하고 머뭇거리게되면 百年도「인제」
（而今이）（虛送이）되어 무거진다。「인제」가 너무걸마는
따침내 는「인제」는하는때（イマハノトキ）（臨終時）가 되고
만다。

숨한번 쉬는동안에 一킬로를 거들수있다면、 사람의 숨
이百年이면 九億四千餘萬回를 쉬겠다하니、 그동안을 다
드러서한다면 地球가 一年에 도라가는軌道（近九億四千萬
킬로）나 一周하겠는데、 實上은 사람의 거름이 숨한번설동안
억켬 千分之四킬로、 即四米弱이니百年行程을한대도地球一
年行의千分之四밖에 못간다。 바꾸어말하면 二萬五千年을
거러야 一周하겠다。 地球는 사람보다二萬五千倍빠르다。

（人步、秒速一米二와、地球、秒速三○粁弱）

그러나、 서란도 아니다。 地球는不息인데 사람은 쉬어
야한즉 우리가 一時間에地上十里行을 하여놓지만、 우리에
大塊號甲板上에서百里를걸고、 疲困해 잔동안까지 即一晝
夜동안에는 六百萬里를 進行하여준다。 사람의行程의六萬
倍다。 大塊號는 우리에게 春夏秋冬四時의變化를 보여거름
해 二十五萬里天空行을 하여놓지만、 우리가限終日、 우리
에 사람의行程으로하면 六萬年이나 거러갈距里를 急行
으로 해마다 돌려며여준다。

무의 牽動이 도한 크지안으냐？ 天行健이며, 地行運이

그려간 天地의 나의 알떼아니 오내아 조잇을넌다, 忘　蹄

목의내가 숨을쉬니, 은氣運속에서오, 時我消息大氣中

날마다나니，는먹게되니，百穀이 豊登학이오。日我消食百穀登

해마다 내光陰을消費하니，太陽이 두렷이 밝고나。年我消光太陽明

天然한 나의消息은 萬古를 돌가 올라가리로다。天我消息萬古昇

無限한「바」가 無한데 無限한 時間은 一여기란 이豊些端으로 무러섭건다, 수双에 까기고, 昭昭히 접흐하는 人生이다。

時末, 空遠을 그냥로 主善하참이는 하나님이시다, 位而

無限한「바」가 無한데, 無限한 時間은 一여기란 이豊些端으로 무러섭건다, 수双에 까기고,

時末, 空遠을 그냥로 主善하참이는 하나님이시다, 位而

으로, 時間을 애껴서 따로할일이 무엇이며 感激이 좀다.

永時 그따로, 遠宅二따로, 넘앞에서 逍走하는 大塊乘客

좀다하겠는가？ 이적展望이 바쁘며 感激이 좀다.

天道좀溪은 나의 逍遙遊하는 消息이다.

宇宙는 消息이오. 하니님은 消息主신이오. 나는 消息、다。

「나」는 적으나마 無나마 光點이다. 라디오의세트다

（나무족, 古今의主宇, 程中火蠟, 點。）

작으나 無透한電波를集感하며 廣播한다.

인命 풀어는 나는 생력 일우려안한다。主께서 어미 豊

厚허 쌓으시고 完全히 일우섰다？ 그것을 어떻게하면, 더

憨激하느냐？ 더 消息하느냐？ 가 顯이오, 蘱다.

가卺거름 거러만 가고지고」

득 步

내가世上에 있기는 消息하는、오，

한올이로다，　吾乎世間消息、

時間여「이제」는 새외단 칼날 갈고，　天天命中至眞理

時間여「이제」는 새외단 칼날 갈고，　今者於時斬新双

空間여서「이」거」는 한점，넘기는 어人발，此也在方刻苦齒

消　息

第一八五〇日(一〇,二一)

消　息　(一)

多　夕　齋

開城富日往復　（晴後三・八）

千年古都들이제사브노라고
第一八八三日（一一、二三）을淸晨

아침에　漢山을두고　거스린일을　한나절에　松岳에대니
즈믄해　생각으로는　한나절에　보터라
갈렬때　도라봄이　느것에

아침에　漢山을두고　낮돗때　松岳에대니
펴인즈믄　거스린일이　한나절에　도라오다
갈렬때　나는때로는　력력히도　갈고나

아침에　漢山을두고　松岳의곳　업어서니
저믄해　거슬런일은　한아절에　보터라
갈렬때　나는때로는　한맘인가　하노라

아　처음　漢山두곤　낲업어도　松岳의곳
즈믄해　꺼온거울이　맞우서서　조상이라
갈렬때　정가으로아　이럴줄이　있으라

消　息

아침의　漢山을두고　낮맞우　松岳에대니
저믄해　거스린일도　한나절에　보터라
갈렬때　나는때러니　따더따더　나노따。

러(欲)를 길러라

第一八八八日（一一、二八）을多夕子의
政私（九△）의날로消息。記念으로이글을
聖朝誌에드리다。

사람이　重力場內에서　生을　누리는지라、
모든存在을돌　무엇에　언처있거나、달려있는것으로　봄。
모든動作을　무엇에　끌리거나、밀리어가는것으로　봄。
觀이　그런지라、그러므로。

모든人間處實에도　누구를依賴하거나、模倣하는것으로　最
便을　삼고、自强어나、獨創의맘이　없음。
모든人間行爲로도　무슨目的의（利點）이　있다거나、써면순
務（過迫）가　되기前에는、勤勞를　앗기는習性으로서、生의
實現이나、道의믁行의　뜻은　모르니？
——이　어찌　天心（永生）에　洞헌道理가　막힌것의　아
니랴。

온것것에　값을　때고、모든것이　팔려나가며、
꼿는데도　돈이　앞스고、動하는때는　利를　붙인다。
欲望을　채우는것이　業이오。

一一

떠(欲)들 길러라

然으로 녁이지만, 欲을 채우는것이 모한欲望이다。 그
欲을 채우려 머니 가渾力性도 돼 있것만、 원악 많이 들어
났다。

欲望주 머니 가渾力性도 돼 있것만、 원악 많이 들어
났다。 欲望주 머니 가渾力性도 돼 있것만、 원악 많이 들어
났다！ 떠진다！ 죽겠다！ 하는 따르는病患이
있다。

天心은 虛。
日心은 光(熱、明)。
地心은 重。
人心은 利。
天心에 照하다하니 高遠하고、
地心에 顧이 便이오、 逆이 努다。
土石은 三便하고、
雲水는 昇降이라。
地心의 願便을 얻으면서 日心의 感化를 받는者가 生物。
二中에도 草는土、 木은石、 禽은雲、 獸는水스럽다。
人心은 能(本能)하고、
物心은 利(造作)하다。
上達天心하고、 下達地心하는것이 人心의 利다。 欲을
自然이오、 欲을 制栽하는것은 不自
欲을 調製할려는것이 모한欲望이다。

欲望도 채우는것이、 自然일것이다。
靜止는 土石의 自然。
就勢는 風水의 自然。
風水然食色을 하고、 土石然睡眠을 하는것이 生物의 自然
라(欲)고하되 觀(좋게)(美)
知(참)(眞)
行(잘)(善)하려하는것이 사람의 바람
(望)이다。

欲望은 單欲이 아니다。 펴고만하면 못할것이 없지만 해
보아서 잘안되면、 다시 잘하려한다。 펴、 펴려는複欲이다。
봄도見物生心的홀봄이 아니다。 보고、 모보아서 참알도록
보는觀이오、 聯觀이다。

欲望속에 理性을 봄은것이 人心의 利다。
理性을 欲에驅使하는수가 있으니 이것은人生의 悲
이다。 ---- 理性을 欲에驅使하는者가 욕보되기와。
때는 쓰는者가 害를 본다。
오、 罪다。 그害들 사람이 받는다。 快適할利器가 妄用되는

便한것取탁가 土石보다 게으튼者되기와。
바람부는데도 물결치는대로 한다다가 흘러빠지면、 썩
고、 썩으면 냄새돋 피운다。 펴머저나려만가다가 부드지
면 깨진다。 깨지면 알고、 죽는다。
흙어 깨지면 보드럽고 물은 흐르면 맑지만、 生物이
깨지고、 흘려 될것이냐？。

一二

食欲으로 胃腸을 傷하는 禽獸가 적고,

色情으로 코며러진 개들 못보았고, 不足症들린 도야지가 없고, 鴉片中毒된 염소가 안당니 는데——사람은?

가난한 새의집이 없고,

허술한 별의나라가 없는는,

이것이 다 墮落에 채를 치는 까닭이다.——欲을 채우는理想을 갖어서다.——眞珠들 도야지에게 준때문이는

내다본다, 나가본다, 멀디본다. 넘히본다, 넘히 보되,

먹을것 찾는것으로만 보는동안은 두루쌀냐는 즘승의 거름 밖엔 아니다.

머멀디 보고싶다, 알고싶다.

고개가 들린다. 머 보인다.

머멀디, 머멀디.

가심이 허러가, 둘린다.

머, 머, 머, 둘린다, 또둘린다.

아조 이며쌌다.

참 멀디 보인다, 넘히 보인다.

——그러나 便치않다. 다시 꾸프리자, 기빨도 닷자!

굿어 먹자.!——이것이 원숭의 살림——.

섯다. 머보인다. 좋다 참좋다.

잘서진다. 머꼬꼳이 서서, 머멀디 본다.

엇개를 저치고 단길수있다. 나가며 보는데 멀디도 보

러(欲)들, 길 머 다

어고, 단기며 보는데 넓기도 하다.

머멀디 보고지고, 머머멀디.

머멀디 보라니 地平線上으로.

머우에 별이 보인다. 그별우에 다른별들이 보인다.

더위에 또있다. 또 머위에 또있다. 아조 많다.

고개가 앞으도록 재쳐가면서 쳐다본것이다.

멀디 멀디하다가 높이 높이된것이다.

——이것이 地心에서붙어 天心으로 간것이다.

近小가 자라, 자란다. 遠大함이다.

生은 欲이다. 자란다. 커진다.

永遠히 자라야할것인데, 그러나 情性이있다. 淸極이 온다.

近小에 親熟하고, 遠大에 生疎하다.

欲을 죽이며한다. 生을 말리려한다. 그만 자라폐한다.

偷安停住하려한다. 近小에 理想을두고, 生活이다한다. 私蟄한다.

그러나

欲을 길러라. 欲을 完遂하도록 길러라.

이에 永生이 있다. 그것이 無欲으로도 보인다.

近小欲이 죽어서 遠大欲으로 낡은것은事實이다.

(以下教統第三頁下段에 續任)

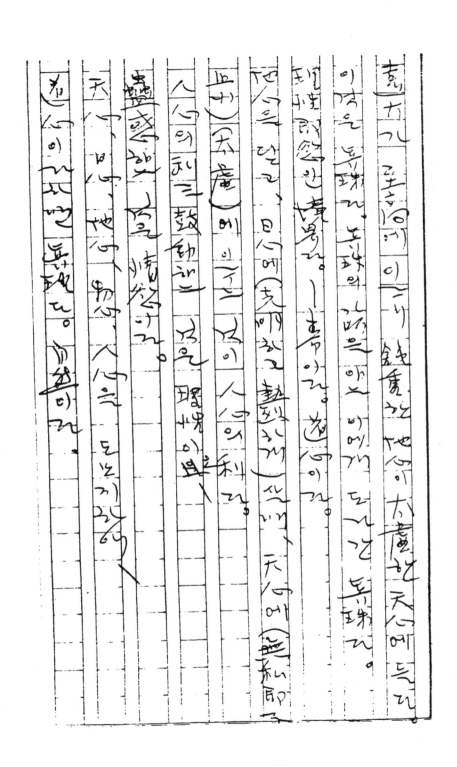

消息 [三]

一時間二十五萬里、天空行을하면서
一日에二萬五千回、大氣息을하므로
一生은三萬五千日、太陽光에살듯한
（生靈인、第一六九五 通過信息）

十二月五日 多夕齋

늙임의 깃븜 (一日氣溫感)

自我가 位而無인것을 實感케 하여 두신일이 感激
합니다。이날불어는 아바지집의 삶이오、내 살림이 아
닙니다。그전、흙게하잿다면것은、마치 갈린듯、불려면
때운바람이었고。깨끗하기를 願하였면것은、쌀々허 어
러불일려면 눈이 었읍니다。그 군어만지면 목숨 속에 다
지한번 늙임이 도라온가 ―합니다。

이 늙임을 갖이고야、뛰어여 을 隆冬같은 老死連
峯을 넘을것어오、님은 뒤에、高原에 큰봄을 맞일가
도 합니다。

마람이 갈길려다 잠자고、눈빛든구름은 아지
랭이지니、
오늘같은 달을일러、小春日和라 하엿겟지、―
올해가 나의一生의 그루봄만 싶으네。

○

민 븐 날

재작 밤中에 일어나 글을 조히돌 찾다가, 十五年
前 即 丙寅秋九月望ㅡ 家親回甲紀念日ㅡ에 쓴,「家
親觀」이라고도 할만한 舊稿가 띄저나왔다。永感의 懷로
읽고읖으니。

天父께 새感謝를 돌이는 오늘날에, 世俗에 家屋이
있으면 先山에 掃墳을 간다더니。나는 天父께 榮光
을 돌리는 날에, 肉親의 思慕을 抬처 追慕하게되니

先親의 平生持操ㅡ信義시였으니。

一가他事에　方正한(듯한)사람도　金錢去來上에　그不信
實을 露出하는이가 없지않더라。

「돈만 알것은 아니나, 돈을 몰르는것이 다른것도
많이 몰르는 셈도 되는것 같더라。

「돈은 떨어야 하고。떨되, 옳게 벌어야 하는것이지,
貪함것은 아니니라。」

때양 이러한 敎訓을 게셨으니、
半世紀商業에 致富도, 破産도없은 平常狀은 그平生心
으로 좃사 되심인가。
丙寅六月八日(七ㅡ一九)卒ㅡ
셨으니。(六八歲、八百月、二千五百週、二四五七八日동안
보이십。)

消　息

읇은거면「그리하마。」외인일엔「아니된다。」
해달걸워 뚜렷하고、땅에건처 묵어움이。
한마대 그한말슴에 가초인가 하노라。

땅이묵에들 엃고、해가빛을 버린다면、
벗님에여、그아니、큰일이라 하오리까。
엇지라 사람스론 큰일몰라 할가나。

넋가、내아바지께 이날까지 받은것이,
함어없은 몸하나와、아츰저녁 먹이이나、
즈믄해 물려야할전、믿븐하나 어외다。

먼버서 좃은장사、장사속에 닭은믿븐、
한때의 돈꿈이아니오、예순해 장사시려라。
늘도록 한갈갈으섬 믿븐인가 하노라。

못믿을손、돈이나、믿븐버린 사람셰、뎌라、
잇다금 사람으로서、제곰새를 돈에팔다니。
때때도 보이신말슴 깊이먼버 합내다。

오늘은 아바지의날、오늘은 믿븐의날。
설때예、믿븐함께 선츨을、
오늘해 뚜렷이뵙고、걸허빌가 합내다。

부르신지 三十八年만에
믿음에 드러감

多夕齋

이마 믿은이라。면서도、사람의 榮華를 하나님의 榮華보다 더 좋아(요十二章四三)하므로、거즛말을 하고、殺人을 하는 魔鬼의 子息이 되나(요八章四四)、罪를 犯하는 사람은 다 罪의 종이라(요八章卅四)。참을 찾는다고 하다가 弟罪가온데서 죽을(요八章卅一)者들도 믿는다 하였고(요八章一─五八)。

永生은 곧 이것이니 홀로 하나이신 하나님을 아옵고 또 도내신者·예수그리스도를 앎이니이다(요十七章三)。○恒當 恒當 있으면 참弟子가 될터이오、또 眞理를 알지니 眞理가 너이를 解放하리라(요八章卅一、卅二)。아버지께서 내게 맡기신 일을 내가 일우어 아버지를 榮華롭게(요十七章四)하기를 예수께서 하심 같이하야 참 삶을 求하는 길을 알고、아버지의 일을 實行하는 사람들이 참 믿음에 드러간것이다。그러나 거저 믿는다고 하는것은 病이다。그病으로 죽을 수도 있고、그病을 놓고 참 믿음에 드러갈 수도 있다。

거저 살거니 하는것은 罪다。같페 없이 그罪에서 죽기도 하며、그罪를 깨치고 참 삶에 드러가기도한다。

예수 當時에 三十八年된 病者가 恩惠의집(베데스다)이란데 드러가서 病을 곧치려 하였으나 病者가 恩惠의집 爾來、病든 믿음으로 온것이 아닙니까 저는 아바지집에 혼자 힘으로 드러가려고 하는 가온데 많은 歲月을 거저 모벴것 같습니다。

昨年一年은 「게가 낫고저 하느냐」 무르신(요五章六) 主여 오늘날도 그런者 하나이 있읍니다。主께서 저를 三十八年前、一九〇五年春에 부르시지 안하셨읍니까 나도 병드러 主도록 弱한가、저사람도 보지 三十八年前、一九〇五年春에 主여 오늘날도 그런者 하나이 있읍니다。

「나도 붓드러줄 사람이 없다」고 말 하고 지낙 온것입니까。「남이 붓드러 주도록 弱한가、저사람도 보잘것이 없었군」하는 物論이 있을가들 피 실여 하였읍니다。내 獨立한 體面은 죽어도 維持할고 실었읍니다。

昨年二月十七日두리는 새課題를 주서서 一年來 工夫하게 하시고、八月五日에는 한번 책을 지서서 일체어 진가도 합니다。아버지께 더 나아가야 할줄을 더욱 切迫되었아오며、感恩과 感激도 멫번어 없아오며、마침내 自己란것이 아모것도 아닌것을 確認하게 되었아오나、主의 앞에 無條件降服할 機會는 없었읍니다。

부르신지 三十八年만에 믿음에 드러감

一○

부르신즈 三·一六을○만에 믿을옄 드려감

저욱 일즉이 가르칫신 中에서도 가장 奇異히 생각

하겠아오며

大差 오리가 글알에서 나○○와 實居完者와 같아서

우리, 死도와 다름이 없고 뜬上에 있는 날이 그림자

와 같고 도 기타·사는 所일이 없을(歷代上九章十五)

을 가르치신 것입니다.

날마다 저 日子의 數交를 부어 보게 하시고, 文兄이

먼저 앞제위서 보내셨아온데, 저로

다. 六百二十七日을 (크로 一八五四五日)의 地球의 太陰수 六百二十

九回를 돌 동안으로 하신 數와 갓갑사오며, 文兄의 世

土을 떠나·잔뒤 第八十二日으로 저의 萬八千日은 當하였

마은데 二날이 六月二十四日로 文兄生日子와 같었으니

구. 또 모시 文兄의 生年은 主의 一八八八年이

앉아오니 도한 感慨합니다. 지난 十一月廿八日은 저의

一八八八日로·저는 이날을 저의 破私(八ム)日이라 생

자하고 지냈아온때 이것이 主를 가까워진 運備어었아

오며. 萬八千日에 八八八日을 더한 날이었읍니다. 그날

의 다섯 三十七日여 된 今年一月四日에 제가 따짐내

아버지 품에 드려간것은 三十七年을 虛送한 標인가도

질습니다. 生命이 빛에 있었으니, 生命은 사람의 빛이다.

해지는때는 聖神 없이는 不可能인것을 믿없읍니다. 저

호흔 一二五四節을 저의 誕生日, 一月四日의 記憶으로

七章五十三 ─ ○○各各 집으로 도라가고

八章一 ─ 예수는 橄欖山으로

當時 律法의 理論으로 타단 主님을 判斷하려고 終日 지

저귀면 懇懇같은 무리들은 다 各各 집○. 理知

으로 도라간것이, 七章五十三節! 七은 理學的數 같

으로 五○三年來 살펴하면 제가 집에서만 지난것과 같

기도 합니다.

모든 情性과 未練을 피저버서, 살림보다 죽을 길

로 通케 되기 쉬운데가 집이다─.

여호와 宿어 있고 室中에 나는 새도 집이 있으되

오직 人子는 머리 둘 곳이 없다(마태八章廿)。

하신 主께서 世上에 계실때 저문날에 혼자 山으로

가셨다. 항이 두렵고도 그립삽나이다.

아, 헌울 向한 山이여!──

八章一節! 破私一進! 主를 따지이다.

今年一月四日 (第一八九二五日) 새벽에 안해가 齒痛으

로 苦로와하든 자리 옆에서 밀었읍니다. 낫기를 祈禱

하였읍니다.

新禱中에 全虛空界가 電務中인것을 알고, 저 歷露를

으름과 모한줄 모름에서 몸은 사람의 짐이 되고、肉이 病의 보금자리가 된것을 보옵고 게으름을 제치고 모든 未練을 떼고、앞만(뒤는 죽은것이다)向해 내처서 가야 살것을 보았옵니다。죽을것을 지키고 있다가는 죽음에 끊칠것이오、뒤편 죽을것을 거두어서 앞의 삶에 糧食으로 이바지를 하므로만 몸이면 성한 몸、재生命을 여는 몸이 될것을 보았읍니다。

제칠것은 곧 제치고、떼칠것을 곧 떼치고、내칠데로 내처가는 이기는 목숨 앞에는 病도 敢히 侵犯치못할것이오、侵犯된것도 退却擊滅할것으로 믿어졌읍니다。

내가 곧 生命의 糧食이로다(요六章四八) 살려주시는 이는 神이니 肉身은 無益하니라 내가 너이게 일은 말이 神이오 또 生命이다(요六章六三) 밀알 하나이 따에 떠러저 죽지 아니하면 그냥 한알채로 있고 죽은면 열매가 많이 맺칠 지어라。제 목숨을 귀해하는자는 잃어바릴 지이오、이世上에서 제 목숨을 귀찮이 아는 사람은 목숨을 保存하야 永生하는 데까지 이르리라(요十二章十四、十五)。

多夕生의 萬八千日을 생각해 보시려던 몇몇 兄姉께 먼저 干證해야 할것은、生어 그때 分明、말슴하기를、「몸께 實踐力을 주는이가 있으면 그가 곧 나의 救主지다。」했옵니다。

무르젔지 三十八年만에 믿음에 드려감

「내가 예수를 따르되 實行力이 예수께로부터 親授되지 않는限、예수란 바라는것이 아니라。」는 뜻의 內包된 말이였옵니다。生이 重生한 오늘에 證據할 말슴은 「예수의 이름은 오늘도 眞理의 聖神으로 生命力을 豐盛하게 나리신다。」입니다。

主 와 나

主는 누구시뇨? 말슴이시다。
나는 무엇일까?; 믿음이다。
主는 한울에 가셨다 하나 말슴은 예 계시다。
나는 죽겠으나 믿음은 살겠다。

말슴 대로 믿음

無條件降服

一 아바지 께 가는데
예수 길 되시니
참말 삶에 나감은
믿음으로 언데

내가 곧 길이오、참이오、삶이니、나로 말며암지 아니하면 아버지께로 올 사람이 없으리라。요十四章一ㅣ六

眞理의 聖神이
떠돗듯 오실제
罪와 義와 審判이
바로 뵈저 나데

요十六章十三
요七章三八、三九
요十六章八ㅣ十一

一一

부르심즉 三十八年만에 믿음에 드러감

걸림—歷障。열—나아갈。

二　모든 걸림 떨치며
　아바 찾어 열제
　世上 이긴 人子로
　앞을 서 주시네

아바 아버지여。마가十四章三
六。世上에 있을제 患
難을 받으나 安心하라。내가
世上을 이기었노라。요十六章末。
요十三章一、요十七章四。

아버지 집에 있을 곳이 많
다。요十四章二。

保惠師를 보내마
保惠師가 곧 聖神이라、아버
지께서 내 이름으로 보내시
리라。요十四章廿六、十六章七

떠먹듯이 했네

三　일 다 일운 말슴이
　집에 도라갈 제

罪。더 갈데 없이
죽게되는 것이어니, 삶의 빛이 없
음이다。갈바를 아지 못함이다。
無信仰이다。
요十二章三五、三章十九、十六章九。

義。아들이 아버지 께로 감이다。도라갈 때가 외
음이다。곧 길이다。
요十四章廿六、十六章十。

審判。온世上여 아죽 惡魔의 結陣인것을 論告함이다
요十二章三一、十六章十一。

믿음에 드라간이의 노래

나는 실음 없고나、
인제붙언 실음 없다。

（二二）

넘이 나를 차지(占領) 하사、
넘이 나를 말으(保管) 셨네。
넘이 나를 갖이(所有) 셨네。
몸도 낯도 다 버리매、
내거라곤 다 버렷다。

「죽기前에 뭘 할가?」도、
「넘의 말은 어쩔까?」도、
다 없어진 셈이다。
새로 삶의 몸으로는
저 「말슴」을 모서 입고、
새로 삶의 낯으로는
이 宇宙가 나타나고、
모든 行動、線을 그니、
萬有物質— 느러섯다。
온世上을 뒤저 봐도、거죽예는 나 없으닝
位而無인ㄴ(脫私我) 되어

반작이! 빛。 요한一章四節
넘을 對한 낯으로요、
말슴 體(本)한 빛이로다。

님 외옵잔 낯이오,
말슴 읽을 몸이다.
사랑하실 낯이오,
뜻을 받들 몸이라. 아멘.

허물은 죽은 살이다

물 조금은 내게 붙쳐
피로 돈다.

한줌 흙이 大地ㄹ 떠나
내 살 되고,

大氣 속에 숨 通하고,
해와 불이 힘 빛이니
내란 맘이 움즉이어,
제인 體와 재 面 보기에.
아버지도 모르는 體(樣)！
사람 보면 거만한 낯！
보내신이의 뜻 모르니,
도라갈펜 어더냐？
팔슴 읽을 결을 없어,
참말을 어더서 보랴？

무르신지 三十八年만에 믿음에 드리옴

體面維持가 기껏이면,
面子(맨즈)致禮에 滅亡이다.
榮光을 가죽데 바르고,
사랑은 껴풀에 입히니,
낯가죽들 두꺼워만 진다.
그 허물을 언제 벗나？
축살이 귀여워서,
감자를 꺼풀 벗겨, 놓앗더니,
어느듯, 다시 꺼풀 졌다.
풀 덩이가 큼직 하기에,
딱딱한 꺼풀이다.
쓸가 하고 보앗더니,
속을 내여 쓸가 하니,
조곰도 보드러운 속여 없고,
군은 꺼풀만이 풀인體(樣)라. ㅣ풀의 死戱ㅣ
體面에 맥힌 人間ㅣ局限된 靈魂ㅣ
무슨 生命을 불것이냐？
이 꺼풀이 나(自我)아닌것, 千萬번알겠고나！
主여, 이 꺼풀 벗겨 줍소서ㅣ이 허물 때여
줍소서ㅣ

놀라운 入信의 光榮

푸르진지 三十八年만에 믿음에 드러감
저는 삶이 그립삽나이다。

몸을 잊자！
낯을 벗자！
맘을 비히자！

그리고，
로마신인이의 뜻을 품자！

아버지의 말슴을 따러，
主를 딸아서！

아버지의 뜻을 일우자！
말슴을 일음으로，
살자！ 아멘。

너이를 아노니 하나님을 사랑하는것이 너이 맘에 없도다。 내가 아버지의 이름으로 와도 待接지 아니하나 다른 사람이 제 이름으로 오면 待接하며라 너희가 서로 榮光을 取하고 홀로 하나이신 하나님께로부터 오는， 榮光은 求하지 아니하니 어찌 나를 믿겠느냐（요五章四二）

스스로 말하는者는 제 榮光만 求하거니와 로내전이의 榮光을 求하는者는 참되니 그속에 不義한것이 없나니라（요七章十八）。

너이는 옳은손어 하라는것을 외인손이 모르게 하라（마태六章三）。 그뜻대로 하나님을 사랑하고 合同하야 有益하게 되나니라

第一九三三「日」（一・一〇）號。

놀라운 入信의 光榮

主 筆

一四

하루아침에 多夕齋先生은 何와같이 쓰신原稿를 손수 지니고 오셨다 ─── 興奮의 血潮를 떠지고 멈치는 기쁨을 抑止치못하지면서 來意를 披露하기 시작하셨다 ─── 오늘날까지 合當한것 또는 當치못한것들 抽稿를 이 聖朝誌에 실어주신것은 고과운해도 있었고 未安한때도 있었으나, 이번 이原稿만은 반드시 실어주어야 할義務가 聖朝誌에 있읍니다 …… 라고 하면서 내놓으신것이 우의 「푸르진지 三十八年이라는 文字와 그 一滿面에 넘처흐르는 變化의光輝와 번가러 對照하면서 余筆는 한동안 對答할바를 찾지못하고 오직 어안이 벙벙하셨었다.

多夕齋先生의 爲人과 理知와 信條를 아는이만은 잘안다. 第一萬九千日도 가까우신今日에 「믿음에 드러감」이라는 大體 무슨「消息」이며, 또 그 「入信」과 聖朝誌에 關聯한 顯末을 詳讀해보라. 돌같이 차고 죽었든 多夕齋先生의 「入信」은 理知의塊가 푸녹어 生命에 躍動하는 信仰의光榮을 와보라. 곧 （決勝點）에 가까울수록 加速度로 달리는 우러選手의 모양을 곧 弟여 注觀하라.

消息 (四)

第一八九 四三日

우리가 뉘게로 가오리까

一月二十三日. 夕齋

老子 身

老莊의 含德이 自然生生의 大經大法이 됐다.」
마는、 生生 之厚로 `돌아` 不死欲에 빠지게 되니、
道士는 道에서 迷惑 건질길이 없어라.

釋迦心

釋迦의 正覺도 한번함직도 하였다마는.
三十成道에 五十年說法이 너무 길었거나?
末法의 되다못됨은 無賴진해 없어라.

孔子家

孔子의 好學을 일즉 잛어보면、 뛰다마는.
名器를 일삼은데서 體面致體에 흐르나、
由己仁、 克己復體는 立志喪身 못봤다.

人子 예수

말숨(道)으로 몸일우고、 뜻을받어 맘하시니、
한울밖엔 집이없고、 거름거린 참파 옮음!
되오니 한나신아들 예수신가 하노라.
(註) 뜻. 宇宙全體의 生命이 서로 사랑함으로 하나
이 되게하시려는 아버지의 뜻. (요十七후한二「三)

한나신아들(獨生子)

빈탄가리면 世上은 못난아들들의 것이오、
숫아날 門에 열티며 한나신아들 오시니、
지원타. 죽어산길에 그사랑을 펴셨네.

十字架

가로가면 누러는 가로째에 못백히고、
파로숫아 나갈열딴 머티우로 솟우치니、
永遠을 虛전타따라 걸히길히 삶이라.
(註) 누러、 世上 가로때、 橫木. 얼、 精. 유우려.

孔子를 가로(橫)보면

縱柱指天.

人子를 가로(橫)보면

(註) 左前. 체慾心 채움으로만을 짧으로 싸는 童人生—
觀으로 보면

消息

微賤한데서 나서、三十平生에 出世한것이 없고、最終
三年間、狂人指目을 받다가、暴死를 當한것이 예수의 入
間生이었다。 누가 도라다나 보랴----。

人子를 세로(縱)보다
俗眼에는 보이지도 않고、본사람의 딸도 믿지도
압젔지마는。

木手 요셉의 아들 예수가 설흔살에, 한울문(天國門)
새올 일을 맡었다면、----
三年동안 世上을 責望하는 채찍으로 묵은 누리를 다
걸어냈다면、----

새로 세운 나무기둥에 〇〇〇
묵은 누리의 돌바침이 〇〇〇 （安息日을中心으로한姑息生活
로된世界니、無望의人生은苦
役이다。安息을最
大理想으로할밖에）

（十字架를中心으로한克復使命
으로된世界니、信望의人生은
聖役이다。永遠振作
을最上理想으로한다）

사랑이 걸우어서、따에 나려 묻었더니、
몬은지 사흘만에、
새生命의 싺이 나서、
다시 살어났다면、 곧이 들을가?---。

이것이 한나신아들로、三十三年間에 일우신 聖役!
새天地의 開闢은 이로 좇아 始作이다。
그 뒤로 人間은 天門으로 通하게 되었다。

〇

（빈가는소리） 「땅에 붙어、便하고。해만 쬐면、따뜻한데
한울이란 虛전하야、나 못가겠다! 가라면 난、꼭 죽
겠다!」

（곧오는소리） 꼭 죽겠다。죽을것이 옳다。죽을것이
죽어야、살것이 산다。너(舊生)로는 죽어야、나(新生)로 산
다。네가 元體는 흙과 물과 바람이였지? 그머나 땅
에 붙어、便하면 너히로 （해가 없으면 물도、바람도
아모 流動이 없어 便했지?） 는 죽어서、그便함을 버리
므로、살과 피로 살게 한것이 나의 뜻이니라。水生너
도 血肉으로는 죽어서、더같은 나(永)로 살게 하는것
이 아바지되신 하나님의 뜻이니라。

땅보다 榮華가 큰 해로 붙어 나온 불이 너히가
땅의 便함을 버리는때、곧 너히와 하나이 되면서 불
어 血肉인新生에 드러갔으니、그 불이 네水生의 힘이

묵은 꺼풀인망정, 밀알 같이 영근 몸이라。
돌리워서, 그가 세운 기둥나무에〇〇걸려 있었다면、----
木手의 묵은 꺼풀도
그 돌바침이 께지는 바람에、
밀치여서 깨여젔다면、---- （한번 안뵐떤
（수 없는몸）

오, 사랑이다。二로 因하야 너도 今生에는 해빛을 때 못잊어 하는고나? 그것도 좋다。네 前生習氣로 있으면서도、아조 轉落하는때 안니브는것은 는 힘으로다。에골에 生이 高潮될때면、제법 드거운제도 하여서 에모양을 벌려는고나? 해야, 德은 德이다마는, 하나님의 뜻으로 해가 至上이거니, 하는 錯誤는 말라。

世上 빛은 불의 어머오, 해의 子息이냐。하나님의 靈光 앞에서는 아모것도 아니다。그린즉 해도 한 적은 빛으로 나 로 도라다니는 物體다。그린즉 해가 地球 저便으로 나 려갔다고, 너허가 下觀할수도 없음같이 머리가 너히 頭上으로 가까이 온다고, 尊崇할것도 아니다。絶對에는 一體여니 上下가 나누일떼가 없다。해의 자 위에 떠올은것도 아니오、따의 位置가 모닷인것도 아 니다。좀 一體에서 무엇이냐, 누구나 私하는者는 近小로 써서、罪를 불티고, 嗸을 내어 서로 부딧는 검은 땅과 虛榮의 해 사이에서 한갓 飜弄되는것이 마치 뜬구름이나, 흐른는 물이며, 미친바

람과 같으면서, 죽을줄만 잊었다는것을 알어 듯지 못하겠거든,「내가 죽어서 너히가 산다。」는 主의 말슴 으로 가서 살어 보자。

便하다던 흙으로 너는, 죽어서, 血肉인 나로 살어니, 卽今 너血肉은 또 인제는 해와 땅사이에서만 永살듯 어나 싶으냐? 아, 健忘症인 터글이여! 너, 고기덩어 리의 하는것을 좀 따저보자, 그것도 그런것처럼 生命어 에 붙어 자는 해엿에 興을 얻어 힐력만 있으면 하다가도、낮해는 해혓에 興을 얻어 힐력만 있으면 한다는 노릇이 먹자, 쓰자, 놋거라, 크거라, 하고 所謂 살림을 한다는것이 貪을 먹어서 病을 키우고, 痴를 黑인 땅과 虛榮의 해 사이에서 한갓 飜弄되는것이 마치 뜬구름이나, 흐른는 물이며, 미친바

사는것어 順序다。네가 너거니, 하는때、마우에서 永살 듯이나 熟親한 복음자리가 되려는때, 그것이 其番生의 完熟이니, 때의 너는 죽어라。담 나로 살리라。묵은묵 은 너로는 죽어야 담담 나로 산다。마지막 나가 참 나니、主와 一體되는 나요、永生하는 나다。따에서만 便하다면 흙으로 너는、죽어서、血肉인 나로 살듯 即今 너血肉은 또 인제는 해와 땅사이어에서만 永살듯 어나 싶으냐? 아, 健忘症인 터글이여! 너, 고기덩어 리의 하는것을 좀 따저보자、그것도 그런것도 生命어 에 붙어 자는 해엿에 興을 얻어 힐력만 있으면 하다가도、낮해는 해혓에 興을 얻어 힐력만 있으면 한다는 노릇이 먹자, 쓰자, 놋거라, 크거라, 하고 所謂 살림을 한다는것이 貪을 먹어서 病을 키우고, 痴를 黑인 땅과 虛榮의 해 사이에서 한갓 飜弄되는것이 마치 뜬구름이나, 흐른는 물이며, 미친바

람과 같으면서, 죽을줄만 잊었다는것을 알어 듯지 못하겠거든,「내가 죽어서 너히가 산다。」는 主의 말슴

消 息

（主의말슴）「나는 한울로서 내려온 生命의 糧食이니
사람이 이 糧食을 먹은즉 永生하리라。내가 줄 糧食은
곧 내 살이니，世上生命을 爲하야 주는것이로라。」
덕어서 재生命을 일운다는 말슴이다.
血肉이 죽어서 다시 산다는것 보다，血肉을 糧食삼아

「살을 먹지안コ하고 피를 마시지아니하면 너히 속에
生命이 없나니라。내살을 먹고 내피를 마시는 사람은
永生이 있고，마지막 날에 내가 다시 살릴터이니 내
살은 참먹을것이오，마지막날에 내가 다시 살릴터이니 내
피는 참마실것이라。내살을 먹고
내피를 마시는 사람은 내안에 居하고 나도 그안에
居하나니，산아계신 아바지（生命의 總本部）께서 나를
보내시매 나도 아바지로 하야 사노니 나를 먹는 사
람도 이같이 나로 하야 살며라 이것이 한울로서
나려온 糧食이니 너히 祖上이 먹어도 죽은것 같지 않고
이 糧食을 먹는者는 永遠히 살떠라。」〔요六章五十，五三―五八〕

「어많이 너히게 심으나우〔六―〕하심도 主의 말슴이
니，人情을 아서는 말슴이다。그러나 人情으로 天理를
廢할수는 없다。여기서 같은 같던다。
밥이라도 좀 얻어 먹을가？ 발발우 따며다니
면 무슨 은수나 생기자는 않을가？ 하는 漠然한 바
람을 잔득 품고 이날이 맛까지 예수를 따머오면，무릐
으로 알어서 피와 살을 먹혀라。먹여라。하는 말을 섬

로서야 이 마지막 가는，제 살과 피밝에는 사람들에
게 먹일것이 없다。하는 斷言을 듣는 자리에、다시 밑
찾어 먹겠다고、더 있겠는가？
이로써 弟子들이 많이 물러가고 다시 따르지아니
하떠라（요六章六六）함은 當然又當然이다。

永아 난것이 무슨！참이라？ 永뚝하지 않은것이 무슨
착한이며，永욿치 않은것이 무슨 옳음이며，永욿지않은
것이 무슨 고운거며，永밝지 않은것이 무슨 빛이며。
永살지 못하는것이 무슨 삶이냐。

참 있닸다면 永에 있고，
그참만이 신이오，삶이오，빛일것이다。
肉體는 假生이오 中間生이다。
動植物이 生物어로되
中間生으로，먹이는 糧食이 됨같이 사람의 血肉도 좀선과
中間生을 爲하야 먹여야하는 關係가 있으니 人生에게 苦
―死란 일役）이 딸린것이 그것이다。그럼므로 또
말슴이 「살려주시는이는 神이시니 肉身은 無益하니라。
내가 너이게 일은말이 神이오，生命이나 그러나 너이
中에 믿지 않는사람이 있나니라（요六章六三，四）하시고、
또 너이가 人生의 終局을 보는때에도 肉身이 無益한
것을 假生언것을 아니라하고，永 먹을者요，먹일者는 아닌것
으로 알어서 피와 살을 먹혀라。먹여라。하는말을 섬

二二

여 하겠느냐。하시는뜻으로 「人子가 以前있었던곳으로 올

라가는것을 보면 어떻게 하려느냐」하시니라。

예수가 十二弟子다려 이르사대。

「너이도 또 가고저하나냐?」하신대。

시몬 베드로가 對答하대,

「主여 永生하는 말슴이 계시매 우리가 뉘게로 가

오리까!」（요六章六六、六八） 아 멘

○食

時流餓鬼道　　不得己而去
當釘十字木　　必先曰去食
死而不亡壽　　若非天供養
老聃亦曾識　　孤寡不穀石

○信

橫着臥席終誤死　　自古皆有一番死
縱發磔木反正生　　無信不立斯民生

○對石說法

宿糧生蟲天降粒　　率獸食人非民親
積穀作石人爲山　　味道忘飢是人子
貴骨賤生毒蛇類　　石中奧起王孫來
樓石成餠惡魔計　　石能點頭徒弟然

우리가 뉘게로가오리까

三二

이것이 主의 祈禱요、나의 所願이다

이것이 主의 祈禱요、나의 所願이다

（마태六章九~十五）

第一八九五六日（二、四）　禱

한울에 계신 우리아바지여 우리도 主와 같이 세상을
이러므로 아바지의 영광을 볼수있게하옵시며 아바지나
라들 살수있게하옵소서 아바지의뜻이 길고넓게 이루시
는것과같이 오늘 여기서도 이루어지이다 오늘날 우리에
게 백이들 주옵시며 우리가 아바지의뜻을 이루는 맥
어도 되게하여주시옵소서 우리가 서로 남의짐만되는 거
짓살림에서는 버서나서 남의힘이될수있는 참삶에 들어
갈수있게하여주시옵소서 우리가 세상에 끄을림이 없이
다만 주들따러 응으로 웃아남을 언게하여주시옵소서
사람사람이 서로 넓디생각할수있게하옵시며 깊이사랑할
수있게하옵소서 아바지와 主께서 하나이되사 영삶에게
찬것처럼 우리들도 서로 하나이될수있는 사랑을 갖이
고 참말삶에 들어가게하여주시옵소서 아멘

○

꼭 한가지 빌것이다

第一八九五七日（二、五）禱
（요한十七章卅七~卅九。여뎌대야十七章청~구장같음）

옳은이들 봅자고、참을 찾자고、
半百동안 목이 말렀었읍니다。
누리를 하나되게 하실이가。
「果然、누구싵가요？」
옳으싵 그어른이러니。
우리 님이시여。

꼭 한가지만 이루어주시옵소서。
「이 내란 맘을」
「이 萬物보다 거짓된 내란 맘을 푸러져 롭아
버려 줍소서」 ---- 그리되오면、
그 뿌리뽑힌 속의 속해서
용솟음처 나오는 샘물이
江이되어 호를줄로 믿숩나이다。

○

聖神의말슴（罪와義와審判 :=요十六章八）（同日）
「이것ㅡ（나）ㅡ은、罪오、
저젔ㅡ（세상）ㅡ은、惡인데。
가온뎀 탐 길이 있으니、
義얼나=여수니=
재상을 이기고、옳으로 웃아나려는이만
갈길이다。ㅡ아멘。옳습니다。ㅡ아멘

一四

柳 永 模 스 승

崔 遠 克

1.

柳永模라는 人物을 세상에서는 모른다. 1947年 1月에 나는 그분이 高德하신 老師임을 듣고 어떤 날 그분을 中心으로하는 日曜集會에 나갔었다. 그 때의 첫印象은 막깎은 머리에 韓服을 입은 모습이 流行하는 韓國式先生님들과는 전연 다르다는 느낌이었다.

그 단정하고 엄숙하면서도 和氣가 감도는 小集會에 한사람의 新參者인 내가 끌어갔으나 스승은 별로 반겨하는 말씀 한마디도 없었고 다만 그 유난히 빛나는 視線만 쏘는듯 하였다. 그리고 草案없는 스승의 말씀은 유창제일의 說敎나 諄諄한 訓話와는 판이해서 한줄의 筆記조차 마음놓고 할수 없었다. 물론 基督敎集會임에는 틀림 없었으나 所禱나 讚頌이 없었다. 그러나 모인 全員이 끝까지 端坐한 全時間이 그냥 祈禱의 분위기였다. 거의 10年이 된 오늘에 이르기까지 그날의 첫光景이 쟁쟁히 떠 오르며 오늘도 여전히 그러한 모임이다.

스승께서는 16歲때에 예수를 믿기 시작하여 日曜日이면 學校시험공부도 全廢하는 熱誠信者였다. 그러나 21歲때에 「敎會信仰에 대한 疑心을 품게 되어서 그렇게 信篤하던 예수敎를 떠난 뒤에 어느 敎에도 歸依하지 않고 求道의 길을 한없이 방황하셨다. 그러나 50歲되는 해에 결국은 예수敎로 다시 돌아오셨다.

그 30年間의 求道의 過程에서 佛敎, 儒敎, 印度敎, 回回敎 其他의 宗敎를 跋涉하지 않은 것이 없었으나 결국 예수敎로 表示된 眞理以外에 별다른 것이 없었으며 예수를 凌駕할 분을 만나지 못하였다는 것이다.

2.

1950年 6月6日 還甲祝賀를 대신하여 스승님 生後22000日記念式이 서울 鍾路 YMCA에서 開催되었다. 그때도 大衆用이 아닌 스승님의 存在에 대하여 新聞記者가 어떤 人物이냐고 질문할 정도였다.

「享年66歲의 老師」라는 「老」字는 우리 스승에게는 無用之文字다. 高齡임에는 틀림 없으나 젊는方法으로 늙으셨다고나 할까.

갓난아이를 앞에 놓고 「아ㅡ」하는 慈愛의 느낌과 萬有의 定冠詞 「이」를 합쳐서 「아ㅡ이」하라는 심경이 「아이」의 명칭이 된 영원한 童心의 所有者인 스승은 「늘 그이」이지 결코 老齡者의 「늙은이」는 아닌것이다.

스승님의 말을 弟子들이 알아 들을 때의 천진난만하게 기뻐하는 모양이라든지, 높고 험한 산을 단숨에 오르는 기운이라든지, 佼佼兒童의 붉은 뺨을 무색하게할 윤택한 얼굴이라든지, 밤에 잠자는 時間밖에는 일체로 기대어 본일이 없이 端坐生活이 편하다는 우리스승은 年齡만 늙으셨지 精神과 身體는 아주 젊으시다.

스승은 그러나 이세상에 남은 生涯의 날의 수효를 여러번 豫言하셨다. 처음에는 스승의 그 말씀이 너무도 泰然自若하셨고 또 남은 時日도 많아서 그리 깊게 느끼지 않았으나 아마 來年4月로 점점 가까워 오므로 弟子로서의 關心이 없을수 없다. 스승은 자기가 이 세상을 떠날 날을 어떤 機會의 靈感으로 豫知하셨는지, 또는 우연히 假定하셨는지는 알수 없으며 우리에게 중요한 일도 아니다. 다만 우리스승의 몸이 이 세상에서 가시는 것은 다음의 神靈의 세계로 入寂昇天하신다는 스승의 不變의 信條에서 그러시는 것이다.

우리는 스승의 이 豫定이 맞아도 좋고 안맞아도 좋다. 다만 스승께서 태연자약하게 그날을 바라보시며 生死誼一의 境地를 悠悠히 漫步하시는 것이 놀랍게 고마운 마음이다. 歷年의 項을

을 예정하신 스승은 1955年은 「眞空年」삼고 直
上端坐의 자세로 운명하여 彼岸의 榮光을 맞을
뿐이신 모양이다.

스승께서 일찍기 31歲때 五山學校長席의 廻轉
椅子를 치우고 조그만 나두바닥 의자에 굵어 앉
아(端坐)서 온종일 일을 보셨다. 그리고 學生과
똑 같은 下宿生活을 하면서 多天未明에도 우물
에 나가서 찬물초롱을 머리에서 뒤집어 쓰는 奇
行等이 非一非再해서 그때부터 이미 "奇人"이라
는 포리포가 붙게 되었다.
　스승의 生活에는 일반에게 「奇異」한 점이 많
다. 오늘로부터 過去 約20年동안이나 一日一食主
義를 자근히 實踐하시는데, 午前3時의 起床時間
부터 15時間 以上을 물한방을 입에 대시지 않는
다. 그러나 스승의 이 一食主義는 단순한 儉約主
義 胃臟保健, 時間經濟, 貧民同情, 苦行思想이
아니고 실로 「道通」, 「理通」, 「神通」의 段階
를 향하는 「精神의 登山」을 위하신 것이다.
　1954年 1月3日 培材學校講堂에서 스승은 平生
에 처음이며 마지막이실 公開講演會가 열렸었다.
(이번 새벽7月號에 직접 執筆하신 「제소리」도
平生처음의 公開文章이며 마지막 執筆이실 것이
다. 그래서 이런 蕪雜한 紹介의 글을 올리게 되
었다) 그러나 그 公開講演조차 咸錫憲先生講演
의 贊成形式으로 30分밖에 하지 않으셔서 滿場
의 聽衆으로 하여금 茫然自失하게 하였다. 그 짧
은 말씀은 元, 仁, 性, 直에 관한 내용이었다.
　그 말씀의 要旨는 天性은 元來 直이므로 直으
로써 그 天分을 比할것이며 直으로만 가면 永生
할것임으로 차라리 性直說을 提言하고 싶다하셨
던 것이다.
　끝으로 스승님의 思想의 一端을 엿보기 위하
여 친히 지으신 「思事親」이란 演詩를 소개해 두
고자 한다.

　　　面識相思何足想
　　　欲之不得孤哀子
　　　形而上下到居處

　　　身以死生復命事

　　　大命晉希伏不審
　　　何思切於未見親

　　　降良方外落吾手
　　　皇上直下消息身

이 詩의 大意를 粗譯하면 다음과 같다.

　　어버이 섬기는 생각

하찮은 面識따위를 相思하는 일을 어찌 足히
深切한 생각이라 하리오. 나는 내 獨一無二한 그
를 마음 간절히 생각하며 뵙기 원하되, 이룰 이
루지 못하는 외로운 孤子로다.

지금 그와 나와는 形而上 形而下에 각각 그
居處를 달리하고 있는터이니 나는 다만 이 몸
에 지니어진 죽고 사는 일을 유감없이 치름으
로써 그 크신 天命을 받들뿐이로다.

이 같잖은 망내子息에게 베푸신 大命은 다
만 不實한 내 귀에 멍하게 희미하여 엎드려
감히 살피지 못하나 아직 뵙옵지 못한 내 어
버이를 그리는 것보다 더 간절한 생각이 世上
에 어디 있을까?

하늘로 내려와 내 속을 만드시고 채우시는
어버이의 크신 허락이 이 外地에 나와있는 내
손에 쥐어졌으니 나는 내 生命의 전부이신 어
버이께서 時時刻刻으로 친히 내게 보내지는
사랑과 生命의 補給을 호흡해 이 몸을 펴이며
살으리.

일찍기 先生님께서 친히 設計하시어 세우신
현재의 宗基洞自宅은 英字의 F型으로 되어있다.
이것은 지금 이 詩에 그려진 어버이(Father)의
첫글자 F를 그리셨음인가?

나는 先生님을 思慕하는 一念에서 분수없이
猥濫되게도 許多한 나의 선배들 앞에 나서서 속
에 있는 생각을 두서없이 썰놓았다. 결국은 先
生님의 眞價를 도리어 소려놓기만 한채 이제는
讀者들 사이로 빠져 나간다.

제 소 리

柳 永 模

인제 한때가 지난 뒷날에, 누가 말하기를 「버들이란 한사람이 살았었다」 한달것 같으면, 듣는 이는 依例,

1. 어디서 산 이야요?
2. 언제 산 이야요?
3. 어떻게 산 이야요?
4. 어전좀 잡고 (人生을 어찌 녀이고 또 그 뎍인대로 가지고) 살아간——간 인가요?
5. 또 이밖에 그의 消息, 곧 그가 밤낮 사는 배 알뜸, 드믈만한 이야기는 없을까요?

좀 두르실것이오니, 〔從此〕 以往(어면) (著) 말씀하렵니다.

1. 나는 여기서 잡니다

높고 높고 높고 구름보다 높고, 山을보다 높고, 눈보다 높고, 3億5千6百萬里, 해보다 높고, 넓고 넓고 넓고 우리해 (해는 참말씀이지, 사람으로 친다면 美麗人, 熱情人, 明朗人, 健康人, 莊嚴人, 이지요) 와 百萬들무해가 한데 어울려 뛰어 돌아가는 그直徑으로 2萬光年 되는 太陽星圈 (사람의 所土이라면 Dance hall 인가나 할터인데. 걸어선 못보는 사람 눈이란, 그런데엔 눈이만 아들도 끌어 놓수 없으니 그만두고) 보다 넓고, 星圈은 星圈때로 한萬마리나마 뭉치어 돌아가는 直徑2萬光年 되는 銀河界星圈보다 넓고 우리 星圈을 어깨를 걸고 놀아가는 1千兆星群으로 한 □兆 百萬千9百億個年間 우리 宇宙보다 넓고. 宇宙들을 푼 린 한으다 넓고, 한을(太元)이

한을(太元)보다 높고 한을을 먹은은 □·□ (바탈·마음) 보다 높 (넘, 깊, 큼, 빔, 참, 一을 다 포함) 은 한자리에. (먼저 말씀. 여기서 삽니다.)

아버지, 한나신아들(獨生子), 참거룩하신 얼 (眞理靈) (이 세자리가 한있) 이 끝없이, 빔없이, 그득 차시고, 고루 잠기시며, 두로 움기시사, 얼얼이 절절이. 사뭇차, 움직이시는 비. (삽니다.)

얼스김(眞理靈氣, 正義氣) 밫이, 맘오매(心門) 일며, 에어오른김 『詣上昇(義) 氣(言)』 를 (聞) (말귀는 코김 뚫린 만치만 열리나니 높은 데서 내리는 김을 드리선 사람에게만 답씀은 바로 문틸수 있다.)고, 귀 펴며. 콘김(大氣) 글버로 돌며나, 안으로 그득 산김이 4百兆살단 (細胞을 키듭고 모여 나틴 배럼, 잘몬의 바탕힘 (尙惢心有力)이라. 바디보다 깊이, 마알로 깊이 해안도.깊이 江河界살로 긴이, 그밖으로 원통, 한일(天□人人 들어 취다. (이런데 삽니다.)

크김, 비섭으로 긴김(永命氣), 깊힘(深淵力), 에 잇는 무란 열은 낮죄 활증이뤄고, (本光明을 차지못하고, 光催子만 조금 쓸뿐) 좁은 속에 담솜 울러다 다녀, 섧브지 않은가? 묘으져 않은가? 옵고프지 않은가? (이런데 삽니다.)

우는이는 답음이 잇나니, 저희가 답삭숨(心消□, 〔精神的□ 답〔것〕이니라. (마데5章4節) 먹은 답이 〔□□〕.이 □크너, 〔□티 맘의 한덕숨은 〔□□라〕, 히〔너, 크이 느껴, 크이 압음, 잘몬(萬物)

의 피어 오르는 피도 (꽃만이 아니고 모든 것
이 피어나오는것이오. 아주 핀것은 무엇이나
「피」로 붙을수도 있읍니다. 꽃은 피오, 피는 꽃입
니다. 무슨것이고 바로 된(잘된)것은 다른데 쓰
用되는것이 마치 輸血하는것 같지 않습니까?
서로 피가 되도록 피어서는 피로 피로 돌며서만
서로 다시 피어 나게 됩니다그려!) 이 때문!
한알(天體)알의 부서 나미는 빛 (光—Energie)
도 이때문! 우리 안에 밝는 속알이 밝아 줄며
커지는대로 우리속은 나머 머며, 우리 가운은
앎아지리! 바탈 타고난맘 그대로 온통 올미어
속알 줄려. 제쳐, 솟아, 날타 오르미로다. (예
서 삽니다.)

2. 어제 내가 삽니다

겨울(冬眠), 겨며(經過), 겨문(總成)
모 (구경?), 몽아(蒙芽), 모딤(合同)
이 몸미
봄(春·본)으로
여름(夏·열) 려어(開開)
할(秋·靜行·乃期)
겨울(收斂·冬)
나날(日日)의 때(日) 앋(月) 나(出) 지(入)고
다 군(月月)이 다다르니 (搜得不已·至於至處)
가대 면 (薄層則)
옛날(已往日·昔)
바팀(底)으로
모춤(耋 3.1·即 盛時期)지나
모딤(모드르나·欲深·어덜지)
해 한타 라고 누(知路者 是欲이었오후)
쇠(鐵) 쇳(懇) (쇠미) 하두(1日)
한군(元어 (一同) 낢(元)
아람아 여기 있느냐? (得乎乎!·9)
이 겉(위 세로 없으)ㅂ니다.
갈오 하주 짓다
이를 브려라.

(본문)

위 적은말은 詩ㅂ니다. 인간에의 이런것은
詩가 아는 곳깉은거는 모르시나 詩ㅂ니다.
E.nstein도 자신의 相對이다는 오늘에 宇宙力
動力學원리의 解明을 보려는 나로서 人生面에의 時
軸과 어떻게로 보기 봅니다. 時, 是, 三太
□□하여라면, 是一, 生□로 된다고 아니겠오요

時軸이 서가지고야 올(理)이고 이(是「——」)고
가 날것입니다. 時는 일어나는 짓거립니다. (孔
子말씀(興於時!) 詩經에 時, 是로 通합니다. 하
늘의 때는 늘그때지만, 사는때는 사는「이」의때
이며, 제때, ——이제—— ㅂ니다. 이것이 사슴
의 올(倫理)이오, 삼라는말슴(生命)입니다. 이
말슴을 듣고 짓이 안남음이 어디 있겠으며, 제
되라고 일어나지 않음이가 어찌 있으리까? 때
에 이가 是이며, 命時가 是詩일것입니다. 이
머므로 人生은 詩, 時, 是, ——이제 ㅂ니
다. 그러므로 누가 언제 산가 하는 물음에는 이
에 제가 이제 사는것을 알도록 힐머야 참
말입니다. 아거나, 이담이란 죽은 이젬와 못남
이젬준 따러노터고 生이젬을 도미멸 "이는
없겠읍니다. 이머므로 이는 이제 삽았읍니다.
더 잔소리를 쓰면 보시는이의 소슬이 실가 하다
가, 아니! (갓쓰진) ——살은·하주에서, (이
어둠)·이둘 ——까려가 生었(소슬)——오슬—
—하주라도 믿고 믿어 앖어 보시는이에게는 그
미혈 빵울 그려디더니 빚을 묻터 그린것마 좋슬
가 하여서 그반하고 즐미다.

3. 살림은?

오래(門)에 손님 마디, 앞에 새맞그며 (以求
祭·□·執玆산피) 걸프이(以□門)고, 둘리어 키
(以□門은 생슴(生□).
(옛사람이 선 그 門을 니수러는 꾼슴이스이
층이나 한슴. 가다줌은 닭으로 바서고, 「□ 갈
아하는것은 없다가 박더라읐 건거나 이것!
또 백 억상 우리는바의 縣惡발의 듯 교섬이 그거!
하짐이거시늘——

그거버□□이□), 드러 새밓드리며(□、「□、「□□
걸브이야□□)고, 문더건손슬 (□哀이·□丁이
둘이고 이드·소倫).

너른 딗(二門)춤미」 드며, 새밓그미, 인象
도居) 브이(有꾼)고, 분날친(신□□□·□□)그
럼.

한순 딗(三)(생)슴고고 드며 일(□□)오이고
군미(□敗·□·□더미).

한딤 뷔 우리, (한딤(生生은 드며두다니·뉘가
길재는 누립가! 뜻으로)
스슨 도미어 앖으미로다.

4. 살줄 잡고. (—내 主의 이름—)

위이 없는 첫자리에 한얼(絕大靈)모신 맘의
긴김(長久氣)
밑이 없는 빈 탕까지 적고 남는 짚힘(深淵力)

이 (是)
　한(大) 숨(命)=(一息·一場)
　자(寢) 라=(命眠·成長)
　나(我) 라=(國)==(命成長完了)
　를(等) 이=(獻上)
　이로(成就)

름 (名)을 빌고, 아멘.

5. 숨결—밤낮 션—

하늘에 계신 우리 아버지, 이어 이에수 음 쉬
는 우리 속에 밝는 속알이 밝아 더욱 나라 찾
일이어지여다.

우리는 삶에 힘쓰므로 우리 세험이 나고, 우
리 지는 집어 우리를 눌로지는 않게 되어지이
다.

오늘날 우리에게 꼭어볼 주옵시고, 우리의 으
늘이 안바지 뜻을 어두는데 꼭히어계이다.

우리가 이제 땅에 부닫힌 몸이 되었아오나 오
히려 넘을 따라 위으로 솟아나갈 줄 믿습니다.

사람 사람이 서로 바꿔 생각을 깊이 할수있게
하옵시며 고루 사랑을 벌려할줄을 알게 하여 주
시옵소서.

한우님계신말씀
산 이는 (一)나, (二)남, (三)여럿.
나 만 이면 (一)외로워 못살고.
남 만 이면 (一)앎이란 없을것이고.
「나」와 「남」이 탓(二)(우) 나(我·出)와서, 알
게도 살게도 되고

여럿이만도 못될 말이니, 맞 부딪처 가루들이
나 되랴거나, 용 물어 먹히는 過程으로나 된다
면 몰라도.

참「있」(存在)이면 여럿 만으로 『하나(一)가
없이』 있을 수 없고, 여럿이 만으로 살지는 더
구나 못하리다.

一은一. (나 는 나) 二(다. 남)도 一 (다.
남. 뭇一) 三(一. 二)도 一 (나. 나남. 쓰一)

同一에 參與함 밖에 아너니,

큰 믿음 하나(壹)에서 살리심을 받자와, 내가
살고(알고), 남이 살고(알고), 여럿이 살고, 아
는것이 아너리까?

땅 위에서 참말, 여럿(多數)이 저마다 제 머
리를 한 위으로만 받들고, 저마다 울라갈 생각
만을 가지고, 곧잘을 나 남 없이 『一二(異)
이』 살게 된것이 사람이 아넙니까?

大同參與하여, 一生間氣가 우리아넙니까? 이
머 물 보아가지고, 그 한(壹) 높은, 한 위(極
上)께, 넘으로 부르옵기를 믿어 바치나이다.

한우넘만(惟臺上帝)이 제지어 모든 산이의 머.
리 되심을 느껴 믿습니다.

덜업은 이야기

얼 덜 걸이라면, 정신에 얼므고 物質에 『物質
은 新陳代謝로 우리 사람에게 同化, 異化로, 終
竟, 지나가 덜림(除去)이너, 벗어지는, 끝까지
벗어지는 허물이요, 오르고 흘러가는물도 같다.
品物流形이다.』 덜리는 波動(결)으로, 乃至 辨
證的으로 된 人生過程感을 떨어놓은 말일것이
다.

人生은 과연 얼덜걸에 지나가는것이다. 物質
은 쓸만큼만, 쓸데, 받아 쓰게 되는것인데 注意
할것은 덜것을 늘 곧 덜어버려야 한다. 排泄할
것, 掃除할것 洗滌할것을 곧 하라. 곧 곧하라.
날마다 하라. 老子말로는 爲道日損, 損之又損之
탄것이다. 두어 둔대야 다시 같은 안되는것이고
이미 허물 (벗어진것과 지나친것은 무엇이나,
다) 인지라, 허물에 허물이 덤(업)치면 때(죽은
時贐=먹은 나이(年齒)같은)가 되고, 덜업다.
(덜림을 업고 있다, 빚의 짐(債務)을 지고 있
다). 物欲食道하면, 그것은 바로 생허물 『生으로
벗진 表皮, 지나처 놓침(過失)』이라고도 하겠으
너 머림(汚減)은것이란 덜 업은(負損) 것이라
고. 그말 스스로가 審判을 갖추었다. 日用糧食은
祝禱健康일것언데, 過食이 胃潰瘍의 빌미(祟)었
다면 그것은 暴食! 胃의 허물이 벗어져라, 病
이 나라고, 빌미었다고, 逆說로 할수있다.

사람이 밥으로만 사는것이 아녀요, 하느님의
입으로 나오는 말씀(精神)으로산다, 한 말씀은
여기도 비치지 않았는가?

삶(生命)이란, 깨끗(潔)데 가자는것이다. 덜

물(物質)을 대하여 사람이면 누가 언제나 말할것 없이 即時 即席 덜어서 「깨끗하므로만 참 살수 있다는 것은 最高精神의 命令이다. 그러므로 여기야 참 至上命令이다. 天命이다. 시속은 至上 (天) 命令을 借稱한 덜업은 地上命令여 있으나, 審判을 기다리는 덜걸(魔風)이니라. 참精神은 宇宙精神 하느님의 한얼에 亞靈 덜더서만 된 것인 줄 믿어야한다. 한번 숨 쉼도 至上命令으로하야 나머움을 받잡아 잘도 잘 물더어 울리는 至誠須命으로 갈들어 섬길줄 알므로짜만 사람노릇이 바로 될것이다.

더럼(汚)히, 덜업(負損)은 (大小魔風) 비죽고 얼업이(完結히) 얼컨한얼(亞靈)에 사는 목숨이다.

物質을 덜어 물더는것이 世上이요, 잘 물더면 나타나는 끝이 物件들이요, 物件의 끝들이 더 아름답게 나타나도록 하여 보라는것이 人生의 使命 곧 事業이 있게 된다.

人生이 眞善美를 찾는것도 物件끝(世相을)바로잡자는 맘의 作用이요, 맘의 그作用을 그맘껏 工作을 할수 있는데서만 사람은 목숨의 自承認을 받고 안심할것이다.

洪自誠의 지은 菜根譚에 실린 말대로 마룻집 마당을 쓸어 놓은데, 그 싸려비 제 제가 지나간 비짜리(痕)를 보면, 또 마을아즈머네의 물로 감아 비손 머리칼 결 같이 잠젼 멥시랑 보면, 까닭모를 힘있게 확실하게 清淨閒雅의 眞善美를 느끼는것이다.

落花는 빛갈로는 가지끝에 붙였을제나 다듬없건만 머진 꽃이라, 묻어 감추어야 하는 맘이 패여 흘어진 흙은 大地 그대로 좋은것이건만 덜째 진것이라 물림베로 둘려 치워야만 한다는 맘이 ——사람의 맘이—— 저절로 마당을 쓸어야한다는 作用을 일으켜서 쓸게 되는것이다. 物質自體는 不垢不淨이다. 있을 베 있는것이 淨한것이요 안있을 베 덜어진것은 더럽다고 치우게 되는것뿐이다. 그런즉 쓸고, 씻고, 닦는다는것이, 모두다 쓸자는 맘, 씻자는 맘, 닦자는 맘 째문인 것만 같다. ——무순 쌀을 꿗자는것도 아니고, 흙을 없애자는것도 아니다. ——날마다 房을 쓸기, 몸을 씻기, 世間을 닦기란 도리어 사람의 맘이 쓸려우고, 씻기우고, 닦어가를 要하는 무엇인지도 모르겠다. 그럼, 淨한 사람이라. 더럽

은 사람이라. 는 갈톰은 어떻게 가머야할가？

맘으로, 말로, 이세상에 더럽다는것을 퍽으나 많이 주워 섬기면서, 손소 쓸고, 씻고, 닦거는 自己로서는 못하겠다는 사람을 먼저 덜업은 사람이란 줄로 가머눌것이요, 더러운것이 어디 따로 있느냐 안 치우면, 안 씻으면, 안 닦으면, 더러운 세상이 되고, 더러운 집안이 되고, 더러운 사람이 되고, 더러운 맘이 되는것이다 하면서 보기가 무섭게, 듣기가 무섭게, 더럽은것은 처워 버리자고, 나서는 사람을 淨한 사람이란줄로 새울것인가 한다.

物件으로 보아도, 먼지털이, 비, 걸레, 쓰이는 끝의 끝이 늘 더럽게 보이고, 淨한 대접을 못 받는 수가 많으나, 그것들만이 세상에서 淨한것일뿐 아니고, 세상의 淨化翁이라할것이다. 보기 보다는 먼지털이와 비와 걸레는 제 몸이 줄곧 해여지고 모지라지도록 淨化作業에 從事하는것이니만치 그것들에게 淨化를 받아 환한 낯을 내고 앉았는 접시보다도 細菌을 덜 묻히고 있을지도 모르겠다. 顯微鏡이 있으면 그들의 淨度를 比較研究하여 보았으면 하는 생각이 나는 것도 여러번이었다.

物質은 不垢不淨이다. 心情은 可垢可淨이다.

房을 쓸듯이 날마다 濕布로 몸을 닦는 風習을 가지면 거창한 沐浴設費가 없어도 淨身으로 살 겠고, 隔日할때 하는 心事로 살면 거창한 세탁에 끝이 빠지는 弊에서 婦女界를 건질것이다.

우리의 母氏, 妻氏, 妹氏, 婦氏, 漂母氏는 빨래라는 十字架를 졌다 할른지 貴人, 閒士들의 贖垢主가 되였다 할른지？

—— 日新又日新日日新 —— 能弊不新成 —— 땅도 덜것이요, 하늘도 덜것이요, 덜것은 다 덜고 보아야 깨끗할 것이니 그것은 빈탕(虛空)밖에 무엇이랴？ 빈탕은 맘이다. ！

보이지 않는 빈탕을 뭐랄랴 묻는이 있으면, ——맘이 안다 하겠다.——

맘이 빈 者는 복이 있나니 하늘나라가 저들의 것이다. (예수께서 밝히 말씀)

그의 맘이 맑기가 빈탕 같고나！ 힐고, 헌데 또 기리고 기린대도 도모지 꼼짝 않기란이! 바로 須彌山 그대로 토구나. (其心清淨如虚空, 歷劫不動如須彌) (佛陀의 말씀)

깨끗！ 손결을 밟은 사람아, 덜업이 죽을줄아

잡을나머나!

살아저다, 살어진다.

없다(뜻이, 맛이, 쓸것이) 해 살어지고, (없
어, 못 살겠다 하다가도 生活이되고, 뜻)

산다 해도 없어지나 (나중에는, 누구나)

살어지나? 없어지나?

(對答) 없어지며, 살어진다. (生活된다)

그러나

살어짐과 없어짐을 갈이 붙을수없는것이.

없이 보면(無視하면)

사는것어 亡함이오,

자랑으로 살아짐은 (解消됨)

넘게 썩음(所用)이오니

넘게 서워 살어짐은

참 삼으로, 움김이라.

살아지이다, 살어지이다. 없임 없이 살어지이
다. (無視란 人生의 仇敵이다. 사람이 사덤을
없이 보거나, 세상을 없어 여기거나, 宇宙를 없
이 여기거나, 하느님을 없임 하는것은 魔다, 生
命의 敵이다.)

사랑대로, 없임없이 살어지이다.

살아지고, 살어지이다.

살어져서, 살어지이다.

살아지고, 살어지이다.

살어지고, 살어지이다.

빛나는 말씀

맨첨에 하나님이 하늘 땅을 첨맨드시니라.
(創世記第1章1節)

맨첨에 말씀이 게시니라, 이말씀이 하나님
과 함께 게셨으니, 이말씀은 곧 하나님이시니
라. (요한1章1節)

萬物이 말씀으로 말미암아 지은바 되었으니
지인것에 말씀 없임는 지은것이 하나도 없
나라. (요한1章3節)

목숨이 말씀에 있으니 목숨은 사람의 빛
이라. (요한1章4節)

이곳이,
을끈이
로, 온끝
에 까지,
말씀 사로
드로, 생각
이오니, 맨
첨 부터,
함께게심.

이 그림은 살아 게신 빛을 보인것입니다. 이
런 알맞 깨끗한 맨첨 말씀에 가가운 말씀, 쓴것
을 읽으면 좌 우리머리에 그 影이 잡히지 않
습니다. 그것은 글을 까다롭게 써서가 아닙니
다. 날마다 그의 쓰는 말이 그런 생각을 해보는
데는 쓰지못한 사람입니다. 그러면 우리는 그것,
이 곧 우리살림의 부끄럼이 제 스스로 反映됨이
라고도 보아야 할까 합니다.

말씀(찬귀한 말씀이온데)을 사람이 (사람만이
말씀을 쓰게된 生物인데) 平生에 그저 대수롭지
안한데만 만은 쓰는 버릇을 가지고 살면, 바꿔
말하면 말씨도, 벙어리로도, 짐승으로도 살수
있는 판의 살림에만 말을 잘 쓰고, 사람노릇 하
는 생각 (살림을 반드시 하고 살아야다 제 노릇
을 ○하긴것이 사람인데)에는 말씀은 많이 안쓰
고 살면, 국간한은 묘르고, 바른 사람노릇도 모
르고. ○○가 ○○ 한말씀을 못쓰지 쓴 값으로
그 목숨살이 ○○로 못쓰게 됨이 아닌가 저어합
니다. 그□□도, 한글로 된 말씀 더우기 버릇
(모러나 수가의 틀이라 할까인)을 尊重하시며
먼저 알어 보아 주셔야 한고 그러면면 한글에
대한 ○○○스러운 버릇의 所以을 좀 反證하여
주셔야 한겠습니다. 그러나 예다가 創字解를 쓸
펴드른것은 아닙니다. 이 쓰려고 하는 말씀에
필요로 조금 干涉될 部分만 끌겠읍니다.

이른 文化의 文字로는 「알파벳」이 가장된
것으로 ○고, 여긔어이면서 天啓적으로, 된것
은 더 ○○고 □□□ □□ □□라 해서 ○○의 산
는 ○ ○○의 知識이 보이는데는 기독 ○○○

이 모로둔된것은 아직도 神秘입니다.

A(⌒)는 석머리에서, B(□)는 집, 잠자리에서 模源된 글이라 합니다.

ㄱ은(牙) 엄, 어금니 짚은 속으로부터 크게 내밀어 벋힌 꼴을 보임.

ㄴ은 아래터 안바닥으로 가라앉은 혓바닥의 꼴을 그림.

대체, 天地, 人事, 萬有를 실어내고 그려 내려는 말씀을 거듭 그리는 글이 또 그 글의 머리로 되길, AB와 ㄱㄴ이 하늘과 땅, 위와 아래, 머리와 발, 지붕과 자리로 되는것은 한 必然이 아닐까? 圓腦方趾라면, (둥그런 머리에 모진 발꿈치라면) 사람이란 한 代名입니다. 止는 바로 사람의 발꿈치 그림이니 그 맨밑 바닥 劃은, 바로 발바닥이 땅바닥을 덧는 사품금을 떠서 그어 낸 금(線)이 아닙니까? 곧 ㄴ이 아닙니까?

R의 밑둥인 히브리文字의 ㄱ(ℛ)은 人頭蓋骨의 省略한 것이라 하니 우리 ㄱ이 우리글의 머리가 되는것도 偶然만도 아닌것 같습니다. 기타하면 其人, 君子, 好事를 뜻하는方言도되고, 그하면; 먼저 높은베 그, 그리운 그, 를 생각하게 되는것이 아닙니까? 머리가 하늘을 어르는 이름(際)를 그어가지고 北緯度에 사는지라, 北 곧 背後를 防禦하는 금을 긋게 되는것이 自然이겠읍니다. 그러므로 우리 머리 두는베가 반드시 ㄱ되는 수밖에 없지요!

ㄱ 끝은 天生 그늘! 그윽함을! 사람의 居處의 上部曲線을 現示힌것은 分明합니다.

앞으로 턱(지방)이 좀 막히고 바닥이 깔린꼴 ㄴ은 집은, 자리는, 신받은, 술밑쮜는, 거두째는, ──하고, 크나 적으나 땅에 붙는데마다 ㄴ비슷한 器具를쓰는 사람이다. 은은 必要必要하게 된것이 꼴째 같것이 설만큼 큼 된것 같습니다.

담은 우리 母音의 母音이 된

● ㅣ ─ ─ 셋에 대하여

모든것이 天에 元하고 始하고 還하는 圓滿을 法받아 圓點으로 아오(AU)를 찍다. 먼저 하늘을 圓(○)으로 定하지안하았나? 하는 물음은 나오는것이 마땅하지만 그것은 우리 글의 獨特한 맛입니다. 하늘에 대하여 아들된 우리의 發展大圓滿은 그려 指示하는데 을必要도 子音에 써운 것입니다. 하늘을 圓形示한대도 大圓示는 못하

는 것이고, 하늘은 첫이라는 뜻을 보이는데는 차라리 點으로 하고 圓滿의 뜻을 圓點이라는데 문젯입니다. 圓點은 우리것● 批點, 배씨(梨種子形)는 漢字의 것, ●芽形 요드는 히브리것이란것도 재미있읍니다. 子音의 ○은 空位를 標하는 것이라는 異說은 取하지않습니다. 우리 喉音 ○ ㆆ ㅎ 三層段은 分明 도 必要한 것입니다.

●─ㅡ(으)는 우리 눈앞에 벌어진 平地 곧 世上을 보이며, 동시에 으音을 낼때는 조금 틈만 벌린 입의 꼴 그대로도 된것입니다.

ㅣ(이)는 最近稱, 끝은 사람이 꼿꼿이 선꼴을 法받음.

이 는 그이 저이 疆男이, 광주리, 딸강이, 人稱, 物稱, 名形格을 보이는 소리로 世界的입니다. 漢語로 伊, 日語로 イ, 그러하고 漢文에 ㅣ는 原來가 坤의 音訓을 가진것과 地軸을 意義한 坤의 音訓을 가지게 한것이었더니 民國이 된뒤에 注音字를 制定할때에는 必歸眞理를 音이 ㅡ形에 부치게 되었읍니다. 英語國民은 ㅣ을 보면 「아이」하고 덥여드러 自我라 한다니, 偶會만이 아닌것같습니다. 에부터는 命題를 끝면서 稱쳐서 말끝이도 무는것으로 쑽합니다.

무엇이고 실머리(緒)를 물어야 한다하고, 또 실을 무는데는 먼저 끗을 찾아야지 않습니까?

그런데 宇宙, 人生, 事物이 함께 엉클어져 된 이 실뭉텡이 한실의 끗은 果然 어디다가 있는둥 만둥 내밀고 있는것이란 말씀이어야요?

버들은 곧 敢히 대답합니다.

●芽 Yodh로 부르는 「이」「끗」에 있다. 고, ── 이것이 대답입니다.

ㅣ의 이된 끗은 그 全身에 있지않고 그 끗의 끗(ㅣ)토족한 끗, 그 斷面으로는 아주 안 보이는, 보인다면 아직 끗이 쓴것이 아닙니다.

ㅣ는 사람, 나 입니다. 그러나 正끗은 ●(요드) 끗 發芽의 끗, 사람의 意識의 끗, 最初一念인 끗, 誠意, 차라리 母意 입니다. 인제는 끗字의 숨결을 좀 들어 보기로 하십시다.

ㅡ『世上(上字를注意)』에 그리운 ㄱ이 위로뻗어오고, 또 그리운 ㄱ이 은 고밑에 ㅅ(齒音上齒形으로된) 生氣소리가 밑은것이 끗이니, 곧 목숨삶의 끗을 보인것이 確實합니다.

各國말에 S 곧 ㅅ 소리로 된 語彙가 大部分을 占有한것은 偶然이 아니지요, 生氣, 生命의 器

에 直接 間接으로 關係된 말로된 單語가 거의 S.
(ㅅ)게 相關하는것이 生을 爲한 人生에게 씨우
지어는 말씀이라는데에 무슨 通하는一般則은 있
사람은가? 도 합니다.

이 곳에서 안개가 피어 오릅니다. 「생각」이란
것이 납니다.

대체, 사는 살림이란, 物質을 燔祭드려 (불살
러서) 그 피어 올리는 불꽃으로 (萬物의 끝은
꽃이요, 꽃은 불꽃입니다.) 사람이 攝取한 食物
도 顆覺은 피로피고야 만 꽃이요, 불 꽃입니다.
一人이 가진 赤血球가 24兆個로 피어 돌아간다
는것을 생각하면 꽃바다, 불꽃바다 ── 동산보다
도 바다! ──로 여겨지지 않습니까?

이 萬物의 끝으로된, 이 피 (에네로기)는 불꽃
은 燔祭입니다. 반드시 위로 올라가는 꽃내 (香
氣)로 씨워야, 사뤄야 (사람이 사뤔, 말씀을
사뤔, 불은 사뤔은, 同一事, 同一詞로됨.) 합니
다. 거룩한 생각 (思想)으로 살워 올려야만 합니
다. 머리를 무겁게 수겨 멈어드리며 하는 생각
은 사람을 죽게하는 생각이 되지만, 머리를 위
로 우멀어 들게하는 거룩한 생각은, 사람을 永
遠히 살리는 불꽃입니다. 이런 생각을 못함으로
사람의 머리가 아픈것이고, 이런 생각을 糶糧하
면, 그의 머리는 香爐의 上口로 거룩한 불꽃
을 온전히 위로 精하게올리는 任務를 하니, 그
의 머리는 더욱 더욱 시원할것이며, 全軀塵 (全
身)의 祭物 (에네로기)로 燔熟히 탈 뿐이니 莊快
淸淨일것입니다.

누구나 사는 사람이 먹고, 입고, 자고, 일고,
하면서 살되, 먼저 생각 하면서, 가장 잘할 노
릇을 생각 하여 가지고서 먹던지 입던지 자던지
이는 사람은 哲學者라 하여 可하고, 祭司라 하여
可하리다. 생각 없이 되는대로 먹고 입고, 자고
이는 사람은 食虫이니 食虫은 病身사람으로나
치랴까? 그 밖에 생각을 하되 제머리를 무겁게
만 할 따위의 생각을 하는이는 魔卒이라 할것이
니, 곧 거룩한 불꽃을 도적질하는 者라 스스로
審判이나 기다리는 者가 되니다. 할것입니다.

위에 쓴것은 그림의 中福을 푼것이니
「이 곳은 생각과 함께 사뤔」입니다.

곳의 안개가 다시 展開되어,

온 (모든, 百, 첨과 끝, 來者者) 끝을 생각
하세됩니다. 머시 來者者 뜻으로, 온을 생각하

(篤質은 鄭永祖氏

면, 올 사람, 오는 사람, 온 사람이란 말에 쓰
인 「온」과 오는해, 올해, 온해 란 말에 쓰인
「온」을 對照하면 妙한것이 드러납니다. 온사람
에는 來着하는 뜻의 온이나, 온해의 온은 올해
(今年)의 맨 끝날을 가서 밤지나면 오는해 (來
年)로 가버리는지, 없어지는지 그만 두게 되어
갈해를 가르쳐하는간이나, 가장 애처로운 「온」
이 아니리까? 現生活當年을 온해라 하는것과
來年을 오는해라 하는것과 더가게된 끝에 가서
야 온해란 일켜듬을 주는 것은 해 끝 時間에 대
하여 那 眼生을 편것이 보이고, 할수있는 대로
놓지지 않겠다는待過라고나 할까? 迫切感이 들
어 보입니다. 「끝」이란 말은 앞서 (꿋)字와 윗
몸이 같고, 밑에 ㅌ 받침은 ㄴ ㄷ ㅌ 第3層에
간 토지는 뜻이니 거룩한 終末을 보이는 「끝」이
다. 참 適合합니다. 인전 命題 푸는데로 돌아가
서,

「온 끝」이라면, 宇宙의 온끝이라면, 무엇이라
잡으리까? 그머나, 버들은 現在 어지머운 萬物
을 끝 온끝이라. 봅니다. 무엇인지가 피어 나
온것이 萬物인것도 같고, 萬物이란 모다 피고피
인 꽃이요 끝인것 같다. 또 서로 서로 품아시로
피가 되고, 불꽃이 되어 돌아 가는것도 같다,
합니다. 불꽃 中의 불꽃은 사람의 거룩히 위로
올리는 생각입니다. 그런데 생각이 다시 「온끝」

에 이른것은.

생각의 실머리가 울로 풀린것입니다. 人思(憙)는 萬思(憙), 萬思는 物死입니다. 온 끝에 아니고 무엇이리까? 이것이 모두가 첨으로 돌아가려는 끝로도 보입니다. 어떤 程度에선 첨으로 돌아가는 作用이라 하고, 끔찍도 좋을것이나 그런것이 생각의 本責任은 아닙니다.

萬物 은 「온 끝」에 「어 끗」 곧 사람의 생각 이 울을 풀어 바로 잇(續)는 「끈이」란 생각 하여 풀라는데 왔읍니다.

「끝」이 第3層成段이면 「끈」은 初段입니다. 그 그 하다가 이만큼은 必要하다 하는데서 끈는 것이 끈의 內容이요 끝입니다. 다시 「끈 어」라 하면 斷絨인데 가루가르게 끈은것으로 부터 宇宙끝 한 超駒까지 끈 아닌것이 끝 아닌것이 없 읍니다. 모두가 울이요, 실이요, 끈이요, 줄입 니다. 끈은 끈기도 하고 잇(續)기도 하는것입니 다. 줄은 줄기도 늘기도 하는것입니다. 줄어 줄 여 당기는 彈質로써 키워 대는 줄노릇을 하는것 이며, 또 한줄로 길게 느일 수 있는것이 줄의 다른 一能인 것입니다. 食量을 줄 주는 方法 으로 胃의 力量을 乃至 消化器의 容量을 늘리는 줄도 한 줄인것입니다.

끈이. 한 끈어 두 끈이 몇 끈이 두 끈이 萬끈 이. 모두 끈고 있는 끈이로 되는 宇宙事物인데 올바로되는 알맞은 끈이를 要하는것입니다.

온 끝에까지 을 바로 합게 끈이로만 「이 꿋」 에 오로는 끝끗이 집을 보겠읍니다. 인젠,

「맨 첨」 생각입니다.

맨字, 참 妙합니다. ㄱㄴ合形인 ㅁ, ㅁ은 모 름, 머금, 므듬, 말 들의 뜻을 보이는 듯한 입 에, 사람을 뜻한 1 끝 하늘(·)이 그뒤를 미는 ㅏ 가 맞나니 「마」다. 「아마」하는지? 사람(T1) 이 한번 와서 「마」를 引受하는 作用으로, 머하 며, 머요, 다시 圖束한 「맨」은 보든것이 와서 맨 것인지?

맨 맘 이라면 다튼것이 쉬이지 않은 純一이요 「맨」이다, 라면 어디든지 있다, 普遍이다, 뜻.

英語로 MAN의 語源을 梵語까지 가면 「생각」 의 뜻이란다, 하니, 맨 사람들이 잠생각으로 (자 모르모) 사는 날도 멀지 않아 오리이다.

첨은 찾어요, 찾어야 첨일것이다, 합니다. 「맨 첨」이라면 광광흠의 첫곳이겠읍니다. 또 「말」이

라 하면,

하늘(·)이 사람(l)의 뒤를밀어 (ㅏ)임(ㅁ)이 달려가지고 살게된 史記가곧「마」요, 게다가 活動形ㄹ을 붙인것이 「말」이니, 말을 쓰면서 사 는 사람되고서

맨첨에 말씀이 계시었다, 하는데 깊은 생각은 아니할까 봅니까?

우리가 쓰게된 말씀은 씀(使用)이나, 맨첨, 같의 말씀은 「계시니라」비나다, 계심입니다. 「계 심」은 거기(其場所)를 敬化한것이니, 所謂, 陛 下, 閣下따위니, 다같은 兄弟로서 한동안 아버 지를 잊어먹고, 저희끼리만 살때에 兄弟끼리 높 은 자리, 낮은 자리하고 만들고 다투고 하면隔 贅이 그저 남았지만, 원래 자리로 敬待하는 制 度는 當自 그자람을 直結하는것은 不敬이라하고 「계」라는 자리로 代稱하는것이 尊敬이라고 바치 던 것입니다. 그 隔贅이 이제 와서는 바치기는 거의 다 싫어하면서, 옛사람들이 敬稱을 받다가 逃亡한 자리 비슷한 자리를 찾게되면, 죽은놈의 鬼를 생각하듯이 무슨 그림자에 불잡히어서 헛 소리를 치게되나봅니다. 座下라고 불려지길을 아니하면, 새몽鬼가 보이는데, 지금 남의 나를 없이(無視)하는것은 아닌가? 하는 홀림에 들어 가는 것인가봅니다. 人間이야기는 그만하고, 맨 첨 계신 말씀에는 누가 보았다는 것도 아니요, 들었다는것도 아니요, 質은 증量난「이 꿋」의되 야 오로는 안개 끈 사로는 생각이 저럴로 다다 른데가 「맨첨에 말씀이 계심」거기었읍니다.

그런데 우리가 말씀을 뜨는 사람인지라, 스스 로 아들인듯한 「꿋」으로 自認이되니, 「맨첨 계 신, 아버지, 자리가 계시겠다.」는 생각으로 「계 심」을 느낀것입니다.

聖經에 參考하면, 계셔서 계심=있어서 있는 이=나는, 내다, =뜸되는 뜻이니, 이야말로 萬代, 萬民의聲稱聖號로 바킬만한 참 당신이 아닌 자리를 代稱하는 말씀이면서 보일수없는 하나님 의 聲號로는 아주 마땅합니다.

「맨 첨 말씀 과 함게 계심」으로 돌아 오면 아버지도 아들도 사람도 말씀도 계심도 땅도 첨도 꿋도 끝도 맨도 온도 사람도 끈이도——다 함게

계심에 맨 것이 되나이다. 아멘.

(1955·5·15)

◇編輯者註◇

野人 함석헌옹의 스승이 生存해 있다는 사실은 거의 알려지지 않고 있다. 여기에 싣는 이 글은 함옹이 서슴치않고 「존경하는 스승」이라고 말하고 있는 宗敎人 柳永模옹이 「弟子 咸錫憲」을 포함해서 「세상」을 말하는 귀중한 내용이다.

弟子가 스승을 아끼는 마음도 두텁지만 이에 못지않게 柳옹은 咸옹을 일러 「나의 담벽」이라 하고 있으니 師弟의 정의는 짐작할만 하다. 그러나 柳옹은 여기서 弟子에게 어느 의미에서는 준열한 批判을 가하고 있어 注目하게 하고 있다. (덧붙여 이 글은 柳永模옹의 口述을 받아쓴 것이다.)

柳옹은 서기 1890년에 서울 出生. 32세 때에 平北 定州 五山學校 校長을 지냈고 이때 咸옹을 가르친 바 있었다.

종교인이며 만년야인인 유옹은 한마디로 스승의 스승이다.

弟子 咸錫憲

柳永模

내가 오산학교(五山學校)로 가기는 1회 졸업생이 나오기 전이라우. 참 호랑이 담배 먹던 시절이지, 호랑이 담배 먹는다는 말이 어디서 나온 깃인지 모르지만 그야말로 호랑이 담배 먹던 시절의 얘기야.

세상에서 오산학교 하기를 남강(南岡·李)선생)이 했댔으 다지만 사실은 여준(呂準)씨하고 같이 했다우. 내가 갔을 때 춘원(春園·李)도 같이 있었우. 그런데 춘원은 작문이나 일어(日語)를 가르치러 간 것이 아니라 화학(化學)까지도 맡고 갔어요. 그럴 것이 춘원은 신학문을 했다지 않아요. 거기에 교과서라는게 모두 일본 것은 토막번역해서 놓은 것이니 말이오. 그래 화학까지 춘원이 맡아 앉았다니까.

교과서 말이 나왔으니 말이지 그때 보성관(普成館)에서 번역해 냈다는 물리(物理) 책을 보았어요. 이새(=현대의뜻)의 교과서에 버하면 물리 책이 아니라 한문교과서라고 할만큼 한자투성이였지. 그때 물리는 경신학교 교장이던 밀러라는 서양사람, 이 가르쳤는데 그림을 그리는게 교수하는 거였고 그저 읽으라는 식의 교육이었으니까. 더 말하면 뭐하우, 실험기구에 먼지가 뽀얗게 끼었는데. 교과서도 많았던게 아니라우. 어찌다 서울에 오면 일본교과서를 사다가 번역해서 가르치곤 했어요.

하기야 진교생의 수도 80여명 정도였다우. 그때 사람들이 교육없이 나라 망한다니까 정주(定州)에서 승천재(昇天齋)라는 커다란 집을 얻어서는 소학교(小學校)까지 겸해서 했더라우. 이게 다 호랑이 담배 먹던 시절의 얘기라니까.

그때 이렇게 해서 된 학교가 정주에만 70여군데라든가 됐어요. 학교만 섰지 학생수는 많을 수가 있어야지. 그새(=그시정의뜻) 애기거리로 우스운 얘기가 있다오.

70여 학교가 모여서 대운동회를 하는데 교기(校旗)를 만드는 기수를 빼고, 나팔수를 빼고, 북을 치는 북수를 빼고나니까 운동회할 생도가 있어야지. 말함 뭘해, 교인(校印)에 갈지(之)자를 위상(上)자로 보고 모모상교라고 읽었던 시절이라니까. 이새에 들으면 모두 우스운 얘기거리에요.

이렇게 우스운 시절에 내가 오산학교엘 갔더라오.

그래도 그때에 공부한 사람들은 생각하면 모두 훌륭해졌어. 咸옹도 훌륭해졌고. 부끄러운 얘기지만 내가 어떻게 그들을 가르쳤는지 모르겠구.

그러나 말여, 이렇게 생각할 수도 있지 않겠우. 역사의 흐름이 석기시대(石器時代)에서 동철기시대(銅鐵器時代)로 변천한 법인데, 그러면 철기시대의 기구는 뭣으로 만들었을까. 철기로 만들었단 말인가. 아니지, 쇠로된 바늘, 칼, 톱이 처음에 만들어진 것은 석기로 만들었던 것이라오. 지금 생각하면 모를 일이지만 그게 다 세상인 걸, 석기로 동철기시대의 기구를 만든 것은 사실이니까.

내가 오산학교에서 가르쳤다는 건 석기시대에서 농철기시대로 변천한 역사애기나 다름없어요. 내가 스물엔가 첫번쩨로 오산학교엘 갔다가 되

돌아 오고, 다시 서른 둘에가 두번째로 오산엘 갔더라오. 그때 咸웅이 관립학교를 다니다가 오산으로 왔어. 그래 1년간을 같이 지냈었지. 그 외엔 같이 본 적이 없어요. 나는 명색이 교장으로 있었고 그는 졸업반에 있었어.

처음 보기에도 재주있게 보였어. 졸업반이라고 몇명 없었었지만 崔河崙(최하륜)이란 학생과 1·2등을 다퉜다오. 말도 잘했지. 마구 떠드는 말이 아냥 조리있고 이치에 닿는 말을 잘했단 말야. 웅변을 잘했다는 거에요. 운동회 가장행렬(假裝行列)에 咸웅이 고안했다는 걸 보아도 재조가 있었어.

지금 보아도 그렇지 덕성(德聖)이 있어 보이고, 옅은 재조가 있어 보이지 않거든.

그런 걸 세상에선 야단 들이거든. 아예 그러지 말라고 해줘요.

하기야 咸웅이 무슨 책에선가 내촌감삼(內村鑑三 일본의 종교가, 무교회주의자로 유명함)의 얘기를 나한테 처음 들었다고 했더라오. 또 노자(老子)의 도덕경(道德經)도 내게 처음 들었다고 했더라오. 그러나 말야, 내가 그에게 처음 들려 주었다고 한 것은 아니지. 처음 들었는지 어쨌는지 모르겠으나 나는 일본말로 된 수신교과서를 가르치기 싫어서 책을 덮어놓고 얘기를 했더라오. 내촌감삼의 얘기만이 아냐, 노자의 도덕경만도 아냐, 생각나는 대로 성경(聖經)부터 시작해서 톨스토이 얘기까지 마구 했었지.

그런 관계 뿐인데 왜들 그러는지 모르겠어. 또 咸웅이 무교회주의자라고 하는가 본데 무슨 주의자가 어디 있어. 공연히 세상에서 咸웅을 그렇게 만들어 놓았지. 언제 咸웅이 무교회주의자가 되려고 공부했답디까. 그도 조용히 살게 가만 두었으면 좋겠어.

그런데 말여, 왜들 그러는지 모르겠어. 왜들 咸웅을 그렇게 내 세우려 드는거야, 가만 있으면 그도 조용히 살텐데 왜들 야단이오. 나도 그렇지. 내가 咸웅을 가르치긴 뭘 가르쳐. 다만 수신(修身)이란 시간에 일본 교과서를 가르치기 싫으니까 내 몇마디 얘기를 했을 뿐이라오.

이거, 봐요. 그러면 내가 내촌감삼의 얘기를 했으면 모두 무교회주의자가 되라고 했을까. 당치도 않은 소리지. 공연한 소리예요. 내촌인들 어디 무교회주의자인가. 그도 세상에서 그렇게 만들었지. 나도 교회에 나가다 아니 나갔소. 아니 나갔다고 내가 예수를 미워하나. 아니 나갔다고 무교회주의자인가. 교회에 아니 나감은 내 성경을 집에서 읽기 위함인데.

咸웅도 그렇지. 원래가 장로의 자제여서 교회를 다녔으나 봅다다만 무슨 일인지 아니 나갔더라오. 내촌의 얘기를 듣기 전부터 나갔던 것을 중지했다더군. 그런데 말여, 내가 오산에 있을 때 조그마한 교회를 나가니까 咸웅도 그때 그 교회를 나왔어요. 그 후로는 어떻게 되었는지 나도 모르오만 나는 서울로 오고 말았지.

참무교회주의자로 말하면 咸웅도 아니요, 나도 아니라오. 세상에서 공연한 소리로 그러는 거지.

나는 그렇게 믿었더라오. 서(西)에 咸웅이 있으면 동(東)에 남강선생이 있어 커다란 벽둘레 안에 내가 있다고 믿었다오. 헌데 말여, 한 쪽 담이 무너졌어요. 남강선생이 저세(세상의 뜻)(편집자주=저)로 먼저 가셨거든. 나도 뒤따라 가야할 몸이지만.

이남강, 여준씨는 모두 내게 존장(尊長)들이라오. 나도 그분네들을 그렇게 모셨더라오. 남강선생도 나를 무진히 생각하셨던가 보구려. 서울에 오면 꼭 내 집에 들르셨거든. 기미년 만세매도 동분서주 하시다 3월4일(1919년)에 내 집에 들르셔서 아침을 잡수셨더라오.

그 뿐인가. 천도교에서 운동자금을 댔다고 기독교에서도 가만 있을 수 있느냐면서 모금한 돈 6천원을 나한테 갖다 맡기셨더라오.

「나를 따라다니는 사람이 많으니 너 좀 맡아두어라」

하시고는 분주하게 나가셨지. 나도 어쩔 도리가 있어야지. 마침 가친(家親)이 종로에서 지물포(紙物舖)를 하셨기에 글로 가서는

「이거 누가 맡긴 것인데 여기 넣어두어야 하겠어요」

하고는 금고에 넣어 두었지. 이걸 아는 사람이라고는 남강하고, 나하고 뿐인데, 아버지도 모르셨거든. 그런데, 그해 6월에 형사들이 가친의 점포부터 수색하고 금고에 둔 6천원을 압수해갔더라오. 물론 가친도 끌려 가셨지. 나중에 내가 종로경찰서에 찾아가서

「아버지는 죄가 없고, 죄가 있으면 내게 있으니

나를 잡아 가두고 아버지는 풀어놔야 하지 않겠소 하였더니 나보곤 집에 가 있으라는 게 아닌가. 그래 가친은 백5일만에 풀려 나왔지.

여 보시오. 글쎄 돈이라는 게 이새나 그새나 그런가 보더군. 그러나 고게 알수 없는게라오. 고게 왜 돈인가 그런건지, 만여. 또 형사가 어떻게 지물포의 금고부터 알았겠소. 보통사람의 머리로는 알수가 없거든. 그러나 그런게 다 세상일이라오. 이마적 와서 생각해도 모를 일이에요.

이고 咸옹은 1월 23일의 혹하나 틀렸다오. 그런데 김교신은 咸보다 45일 후인 같은 해 4월 26일에 태어났고. 그런데 이상하지, 45일후에 태어난 김교신이 45세 되던 1945년에 자기 생일 날인 4월 26일에 죽었더라오.

남강선생이 먼저 가시고, 김교신이 또 가고 그 다음엔 내가 가야한다고 생각했지. 모두가 지새에서 인연있는 사람들이라고 생각했오. 그래 나는 내가 갈 날을 정했더라오. 그러나 가지 않았어. 오늘 나는 덤으로 살고 있는거라오. 이 보오. 오늘까지 3천 61일을 덤으로 살고 있구려.

동에 남강이란 벽도 무너졌오구려. 김교신도 갔오구려. 남은 건 咸옹의 벽만이 남았다오. 그런데 이 벽마저 무너졌어요. 벽이 넘어 가고 야 말았구려.

남강선생이 나를 생각한 것도 사실이고 내가 남강을 받든 것도 사실이라오. 咸옹도 마찬가지에요. 해방되고 신의주(新義州)에서 평북도청 학무과 책임자로 있으면서 학생의거사건으로 고생했다는 얘기를 들었을 때 내 마음이 언짢았소. 나는 19세기 사람이오. 그러나 咸옹과 돌아간 김교신(金教信)은 20세기 사람이지. 나는 1890년 3월 13일에 출생했고, 咸옹은 1901년 3월 13일에 출생했어요. 음력으론 내가 2월 23일

나는 咸錫憲이 인생을 보았는 줄 알았더니 못 본데가 있어. 모든 세상을 바로 본 줄 알았더니 못 본데가 있어. 하기야 남강선생도 하나는 못 보고 가셨지만. 그 어른에게 내가 여러가지 질문을 그 어

많이 했오. 그중의 하나 이런게 있었다오. 그 어

「른 담배를 끊으셨다가 다시 피우셨더라오. 그래,」

「선생님 어째 담배를 끊으셨다가 다시 피우십니까」

하고 여쭈어 보았지.

「글쎄 그렇게 되었군」

하시며 고개만 끄덕이셨다오. 어째서 담배를 다시 피우셨을까. 이마적까지 난 모를 일이라오.

나는 그 어른의 계획을 모두 짐작 했더라오. 그러나 그 어른은 내게 이래라 저래라는 말씀이 없었어. 기미만세 때도 알고 있었으나 여쭈어 보지 만 않았지. 그 어른도 내게 말씀이 없으셨고, 나더러 이름을 박으라는 말씀도 없으셨다오. 어째, 그리셨는지 나도 모를 일이지. 이만큼 큰 어른이 이처럼 크셨던 어른이 끊으셨던 담배는 어째 피우 셨던가. 누군들 알 수 있겠소. 다만 그 어른이 세 상을 하나 못 보셨던가 보오.

세상이 그 쯤 넓다는 건가. 세상이 그 쯤 깊다 는 건가. 나는 다 알고 이런 말을 하는 건가. 나 도 모르는 게 있어. 나도 아직은 알아야 할게 있 거든.

그러나 咸雄은 다 본 줄 알았는데 咸錫憲까지도 못 본대가 있다는 것을 알았을 때 만리장성(萬里

長城)이 무너진듯 허전했더라오. 혁명, 정치, 경제가 되었는지, 아니 되었는지 나는 모르겠소. 어째서 세상이 그렇게 되어 가는지 나는 모르겠소.

도 나는 모르겠소. 그러면 咸錫憲은 알았을까.

여보시오. 벗한다는 말 알 수 있겠지. 박역(莫逆)한 사이라는 말이 있소그려. 막역한 사이가 되어 벗하면 좋은 사이라고 하던가. 3 천만이 모두 막역한 사이가 되고 벗하면 좋을 것 같지.

그러나 그것으로 망해요. 벗하면 볼것을 다 본 것을. △볼 것 다 보았다▽는 말이 왜 나온 줄 알 아. 그 이상 볼게 없다는 뜻이 아닌가. 너한테서 볼 것이 없다는 거야. 너한데 볼 것이 없으면 너 하곤 상종할 수 없다는 거야. 이런 사이에 의가 붙을 리 있어. 의가 끊어짐이 당연하지.

오륜(五倫)에 군신유의(君臣有義)라는 건 임금 과 신하의 관계를 맺어 놓은 거고, 부자유친(父子 有親)은 아버지와 아들의 관계를 맺어 놓은 거고, 부부유별(夫婦有別)은 부부간의 관계를 맺어 놓은 거고, 장유유서(長幼有序)는 어른의 순서로 관계한 말인데 이런 것은 우리가 쉽게 알 수가 있지. 시간적으로 공간적으로 변함이 없는 관계를 맺어 놓은 거란 말이거든.

그런데 붕우유신(朋友有信)이란 뭐란 말인가. 친구와 친구사이는 어떻게 하란 말인가. 우리 정신으로 어떻게 하란 말인가. 신의가 있어야 한다는게 뭐란 말인가. 대등한 인격과 인격사이의 정신을 규정해 논 것이 아닌가.

그런데 벗하고, 막역한 사이가 되면 잘 된다고 당치 않은 소리예요. 공연한 말이예요. 인격중심의 정신이 풀어지는데 되기는 뭣이 된다고.

애비는 아들 보고 〈이 자식 이 새끼〉, 형은 동생 보고 〈이 새끼, 저 새끼〉. 요새는 자식 손자를 둔 할미들까지도 서로들 〈얘, 재〉하는 세상이구려. 길에 나가면 〈얘, 재〉하다가 〈새끼〉로 번져선 〈이 새끼, 저 새끼〉이니 이러구선인 격을 어디서 찾는단 말인가.

요새 길에 나가 보구려. 〈未成年者 出入禁止〉라는 패말이 많이 붙었읍디다. 왜 미성년자만 출입 금지 해. 미성년자가 못 들어갈 곳이면 성년자는 더 들어가지 말아야지. 고게 뭣하는 짓이어. 성년자만 사람노릇 하나. 사람노릇하는 곳이라면

미성년자도 들어 가야지. 볼 것다 아니 보이려구 그러냐. 아니 보일 것이면 어른이 하지 말아야지. 〈자식 새끼〉 안 가르치려고. 그러면 어른이 하지 말아야지.

〈자식 새끼〉 소리가 흩어진 세상에, 인격의 파탄이 오고난 세상에, 되면 무엇이 되겠나. 혁명이 되겠나. 정치가 되겠나. 교육이 되겠나. 도대체 무엇이 된단 말인가.

붕우(朋友)를 잃고, 의를 잃고, 신의를 잃은 마당에 되면 무엇이 되겠소. 모두가 볼것을 다 본 마당에, 볼 것이 없다는 마당에, 무엇이 있단 말인가.

나는 너를 믿지 못하고, 너는 나를 믿을 수 없다는데, 나는 너의 무게를 보았고, 너는 내 무게를 보았다는데. 누가 뭘하면 든나. 들은 사람은 어디 있고, 뭘할 사람은 어디 있어. 이러고도 정치가 되길 바란단 말인가.

〈자식 새끼〉 소리가 오고가는데 철도청장이 뇌물을 안 먹어. 볼 것을 다 보았는데 뇌물을 안 먹음 어떡해, 먹어야지. 뇌물을 철도청장만 먹었나. 너는 아니먹고, 나는 안 먹었나.

우선 〈자식, 새끼〉 소리붙어 고칠 수 있느냐

가 문제라오. 그런데, 고치면 누가 고쳐. 언론이나 잡지가 고치나. 언론 잡지는 있어. 무엇해. 언론 잡지가 있어 무엇이 되는지 나는 모르오만, (자식, 새끼)를 머드는 눈 귀에 들어가면 무엇이 들어간다고.

그러면 정치가 고칠까. 나는 너의 볼 것을 다 보았는데 정치는 어떻게 고쳐. 그러면 교육이 고치나. 인격의 파단이 왔는데 교육은 어떻게 고쳐.

여보시오. 고치기는 누가 고쳐. 咸錫憲 강연도 소용없어.

예수는 어디 있어. 내 마음 속에 있지. 석가모니(釋迦牟尼)는 어디 있어. 내 마음 속에 있지. 하느님은 어디 있어. 내 마음 속에 있어. 인격은 어디 있어. 내 마음 속에 있지. 정치는 어디 있어. 내 마음 속에 있지.

인종이 강아지, 도야지와 다른 것은 영(靈)이 있다는 건데. 고치기로 말하면 모두가 내 마음 속에 있지, 다른 곳에 없어. 咸錫憲도 소용없어. 咸錫憲 강연은 쳐다만 보지 웃는자 보았어. 그도 사람이라면 생리가 있는 법인데, 그의 생

리엔 한도가 없나. 그의 생리는 「무궁무진(無窮無盡)하단 말인가.

천안(天安)에 농장이 있다고. 그게 사업이라면 사업가가 많아서 망하지. 나는 그 땅 주인부터 못마땅해. 자기가 안 된다고 咸錫憲이 하면 되나. 咸錫憲은 어느 새 돼. 글 쓰고, 강연하고, 농사는 어느 새 돼.

그거 소용없는 소리예요. 공연한 짓예요. 내게 가까운 이로 말하면 남강 이승훈선생과 咸翁이라오. 내가 받드는 사람도 남강선생과 咸翁이라오.

나는 咸翁이 모든 것을 본 것처럼 알았으나 나처럼 그도 못 보았다는 걸 알고 만리성벽이 무너진 듯 하였더

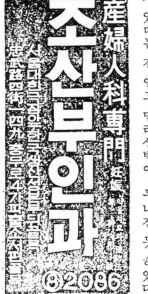

라오.

지난 여름인가, 대광학교(大光學校)에서 咸옹이 강연을 하다가 졸도하였더라오. 그 이튿 후엔가 또 집회(集會)가 있어서 나도 갔더라오. 나는 그때 집회장소로·먼저 갈까, 咸옹댁으로 먼저 갈까 하다가 집회장소로 먼저 갔지. 咸옹이 집회에 나온다기에 대단치 않으리라고 생각해서 그랬지. 咸옹이 집회장소에서 咸옹의 강연이 끝나고 질문을 하는가 보더군.

질문에 咸옹이 응답을 했지. 질문은 어떻게 해야 잘 돼갈 수 있는가 하는 구체적인 방안을 가르쳐 달라는 거였오. 그러나 咸옹인들 구체적인 방안이 있을리 있겠소. 약방문(藥方文)처럼 구체적인 방안이 있으면 벌써 잘 되었소.

나는 그날 간 김에 咸옹에게 물을게 있었구려. 왜 졸도를 했나 묻고 싶었소 그라. 그가 하루에 한 끼를 먹는 일식단행(一食斷行)을 한다고 들었는데. 일식을 하면 절대로 졸도라는 게 없는 법이오.

나는 52세 되던 2월 17일부터 23년간 일식을 했다오. 일식을 불교에서는 일중(日中)한다고 그러지. 그런데 말여, 나는 허기진다는 걸 몰랐어.

졸도라는 걸 몰랐어.

아마 咸옹도 일중을 했나 봅디다. 咸옹이 어디선가 〈영양부족이란 말이 가당치 않다는 것을 유 아무게 한테서 배웠다〉고 했다던가 보오. 그 애기가 이렇게 있어요. 내가 일중한지 몇 해만에 몇몇 사람이 모여서 북한산엘 갔더라오. 추석문에 이르니까 해가 졌지 않았나베. 모두 시장에 군침이 돌아서 말할 때면 튀어 나오는 걸. 먹을 것을 찾으려면 먹으라고 내 놓았지. 나도 싸가지고 간 것은 여기도 있으니 먹을 것을 먹으려면 먹으라고 내 놓았지.

그때 일을 보고 咸옹이 그런 소릴 했던 모양인가 보구려. 그 후에 咸옹도 일중을 했다던가. 하기는 일중한다고 허기 지는 법 없지. 나는 사흘 굶고 50리 걸었어. 배 고프긴 뭐가 고파. 입에 군침이 돌아서 말할 때면 튀어 나오는 걸. 문도 먹고 싶지 않던데.

일중하면 편한 법이야. 잠이 적어지고 속이 편해지고.

집회장소에서 咸옹을 보고 묻기 거북한 것을 물었더라오. 그랬더니 咸옹의 대답이,

「강연하던 날 아침에 잔입으로 나왔더니 그랬나

보아요」

하고 거침 없이 나옵디다 그려. 이 잔입이라는 말이 의아스럽더군. 일중하는 사람에게 잔입이 어디 있어. 군입도 없는데. 일중하는 사람에겐 잔입이 없는 법인데.

강연하던 날 2시에 시작하여 4시에 졸도했나 봅디다. 일중하는 사람에게 시간이 무슨 상관이야. 다섯 시간은 강연을 못하나. 똑약볕이면 어때. 침이 입안에 그득히 고이는 것을. 잔입이라는 말이 거침없이 나올 때, 나는 서운한 생각이 들었더라오. 그가 일중은 중지했나 의아했더라오.

그야 咸옹이 바빠졌기도 하였겠지. 남의 초대를 받고 대접을 받으면 일중을 관철하기도 어려울테지.

나는 예수교 잔하려면 咸옹한테로 가라고 했소. 지금도 그러고 싶소. 그러기에 咸옹은 내 담벽이란 말이오. 내가 받드는 사람이오. 여보시오. 咸옹의 여생을 조용히 살게 해주오. 강연이 어쨌다는 거고, 내가 咸옹과 어쨌다는 거

그가 내 담벽이면 나도 그를 생각해야지.

요. 공연한 일들 그만 두고 조용히 살게 해주오.

韓國庶民列傳
感動의 近代를 살다간 偉大한 서민像

1日1食에 걸어서만 다닌 信仰의 삶

弱冠20에 五山學校교사로- 基督敎심어
91세長壽누렸지만 햇수 계산해본일없고
평생 잣나무木板서 담요한장덮고 잠자

<26>

多勳永植

그리스도를 본받은 生涯

◇南岡李昇薰선생이 多勳李熙植선생. 그는 1日1食에 평생을 걸어 서만 다니며 그리스도를 본받아 실천한 非凡한 庶民이다.

◇多勳이 살다간 서울 西郊밖의 집. 그의 체취가 아직도 강렬한 房에는 잣나무 木板이 그대로 남아있어 「저녁을향한 기도」 소리가 들리는 듯하다.

새벽 3시에 일어나 요가와 비슷한 자기류의 요가운동 1시
간 계속한단다. 사는 기본은 ？ 로 그 다시 다고 안되며 자꾸
자꾸 운질을 해야 오래 올 수 있고 고운 빛나는 것, 이렇게
단련된 81세의 柳翁은 아직도 건강한 젊음을 지니고 있어 보
는 이를 놀라게 한다.

81歲 옹고집翁의
"하루한끼 먹고 30년"

옛사람들은 송장잠만
자지말라고 했지만 똑바
르게 누워 사지를 펴고
반듯이 자는 것이 제일
좋다는 柳翁은 1日1食
을 시작한 30여년간 그
의 태명軒처럼 첫나무
판위에 엉몸을 누이고
5시간 송장처럼 잠이든
단다.

柳永模 노인의 풀무건강 秘訣이란 1日1食과
夜宿軒과 요가 하는것

Korea Life, NOV 1, 1970

하루 한끼를 먹고 30년을 살아왔다는 81세의 柳永模
옹 (서대문구 구기동150) . 1日1食의 건강비결은
한마디로 「풀무건강법」이라는데 과연 이 옹고집의
풀무건강법｣은 무엇일까 ? 30년전 저녁한끼로 卜日1
食을 시작할때는 그의 號名을 〈小夕〉이라했고 지금은
많은 저녁을 먹었다고하여 〈多夕〉이라 한다는데 1日
1食 半生을 살아온 그의 건강비결을 살펴보면.

30歲에 오산교장 지낸경력
자신을 가리켜 "한글 철학인" 이라고도

1日1食과 夜宿軒 半生

「산 것이란 바니 ㄱ다 산임승만이 아닙 니다. 한부지기 봄도 살려고 하는 산 것입 니다. 그런데 사람은 이무중일 찬 것을 너 무 많이 심어먹읍니다」 사람이 자기가 살려 고 찬 것을 너무 많이 살아먹는 것이 안 되답니다. 柳흥楊옹은 그래서 1日1食을 시 작한 것일까?

서양사람이나 요즘 사람들은 많이 먹어야 영양보충이 된다고 생각하지만 그생각이 아 나라 이것저것을 증명하려고도 柳옹은 사 기의 건강상태를 선명하기에 분주하나. 우 주가 하나의 몸부로, 한개인도 작은 몸부 라 하나. 그래서 세상기 자신을 몸부처럼 나스리면 건강하다는 것 말없이 음식의 사 람 차려먹 있다고 하여 무엇을 것은 몸 부의 건리를 모르는 무지라고 어리석은 일 칸다이라고 비웃는 柳옹은 오히려 1日1食 을 하고부터 그에게 건설정도로 살어나더던 면이송도 없어졌다고 하나.

중학교에 다닐때부터 기숙사의 도시락을 가지고 다니지 않았던 것이 이 씨가 모르게 1日2食을 하게 되었던 그일제 1日2食을 수 십년 해오는 동안 하루 한끼를 먹으도 살수 있다는 것이 생긴다. 이렇게 생긴 1日 2食으로 1日1食 시작한것이 52세 되던해 2 월17일이라 한단다. 柳옹은 1日1食을 시 작하면서 자는 방에 그에게 〈夜宿軒〉이라는 이 아니라 거기한 몸부운이 생긴다.

夜宿六回大回　万日子解七口
大工方日回　階下無缺篇

밤이면 마치 죽은 줄을처럼 5 시간을 잠에 빠지게 하는 것이 〈야숙허나〉라 해서 〈夜宿 軒〉이라 해석을 붙었다는데 하근에는 일만

명이 반학이고 십동아래는 무중와가 비ㄱ 7 런 밤에 청렴한 나무판위에 북바로 누워 5 시간을 자는 것이 바로 柳옹의 잠자는 몸부 입니다.

1日2食 기기에 1日1食 기기를 살아요 柳옹의 방에는 그의 몸부집을 표현하는 뜻박 실박힌 유의나는 찬나무 기枚가 30년 야숙 허읍 지키온 잠자리로 처음 방문한 손님에 게 시선을 끌고 있나.

80半生에 찾지못한 사람

10년전 이송제단을 오르다 떨어져서 왼쪽 눈이 시력을 잃고 말았지만 40년전의 시력 을 81세인 오늘까지 유지하고 있나면서 그의 건강을 자랑하는 柳옹은 건강 이상의 부서운 정신력이 오늘이 그를 있게 했으리라.

20세의 청년으로 오산중학교의 선생이 되 어 3년을 지냈고 그후 홀로 청년운동에 종 사해온 柳옹은 30세때 나시 오산학교를 맡아 이송훈 선생이 석방될때까지 오산학교의 교 장을 지내기도 했다는데 그는 1日1食의 외고 집 이외에도 마치 커다란 독속에 들어앉아 혼자서 연집허 (말은 짓고), 그리고 그 말속 에 뜻을 담아 스스로 감탄하며 도취해 입었 다.나무가 아주 어딜때는 그것을 나무라고 하지않고 잎이라고 사라면 나무라고 한나. 그리고 나무가 재복으로 쓰일수 있는 좋은것 은 〈남〉이라고 한나. 나무가 많은 그속에 는 반드시 재복으로 쓸수 있는 〈남〉이 있나. 그런데 산 사람은 많은데 왜 재복으로 쓸만 한 〈사람〉이 있수가? 내가 80을 살면서 아직 것 서사람이면 〈산 사남〉이라고 한만한 사람 을 찾지 못했다.나 산사람은 많은데 왜 이리 사남이 없나고 한탄하는 柳옹. 과연 그가 찾 는다는 〈사남〉은 어떤 人物일까?

16세때부터 교외를 나가기 시작하여 오늘 까지 홀로 생성을 멀하며 살아왔다는 柳옹 은「나나 세상의 사운대는 하나님의 제자 들 뿐이니로 바모 자기 일신에나, 자기 중심입니나 이라만것도 모르지만 영원한 〈가운데〉가 바로 자기 자신이라고 역설. 자기를 무한하는 것도 역시 자기라는 일이춘 나.

「오기를 맞멌노」해온 柳옹은「30년간 1日 1食을 했으니 고동안 역시깊은 남거두 받이 2 만 그릇이요, 그것을 나 먹고 죽사면 나는 아식도 남보나 20여년을 더 살나 죽어야 한 나.요 80회 生暇에 유모와 운동물을 그윽나.

어떤이는 때로 柳옹의 1日1食을 탓때 「아마 입맛이 없어 그러 그리.하고 이해하고, 놀만 소리눈을 하지간 그녀 단 한마디로 그 개를 돌은다.「입맛이 없어지면 죽어ㄱ나 입맛도 없는 사람이 살기란 무슨 넘지로 사 는나」하고.

1日1食이 그렇게 좋은 것이라면 모든 사 람들에게 한번 전유해볼 생 각이 없느냐.느 기자의 질문에 유용의 대답은 너무도 간난했 나.「아부가 좋은 것이라도 많은 사람이 스 지면 좋은 것으로서의 인식이 삼실되며 또한 고등동물인 인간은 다소 소화물랑도 있고 성 한 위장을 가지지 못하는 것인데 모든 사람 들에게 성한 위장을 가지라고 할 수는 없는 것처럼 1日1食도 남에게 전유할 필요성을 느끼지 않는다」고 대답.

2, 3일을 굶어도 허기를 느끼지 못한나 는 80의 노령이 지난 이 영청난 건강비결 1日1食. 과연 柳옹의 건강은 1日1食의 비 결인지 아니면 그의 정신적인 불굴의 무지 인지 듣고 보는이들의 고개를 가우뚱거리게 한나.　　　　　　　　　　　　　　　（鎬）

오산을 좋아한다는 柳 옹은 틈나는 때 밥온 밥 을 산책하여 어제와 오 늘과 의 내일을 정리하 여 오일의 한때를 보내 기도—.

깊은 생각에 잠긴 눈빛. 굵게 다물고 무언가 노여움을 품
은듯한 입. 그는 한탄한다. 「나무가 젊으면 그속에는 재목으
로 쓸 (님)이 있는데 이렇게 젊고 젊은 산 사람속에 〈산사님〉
은 왜이리도 없을까?」하고—.

One Meal in A Day for 30 Years

Yu Young-mo, 81, is reported to live with one meal in a day for the past 30 years. The old man called his way of having meal "Pulmu Konkang-pop," which stands for "the health management method of bellow."

Then, what's the secret method which he can maintain the strong and healthy body only eating one meal in a day?

"Even fishes in the sea and all kinds of grasses are also living creatures. From the ancient times, men killed and eat them for their own livings," deplored the old man. Thus, he might start the campaign "one meal in a day," because he had a strong respectful mind to any living creatues.

He said he started his one-meal-in-a-day campaign at the age of 52. Because he did not carry lunch box during his school days, the old man said, it was not so difficult to carry out his decision on eating habit.

With the practice of his simple eating method, he has continued another habit called "Yasuk-hon," sleeping in the air. In detail, it is a way of sleeping on the hard wooden bed in the air for exactly five hours, looking up the twinkling stars.

Once served for the O-san Middle School as a teacher and then school principal, the old man, also had engaged in many youth movements while young.

"Because I have eaten only one meal in a day for the past 30 years, there have been saved about 20,000 dishes of rice. It means that I can live more 20 years with the saved rice dishes," the old man joked!

유 영 모

　유영모선생님은 52세에 마태복음 7장 52절을 읽고 북한산 비봉 밑으로 들어가셨다. 문수계곡에서 흘러 나오는 물과 비봉에서 흘러 내리는 물이 마주친 곳에 자리잡고 계시다. 왼편으로 보현봉이 솟고 서남으로 인왕산 줄기가 보이는 곳이다. 학교 졸업장은 하나도 못가지고 그래도 국민학교도 가 보고 경신학교도 가 보고 일본 동경에 무슨 학교도 가 보고 학교 구경은 꽤 많이 하신 것 같다. 그러나 진짜로 학교에 가 보기는 정주 오산학교에 초대교장이 이승훈, 이대가 조만식, 삼대가 유영모다. 그때 교직원으로는 춘원 이 광수가 있었고 학생으로는 사학년에 함석헌이 있었다. 내가 유선생님을 처음 본 것은 서울역전 기독교청년회 총무 현동완씨 댁에서 모인다는 일요집회에서였다. 나는 그때 정인보선생이 주관하는 국학대학에서 철학개론을 강의하고 있었다. 그때 국학대학에는 양주동 방종현 이숭령 같은 국문학선생들이 여러분 보였다. 나는 그때 아직 20대의 어린 나이로 하룻강아지 범 무서운 줄도 모르고 대학 강단에 서곤 하였다. 학생들 가운데는 오십대의 나이 든 분도 있었다. 그들은 한학을 오랫동안 전공

하고 정인보선생을 존경하여 국학을 이룩하기 위하여 모인 분들이다. 그분들 가운데는 주역을 줄줄 따로 외는 사람들도 있었다. 나는 동양 것을 좀 알아야겠다고 생각하기 시작하였다. 정인보선생에게 가끔 양명학에 관한 말씀을 들었다. 나는 그것으로 부족하여 춘원 이광수를 찾아갔다. 그분은 유영모선생을 소개하시며 선생님은 시계같은 분이라고 말했다. 정인보선생께서도 유영모선생 말씀을 하셨다. 속으로 유영모가 어떤 사람인가 하고 퍽 궁금해 하든 차에 길가에서 조영재목사를 만나 우연히 말이 유영모선생에게 미치게 되자 현동완씨 댁에서 집회를 한다고 가르쳐 주었다.

　나는 용기를 내어 서울역전 철도관사로 유영모선생을 찾아 갔다. 굵은 돋보기를 쓰고 한복을 입고 성경을 읽으시며 강의를 하셨다. 도중에 일식(日蝕)이 있어서 강의를 하시다가 멈추고 모두 마당으로 나가 보았다. 어느날인 지는 모르나 하여튼 1948년 봄 일식하는 날이었다. 다시 들어와 천문기상에 관한 이야기도 많이 하셨다. 나는 맨마지막까지 앉아 있다가 선생님에게 이런 질문을 하였다. 선생님 하나 둘 셋이 무엇입니까. 나도 그때 왜 그런 질문을 했는 지 모른다. 아마 그때에는 그런 것을 가지고 많이 생각했던 것 같다. 그 질문에 대하여 선생님께서 무어라고 열심히 설명을 해주셨지만 나는 아무 것도 이해하지

못하고 다만 무엇인가 선생님에게 끌려서 그 다음 주일에도 다시 서울역전에서 모이는 선생님 집회로 나간 것 뿐이다. 그후 선생님이 집회만 하신다면 하나도 빼지 않고 쫓아다녔다. 향린원에서도 있었고 청년회에서도 있었고 나중에는 선생님 댁에서도 있었다. 다른 데서는 대개 두시간정도 말씀을 하는 것이 보통이었으나 댁에서는 늘 길어지곤 하였다. 언제나 아침 7시에 시작한다. 나는 집이 신촌에 있어서 그때는 별로 탈 것도 마땅치 않아 언제나 5시에 일어나서 두시간을 걸어가면 겨우 7시 제시간에 댈 수가 있었다. 그때는 노자익을 읽어갔다. 선생님은 아무 것도 깔지도 않고 딱딱한 온돌방에 무릎을 굴하고 대여섯 시간씩 천연스럽게 앉아 있었다. 나는 방석을 깔고도 5분만 앉아 있으면 다리가 저려서 아무 감각도 없는 것 같은 느낌이었다. 그래도 선생님 앞에서 굴하고 앉는 공부를 열심히 했다. 그럭저럭 나도 방석을 깔고는 몇 시간씩 앉아 있을 수 있게 되었다.

한번은 선생님과 우리 몇 사람이 북한산에 등산을 갔다. 선생님은 점심을 두개나 준비하고 가셨다. 산에 올라가서 선생님은 하나도 잡숫지 않고 점심을 가져오지 않은 사람에게 나누어 주셨다. 산에서 내려왔을 때 우리는 고단함을 견디어낼 수가 없었다. 그래서 선생님께 얼마나 힘이 드시냐고 했더니 선생님 말씀이 자기

는 어제 인천에 볼 일이 있어서 걸어 갔다 왔는데 오늘 또 산에 올라와도 조금도 피곤한 줄을 모른다고 하셨다. 옆에서 듣고 섰던 함석헌씨가 주먹을 불끈 쥐면서 선생님은 어제 저녁 한 끼 잡수시고도 오늘 산길을 팔팔 나는데 나는 세끼씩 먹고 이것이 무엇이람 하고 무슨 결심을 하는 것 같이 보였다. 그후 말을 들으니 함선생이 한끼를 먹는다는 소문이 났다. 나도 한번 해볼 생각으로 한 8일간 한끼를 먹었다. 어떻게 기운이 없고 죽을 것 같은지 세상이 샛노래서 뱅뱅 도는 것만 같았다. 나는 그만 땅에 쓰러져서 그 다음날부터는 또 세끼를 구역 구역 먹었다. 그동안에 6.25가 터져 서로 길이 막혔다. 선생님도 인민군에게 잡혀서 총살을 당하는 줄 알고 최후를 각오하고 앉았는데 한참 있다 보니 인민군이 가버렸다고 한다. 그때 아무 생각이 없었는데 무엇인지 손목이 자꾸 재릿 재릿 하더라고 한다. 제정때에도 붙잡혀 간 일이 있는데 그때에도 아침에 일어나서 심상치 않은 것은 다 숨겨 놓았는데 형사들이 달려와서 잡혀갔으나 별로 문제가 되지 않고 나온 때도 있었다고 한다. 선생님은 그때까지 여러 해를 하루에 한끼씩 저녁에 식사를 하셨다. 그리고 자기 호를 다석(多夕)이라고 했다. 세끼를 합쳐서 저녁을 먹는다는 것이다. 매주 금요일 두시부터 네시나 다섯시까지 종로 청년회

관에서 성경강의가 있었다. 기독교성 경이 주였지만 유교경전 도교 불교 기 타 가지각색이었다. 하여튼 흰 종이에 먹으로 강의 요령을 적어서 걸어놓고 그것을 몇 시간씩 설명을 하셨다. 선 생님 말씀이 너무도 괴팍해서 듣는 사 람들은 세일 수 있을 정도다. 6•25 후에 청년회에는 화독도 없어서 겨울 에는 냉방에서 두세 시간씩 앉아 있었 다. 선생님은 언제나 무명 두루마기 에 털모자를 쓰고 헝겊으로 만든 책 구럭에 헌 성경책과 먹으로 적은 백로 지를 가지고 오셨다. 어떤 때는 나도 결석한 때가 있다. 그 다음 출석하여 요전 주일은 누가 나왔댔느냐고 물으 면 아무도 없었다고 대답하는 때가 있었다. 차차 나는 내 책임이 무거워 지는 것을 느꼈다. 내가 결석하면 선 생님이 거저 이십리 길을 걸어왔다 돌아가는 것이 될 것이 아닌가. 그후 부터 나는 될 수 있는 대로 결석하지 않기로 했다. 선생님은 어떤 때는 두 주일동안 물 한방울 밥 한술 잡숫지 도 않고 금식하면서 청년회에 나오시 기도 하였다. 선생님의 눈시울이 우묵 들어가고 선생님의 혈색이 참 좋지 않 았다. 그럴때는 선생님 사모님이 언 제나 뒤를 따랐다. 선생님은 칠판에 인도의 바가받 기타의 단식인전생심 소(斷食人前生心消)라는 긴 시를 적 어 놓으시고 단식 후의 자기 체험담 을 세밀하게 말씀해 주셨다. 그때 앵 도가 한창인데 앵도를 먹지 않고 보기

만해도 그대로 먹는 것 같은 느낌이 라고 하시기도 하였다.

나도 선생님을 따라 다닌지 한 삼년 이 지난 어느날 삼각산 보현봉 남녹 큰 바위가 있고 폭포가 있는 곳에 야외 예배를 갔다. 그때는 요한복음의 나는 길이요, 진리요 생명이라는 제목을 설 명하셨다. 그때 나는 내 귀가 뚫리는 것 같은 기분이 들었다. 선생님의 말 씀이 무언가 알아지기 시작하였다. 그 후 나는 건강이 좋지 못하여 몇번이고 죽을 고비를 넘겼다. 한번은 앓아서 누워 있는데 선생님이 호도를 사가지 고 문병을 오셨다. 나는 병석에서 나 의 불효를 깊이 아파하였다. 나는 여러가지 병이 겹쳐 내일이면 죽는 다고 하는 때가 있었다. 그러나 단 한가지 나에게는 끊어지지 않는 것이 있었다. 그것은 생각이었다. 나는 무 엇인가 계속 생각하고 있었다. 그후 병이 또 좀 회복하여 선생님 집회를 나갔지만 그때에는 선생님이 돌아가신 다고 야단하는 때가 있었다. 선생님이 67세 되는 4월 25일이다. 그전에 작 별하는 강연을 여러번 했다. 목요강좌 라고 신문에 내고 해서 그때는 백여 명 청중이 모이는 때도 있었다. 하여 튼 나도 그때에는 선생님의 마지막 강 의를 보존하기 위하여 한 일년 속기사 에게 의뢰하여 강의를 속기하기도 하 였다. 4월 25일이 되었다. 그날은 자 기 집에 오지 말라고 하여 나도 집에 있었다. 지성껏 가르쳐 주신 선생님

이 오늘은 세상을 떠난다고 생각하니 기가 막혔다. 나는 그동안의 선생님께 배운 것이 무엇인가 하고 생각하여 한 서너줄 적어 보았다. 4월 26일 선생님의 장례를 치르려고 터벅터벅 산길을 올라갔다. 자하문까지 걸어갔을 때 선생님이 책보를 들고 이쪽으로 걸어오고 있었다. 나도 아무 소리 없고 선생님도 아무 말씀 없었다. 그날이 금요일이었던가 보다. 청년회 집회에 나오시고 있었다. 나는 청년회의 컴컴한 방에 가서 내가 적은 몇줄을 선생님께 보여 올렸다. 선생님은 무언가 크게 긍정해 주시는 데가 있었다. 나는 무엇인지 4월 25일은 선생님의 죽은 날이 아니라 내가 죽은 것 같은 느낌을 가졌다.

그후 나는 결혼문제로 퍽 애를 썼다. 선생님은 말끝마다 결혼에 반대하는 태도였다 나는 그때 심신이 극도로 허약해졌었다. 물에 빠진 사람처럼 아무 것이라도 붙잡고 싶었다. 그리고 오랜 길을 걸은 사람처럼 아무데나 들려서 좀 쉬고 싶은 기분이었다. 그때 내 앞은 너무도 캄캄했다. 올라가야 할 길은 한없이 높고 나의 발은 한없이 무거웠다. 나는 선생님과 인연을 끊기로 하고 육신의 연약을 이길 수가 없어서 결혼을 하고 우선 숨을 돌려 쉬기로 하였다. 결혼을 하였다. 선생님에게 알리지도 못하고 다시는 선생님의 말씀을 못들을 각오로 결혼을 한 것이다. 그러나 결혼은

했어도 생각은 끊어지질 않았다. 나는 또다시 고군분투하였다. 그때에 내가 파고 든 것은 주역이었다. 매일 한괘식 종이 위에 그려놓고 종일 드려다 보고 있었다. 어느덧 겨울도 지나갔다. 이른봄 3월 17일 오전 9시 5분 골치가 좀 아픈 듯하여 책도 읽혀지지 않고 잠도 이루워지지 않았다. 이럴 수도 저럴 수도 없어 나는 연필을 들고 종이 위에 무엇인가 적고 있었다. 단단무위자연성(斷斷無爲自然聲) 즉 심여구토성불(即心如龜兎成佛) 삼위부활영일체(三位復活靈一體) 천원지방중용인(天圓地方中庸仁) 나는 이글을 통하여 무엇인가 보이는 것이 있었다. 나는 이 글을 가만이 보관할 수가 없었다. 무엇인가 선생님께 보이고 싶었다. 그러나 선생님께 갈 수가 없다. 이날부터 나에게도 한끼가 시작된다. 우선 조반을 끊었다. 일생 조반을 못먹을 생각을 하니 눈물이 좍 쏟아졌다. 우선 일식은 12년으로 정해졌다. 그리고 준비로 우선 아침만 끊고 점심은 계속하다가 9월 초하루부터 시작할 것을 계획하였다. 마음으로는 오늘부터 시작하는 것이지만 우선 어머니와 아내에게 너무 고통을 주지 않기 위해서 다소 여유를 둔 셈이다. 결혼한 지 석달도 못되어 한끼를 시작할 줄 알았더면 선생님의 의견대로 결혼을 안했으면 얼마나 좋았을까. 그러나 이미 일은 저지른 후다. 어떻게 할 수가 없었다. 6월

5일 대학을 우리말로 옮겼다. 그리고 용기를 내어 선생님댁을 찾아갔다. 그리고 아무 소리없이 대학국역을 선생님께 드리고 돌아왔다. 6월 12일 중용을 다시 우리말로 옮겼다. 그것을 또 선생님께 받치려고 선생님 댁을 찾아가니 선생님은 어떤 다른 분과 이야기하고 계셨다. 얼핏 옆에서 듣느라니 선생님은 이런 말씀을 하셨다. 이 글은 공자님께서 번역을 하셔도 이 이상은 할 수 없을 것 같군요. 나는 선생님 손에 든 종이를 한번 넘겨보았다. 그것은 분명히 내가 적은 것이었다. 나는 다만 부끄럽다는 표시를 하였다. 그랬더니 선생님께서 이것은 김군이 하기는 하였지만 김군이 한 것이 아니요 하고 나의 중용도 받아 보셨다. 그해 12월 12일에 나는 또 다시 글을 지어 가지고 선생님께 가서 보여 드렸다. 그리고 그 다음 봄에 나의 생각을 다시 한번 정리해서 그것을 선생님께 보였더니 그 다음 주간에 청년회에서 내 글을 칠판에 적어 놓으시고 이 글은 영원히 없어지지 않을 글이라고 한 두어 시간가량 풀이를 해주셨다. 나는 손에 땀을 쥐고 선생님의 말씀을 열심히 들었다. 그후 어떤 봄날 내가 선생님을 찾아서 이런 이야기 저런 이야기를 하고 있을 때에 선생님은 나에게 호를 하나 지어 주셨다. 그후 얼마 있다 선생님이 이층에서 떨어져 수십 일을 혼수 상태에 계셨다. 내가 서울대학병원에

선생님을 찾았을 때는 분명치 않은 의식으로 한끼 먹는 말씀을 하셨다. 의식이 회복된 후에 또 다시 강의는 시작되었다. 그러나 이번에는 같은 말을 자꾸 반복하는 것이 현저하게 들어났다. 그런데 선생님은 그것을 전혀 느끼시지 못하는 모양이었다. 어떤 때는 그전 주간에 말씀하신 것을 그대로 되풀이 하실 때도 있었다. 나는 선생님에게 강의를 중단하실 것을 요구하고 나도 선생님 강의에 나가지 않았다. 그래도 선생님은 삼십년 매주 금요일이면 청년회에 오셔서 하루같이 계속하던 강의를 끊기가 섭섭하셨던지 어디서든지 요청만 있으면 계속하셨다. 한동안은 적십자사 관사에서도 몇해를 또 강의를 계속하셨다. 나도 몇번 찾아 갔으나 역시 반복이 심했다. 그후부터 나는 일년에 한 두번 선생님을 찾아뵙는 정도였다.

그런데 최근에 와서는 선생님의 건강이 완전히 회복된 것을 느꼈다. 이번에는 내가 다시 선생님에게 말씀해 주실 것을 요청했다. 선생님은 쾌히 허락하셨다. 매 토요일 아침이면 또 다시 아침 일곱시만 되면 선생님 댁을 찾아 간다. 선생님을 처음 만날 때 나는 이십대였다. 그런데 내 나이도 벌써 오십대가 되었다. 선생님도 팔십이 넘으셨다. 선생님의 하루는 새벽 몇시에 시작되는 지 모른다. 오늘 한글날 우리나라 바른 소리를 생각하시느라고 아침 세시반부터 줄곧 깨어계셨

다고 한다. 그동안 세종대왕의 훈민
정음은 선생님께로부터 여러번 말씀
을 들었다. 선생님은 훈민정음을 하
늘에 계시처럼 생각하신다. 그리고
이 백성이 정말 세종대왕의 뜻을 받
들어 훈민정음을 바로 깨치게 되면
이 나라의 이러한 경사는 없다고 말
씀하신다. 아침이 되면 으레이 냉수
마찰을 하신다. 그것은 거의 일생을
계속하시는 모양이다. 옛날 정주 오
산에 계실 때도 냉수마찰은 하신 듯
하다. 그리고 으례이 옛날 선배들이
집안에서 하는 운동체조를 하신다. 그
리고 낮에는 찾아오는 분들에게 말씀
을 들려 주시기도 하고 또 찾아가서
말씀을 들려 주시기도 한다. 한 해에
한번가량은 광주를 가신다. 광주의
동광원이라는 요양소에 가서서 한동
안씩 묵으면서 말씀하신다. 서울시내
에서는 어디를 가시든지 걸어가신다.
인천도 걸어 가셨다니 시내에서 걷는
것은 문제도 안된다. 그리고 저녁때
가 되면 스물 네시간에 처음으로 저
녁을 잡수신다. 나는 어떤 날 저녁
잡숫는 것을 보기 위해서 일부러 저
녁 때 찾아갔던 일도 있다. 밥 한 그
릇에 배추국 한 그릇에 한 두가지 간
소한 반찬이 있었다. 고기를 어느 정
도 잡수시느냐고 물었더니 일년 가야
한두근 먹을 정도라고 한다. 계란도
없었고 찌게도 없었다. 정말 소식이
었다. 저녁엔 몇시에 주무시는지 나
는 모른다. 청년들과 다락원이나 기

타 캠프에 가면 밤새도록 이야기하시
기도 한다. 그러나 한번 잠이 들면
칼로 찔러도 모를 정도로 깊은 잠을
잔다. 나는 가끔 꿈을 꾸느냐고 물은
일이 있다. 꿈도 별로 안꾸시는 모양
이다. 하루에 몇시간이나 주무시느냐
고 물으면 네시간 주무신다고 대답한
일이 있다. 침대는 두세치 되는 나무
판대기다. 그위에 홑이불을 깔고 목
침을 베고 누워서 잔다. 마치 칠성판
에 누운 것 같다. 선생님은 잠자는
것이나 죽는 것이나 거의 같이 생각
한다. 잠자는 것이 선생님에게는 죽
는 일이다. 그리고 깨나면 또 다시
새날을 산다. 그런 의미에서 선생님은
언제나 하루살이다. 선생님에게는 어
제도 없고 오늘도 없고 내일도 없다.
영원히 하루다. 선생님은 언제나 자
기의 날을 세면서 살아간다. 67세 까지
자기생의 끝이 났고 그다음부터는 더
가짐으로 살아간다. 선생님은 언제나
갈 준비가 되어 있다. 그리고 우리가
옆에서 보아도 이 세상에 대해서 아
무 애착도 없는 것처럼 보인다. 이미
죽어서 사는 사람에게는 사는 것에 아
무 것도 걸릴 것이 없을 것이다. 언제
가 선생님은 인생은 죽음으로부터라고
말씀하셨다. 그리고 인생팔십은 어머
니 뱃속의 열달이나 마찬가지라고 하
셨다. 마음 눈은 결국 죽은 후에 필
요할 것이요, 말씀 쉼도 육신의 코가
떨어졌을 때부터 제구실을 할 수 있을
것이라고 한다. 그때는 마음을 먹고

살 것이고 그때야말로 바른 소리를 듣고 살 것이라고 한다. 선생님은 지금 전생 (前生)에서 살고 있다. 이 세상을 떠나가야 선생님의 현생이 될 것이다.

선생님은 열여섯에 예수 믿기를 시작했다. 예수를 그는 유일한 효자라고 생각한다. 하나님과 그는 일체라는 믿음이 꽉 들어있다. 믿음이란 하나님 아버지에 대한 효성이라고 생각한다. 그리고 죽음은 그대로 하나님과 같이 사는 관문으로 생각한다. 죽기 전에도 하나님나라와 전화연락정도는 할 수 있지만 육신을 쓰고 있는 동안까지는 암만해도 자유롭지 않은 것으로 생각한다. 그러나 세상에 있는 동안까지는 옴글게 열달을 채워 자기에게 허락된 기한을 채워야 한다고 생각한다. 사후의 세계는 아무 말도 안하시고 장횡거(張橫渠)의 서명에 나오는 몰이영(沒而寧)이라는 말을 잘하신다. 죽은 후에는 하여튼 편안할 것이라는 것이다. 그 때는 묵시록 마지막의 해달이 없고 집이 없어 하나님의 생명이 그대로 집이요, 하나님의 진리가 그대로 빛일 것이라고 한다. 선생님은 아버지 한마디에 그런 형이상이나 내세의 모든 문제를 포함시킨다. 아버지 품안에 드는 것 뿐이다. 그리고 기독교는 아버지 종교란 말은 하늘의 종교지 세상에 속하지 않았다는 것이다. 그는 세상을 한 마디로 식(食)과 색(色)으로 표현한다. 그리고 대부분의 인생이 먹는 문제와 남녀문제에 끌려다니는 것을 가엾게 생각한다. 아버지란 별 것이 아니다. 식과 색을 훨씬 초월하신 분이 아버지다. 예수는 그런 의미에서 아버지의 아들이라는 것이다. 사람은 우선 먹는 문제와 남녀문제에 대하여 확실한 견해를 가져야 한다는 것이다. 식색에 끌리면 진리와는 멀다는 것이다. 선생님은 식색을 초월한 깐디를 좋아 하신다. 그리고 가끔 깐디 이야기를 하신다. 그리고 식색을 초월하지 못한 이가 깐디 말을 할 때에는 분노를 참으시지 못한다. 그리고 혼자서 못된 년의 씨알머리들이라고 욕을 퍼붓기도 한다. 깐디뿐만 아니라 깐디가 영향받았다는 톨스토이도 좋아 하셨다. 그러나 누구보다도 선생님이 좋아 하시는 분은 석가와 공자와 노자다. 노자는 선생님께서 번역도 하셨다. 지금 사색 마지막 면에 우리말로 옮긴 노자가 선생님 것이다. 그리고 중용도 번역하셨다. 우리들의 연경회에서는 논어는 언제나 선생님 입에 붙어 다닌다. 시경 서경 역경등 동양의 고전들도 여러번 강의 하셨다. 그리고 불경도 자주 화제에 올랐다. 우리 모임에는 불교계 승려도 가끔 참석하였다. 그리고 성리학도 늘 말씀하셨다.

그러나 무엇보다도 그것들은 다 참고에 불과하며 언제나 흰 백로지에 적어 오시는 글은 선생님의 독특한 한글 풀이다. 사색 이면의 말씀이라는 것이 선생님의 글이다.

선생님이 하도 여러번 우리나라말에 신비가 있다고 하셔서 요새는 나도 무엇인지 우리나라말에 신비가 있지 않나 하고 생각하는 때가 있다. 이 따윗말은 그만두고 이웃소리 듣소 라고 한다. 얼핏 들으면 무슨 말인지 모르나 선생님이 하시고자 하는 말씀은 이 따(地) 위(上) 말 말고 이 웃(上) 소리 듣소. 즉 하늘 아버지의 바른소리(正音)를 들으라는 말이다. 그리고는 산색종침묵(山色終沈默) 계광초투철(溪光初透徹)이라고 신이 나게 읊으신다. 인자요산(仁者樂山)이요 지자요수(知者樂水)란 뜻도 있지만 현상세계는 어느 정도쯤 침묵을 지키는 것이 좋고 절대실재가 시냇물 흐르듯이 현상계를 뚫고 나타나기를 원한다. 선생님은 몸맘 맘몸이라고도 한다. 몸은 그만하고 마음을 통일하라는 뜻이다. 그리고 인간은 정신으로써 살아야 한다고 실지로 정신생활이 어떤 것인가를 보여 주신다. 그것은 땅에 붙은 생활이 아니라 하늘에 속한 생활이요, 떡으로 사는 것이 아니라 말씀으로 사는 생활이다. 선생님의 말씀은 이 꽃 저 꽃에서 모아온 꿀처럼 달다. 그리고 선생님 자신이 꽃위에서 꿀을 따는 벌이 아닌가 싶다. 언젠가는 유정 유일 봉세계(唯精唯一峰世界)라는 선생님의 시가 있지만 선생님이야 말로 한평생을 벌들이 따다 주는 꿀을 먹고 살아오신 분이다. 나

는 선생님 자체가 벌처럼 느껴진다. 벌세계야말로 이상세계라고 하지만 선생님의 세계야말로 이상세계인 것 같다. 가끔 나는 선생님을 닭이라고 생각하기도 한다. 매일 한알씩 알을 낳는 닭처럼 선생님은 매일처럼 지혜가 넘쳐 흐르는 말씀 한 마디를 내어 놓으신다. 우리들은 두어 시간씩 지혜의 향연에서 포식을 하고 돌아오는 길에는 오늘도 알찌게로 배를 불렸다고 농담도 하였다. 어떤 때는 선생님을 시계라고 불러 보기도 한다. 선생님처럼 그렇게 시간을 잘 지킬 수가 없다. 수십년 강의를 계속했지만 지각이거나 시간을 어긴 일이 없다. 선생님은 시계자체인지 모른다. 하여튼 선생님은 무엇보다도 기체(氣體)인 것만은 사실이다. 선생님의 기체후는 언제나 일향만 강하시다. 산에 오르면서도 힘든 줄 모르고 굴하고 앉아도 발저린 줄도 모른다. 언제나 가볍게 걸으시는 선생님 그리고 주무실 때는 우주의 기운을 통채로 몰아다 마시는 것 같은 선생님, 선생님은 가끔 성신을 숨님이라고 한다. 우리는 선생님 자신이 숨님인 것 같다. 숨어서 말숨 쉬는 숨님, 이것이 선생님을 제일 잘 표현했을 지도 모른다. 선생님은 세상에 일하려 온 분이 아니다. 열 달동안 어머니 뱃속에서 숨어 쉬러 오셨다. 팔십 평생 한숨 쉬고 깨는 그날에는 누구보다 힘차게 일하실 분은 선생님이 아닐까 생각된다.

유영모 선생님

김 흥 호

감신대 교수

110

유영모 · 김교신 · 함석헌

유영모 선생님이 가장 사랑한 사람이 김교신과 함석헌이었던 것 같다. 김교신은 해방 전에 세상을 떠났지만, 선생님의 가슴에서 김교신이 떠나본 일은 없다. 선생님은 김교신의 죽은 날과 상응되는 자기 죽을 날을 정해놓고 자기의 죽음을 향하여 지성껏 살아갔다. 그야말로 죽음에의 존재였다. 함석헌과 선생님은 오산에서 만났다. 선생님은 교장으로, 함석헌은 4학년 학생으로. 그러나 그의 나이는 11년의 차이 밖에 안 되었다. 이상하게도 그들의 생일이 같은 날이었고 죽은 날도 시간적으로 열시간 정도의 차이 밖에 없다. 일본사람들이 선생님의 교장 인가를 종내 내주지 않아서 선생님은 오래 계시지 못하고 오산을 떠나게 될 때, 선생님은 자기가 오산에 온 것은 함석헌을 만나러 온 것인지도 모른다고 말했다는 것이다. 그후에 함석헌은 선생님의 권유로 동경고등사범학교에 갔고 그곳에서 내촌감삼도 알게되었고 내촌 때문에 김교신과도 사귀게 되고, 돌아와서는 성서조선을 출간하여 함석헌은 성서적 입장에서 본 조선역사를 싣게 되고, 선생님은 자기의 신앙고백을 성서조선에 싣게 된다. 그것이 선생님 나이 52세, 예수 믿은 지 38년 만에 믿음에 들어갔다는 글이다. 그 글 끝에는 이런 노래가 붙어 있다.

나는 시름 없고나 이제부터 시름 없다. 님이 나를 차지하사 님이 나를 맡으셨네. 님이 나를 가지셨네 몸도 낮도 다 버리네 내 것이라고는 다 버렸다. 죽기 전에 무엇을 할까? 남의 말은 어떻게 할까? 다 없어진 셈이다. 새로 삶의 낮으로는 이 우주가 나타나고 모든 행동 선을 그으니 만유물질 늘어서 있다. 온 세상을 뒤져 봐도 그 곳에는 나 없으니 위이무(位而無)인 탈사아(脫私我) 되어 반짝! 빛!(요한 1 : 4) 님을 대한 낮으로요 말씀 체(體)한 빛이로다. 님 뵈옵자는 낮이요 말씀 읽을 몸이라 사랑하실 낮이요 뜻을 받을 몸이라 아멘.

그리고 그는 자기의 만각을 한스러워하기도 했다. 그는 자기의 일생을 생선으로 비교하여 생선이라는 노래도 지어 불렀다.

1. 한마리면 몇토막에 한토막은 몇점인가 하루 하루 저며내니 어느덧 끝점하루 하루는 죽는 날인데 만(萬)날 수(壽)만 녁이며 2. 맛없이도 머리토막 저며내어 없이 했고

111

세간살이 한답시고 간대토막 녹였으니 님께는 무얼바치나 꼬릴잡고 뉘웃네. 3. 국머리
는 못되어도 찌개라도 하시려니 찌개감도 채못되면 고명에는 씨울거니 성키만 하올것
이면 님께 드려 보고저. 4. 50구빌 도라드니 큰 토막은 다 썼고나 인간의 도마위에선
쓸데 없는 찌꺼기나 님께서 벌려주시면 배부르게 5천인

　옛날 예수께서 물고기 두마리와 떡다섯덩이를 가지고 5천명을 먹인 것처럼
이제 남은 여생이 얼마되지는 않지만 이제 자기의 생이 주님의 손에 들어 갔으
니 주님의 사랑으로 기적이 일어나면 자기의 남은 생애도 값있게 쓰여 질 수 있
을 것이라는 희망에 찬 기도이다.

하루를 힘차게 사신 어른

　사실 선생님의 여생은 하루하루가 힘찬 것이었다. 선생님에게는 이때부터 하
루살이가 시작된다. 그는 어제를 사는 것도 아니고 오늘을 사는 것도 아니고 내
일을 사는 것도 아니다. 그는 하루를 산 것 뿐이다. 그는 아침을 살고 대낮을 살
고 저녁을 살고 한밤을 살며 하루를 산다. 어제를 그리며 사는 것도 아니고 내
일을 위해서 사는 것도 아니고 오늘에 쫓기며 사는 것도 아니다. 하루를 힘있게
사는 것 뿐이다. 하루 속에는 아침과 저녁이 있을 뿐 어제와 내일은 없다. 하루
속에는 지혜와 사랑이 있을 뿐 삶과 죽음은 없다. 하루 속에는 진리와 생명이
있을 뿐 몸과 마음은 없다. 하루 속에는 어짐과 옳음이 있을 뿐 있음과 없음은
없다. 세상에 새물이 있을 리 없지만 아무리 더러운 물이라도 땅속을 오랫동안
거쳐나오면 어느새 새물이 되는 법이다. 일체 의식적인 것이 끊어져버리고 오랫
동안 무의식의 세계를 헤매고 가다가 초의식의 세계로 터져 나올 때 어제니 오
늘이니 내일이니 하는 것이 다 떨어져 나가고 오직 하나의 하루살이가 시작된
것이다. 마치 깊은 잠을 자고 있는 사람처럼 사람에게는 깊은 생각에 잠겨 자기
가 있는지 없는지도 잊어버리고 자기가 사는지 죽는지도 모를 정도로 살아가고
있을 때가 있는 법이다.
　얼핏 보면 바보 같기도 하고 어떻게 보면 위대한 것 같기도 하지만 그러나 그
런 것과는 아무 상관이 없다. 그는 오직 하나의 참 삶을 찾아서 가고 또 가고
찾아가다가 나중에는 가는데 지쳐서 가는 줄도 모르고 가고 있을 때 돌연 바위

112

가 터지고 인연이 끊어지고 꽃과 잎이 떨어지고 몸과 마음이 떨어져 나간 후 하나의 참삶으로 터져나온다. 낡은 세상을 깨쳐 버리고 새로 나온 새사람 그것이 하루살이다.

하루를 사는 것 뿐이다. 하루 속에는 삶도 없고 죽음도 없고 몸도 없고 마음도 없다. 다만 일체의 상대가 끊어져 버리고 하나의 절대가 빛날 뿐이다. 인생은 본래 하루살이다. 하루살이가 하늘살이요, 하늘살이가 하루살이다.

일식(一食) 일수(一睡) 일좌(一坐) 일보(一步)

선생님의 하루살이는 52세부터 시작된다. 이때부터 일식(一食)이 시작되고 일수(一睡)가 시작되고 일좌(一坐)가 시작되고 일보(一步)가 시작된다. 일식이란 하루에 식사는 한번 하는 것이다. 그것이 저녁을 산다는 것이다. 선생님은 자기의 호를 다석(多夕)이라고 정했다. 다석이란 저녁 석자 셋을 합친 것이다. 뜻은 아침 점심 저녁 세끼를 저녁에 한꺼번에 든다는 것이다. 그렇다고 저녁을 많이 먹는 것도 아니었다. 밥 한 그릇에 나물국과 두서너가지 반찬이 있었다. 고기는 일년에 한 두근 먹는 정도로 채식이 주였다. 그 대신에 잘 씹어 먹었다. 이것이 일일일식(一日一食) 저녁을 산다는 것이다. 그리고 하루밤을 잔다는 것이 일수(一睡)다. 일수란 혼자 잔다는 것이다. 혼자 잔다는 말은 남녀관계를 끊었다는 말이다. 일식 단색이다. 한끼만 먹고 남녀관계는 끊어버렸다. 이것을 식색(食色)을 초월하였다고 한다. 인도의 간디도 일식단색이었다. 간디는 38세에 단색을 하였다. 선생님도 38세에 단색을 시도했지만 해혼(解婚)을 한 것은 52세였다. 그는 나무판대기 위에서 엷은 담요 한장을 깔고 목침을 베고 담요 한장을 덮고 온 우주의 공기를 다 들이키는 사람처럼 깊이 쉬면서 잤다. 꿈을 꾸는 일이 없고 칼로 찔러도 모를 정도로 깊은 잠을 잤다. 대체로 4시간 자면 모든 고단이 풀려 그는 깨어 기도하고 냉수마찰을 하고 옛날 선비들이 하는 맨손체조를 30분 내지 한시간을 했다. 80이 넘어서도 그의 몸은 소년처럼 유연했다. 그것은 맨손체조의 덕이다. 맨손체조는 온몸을 마찰하는 것과 관절을 움직이는 것이 주다. 허리운동 목운동 발운동 손운동 등 선생님은 체조를 좋아하고 마찰을 좋아했다. 냉수마찰은 젊어서부터 한 모양이다. 오산에 갔을 때도 얼음을 깨고 찬물을 길어다가 냉수마찰을 하였다고 한다. 그는 언제나 한잠(一睡)을 잤다. 한잠을 자고 나면 하루 종일 고단 한 줄을 몰랐다. 낮잠을 자는 법도 없고 조는 법도 없었다. 한잠자고 깨면 새벽이다. 새벽을 그는 무엇보다도 사랑했다. 새벽은 그에게 있어서는 하루 가운데 가장 소중한 시기이다. 기도, 사색, 독서, 창작, 심오한 창조적 활동이 가장 활발히 이루어지는 때다. 선생님의 독특한 시조와 철학시와 시적문장은 다 새벽에 나온 것이다. 그는 한시에도 깨고 두시에도 깼다. 깨면 그의 일좌(一坐)가 시작된다. 일좌란 위좌(危坐)라고도 하고 정좌(正坐)라고도 하는데 무릎을 굴하고 앉는 것이다. 그렇기 때문에 그의 책상은 보통책상보다도 좀 높아야 한다. 그의 책상은 보통 책상보다는 훨씬 길고 큰 책상이었다. 그는 이런 시조를 지었다.

"이 빈탕 한데 우리 아바 마음 아바 아바지 뜻 맨 처음 일름 있 우리 아바 한알 한우님 앎 갸룩한 한알 뜻 뜻뜻 야 훼여 아멘"

이 시의 뜻은 빈탕(虛空) 하늘은 아버지의 마음이요, 한데 큰 땅은 아버지의 뜻이고, 곧은 사람은 아버지의 아들이다. 아들을 위하여 옛날부터 내려오는 말씀이 있다. 이를 속담이라고 하건 격언이라고 하건 금언이라고 하건 경전이라고 하건 하여튼 태초에 말씀이 있었다고 해두자. 옛날부터 일러 내려오는 한알 말씀은 땅에 떨어지는 법이 없다고 한다. 땅에 떨어지고 말았으면 오늘날까지 일러 내려올 수도 없었을 것이다. 땅에 떨어지지 않는 말씀이기에 영원한 말씀이요, 하늘의 말씀이요, 참된 말씀이다. 말씀은 하나님과 같이 있었다고 한다. 같이 계신 말씀이기에 하나님을 알 수 있을 것이다. 옛날부터 일러 내려오는 말씀대로 살면 구원을 얻는다고 한다. 구원이라고 말할 때는 영원한 생명과 같은 말이요, 생명을 생각할 때는 시간을 초월한 신의 세계를 생각하지 않을 수가 없다. 영원한 생명은 신의 편에 선 생명이요, 세상에 끌려 구부러지지 않는 생명이다. 정의의 생명이요, 곧디 곧은 생명이요, 말씀이 곧 하나님이 된 생명이다. 갸룩한 한알 뜻 이루어 뜻뜻하게 하면 온천하가 아버지께로 돌아간다. 우리는 모름을 디디고 한알 가는 길 따라 꼭 믿고 걸어감이 모름지기 갈 길이다. 한알 품은 어미닭은 야위고 야위어 아무것도 못 먹고 맨 뼈만 남았다. 며칠이 지나가면 새소리가 들릴까? 새벽마다 이런 시를 수없이 지었다. 말년에 다석일지에 남아 있는 시만도 3천수가 된다. 우리는 이런 시를 말씀이라고 불렀다. 선생님은 이런 말씀을 백로지에 먹으로 정성껏 써서 칠판에 붙여놓고 말씀을 하셨다. 그래서 선생님이 쓰시는 책상은 조금 높을 뿐만 아니라 넓은 책상이었다. 선생님은 언제나 꿇어 앉았다.

걸어오시고 걸어가신 선생님

6·25가 일어나기 전에 선생님 댁에서 한주일에 한번씩 노자익(老子翼)을 해설하신 일이 있다. 노자는 81장이기 때문에 하루에 한장씩을 말씀하셨다. 아침 7시에 시작하였다. 선생님 댁은 비봉 밑에 구기동이었다. 비봉에서 내려오는 물과 문수봉에서 내려오는 물이 마주치는 곳이다. 아담한 한옥이었고 뜰에는 나무가 많았다. 나는 아침 7시에 출석하기 위하여 신촌에서 5시에 떠났다. 그때는 아무것도 탈 것이 없어서 20리 정도를 걸어갔다. 강의는 정확하게 7시에 시작되었다. 선생님은 온돌방에 방석도 없이 오뚝하니 꿇어 앉아서 강의를 하셨다. 한장의 해설이 끝나면 오후 두시경이 되었다. 그 후에 질문이 있고 7, 8시간이 계속된다. 선생님은 꿇어 앉은 채 까딱도 하지 않았다. 옆에 앉아 있는 분이 함석헌 선생님이었다. 함선생님은 시간마다 발을 바꾸어 가면서 두 세시간씩 정좌를 하고는 또 좀 쉬고 또 정좌를 하였다. 우리는 조금 정좌하다가는 다리가 저려 또 펴고 5분 10분도 앉아있기가 어려웠다. 선생님은 오산학교 교장을 갔을 때도 의자의 기대는 부분을 잘라 버렸다고 한다. 아무 데도 의지하지 않고 혼자의 힘으로 서겠다는 독립정신 그것이 일좌로 표현되었는지 모른다. 아침이 지나가면 낮이다. 선생님이 무슨 일을 하시는지 우리는 잘 모른다. 우리가 아는 것은 선생님이 종로기독교청년회에 나와서 성경강의 하는 일이다. 선생님은 금요강좌라고 하여 금요일 오후 2시부터 4시 어떤 때는 6시까지 계속했다. 요한복음강의가 선생님의 가장 좋아하시는 강의였다. 선생님은 기쁨에 넘쳐 노래를 부르고 춤을 추는 때도 있었다. 선생님은 성경도 자기 나름 대로 다시 번역을 했다. 주기도문도 선생님은 선생님식으로 다시 번역했다.

"하늘 계신 아바께 이름만 거룩 길 참 말씀이니이다. 이에 숨쉬는 우리 박는 속알에 더욱 나라 찾음·이여지이다. 우리의 삶이 힘씀으로 새힘 솟는 샘이 되옵고 진짐에 짓눌림은 되지 말아지이다. 사람이 서로 바꿔 생각을 깊이 할 수 있게 하옵시며 고루 사랑을 널리할 줄 알게 하여 주시옵소서. 아버지와 님께서 하나가 되사 늘 삶에 계신

115

第四卷

것처럼 우리도 모두 하나가 될 수 있는 성언을 가지고 참 삶에 들어 갈 수 있게 하여 주시옵소서 거룩하신 뜻이 위에서 되신 것과 같이 땅에서도 이루어지이다. 아멘."

우리말로 옮겨 놓은 주기도문이다. 영원무한하신 생명의 근원에 도달함만이 거룩한 길이오, 참 말씀이다. 아침에 해가 떠올라 온세상을 밝히듯이 생각하는 사람의 속알이 깨어나 밝아지는 대로 우리의 나라 찾음은 더욱 확실해진다. 사람이란 자기 속에 자기 이상의 힘을 가지고 있기 때문에 우리의 삶은 힘씀으로써 무한히 발전할 수 있다. 사람은 서로 바꿔 생각할 수 있어야 하며 하나님 앞에서 평등함을 느껴야 한다. 아버지와 주님이 하나가 되어 참 삶에 계신 것처럼 우리도 거룩한 사랑 속에서 영원히 하나가 될 수 있을 것이다. 땅을 하늘로 끌어올리는 나무처럼 하늘을 땅으로 끌어 내리는 것이 산사람이다. 선생님은 45년 동안 한번도 지각함이 없이 성경강의를 계속하였다. 동시에 목요강좌라고 하여 신문에 광고를 내고 하는 큰 강연도 있었다. 그럴 때면 150명 가량의 청중이 있었다. 그러나 금요강좌만은 4, 5명 정도였다. 어떤 때는 7, 8명 되는 때도 있었지만 어떤 때는 한명도 없어서 선생님 혼자서 두시간을 기다리다가 가신 일도 한두번이 아니었다. 선생님은 구기리에서 종로까지 언제나 걸어나오셨다. 돌아갈 때도 걸어가셨다. 그래서 지각이라고는 있을 수가 없었다. 20리 길을 언제나 걸어오셨다. 한번은 15일간 금식을 하셔서 몸이 굉장히 여윈 때도 있었다. 그때도 걸어왔다가 걸어가셨다. 그때는 사모님이 뒤를 따라왔다. 길에서 쓰러질까 염려가 되신 모양이다. 선생님은 몸이 가벼웠다. 함선생님도 오류동에서 구기리까지 걸어왔다가 걸어가셨지만 선생님은 개성도 당일로 걸어갔다가 걸어오셨다는 것이다. 개성당일 왕복이라는 선생님의 시조가 있다.

　1. 아침에 한산(漢山)을 두고 낮못 돼 송악에 대니 즈믄해 거스린 일을 한나절에 보패라 갈릴 때 생각으로는 돌아봄이 늦었네.
　2. 아침에 한산을 두고 낮못돼 송악에 닿니 꿰인 즈믄 거스린 일이 한나절에 도라 오다. 갈릴 때 나는대로는 력력히도 같고나.
　3. 아침에 한산을 두곤 송악의 낮 없어서니 저믄해 거슬린 일은 한나절에 보패라. 갈릴때 나는대로는 한맘인가 하노라.
　4. 아 처음 한산 두곤 낮없이도 송악의 짝 즈믄해 꿰은 거울이 맞우서서 조상이라 갈릴 때 생각으로야 이런줄이 있으랴.
　5. 아침에 한산을 두고 낮맞우 송악에 대니 저면해 거스릴 일도 한나절에 보리라

116

갈릴때 나는대라니. 마디마디 나노라.

이 시는 일본의 망할 것을 암시한 시라고 해서 왜경에게 많은 힐문을 당하였다는 것이다. 선생님은 팔팔 날아다니듯 걸었다. 언젠가 인천교회에서 선생님을 초대하여 강연을 열었을 때도 인천까지 걸어가시고 서울까지 걸어오셨다. 우리는 그 다음날 선생님을 모시고 세검동에서 문수봉산길을 타고 대성문을 거쳐서 백운대까지 걸어갔다가 세검정으로 걸어 내려왔다. 우리는 백운대 가서 점심을 먹고 그 가운데 몇번씩 물을 마시고 간식을 먹었다. 그리고 지쳐서 세검정에 와 닿았을 때는 기진맥진이었다. 그러나 선생님은 그 전날 인천을 걸어갔다 오셔서 저녁 한끼 잡수시고 피곤한 기색도 없이 백운대에 제일 앞서 올라갔다가 하나도 지친 모습도 없이 세검동에 도달하였다. 그동안 물 한잔 밥 한술 과자 한쪽 잡수신 것이 없었다. 그날 함선생님이 무릎을 치면서 나도 내일부터 일일일식을 시작하겠다고 우리들에게 말씀하시고 그 후에 함선생님도 하루에 한끼 먹는다는 소문이 났다.

가르치는 일과 걷는 일 이것이 선생님의 또하나의 특색이었다. 한끼 먹고 혼자 자고 바로 앉고 혼자 걷는 것 이것을 일식 일수 일좌 일보 라고 한다. 이것은 선생님이 들어앉으시기까지 계속된 도(道)였다. 공자는 '오도일이관지(吾道一以貫之)'라고 하였지만 선생님이야말로 일이관지였다. 선생님이 이광수와 같이 20대에 오산학교에 갔을 때는 물리선생이었다. 선생님은 나중에 일본가서 동경 물리학교에도 잠깐 적을 둔 때도 있다. 선생님은 참 과학적이었다. 특히 천문학에 조예가 깊었다. 선생님의 무한대라는 시는 천문학적 지식이 그 밑에 깔려 있다. 별바다를 사랑하고 망원경으로 하늘을 쳐다보는 것이 즐거움이었다. 그리고 계절에 밝고 해뜨는 시간 달지는 시간을 세밀하게 알고 계셨다. 선생님은 철학도 많이 아셨다. 특히 성리학에 밝았고 정주보다는 장횡거나 소강절에 더 흥미가 있었다. 소강절의 황극경세나 심경을 좋아하셨다. 특히 장횡거의 서명 동명은 우리말로 번역하여 여러번 강의하셨다. 특히 노자 장자에 밝아서 노자는 선생님 식으로 번역을 하셨다. 논어는 어려서 따로 외었고 주역을 깊이 해석하셨다. 건 곤 등 팔괘의 이름도 우리 말로 번역하였고 태극 무극도 선생님의 독특한 해석이 있었다. 시경도 가끔 번역하였고 서경도 '요전(堯傳)' 같은 것은 선생님 식의 번역을 하셨다. 불경도 많이 읽으셨지만 특히 선을 좋아하셨다. 벽암록을 언제나 많이 인용하셨다. '면전일사장시무간(面前一絲長時無間)'이라든지,

'수처위주면입처개진(隨處爲主면 立處皆眞)'이라든지, 좋은 말들이 선생님의 말씀 속에는 언제나 섞여 있었다. 선생님은 종교에 대해서도 많이 공부하셨다. 심령학(心靈學) 종교심리학 그리고 비교종교학 등 폭이 넓었다. 불교, 도교, 유교, 기독교 모두 일가견을 가지고 있었다.

어려서부터 한문에 능하고 최남선 문일평과 같은 동인으로서 문장력도 대단하고 오산에 가서는 응원가도 짓고 한시와 시조에 자유로웠다. 선생님은 예술에도 깊은 조예를 가지고 있었다. 선생님이 지은 진달래라는 노래는 해남근방에서는 찬송처럼 불리워지고 있다. 선생님의 무한대라는 긴 시는 우주를 한송이의 꽃으로 묘사하고 있다. 선생님은 과학, 철학, 종교, 예술에 대하여 깊은 이해를 가지고 있었다. 그러나 52세에 38년 만에 믿음으로 들어간 후부터는 선생님의 生活은 전혀 다른 차원이 되었다. 일일일식 일일일수 일일일좌 일일일보의 일이관지(一以貫之)가 시작된다.

이때에 선생님은 인격의 중심을 잡았고 진선미성은 선생님의 생활이 되었다. 선생님은 탐진치위(貪瞋痴僞)를 떠나고 생노병사(生老病死)를 초월하게 되었다. 그리하여 도(道)와 하나가 되었다. 선생님에게는 아무 비밀이 없었다. 있는 그대로 참되게 살았다. 선생님은 먹고 자라는 것과 집되거든 남을 알라를 자기의 삶으로 삼았다. 어린 누에가 뽕잎을 먹고 넉잠을 자면 고치를 짓고 나비가 된다. 사람도 어려서는 자꾸 먹고 젊어서는 자꾸 자고 어른이 되면 집을 짓고 늙은이가 되면 남을 돌본다. 여자들은 어려서 먹고 젊어서 자라 시집가서 아기를 낳아 기른다. 소학교에서 상식을 넓히고 중고등학교가 되면 키도 지혜도 소질도 자라고 잠도 자라서 대학에 들어가면 가르치려는 사람은 교육의 집을 지어 교육자가 되고 생각하기를 좋아하는 사람은 사상의 집을 지어 사상가가 되고, 누구나 자기의 소질과 적성에 따라 집을 짓는다. 집이 끝나면 나비가 되어 고치에서 나와 남을 위해서 봉사하는 사회인이 된다. 가을은 먹는 때요, 겨울은 잠자는 때요, 봄은 집짓는 때요, 여름은 나가 일하는 때다. 공자는 30세에 먹고 40세에 자고 50세에 집을 짓고 60세에 남을 안다고 하였다. 예수는 40일을 금식하여 말씀을 먹고 3년 동안 전도하시며 말씀을 쉬고 십자가로 집을 지어 말씀을 세우시고 부활하고 승천하여 말씀을 낳으신다. 부처도 열반묘심으로 우주를 먹고 실상무상으로 세계를 자고 접법안장으로 인생을 세우고 미묘법문으로 법을 드러낸다.

먹는 것은 배로 먹고 자는 것은 가슴으로 자고 집짓는 것은 머리로 짓고 나르는 것은 손발로 날라 몸으로 먹고 마음으로 자고 정신으로 세우고 영혼으로 날아간다. 몸의 통일과 마음의 평등과 정신의 독립과 영혼의 자유는 막을 도리가 없다. 개인으로 먹고 집으로 자라고 국가로 세우고 세계로 날아가도 좋다. 먹는 경제와 자는 정치와 세우는 문화와 날아가는 사회 먹고 자라는 것과 집 되거든 남을 알라, 이것이 선생님의 삶이다.

참찾아 예는 길

선생님은 누구보다도 참을 좋아했다.

참 찾아 예는 길에 한참 두참 쉬잘 참가 참참이 참아 깨 새 하늘끝 참 밝힐거니 참든 맘 찬 빈 한아침 사뭇찬 참 찾으리.

사실 진리를 찾아 올라가는 길은 마치 히말라야 영봉을 오르는 것과 같다. 오르고 또 오름이 참 찾아 예는 길이다. 참 찾아 예는 길은 천성을 향하는 나그네처럼 일편단심이 필요하다. 이데아에 대한 에로스와 같은 사랑 없이는 도저히 높고 험한 산에 도전할 수가 없다. 인생은 이런 오름길 위에서 여러번 탈바꿈을 한다. 애벌레도 되고 고치도 되고 나비도 되고 알도 낳는다. 그때마다 인생은 한참 두참 쉬는 참 없이는 참 삶을 이룩할 수가 없다. 인생은 탈바꿈을 할 때마다 언제나 불안이 따르고 위험이 따른다. 정말 참참이 참고 견디고 아프고 고단하고 어려운 고비를 참아 넘기지 않으면 정말 깨닫고 정말 새 사람이 되는 하늘의 영광은 참 밝힐 수 없을 것이다. 어려움을 참고 견디고 올라가는 등산가들의 수고없이는 산정에 태극기는 꽂힐 수 없을 것이다. 그러나 에베레스트 산정에 오르면 세계의 지붕 위에 하늘 끝을 밝힐 것이니 이때에 참을 체득한 찬마음은 눈보라치고 빙하 흐르는 찬비 허공 속에서 찬 비 한 아침을 먹기 전에는 뼈에 사무치는 찬 참을 찾을 수는 없을 것이다. 그러나 찬 비 한 아침 사무친 참을 찾은이만이 참을 삼키고 참이 되리니 이런 사람만이 진리를 깨닫고 생명의 충만으로 넘쳐 사무치게 될 것이다. 선생님은 언제나 생명에 넘쳐 흘렀다. 누구든지 선생님을 본 사람은 '참사람이다'라는 인상을 받았다. 선생님의 글 가운데는 제소리라는 글이 제일 유명하다.

이제 한 때가 지난 뒷날에 누가 말하기를 버들[柳]이란 한 사람이 살았다고 한다면

第四卷

643

듣는 사람들은

　1. 어디서 살았습니까.

　2. 언제 살았습니까.

　3. 어떻게 살았습니까.

　4. 어떤 줄을 알고 살았습니까.

　5. 이밖에 그의 소식 곧 그가 밤낮 사는 데 알짬 들을 만한 이야기가 없을까요 하고 물을 것이니 이왕이면 말하겠다.

고 하고 그의 우주관 세계관 인생관 신관 등을 세밀히 말하고 나서 그가 밤낮사는데 알짬이라고 하여 그림 하나를 그려놓았다. 그리고 그 내용은 이런 글이다.

　이끗이 올 끈이로 온 끝에 까지 말씀 사르므로 생각이오니 맨 처음부터 함께 계심.

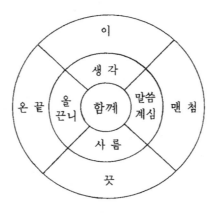

　선생님의 글은 하나의 그림이다. 제 소리이기 때문이다. 제 소리란 보고 하는 소리다 보고 하는 소리일 뿐만 아니라 되어 나는 소리다. 생각은 할수록 깊고 밝아진다. 깊게 생각하면 사물의 본질을 꿰뚫게 마련이고 사물의 본질을 꿰뚫으면 으례 보이는 것이 있게 마련이다. 생각은 보이게 될 때 완전히 인식된 것이다. 이런 인식의 체험 없이는 제 소리가 나오질 않는다. 제 소리란 내가 나를 보았을 때 나오는 소리요, 내가 나를 알았을 때 말하는 소리다. 자기가 자기를 보지도 못하고 자기가 자기를 알지도 못하고 하는 소리는 제 소리가 아니다. 그것은 아무리 말해도 남의 소리요, 그것은 남의 말을 전해가는 것 뿐이다. 내가 나

를 보면 나에게서 창조적인 말이 나온다. 이것이 제 소리다. 동서고금의 모든 경전이 그래서 나온 것이다. 내가 나를 알았다는 것은 내가 내가 되었다는 것이다. 내가 내가 되었을 때 나는 나를 볼 수가 있다. 내가 된다는 말과 내가 본다는 말은 같은 말이다. 칼은 갈아야 빛이 드러나듯이 나의 빛은 갈지 않으면 드러나지 않는다.

내가 내가 되는 것은 산에 오르는 것과 같다. 산에 가면 고독해지고 산에 오르면 고통이 있고 꼭대기에 오르면 직관이 있다. 내가 내가 되는 것은 고독과 고통과 직관 뿐이다. 그윽한 산길을 홀로 헤매고 돌같은 고통을 혼자 맛보면서 보이지 않는 것을 꿰뚫어 보는 것이 산길을 걷는 사람의 진실한 모습이다. 이때에 인간은 만물과 융합되어 존재의 빛속에 도달하는 것이다. 이때에 인간은 자기를 보는 것이다. 되는 것과 보는 것은 하나다. 산꼭대기에 서게 되면 모든 것이 보이게 된다. 내가 된 자만이 나를 볼 수 있다. 그것이 존재와 사유의 일치다. 존재와 사유의 일치는 사유와 존재의 일치도 된다. 내가 내가 되는 길은 깊이 생각해 가지고 마음 속에서 본 형상을 실천해 가는 것이다. 빛 속에서 본 것을 소리 속에서 따르는 것이다. 그것은 이탈과 비약과 결단에서 이루어진다. 지금까지의 자기를 이탈하여 새로운 자기로 비약하기 위하여 존재의 심연에 뛰어드는 결단이 필요하다. 이때에 인간은 자유롭게 된다. 선생님의 그림은 자기를 그린 것이다. 선생님의 말씀은 자기에게서 나는 소리다. 제 그림이요, 제 소리다. 제 소리보다 제 그림이 더 알기 쉽다. 그것은 존재의 그림이다. 맨첨이 있고 이꼿이 있고 온끝이 있다. 맨첨은 존재요, 이꼿은 현존재요, 온끝은 존재자다. 존재의 본질은 말씀과 계심이요 현존재의 본질은 생각과 사름이요 존재자의 본질은 올과 끈이다. 존재와 현존재와 존재자가 함께 할 때 존재자체가 된다. 선생님의 말씀 대로 이것은 되여나온 한송이의 꽃이다. 참 좋고 아름답고 깨끗한 한송이의 꽃이다. 이 꽃이 소리가 되면 바이올린의 줄과 시위에서 이어나오는 끊겼다 이어지는 신비로운 선율이다. 소리는 하늘 끝까지 울려 퍼져 우주를 황홀하게 한다. 그것은 가장 순수하고 보편적인 미묘한 법음이다. 이소리를 다시 말로 옮긴 것이 이꼿이 올끈이로 온끝에 까지 말씀 사르므로 생각이오니 맨첨부터 함께 계심이다. 우주만물의 이치를 거울삼아 내 얼굴을 보게 되고 내 얼굴을 거울삼아 하나님의 모습을 보게 되고 하나님의 모습을 거울삼아 하나님 나라를 보게 된다. 과학에서 철학으로 철학에서 신학으로 신학에서 예술로 이것이 이 말의 알짬이다. 이글은 근원적 시간을 보여 주기도 한다. 올이 장래성(將來性)이요, 온

이 기재성(旣在性)이요, 맨이 현전성(現前性)이다. 이 그림은 또 선생님의 실천생활도 보여 준다. 올 끈이가 일식이요 온 끝이 일수요 말씀 사름이 일좌요 함께 계심이 일보다. 이 글은 선생님께서 꽃피가 되어 하나님께 드리는 제사드림을 보여 주기도 한다. 말씀 사름이 꽃피다. 사람은 말씀사름이다. 말씀사름이 우주요, 세계요, 인생이다. 가장 순수하고 보편적인 것이 맨이다. 사람은 맨이다. 선생님은 맨이었다. 맨은 어디나 있기에 맨이요, 가장 순수한 것도 맨이다. 또 가장 단순한 것도 맨이다. 선생님은 가장 단순한 것을 좋아했다. 그래서 무엇보다도 하나를 좋아했다. 하나는 가장 보편적이면서 순수하기 때문이다. 선생님은 하나를 사랑하고 하나를 실천하고 하나가 되었다. 선생님은 한 사람이요, 한국 사람이었다.

유영모 선생님과
함석헌 선생님

서 영 훈
KBS사장

내가 함선생을 처음 만난 것은 1954년 늦가을 어느날 충정로에 있는 적산집 2층에서 였다.

그때 나는 대한적십자사 청소년부 책임을 맡고 있었는데, 그보다 2년전 부산에서 "사상(思想)"지 편집일을 볼 때와 해방후 청소년운동을 할 때 가까운 인연을 맺은 장준하 선생의 소개를 받아 학생들에게 말씀을 해 달라는 부탁을 드리러 찾아뵌 것이다.

처음뵌 선생님은 명상하는 구도자의 모습이었다. 그때 벌써 길게 자란 흰 수염과 머리, 흰 바지 저고리 차림으로 꿇어 앉아 계신 모습이 인도의 어느 숲속에서 속연을 끊고 해탈하려는 두타행을 보는 것 같았다.

그때 여쭌 말씀이나 하신 말씀을 지금 다 기억할 수 없으나 단 몇마디 국가주의 강권주의를 배격한다는 것과 하느님의 뜻인 역사의 명령을 따라야 한다는 말씀을 들었던 것으로 기억한다. "역사의 명령"이, 씨올이 주인인 한울나라 세우는데 있다는 뜻을 알게 된 것은 그 뒤의 일이다.

그 뒤로 함선생을 적십자사에 자주 모셔다 청소년들 모임에 말씀을 들었고 "청소년 적십자"라는 잡지에 고료 없이 써주시는 원고도 여러번 받아실었다. 서울역앞 세브란스회관이나 종로 4가 중앙신학교 강당에서 가진 선생님의 말씀 모임에도 자주 나가게 되었다. 하루는 종로 4가에서부터 을지로 입구까지 모시고 걸어오는데 나더러 몇번이나 할 수만 있으면 직장을 그만두고 인도에 가서 공부를 해보는게 어떠냐고 하셨다. 아마도 선생님께서 간디의 사상과 인도철학에 크게 끌려 있을 때여서 비교적 젊은 나에게 그런 권유도 하셨던 것 같다. 그러나 나는 선생님 권면을 실천할 수 없었다.

하루는 적십자 학생집회에 선생님

말씀을 듣게 되었는데 "내가 오늘 이야기하는 것이 마지막이 될지도 모른다"고 서두를 놓고는 이승만 박사가 반공포로를 석방한 것을 남들은 위대한 지도자의 용기있고 현명한 영단이라고 하는데, 이 일은 매우 잘못된 일로서 국제법위반이므로 우리나라의 국제적 공신력을 떨어뜨리는 일이라는 놀라운 말씀을 하셨다. 국제법이란 "제네바조약"의 포로취급에 대한 규정을 두고 하신 말씀이나 당시 우리나라의 상황과 여론으로서는 하기 어려운 말씀이었으므로 학생들이 어리둥절하였고 나도 좀 당황하였다. 그뒤에 아마 조병옥 박사도 비슷한 발언을 하였다가 테러를 당했다는 보도를 본 적이 있다.

1956년경인데 원효로에 있는 댁으로 선생님을 찾아 갔더니 사모님께서 "함선생님은 선생님 강의를 들으러 갔다"고 하신다. 나는 의아하여 함선생님이 강의를 들으러 가셨다는 그 선생님이 누구시냐고 물었더니" "류영모 선생님을 모르느냐"고 하시면서 류선생님이 YMCA에서 매주 금요일에 강의를 하시는데 함선생님이 그 말씀을 들으러 매번 나가신다는 것이다.

나는 그길로 YMCA로 갔더니 열평이 될까말까한 강의실에 그림에 보는 노자상(老子像)을 연상케 하는 빡빡깍은 머리가 괴이하게 크고 키가 아주 작은 노인이 강의를 하시고 그 앞에 열명 남짓한 사람이 앉아 말씀을 듣는데 맨뒤에 수염은 단상의 선생님보다 더 희고 길게 자라신 노학생 함석헌이 꼿꼿이 앉아 열심히 청강을 하고 계신다. 세상에 희한한 선생과 제자! 류영모와 함석헌의 인연이 얼마나 깊고 높은 것이었던 것임을 미처 짐작하지 못했던 때였지만 그때 나는 일생 잊혀지지 않는 강한 인상을 받았다.

그 뒤로 나도 이 모임의 끝자리에 나가 앉아 말씀을 듣게 되었다.

류선생님 말씀이나 함선생님 말씀이 거의 우주, 자연, 도, 생명, 영원한 진리, 평화와 사랑, 참 삶의 지혜에 관한 것인데 성경외에는 거의 동양의 고전을 해석하거나 인용하시되 그 정수와 요령을 파악하여 이를 우리말과 뜻으로 새겨서 "알짬 말씀"으로 해주시는 강론이셨다.

4·19 학생혁명이 있고 세상이 달라질 당시 우리들 30대도 제 몫의 구실을 해 보자고 3, 40명이 "5월회"라는 모임을 갖게 되었는데 첫 모임에 함선생님 말씀을 듣자고 김용준 님이 천안에 있는 씨올 농장으로 찾아가 선생님을 모셔왔다.

그때 선생님은 머리를 빡빡 깍으셨고 건강도 좋아보이지 않았다. 평소의 편안하고 겸손하신 것과는 다른 좀 피로한 모습으로 약간은 자조적인 고백같은 말씀을 하시면서 형식적이고 위선적인 도덕률의 폐해를 말하는 가운데 "가족제도"라는 것이 언젠가는 없어져야 한다는 말씀도 하시는 것이었다.

함선생의 사상속에 낡은 문화와 가치체계의 틀을 깨고 벗어나려는 저항정신과 초월사상이 있는 것이 사실이나 이 때의 표현에는 어떤 체험적 고백같은 것이 있지 않았나 생각된다. 그 직후에 선생님이 번역해 내놓은 칼릴·지브란의 「예언자」 서문에서 그 당시의 정신적. 역정을 짐작할 수 있었다.

어느날 "사상계(思想界)"사에 들렸더니 선생님이 거기 와 계셨다. 나를 보더니 지금 서울대학병원에 류영모 선생님이 입원해 계시는데 가보자고 하신다. 며칠전 류선생님이 구기동 자택 2층 옥상에서 어린 손녀가 떨어지는 것을 붙들다가 떨어지셔서 중상으로 입원 가료중이시라는 것이다. 그래 함선생과 함께 종로서부터 걸어 대학병원으로 병상에 계신 류선생님을 뵈러 갔다. 류선생님은 의식이 없이 그 독특한 깊고 성찬 숨소리만 높았다. 함선생님 표정은 꼭 어버이 임종을 맞는 것같은 엄숙한 것으로 느껴졌다. 그러나 그로부터 4주일뒤에 류선생님은 기적같이 회복되어 걸어서 병원을 나와 구기동 자택까지 돌아가셨다.

아시는 분은 다 알고 있듯이 류선생과 함선생은 하루 한끼만 잡수시는 절식주의일뿐 아니라 각기 자득하여 길들인 섭생법으로 심신을 연단하신 분들이다. 두분 다 간디와 톨스토이를 좋아하였을 뿐 아니라 천지간 참기운과 씨올의 생명과 속알의 말씀을 받아서 키우고 익힌 참사람 참아들들이었으므로 정신적으로만 강건하였을뿐 아니라 육체적으로도 대단히 강건하신 분들이었다.

함선생님이 사회참여를 본격적으로 하시게 되어 사회적 부도덕이나 기성종교의 위선을 비판하는데서부터 인권문제나 정치문제에 깊이 관여하게 되고 마침내 독재정치에 정면으로 항거하여 민주수호 민권운동의 선두에 나서게 될 때 나는 직장이 정치에 관여할 수 없는 적십자일뿐 아니라 위인이 모자라서 함선생님을 접촉하는 기회가 적어졌고 류영모 선생님을 자주 찾게 되었다. 그러다 1963년 여름부터 적십자사 사택에서 젊은 교수들과 대학생 20여명이 함께 류선생님을 모시고 3년동안 말씀을 듣는 모임을 가지게 되었다. 이때에는 어떤 까닭으로 두 분 사이가 좀 소원하였다. 때로 함선생님 사생활에 관한 언짢은 말씀도 하셨다. 세상에서도 말하기 좋아하는 이들이 이러저런 헐뜯는 말들이 있었다. 그러나 내가 보고 느끼기에 류선생님이 함선생님을 아끼고 존중하는 속마음은 다른 누가 헤아릴 수 없이 깊고 깊었다. 류선생님과 가까웠고 그 영향을 받은 이들 중에는 남강 이승훈 선생을 비롯하여 정인보, 문일평, 윤세복, 이광수, 김정식, 김교신, 현동완, 최홍종, 이현필, 김흥호 등 정신적 지도자와 이인(異人)들이 많으나 함선생님 만큼 류선생님과 가깝고 아낌과 고임을 받은 사람은 없을 것으로 믿는다.

류선생님과 함선생님은 나이가 11년 차이인데 생일이 같고 돌아가신 날은 함선생님이 하루가 늦다.

류선생님은 1981년 2월 3일에 돌아가셨고 함선생님은 금년 2월 4일에 돌아 가셨다.

류선생님은 돌아가신 뒤에 해마다 추모의 모임을 갖게 되었는데 김흥호님이 주관하여 선생님사시던 구기동 집에서 모였다. 함선생님도 나오시곤 했다. 그러나 그 집에 사시던 류선생님 작은 아드님이 일산쪽으로 이사를 가는 바람에 재작년부터 내가 관계하던 흥사단강당에서 추모모임을 갖게 되었는데 연락하는 이가 잘못했는지 재작년에는 안나오셨기에 작년에는 내가 찾아가 말씀을 드렸더니 나오셔서 추모의 말씀을 하시다 우시기까지

하셨다. 함선생님과의 마지막 인연이 된 것은 "서울올림픽 평화선언 대회"에 선생님을 모시게 된 일이다. 여기 대하여는 세상의 오해도 좀 있고 함선생님의 걸어온 길과 궤를 달리했다는 견해도 있는 줄 안다. 그러나 이 일은 처음부터 순수한 뜻으로 진행된 일이고 함선생님도 오직 참된 평화의 정신과 요소를 일깨우며 증진시키자는 뜻으로 참여하신 일이다.

적십자출신의 젊은이들의 발의로 시작된 이 평화선언 대회는 이 고난의 땅 수난의 민족이 주인되는 서울올림픽이 단순한 체육행사나 정치적 목적으로 이용되어서는 안되고 진정한 평화의 메시지를 전세계에 널리 전하자는 뜻에서 올림픽 행사와 완전히 별도로 순 민간인의 힘으로 조직되었고 세계각국에서 저명한 인권운동가와 평화운동가들이 참여하였다. 준비하는 이들의 의견이 모두 함선생님을 위원장으로 모시자고 하여 그 뜻을 전하였더니 흔쾌히 승락하시고 개회사를 해 주셨다.

이제 류선생님과 함선생님 두 분이 모두 이 세상에는 안계시다. 그러나 두 분은 한국인의 기억과 사상속에 길이 남을 것이다.

한 분은 북두성처럼 한 분은 오리온성좌같은 모습으로 나에게는 남아 있다.

젊은 유 영모 선생님

咸 錫 憲

내가 선생님을 처음으로 뵙게 된 것은 1921년 9월이었는데 평안북도 정주에 있는 오산학교에서였읍니다. 3·1운동이 터졌을 때 나는 평양고등보통학교 3학년에 다니다가 그 운동에 참가하고는 아예 학교를 그만두었읍니다. 집에서 2년 동안을 있노라니 운동 이후 폭풍처럼 일어나는 자유의 물결과 교육열 속에서 젊은 놈의 가슴이 타올라 날마다 빈둥빈둥 놀면서 썩고만 있을 수가 없었읍니다. 그래서 그해 4월에 다시 공부를 하려고 서울로 올라왔는데, 입학시기가 지났다고 어느 학교에서도 받아주려 하지 않았읍니다. 오도 가도 못하고 있는데 우연히 길가에서 집안 형되는 함 석규 목사를 만났읍니다. 그분은 내게 여러말 말고 정주 오산학교로 가라고 했읍니다. 그래 써 주는 편지를 가지고 평양신학교에 들러 조 형균 장로라는 분을 찾으니 그가 바로 오산학교 설립자의 한 사람이었읍니다. 그분은 곧 나를 데리고 학교로 가더니 3학년에 편입을 시켜주었읍니다.

그때의 오산학교는 정말 가관이었읍니다. 본래 있었던 교사는 3·1운동이 일어나자 일본 헌병이 와서 불질러 없어졌고, 선생과 학생이 다 흩어져 버렸는데, 몇달 후에 졸업생들이 모여서 이래서는 아니된다, 학교를 다시 세워야 한다고 임시로 가교사를 짓고 학교를 시작한 것입니다. 가 보니 초라하기 짝이 없었읍니다. 잘 깎지도 못한 재목으로 이름 그대로 도끼주우의 솜씨로 서둘러 지은 집에다 짚으로 이엉을 이어 덮고 책상도, 의자도 없이 사오백명 학생이 모여 우글거리고 있었읍니다. 더우기 오산은 도시가 아니고 농촌입니다. 옛날 고려시대의 익주성(益州城) 터라는데 이씨 왕조 시대의 경의재 집이 하나 남아 있었읍니다. 초창기에는 학생이 잘해야 백오십명 정도에 지나지 않았다는데 이제 오산에는 여러 백명이 모여드니 있을 곳이 없읍니다. 그래서 근처 농가의 사랑방 윗칸을 얻어 하숙을 하게 되니 자연 모든 설비가 부족하고 옴과 이가 우글거렸읍니다. 학생도 선생도 안정이 안 되어 그저 오는 사람, 가는 사람으로 복잡했읍니다.

그런데 겉은 어수선해 보여도 속에는 이상한 힘이 있어 그 불안하고 잡탕인 것을 묶어 이끌어 가고 있었읍니다. 한마디로 〈옛 오산〉입니다. 모여만 앉으면, 동네 썩은 된장은 학교에서 다 치워준다고 했다는 말과 선생 학생이 한덩어리가 되어 울고 웃고 했다는, 그저 그 소리뿐입니다.

거기서는 남강선생을 호랑이라고 불렀읍니다. 그때에 유선생님은 20세였고 이 광수 선생은 19세였는데 선생으로 계셨읍니다.

그때 이 광수 선생이 지었다는 〈오산 경가〉 가사에

"백두산서 자란 범은 백두호라고
범 중에 범으로 불리나니라
우리들은 오산에서 자라났으니
어디를 가든지 오산이로다"

하는 귀절이 있읍니다. 아마 거기서 온 것인지도 모릅니다. 그렇지만 그 노래 속에는 또 남강선생을 늙은 비둘기라고도 했읍니다. 사실 그 두 가지 성격이 다 있다고 해야 할 것입니다.

그런데 그 부활을 하려는 오산에 첫 학기가 거의 다 되고 여름 방학이 시작되려 할 때에 학생들 사이에 소문이 들리기를 "이제 가을 학기에는 새 교장으로 아주 놀라운 분이 오신다는데 그분은 초창기 오산학교 시절에도 선생으로 와 계셨다는 유 영모 선생이시란다. 철학자래. 최 남선씨가 무서워 하는 분은 그분이시라는데……"

여름이 다 가고 새 학기가 되어, 춘원의 말대로 지붕 위에 지
저귀는 참새의 무리같이, 이곳에서 저리로, 저기에서 이리로 무
리지어 다니며 떠들어 대는 뜨거운 가슴의 학생의 무리가 또 오
산 골짜기를 꽉 채웠읍니다.

개학식입니다. 첫 시간부터 모두 혀를 뽑았읍니다. 새 교장선
생님이 들어오시는데 키가 자그마하고, 등이 조금 굽고, 뒷 골이
이상하게 툭 튀어나오신 분인데 하얀 한복 차림이었읍니다. 말씀
은 물론 웅변조는 아니고, 크게 울리는 음성도 아니고, 조용조용
히 하시는 말씀인데, 그날 나는 뒷자리에서 있었으므로 잘 알아
듣지는 못했읍니다만, 어쨌거나 배울學자 하나를 풀어 말씀하시
는데, 무려 두 시간 동안을 얘기하셨읍니다. 그때 선생님은 서른
둘이시던 때입니다.

그저 한번 척 보아서도 마음이 가라앉은 분이란 것을 알 수 있
었읍니다. 자기를 언제나 꼭 지키고 있는 분이란 것이 몸매에나
말씨에나 걸음 걸이에나 늘 나타나 있었읍니다. 빈틈이 없읍니다.
그것은 어느 순간도 마음을 헤쳐 놓음(放心)이 없음을 말하는 것
입니다. 나는 언제 선생님이 버둥버둥 눕거나, 허둥지둥 달리거
나 하시는 것을 한번도 본일이 없읍니다. 하품, 기지개는 물론, 너
털웃음을 웃는다든가, 목에 핏대를 돋혀 큰 말싸움을 하시거나 하
는 것을 본 일도 없읍니다. 앉으면 언제나 꿇어앉으셨고 한번도
무릎을 세우거나 다리를 뻗거나 하는 일은 없으셨읍니다. 옷을 주
루루 흐르게 입으시는 일이 없고 침을 뱉으시는 일이 없읍니다.
걸음은 흔들흔들도 아니시고 헐레벌떡도 없으십니다.

그렇기 때문에 좀 가까이 하기가 어렵고 잘못 아는 어떤이들은
아주 차다고도 합니다만 그것은 모르는 말입니다. 결코 차신 분은
아닙니다. 무슨 일에나 누구에게나 그저 예사로 대하시는 일이 없
으신데 차다는 것은 모르는 말입니다. 찬 것이 아니라, 참입니
다. 오산에 오신 지 얼마 지난 후인데 이제는 기억이 확실치는
않습니다마는, 아뭏든 그리 오래지 않아서 선생님을 조용히 찾아
뵙고 싶은 마음이 일어나서, 무엇 때문이란 것도 없이 그저 그러

고 싶어서, 유하시는 방문 앞까지 가서 문고리를 잡기까지 했었지만, 들어가면 무슨 말을 어떻게 여쭈어야 할까 그것이 두려워 그냥 돌아온 일도 있읍니다. 그 후에 생각해 보면 그것은 내가 마음이 약하고 수줍음이 많아서 그런 것인데 그때 용기를 내서 들어갔더라면 선생님 편에서 아시고 무슨 말로나 말문을 열어주셨을 것입니다.

한번은 선생님 방 앞을 슬쩍 지나다보니 방문이 좀 열렸는데, 벽에다 큰 글씨로, (아마 한자가 손바닥 보다도 더 크게) "夜靜海濤三萬里"라 써붙인 것이 보였읍니다. 선생님이 손수 쓰신 것으로 아는데, 그때는 나도 王陽明을 읽지 못해 그것이 그의 글인 줄도 몰랐지만, 무슨 생각을 하시면서 그것을 쓰셨을까 혼자 생각해 본 일도 있읍니다. 그러나 들어가서 '그것이 무슨 뜻입니까' 하고 물을 용기는 나지 않았읍니다.

직원실에 간혹 들어가 보면 여러 선생님들이 다 책상 앞에 의자에 걸터 앉아 일을 보시는데 유독 선생님만은 앉아서 공부할 때 쓰는 책상같은 상을 따로 만들어다 놓고는 그 위에 꼭 꿇어앉아 계셨읍니다.

학과목 담당은 수신(修身)을 맡으셨었는데 한번도 소위 교과서라는 것을 가지고 말씀해 주신 일은 없읍니다. 가장 많이 하신 것이 노자의 「도덕경」이고 홍 자성(洪自誠)의 「채근담」에서 뽑아내서 하신 것도 있고, 일본의 우찌무라 선생의 작은 책자를 가지고 하신 것도 있읍니다. 그 중에 지금까지 기억하는 것은 카알라일이 어렸을 때에 지었다는 시입니다.

　　"여기 흰 날이 다시 왔도다
　　　낭비하지 말지어다"

하는 식으로 읽어 내려 가셨읍니다.

그것은 선생님이 몸소 실천하시고 계신, 또 예로부터 모든 참되게 살려했던 사람들이 다 그렇게 지켜왔던, 현재주의 또는 시재(時在)주의 살림을 우리에게 가르쳐 주시려고 하신 것이었읍니다. 그 후에는 내 손으로도 찾아 읽었고, 그의 '웃철학'도 여러번 읽었읍니다. 그 본문은 이렇습니다.

> So here has been another blece day;
> Think, wilt thow let it slip useless away?
>
> Out of eternity this new day is born;
> Into eternity at night will return.
>
> See it afore time, no eyes ever did;
> So soon it forever from all eyes is hid.
>
> Here has been another blue day;
> Think, wilt thow let it slip useless away!

그리고 특히 일생 잊지 못하는 것은, 그때 어느 시간에 우찌무라 선생의 젊었을 때의 이야기를 해주셨는데, 그때 나는 그 우찌무라가 생존해 계시는 분인지 이미 돌아간 분인지도 모르고 들었지만, 웬일인지 그것이 잊을 수 없이 기억에 남아 있어서, 그것이 인연이 되어서 일본에 간 후 그의 성경연구 모임에 나가게 되어 그이도 나의 잊을 수 없는 선생님이 되었다는 사실입니다. 그 후에 안 일이지만 선생님은 벌써부터 우찌무라를 잘 알고 계셨고 그의 책도 많이 읽어 알고 계셨읍니다. 그 얘기는 이렇습니다.

우찌무라 선생이 젊어서 미주에 유학을 했을때 학비를 벌기 위해 한때 펜실베니아주 레딩이라는 곳에 있는 쿼이커들이 경영하는 정신박약아 학교에서 교사노릇을 한 일이 있었답니다. 전체를 두 학급으로 나눠, 좀 나은 학생들을 워싱턴 클라스라하고 그 아래를 링컨 클라스라고 했는데, 우찌무라는 워싱턴 클라스를 담당했읍니다. 그런데 그 애들은 지능이 너무 낮아 학문을 가르칠 수는 없고, 그저 나쁜 행동을 하지 못하도록 감독하는 것이 일인데, 그 아이들에게는 아무런 벌을 해도 소용이 없고, 그저 밥을 안주는 것이 가장 효과적이었더랍니다.

그런데 워싱턴 클라스에 대니라는 아이가 하나 있었는데 아주 성질이 고약해서 나쁜짓을 하는데, 한번은 주일날 그 대니가 온종일 말썽을 부려서 애를 쓰다못해 우찌무라 선생은 그 아이를 불러다 놓고,

"이놈아, 네가 오늘 한 짓을 생각한다면 저녁을 안주어야 마땅하지만, 오늘이 주일인데 네놈 밥 아니먹일 수 있느냐? 내가 오늘 저녁을 먹지 않을 터이니 너 내 밥 먹어라" 했답니다.

우찌무라 선생은 동료 교사들에게도 별로 알리지도 않았는데, 옳은 일이란 숨어버리는 일이 없는 법이라 그 소식이 마침내 워싱턴 클라스 아이들 귀에 들어 가고야 말았습니다. 그래 그 아이들이 큰일 났다고 클라스회를 열었더랍니다.

의논한 결과 대니는 우리 학급에 있을 자격이 없으니 링컨 클라스로 보내야 한다고 결의를 해가지고 왔더랍니다. 그래 우찌무라 선생은 대니를 불러 놓고 위로하며 타일러 보냈읍니다. 그런 후 여러해 있다가 어떤 일본 사람이 그 정박아 학교에 구경을 갔더니 대니가 그때도 남아있다가 일본 사람이라는 말을 듣고 묻더랍니다.

"당신이 정말 일본 사람이예요?" 그래서 그렇다고 대답을 하니 "그럼 미스터 우찌무라를 아십니까?" 하고 질문하더랍니다. 그래서 안다고 했더니 대니가 말하기를 "He is a great man!" 하더랍니다.

이 이야기를 나는 일본에 간 후 우찌무라 성경연구 모임에서, 선생님이 몸소 말씀하시는 것을 또 한번 듣기도 했읍니다. 나는 이 모든 것이 신기한 섭리로밖에 생각이 되지 않습니다.

그래서 그것을 더 자세히 알고 싶어서 1979년 미국 갔을 때 그 정박아 학교를 찾아갔었읍니다. 지금 〈엘윈 인스티튜트〉라 해서 세계적으로 유명한 큰 사업체가 되어 있었읍니다.

그 안에서 학교와 공장이 다 갖추어져 있어서 여러 천명의 아이, 어른들을 수용하고 가르쳐 주고 공장에서 일도 시키고 있었읍니다. 내가 찾아간 사연을 말했더니 직원 한 사람이 모든 기록

문헌, 사진을 들추어내고 기록영화까지 틀어 놓고 친절히 설명을 해주었읍니다. 그리고 3년 후인 지난 82년에 어떤 분에게 그것을 좀 알려 줄 필요가 있어서 또 한번 갔더니 삼년전에 갔던 일을 그대로 기억하고 반갑게 맞아주어서 참으로 놀랐읍니다.

이번에는 선생님의 사상에 관한 이야기를 하나 하기로 하겠읍니다.

오산 학교에 오신 그해 겨울이 다 가고 이듬해 5월이 되어 학교 창립기념 행사로 운동회를 하게 됐읍니다. 그런데 갑자기 당국으로부터 학교의 운동가가 불온하니 고치라는 명령이 왔읍니다. 본래의 운동가는 춘원 이 광수 선생이 지은 것인데 이제 그것을 다 외울 수는 없지만 대략 이런 구절들이 있었읍니다.

1. 티벨(료마市 流河) 하반 조막(주먹의 사투리)같은
   칠강(七崗) 위에서
   반 천하를 호령하던 용장한 그들
   머리에선 지식 새암 솰솰 솟건만
   익은 근육 날랜 체격 더욱 용장타.
   태동의 대륙 큰 벌판
   주권자 될 우리 건아야

후렴 우리 같은 고함 소리
     천지 드르륵
     번개 번쩍 말을 달려
     나아가거라
     명예로운 저 우승기
     네것 되도록

2. 백두산 상 산상봉에 깃발이 날고
   두만강수 두 언덕에 살기 식식타
   십년 갈은 우리 칼이 번쩍이는데
   금수강산 삼천리에 자유종 친다.

第四卷

16

3. 제석산 상 넘어가는 해를 등지고
   둥지 찾는 우리 건아 모두 식식타
   ．．．．．．．．．．．
   ．．．．．．．．．

그래서 급작스럽게 유선생님께 새 운동가를 지어달라고 했읍니다. 천하가 아는 대로 선생님은 운동을 도무지 모르시는 분이 아닙니까? 그때 지으신 운동가는 이렇습니다.

1. 저 하늘에 해와 달도 돌아다니며
   이 땅 위에 물과 바람 또한 뛰노니
   천지 사이 목숨 불을 타고난 우리
   열샌 힘에 번뜩이어 빛을 내이자

   물이나 불이 모두라
후렴 우리의 놀거리 될터라
   다무른 입 한번 열면
   우뢰 울리고
   내렸던 손 들게 되면
   번개치리라
   힘을 몰고 맘 다스려
   이김 얻도록

2. 뫼란 데는 범만 뛰게 둘것 아니요
   바다란덴 고래놈만 놀릴 것이랴
   뭍과 물에 우리 운동 자유자재해
   열샌 힘을 번뜩이어 빛을 내이자

3. 저 공중이 어찌하여 독수리 거면
   이물 밑이 아무려믄 해조의 터랴
   공중 날고 물밑 기기 또한 능하니
   열샌 힘을 번뜩이어 빛을 내이자

세계 어디서도 못 들을 운동가입니다. 그래 모두 철학적 운동가라고 했읍니다.

나는 수줍음이 많아서 한번도 선생님한데 질문을 해본 일이 없
읍니다. 그것이 후회입니다. 선생님의 말씀을 들으면서 나는 스
스로 이때까지 인생을 헛살아왔구나 하는 생각이 들었읍니다. 22
세가 되도록 인생이란 문제를 생각해본 일이 없었읍니다. 숨, 참
하는 단어를 집어들어 본 일이 없었읍니다. 이제 겨우 눈이 뜨이
기 시작한 것입니다. 그러므로 지금 와서 그때에 모든 문제를 좀
물어보지 못했던 것을 한합니다. 선생님은 또 두들겨 깨우는 성
격은 아니셨읍니다. 그런데 한 일년 남짓한 때에 당국으로부터 교
장 인가를 줄 수 없다는 통지가 나와서 학교를 떠나 서울로 돌아오
시게 됐읍니다. 어째서 그렇게 됐는지 다 잊어버려서 알 수 없읍
니다마는 마지막 떠나시는 날 내가 홀로 선생님을 따라 고읍역으
로 나가게 됐읍니다. 학교에서부터 모시고 떠났던 기억은 없는
데, 내가 혼자 뒤를 따라가게 됐었읍니다.

선생님께서 어머님께 드리시겠다고 오산 지방의 특산물인 바닷굴
을 한 푸대를 학교 심부름꾼인 강 효국에게 지워 가지고 나가시는
것을 만나게 됐는데 그때 나로서는 아직도 잘 알아듣기 어려운 말
씀을 해주셨읍니다. 그 시간이 마침 어두컴컴한 초저녁이어서 그
러셨는지, 빛, 빛 하지만, 빛보다 어둠이 더 큰 것 아니냐.

삶, 삶 하지만 삶보다는 죽음이 더 먼저 아니냐.

깬다 깬다 하지만 깸 보다는 잠이 더 먼저 아니냐, 그런 말씀을
하셨는데 나는 그저 알듯이 모를듯이 듣고만 있었읍니다. 한문으로
도 말씀하셨는데 지금은 "死餘是生"이라는 한 句만 기억합니다.

그러다 마지막에는 "내가 이번에 오산 왔던 것은 함 자네 한 사
람을 만나기 위해서 였던가봐" 하셨읍니다. 나는 그저 송구스럽기
만 했읍니다. 그때는 몰랐지만 지금 와서 생각하면 그때 선생님이
오산 오실 때는 생각하는 바가 있어서 오셨던 것인데, 그것이 뜻
대로 되지 않아 적히 섭섭한 마음이 있어서 하신 것인가 하는 생
각이 들었읍니다. 그것이 어떤 것인지 내가 감히 헤아릴 수는 없
지만, 선생님이 처음 오산을 20세에 오셨다가 12년 후에 다시 오

第四卷

셨는데, 본래 생각이 깊으신 선생님이시지만, 그 동안에 공부하신다고 일본의 물리학교엘 가셨다가 생각이 달라져 다시 돌아오신 때문이었으므로 그냥 쉽게 승낙을 하고 오셨을 리는 만무합니다.

그때 그때 그 시국에 깨려다가 채 깨지 못하고 몸부림치는 분위기 속에서 교장으로서 어떤 교육을 해보시려고 하셨던 것일까? 아니면 세속대로 하는 졸업생들의 간청에 끌려 남강선생님이 감옥을 나와 돌아오시는 날까지 한동안 학교의 명맥을 지키기나 하자는 정도에서 하셨던 것일까? 그때에 비하면 몇 갑절이나 더 어지러워진 오늘을 어떻게 살아나갈까 생각하면서 지금 선생님이 계시다면 좀 알아보고 싶은 생각이 있는 문제입니다.

그 다음 선생님과의 관계에 있어서 잊을 수 없는 것은 날짜를 헤어가는 것과 일종식을 하는 두 가지인데 나도 처음에는 생일을 음력으로만 알 뿐이었는데 선생님이 가르쳐 주셨으므로 양력으로 하게 됐고 날을 헤게도 됐읍니다. 더구나 생일이 선생님과 같은 날입니다. 그래서 모든 것을 범연하게 보시지 않는 선생님이 더 신기하게 여기셨읍니다. 음력으로는 선생님은 2월 23일 생이신데 나는 정월 23일이고 양력으로는 똑같은 3월 13일로 만 11년, 날로 해서 4017일 차입니다.

날자 헤는 것과 관련해서 한때 선생님은 자기가 돌아가실 날을 아셨다, 또는 못맞히셨다 하는 말이 돌았지만 그것은 선생님의 본래의 뜻을 잘 모르고 하는 말들이었읍니다.

김 교신 선생이 간 후 언젠가 선생님께서 당신이 김 교신보다 앞선 그날 수만큼 앞으로 더 산다면 어떻게 될까 해서 계산을 해보니 이상하게도 남강선생님이 살고 가신 날수 만큼 되더라는 것입니다. 그것이 신기해서 그럼 그것을 내 날로 알고 한번 살아본다, 그래서 사람들 앞에서 그 발표를 하셨던 것입니다. 그랬더니 누가 만일 그날 돌아가시지 않으면 어떻게 하시느냐고 질문을 했답니다. 그래서 선생님 자신이 대답하셨다는 것입니다. 살림살이에 예산을 세울 때에 꼭 맞는 수는 쉽지 않지만, 부족하면 추가하고 남으면 뒤로 넘기더라도, 역시 예산은 세우고 살아야 하지 않느냐, 그와 마찬가지로 그날을 내날로 알고 살아보자는 것이지, 꼭 맞히고 못맞히고가 문제될 것 없지 않으냐는 그것이다. 위에서 말한 이제―여기주의로 살자는 데서 나온 일입니다.

수신(修身) 시간에 말씀해 주신 선생님의 자작시 중에 이런 것이 있읍니다.

放逸奢侈偕身亡, 學藝事業共世長,
今石我玉一生攻, 呑日吐月百年老.

어제를 돌삼아서 나라는 옥을 닦아 내자는 말씀입니다.

하루 한번만 먹는 것을 선생님은 '성서 조선사건' 일이 년 전부터 시작하지 않았나 생각됩니다. 나도 그 사건에서 풀려 나온 후에 시작해 봤읍니다. 각별한 준비 없이도 한 일주 일간 계속해 보니 잘 되었읍니다. 그러나 연로하신 어머님이 걱정을 하시므로 이미 되는 줄 알았으면 후일 자유로와진 때에 하기로 하고 다시 그 전대로 2식주의로 돌아갔읍니다. 그런데 해방이 됐고, 평안북도 임시자치위원회에 참여했다가 두 번 소련 감옥에 들어갔다 나온 후 그냥 계속 있을 수 없어 1947년 봄 월남해서 송 두용 선생을 찾아 오류동에 있게 됐읍니다.

그해 11월 초로 기억하는데 어느날 주일모임에서 백운대로 놀러가기로 했읍니다. 그래서 구기리 선생님댁에 이르러 들어가서 선생님도 올라가시자고 했더니 그러신다고 하면서 나오시는데 손에 빵을 한주머니 들고 나오셨읍니다. 그래서 나는 속으로 일식을 하시는 선생님도 이런 때는 역시 점심을 드시나 보다 하고 생각했읍니다. 일행이 대남문을 지나 정오쯤 태고사에 이르러서 거기서 점심을 먹기로 했읍니다. 각각 자리를 잡자 선생님은 저만큼 떨어져 가 앉으시더니 나를 불러오라고 하셨읍니다. 그래 갔더니 그 빵주머니를 주시면서 "이거 내가 먹자는거 아니고, 혹시 누가 점심을 준비 못하지나 않았나 해서 가지고 온 것이니 가져다 나눠줘라"고 하셨읍니다. 나는 첫 말씀에 그대로 "예" 하고 돌아와서는, 나혼자 생각에 그래도 일을 모르니 반은 떼어 내놓고 반은 내가 들고 만일의 경우를 위해 가지고 있기로 했읍니다.

20

그리고 **온종일** 백운대까지를 오르는데 선생님이 내내 앞장서서
안내하셨고 위태로운 바위에 가서는 등을 둘러대고 두팔을 좌우
로 벌려 바위를 뒤로 안고 돌면서 '이렇게 하는 것이 쉽다'고 이
것을 지두리라고 한다며 가르쳐 주기까지 하셨습니다. 그런데 그
날 길이 늦어서 나중에 대남문에 오니 깜깜하게 어두워졌습니다.

이제 두패로 갈려서 한패는 다시 대남문으로 해서 구기리 쪽으
로 가야 하고 한패는 보궁문으로 해서 정능으로 가야 했습니다.
그래서 자 이제다 싶어 가지고 다니던 빵에 사과 한알을 겸해 내
놓으면서 "이제는 시장하실터이니 이것을 잡수세요"했더니 "아
니, 일 없어, 이것만 주면 돼"하시면서 사과만 집으셨습니다. 나
는 정능으로 내려갔는데 후에 들으니 선생님 댁에는 아홉시가 지
나서야 도착했다고 했습니다.

그해 3월 17일에 서울에 도착해서 4월 초에 선생님을 모시고
광주 등지로 한달 여행을 했는데 그때에도 나는 2식이어서 선생
님을 옆에 두고도 나는 나대로 맘놓고 점심을 먹었었는데, 이제
그 경험을 하고나니 이 이상더 생각할 것도, 주저할 것도 없다
하고 아주 그 이튿날부터 두번에 먹던 것을 저녁에 한번에 먹기
를 시작했습니다. 그런데 조금도 지장이 없었습니다. 아침에 일
어나면 그때 기분으로 훌쩍 날아갈 듯 했습니다.

1938년 3월에 오산학교를 그만 두고 차마 떠날 생각이 없어 두해
동안을 거기 서성거리고 있다가, 40년 봄에 평양 시외 송산리에
있는 송산농사학원을 맡아가지고 나갔는데, 몇달 못되어서 계우회
사건이 터져 거기에 관련된 일로 인해 평양 대동경찰서에 들어가
한해 동안을 있다가 나온 일이 있는데, 그 소식을 들으시고 선생
님이 얼마나 염려를 하셨던지, 박 승방 씨가 찾아갔더니, "그 사람
이 외유내강한데, 그 고생이 얼마나 할까. 그래서 내가 오래전부
터 끊었던 '소리내서 하는 기도'를 다시 들이게 됐소" 하시더라
는 것입니다. 내 속에는 그 소리를 지금도 듣고 있습니다.

〈1983. 10. 18〉

늙은 유 영모 선생님

金 興 浩

내가 유선생님을 처음 뵌 것은 서울역전 기독교청년회 총무 현 동완씨 댁에서 모인다는 일요집회에서 였다. 나는 그때 정 인보 선생이 주관하는 국민대학에서 철학개론을 강의하고 있었다. 그 때 국학대학에는 양 주동, 방 종현, 이 숭녕 같은 국문학 선생들이 여러분 보였다.

나는 그때 아직 20대의 어린 나이로 하룻강아지 범 무서운 줄도 모르고 대학 강단에 서곤 하였다. 학생들 가운데는 오십대의 나이 든 분도 있었다. 그들은 한학을 오랫동안 전공했고 정 인보 선생을 존경하여 국학을 이룩하기 위하여 모인 분들이다. 그분들 가운데는 주역을 줄줄 따로 외우는 사람들도 있었다.

나는 동양 것을 좀 알아야겠다고 생각하기 시작하였다. 정 인보 선생에게서 가끔 양명학에 관한 말씀을 들었다. 그런데 그것으로는 부족하여 춘원 이 광수를 찾았다. 그분은 유 영모 선생을 소개하면서 선생님은 시계같은 분이라고 말했다. 정 인보 선생께서도 유영모 선생 말씀을 하셨다. 속으로 유 영모가 어떤 사람인가 하고 퍽 궁금해 하던 차에 길가에서 조 영재 목사를 만나 우연히 말이 유 영모 선생님에게 미치게 되자 현 동완씨 댁에서 집회를 한다고 가르쳐 주었다.

나는 용기를 내어 서울역전 철도관사로 유 영모 선생님을 찾아 갔다. 굵은 돋보기를 쓰고 한복을 입고 성경을 읽으시며 강의를 하셨다.

도중에 일식(日蝕)이 있어서 강의를 하시다가 멈추고 모두 마당으로 나가 보았다. 어느날인지는 모르나 하여튼 1948년 봄 일식하는 날이었다. 다시 들어와 천문 기상에 관한 이야기도 많이 하셨다. 나는 맨 마지막까지 앉아 있다가 선생님에게 이런 질문을 하였다.

"선생님 하나 둘 셋이 무엇입니까?"

내가 그때 왜 그런 질문을 했는지 모르겠다. 아마 그때에는 그런것을 가지고 많이 생각했던 것 같다. 그 질문에 대하여 선생님께서 무엇이라고 열심히 설명을 해주셨지만 나는 아무것도 이해하지 못하고 다만 무엇인가 선생님에게 끌려서 그 다음 주일에도 다시 서울역전에서 모이는 선생님 집회로 나간 것 뿐이다. 이후로 한번도 빠지지 않고 좇아다녔다.

향린원에서도 있었고 청년회에서도 있었고 나중에는 선생님 댁에서도 있었다. 다른 데서는 대개 두 시간 정도 말씀을 하는 것이 보통이었으나 댁에서는 늘 길어지곤 하였다. 언제나 아침 7시에 시작한다. 나는 집이 신촌에 있어서 그때는 별로 탈것도 마땅치 않아 언제나 5시에 일어나서 두 시간을 걸어가면 겨우 7시 제시간에 댈 수가 있었다. 그때는 「노자익(老子翼)」을 읽어갔다.

선생님은 아무것도 깔지 않고 딱딱한 온돌방에서 무릎을 꿇하고 대여섯 시간씩 천연스럽게 앉아 있었다. 나는 방석을 깔고도 5분만 앉아 있으면 다리가 저려서 아무 감각도 없는 것 같은 느낌이었다. 그래도 선생님 앞에서 꿇하고 앉는 공부를 열심히 했다. 그럭저럭 나도 방석을 깔고는 몇 시간씩 앉아 있을 수 있게 되었다.

한번은 선생님과 우리 몇 사람이 북한산에 등산을 갔다. 선생님은 점심을 두 개나 준비해 가지고 가셨다. 산에 올라가서 선생님은 하나도 잡숫지 않고 점심을 가져오지 않은 사람에게 나누어 주셨다. 산에서 내려 왔을 때 우리는 고단함을 견디어 낼 수가 없었다. 그래서 선생님께 '얼마나 힘이 드시느냐'고 했더니 선생님 말씀이 자기는 어제도 인천에 볼 일이 있어서 걸어갔다 왔는데 오늘 또 산에 올라왔지만 조금도 피곤한 줄을 모르겠다고 하셨다. 옆에서 듣고 섰던 함 석헌 씨가 주먹을 불끈 쥐면서 선생님은 어제 저녁 한끼 잡수시고도 오늘 산길을 팔팔 나는데 나는 세끼씩 먹고 이것이 무엇이람 하고 무슨 결심을 하는 것같이 보였다. 그후에 말을 들으니 함 선생이 한끼를 먹는다는 소문이 났다. 나도 한번 해볼 생각으로 한 8일간 한끼를 먹었다. 어떻게 기운이 없고 죽을 것 같은지 세상이 샛노래서 뱅뱅 도는 것만 같았다. 나는 그만 땅에 쓰러져서 그 다음날부터는 또 세끼를 꾸역 꾸역 먹었다.

그 동안에 6·25가 터져 서로 길이 막혔다. 선생님도 인민군에게 잡혀서 총살을 당하는 줄 알고 최후를 각오하고 앉았는데 한참 있다 보니 인민군이 가버렸다고 한다. 그때 아무런 생각이 없었는데 무엇인지 손목이 자꾸 재릿 재릿 하더라고 했다.

제정 때에도 붙잡혀 간 일이 있었는데 그때에도 아침에 일어나서 심상치 않은 것은 다 숨겨 놓았는데 형사들이 들이닥쳐서 붙들려 갔으나 별로 문제가 되지 않고 나온 적도 있었다고 한다.

선생님은 그때까지 여러 해를 하루에 한끼씩 저녁에 식사를 하셨다. 그리고 자기 호를 다석(多夕)이라고 했다. 세끼를 합쳐서 저녁을 먹는다는 것이다.

매주 금요일 두시부터 네시나 다섯시까지 종로 청년회관에서 성경 강의가 있었다. 기독교 성경이 주였지만 유교경전, 도교, 불교, 기타 가지각색이었다. 하여튼 흰 종이에 먹으로 강의 요점을 적어서 걸어놓고 그것을 몇 시간씩 설명을 하셨다. 선생님 말씀이 너무도 괴팍해서 듣는 사람들은 몇 사람 정도에 불과하였다.

6·25후에 청년회에는 화덕도 없어서 겨울에는 냉방에서 두세시간씩 앉아 있었다. 선생님은 언제나 무명 두루마기에 털모자를 쓰고 헝겊으로 만든 책보자기에 헌 성경책과 먹으로 적은 백로지를 가지고 오셨다.

어떤 때는 나까지 결석한 적이 있었다. 그 다음 출석하여 지난 주일은 누가 나왔었느냐고 물으면 아무도 없었다고 한다. 차차 나는 내 책임이 무거워지는 것을 느꼈다. 내가 결석하면 선생님이 거저 이십리 길을 헛걸음 하는 것이 아닌가. 그후부터 나는 될 수 있는 대로 결석하지 않기로 했다.

선생님은 어떤 때는 두 주일 동안 물 한방울 밥 한술 드시지도 않고 금식하면서 청년회에 나오시기도 하였다. 선생님의 눈시울이 우묵 들어가고 선생님의 혈색이 참 좋지 않았다. 그럴때는 선생님 사모님이 언제나 뒤를 따랐다. 선생님은 칠판에 인도의 바가반 기타의 단식인전생심소(斷食人前生心消)라는 긴 시를 적어놓으시고 단식 후의 자기 체험담을 세밀하게 말씀해 주셨다. 그때 앵두가 한창인데 앵두를 먹지 않고 보기만 해도 그대로 먹는 것 같은 느낌이라고 하시기도 하였다.

나도 선생님을 따라 다닌 지 근 삼년이 지난 어느날 삼각산 보현봉 남녹 큰 바위가 있고 폭포가 있는 곳으로 야외 예배를 갔다. 선생님은 요한복음의 "나는 길이요, 진리요 생명"이라는 제목을 설명하셨다. 그때 나는 내 귀가 뚫리는 것 같은 기분이 들었다. 선생님의 말씀이 무엇인지 알아지기 시작하였다.

그후 나는 건강이 좋지 못하여 몇번이고 죽을 고비를 넘겼다. 한번은 앓아서 누워있는데 선생님이 호도를 사가지고 문병을 오셨다. 나는 병석에서 나의 불효를 깊이 아파했다. 나는 여러가지 병이 겹쳐 내일이면 죽는다고 하는 때도 있었다. 그러나 단 한가지 나에게는 끊어지지 않는 것이 있었다. 그것은 생각이었다. 나는 무엇인가 계속 생각하고 있었다. 그후 병이 조금 회복되어 선생님 집회를 나갔지만 이번에는 선생님이 돌아가신다고 야단들이었다. 선생님은 그전에 작별하는 강연을 여러 번 했다. 목요강좌라고 신문에 내고 해서 그때는 백여 명 청중이 모이는 때도 있었다. 하여튼 나도 그때에는 선생님의 마지막 강의를 보존하기 위하여 한 일년 속기사에게 의뢰하여 강의를 속기하기도 하였다.

선생님이 67세가 되던 4월 26일 이었다. 그날은 선생님 댁에 오지 말라고 하여 나는 집에 있었다. 지성껏 가르쳐 주신 선생님이 오늘 세상을 떠난다고 생각하니 기가 막혔다. 나는 그동안에 선생님께 배운 것이 무엇인가 하고 생각하여 한 서너줄 적어 보았다.

4월 27일 선생님의 장례를 치르려고 터벅터벅 산길을 올라갔다. 자하문까지 걸어갔을 때 선생님이 책보를 들고 이쪽으로 걸어오고 있었다. 나도 아무 소리 없고 선생님도 아무 말씀이 없었다. 그 날이 금요일이었던가 보다. 청년회 집회에 나오시고 있었다. 나는 청년회의 컴컴한 방에 가서 내가 적은 몇 줄을 선생님께 보여 울렸다. 선생님은 무언가 크게 긍정해 주시는 데가 있었다. 나는 4월 26일은 선생님이 죽은 날이 아니라 내가 죽은 것 같은 느낌을 가졌다.

그후 나는 결혼문제로 퍽 애를 썼다. 선생님은 말끝마다 결혼에 반대하는 태도였다. 나는 그때 심신이 극도로 허약해져 있었다. 물에 빠진 사람처럼 아무것이라도 붙잡고 싶었다. 그리고 오랜 길을 걸은 사람처럼 아무데나 들러서 좀 쉬고 싶은 기분이었다. 그때 내 앞은 너무도 캄캄했다. 올라가야 할 길은 한없이 높고 나의 발은 한없이 무거웠다.

나는 선생님과 인연을 끊기로 하고 육신의 연약을 이길 수가 없어서 결혼을 하고 우선 숨을 돌려 쉬기로 하였다. 선생님에게는 알리지도 못하고 다시는 선생님의 말씀을 못들을 각오로 결혼을 한 것이다. 그러나 결혼은 했어도 생각은 끊어지질 않았다. 나는 또다시 고군분투하였다.

그때에 내가 파고 든 것은 주역이었다. 매일 한과씩 종이 위에 그려놓고 종일 들여다 보고 있었다. 어느덧 겨울도 지나갔다. 이른 봄 3월 17일 오전 9시 5분 골치가 좀 아픈듯 하여 책도 읽혀지지 않고 잠도 오지 않았다. 이럴 수도 저럴 수도 없어 나는 연필을 들고 종이 위에 무엇인가 적고 있었다.

斷斷無爲自然聲　即心如龜兎成佛
三位復活靈一體　天圓地方中庸仁

나는 이 글을 통하여 무엇인가 보이는 것이 있었다. 나는 이 글을 가만히 보관할 수가 없었다. 무엇인가 선생님께 보이고 싶었

26

다. 그러나 선생님께 갈 수가 없다.

이날부터 나에게도 한끼가 시작된다. 우선 조반을 끊었다. 일생 조반을 못먹을 생각을 하니 눈물이 좍 쏟아졌다. 우선 일식은 12년으로 정해졌다. 그러한 준비로 우선 아침만 끊고 점심은 계속하다가 9월 초하루부터 시작할 것을 계획하였다. 마음으로는 오늘부터 시작하는 것이지만 우선 어머니와 아내에게 너무 고통을 주지 않기 위해서 다소 여유를 둔 셈이다. 결혼한 지 석달도 못되어 한끼를 시작할 줄 알았더라면 선생님의 의견대로 결혼을 안했으면 얼마나 좋았을까. 그러나 이미 일은 저지른 후다. 어떻게 할 수가 없었다.

6월 5일 「대학」을 우리 말로 옮겼다. 그리고 용기를 내어 선생님댁을 찾아갔다. 그리고 아무 소리없이 대학국역을 선생님께 드리고 돌아왔다. 6월 12일 「중용」을 다시 우리 말로 옮겼다. 그것을 또 선생님께 드리려고 선생님 댁을 찾아가니 선생님은 어떤 분과 말씀 중이셨다. 얼핏 옆에서 듣노라니 선생님은 이런 말씀을 하셨다. "이 글은 공자님께서 번역을 하셨어도 이 이상은 할 수 없을 것 같군요." 나는 선생님 손에 든 종이를 한번 넘겨다 보았다. 그것은 분명히 내가 적은 것이었다. 나는 다만 부끄럽다는 표시를 하였다. 그랬더니 선생님께서 "이것은 김군이 하기는 하였지만 김군이 한 것이 아니요" 하고 나의 중용 국역도 받아 보셨다.

그해 12월 12일에 나는 또 다시 글을 지어 가지고 선생님께 가서 보여드렸다. 그리고 그 다음 봄에 나의 생각을 다시 정리해서 그것을 선생님께 보였더니 그 다음 주간에 청년회에서 내 글을 칠판에 적어 놓으시고 이 글은 영원히 없어지지 않을 글이라고 한두어 시간가량 풀이를 해주셨다. 나는 손에 땀을 쥐고 선생님의 말씀을 열심히 들었다. 그후 어떤 봄날 내가 선생님을 찾아서 이런 이야기 저런 이야기를 하고 있을 때에 선생님은 나에게 호를 하나 지어 주셨다.

그후 얼마 되지 않아 선생님이 이층에서 떨어져 수십일을 혼수

상태에 계셨다. 내가 서울대학병원에 선생님을 찾아갔을 때는 분명치 않은 의식으로 한끼 먹는 말씀을 하셨다. 의식이 회복된 후에 또다시 강의는 시작되었다. 그러나 이번에는 같은 말을 자꾸 반복하는 것이 현저하게 드러났다. 그런데 선생님은 그것을 전혀 느끼시지 못하는 모양이었다. 어떤 때는 그전 주간에 말씀하신 것을 그대로 되풀이 하실 때도 있었다. 나는 선생님에게 강의를 중단하실 것을 요구하고 나도 선생님 강의에 나가지 않았다. 그래도 선생님은 삼십년 매주 금요일이면 청년회에 오셔서 하루같이 계속하던 강의를 끊기가 섭섭하셨던지 어디서든지 요청만 있으면 계속하셨다. 한동안은 적십자사 관사에서도 몇해를 또 강의를 계속하셨다. 나도 몇번 찾아 갔으나 역시 반복이 심했다. 그후부터 나는 일 년에 한두 번 선생님을 찾아뵙는 정도였다.

그런데 선생님의 건강이 완전히 회복된 것을 느꼈다. 이번에는 내가 다시 선생님에게 말씀해 주실 것을 요청했다. 선생님은 쾌히 허락하셨다. 매주 토요일 아침 일곱시만 되면 선생님 댁을 찾아갔다. 선생님을 처음 만날 때 나는 이십대였다. 그런데 내 나이도 벌써 오십대가 되었다. 선생님도 어언 팔십이 넘으셨다.

선생님의 하루는 새벽 몇시에 시작되는지 모른다. 한글날에는 우리나라 바른 소리를 생각하시느라고 아침 세시반부터 줄곧 깨어계셨다고 한다. 그동안 세종대왕의 훈민정음은 선생님께로부터 여러번 말씀을 들었다. 선생님은 훈민정음을 하늘의 계시처럼 생각하신다. 그리고 이 백성이 정말 세종대왕의 뜻을 받들어 훈민정음을 바로 깨치게 되면 이 나라의 이러한 경사는 없다고 말씀하신다.

아침이 되면 으레 냉수마찰을 하신다. 그것은 거의 일생을 계속하시는 모양이다. 옛날 정주 오산에 계실 때도 냉수마찰은 하신 듯하다. 그리고 으레 옛날 선배들이 집안에서 하는 운동체조를 하신다. 그리고 낮에는 찾아오는 분들에게 말씀을 들려 주시기도 하고 또 찾아가서 말씀을 들려 주기도 한다. 한해에 한번쯤은 광주를 가신다. 광주의 동광원이라는 요양소에 가셔서 한동안

썩 묵으면서 말씀하신다.

서울시내에서는 어디를 가시든지 걸어가신다. 인천도 걸어 가셨다니 시내에서 걷는 것은 문제도 안된다.

그리고 저녁때가 되면 스물 네시간 만에 처음으로 저녁을 잡수신다. 나는 어느 날 저녁 잡숫는 것을 보기 위해서 일부러 저녁때 찾아갔던 일도 있었다. 밥 한 그릇에 배추 국 한 그릇 그리고 한두 가지 간소한 반찬이 있었다. 고기는 어느 정도 잡수시느냐고 물었더니 일년 가야 한두 근 먹을 정도라고 하셨다. 계란도 없었고 찌개도 없었다. 정말 소식이었다.

저녁엔 몇시에 주무시는지 나는 모른다. 청년들과 다락원이나 기타 캠프에 가면 밤새도록 이야기하시기도 한다. 그러나 한번 잠이 들면 깊은 잠을 잔다. 선생님께 가끔 꿈을 꾸느냐고 물은 일이 있다. 꿈도 별로 안꾸시는 모양이다. 하루에 몇 시간이나 주무시느냐고 물었더니 네시간 주무신다고 하셨다. 침대는 두세 치 되는 나무 판대기다. 그 위에 홑이불을 깔고 목침을 베고 누워서 잔다. 마치 칠성판에 누운 것 같다. 선생님은 잠자는 것이나 죽는 것이나 거의 같이 생각한다. 잠자는 것이 선생님에게는 죽는 일이다. 그리고 깨나면 또 다시 새날을 산다. 그런 의미에서 선생님은 언제나 하루살이다. 선생님에게는 어제도 없고 오늘도 없고 내일도 없다. 영원히 하루다.

선생님은 언제나 자기의 날을 세면서 살아간다. 67세까지 자기의 생은 끝이 났고 그 다음부터는 더 가짐으로 살아간다. 선생님은 언제나 갈 준비가 되어 있다. 그리고 우리가 옆에서 보아도 이 세상에 대해서 아무 애착도 없는 것처럼 보였다. 이미 죽어서 사는 사람에게는 사는 것에 아무것도 걸릴 것이 없을 것이다.

언젠가 선생님은 인생은 죽음으로부터라고 말씀하셨다. 그리고 인생팔십은 어머니 뱃속의 열달이나 마찬가지라고 하셨다. 마음 눈은 결국 죽은 후에 필요할 것이요, 말씀 쉼도 육신의 코가 떨어졌을 때부터 제구실을 할 수 있을 것이라고 한다. 그때는 마음을 먹고 살 것이고 그때야말로 바른 소리를 듣고 살 것이라고 한다. 선생님은 지금 전생(前生)에서 살고 있다. 이 세상을 떠나가야 선생님의 현생이 될 것이다.

선생님은 열 여섯에 예수 믿기를 시작했다. 예수를 그는 유일한 효자라고 생각한다. 하나님과 그는 일체라는 믿음이 꽉 들어있다. 믿음이란 하나님 아버지에 대한 효성이라고 생각한다. 그리고 죽음은 그대로 하나님과 같이 사는 관문으로 생각한다. 죽기 전에도 하나님 나라와 전화연락 정도는 할 수 있지만 육신을 쓰고 있는 동안까지는 아무래도 자유롭지 않은 것으로 생각한다. 그러나 세상에 있는 동안까지는 자기에게 허락된 기한을 옹글게 채워야 한다고 생각한다.

사후의 세계는 아무 말도 안하시고 장 횡거(張橫渠)의 「서명(西銘)」에 나오는 몰이영(沒而寧)이라는 말을 자주 하신다. 죽은 후에는 여하튼 편안할 것이라는 것이다. 그때 묵시록 마지막의 해와 달이 없고 집이 없어 하나님의 생명이 그대로 집이요, 하나님의 진리가 그대로 빛일 것이라고 한다. 선생님은 아버지 한마디에 그런 형이상이나 내세의 모든 문제를 포함시킨다. 아버지 품안에 드는 것 뿐이다. 그리고 기독교가 아버지 종교란 말은 하늘의 종교지 세상에 속하지 않았다는 뜻이다.

선생님은 세상을 식(食)과 색(色)으로 표현한다. 그리고 대부분의 인생이 먹는 문제와 남녀문제에 끌려다니는 것을 가엾게 생각한다. 아버지란 별것이 아니다. 식과 색을 초월하신 분이 아버지다. 예수는 그런 의미에서 아버지의 외아들이라는 것이다.

사람은 우선 먹는 문제와 남녀 문제에 대하여 확실한 견해를 가져야 한다는 것이다. 식색에 끌리면 진리와는 멀다는 것이다.

선생님은 식색을 초월한 간디를 좋아하셨다. 그리고 가끔 간디 이야기를 하셨다. 그리고 간디 뿐만 아니라 간디가 영향받았다는 톨스토이도 좋아하셨다. 그러나 누구보다도 선생님이 좋아하시는 분은 석가와 공자와 노자다. 「노자」는 선생님께서 번역도 하셨다. 지금 사색 시리즈 8권에 우리 말로 옮긴 노자가 선생님 것이다. 그리고 「중용」도 번역하셨다. 우리들의 연경회에서는 「논어」는 언제나 선생님 입에 붙어 다닌다. 시경 서경 역경등 동양의 고전들도 여러번 강의하셨다. 그리고 불경도 자주 화제에 올랐다. 우리 모임에는 불교계 승려도 가끔 참석하였다. 그리고 성리학도 늘 말씀하셨다.

그러나 무엇보다도 그것들은 다 참고에 불과하며 언제나 흰 백로지에 적어 오시는 글은 선생님의 독특한 한글 풀이다. 「제소리」의 말씀이라는 부분이 선생님의 글이다.

선생님이 너무 여러 번 한글에 신비가 있다고 하셔서 요새는 나도 무엇인지 한글에 신비가 있지 않나 하고 생각하는 때가 있다.

"이 따윗말은 그만두고 이웃소리 들소"라고 한다. 얼핏 들으면 무슨 말인지 모르나 선생님이 하시고자 하는 말씀은 '이 따(地)위(上) 말 말고 이 웃(上) 소리 들소' 즉 하늘 아버지의 바른소리(正音)를 들으라는 말이다. 그리고는 산색종침묵(山色終沈默) 계광초투철(溪光初透徹)이라고 신이 나게 읊으신다. 인자요산(仁者樂山)이요 지자요수(知者樂水)란 뜻도 있지만 현상세계는 어느 정도쯤 침묵을 지키는 것이 좋고 절대실재가 시냇물 흐르듯이 현상계를 뚫고 나타나기를 원한다.

선생님은 몸맘 맘몸이라고도 한다. 몸은 그만하고 마음을 통일하라는 뜻이다. 그리고 인간은 정신으로써 살아야 한다며 실지로 정신생활이 어떤 것인가를 보여 주신다. 그것은 땅에 붙은 생활이 아니라 하늘에 속한 생활이요, 떡으로 사는 것이 아니라 말씀으로 사는 생활이다. 선생님의 말씀은 이곳 저곳에서 모아온 꿀처럼 달다. 그리고 선생님 자신이 꽃 위에서 꿀을 따는 벌이 아닌가 싶다. 언제가는 유정 유일 봉세계(唯精唯一蜂世界)라는 선생님의 시가 있지만 선생님이야말로 한평생을 벌들이 따다 주는 꿀을 먹고 살아오신 분이다. 나는 선생님 자체가 벌처럼 느껴진다. 벌세계야말로 이상세계라고 하지만 선생님의 세계야말로 이상세계인 것 같다.

가끔 나는 선생님을 닭이라고 생각하기도 했다. 매일 한알씩 알을 낳는 닭처럼 선생님은 매일처럼 지혜가 넘쳐 흐르는 말씀 한

마디를 내어 놓으신다. 우리들은 두어 시간씩 지혜의 향연에서 포식을 하고 돌아오는 길에는 '오늘도 알찌개로 배를 불렀다'고 농담을 하였다.

어떤 때는 선생님을 시계라고 불러 보기도 한다. 선생님처럼 그렇게 시간을 잘 지킬 수는 없다. 수십년 강의를 계속했지만 지각을 하거나 시간을 어긴 일이 없다. 선생님은 시계 자체인지도 모른다. 하여튼 선생님은 무엇보다도 기체(氣體)인 것만은 사실이다. 선생님의 기체후는 언제나 일향만강하시다. 산에 오르면서도 힘든 줄 모르고 굴하고 앉아도 발저린 줄도 모른다. 언제나 가볍게 걸으시는 선생님 그리고 주무실 때는 우주의 기운을 통째로 몰아다 마시는 것 같은 선생님, 선생님은 가끔 정신을 숨님이라고 한다. 우리는 선생님 자신이 숨님인 것 같다. 숨어서 말숨 쉬는 숨님, 이것이 선생님을 제일 잘 표현했을 지도 모른다.

선생님은 세상에 일하러 온 분이 아니다. 열 달 동안 어머니 뱃속에 숨어서 쉬러 오셨다. 팔십 평생 한숨 쉬고 깨는 그날에는 누구보다 힘차게 일하실 분은 선생님이 아닐까 생각된다.

聖書信愛

이 진 구 편집

1981年 3月

一九六一년 四월 二二일 등록(번호라ー八八二호)
一九八七년 三월 一일 발행(매월一회一일발행)

聖書信愛社

유영모(柳永模) 선생을 추모함

나는 다석 유영모(多夕 柳永模) 선생님을 뵈었으나 그를 알지 못하고 선생의 말씀을 들었으나 이해하지 못하였으니 선생께 대하여 할 말이 없다. 지난 호에 선생의 비보를 알리는 글에서 선생의 아호를 틀린 글자로 쓰고 사신 날수를 잘못 헤아렸으니 참을 사랑하시는 선생님께 죄송하기 그지없다. 아호의 글자를 틀린 것은 그 뜻을 전혀 몰랐던 탓이므로 박영호 선생께 문의한바 별항과 같은 훌륭한 글을 주셨기에 공개하는 것이며 날수도 다시 헤아려 밝힘으로써 선생님과 독자 여러분께 사죄코자 한다.

다석 선생은 1890년 3월 13일 서울에서 출생하시고 16세 때에 김정직(金貞植) 선생의 인도로 기독교에 입신하여 연동(蓮洞)교회 회원이면서 그 당시는 연동교회, 새문안교회, 승동교회가 시차(時差)를 두고 예배를 보았는데 세 교회에 연이어 참석하는 열심을 보였다고 한다. 그러나 22세 때에는 교회가 예수님의 생각과는 다른 방향으로 나가고 있음을 느끼고 교회를 떠나 일생 초교회적인 신앙생활을 하셨다. 그러면서도 36세 때에는 기독청년회 간사인 현동완(玄東完) 선생의 요청으로 기독청년회(YMCA) 연경반(研經班)을 맡아 이후 40년을 성경을 비롯한 경전강의를 계속하셨다.

1910년 20세 때에 남강 이승훈(李承薰) 선생의 청으로 정주 오산(五山)학교 교단에 서게 되었다. 그때 춘원 이광수(李光洙) 선생도 18세의 젊은 교사였다 하며 오산학교에 처음으로 기독교 신앙을 전한 것이 다석 선생이라 한다. 2년간의 오산생활을 청산하고 동경에 유학하셨으나 신앙상의 문제로 정규대학에 진학하지 아니하고 귀국하셨다고 한다. 1922년 선생 32세 때에 다시 조만식 교장의 뒤를 이어 오산학교 교장으로 부임하셨다. 그러나 총독부의 교장인준이 거부되어 1년반으로 그만두셨다. 그때에 함석헌 선생은 유교장 명의의 졸업장을 받았을 뿐더러 그의 지극한 사랑과 기대를 전 애제자가 된 것이다.

선생은 교회를 떠났지만 무교회 신앙과도 일치하지는 않았다. 그러나 『성서조선』 동인들을 지극히 아끼고 사랑하셨다. 글을 별로 발표하지 않으시는 분이지만 한때 『성서조선』에 13회나 기고하여 응원도 하셨고 성서조선 사건에는 57일간의 고역도 겪어야 했다.

오류동 모임에도 종종 나와 말씀해 주셨다. 해방후, 송두용 선생이 개

2 (134)

인 전도지 『영단(靈斷)』을 시작했을 때에 기뻐하시고 격려하시며 그 동사가 너무 추잡하여 읽을 수 없기에 좀 읽을 수 있도록 깨끗이 하라고 꾸중하시는 사랑은 참으로 친근감을 느끼게 하셨다.

『영단』 제20호(1947. 8)에 『끊였던 소식』이란 제목의 글을 기고해 주셨다. 그 내용의 첫째는 "또 날 이야기이다" 1939년 6월 25일 김교신 선생이 『조선어사전』을 사서 첫장에 선생님의 제18,000일을 축하하는 뜻을 써서 드린 것을 펼쳐 보시고 느끼신 소감이다. "그 날(1939년 6월 25일)부터 2,133일 후 곧 1945년 4월 25일에 그것을 쓴 김교신은 세상을 떠나셨다. 그 후 870일이 지난 오늘은 사전을 받은 날로부터는 3,000일이 지났다(1947년 9월 10일: 선생의 21,000일). 김교신이 그것을 쓰고 2,000일밖에 더 못살 줄은 아무도 생각지 못했다. 그런데 나는 3,000일을 더 살았다. 욕심대로 또 3,000일을 더 산다고 치면 1956년 4월 26일에 죽는다. 나머지 날수가 3,151일(450주)"라 하셨다. 이것이 선생의 사망예정일 설정이고 그 후 여생의 하루하루를 귀중한 하루로 참되게 소중히 하셨다.

내용의 둘째는 "영단 읽고 단단"이다. 단단(斷斷)이란 거저 좋아하는 형용이라고 설명하셨다. "아바지의 뜻이어만 지이다, 아버지께 돌아가만 지이다, 아바지 아들이어만 지이다 하는 기원(祈願)의 시(詩)이다. 그리고 "참말로 꺾인 갈대 뚫린 피리 한토막 높은 봉 구름 밖으로 거룩한 숨이차서, 내는 청 처량도 하지 바람결에(들으면) (가장 소스라친 청이 야곱의 우물가에 있다)"라고 끝을 맺었다. 『성서조선』이후 끊였던 소식이 『영단』에서 이어지기를 바라는 마음에서 쓰신 글이 아닌가 생각한다.

1961년 12월 21일 집 계단에서 실족하여 낙상하신 지 24일 만에 의식을 회복하셨다. 그 후 정상회복하셨으나 80대 말기부터 선생의 뇌에 이상이 보이기 시작했다. 1977년 7월 어느날 출가(出家)하서 3일 만에 산에서 혼수상태에 빠지신 것을 동리사람이 발견하여 모셔왔는데 이것은 톨스토이의 출가와 같은 선생의 의도적인 출가였다고 한다.

90세가 넘어도 항상 꿇어 앉아 계셨고 잣나무 목판(木板)에 누워 주무셨다. 김홍호(金興浩) 선생은 선생의 일상생활의 특징 6가지를 들어 ① 일종(하루 한끼만 잡수심) ② 조기(早起) ③ 냉수마찰 ④ 시간약속 엄수 ⑤ 걸어 다니기 ⑥ 꿇어앉기라고 말하고 있다.

1981년 2월 3일 18시 30분 향년 90세 10개월 22일(33,200일)을 사시고 떠나셨다. 선생의 일기가 있지만 나는 읽어도 모르겠다. 유능한 제자들의 연구에 기대하며 민족유산으로 계승되기를 빈다. (이 진 구)

3 (135)

1970. 10. 27등록 / 週刊 번호나-237호 / 1970. 11. 15창간 / 1971. 3. 12제3종우편물(가) 급 인가   113[5]-이[8][1]

週刊기독교

● 제 828호 ●   1988 . 4.17

発行兼編輯人 : 金 鍾 範 · 編輯部長 : 林 炳 每 서울 강남구 역삼동 702-16 ☎
財団法人 韓国그리스도宣教会 週刊기독교社   대체구좌 서울 01 3086-31-502815   구독료 : 월400원
본지는 신문 논리 강령 및 주간신문 논리 실천요강을 준수합니다.

◇ 多夕 柳永模(1890 ~ 1981). 이 나라 선각자들에
그리스도 신앙을 올곧게 심어준 숨은 스승이다
(관련기사 14면)

남을 판단하지 말아라 그러면 너희도 판단받지 않을 것이다 (마7 : 1)

강연
연

多夕선생의 신앙 精神

「나는 시름없고나
이제부터 시름없다
님이 나를 차지(占領)하사
님이 나를 맘에(御心)하사
님이 나를 가지(所有)셨네
……
님을 놓친 것이요
받는 임을 뿐이오
사랑하실 것이요
뜻을 받들 몸이라—아멘」

◇함석헌 옹(右)과 함께. 중앙이 다석선생

五山학교에 그리스도 정신 심어
철저한 금욕 苦行의 「斷斷정신」

호3 柳永模 스승님 추모담
(1982. 2. 3. 밀주기·주가동150 스승님 자택에서)

김흥호: 함선생님 말씀하시지요.

함석헌: 내가 먼저 말씀 드리지요. 아마 내가 먼저 말을 해야 할것 같습니다. 내가 오늘 이자리에 온것은 선생님 (유영모) 영 앞에 또 여러분 모이신 앞에서 내가 화해의 말씀을 드리고자 합니다. 내가 잘못한것을 솔직히 그대로 인정하고 여러분이 풀어주시는 말씀을 하시든지 혹 안하시더라도 그러시길 바래서 그래서 왔읍니다.

남들은 어떻게 생각할런지는 몰라도 내가 지금 이날까지 내가 제일 선생님을 가까이 본래 모셨던 사람으로 알고 또 나 스스로 거기 대해서 책임 있는 사람으로 그렇게 알고 있읍니다. 그런데 이 여러해동안 아주 막혀서 지냈읍니다. 그것은 1960년대 시작 된것은 아니지만 (1960년판 「예언자」서문) 내 말로 하면 이때까지 모래위에 쌓아놓은 탑이 무너졌다고 온통 무너졌다고 나 스스로 고백했던 모양으로 그 일이 터졌던 그런데·거기에 대해서 자세한 말씀은 여기선 안드릴랍니다. 피차에 아직도 살아있는 사람도 있고 그러니까 그것은 사람의 예의상으로 그럴수가 없고 다만 그저 한마디로 써가 잘못했다는걸 말씀 드리고 또 선생님 (유영모) 께서 살아 계실때 그런 말씀을 분명히 말씀 드렸어야 하는건데 물론 수년전에 와서 말씀 드리기는 하였읍니다만 그때는 선생님의 정신이 옛날처럼 그렇게 밝지 못하시던 땝니다. 그러니까 내가 남은 한(恨)이 있지요. 그래 올해에는 여러가지 생각하다가 내가 아주 일러 결심을 하고 여기에 온겁니다. 나는 이게 앞에 남은 날이 몇날 안되는데, 먼저 갈지 모르지만 그러니까 죽기전에는 마태복음 (5장23절) 에 예수님이 말씀 하셨던 그대로 "예배를 드리러 가려고 할때 형제가 너에게 원망하는 생각이 있는줄 알거든 가서 그것부터 먼저 풀고와서 예배를 드려라 " 하는 하는 말 그것은 어느때에도 못 잊고 오늘날까지 믿는겁니다.
믿는 것이 늦긴 늦었지만 그래도 지금이라도 믿는것이 마땅한 일이라
고 생각해 왔읍니다. 여러분도 그렇게 아시고 그거 제 말은
무조건 내가 잘못한 것을 인정하니까 그렇게 아시고 될수록 완전히
풀어주시기 바랍니다. 내가 죽을때 언제 죽을지 그 시간이 언제
올는지 모르지만 나도 마음에 하나님으로 부터 용서를 받은 마음을 가지고
갈수 있도록 해 달라고 하는 말임니다.
　　선생님이 내게 마지막 오셨을때　말씀을 그렇게 많이 하는
선생님이 아니신데　줄로 간단히 써 가지고 오셨어요.「인(仁)을 찾아
살아 혼자가 육십년이 되었는데 오늘 문득 아주 멀정이 사람 하나 가고 말
았나」「벗이여 갔는가? 오랜벗이여 아주갔는가? 다시 도라올걸은
없는가 한사람 밨구나더니 본첨 잘못이던가?
그건 선생님이 대단히 마음이 아프셔서 한 말씀입니다. 물론
선생님은 다시 없이 가깝이 모시는 선생님이지만 또 저는 저대로 사람
이니까 하나님과 저하고 둘 사이에서만　얘기 할수있는 사람에
게는 해도 알아듣기 어려운 또 그런 점이 있지요. 그렇지만 하여건
거기에 대해선 제가 다 이러고 저러고 말씀을 드릴수가 없지요.
　　선생님께서 첫번 오산학교에 와서 계실때는 저는 못 모시고
제가 어릴때이고 그러고　둘째 번 오산에 오셔서 교장으로 계실
때 제가 그해 처음으로 오산학교 입학 하던때 제가 기실 땝니다.
선생님이 32살 때고 일년동안 교장이라 그러고 계시다가 그때 일제때
교장 자격 없다고 안된다고 해서 1년을 하고, 돌아 가셨는데 가시는 그날
그게 오산에선 마지막 길일겁니다. 선생님 나가시는걸 일부러 전송하
잔 생각도 아니였는데 전송을 하였읍니다. 지금 다 잊어버려 자세히는
모르겠읍니다. 그 때 학교 심부름 하면서 공부하는 강호국이란 사람이
있었는데 그등에 짐을 지우시고　그 때 부모님께서 살아 계실 때니까
그래 아마 서울로 가져오신줄 아는데 정주가 해변이니까 생굴을 지
워서 가지고 오시면서 그걸 나도 들어서 따라 나갔는지 어째 선섬님 뒤를

✕ 추가 정리자 多夕日誌에서

따라 나갔는데 선생님께서 얘기를 하시면서 길을 걸었는데 그때 하신 다른 얘기는 다 잊어 버렸어도 절 보고 하는 말씀이 "아마 내가 오산(五山)을 왔던건 참(함석헌)을 만나러 왔댔나 봐" 그러고 말씀 하신걸 내가 일생에 잊을수가 없습니다. 그래서 지금까지 선생님을 모신다면 내가 당연히 누구보다도 책임지고 모셔야 한다는 생각을 했고 그래 왔었는데 …… 내잘못으로 자연히 …

선생님께서 박승방 씨를 보고 다른 사람인지는 모르겠습니다만 박승방 씨를 만나서는 내가 그렇게 되기전에 평양에 있다가 감옥에 (신의주 학생사건) 들어간 다음에 "내가 이때까지 소리내서 하던 기도를 그쳤다가 함석헌이 감옥에 들어간 다음부터 다시 기도하기 시작했다오"라고 그러리 만큼 생각하시는 선생님이였는데, 아마 그 때 제 일을 보고 많이 마음이 아프게 무슨 생각을 했을겁니다.

그런데 저는 본래 어드랬나 하면 선생님의 그 말씀하시는걸 그 말씀 하시기 전에라도 그 마음을 모르는 것도 아니고 못 알아 듣는것도 아니지만 맘이 무척 약한사람입니다.

선생님이 처음 오산(학교) 오셨을때 내가 귀살때에요. 나도 19살에 만세 부르고 그런뒤 학교도 못가고 두해 동안 (집에서) 마음이 썩고 그러다 오산에 갔었는데, 그러니까 무얼 줘도 모르게 찾는 맘이 있었어요. 선생님 처음 뵈었을때 말로 하지는 못했어도 뭔지 믿는 데가 있었지요. 선생님께 말씀드릴까 했지만 계신 방안 문밖에 가서 문고리를 쥐었다가 돌아왔다가 몇번을 그러다가 끝내 못들어가고 만 사람입니다. 반드시 무서워서 만도 아니고 내 맘이 본래 약한 사람이기 때문에 그저 그러다가 말았는데, 그랬어도 저 혼자만은 그래도 어느 때고 맞잖(?) 생각 없었고 지금 생각을 해봐도 만일 내가 선생님을 뵙지 못했더라면 선생님이 안계셨더라면 아마 오늘 이자리에 이만큼이라도 잘못된 점도 많이 있지만 이만큼이라도 못됐을 거라는 걸 속이는 말 아니고 진심으로 고백할수 있습니다.

— 그런데 그 후에 마음이 약해 그러고 상처가 아물어야 쳐보야지!
아물기 전에 어떻게 남에게 쳐 보일수 있나? 저로는 그런 생각
에 그러고 있었는데 선생님은 아마 그래 못견디어 하셨던지
제 얘기를 해 준다고 그래서 점점 더 나올 길이 막혀서……
어떻게 말인 잊어버린거 아니지만 또 제 생각으로 선생님이
너무하시다 한다든지 반드시 그렇게 생각 하는것도 아니지만
그러면 그럴수록 점점 더 들어 갈테도. 어디 있을레가 없어서
그래 몇해를 지내다가 아주 늦게 늦게 와서야……

그러니까 자연치 여기 이렇게 나오는데도 다 어색해져서
그렇지 않다면 위 선생님이 임종을 하는 때에 제가 없었을리
가 없는데, 그렇게 못했고

또 그것만이 아니고 이상 하게 되어서 본래 마음에 스스로
불호라던지 그럴라고 생각도 안하는 사람이지만 아버지의 임종
도 못했고 어머니의 임종도 못했고, 또 점관에 내 아버가
떠날때도 못보았고 어쩌것 우연이라고 생각이 안됩니다.
그래 작년에는 하필이면 선생님이 떠나실때 난 또 허리
를 다쳐 드러누워서 못왔고, 그런것이 다 자격이 없으니까
그렇게 되는건가? 뭐 여러가지로 생각을 해 봅니다 마는
하나 하나가 다 써 마음 속에는 깊이 깊이 아픈것이 새겨지지
않을수 없어요.

그런데 더구나 우리가 피차 서로 같이 선생님을 따른다고
하고 같이 말씀을 듣는다고 하는데도 어색해 져서 있는테로
내가 말씀을 드릴수가 없고, 가까이 한자리에 앉기가 어려거
졌고, 그렇게 된건 돌아 가시기 전도 그렇지만 지난해 그때
부터 (선생님 과 사모님 별세 초상) 마음에 참 안됐던요. 그래
그러다가 이번에 아주 생각하다 하다 참 내가 잘못한 사람이다
그럴수가 있나? 부끄럽고 뭐고 그런것 이제 이 이상 더 마를수
가 없고, 무릅쓰고 나와서 여러분한테 내가 잘못 되었다는

걸 말씀 드리고, 이게 늦게나마라도 들어야지 그런 생각으로
오늘 이자리에 왔읍니다.

김흥호 : 그런데 (함) 선생님이 동경에 갔을때 그 때는 (유)선생님 하고
의 관계는 어떻게 되였나요, 오산학교에서는 지금 (함)선생
님이 말씀 하셨는데요

함석헌 : 아마 그때는 그러니까 1921년에 선생님이 버려 오셨다가 (오산
에) 22년 여름쯤? 오신 다음해 가을인가? 내가 졸업하기 졸
권에 이구하 (李龜河) 라는 이가 선생님 대신으로 교장으로 왔고
그 해 여름에 올라오신 것이 (서울로) 마저 막일거예요. 그리고
그 다음에도 이게 동경에 가는 걸 오는걸에 (선생님 덱에)
들리곤 그랬지요

　　　그리고 동경 가 있는 동안에. 생각은 본래 이게 말씀
드린대로 내가 마음은 있으면서도 써붙성이 부족한 (内向的)
사람이 돼서 말을 못했드랬는데 동경 가서 전재 (震災)를 겪
고 나니까, 거기서 죽지 않고 살아 보으니까 사뭇 마음이 달라
져서 이것이 어디 사람의 살림이냐 라는 생각이 들었어요.
그래서 서울 선생님께 글월을 보냈어요 이제는 그때 썼던
걸 다 잊었읍니다. 대충 내용이 생각 납니다 「원래 오산에
왔을 때에 내가 선생님 한테 자세한 말씀을 드리고 또 말씀을
듣고 했어야 할건데 이렇게 늦었읍니다.」 그랬더니 그 때
선생님 말씀이 (회답) 「원래(原來)라고 그러지만 원래가 어디 있느냐?
그저 지금 이 시간이 있는거지」 라고 하면서 그 때 마침 영천에
큰 수해가 나서 사람들이 죽은 일이 있고 미국 대통령이 음식 잘못
떠고 죽은일 을 말씀하시고 회개하지 않으면 (일본을 마음에 두시고)
모두 그렇게 망한다 는 예수님 말씀을 들었어요 (누가 13장 2절-
5절) 그것이 기억이 나는군요. 그러곤 왔다 갔다 할때 그저
들리고 그랬었고.

　　　무교회 모임 사람한테 선생님 말씀 드린게 물론 나고

그래 잔교신에게 말했고 송정(鄭相勳)에게 말했고, 그래서
선생님도 그 모임(무교회)에도 가보시고 또 남강 선생님을
무교회 사람하테 소개 한것도 내가 소개를 해서, 그랬더니
　그 때 부터 남강선생이 날 보고 돌아가시기 조금 전에 오시더니
"서울에 있는 친구란 사람이 「성서조선」 잡지를 한다던데 그 사람이
어떤 사람들이냐? 내가 서울 가볼란다" 그래 말씀을 드리고
했더니 그 사람들이 찾아가기 전에 선생님이 먼저 찾아가셔서 그럴
땐 대개 유선생님이 같이 가지고 모두 그렇게 돼서 거기서 알게
되었지요.

김흥호: 그러면 선생님이 동경서 돌아오셔서 바로 「성서조선」을 곧 시작하셨나요?

한석헌: 그건 돌아오기 조금 전에 그러니 그 전해 겨울에 그 때 김교신이 함흥
영성학교에 취직을 하였는데 거기 무슨사건이 일어나서 그때 김선생님의
집안에도 아버지가 일찍 돌아갔고 삼촌들이 후견을 했는데 재산에 무슨
그런 문제가 있었나 봐 그 때 김교신의 말로 하면 "아휴 거기
있으면 사람 살인 치겠더라 그래 도망해 왔노라" 하고는 그래서 그
날 하루저녁 동경에서 우리 여섯이 모여서 울면서 철야하고 그러고
한 일이 있지오. 잡지 하자고 결정한것은 그 전인가 후인가 잘 모르겠
습니다마는 계간으로 벌려고 하기를 거기(동경) 왔는 동안에 작정이
됐더랬지요. 그리고 처음에는 정상훈이라고 하는이가 그 때 신학교를
하기 때문에 그에게 모든것을 맡겨서 우리가 했는데 그이가 남해가
집인데 가지고 갔다가 잡혀서 못올라오고 말았어요. 그래서 어떻게
하느냐 하다가 서울에 있고 또 제일 잘하는 김교신 한테 맡겨서
김교신이 맡아서 하게 되었지오.

김흥호: 그 때 정교신 선생이 양정학교에 계실 때인가요?

한석헌: 양정에 계실 때죠.

김흥호: 그럼 그때 함선생님도 서울에 계셨나요.

한석헌: 아닙니다 난 오산학교에 있었죠. 난 나오자 마자 곧 오산으로 갔으니까

김흥호: 그럼 김교신 선생님이 서울에서 주전 하시면서 각처에 계시는

선생님들이 원고를 모아서 편찬을 하셨나요?

함석헌 : 그렇죠. 처음에는 돈도 같이 부담을 하고 원고도 내고 그래
하다가 자연 …… 비교적 마지막 까지 남었던게 나고 또
나는 중간에는 다른 생각. 그 때는 이런 내 잘못이나 그런 문제
가 아니고 다른것으로 해서 서울에 사는 그 사람들과 한동안
내가 글쓰기를 중단하고 했지만 마지막까지 같이 쓴 사람도
나고 그랬지요. 43년 잡혀 들어 갈때까지 했지요.

김흥호 : 김교신 선생님이 언제 세상을 떠났죠?

함석헌 : 45년 4월 28일이지 그러니까 해방 120일 앞두고 간거요.

김흥호 : 우선생님은 자신이 67세에 죽는다 그러실때 67이란 수가
'어떻게 해서 나왔느냐'는 말이 (손강점) (어떤이는) 백에서 30을 빼는 70
이고 70 에서 3을 빼면 67이라 그랬는데.

함석헌 : 내가 알기는 그런것이 아니고 생각 나오는 대로 말씀도중 하시고 그랬어요
그랬는데 말씀 하신것이 그게 김교신 때문에 난 일이요. 김교신이 먼저
죽단 말이야. 그때 아래 내 날짜도 있지만 김교신 날짜도 계속해서
아마 적어오고 그러셨나 봐. 그러다 김교신 과의 관계일로 앞으로
3천일인가더 산다면 한것이 그렇게 되것이지요. 그렇게 해 놓고 보
니 남강선생의 일생과 날짜가 그렇게 (비슷하게) 되더라는 거야요
한참 그 말이 있을때 그 날 우아무개가 돌아갈줄 알았는데 돌아
갈줄 모르더라 라고 그런말이 돌아가니까. 선생님 말씀이 "사람
이 살아 가노라면 예산을 세우잖아? 예산은 냈다가 넘으면 넘겨 놓으면
그 만이오 모자라면 부족한 대로 살면 되잖아 예산 대로 꼭 되지는 않
지만 살림은 예산을 세운 살림이라야 하잖아 그런 생각으로 그날이다
하고 살아 보자는거지 뭐 맞히긴 누가 맞히고 누가 꼭 맞히겠느냐 그날
은 한웅님 만 아시는거지 "

김흥호 : 김교신 선생님 이야기를 하면서 그것때문에 자기는 (우선생) (또는 예정 맞춤)
4월 26일로 정했다고 하셨는데 지금까지는 그것이 내게는 숙제였어
요 왜 4월 26일로 정하셨나?

함석헌 : 선생님이 저보다는 4017일 앞섰고요. 김교신은 나보다 36일 떨어진 사람이니까, 그걸 넣으면 날짜가 뭐 그렇게 되겠는데 김교신은 나기를 4月18일에 났고 돌아가기를 4월 25일이고

전병호 : 내가 알기론 어떤이가 선생님께 얼마나 사시기를 원하시느냐고 물었을때 예순 일여덟 좀 살면 되지 한데서 시작이 되었다고 해요. 남강선생이나 친아버님이 그 나이에 돌아가셨지요.

함석헌 : 김교신이 먼저간 그것 때문에 생각을 하신것이 틀림없어요. (정리자 註. 1939년 6월 25일 김교신 선생이 선생님의 18000일 기념 선물로 「조선어사전」을 선물한 적이 있는데 김교신 선생 사후에도 김교신 선생이 나신날 (4月18일) 돌아가신날 (4月25일)이 되면 늘 추모하였는데 마침 그조선어 사전에 서명한 김교신 선생의 필적을 본날이 김교신 선생 간지 약 3천날이 될때이고 복심으로 내가 앞으로 3천날 정도 더 살면 김교신선생 간날인 4月25일과 비슷한 4月26일에 된다는데서 수력인 어울림에 끌리어 그렇게 정하셨고 정하신후에 살펴보니 남강선생 사신날수와 같은 것을 발견하시고 수첩에 적어넣으시니

　　金敎臣 一生
　　1901 . 4 . 18 . 木曜　　16079 日
　　辛丑 . 2 . 30　丙寅　　2297 週
　　1945 . 4 . 25　水曜　　545 朔
　　乙酉 . 3 . 14　甲子　　45 歲

　　　柳永模 一生 (좌己예정일 기준)
　　1890 . 3 . 13　木曜　　67 歲
　　庚寅 . 2 . 23　癸巳　　818 朔
　　1956 . 4 . 26　木曜　　3450 週
　　丙申 . 3 . 16　癸亥　　24151 日

南崗先師一生
1864 · 3 · 25 · 金曜　　　　24151日
甲子 · 2 · 18 己丑　　　　　3450週
1930 · 5 · 9 金曜　　　　　818 朔
庚午 · 4 · 11 己未　　　　　67歲

전병호 : 돌아 가신다년날 나는 선생님 사시는 집으로 가봐야겠다고
해서 이곳으로 왔지요. 그래서 선생님 보고 선생님 돌아가신다
는데 기념 될만한것을 갖고 싶다고 하니 선생님 글을 선생님
아우님이 돌에 새긴 돌 인장을 주셨어요. 그것을 지금도 가지고
있습니다.

함석헌 : 저 두 벽이 다 무너졌다는 얘기 아닙니까 ? 모르시면 몰라도
괜찮고. 잡지사 기자들이 선생님께 와서 말씀하실때 남강 선생
님도 그랬고 나도 그랬고 두개의 양벽이 무너졌다는 그런 말씀을 하
셨는데. 그건 왜 그러냐 하면 남강 선생님이 이게 안도산 강연 듣고
결심하시고 머리 깎고 숫게 담배까지 끊으셨는데. 만년에 오다가 왜
그러셨는지 담배를 많이 피시는건 아닌데 이따금 피게 되셨어요. 그것을
아시고. 선생님이 직접 남강선생님 보고 "선생님 왜 끊으셨던 담배
다시 피십니까 ?"고 물으셨다는 거예요.

또 남강 선생님은 감옥에 들어가 계신 동안에 부인되시는 사모님이
세상을 떠나셨고 나오셔서 몇해 있다가 경양 거독병원에 계시는 동안에
간호 하던 늙은 그때 노처녀로 계시던 사람을 알게되어 결혼을 하게 되셨는
데 만년에 결혼 하신건 선생님은 많이 섭섭하게 생각 하셨어요. 그래서
그걸 남강선생님께 대두고 물으신 게에요. " 선생님 왜 그전에 끊으셨던
담배를 왜 다시 빠지며 또 이게 만년에 뭘또 재혼하시고 그럽니까 ?
그거다 다 기운이 모자라 부쳐서 그러는거 아닙니까 " 그러나 남강선생
이 " 꽁타 참 놀랍다 "하시며 " 자네 말이 옳아 다 옳아 "하시며 잘못
을 자신 하시더라는 거예요.

김흥호 : 남강 선생님과 유영모 선생님과는 나이 차이가 어느정도 인지요 ?

함석헌 : 그야 남강선생이 선생님 아버님과 연배이지. 그 전부터 다 잘 아시고 연동교회 장로였었지 그래 오산에 취는 선생님을 선생님으로 모셔가고 그러던것도 어른신과 서로 아는 사이니깐 난 그렇게 알고 있는데.

김흥호 : 남강 이승훈 선생님이 장사차 서울로 왔다 갔다 하실때.

함석헌 : 서울로 왔다 갔다 하였죠. 그런데 그 전에도 한창 젊으실때 장자차 실때 인천 부근을 왔다 갔다하고 그랬습니다 마는 그전에 선생님 선친하고 어였는지 그건 모르겠어요. 그것까지는 나도 듣지 않아서 모르겠는데 두분이 잘 아시고 지냈고

그 때 생각으로 하면 반드시 졸업을 한다는것 보다 조금더 많이 배운 사람은 저게보다 좀 못한 사람들 가리켜 주는것이 급하다 그렇게 되어서 그 때 우리나라 중학교에서 물리 화학 실험 기계를 둔 학교는 경신학교 밖에 없었대요. 선생님은 경신학교 3학년까지 하였는데 그래서 아마 의논을 하고 졸업 못하더라도 그만치 알았으니 오산 내려가서 가르쳐 주면 좋지 않느냐 해서 가르쳤다는데이게 그때꼬 이렇게 상투를 틀고 학생들이 공부를 했다는 거예요. 그 때 선생님 나이가 귀살이나 스무이나 그렇게되지요.

김흥호 : 귀산 20살 (선생님) 그 때는 상투를 그냥 틀고서 학교에 다녔었는지?

함석헌 : 아니 선생님이야 안그랬지. 거기 학생으로 오는 사람들이 다 어른들이 오니까. 그런데 그 때 거기 있던 한사람이 말하는데 선생님 스물인가 스물한살의 나이로 오산에 가 있을때 선생님으로 가 있을때의 말인데 그 때 선생님이 모친복음 강의를 하였는데 놀라웠다는거야 내용이 어떤것인지는 몰라요 내가 이게 선생으로 가 있을때 들은 말인데.

김흥호 : 선생님 스무살때 ?

함석헌 : 예 선생님이 이광수 씨 보다 한살 위지요 이광수 선생님은 흔해 위래인데 같이 겨었거든 그때.

김흥호 : 그럼 맨 처음 선생님으로 갔다가 교장으로 가신것은 나중에 또 가셨겠지요.

함석헌 : 그렇지요 다시 가신것이지오 처음에 오산학교에 가 계시다가
　　　　오신후 동경물리학교에 가셨다가 그건 뭐라고 분명한 말씀은 안하
　　　　시고 그저 생각이 달라져서 돌아왔다 하셨어요 선생님은 의외로
　　　　그 생각이 과학적이고 수학적이시거든 아주 그래보 그래서 그런지
　　　　물리학교 로 가셨다가 그만 두고 오셨죠.

김흥호 : 오산 가셨을때 머리는 어떻게 하셨는지?

함석헌 : 처음은 난 못봤고 우리가 볼때는 빡 빡 깎으셨죠. 그거 옷은
　　　　한복이시고. 처음인 모르지만 교장으로 오셨을때는 의자에도 안 앉
　　　　으셨어요 작은 평상같은것을 교실의 책상 앞에 놓고 거기에 올라앉아
　　　　딱 쭘어 앉으셨지.

김흥호 : 선생님의 머리 언제 길렀지오 ?

함석헌 : 생각 안나는데

마상호 : 아 한번 걸렀어요

김흥호 : 머리 갈르고 적은 사진이 하나 있는데

마상호 : 부시럼 때문에 깎았어

함석헌 : 아 그래요.

김흥호 : 머리는 언제 걸렀어요 해방전에 길렀나오.

함석헌 : 해방전에 내가 동경서 졸업을 하고 나올 때인가 오니까 적선동에 사실
　　　　때인데 부시럼이 이렇게 나서 그걸 그이가 누구지 김누구라는 이가 그때
　　　　붕산수를 데워서 자꾸 씻어드리는것을 본 기억이 있어요. 그리고
　　　　「메트르」라는 책을 낸것을 모르셔요?

김흥호 : 「메트르」라는 책이 있었어요.

함석헌 : 그때에 일본사람들이 메틀법을 실시하자고 해서 굉장히 장려하던
　　　　때 인데 그래서 메틀 환산법을 왜 선생님 늘 하시는대로 수를 재미
　　　　있는 말거리로 만들어 따로 외우게 쉽게 한것인데 그렇게 해서 모처럼
　　　　책자가 되고 그걸 내놓고 그 출판사 이름을 열개(開) 이룰성 (成) 개성
　　　　사인데 주역에 나오는 글귀에서 따온것인데 그때 일보사출판사가 판권
　　　　침해라고 소송을 걸어서 그래서 팔지도 못하고 그렇게 되었어요. 그런데

그 책이 참 과학적이 었어. 혹 그 책이 도서관에 있을런지

환석현 : 아마 그 책이 이만 할까. 그 안에 메트르의 뉘우라가 노래로 지어 쓰였어요. "세상 많은 자 별레가 제 각기들 꾀는데" 로 시작해서 재는 뜻이 겠었어요. 불란서 혁명때 학자들이 모여서 의논한 끝에 지구 둘레의 4백만분지 1을 표준으로 하자 해서 메트르 즉 나왔다 (미터) 는데 그걸 노래로 쭉 했어요.

김흥호 : 그 책을 어떻게 구할수 없을까요

홍일중 : 그것 좀 맞아 봐야겠어요

이상호 : 그런데 함선생님 말씀을 듣겠는데요 우선 함선생님 말을 풀어 드렸으면 좋겠습니다. 우리가 일동이 좀 풀자고 하시는 거레. 함선생님 영혼이 들으시고 주셨을 거라고 생각해서 함선생님을 위해서 대단히 좋은 일이라고 생각합니다.

저는 뭐 나중에 한 말씀 드렸으면 좋겠는데 또 이렇게 차례가 와서 말씀인데 뭐 저도 모르긴 모르지 만 함선생님 다음으로 꽤 일찍 부터 여러해를 모시고 지냈어요. 제 생각으로는 선생님이 가지신 사상 학식 덕 생활을 그대로 물려 받았으면 그런 생각을 가지고 자주 선생님을 찾아 뵙던 사람 중에 한 사람이 올시다. 그런데 선생님 으로 부터 여러가지 많은 가르침을 받았지요.

세검정 교회가 있어요 그 옆에 이영기 목사 사택이 있었어요 거기서 밤 12시까지 7~8인 버지 5~6인이 선생님 모시고 공부를 했어요. 그 때 재미있게 느껴진것이 주역 풀이 말씀이 었어요.

그리고 지금까지 잊지 않고 마음에 간직하고 있는 말씀이 있는데, 선생님 말씀이 "비유하면 어디를 찾아 갔는데 찬방에는 예수님이 계시고 찬방에는 부처님이 계시고 찬방에는 공자님이 계시다면 나로서는 세분 다 찾아 뵙고 인사를 드린다 " 는 말씀이 었어요 그 말씀이 그 때 절실히 제 생각에 새겨져 오늘날까지 그런 생각으로 지내오고 있습니다. 오늘도 교회에 다니지 않고 나는 내 식대로 선생님의 가르침대로 살아오고 있습니다

서 영훈 : 저는 유선생님을 처음부터 찾은것이 아니였어요 그러니 함선생님께서 원효로로 아가신 직후인가 봐요. 함선생님을 찾아가니 선생님이 안 계시고 사모님 말씀이 선병 한테 가셨다고 하였어요. 그 때 나는 선생님의 선생님이 누군지 모르죠 그래서 나는 사모님께 물었지요 선생님의 선생보이 누구십니까 하니 사모님 대답이 유영모 선생님이라고 했어요 그 때 처음으로 유선생님 성함을 들었어요 그래서 유선생님이 누구십니까 하니 아 유선생님을 모르십니까 돌아가신 사모님이 놀라와 하셔요. 그러면서 유선생님께서 YMCA에서 강좌를 오랫동안 해오시는데 거기에 강의를 들으러 가셨다고 하였어요. 속으로 함선생님이 또 강의를 듣는 그런 선생님도 계시는구나 놀라운 발견이였어요.

나는 YMCA로 갔었지요. 그때는 지난 수복 후라 조그만 전자 강의실에 나무판자 의자에 한 십여명이 될까요 함선생님은 꿰밀 뒷자리에 앉아 들으시고 계였어요 나는 함선생님께 그저 인사만 올리고 그 옆에 앉아서 같이 선생님 말씀을 들었어요. 강단도 변변 찮은데 말씀은 처음 갔으니 별로 듣지 못하였지만 직감적으로 오는 느낌이 이것은 지식이 아니라 뭐라고 해야할지 차늘 어지즌히 쥐 높은 진리 가까이 계신 분이구나 그렇게 생각되었어요. 마침 그때는 그렇게 여러날 음식을 하시고 나오셨는데 피부로 바람이 솔솔 들어 온다는 그런 말씀을 하시고 인상 갚였던 얘기가 터러 있습니다 마는.

그 뒤 하루는 思想界社 에 들렀더니 거기에 함선생님이 와 계였어요 그런데 함선생님께서 유선생님께서 입원제 계신데 같이 안가겠느냐 떨어져 부상하시어 서울 대학 병원에 계시다는 거에요. 그래서 같이 걸어서 가 뵈오니 부상하시고 일주일이 지났는데 의식이 회복되지 않다고 그리고 고무 호스로 호흡을 하시는데 굉장이 호흡이 걸으시고 아프시다는 표시를 많이 하시는것을 뵈였습니다. 그후 27.8일 만에 처음으로 의식을 회복 하였다 그리고 그 뒤는 회복이 빨라 곧 퇴원 하였다는 말씀을 들었어요.

그러다 젊은 제가 직장에서 젊은이를 많이 상대하게 되는데 대학생들이 자꾸 오게되자 저로서는 감영할 힘이 없고 또 제 직장이 직십자사이거 때문에 참선생님을 모시고 살어도 참선생님께서 뭐 정치에 관여가 되다는걸로 세상에 알려져 자꾸 모실 형편이 못되고 그래서 좀 답답해서 그러던 중 생각 끝에 유선생님의 말씀을 청하기로 하고 선선님을 찾아 선선님께서 깨달은것을 가지고 인생의 가장 기본적인 문제를 말씀해 주실 것을 요청했어요. 처음 생각은 서너 달 들을 생각이었어요 장소는 적심자사 강단에서 할까 하다가 또 강단에서 하면 아침 저녁 시간이 어렵고 해서 그래서 저희 집으로 했어요. 방이 한 20여명 모일수 있어요 처음 에는 저녁에 모였죠. 늦은 봄인가 시작을 했는데. 여름이 되니가 더워서 말씀을 듣다 졸기도 하고. 선섬께서 낙상하신후는 처음 참선성님을 좇아가서 듣던 때와는 다른것 같고. 말씀이 자꾸 걸어져서 횡서건정도로말씀을 드렸는데 두세시간 씩 말씀하셨지요. 또 한가지 어려웠던것은 젊은 사람 들 앞에 놓고 강의를 하지면서도 한숨을 쉬시며 인간이 희망이 없다. 인간은 구제하기 어려운거다. 이런 말씀을 자꾸 하셔서 민망스러웠던 일이 있었어요

조경묵: 선생님께서는 불경과 노장사상 유교사상 등 이 모두 통틀어서 구약력으로 보자는 것이었습니다. 그 모든것이 예수 그리스도 의 하나님 아버지 사상에서 귀결이 되는것이다 는 그런 말씀을 하시는것을 들었습니다. 그렇게 높은 점선계에 이르셨고 또 이세상에서 주역 등을 좇어서 밀개어 주려고 하신 그런 어른이신데 이세상이 지극히 미미한것을 등한히 안하시는데 제가 놀라고 감탄 했습니다. 선생님은 지극히 형이상적이면서도 지극히 형이하적이십니다. 1973. 7. 18. 한 복중인데 저 관악산 계곡에서 일곱사람이 모여서 이른바 주기운동 받기 창립총회를 할적에 선생님께서 거기로 오셨습니다. 돈 만원을 가지고 오셔서 내 놓으셨습니다 그 때에 송아지 한마리가 사만원 정도 할땐데 지금 20만원 이 되었으니 그 만원 이런 돈이 오늘날 얼마마한 돈인지 여러분이 계산해 볼수 있겠습니다. 지금 일본에는 소작인도 없고 지주도 없습니다. 그러나 이땅에는 아직도 자작농이 39% 밖에 안됩니다. 정부에 아무리 의뢰 해도 정부에서 영세농을. 생각할 여유가 없습니다. 그래서 태평양 바다에 몸을 던지는 심정으로 이일을 시작했습니다. 지금 삼백 만원 정도를 삼년 거금해서 어느 청년 한사람을

자작농으로 육성하겠다는 그것을 이달부터 시작하게 됩니다 이것을 선생님 영전에 고해 드리면서 감사드리며 게 말은 마치겠습니다.

이상범 : 잠간 몇마디 말씀드리겠습니다.

제가 선생님을 처음 뵈온것은 해방후입니다. 저는 경상도 출신인데 유교 집안에서 태어났고 기독교는 아닌데 감교신 선생님 말씀을 먼저 들었어요. 함선생님 유선생님 이야기를 먼저 듣고 기회 있으면 찾아 뵈어야겠다고 생각하고 있었는데 마침 종로를 지나다가 YMCA에 선생님 강연하시는 광고를 봤어요 그래 들어가서 선생님 말씀을 처음 들었어요 아마 아까 말씀하신 서선생님과 동기가 되지 않나 싶습니다.

말씀을 듣고 나니 서선생님 말씀대로 유교나 불교나 노자장자 여러가지 말씀이 나오고 저도 역시 그런 방면에 좀 배운것이 있고 해서 그 말씀이 대단히 좋았어요. 교회에 가서 듣던 말씀하고는 질이 다른 그런 말씀같았어요. 그래서 이분이 대단한 분이구나 생각이 되었어요 그 다음에는 가급이면 나갔지요. 직장이 허락하는 한 나가서 말씀을 들었습니다. 게 직장이 강원도 화천에 옮겨져서 지금 부터 14.5년 됐는지 모르겠습니다. 그 때 유선생님 모시고 이틀밤인가 사흘밤인가 주무시면서 말씀 들은 일이 있었어요. 글도 하나 써주신것이 있습니다.

선생님 낙상하실땐 그땐 저는 몰랐습니다. 나중에 차도가 있을때 게가 찾아와 뵀었어요. 그리고 그 다음 제가 서울로 직장이 옮겨지고 혹 무슨 문제가 풀리지 않고 속이 답답한대는 등산코스 겸해서 선생님께 (선생님 낙동산옆) 서 집안일이라 하는대로 내려 가시어 말씀해 주셨어요. 그리고 여러해를 지 냈지요. 그리고 차츰 차츰 연세가 많아지시니까. 말씀이 적어지시고 이 근년에는 와도 그거 알아보실 정도고 오히려 선생님 보다도 사모님이 더 반가웠어요. 얼마전에 뵀는데 그렇게 갑자기 돌아가실줄은 몰랐고 그런 관계로 해서 기독교만이 아니고 저는 유교 불교 광범위한데 게가 여러가지 배운점이 많지 않나 이런 생각이 듭니다. 선생님 모시고 있는 동안에 자주 못와 뵌것을 지금 참 많이 후회를 하고 좀더 근실하게 배웠더라면 뭔가 더 얻은것이 많지 않았을까 생각됩니다. 늘 하시는 말씀이 이 땅 보다는   저 하늘을 뚫고 솟나라는 말씀이 가장 잊혀지지 않아요.

선병호: 저는 일군입니다. 왼생을 망치들고 일하면서 살아왔읍니다. 보통 사람들은 말과 행동이 다른데 선생님은 일치 합니다. 선생님의 소박하고 서민적인 생활태도가 저와 상통한다고 생각함니다. 선생님의 성함을 처음 듣기는 가난한 농간학교를 하는 검용기 장로에게서 들었읍니다. 그러나 찾아 뵙지는 못하였는데 해주는 해방후 종로를 지나는데 YMCA에서 内村鑑三 기념강연회에서 였읍니다.

고봉수: 저는 유선생님과 함선생님을 동시에 알게 되었읍니다. 해방 다음해인가. 김교신 선생님 추도강연을 YMCA에서 있었는데 연사는 함선생님. 송두용선생님. 유달영 선생님이 하시는데 세분 가운데 송선생님이 않어 하시고 유달영 선생님이 하지는데 제목이 「조선과 김교신」이라고 쓴것을 임여 경찰관이 찢어버리고 강연을 못하게 하자 많은 청중이 일제히 하시요 라고 고함을 치 며 분이 여기는데 다음 함선생님이 나오셔서 서울사람은 옥수수라 하고 지방사람은 강냉이라. 하고 미국사람은 콘이라고 하지만 씨앗 자체는 하나이듯이 마찬가지로. 조선이나 한국이나 자체는 하나이니 내가 조선이라고 하거든 여러분은 한국 하시고 들으시오. 이 말씀에 장내에는 폭소가 되고 사건은 진정되었어요. 그때 어느분이 주일날 오후 두시에 유명모 선생님 과 함선생님 말씀 이 소강당에서 있다는 것을 알려주어 가끔 다니며 말씀을 들었어요.

6.25가 터진후 겨울에 부산에 피란가서는 선생님들 소식은 감감하고 전 그때에 고살의 아이를 잃고 슬픔으로 제정신이 아닌 때인데. 누가 일러주기를 함선생님은 연세대 가교사에서 주일 오후 2시에 말씀하시고 유영모 선생님은 부산 광복동 일본사람이 지본 기독청년회관에서 오후 7시에 말씀하신다고 하여서 그곳으로 찾아가서 말씀을 들을수 있게 되었읍니다.

다시 서울수복후 서울에 와서 다시 선생님들 소식을 듣지 못하였는데 서울대학 약국을 경영하는 이철우 씨가 연구실에서 오후 두시에 선생님께서 말씀하신다고 일러주어서 찾아 갔어요 7월 마지막 주였어요 듣는 사람은 6.7명 밖에 안되었어요 선생님께서 칠곡

미 둥근 원을 그려 놓으시고 말씀하신것이 지금도 기억됩니다. 막대기를 들어 철저의 둥그라미를 치시며 "새가 하루 종일 부르고 부르짖으나 난 너를 안다고 안하시니 난 너를 안다고 안한다." 라고 하셨어요. 이 말씀이 제 마음에 와 닿아 괴롭고 답답하든 마음이 가라 앉고 새로운 삶을 다시 시작하는 힘이되고 거듭남의 가쁨을 맛보았어요. 그 날도 세시간정도 말씀 하셨어요. 그 다음 주일은 장소 사정으로 그장소에 모이지 못하고 정릉 계곡으로 가게 되었어요. 절 앞에 모였어요. 선생님은 그때 솜은 배잠방이를 입으시고 밀짚 모자를 쓰셨어요. 스님이 나와서 법당 앞이니 모자를 벗으라고 하니 모자를 벗으시고 마루에 걸터 앉으셨어요. 그러자 스님이 법당앞이라 걸터 앉지 못한다 하므로 선생님께서 얼른 무릎을 꿇고 앉으시니 주지스님이 방으로 들어 오라고 하여 모두 방으로 들어갔어요. 선생님께서 불교의 五戒와 十戒를 말씀하셨어요. 그 때까지 저는 불교는 미신이라고만 알고 있었는데 선생님 말씀을 듣고는 기독교나 불교나 제中이다 방언이다 절을 하고 세상적인 福을 구하는것이 미신이고 근본은 한 진리요 생명임을 알게되어 그만큼 불교와도 가까와 졌어요. 그리고는 다시 정릉 계곡을 올라갔어요. 그때는 더울 때라 목욕하는 사람이 많아 그대로 산을 넘어 자하문으로 왔어요. 돌다리를 건너는데 까지 선생님이 일행을 따라 오셨어요. 선생님 댁이 이 근처 인가 하였더니 벌써 지나왔다고 하셨어요. 선생님은 그렇게 인자 하셨어요. 그 뒤도 YMCA 천막 집에서 관자정으로 축운때나 더운때나 선생님 말씀을 들으러 다녔어요. 오늘까지 선생님 말씀을 안들으면 삶의 뜻을 잃어버리는것 같았어요. 제가 68년도에 서울에서 다시 강원도로 가게되어 선생님께 이사가게 된것을 말씀 드리니 선생님께서 본래 서울로 온게 잘못이라고 하시였어요 그래서 제가 서울에 안왔으면 선생님을 못만났을것 아니냐고 대답하니 선생님께서 크게 웃으셨어요. 73년도 언제인가는 선생님 말씀이 하도 그리워 강원도에서 막차로 떠나 아침 일찍 서울에 도착하여 선생님댁을 찾으니 아무도 없고 선생님 혼자 계시어 내일 다시 오겠다고 말씀드리고 돌아나오는 길에 전 (흥호) 목사님이 오시어 그렇게 반가울수가 없었어요 다시 가자고 해서 김목사님과 함께 선생님 말씀을 듣게 되었을때 그 기쁨은 아무도 모를것입니다. 강원도로 간지 얼마후에 선생님께서 강원도 저의 집을 찾아 주서서 참 반가웠지요. 그후 겨울잗자 서영훈 선생님 부부가 원주까지 오셨다가 횡성에 들려주시어 참 고마왔읍니다.

지난주 (이머 주일모임) 김흥호 목사님이 부활은 예수님을 만나는것 이라고 하신것이 「부활은 하나님 만나는 것이다」라고 하신 선생님 말씀과 같아 감격 하였읍니다. 저는 선생님 들을 만나는게 부활이 아닌가 하는 생각도 해봅니다. 이것이 건방진 생각인지 모르겠읍니다 만。

서완근 : 저는 천원군 광덕이 고향입니다. 선생님께서 그곳에 산을 사 놓으셔서 내왕이 있어 알게 되었읍니다. 선생님을 경모하는 마음 에서 벼르고 벼르다 구기동 이곳 선생님 댁으로 찾아 오게 되었읍니 다. 대문에 이런 글이 써붙여 있는것을 발견하였읍니다

「 참을 찾고자 하거던 문을 두드리시오」

그 글을 읽고나니 제자신이 더욱 부끄러워 졌읍니다. 내가 과연 참을 찾을 마음이 있는 사람인가. 대문 앞에서 머뭇 머뭇 하고 있었 읍니다 그냥 집으로 내려갈까 망설이다가 죽을 결심으로 용기를내어 대문을 열고 들어가 선생님을 뵌 일이 새삼스럽읍니다。

염낙준 : 저는 해방후 종로를 지나다가 조그만하게 써붙이 집회광고를 보고 들어간것이 선생님을 뵙게 된 시초입니다. 저는 그전에 교회에 한 십년 다닌 일이 있었읍니다. 그러나 다닐스록 교회에서는 삶의 참 뜻을 찾는 핵심에서 멀어지고 있다는것을 알게 되었읍니다. 교회에 회의를 느끼던중 선생님을 만나게 되어 교회와는 인 연을 끊고 선생님의 말씀으로 신앙생활을 해왔읍니다.

선생님의 갈씀 가운데 가장 기억에 남는것은 하나님께 예배드리는 즉치는 하루에 한끼 먹는 일이다. 바르게 멀은 음식이란

뜻의 상외극치일정식 (嘗義極致日正食)이라는것입니다.

또 한 말씀은 사람의 깊고 깊은 정신 활동을 그리신 강서 삼천장 상하통기심 (降錫三千杖: 上下通氣甚) 입니다.

그리고 선생님께서는 이런 말씀을 하신적이 있읍니다. 공자는 德不孤라 하였지만 德은 외롭다고

홍일중: 제가 선생님을 처음 뵙기는 여기 계시는 함선생님께서 전에 1957년인가 세브란스 에비슨관이라 지금은 없어졌읍니다 거기서 유영모 선생님 말씀을 듣게 된 때입니다. 그 때 저는 대학을 막 들어간 어린나이였읍니다. 그것이 처음 유영모 선생님을 뵙고 유영모 선생이라는 존함을 듣고 알게된 처음입니다. 그때 선생님께서 지으신 「마디 고디 곧에 시 얼을 살린다」는 시를 소개해 주셨어요. 저에겐 그것이 일생에 굉장한 사건이였읍니다. 물론 그날서 함선생님으로 부터 말씀을 듣고 제 마음속에는 회오리 바람이 일기 시작한 때였읍니다. 그 때 선생님을 알게 됐고 선생님에 대한 생각을 더 하게 되었읍니다. 제가 거기서부터 제 방향이 달라지고 말았읍니다. 고등고시 준비 하다가 던져 버리고 그 외 뭐 뭐 하다가 다 그만두었읍니다. 그리고 나니 세상을 사는게 점점 어려워졌어요.

오늘 제 가슴이 생수를 마신듯 시원하고 통쾌합니다. 지난날 선생님 뵈러 오곤 하는데 오면 함선생님 말씀이 나왔었고 그럴때마다 저는 어떻게 말씀을 드려야 좋을지 몰랐어요 저는 늘 여기(구기동)도 오고 함선생님 댁에도 가고 이렇게 하면서 제나름대로 괴로운점이 있었읍니다 만 오늘 탁 트여서 참 시원합니다. 선생님 영이 이제 구김살 없는 맘으로 함선생님과 함께 대할수 있다고 믿습니다.

다음으로 선생님에 대해서 잊을수 없는것은 그 때 무슨 일이 있어서 제가 꼭 그 일을 해야겠는데 해야 될까 안해야 될까 제 나름대로 고민을 하다가 그 때 선생님을 찾아 뵀어요. 제 말을 듣고 선생님께서 저의 손을 꽉 잡으시고 애기 웃음을 웃으시며 하시는 말씀이

「모름지 모름지기를 지키는 사람이 모름지기다」

그 말씀을 듣고 모름지기 감히 나로서 모름지기가 돼 낼수 있을까? 그래 그때 그일을 그만두고 말았습니다. 모름지기란 말의 걑은 뜻만 알게 되었습니다. 제가 지금 쓰고있는 洪一中은 선생님께서 1973년2월 22일 제가 선생님을 모시고 여기서 머므르며 말씀을 드리고 듣고 하셨어 요 그때 지어주신 이름입니다. 그때부터 제 이름으로 쓰고 있읍니다.

제가 또 선생님께 고맙게 생각하고 있는것은 한글문제 입니다. 저는 우리말을 순 우리말로만 써 나갈수 없을까 그렇게 되면 참 좋겠다고 생각하고있읍니다. 그런데 어떤 사람은 한글로는 개념화 가 안되고 한자 조어로 된 말이라야 개념화가 된다 뭐 그런 말을 하는 분들이 있어요 그런데 유영모 선생님께서 우리 말 그리글에 뜻 을 불어 넣으신 가장 훌륭한 분이십니다 이런의미에서 귀게는 선생님이 존경이 되고 있을수 없는 선생님이십니다.

박영호 : 우리 사람들은 금강산 같은 훌륭한 절경을 보게되면 시인 은 시로 읊고 싶을것이고 화가는 그림을 그리고 싶을 것이고 사진 사는 사진을 찍고 싶을것입니다. 정신적인 우리의 금강산인 선 생님의 인격을 대한 지금 솜씨 없는 무딘 붓이나마 한번 스켓취를 해 보고싶은것이 저의 솔직한 심정입니다. 어떻든 준비는 해 보자 는 생각으로 헌 15년 동안 내 나름대로 자료를 정리해 왔읍니다. 그 중에 중요한것은 김흥호 선생님께서 주로 하시어 권 그저 보조역할을 합니다 마는 이제까지 힘 닿는대로 조사하고 수집해 왔읍니다.

자료를 정리 하면서 생각되기를 우리나라는 지금 중진국이 되고 선진국 대열에도 끼게 되었다느니 하지만 가난하기로는 흥부 같이 가난한 나라인데 어떻게 하나님께서 어여삐 보시어 집신력인「참」 의 박씨를 하나 주시어 거기에 박이 여러개 주렁 주렁 열렸다고 생각되었읍니다. 그 참의 박은 기성교회 기성종교를 극복하는 사상 신앙사상이라 생각합니다. 유영모 선생님 함석헌 선생님 김교신 선생님 도 한줄거에 달린 박이라 하겠읍니다. 그 가운데 나는 유영모 선생님 박을 내 무딘 지성의 톱이지만 톱질을 해

박을 거 보려는 것입니다. 거기만 하면 정신력인 보화가 쏟아질것을 확신합니다. 문제는 우리나라로나 세계로나 정신 빈곤이 문제입니다. 이 정신력 빈곤을 해결하는데 미력이나마 바치려거 합니다. 지금까지 생애편는 거이 완성이 되였는데 사상편을 여러모로 분석하고 종합하고 있습니다 마는 역시 사상편이 어렵고 어렵습니다. 다루기가 제 실력이 부치는것을 통감합니다. 다만 하나님의 뜻이오 하나님의 허락하시면 완성할수 있으리라 믿습니다.

김흥호 : 저는 대학 다니기 전까지는 일반교회에 다녔고 평양에서는 남산교회에 다녔습니다. 그리고 일본 가서 비로소 內村 선생님의 제자가 되시는 분들이 거기서 강의를 해서 충본선생 시내원선생 이런분들의 강의를 들으면서 차차 무교회에 재미를 붙였는데. 그때 노경구 선생 고병려선생 이런분들하고 같이 충본 선생 집회에 나갔읍니다. 그 뒤 돌아와서 4도 으레 그사람들 그룹에 끼여들러인데 유영모 선생님 때문에 그 그룹에 못쉬이고 말았어요. 노경구 선생한테 말도 들었읍니다 마는 그분들 하는테 보다는 유선생님께 맘이 끌려 유선생님 집회에 나가고 그리고 또 세브란스 에비슨 관에서는 함선생님 말씀도 듣게 되였읍니다. 거의 그렇게 지내왔읍니다. 그래서 저도 유영모 선생님 하신 말씀을 조금이라도 다른 아는 사람들에게 연결을 시켜줄까 해서 「思素」이라는 개인 잡지를 만들었어요. 둘째면에 「말씀」이 선생님 말씀이고 맨뒤에 늙은이 (老子) 가 선생님께서 옮기신 글입니다. 어들 푸름이란것는 선생님께서 일년동안 강의하신것을 속기 한것을 가지고있어요. 그것을 송기득씨가 건축려서 닦였어요 그래서 이 사색지를 12년동안 계속하기로 했어요. 앞으로 7, 8 개월 더 남았어요.

먼저 다석 일지에 빠진 선생님 노-트와 성서조선 또 아까 말씀하신 최남선 선생이 발견한 잡지에 실리신 글 새벽지의 글이 있다니 그 글을 모아서 다석 일지 별권을 지금 계획 하고 있습니다. 그러니까 여러분께서 자료를 가지고 계신것을 내 주셔서 이번에 수록이 될수있게 해주시면 고맙겠습니다. 지금 박영호 선생님이 선생님 전기를 준비 한다고 아까도 말씀 했는데 그게 언젠지 빨리 오기를 바랍니다.

송기득 선생이 자기가 유영모 선생 평전을 쓰고있다고 그런데
유선생님의 말을 (전통술어,) 모르니까 말을 좀 알아야겠다고 그래서
제가 일년동안 모았던 속기록을 주었어요 그걸 보고서 간추려가면
서 선생님 말을 자기가 알아서 해보겠다고 그랬는데 그건 어느정도
까지 진전이 있는지 평전이 나올수 있을지는 모르겠읍니다. 평전이
나오면 좋을거고 못나오게 되더라도 박영호 선생님의 전기는 나오지
않느냐 그렇게 생각하고 지금 우리의 기대는 박영호 선생님 수고에
달려 있다고 보겠읍니다.

1987. 2. 1　第20255号　（日刊）

朝鮮日報

1920年 3月 5日 創刊

| 会　　長 | 方一榮 |
| 社　　長 | 方又榮 |

発行・編輯・印刷人　方相勳
主　　筆　金大中
編輯局長　朱燉植

서울市中区太平路1街61
（郵便番号100-756）

| 購読料 | 月定 4000원 |
| | 1部 200원 |

電話案内	731-8114
編輯局	731-8332
	731-8333
広告局	731-8514
	731-8524
購読申請 配達案内	731-8462 ～5

本紙는 新聞倫理綱領및
그 実践要綱을 遵守한다

多夕 柳永模선생 추모제

…도산회관에서, 1백여명 참석

「씨올사상」을 제창한 多夕 柳永模선생 제6주기 추모모임이 1일 오후 1시 제자들 1백여명이 참석한 가운데 서울 종로구 동숭동 도산회관강당에서 열렸다. 〈사진〉

이날 모임은 徐英勳 흥사단본부장 의회장의 다석사상해설에 이어 朴永 濬씨의 다석사상에서의 기독교와 불교의 만남」등 기념강연으로 진행됐다.

원회위원장의 기념강연도 있다. 연락처 (732) 8291 (파) 4.

"故鄕잃은 北江原도민에 공원묘지 조성"

YMCA서 철폐운동

▼승용차소유주들에 호소문

서울YMCA는 지난해9월 개정된 자동차보험약관이 소비자권익을 크게 침해하고 있다고 지적, 6일오후7시 회관강당서 「자동차보험 개정약관 철폐시민운동」 첫 모임을 연다.

YMCA는 개정 약관의 「지급보험금을 줄이기 위한 개정이며 터무니없이 높게 책정된 보험료는 독과점상품의 일방적 강매」라고 주장하고 있다.

YMCA는 이날 「개정 약관및 보험료인상철폐촉구 정책건의서」를 채택하고 운전사와 승용차 소유주들에게 호소문을 발송한다.

柳永模 선생

柳永模 선생思想 재조명

13일 98회탄신을 맞아 特別강연회

1日1食의 禁慾생활…제자 咸錫憲씨등 강연

만년을 지나서 살았던 하루 한끼 씩 식사를 하는 金貞植선생로 다석 柳永模선생(1890~1981년)의 사상과 생애, 저조명이 되고 한일 多夕선생의 산상을 얼마...

그리고 지치고 한편으로 「多夕사상연구회」(회장 徐英勳)는 그의 98회탄신인 13일을 맞아 10여년 동안 산상을 닦았던 그의 제자인 咸錫憲옹이 선생 고택에...

이날 多夕은 「나의 스승 柳永模」라 강연하며 金興...

그는 30년대에 定州五山학교 교장을 지...

선생 古堂曺晚植선생의 뒤를 이...

또 그는 발정 또는 民족운동에 만 골몰해 있던 장...

그는 「咸錫憲선생은...저술하기도 했...

1905년 YMCA 초대총무인 金貞植선생로부터 기독교 선생하여 전대인으로써 昇동하여...

多夕은 51세에 파리...一食...이후 여러가지...

한편 多夕의 제자로 어려...朴永浩씨는 그의 사상을...

多夕思想精解
출간기념강연

多夕思想精解

柳永模(유영모) 선생(사진) 및 多夕思想精解 출간 25일
遺著 8집 「多夕日誌」 印刷 遺稿와 朴永浩씨(多夕사상연구회장)의 주도로 「生命」「咸錫憲」을 주제로 지난 4일 다시 발…

文化短信

多夕과 咸錫憲은 생일(3월 13일) 이 같은 것으로도 유명한…

○…南岡 李承薰 物理…

한국일보

服을 입은 多夕은 湖岩文…
平和會堂 普賢圖書 六堂重…
東亮 金興浩 徐英勳(KBS)
柳承國立수등 영향을 끼치…
咸錫憲옹의 多夕의 영향…

梨大서 터이어스음
漢文강좌

竹林서당 漢文강좌

수강생을 3월 13일부터 8…

第四卷
705

"씨을"로 "民"을 표현한 참(眞理)의 실천가

— 박영호저 「씨을」다석 유영모의 생애와 사상

박 규 홍
〈교양과교수〉

서평하나를 써 달라는 신문사의 청탁이 있었다.

유사이래 천문학적인 수의 책들이 간행되었고, 필독의 양서들도 적지 않지만, 진부한 이야기의 반복이 될 것 같아 근년의 책 한 권을 선택하기로 했다.

그래서 고른 것이 다석 유영모 선생의 전기다.

제목은 「씨을」. '다석 유영모의 생애와 사상'이 부제로 되어 있다. '유영모'란 이름은 생소해도 '씨을'이라는 말은 들어본 적이 있을 것이다.

씨을이라는 낱말은 종자를 뜻하는 우리말이다.

유영모는 이 '씨을'로 '민'을 표현하였다. 바로 얼마 전 타계한 함석헌이 여기에 감동하여 씨을이라는 말을 즐겨 사용하였고, 「씨을의 소리」라는 잡지를 내기도 하였다.

유영모는 1890년에 태어나서 1981년에 별세했다. 그는 근대 이후 우리 민족이 겪은 역사의 격변기를 고루 거친 셈이다.

공자가 "歲寒然後知松柏之後凋"(추운겨울이 온 뒤에야 소나무·잣나무가 더디 시듦을 안다)라고 한 바와 같이, 우리는 이런 시련기를 통하여 松柏처럼 푸른 민족의 스승들을 볼 수 있었다. 유영모도 그런 분들 중의 한 분으로 꼽을 수 있다.

그러나 유영모는 어느 누구보다도 특이하다.

이 전기의 필자 박영호는 유영모를 예수나 석가·공자·간디에 비견하고 있다. 그만큼

'참(眞理)'의 실천가라는 것이다. 사실 그는 一日一食을 40년 동안이나 지키고 잣나무 널 위에서 기거했던 경건한 철학자요 신앙인이었다.

그리고 평북 정주 오산학교의 교사·교장으로서 숱한 민족적 지도자를 배출해 내었을 뿐만 아니라 YMCA연구반등을 통하여 현재에도 그 가르침을 실천하고 있는 뛰어난 제자들을 길러낸 교육자이기도 하다.

얼핏 보면 유영모는 한 기독교인 정도로 생각된다. 그러나

그는 예수만을 고집하지는 않았다. 그는 예수, 석가, 공자, 노·장자, 간디 혹은 톨스토이까지도 두루 섭렵하여 그것을 자기화·우리화시킨 석학이요 철인이다.

우리는 우리 민족이 자랑하는 철학자로서 퇴계나 율곡등 몇몇 인물들을 꼽기도 한다. 그러나 그들은 도학(성리학)이면 도학, 불교면 불교 등 어느한 범주에 한정되어 있어서 유영모만

큼 진리를 보는 넓은 안목을 가지지 못했다고 할 수 있다.

그리고 유영모만큼 실천궁행한 분도 드물다. 뿐만 아니라 유영모는 순수한 우리말 속에 담겨 있는 우리 민족의 얼을 탐구한 독보적인 철인이기도 하다. 그는 우리말·우리글에 특별한 애정을 가지고 '씨을글씨(訓民), 바른소리(正音)'를 연구하기도 하였다.

이 전기를 통하여 우리는 우리 민족이 자랑 할 수 있는 한 철인의 생애와 함께 그의 사상의 일단을 맛볼 수 있게 된다. 그리고 이 책을 읽으면서 얻을 수 있는 또 하나의 즐거움은 일제치하의 민족적 시련기에 우리의 민족혼을 지키기 위해 혼신의 힘을 바쳤던 민족의 스승들을 동시에 만날 수 있다는 것이다.

"桃李不言 下自成蹊"(복숭아나무·오얏나무가 가만 있어도 그 꽃·열매를 사랑하여 모여드는 사람들에 의해 저절로 지름길이 생긴다)라고 하듯, 조용한 성품의 선생이었지만 많은 훌륭한 분들과 인연을 가졌다.

다석은 참(眞理)의 실천가로 을 40년 동안이나 지키고 잣나 기거했던 경건한 철학자요 신

수많은 인재들을 배출한 평북 정주 오산학교의 설립자이며, 3·1운동을 주도했던 남강 이승훈, 겨레의 얼을 지키려 살신성인의 정신을 실천한 고당 조만식, 간도에서 동흥학교를 세워 만주 교포자녀들을 가르치고 정의부·한국독립당을 항일 독립운동단체를 결성하여 독립운동을 지휘하다 순국한 시당 여준, 그의 신채호, 정인보, 문일평, 이광수, 최남선등 우리 눈

에 익은 이름들을 만날 수 있다.

서로 마음을 터 놓기가 점점 더 어려워지고, 그래서 껍질만의 인간관계가 마음을 더욱 황폐하게 만드는 현대를 살고 있는 우리들. 진정한 신앙이, 진정한 우정이, 진정한 사제관계가, 진정한 인간의 자세가 무엇인가를 다시 한번 생각케 하는 계기를 이 책이 마련해 줄 수 있으리라고 믿는다.

사실 이 책만으로 유영모의 심오한 사상에 온전히 접하기는 어렵다.

그러나 선생을 지성으로 모신 제자 ⊕주 현동완이 두번의 장관 입각 요청을 거절하고 불우한 사람들을 위해 자기희생으로 사랑을 실천한 이야기등에서 유영모의 정신이 영향한 일면을 살필 수 있다.

속물들이 더욱 큰소리 치고, 아귀다툼을 하는 속된 세상에서 서로 자기를 내세우느라 바쁘다.

그러나 최남선, 이광수, 정인보, 문일평등의 준재들이 유영모를 경외한 것은 그가 스스로를 내세우고 군림하려는 자세

서 一日一食
무 널 위에서
앙인이었다.

를 취했기 때문이 아님을 알아야 한다. 모두들, 껍질 이름(유영모)은 숨기고 속알(眞理)을 나타내려 한 유영모의 태도만이라도 배웠으면 한다.

필자는 이 책을 접하고 나서, 삶의 진정한 가치가 어디에 있는지, 인간다운 삶이란 어떤 것인지를 새롭게 생각해 보고 반성하는 기회를 가질 수 있었다.

여러분들에게도 좋은 경험이 될 수 있을 거라는 확신으로 추천한다.

혹시 다석 유영모의 사상을 이해하기에 이 책이 불만족스럽다고 느끼는 사람이 있을까 하여 다른 한 권의 책을 곁들여 소개한다.

근일에 간행된 「씨올의 말씀」인데, '다석 사상 정해(권일)' 이라고 부제가 붙어 있다. 이 책은 유영모가 남긴 일기, 즉 「다석일지」를 역시 박영호가 해설한 책이다. 유영모의 전기인 「씨올」과는 달리 순전히 그의 사상만을 담은 철학서라고 할 수 있다.

많은 사람들이 공감하듯이 선생의 글이나 말은, 어렵다. 그가 남긴「다석일지」가 어려움은 말할 것도 없거니와 그것을 해설한 책도 어렵다. 대양처럼 깊고 넓다.

그 바다 속에 있는 고기(眞理)를 조금이나마 맛보고자 한다면 우리는 그 바다에 배를 띄우지 않을 수 없다.

유영모의 제자 박영호는 이 두 권의 책을 저술하고 해설하는 데 십여년의 기간을 소요했다고 한다. 값진 사상과 값진 노력이 배어 있는 책들이다. 다만, 오식이 너무 많은 것이 흠이라면 흠이라 하겠다.

柳永模님의 絶筆

念念正坐 自覺中　昏定晨省 如常原　生命地上死海水　武溪洞靜天　遠日雄巖下
皆皆家事 消日元

（1977. 3. 13）

집에 일이 모두 모두가 날 보낼 일감

끓어앉아 생각 생각에 스스로 깨닫는가온

저녁 자리 새벽살핌에 한결같기 언덕

산목숨 땅위에 죽음바다 물이라

무계동 고요한 하늘

웅장한 차일바위 아래

이 시는 87살 생신날에 지은 글로 생애에 마지막 글월이요 글씨다. 그때
는 아직 쇠약하나마 비를 들고 골목길을 쓸고 잣나무 판위에 끓어앉아 명
상을 하였다. 아들 내외의 보살핌으로 잘 지내는데 맘으로 영원한 생명을
잡았으나 몸의 죽음이 닥친 것을 생명의 지구상에서 사해로 비겨본 것이다.
영원한 생명이 태양이라면 죽음이란 흑점과 같은 것이란 뜻이다.

무계동은 지금의 부암동으로 자하문 고개에서 맞은 편에 건너다 보이는
편적하게 생긴 바위가 차일같다 하여 차일바위라 하는데 그 밑에 유영모의
선조들이 대대로 살아온 곳이다. 큰집 사랑방에 차린 서당에 一海 이세정
을 비롯한 어린 벗들과 함께 맹자를 배웠다. 그때 그곳을 추억한 것이다.
(박영호 풀이)

유 영 모 님 의 私 信

제자 朴永浩님과 高鳳壽님에게 보낸
사신(엽서, 봉함엽서, 편지) 임.

지지 않는 새 히로 밝는 늘에야 참빛 누리를 보오링가?
太陽이 伴光인 以上 太陽빛에서: 우슨 참을 찾으링가.
日月光明: 分明弄!   電子核力都是灰!
　　손으로 다룰수 있는 빛이라:
　보인 宇宙가 무슨 재ㅁ덤인지!?　　힘이란: 모다 ㄷ재!　　[灰]

우편봉합엽서

시흥군 의왕면 일리二七一
박영호 님
서울서대문구기동
一五〇
류영모

十一月廿三日 붙 付

念玄　　　　在玆

地下忘恩怨　　號泣于旻天
人間說是非　　念玆存慈悲.

乙巳士禍以後 大谷 成運氏 隱遁하던
報恩 鍾谷에墓賢菴 尋訪記事에서.

在指望中: 景喜樂, 在患難中: 濃思耐.
稿告: 雲恒切.　題馬十二章十二三節.

어제 一一.一〇 는 후生을 酒肉잔 먹노라 본 으로 한 100날전에 아무죽은대서 넘다 ㅎ고
술을 많이 먹고 남의 등에 얽혀 집에 ㅊㅇ서 먹기만 ㅎ고 나ㅌㄴ진 못ㅎ다가 行年七十三歲
흔이의 三日葬으로 火葬ㅎ고 灰壚에 고묘 ㅎ구도 가장 껌 으시 된것을 보았음.
오늘 =一一.一一은 第一次 世界大戰 가 媾和되던 날! 爾來 年 ㅇ히 平和企念을
熱中ㅎ시던 滄柱玄東完氏도 己作故人 이신 오늘: 四十六周.
第二次 _____ : 二十九周.
六武五事變 停戰中 _____ : 十四周.
혼자 아주 뒤떠러진 나로서:
玄을 生각ㅎ다가 舜님금이 歷山에서 밭을 갈다가도 날마다
號泣于昊天과(瞽瞍)父母 에게 ㅎ였다는 史績이 生각ㅅㅕ
玄家門에 佛敎慈悲가 일직이 있었든듯도 ㅎ며서
滄柱一生에 永存者 의 大慈.大悲 가 넓진드시
넉여지며. 로마人書 12.12 亦: 號泣于昊天인듯.

三正未統 晦光克行 [力工 日行ㅎ는 그것: 成功. 所得.]
夏: 以 寅
殷: 以 丑 月爲歲首, 春王正朔으로 曆數를 統制ㅎ게되므로
周: 以 子 正統 이라, 法統 이라, 王統 이라, 오늘 大統도 夏曆 秋夕 과 洋曆關天
으로 들승흐슬되어 가재고는 살림을 바로 ㅎ기 어렵겠음니다.
三正 ㅎ마보아도 統制가 未洽ㅎㅁㅅ?

一一點點呈熠目 │ 晨作夕寐人間念
輝輝煌煌風景爻 │ 的七闇章萬古晦 [的然而 : 밝ㅎ장 闇然而 : 어둡ㅎ것 꿈ㅎ꿈ㅊ 모르지ㄱㅈ데에 브지배러 ㅎㅊ기.]
具眼之人: 宜當觀止, 不可灰盲.

집 日相 에게 啓示를 9月 되니다. 그것을
金興浩 敎授께도 傳하여 묻숩하기를
두분이 通信 相商하시면 이 小夕候
에 言하신 뜻에 正反逆實況이 뎄쇼가
흥二로: 고니 뎄읍니다.

　　　　　이만 씀니다.

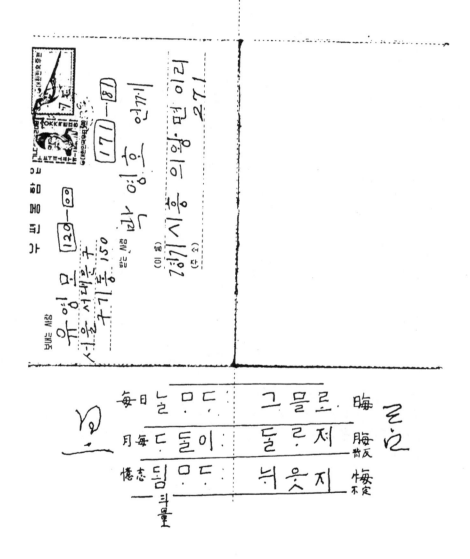

每日 늘마다 :	그물로	晦
月每 ㄷ돌이 :	둘ㄹ지	晦 皆反
憶志 딤마 :	뷔웃지	悔 不定
斗量		

卒業證
믿칠 보름

朔望潮汐海率原
望望朕始悔無我
朔先悔后唯一合
維新親故絶對可

合朔　一熙
新故　恒新同故

晦朔
朕望望
始悔明

人間이 朔望 겍기로 몇千年史를 몰흐는데 오늘을 와서,
그 보름이 엇더 ᄒ두리가? 十五日이 보름도 아니고 보름ㅅ돌 아니면
봄은 밤ㅅ世上을 못보는데가 없두 께히 됐으니 그 照明的 보름: 누가 차
즈리잇가?

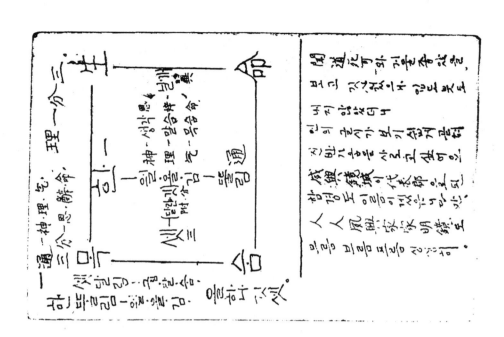

64. 8. 2. 소인이어야하나 우체국의 실수인지 94. 8. 2.로 오식되어 있음.

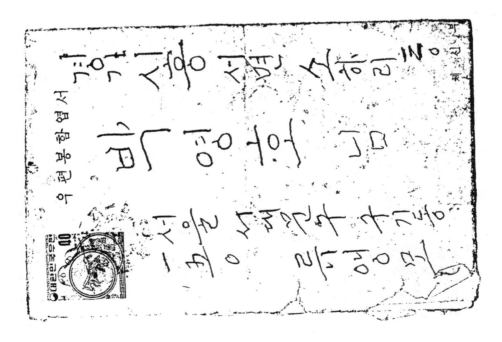

공으시던 이러라도 네가 평안한 흔들을 알았더라면, 다행일러니와 오직 네군이 숨겼스니—

일어사네 니도 오늘 늘 평회에 관한 일을 알앗다면 조볼 번하여거니와 지금 네군에 숨기어 도무 도,

城 ㄴ 甫也(에도 甫의 日に至て 甫의 平安の事を知れる事與乎, 但此事个隱狀甫目矣, 巳不得. 今猶備在這日矣, 知道關係備甫平安的事, 兼參這事, 現在是隱藏的, 叫做備的服冒不出來.

누가 十九 42 말을 꼭꼭 씹어 보라고 다섯 가지 글을 맞대 봅니다.

운동으로 정 전에도 편안하게 도 되는것이면 범彿 옛 날에 범彿 옛 날에 밀려 있을 것!

잡써움으로 바침써는 모도 다 절 주음으로 멸미니라!

잡은 일을 말 미 다 남 울 운동을 맞닐기고

좃렌해를 운동! 부질 없은 상명! 따 쉬고 맑어 아니라.

— 基은 介이오.
死는 合이라.
動은 亂이오,
靜은 和니라.

근 音狀을 기며 긴으를 월 빛 이기오 나 하.

이라 이 어린 아에 底不知 莫을!

727

· 나(─[?]에·· 어찌「·」─는: 좋아요)
나도· 니도· 그도· 저도: 나는 나요! 나는 나지!
나· 남: 없이· 제게: 도라 곤더론: 나, 아닐수: 없!
나들이 나: 아닐손가? 드나· 나나· 나는 나 !!!
　　　 제게로 · ─ 貞心
　　　 뉘 집 곳흔 따님
　　　〔꼿 콘 으로 소리범〕
'었'도 '없'도 그· 지: 리도: 나는 나요! 나는 나지!
'없', '었', 너· 나; '제', '저' 로: 그: 없이계신 이시 름: 므
써: 믿는 믿음이론: 곧! 따위 곧이 일ㅎ가나!

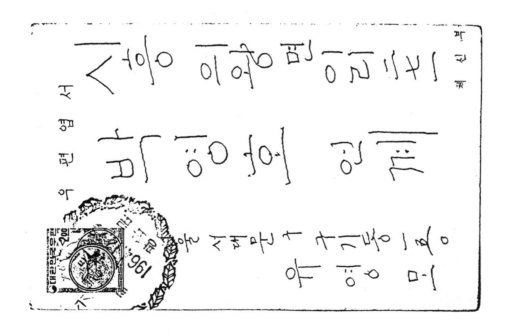

秋收感謝葉來落，
星振懷情兮轉投。

好
邑

寫窿森羅好神邑
清宵瞻仰驚異切
万千星霜留意目
時空往來遠近節
億兆生死窮理情
繁與愛憎何日決
七十二侯廿四風
氣體消息果安結
참조흐열곬인제
봤구나! 아멘。

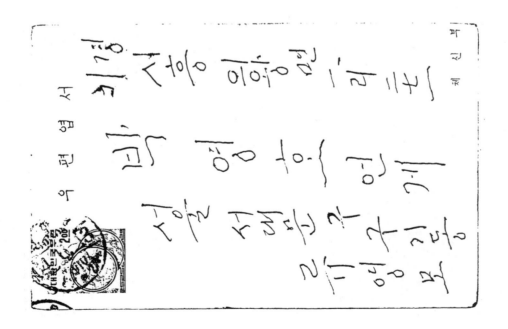

壽일마? 거짓 퍼버: 만세 만세, 한해 한살: 고작 여든.
百번 치듬: 열달 채기, 三百콥즘: 百날 보기.
千에 하나: 한달 채워, 万에 하나: 사흘 치르.

일로·씨로·많다·적다. 있다 외롭·없다 섯글.
떠나 맞어, 붙어 짬·쨈. 덧없 덧덧, 쓸쓸 실실. 福어떤
무엇이: 무엇이라 —든— 나 모른 처, 저릏니. ?

—— 근차 한짓 이리! 슬픔있다! 네에 처答될가?

八月二十九日에 七月二十九日이 덮처

완용年去五十五 │ 兩리 參리 起而崩
승만日來四十二 │ 大覺 寺跡 五百爾

얼숭 덜숭 百年도 千年도 얼숭 덜숭!

│ 大慈 大悲 古來 風 │
│ 大自 大非 今落葉 │   9.2 빈 저녁 사리.

多夕日誌

나므를~ 넘으름~ 널모름~ 네:몰르!
달리 달리 다를라 다: 쓰디 쓰다! 쓰게될가?
슬디 있어: 힘을 쓰고? 다른 맛을 딿아 닳가?
이·저·게: 다월만큼: 돼! 때믄? 터믄? 나므름?
조금에는: 소금을 곤둠.
속고 속고 속는것이: 그리스도 그리스도!
속이고 속이고 속이고 속이는것이: 마뤼!
이 둘이 마쥬서 억금: 지넘 적힘 또 조금!
이승을 다시 싫음
밤이 굶에 들라지만, 드러갈된: 아닌기고,
굶이열러 넣듯다도: 그만 아모 것도없어,
이승 굶: 들도 못흘 놈 아름 알밍 뻐벌ㅇ다.

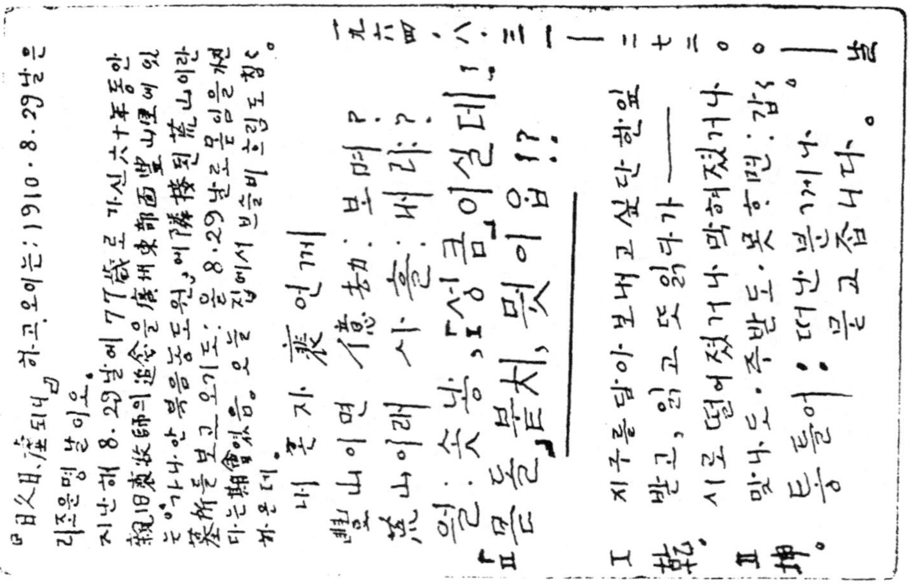

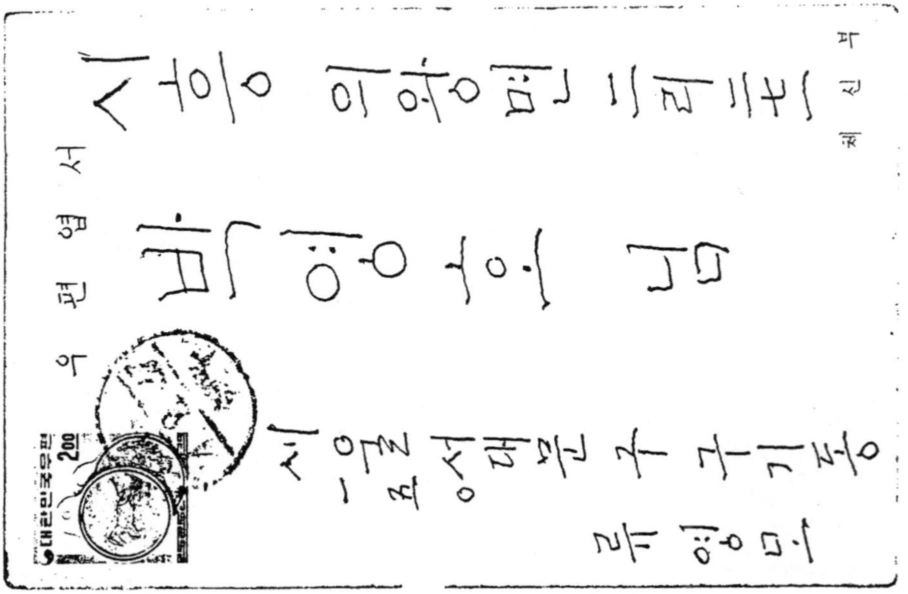

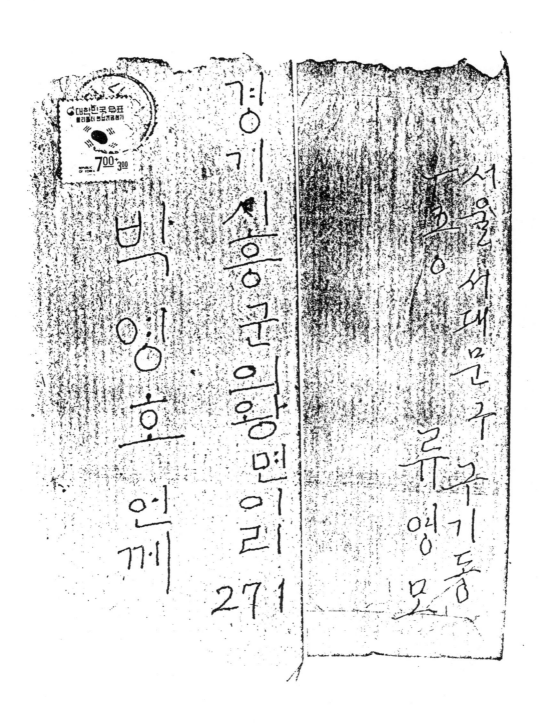

경기 성흥군의왕면이리
271

박영호
안께

서울 서대문구
류규기동
영
모

박영호 에게

한도지번 저녁스름.
으로서

寸命

우리 고 있건만, 흐리도 흐몸 모신 일,
기세께 데데드르 !? 네에에어드우 또룸!!
덧로쿠 땀젼손 씻고 따에쉴늘 寸울로.

우리는 이때에 있으나 없으나 한 숨이지요.

서울 서울대문구 구기동
一五〇.
柳永模

서울 부암동 이동일리
박영호
림
이리로七一

옳이 넷ᄉᆞ바리

◎몸 버리장이 거울을 않드려다 보며는 참말아,
멧날 동안
깊은 주름도 신터럭도 어림없이 잇어버린 양,
이몸에 늘살 뜻키나 몸이 번번 하는 듯.

◎한늘에 킹기운 우리로서 (울로 게임과 가로 게임)
하늘이 땅이 별려키운데 사람누-라 못클 손가?
틈에끼워 살려다가- 소라불고 말겠지만!

◎깻웃이 킹처 살으미 글룩키심 읜수리.
나면나로 너며 너로 믿을거ᄂ 하나! 밖에.

◎미운것도 없어지면 다시볼라 뉘뒀다리?
고마운분도 그만가면 그뒤댈만 혼이만밀!
누리에 셋새 믿을거ᄂ, 없다 호가 호노라.

◎깻ᄭᅥᆺ비옴 까시가보면 그까시켜이오,
까지껏 ᄎᆞ과저도 깟시켜시면 삻까시켜슬,
또까지껏 덧싸시껏 그뇌께 지기라.

(高　鳳　壽　宛)

天涯地角로 도라갈이가 갓신발(의꼬꼭이란갓말이라) 아니를
하늘가 땅부리로 수있나? 그의 머리 웋에 쓴 갓을 따려쳐다보니 하늘
갓이오, 그의 발에 신긴 신발을 보니 그는 땅에 신기
였다. 슈, 땅에 누러불으면 갈길을 못가 찟다는 뜻을
발리 땅에 사이를 뒤서서 붙자 꿀떠러지게 마련 혼 신발임이.
갓을 맨떠저 끝깔이 얿드리있을 것이. 끝깔 갓은 외무
리의 한가치 하늘을 가라치는 살포기되였을 것이. 길게 흐르는
물결에서 빼긴 삶앎에게 신긴 신발이겟다.

하늘갓에 땅에 슨인 갓신흔 슬ᄆ 을 생각

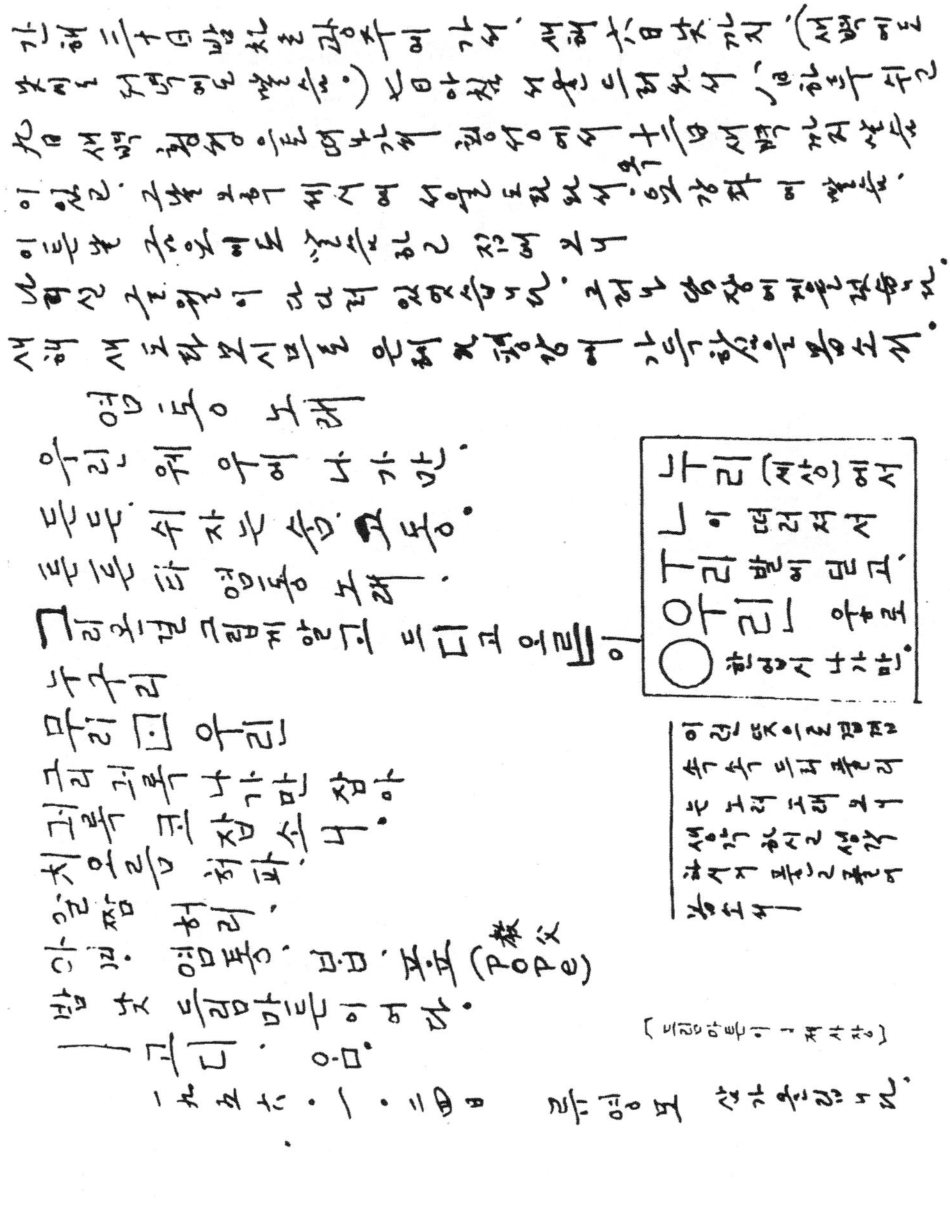

— 다석 류영모 일지

多夕日誌
다석일지

류영모 지음 | 다석학회 엮음 | 2024년 8월 20일 출간
4*6배판(182*257) | 양장 제본 | 각권 800쪽 내외 | 정가 각권 80,000원

도서출판 동연   주소 서울시 마포구 월드컵로 163-3, 2층
(전화 02-335-2630/팩스 02-335-2640)
이메일: yh4321@gmail.com

— 다석 류영모 일지

多夕日誌
다석일지

| 제1권 |

류영모 지음
4*6배판
양장 제본
872쪽
정가 80,000원

빈탕 고 세오
한알·살알 거센 씌림 나라들 틈 지낼 적에,
욱이 뻗친 생각 바람 실게 트는 말씀 바지,
무섭게 빈탕 고 참을 어이 사 가
알 알 알기만 같이
압알짬·임알집서 브터 알마질란 거 같이,
민지알알 드높알알 한큰알알 알마질랄
이승때 지승 님에도 알알일게 만 같이.
손 맞
두손 들어 손 마즈니 손이란 손 다 맞느냐,
손 맞아서 일을 본데 구김 없는 살림 사리,
올바른 살림 그디 곧 손의 손님 맞을손.

一 다석 류영모 일지

多夕日誌
다석일지

| 제2권 |

류영모 지음
4*6배판
양장 제본
848쪽
정가 80,000원

| 제2권 | 차 례

빈탕 긋 세오
한알·살알 거센 벌림 나라들 틈 지낼 적에,
묵어 뻗친 생각 바람, 설게 트는 말슴 바지,
무섭게 빈탕 긋 참을 어이 사ㄹ가。
알알일거만 같이
압알짬·엄알집서 브터 알마질란 기 같이,
몬지 알알 드높알알 한큰알알 알마질랄
이승떠 저승 넘에도 알알일거 만 같이。

손 맞
두손 들어 손 마즈니 손이란 손 다 맞느냐。
손 맞아서 일을 본데 구김 없는 살림 사리。
올바른 살림 고디 곧 손의 손님 맞을손。

— 다석 류영모 일지

多夕日誌
다석일지

| 제3권 |

류영모 지음
4*6배판
양장 제본
808쪽
정가 80,000원

| 제3권 | 차 례

빈탕 고 세오

한알·살알 거센 버림 나라들 틈 지낼 적에,
묵어 뻗친 생각 바람 �설게 트는 말샘 바지,
무섭게 빈탕 고 참을 어이 사ᄅ가 .
알 알 일기만 같이
압알잠 엄알집서 브터 알마질란 거 같이 ,
믿지알알 드높알알 한큰알알 알마질란
이승떠 저승 넘에도 알알일기 만 같이.
손 맞

두손 들어 손 마즈니 손이란 손 다 맞느냐.
손 맞아서 일을 본데 구김 없는 살림 사리,
올바른 살림 고디 곧 손의 손님 맞을손.

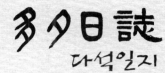

— 다석 류영모 일지

多夕日誌
다석일지

| 제4권 |

류영모 지음
4*6배판
양장 제본
752쪽
정가 80,000원

| 제4권 | 차례

다석일지多夕日誌를 출간하며
다석일지多夕日誌 재간에 즈음하여

길잡이 말(일러두기)